RDMU融智创新管理学院
IPD&IPM系列丛书之三

技术创新管理

——构建世界一流的技术创新和货架管理体系

周辉 著

Technological Innovation

- 建立技术货架，强化生态合作，确保自主可控
- 创新核心技术，进行预研公研，实现立体研发
- 梳理各层技术，明确技术分类，构建技术规划

电子工业出版社
Publishing House of Electronics Industry
北京·BEIJING

内容简介

本书基于IPD原理，延续《产品研发管理》思想，以核心技术及市场需求双向驱动产品开发为基础，详细介绍如何进行R&D中的Research（技术创新），包括如何构建立体研发体系，以及如何建立技术研发流程和项目管理及专家管理的技术创新组织与管理体系，帮助企业进行技术分类，识别核心技术和关键技术，制定技术规划，创新技术策略，建立预研管理和货架CBB及平台管理体系，同步建立技术研发人员的任职资格管理、绩效管理及追溯激励的机制，建立宽容失败的技术创新文化，以减少研发的非核心技术的投入，聚焦"高精尖"核心技术开发，建立技术货架和平台，支撑搭积木式的核心产品开发，摆脱低层次竞争，解决"卡脖子"问题，获取"机会窗"利润。

未经许可，不得以任何方式复制或抄袭本书之部分或全部内容。
版权所有，侵权必究。

图书在版编目（CIP）数据

技术创新管理：构建世界一流的技术创新和货架管理体系 / 周辉著. -- 北京：电子工业出版社，2025.4. -- ISBN 978 7 121 49896 1

Ⅰ．F273.1

中国国家版本馆CIP数据核字第2025UM5832号

责任编辑：张　昭　　文字编辑：刘　晓
印　　刷：三河市兴达印务有限公司
装　　订：三河市兴达印务有限公司
出版发行：电子工业出版社
　　　　　北京市海淀区万寿路173信箱　邮编100036
开　　本：720×1000　1/16　印张：20　字数：224千字
版　　次：2025年4月第1版
印　　次：2025年4月第1次印刷
定　　价：79.00元

凡所购买电子工业出版社图书有缺损问题，请向购买书店调换。若书店售缺，请与本社发行部联系，联系及邮购电话：(010) 88254888，88258888。
质量投诉请发邮件至zlts@phei.com.cn，盗版侵权举报请发邮件至dbqq@phei.com.cn。
本书咨询联系方式：(010) 88254210，influence@phei.com.cn，微信号：yingxianglibook。

谨　献

1. 已有核心技术，正进行前瞻研究，立体研发下一代技术，拉开代际差距的全球领先型企业。

2. 正在建立技术货架和平台，产品开发和技术开发分离，基于货架和平台进行搭积木式开发，推行IPD的企业。

3. 规模领先，建立研究院，解决"卡脖子"技术，进行技术自主创新的企业。

4. 打造国之重器，预研一代，开发一代，装备一代的军工企业。

5. 具有家国情怀，努力进行技术研究的科研院所及技术初创型企业。

6. 与高校科研院所开展合作，形成技术成果产品化、商业化的科研联合攻关体。

7. 在某一领域，具有核心技术或关键技术、持续创新的专精特新中小企业。

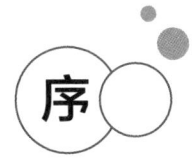

构建核心技术，进行系统创新，摆脱低层次搏杀

企业经营的本质是产品，支撑产品的载体是核心技术。

中国的高科技企业经过二十几年的发展取得了很大成就，尤其是在规模的增长上，但是大部分科技企业发展到今天，依靠的是资本及资源完成的项目集成或者是基于市场需求进行的逆向产品开发，虽然规模上去了，但是利润下来了，企业也没有技术主导权和定价权。随着中国企业逐步走上国际舞台，市场竞争越来越激烈，国外厂商对中国的头部企业进行技术打压，中国部分高科技企业面临以下问题：

1. 没有高利润的产品，导致产品毛利率比较低，企业依赖低成本的搏杀和竞争；

2. 缺少核心技术和关键技术，核心元器件的采购被"卡脖子"，导致供应链中断；

3. 没有进行前瞻性研究，导致技术储备不够；

4. 没有开发一代、预研一代、装备一代的整体规划，产品没有形成明显的代际差别，导致无法持续领先；

5. 虽然进行了大量研发，但没有对技术进行分类，大量一般通用技术投资比重大，导致现金流被严重侵蚀，企业反而越活越艰难；

6. 虽然进行了大量研发，也有技术储备，但没有进行产品化、成果化，财务与市场成功遥不可及；

7. 没有建立技术与产品货架及平台，无公共基础模块（CBB）共享，导致重复开发，研发效率低下，质量问题不断；

8. 产品规划与技术规划严重脱节，没有基于市场需求和核心技术双向驱动的产品开发；

……

如何解决"卡脖子"的技术问题，如何解决有规模无利润的问题，如何解决技术成果产品化的问题，如何坚持市场需求与核心技术双向驱动正逆向相结合的产品创新，如何基于技术货架进行搭积木式的产品开发，正成为这些企业必须突破的管理难题。

其实企业应该成为技术创新的责任主体，尤其是头部领先企业，要加大技术创新的投入，包括技术战略前瞻研究、核心技术探索及关键技术攻关，构建技术预研及技术货架体系，并进行系统创新。

系统创新包括技术创新、产品创新、营销模式创新与管理机制创新，如图1所示。

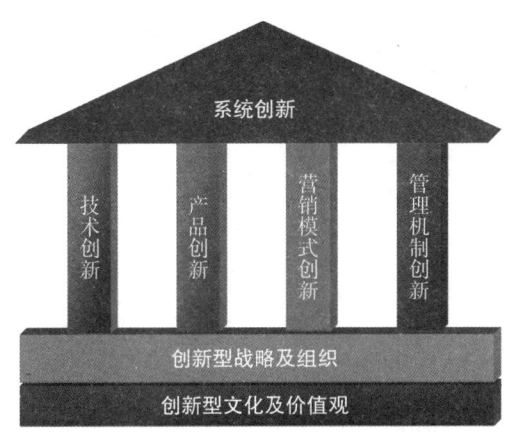

图1 融智系统创新的四种模式

四种创新相互联动，彼此支撑，以技术创新支撑产品创新，以产品创新支撑营销模式创新，并通过管理机制创新来确保创新成果商业化并建立创新机制和文化。

支撑四种创新的底座是创新型战略及组织和创新型文化及价值观。

四种创新的内涵如下。

一、技术创新

包括技术战略前瞻研究、核心技术探索、关键技术攻关及CBB建设。技术创新的核心目标是支撑核心产品有卖点、有竞争力，通过CBB货架搭积木式快速开发产品，在阻拦竞争对手的同时快速实现高利润。

二、产品创新

基于市场需求，面向客户进行芯片、器件或原理/材料、部件、模块、单机、整机及解决方案的构建，以实现市场成功、财务成功。

三、营销模式创新

包括营销体系的建设以及营销模式（不仅指直销、分销，更包括互联网营销）的创新，在实现规模化的同时确保生态平台的构建及创新利润快速兑现。

四、管理机制创新

包括管理体系的建设及激励分配机制的创新，要建立鼓励创新、鼓励增量、宽容失败的创新文化，并建立技术与产品管理体系下面向市场的增量绩效激励机制和成果化追溯激励机制。

正如我在2018年出版的《增量绩效管理》中所述，要将四种创新模式融入一套三六三模型中，如图2所示。

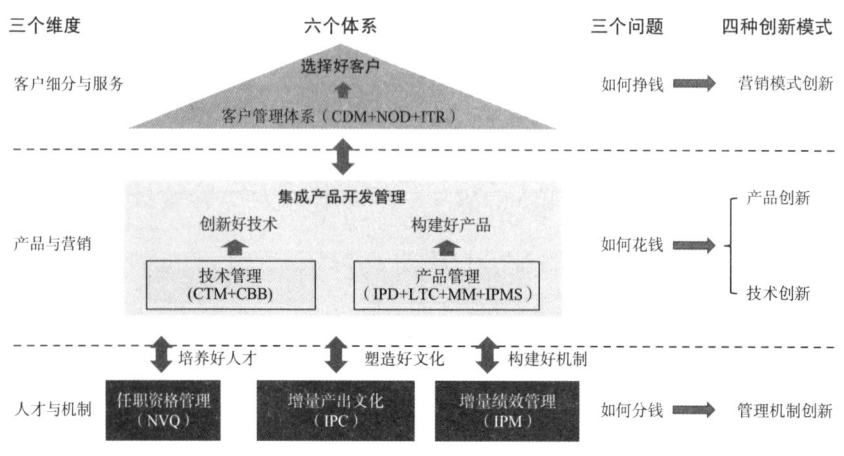

图2 企业系统管理的周辉三六三模型

一、如何挣钱→营销模式创新

营销模式创新，包括客户细分管理（CDM），基于产出节点的"一客户一产品一策略一财务模型一队伍一激励"的"六个一"节点管理（NOD），基于价值客户的问题到解决方案（ITR）管理。

二、如何花钱→技术创新与产品创新

技术创新与产品创新，包括核心技术管理（CTM）、集成产品开发（IPD）、市场营销管理（MM）、面向TB的营销线索及回款体系（LTC）、面向TC的产品营销上市操盘管理（IPMS）。

三、如何分钱→管理机制创新

管理机制创新，包括任职资格管理（NVQ）、增量绩效管理（IPM）、增量产出文化（IPC）。

本书主要介绍三六三模型具体架构（如图3所示）中的技术创新管理，包括技术分析、技术分类、技术规划、平台开发流程、预研开发流程的相关内容。

本书与《增量绩效管理》及《产品研发管理》配套使用，可解决企业R&D中R的问题。

本书的核心思想是：

1. 通过公司增量规划，确定客户群和产品规划；

2. 根据客户群和产品规划提出对技术的需求；

3. 根据技术需求，通过技术竞争力分析、技术战略定位分析及知识产权分析，进行技术分类；

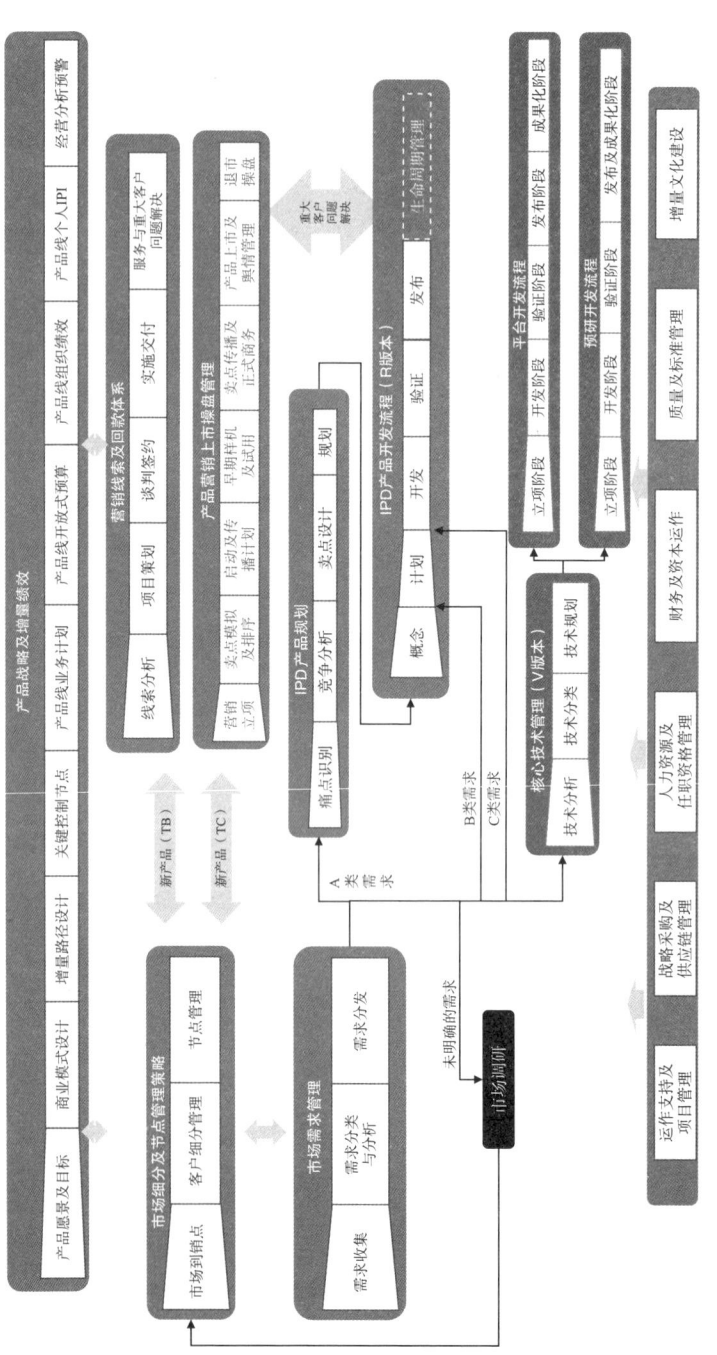

图3 基于增量绩效与IPD的周辉三六三模型具体架构

4. 根据技术分类，建立技术规划，包括技术战略研究、核心技术及关键技术的路标发展规划及技术合作策略，以及技术攻关指南；

5. 根据技术规划进行核心技术预研探索、关键技术攻关，并针对下一代的技术进行战略前瞻研究以及通过核心技术正向推动产品规划与开发；

6. 针对核心技术、关键技术建立技术货架，并对技术支撑的公共基础模块建立共享货架，以实现货架化开发产品；

7. 建立技术创新的流程和规划，包含预研和CBB流程及项目管理体系；

8. 通过任职资格及绩效管理，建立创新文化和追溯激励机制。

本书将技术管理全流程分为五个阶段十个关键活动，如图4所示。

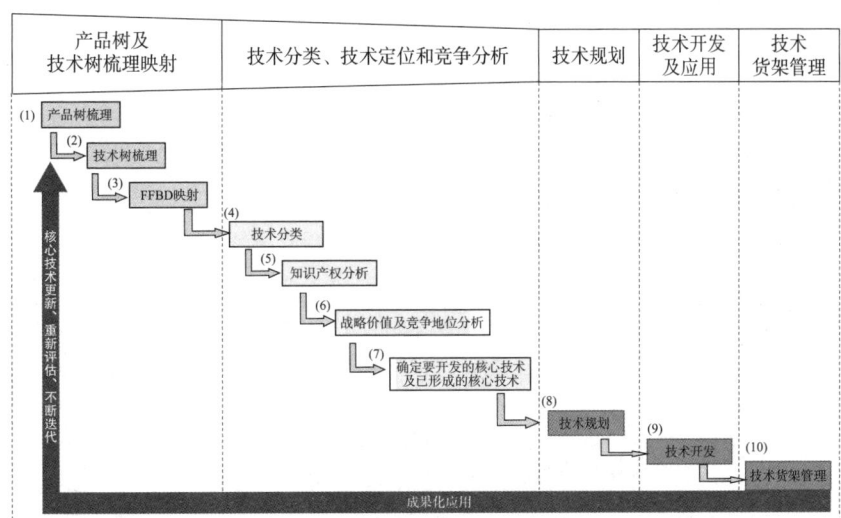

图4　周辉技术创新管理十步法

希望这本书能跟《产品研发管理》《增量绩效管理》一样成为大家常用的工具书，更衷心希望这本书能帮助中国的高科技企业提前进行基础研究，建立技术创新体系，构建核心技术，通过核心技术支撑核心产品，实现立体研发，摆脱低层次竞争，实现可持续成长。

周辉

2022年6月16日初稿

2023年10月1日修订

第1章 技术型企业的产出形态、商业模式和研发创新策略

技术创新的责任主体是企业，企业应该通过技术创新与市场需求双向驱动来推动产品创新，实现核心技术支撑核心产品，核心产品支撑解决方案，通过对优质客户的定制和服务带来新技术需求正向循环的商业模式。在基础研究以及前沿技术的探索上，要加大与高校和科研院所的合作，并根据市场需求及企业的现金流情况制定不同的研发创新策略，以最终完成研发的细腰型生态架构建设，实现产业链的自主可控。

本章精华 ·· 2

第一节 技术型企业的产出形态及创新模式 ···················· 5
    问题思考 ·· 5
    研发的六种产出形态 ·································· 5
    技术开发与产品开发的范畴及映射 ···················· 7
    如何定义技术货架与产品货架 ························ 9

第二节 技术型企业如何设计商业模式及进行产学研分工 ······· 15

问题思考 ………………………………………… 15
技术型企业的商业模式 ………………………… 15
高校、科研院所与企业的产出创新商业模式分析及分工 … 21
企业如何根据市场及自身情况制定合适的研发策略 …… 26

第2章 如何构建立体研发体系，支撑面向核心技术和市场需求双向驱动的产品开发

领先型企业必须进行系统创新，通过技术创新和产品创新构建立体研发体系，将研发分为预研、公共研发、产品开发、技术支持与服务开发。预研解决技术的先进性，公共研发解决共享，产品开发及技术支持与服务开发助力市场成功、财务成功和利润兑现，这样才能实现基于核心技术和市场需求双向驱动的集成产品开发，拉开代际差距，确保持续领先。

本章精华……………………………………………………………… 30
第一节　如何建立面向核心技术和市场需求双向驱动的产品开发
　　　　模式………………………………………………………… 32
　　　问题思考 ………………………………………………… 32
　　　传统的产品开发模式今天面临着什么问题 …………… 33
　　　集成产品开发模式 ……………………………………… 36
　　　集成产品开发模式下的产品表现形态 ………………… 38
　　　实现集成产品开发管理（IPD）必须建立立体研发体系 … 42
第二节　如何构建立体研发体系……………………………………… 50

	问题思考 …………………………………………	50
	立体研发体系的构成 ……………………………	50
	立体研发体系下产品开发与技术开发的内涵 ……	53
	产品开发与技术开发的关系 ……………………	55
第三节	企业不同阶段的研发组织结构演进……………………	58
	问题思考 …………………………………………	58
	企业的发展阶段划分 ……………………………	58
	项目制下的企业研发组织结构 …………………	61
	产品管理下的企业研发组织结构 ………………	63
	解决方案及产业链控制下的企业研发组织结构 ………	72

第3章　如何进行技术分类，识别核心技术、关键技术并进行技术规划

　　企业应该进行技术分类，将技术分为一般通用技术、核心技术、关键技术和独有技术，对核心技术、关键技术要进行自主创新，对一般通用技术要进行外包。企业更应该先做产品规划，明确核心产品、战略产品，通过产品树及技术树FFBD映射进行梳理和技术战略价值、竞争定位分析，识别核心技术和关键技术，明确技术需求，进行技术规划，以聚集资源突破核心技术、关键技术，快速打造有竞争力的产品，让技术产生效益并产品化、商业化。

本章精华…………………………………………………… 76

第一节　如何进行技术分类并识别核心技术与关键技术 …………… 79
　　问题思考 ………………………………………………………… 79
　　如何进行技术分类 ……………………………………………… 79
　　如何识别核心技术和关键技术 ………………………………… 82
　　如何针对各类技术采取不同的管理策略 ……………………… 84
第二节　如何进行技术梳理、技术定位和竞争分析以明确技术
　　需求 ……………………………………………………………… 87
　　问题思考 ………………………………………………………… 87
　　包含技术梳理、技术定位和技术规划的技术管理全
　　　流程 …………………………………………………………… 87
　　如何进行产品树梳理 …………………………………………… 91
　　如何进行技术分解 ……………………………………………… 96
　　如何通过FFBD将产品树与技术树进行映射并列出技术 … 101
第三节　如何识别核心技术、关键技术，明确技术需求，并进行
　　技术规划 ………………………………………………………108
　　问题思考 ………………………………………………………108
　　如何进行技术分析及定位，以及如何识别核心技术、
　　　关键技术 ……………………………………………………109
　　技术规划的内容及层级 ………………………………………113
　　技术规划的责任主体 …………………………………………116
　　技术规划的流程及关键活动 …………………………………119
　　如何进行技术战略研究 ………………………………………120

如何进行技术路标规划及专业技术开发立项计划 ········ 123
　　技术规划与产品规划、企业规划及其他规划的关系 ······ 126

第4章　如何进行技术研究和技术攻关

为了培育企业的核心技术，抢占未来的技术制高点，同时探索产品开发中的不确定因素，降低产品开发的风险，缩短产品开发周期，企业要将技术创新与产品创新分离，建立预研体系，包括预研组织、流程及项目管理、绩效管理；同时将技术研究与技术攻关分离，将产品经理当作技术研究及技术攻关团队的客户需求方，以尽快实现预研成果的产品化、商业化。

本章精华 ·· 134
第一节　预研的定位及组织建设 ································ 136
　　问题思考 ··· 136
　　产品创新与技术创新分离 ················· 136
　　预研的内涵及定位 ·························· 138
　　预研体系的组织建设 ······················· 141
第二节　技术开发及应用流程与项目管理 ··················· 146
　　问题思考 ··· 146
　　技术开发及应用总体流程 ················· 146
　　技术研究及攻关项目组织与预研人员管理 ············ 157
　　预研项目计划管理与监控 ·················· 162

第5章 如何建立技术货架和开发CBB及平台

为了降低研发成本，快速推出产品，同时提高产品的质量，企业应该通过前向规划、后向梳理和供应商的分类、产品序列的划分，使价值BB形成资源池进而形成平台；根据企业的技术规划和产品规划进行CBB和平台的开发，形成CBB及产品货架；对CBB和平台的开发及使用进行激励，形成企业的技术货架和产品货架，确保研发效率提升，企业可持续成长。

本章精华……………………………………………………… 168

第一节　CBB及平台的定义和组织 ……………………… 170

　　　问题思考 ………………………………………… 170

　　　为什么要建立CBB及平台 ……………………… 170

　　　CBB及货架、平台的定义 ……………………… 172

　　　CBB的特征及分类 ……………………………… 174

　　　CBB的来源及与平台的关系 …………………… 176

　　　平台的架构和定义 ……………………………… 179

　　　CBB及平台建设的组织与职责 ………………… 185

第二节　CBB及平台管理和开发 ………………………… 189

　　　问题思考 ………………………………………… 189

　　　CBB及平台总体管理 …………………………… 189

　　　如何进行CBB开发 ……………………………… 192

　　　如何进行CBB及平台的管理 …………………… 195

第6章 如何进行核心技术的知识产权管理

企业必须重视知识产权，尤其是核心技术专利申请及智力资产保护。企业必须将专利查询、申请及技术交底作为研发流程中的关键活动，并将专利申请及智力资产使用、保护作为激励，与任职资格等级提升相关联，重视专利，确保智力资产产业化。

本章精华	198
第一节 知识产权的内容及保护	200
问题思考	200
知识产权的概念及内容	200
企业知识产权部组织结构及职责	201
核心技术的知识产权保护	203
商标权的保护	206
软件版权风险识别	207
科技情报的工作流程与价值	207
第二节 研发人员如何参与知识产权保护	209
问题思考	209
知识产权与研发部门的关系	209
研发项目中的知识产权保护	210
建立研发档案，防范知识产权风险	213
培养研发人员的知识产权素质	214

第7章 技术创新体系的财务和成本管理

企业不仅要保持研发费用与其他费用的均衡占比，更要保证预研、公共研发与产品开发投入结构的合理性，同时要让研发人员树立综合经济成本观念。综合经济成本不仅包括物料成本，还包括研发设计成本、维护成本、生产成本、共享CBB成本等，还涉及批量器件采购所降低的成本。除此之外，企业还要关注价值工程，针对高端市场产品，要增本增效，敢于在技术上投入以获取高额利润，而对中低端市场产品，要大力降本，以确保规模。

本章精华……………………………………………………………218
第一节 技术创新相关的财务和成本管理………………………220
  问题思考 ……………………………………………… 220
  研发对财务管理的误区 ……………………………… 220
  创新需要关注的与财务相关的模型 ………………… 222
第二节 如何平衡技术创新与产品创新的投入及预算…………230
  问题思考 ……………………………………………… 230
  研发投入在总费用中的占比 ………………………… 230
  研发费用包的分配 …………………………………… 233
  如何进行技术创新体系的预算 ……………………… 235

第8章 如何对技术创新人员进行管理与激励

企业应采用绩效、任职资格、文化与价值观三者相结合的方式对技术创新人员进行管理。对高级别人员，三者都要考核，对低级别人员先考核任职资格。此外，研发投入产出比、预研及CBB支撑的产品销量和成本降低都应成为技术创新人员的绩效指标。要建立从预研到公共研发到产品开发的人员横向流动的任职资格标准体系，并建立面向产出、过程严格管理、结果宽容失败的创新文化。

本章精华……………………………………………………………238
第一节 技术创新人员的分类及管理模式……………………241
  问题思考 …………………………………………… 241
  技术创新体系人员的分类 ………………………… 241
  技术创新人员管理的三种模式和五种考核手段 ………… 244
第二节 技术创新人员的薪酬及任职资格管理………………250
  问题思考 …………………………………………… 250
  技术创新人员"十元薪酬制"模式 ……………… 250
  技术创新人员任职资格标准体系 ………………… 256
  技术创新人员职业发展通道 ……………………… 260
第三节 技术创新人员绩效管理………………………………266
  问题思考 …………………………………………… 266
  技术创新人员PBC考核 …………………………… 267
  技术创新人员KPI及IPI考核 ……………………… 270
  技术创新人员KCP特别激励 ……………………… 279
第四节 如何建立面向产出、宽容失败的创新文化……………281

问题思考 ·· 281
文化建设的三个台阶四个支柱 ····················· 281
如何建立技术创新体系的价值观 ··················· 282
如何进行基本行为准则的考核 ······················ 285
如何细化技术创新体系的四个支柱 ················ 286
建立宽容失败的文化的注意事项 ··················· 289

后记暨鸣谢和展望·· 293
英文缩写与释义·· 295

第 1 章
Chapter 1

技术型企业的产出形态、商业模式和研发创新策略

　　技术创新的责任主体是企业，企业应该通过技术创新与市场需求双向驱动来推动产品创新，实现核心技术支撑核心产品，核心产品支撑解决方案，通过对优质客户的定制和服务带来新技术需求正向循环的商业模式。在基础研究以及前沿技术的探索上，要加大与高校和科研院所的合作，并根据市场需求及企业的现金流情况制定不同的研发创新策略，以最终完成研发的细腰型生态架构建设，实现产业链的自主可控。

本章精华

1. 企业应该以产品为核心，向上做集成，进行商业模式及营销模式的创新，向下做技术，进行技术创新，搭建货架，以形成"顶天立地树中央"的研发架构。

2. R&D中R和D是有区别的，R（Research）指的是技术开发，D（Development）指的是产品开发。技术开发侧重原理和基础研究，强调技术的领先性和影响力，产品开发侧重技术成果的产品化，强调可批量、可重复的使用和可拷贝的生产，尤其强调对市场和财务成功负责。

3. 技术型企业的产出形态包括基础研究、应用开发、定制项目开发、产品开发、系统集成和服务运营六种。高校和科研院所要重视技术的先进性，将重心放在基础研究、应用开发和定制项目开发上；而企业在注重自主研发的核心技术的同时，要重视产品开发、系统集成以及服务运营，尤其要重视内部产品和平台开发。

4. 产品开发和技术开发要分离开，技术开发将不成熟的、未解决的技术问题转变为成熟技术；产品开发则是根据市场需求，应用成熟技术，准确、快速、低成本地满足客户的需求。

5. 技术开发通常包括四种形式，即技术战略前瞻研究、技术探索、技术攻关、CBB 开发（含平台架构）；产品开发通常包括三种形态，即产品开发、解决方案集成开发、服务运营开发。

6. 技术货架分为三层：专业技术、领域集成技术、系统集成技术；产品货架分为七层：器件/芯片、组件、部件、单机、整机、子系统、系统。三层技术货架与七层产品货架形成映射关系。

7. 技术型企业的商业模式有四种：卖技术（T）、卖产品（P）、卖解决方案（B）和通过客户服务获利（C）。最好的商业模式是使 TPBC 形成产业链，用核心技术支撑产品，用产品支撑解决方案，用解决方案支撑服务。

8. 企业与高校应该关注基础研究；科研院所应该关注技术创新、技术探索；头部领先企业，既要做产品创新，也要做营销模式创新，更要做技术创新，必要的时候还要加大对基础研究的投入，形成细腰型生态架构。

9. 企业应根据市场需求及企业的现金流情况制定不同的研发策略，以最终完成细腰型生态架构的建设。

10. 企业现金流不足时，应进行产品开发与系统集成开发，慎重进行技术创新与预研；当现金流充足且处于行业领先时，必须在进行产品开发与技术开发的同时，进行技术预研、基础研究，以确保核心、关键技术自主可控。

11. 基础研究更偏向于在无人区进行原理性探索；技术创新更追求场景化、商用化；产品开发使技术成果进一步产品化、商业化；系统集成及服务运营则利用产出成果快速兑现，并通过服务进行持续创新。

第一节
技术型企业的产出形态及创新模式

■ 问题思考

1. 研发的产出形态是什么？
2. 技术型企业有哪几种研发模式？
3. 技术与产品如何进行分层分类？
4. 如何定义技术货架与产品货架？
5. 技术货架与产品货架的映射关系是什么？

■ 研发的六种产出形态

研发，通常被大家统称为R&D，其中R（Research）指的是技术开发，关注基础原理和技术路径；D（Development）指的是产品开发，关注技术成果的产品化，关注产出成果和市场财务成功。

技术开发（R）和产品开发（D）有何区别？有何关联？我们讲的技术前瞻研究、技术预研、技术攻关、CBB货架及平台开发和产品开发、服务开发及基于互联网的运营开发之间，有何区别，有何关联呢？

正如我在《产品研发管理》第一章中所描述的，让我们先来看看研发的六种产出形态及模式（见图1-1-1）。

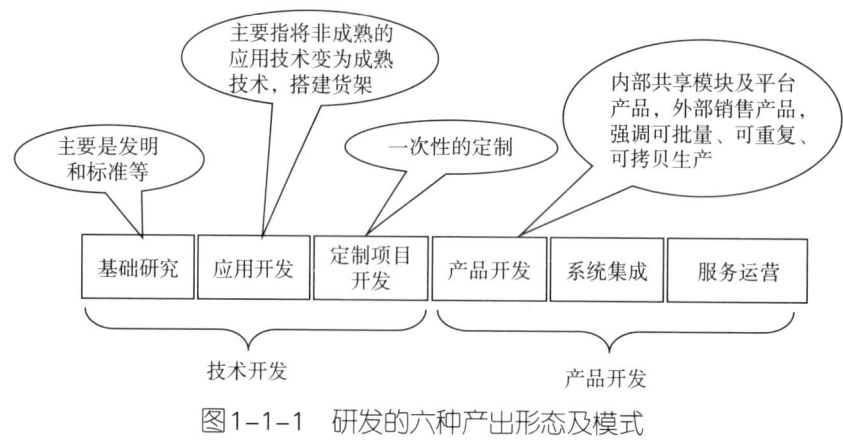

图1-1-1 研发的六种产出形态及模式

1. 基础研究：以发现自然规律和发展科学理论为目标的研究，包括发明、创制新的事物、首创制作方法，以及前瞻原理性探索，比如华为的5G标准算法研究、某些科研机构承担的下一代高续航电池材料的研究，以及光刻机的材料研究等。

2. 应用开发：将业界的技术或所需的技术变成自己掌握的可应用的成熟技术，并将其放在货架上供产品开发选用。很多企业在标准协议上开发的应用技术和模块，如苹果公司iPad产品上基于标准通信协议的接口模块技术开发，华为的鸿蒙操作系统开发，以及我国大部分头部企业正努力攻关的"卡脖子"技术，都属于应用开发。

3. 定制项目开发：基于单个客户需求，进行一次性定制开发，如我国大部分项目型企业，尤其是军工和软件企业的定制项目开发。

4. 产品开发：聚焦某一细分客户群的需求，并针对这种需求进行技术开发，以及可生产、可测试、可服务和可销售的开发，以实现可批量、可重复和可拷贝的生产。

5. 系统集成：以产品为核心，为客户做跨产品或跨领域集成的总体方案，企业的数字化方案也属此类。

6. 服务运营：以产品为核心，通过服务或运营来经营用户或进行产品维护，从而获取收益，如电信运营商，汽车厂商的4S店，软件的SAAS模式，互联网厂商基于客户及生态进行的开发，包括App、计费、会员管理等一系列集成开发。

■ 技术开发与产品开发的范畴及映射

一般来讲，基础研究和应用开发以及技术定制和CBB开发都被视为技术开发，通常也称为技术创新，其主要目的是确保技术的先进性、技术受控或CBB开发及快速交付。

技术开发包括四种研发形态：

1. 技术战略前瞻研究；

2. 技术探索；

3. 技术攻关；

4. CBB开发（含平台架构）。

需要强调的是，企业在进入多领域多产品阶段时，将共享的技术做成共享模块或平台以确保快速低成本的搭积木式开发，通常也被视为技术开发，如果CBB可以独立售卖，则可以将其归类为产品开发。

产品开发通常包括三种研发形态：

1. 产品开发；

2. 解决方案集成开发；

3. 服务运营开发。

产品开发和基于核心产品的解决方案集成开发以及以产品为核心的服务运营开发都被视为产品开发，也被称为产品创新，其主要目的是保证市场和财务成功，并强调准确、快速、低成本、高质量地满足客户群差异化的需求。

产品开发与技术开发的成果展现以及产出形态、研发形态、项目类型及创新模式如图1-1-2所示。

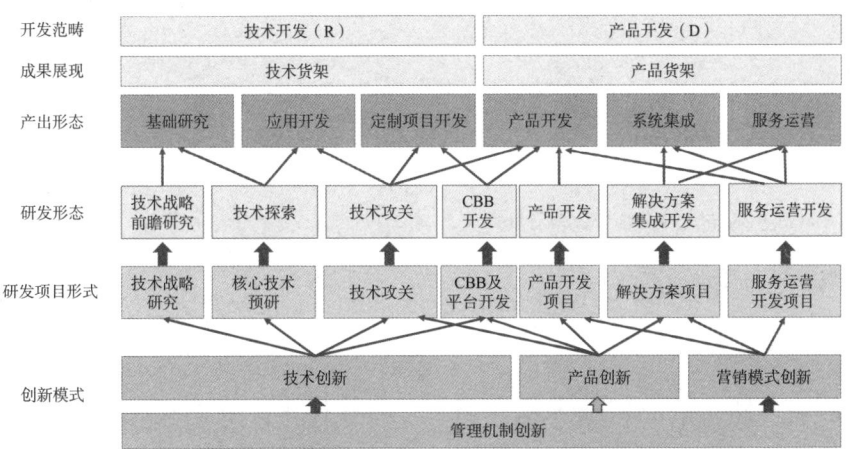

图1-1-2 周辉产品开发与技术开发及创新模式的映射模型

需要注意的是：服务运营开发的成果也以产品形式表现，而CBB既可被视为技术开发，也可被视为产品开发，对外销售的CBB通常被视为产品开发。本书主要研究技术开发，包括技术战略研究、核心技术预研、技术攻关以及CBB及平台开发四类，产品开发的内容详见《产品研发管理》一书。

■ 如何定义技术货架与产品货架

技术必须为产品服务，产品必须为经营服务，产品经营要求产品面向细分市场和内部共享，进行产品层级的划分。

如何进行多层级的产品开发共享？

如何将技术分层，支撑多层级的产品开发共享？

如何缩短产品开发周期？

如何进行搭积木式开发？

如何确保产品开发中没有不确定的技术风险？

…………

这就要求我们必须清晰定义技术货架与产品货架，进行技术与产品分层分类。

我们要将产品分为三类：CBB、外部销售产品、定制产品或解决方案，同时将技术分为三层：专业技术、领域集成技术、系统集成技术。

三类产品和三层技术如何进行对应和映射？让我们先明确几个问题。

第一个问题：什么是产品货架？如何将产品分层？

产品货架是将企业的所有产品按照一定的层级结构统一管理起来，以便产品开发时共享以前的成果。例如，华为公司及大部分系统级设备商的产品货架分为七层，如图1-1-3所示。

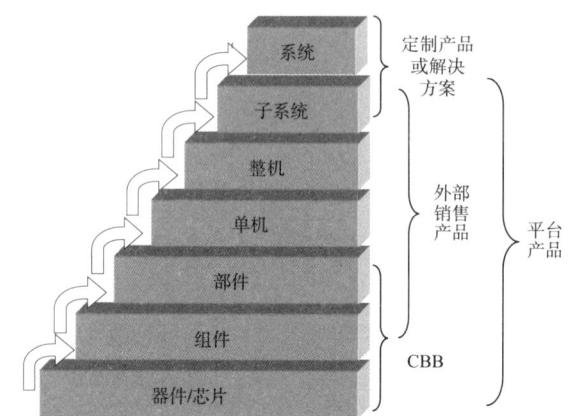

图1-1-3　华为公司等设备商七层产品货架周辉模型

科大讯飞、启明星辰、广联达等软件公司的货架分层如图1-1-4所示。

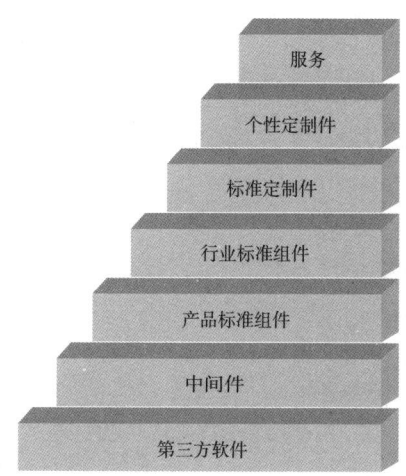

图1-1-4　融智软件公司的产品货架分层

而像双胞胎、天康生物等饲料及养殖类公司，海信视像等电视行业公司，其货架分层如图1-1-5和图1-1-6所示。

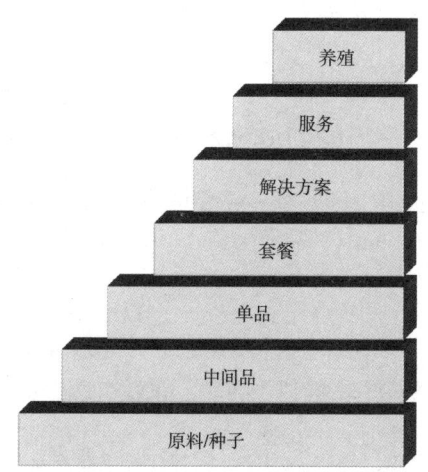

图1-1-5　融智饲料及养殖类公司的产品货架分层

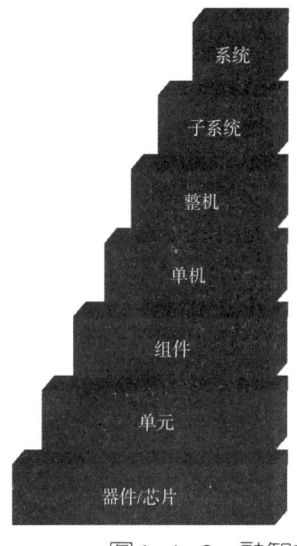

图1-1-6 融智电视行业公司的产品货架分层

不同层次或级别的产品或CBB都是产品货架的一部分，应在货架上进行标注。产品开发时就可以参考货架上的成熟产品，看哪些是能够直接应用的，这样就能最高程度地实现共享和快速交付，并减少重复开发造成的浪费，降低新开发模块的不稳定性，从而提高产品的可靠性和质量。

第二个问题：产品如何分类？

在七层产品货架模型中，按面向的对象或者客户，产品可分为三类。

1. CBB

CBB又叫内部共用基础模块，指在不同产品之间共用的技术、器件、部件、模块及其他相关的设计成果，包括软件包、材料等。通常指一、二、三层产品，与专业技术相关。一些器件级公司此层级的产品直接对外销售，但产品级和系统级公司此层级的产品更多是为了供上层产品开发时共享。

2. 外部销售产品

指面向某一客户群的单机、整机或软件模块，不仅可对外销售，还可作为上一层产品的共享模块，通常指三、四、五层产品。系统集成能力强的公司第六层产品也能做到大部分共享。

3. 定制产品或解决方案

一般跨几个产品或领域，需要进行系统集成的产品组合，部分分系统能共享，但系统基本上都需要在产品的基础上进行一定的定制，通常指六、七层产品。

企业产品所处的不同层级决定了企业的商业模式和在产业链中的位置以及核心竞争力的要素。

第三个问题：技术如何分层？

技术通常分为三层：专业技术、领域集成技术、系统集成技术。

专业技术包括器件/芯片、组件使用的技术；领域集成技术包括部件、单机、整机使用的技术；系统集成技术包括子系统、系统使用的技术。

技术和产品货架的映射关系，如图1-1-7所示。

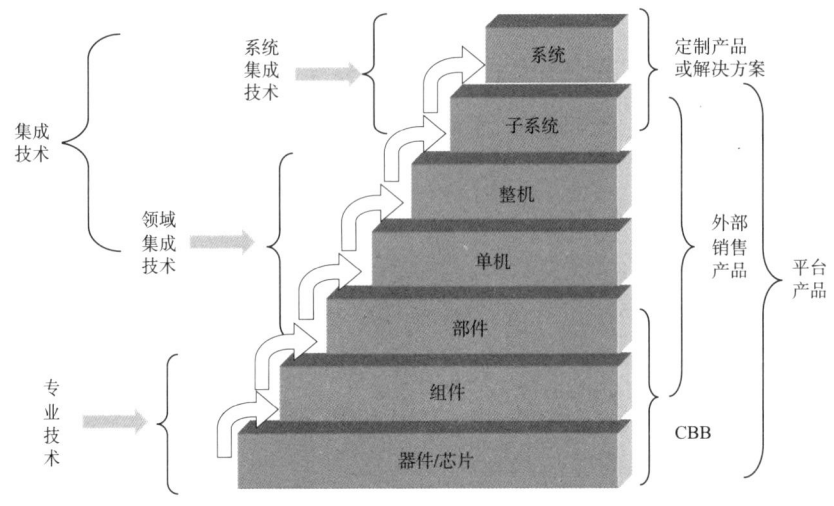

技术创新管理
——构建世界一流的技术创新和货架管理体系

图1-1-7 周辉三层技术与七层产品货架映射模型

第二节
技术型企业如何设计商业模式及进行产学研分工

■ 问题思考

1. 技术型企业的TPBC商业模式是什么?
2. 不同类型的企业如何进行TPBC商业模式的演进?
3. 细腰型生态架构与商业模式有什么关系?
4. 高校、科研院所和企业如何进行创新的分工和合作?
5. 不同阶段的企业如何制定研发策略?

■ 技术型企业的商业模式

在产品货架的七个层次和技术的三种分类中,一、二层(包括器件/芯片、组件)主要与专业技术相关;三、四、五层(包括部件、单机、整机)主要与领域集成技术相关;六、七层(包括子系统和系统)主要与企业的系统集成技术相关。因此,技型企业按照责任主体和收入的来源可以有四种商业模式（见图1-2-1）。

Technology（核心技术）经营技术	Product（单机、整机）经营产品	Business Solution（系统集成）经营解决方案	Customer Service（客户业务）通过客户服务获利
T	P	B	C

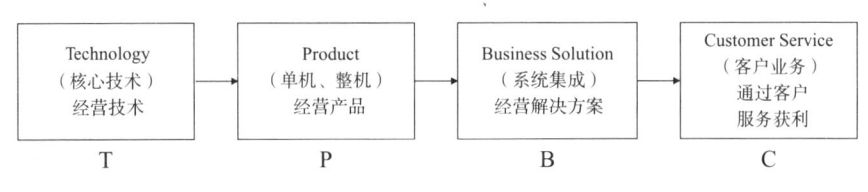

图1-2-1 融智技术型企业的四种商业模式

1. 经营技术（Technology）：主要通过技术转让和技术承接，以及技术路径的实现完成某一客户交付的项目（包括申请政府补贴项目），获取现金流和利润。一些通过技术承接项目的一次性或小批量项目型公司、科研院所、高校以及拥有核心技术的器件公司都以此类商业模式为主。

2. 经营产品（Product）：通过产品货架和成熟产品的销售和服务来为别人配套或直接销售一些整机，从而获得收入，经营产品应有规模，但是能否盈利，取决于企业是否有核心技术和核心客户。

3. 经营解决方案（Business Solution）：基于对客户业务的理解，企业可以通过提供核心产品及代理其他产品，并销售解决方案或系统集成来获取利润。

4. 通过客户服务获利（Customer Service）：以产品为核心，企业可以经营客户或通过产品维护获取收益。电信运营商、汽车厂商的4S店，都是通过客户服务实现盈利的典型例子。

各种商业模式下企业具体的产出表现、业务模式、收入模式及责任部门如表1-2-1所示。

表1-2-1 融智技术型企业的商业模式

责任部门	专业研究部	产品线	系统部	服务部门
产品层次	一二层	三四五层	六七层	服务运营定制
经营对象	Technology 卖技术	Product 卖产品	Business Solution 卖解决方案	Customer Service 通过客户服务获利
产出表现	核心技术	单机、整机	系统集成	服务运营
业务模式	拥有核心技术，基于核心技术做技术预研项目或技术转让一级定制交付	• 对外销售单机、整机级产品 • 给外部系统集成商做配套的单机、整机级产品	• 进行产业链分析和规划 • 直接给客户提供系统集成项目（交钥匙工程） • 为客户提供全业务的系统解决方案	• 配件 • 服务运营 • 定制
收入模式	• 国家预研项目 • 技术转让 • 技术承接项目 • 定制项目技术改造基金	• 产品销售收入（内部与外部） • 产品服务收入（备件）	• 基于产品的定制开发项目收入 • 集成收入 • 代理收入 • 服务收入	• 运营收入 • 服务收入

不同商业模式下，企业的核心竞争要素和竞争策略有所不同。

1. 经营技术（只卖T）：只有技术和项目，没有产品，研发模式以定制为主。

大部分高校和科研院所采用这种模式，基本没有形成核心产品，完全是在做科研项目或定制项目。这种模式在规模小的时候有利润，一旦进行扩张，就可能会导致亏损。要想实现有利润的规模化扩张，就必须产品化，建立CBB和产品货架，向集成产品开发模式演进。

2. 经营产品（只卖P）：有产品，无研发，一般与高校和科研院所合作做研发，也没有解决方案，主要为别人配套。

这种商业模式通常以产品为主，但由于没有核心技术，又没有解决方案，所以采用这种商业模式的企业既没有技术优势，又不贴近最终客户，要想在产业链上成为不可替代的环节，就必须保证产品的高质量、低成本和快速交付，将产品管理当作核心竞争力的要素，同时要加强支撑该产品的核心技术的创新和储备。

3. 经营解决方案和服务（提供B和C，T和P由合作伙伴提供）：必须对客户的业务有非常深的理解，最好进行自主研发或通过资本运作控制核心产品和核心技术，否则，企业可能有规模，无利润。

4. 经营技术和产品（卖T和P）：有核心技术，有核心产品，无解决方案，主要与别人的方案配套或通过渠道销售。采用这种商业模式的企业有可能有利润和规模，但由于是与别人配套的，所以企业对技术的先进性和需求的理解不直接，若领先了，如何保持持续领先就是一个难题。

5. TPBC模式：既有核心技术，又有核心产品，还提供解决方案，围绕核心技术和核心产品形成了平台，在平台的基础上支持多产品和多客户群的解决方案，形成了核心技术支撑核心产品，核心产品支撑解决方案，通过解决方案和优质客户的定制做服务运营，通过对外合作完成解决方案中非核心产品的配套。

这种商业模式是业界最有竞争力的产业链生态模式。由于有核心技术以及核心技术支撑的技术平台和核心产品，所以可以核心产品为基础不断形成多客户群的解决方案，并针对优质客户做定制和服务，如此一来，必将形成以核心技术、技术平台和产品平台为基础的细腰型生态架构，如图1-2-2所示。

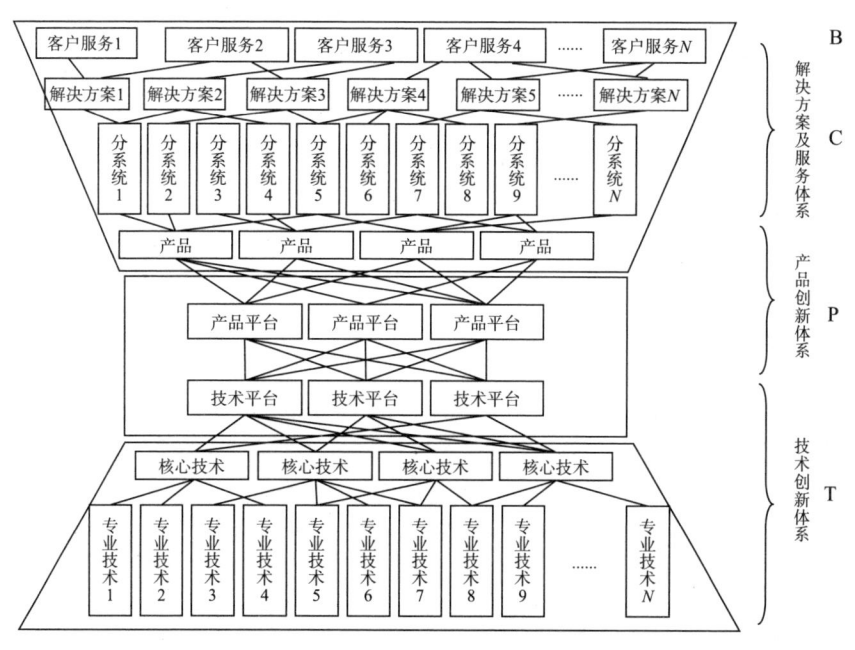

图1-2-2 周辉细腰型生态架构

细腰型生态架构的形成有如下好处。

1. 技术体系和产品体系分离，预研部或企业所属的研究所进行技术创新，各产品线、分（子）公司按领域进行产品设计；

2. 由于形成了自身的核心技术，拥有了技术平台和产品平台这段"腰"，所以可以"腰"为支撑进行扩张，主营业务突出，且竞争能力强，获利高；

3. 由于有了共享的"腰"，所以可以快速地开发出产品，持续保持竞争力。

这种细腰型生态架构形成后，企业要注意以下几点。

1. 对客户的业务要非常熟悉和了解，能起到业务咨询的作用，建立市场部或业务咨询部；

2. 对产业链的产品要非常熟悉，形成解决方案部；

3. 本身拥有能够进行系统集成、测试和总装的环境；

4. 能够做技术规划，对核心技术进行持续立体的开发和预研，确保持续领先；

5. 建立对产业链统一管理的合作管理部，加强与高校、科研院所及单产品公司的合作；

6. 针对技术预研、产品开发、货架及平台开发形成立体研发体系。

企业该如何与高校、科研院所加强合作呢？企业、高校、科研院所在创新上又该如何协作和分工呢？

■ 高校、科研院所与企业的产出创新商业模式分析及分工

正如第一节所述,研发包括六种产出模式,分别是基础研究、应用开发、定制项目开发、产品开发、系统集成、服务运营。

基础研究是以发现自然规律和发展科学理论为目标的研究,包括发明创造新的事物,首创新的制作方法以及原理性探索,它的责任主体为科学家。基础研究更多的是在无人区进行研究,不知道具体应用场景,不知道要解决哪些问题。

应用开发则是探索基础研究的成果用途,侧重于所要解决的问题,偏重于商用化,基于特定的目的或目标进行开发,通常我们也称之为技术创新。

技术创新来源于两方面:基于基础研究找到相应的应用场景进行技术探索,或者基于产品开发需要的技术进行技术攻关,如图1-2-3所示。

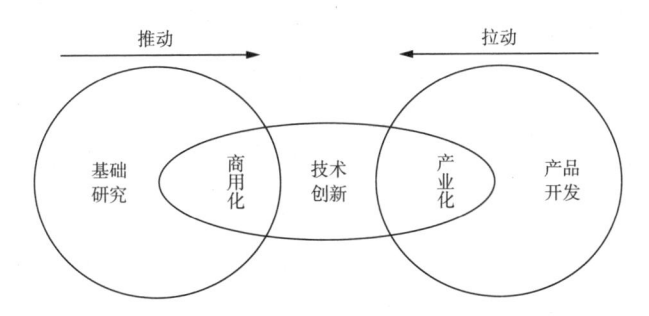

图1-2-3 周辉基础研究和技术创新及产品开发关联模型

基础研究更偏向于在无人区进行原理性探索；技术创新更追求场景化、商用化；产品开发使技术成果进一步商用化、产业化；系统集成及服务运营则使产出成果快速兑现，并通过服务进行持续创新。

如图1-2-4所示，基础研究投入大、周期长、风险高，但利润高。产品开发或集成开发投入小、周期短、风险低，能快速上规模，但是如果企业发展到一定程度，还没有核心技术，就有可能被竞争对手"卡脖子"，导致自身没有定价权、利润低。因此，针对以上六种产出模式，企业、高校和科研院所应该有所分工和协作。

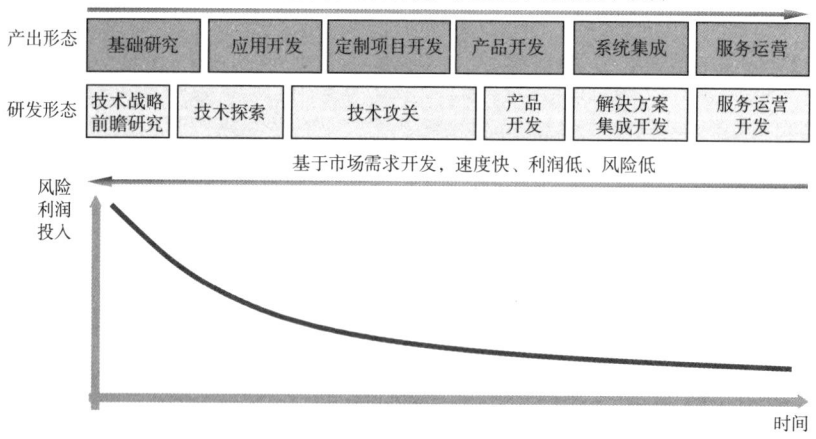

图1-2-4　融智技术创新与市场需求双向驱动利润时间分析模型

一、高校

由于基础研究主要是在无人区进行科研探索，发现新的规律并培养人才，因此，高校应将更多的精力放在基础研究上，关注探索未知领域的知识和方法，专注于科学的创新以及原理和发明。

高校的产出形态是从基础研究切入，多做一些技术探索，承接一些与自己的基础研究相关的可进行商业化的项目，其应用开发和产品开发应该与科研院所和企业进行合作，如图1-2-5所示。

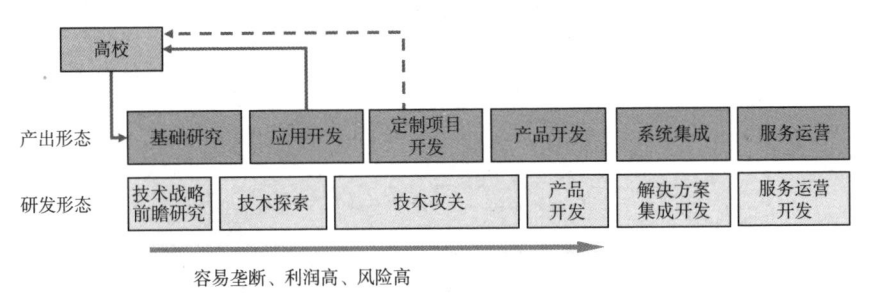

图1-2-5　融智高校研发产出模型

二、科研院所

科研院所应该加大与高校的合作，将高校的基础研究成果化，并针对产品开发需要的技术进行攻关，其重心应该放到技术探索、技术攻关和承接一些孵化产品的项目上。

科研院所发展到一定的程度后，还应该将一部分精力放到共享技术和技术成果产品化上，尤其是面对多品种、小批量的项目（类似于军工项目或其他定制项目）时，更应当关注CBB的建设。

因此，科研院所的产出形态应该是从技术探索进去，进行应用开发以及基于技术成果的产品开发，承接孵化产品的项目。如果科研院所孵化出了产品，我们建议其最好成立独立的公司，在机制和绩效上进行公司制改革，以利于产品做大做强；不倡导科研院所做集成，如图1-2-6所示。

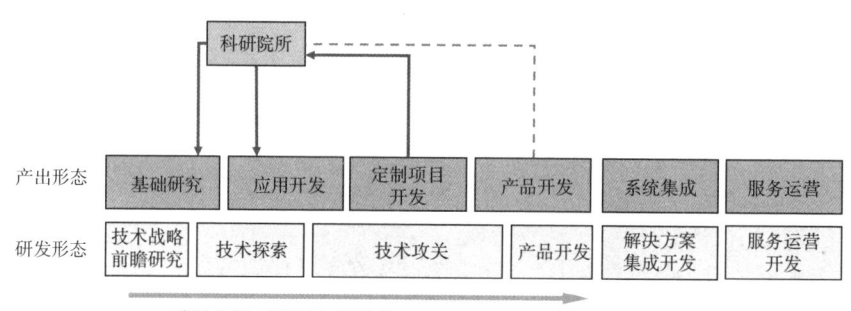

图1-2-6 融智科研院所研发产出模型

三、企业

企业应该构建完整的系统创新产业链，以产品为核心，向上做集成，进行商业模式及营销模式的创新，向下做技术及货架，进行技术创新，如图1-2-7所示。

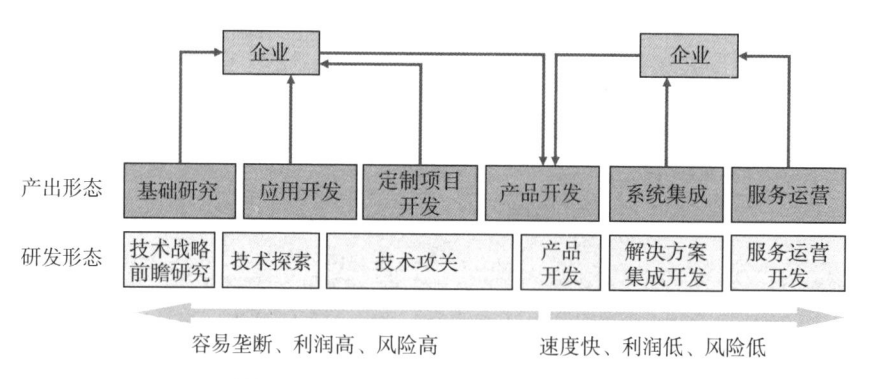

图1-2-7 融智企业研发产出模型

融智咨询的公司一般在研发策略上倡导以产品为核心，向上做集成和服务，形成生态，向下通过自主创新和合作形成技术和货架，中间产品做大，形成"顶天立地树中央"的研发架构，如图1-2-8所示。

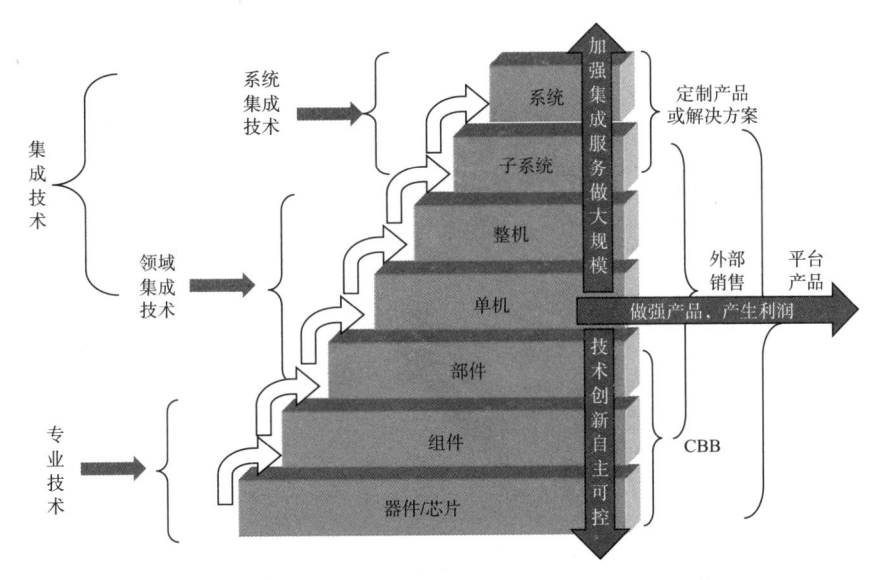

图1-2-8 周辉"顶天立地树中央"的研发架构

在这种架构中，通过集成和服务做大规模，带动产品的销售，同时毛利率会进一步上升；通过自主创新和合作形成货架，既提高了技术影响力和毛利率，又避免了技术被别人"卡脖子"，真正实现了核心技术支撑核心产品，核心产品支撑解决方案，通过对优质客户的定制和服务带来新技术需求正向循环的商业模式。这时企业的总体架构通常如图1-2-9所示。

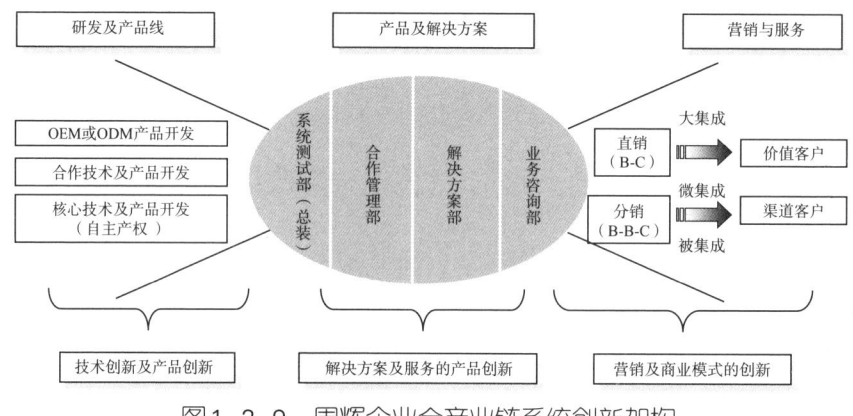

图1-2-9 周辉企业全产业链系统创新架构

综上所述，高校应该关注基础研究，科研院所应该关注技术创新、技术探索，头部的领先企业既要做产品创新，也要做营销模式创新，更要做技术创新，必要的时候还要加大对基础研究的投入，形成细腰型生态架构。

需要注意的是，企业不用一开始便构建完整的系统创新产业链，而应该根据市场需求，结合自身现金流情况，制定不同的研发策略，以确保可持续成长。那么，不同的企业在不同的情况下，应该制定什么样的研发策略呢？

■ 企业如何根据市场及自身情况制定合适的研发策略

当缺少现金流的时候，企业应该关注产品开发、系统集成和服务运营，其模式为从产品开发、系统集成进去，从定制项目开发出来，如图1-2-10所示。

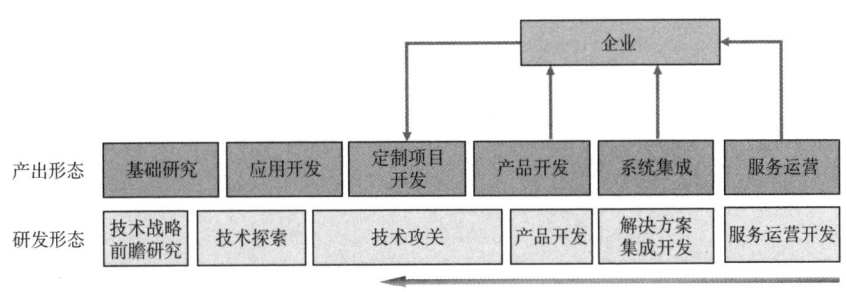

图 1-2-10　融智关注现金流企业的产出模型

当有充足的现金流，处于头部领先地位的时候，企业应该全产业链打通，关注系统集成、产品开发、定制项目开发、应用开发，同时加大技术战略前瞻研究、技术探索、技术攻关的力度，解决"卡脖子"的技术难题，必要时还要加大对基础研究的投入以及与高校的合作力度，如图1-2-11所示。

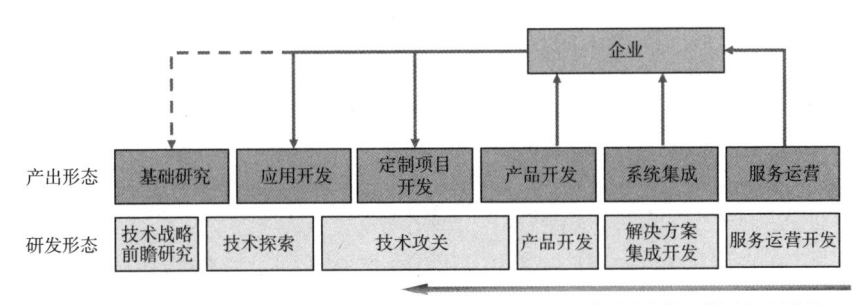

图 1-2-11　融智头部领先企业的产出模型

值得注意的是，初创型企业进行了初步的技术探索，下一步应该从技术探索进去快速做产品，而不是简单地做定制项目开发，不考虑技术的成果化、产品化，如图1-2-12所示。

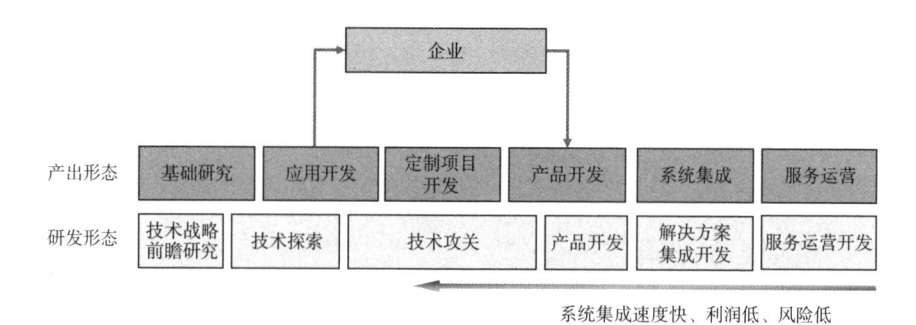

图1-2-12 融智初创型企业的产出模型

企业最终要形成细腰型生态架构，但不能一蹴而就，应该根据企业自身情况制定研发策略，逐步建立核心技术支撑核心产品，核心产品支撑解决方案，通过对优质客户的定制和服务带来新技术需求正向循环的商业模式，形成细腰型生态架构，建立立体研发体系。

第 2 章
Chapter 2

如何构建立体研发体系，支撑面向核心技术和市场需求双向驱动的产品开发

领先型企业必须进行系统创新，通过技术创新和产品创新构建立体研发体系，将研发分为预研、公共研发、产品开发、技术支持与服务开发。预研解决技术的先进性，公共研发解决共享，产品开发及技术支持与服务开发助力市场成功、财务成功和利润兑现，这样才能实现基于核心技术和市场需求双向驱动的集成产品开发，拉开代际差距，确保持续领先。

本章精华

1. 评估技术的先进性，关键要看该技术支撑的产品核心功能能否给行业带来革命性变化或者给对手造成致命的打击，能否支撑产品商业化和竞争的需要。

2. 支撑产品的技术创新有三个支柱：产品的功能和质量、成本、产品开发时间。

3. 集成产品开发模式既可做到内部共享，产生规模，可批量、可复制，又可以满足客户的个性化需求，是竞争环境和互联网环境下最好的产品开发模式。

4. 集成产品开发模式要求技术开发与产品开发分离，细分为以技术创新为基础的平台版本（V版本）、面向细分市场的产品版本（R版本）和面向优质客户的定制版本（M版本）。

5. 集成产品开发模式需要实现四大重组：财务与成本重组、市场重组、产品与技术重组、组织与流程及人员重组。

6. 立体研发体系包括三个层次：规划层、产出层、支撑层，规划层负责"管"，产出层负责"战"，支撑层负责"建"。

7. 立体研发的产出包括技术开发与产品开发，技术开发包括技术战略前瞻研究、技术探索、技术攻关及CBB开发，产品开发包括基于功能的产品开发、基于客户业务的产品开发以及服务产品开发。

8. 立体研发模式要求实现十种能力建设，包括：五种业务能力，即规划能力、市场与需求管理能力、营销能力、技术创新能力、产品管理能力；五种支撑能力，即项目管理能力、流程管理能力、人力资源与任职管理能力、商务与采购管理能力、产出文化与分配机制建设能力。

9. 立体研发体系的建立不是一蹴而就的，企业是一个不断演进的生命体。根据产品及研发的发展演进，融智将企业的发展分为五个阶段。

10. 从项目型组织走向产品型组织需要进行六大分离，即：

（1）产品开发、预研和公共研发分离；

（2）市场体系和销售体系分离；

（3）产出线和资源线分离，明确不同类型的产出模式和产出流程；

（4）决策和职能体系管理、执行分离；

（5）系统设计和实现相对分离；

（6）开发和测试、验证分离。

11. 军团型组织或基于行业的组织属于一级产品线，单机、整机属于二级产品线，CBB货架属于三级产品线，各级产品线之间相互支撑配套。

第一节
如何建立面向核心技术和市场需求双向驱动的产品开发模式

■ **问题思考**

1. 技术创新有哪三个支柱？

2. 技术创新要回答哪五个问题？

3. 企业产品开发有哪三种方式？

4. 企业为什么要进行集成产品开发？

5. 集成产品开发模式下产品的定义是什么，产品有哪三种表现形态？

6. 实现集成产品开发要进行哪四个重组？

企业技术创新的目的是商业化，商业化的基础是产品，因此，技术创新必须为产品创新服务。评估技术的先进性首先要评估该技术支撑的产品核心功能能否给行业带来革命性的变化或者给对手造成致命的打击，能否支撑产品商业化和竞争的需要。因此，支撑产品的技术创新有三个支柱，如图2-1-1所示。

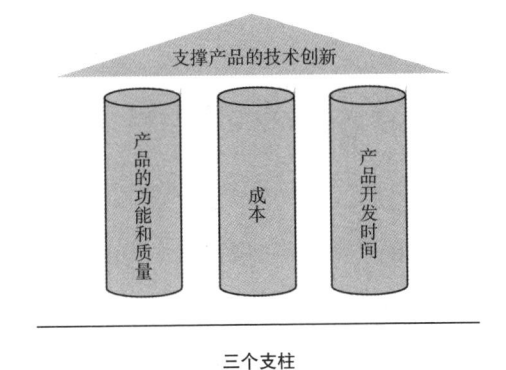

图2-1-1 支撑产品的技术创新的三个支柱

支撑产品的技术创新要回答五个问题：

1. 该技术支撑的产品的核心功能是什么？
2. 该功能在行业的竞争地位如何？
3. 该功能对质量有什么影响？
4. 技术创新能否带来成本的下降？
5. 技术创新能否缩短开发周期并加快交付速度？

技术创新必须为产品服务，因此，我们先来了解一下竞争环境下产品的开发模式。

■ 传统的产品开发模式今天面临着什么问题

传统的产品开发模式有两种。

第一种是基于技术推出通用产品的开发模式,如图2-1-2所示。

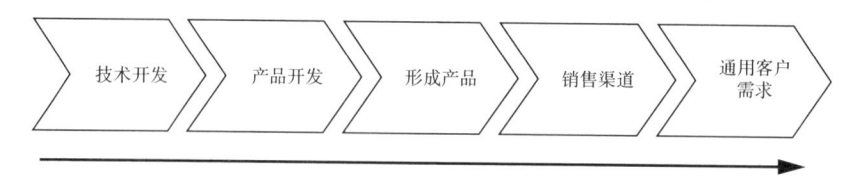

技术开发 〉 产品开发 〉 形成产品 〉 销售渠道 〉 通用客户需求

图2-1-2 基于技术推出通用产品的开发模式

这种开发模式的市场环境、优点、竞争要求及风险如下。

市场环境:产品短缺,信息交流闭塞,以产定销的买方市场时代。

优点:通用产品,快速产生规模,容易交付,可批量生产和复制。

竞争要求:在激烈竞争的情况下,技术必须具有不可替代性和领先性,能形成保护壁垒。

风险:

1. 由于是通用产品,所以不能满足客户的个性化要求,很容易被细分市场产品替代;

2. 一旦技术落后,没有后续产品推出,客户群就很容易流失,不容易持续稳定地服务一个客户群。

第二种产品开发模式是基于客户需求重新开发技术,满足客户个性化需求的定制模式,如图2-1-3所示。

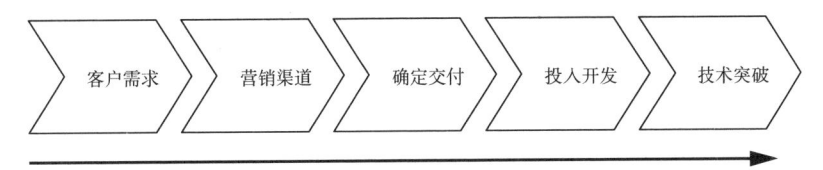

客户需求 〉 营销渠道 〉 确定交付 〉 投入开发 〉 技术突破

图2-1-3 基于客户需求定制产品的开发模式

这种开发模式的市场环境、优点、竞争要求及风险如下。

市场环境：个性化定制的卖方市场时代。

优点：由于满足客户的个性化定制，所以客户满意度较高。

竞争要求：必须及时交付。

风险：

1. 如果技术问题没能解决，就很难及时交付；

2. 个性化定制没有积累，一个项目一个项目做，企业很难做大；

3. 由于每个项目都要从头做起，所以很容易出现质量问题；

4. 人才没有专业发展通道，容易流失；

5. 项目越多，管理越难，随着项目的增多，成本会越来越高，企业甚至会出现亏损。

这两种传统的产品开发模式，在经济高速发展和客户需求个性化的时代都遇到了极大的挑战。

是否有一种开发模式，既能满足客户的个性化需求，又能保证快速如期交付，还能将技术的风险提前化解，使产品达到可内部共享、可批量、可复制？这种模式就是今天竞争环境下的产品开发模式，一般叫集成产品开发模式，也叫并行开发或异步开发模式。

■ 集成产品开发模式

集成产品开发模式既可做到内部共享，产生规模，产品可批量、可复制，又可以满足客户的个性化需求。其主要做法是：

1. 产品开发与技术开发及平台开发分离；

2. 技术开发和平台开发按第一种模式进行，解决技术的突破，形成货架产品或平台产品，供产品开发时共享；

3. 产品开发按第二种模式进行，在共享的基础上，分成一个一个细分客户群的版本或子产品，满足细分客户群的需求。

采用这种模式，先进行技术开发，将不成熟的技术或没有解决的技术提前突破，并将各细分客户群的共享部分按产品层级分层开发，然后放到产品货架上（并行开发或异步开发），这样一来，产品开发过程中就可以共享下层部分，不用重新开发，也就能准确、快速降低成本和高质量满足客户需求。这种模式如图2-1-4所示。

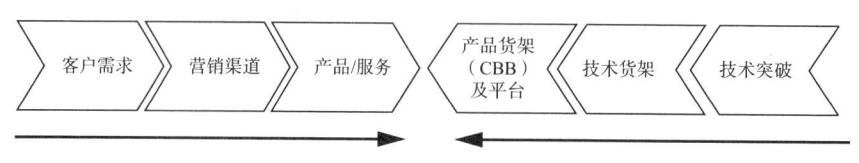

图2-1-4 集成产品开发模式

集成产品开发模式改变了传统的通用产品开发模式，其架构如图2-1-5所示。

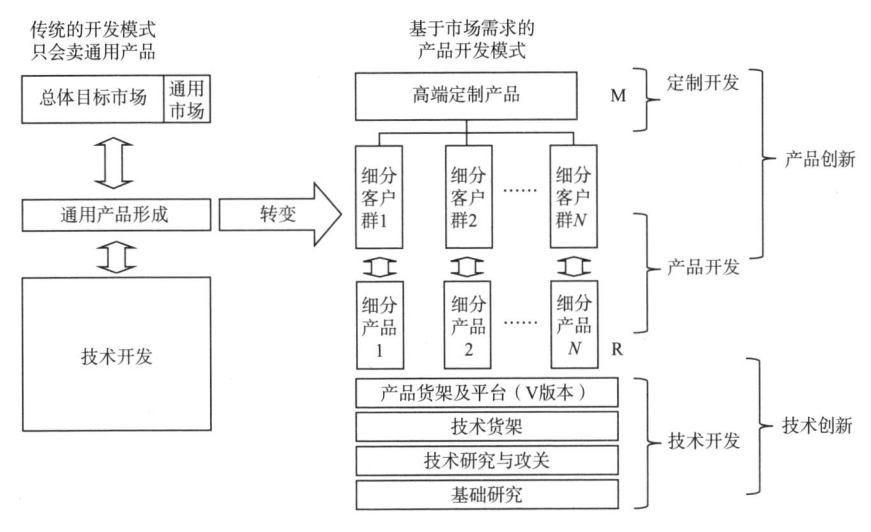

图2-1-5 集成产品开发模式的架构

在集成产品开发模式下，技术开发与产品开发是异步进行的，各层次的模块是分层开发的，流程、项目管理和团队构成都不一样，这样就可以缩短上市时间，提高开发效率，如图2-1-6所示。

在这种模式下，产品开发的总体结构会形成细腰型生态架构（详见上一章），而"腰"是指共享的技术平台或产品平台。细腰型生态架构是评价企业核心竞争力的重要指标，一个企业拥有细腰型生态架构，就预示着这个企业拥有共享研发基础，能够满足客户的需求和获得更大的利润。

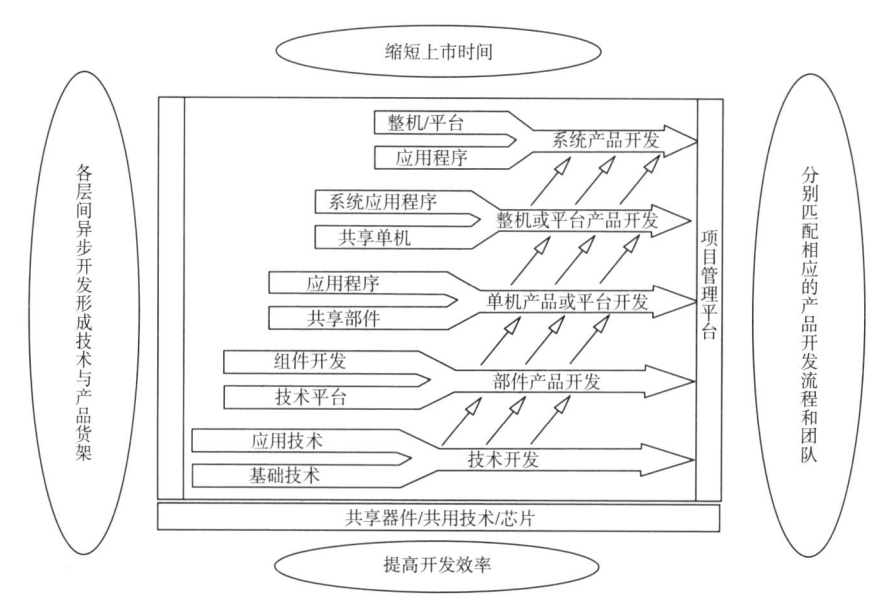

图2-1-6 集成产品开发模式下的异步开发架构

■ 集成产品开发模式下的产品表现形态

由于集成产品开发模式要求在产品平台上针对细分客户群推出产品，因此产品的表现形态和对应的责任人是不一样的。这意味着，研发人员、企业内部市场部门以及销售服务团队对产品表现形态、内容和目标对象的理解都存在差异。

让我们来看看华为公司的产品表现形态。

华为公司将产品定义为版本，表现形态为VRM，如V5.0R1.0M01，其含义如下。

华为公司的版本有三个定义：

1. 产品大版本：V 版本（Version），指平台版本；

2. 细分客户群版本：R 版本（Release），指最终交付给用户的产品版本；

3. 客户定制版本：M 版本（Modification），指在 R 版本的基础上针对具体客户的个性化定制版本。

平台版本：研发人员理解的产品，总体市场的产品，通常以产品或产品线表示，指产品大版本；代表公司某一产品或其系列产品，并与唯一的产品配套表对应。

对于一个平台版本，其市场需求的特性是非常多的，如果将所有功能全部开发出来再推出市场，一方面开发周期会拖得太长从而导致产品错失市场机会，另一方面资源不能得到满足。为了快速地占领市场，一般情况下，企业会根据不同的细分客户群将一个V版本分成若干R版本，分阶段开发和推出市场，这样一个V版本的总体开发计划就可以包含若干R版本的计划，从而形成V版本的路标规划，如图2-1-7所示。相关模板见图书《产品研发管理》的第四章第四节。

产品版本：针对某一细分客户群的产品，也是最终交付给用户的产品，它是客户和市场理解的产品。

每个产品版本都面向具体的细分客户群，包含若干特性或功能，可以形成一个具体的产品。将什么特性和功能纳入一个版本中，需要综合四个要素：

（1）客户及竞争需要；

（2）功能与技术需求；

（3）时间；

（4）成本。

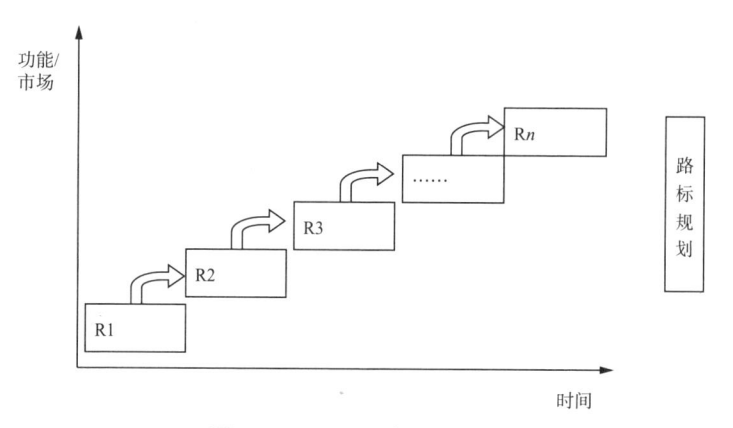

图 2-1-7　V版本路标规划

R版本是面向外部销售的产品，我们讲的产品开发主要是讲R版本的开发，包括产品的定价以及促销和发布均是针对R版本说的。

客户定制版本：在R版本的基础上针对具体客户的个性化定制版本。

有些客户需要在R版本基础上增加定制，这种定制的需求又不是某一个细分客户群的群体需求，这样就需要在已经发布的R版本基础上针对个别客户更改（新增、改变、删除）某个功能和特性，使产品的交付发生变动，这种产品就是定制产品。

V版本、R版本和M版本的区别如表2-1-1所示。

表2-1-1 融智V版本、R版本和M版本的区别

对象	V版本	R版本	M版本
市场范围	总体市场	细分市场	具体客户
开发对象	技术包	产品包	项目包
计划	产品路标规划	产品开发计划	项目实施计划
开发周期	长（年）	短（月）	更短（几周或1～2个月）
面向对象	公司内部	外部客户	外部客户
理解程度	研发人员理解的产品	客户或市场理解的产品	销售服务团队与客户共同理解的产品
产品层次	产品平台	基于产品平台增加特性形成的产品	基于产品R版本进行特性更改（增、删、改）而形成的产品
开发团队	研发部门内部较固定的团队	跨部门、动态组建的团队	以实施服务为主，研发部门辅助形成的团队
职责及考核	对技术和平台成功负责，对整体市场的财务成功负责，按计划和质量考核	对市场成功负责，按财务考核	对客户的交付和满意度负责，同时要有严格的财务考核，对特殊战略客户要有补贴

V版本通常用产品平台表示，是划分产品线的要素，是R产品的开发平台、集成平台和标准应用组件库。R产品和M产品增加的个性化组件和模板不允许修改V版本，但会根据成熟度和共用性被分步纳入V版本中。V版本、R版本和M版本的关系如图2-1-8所示。

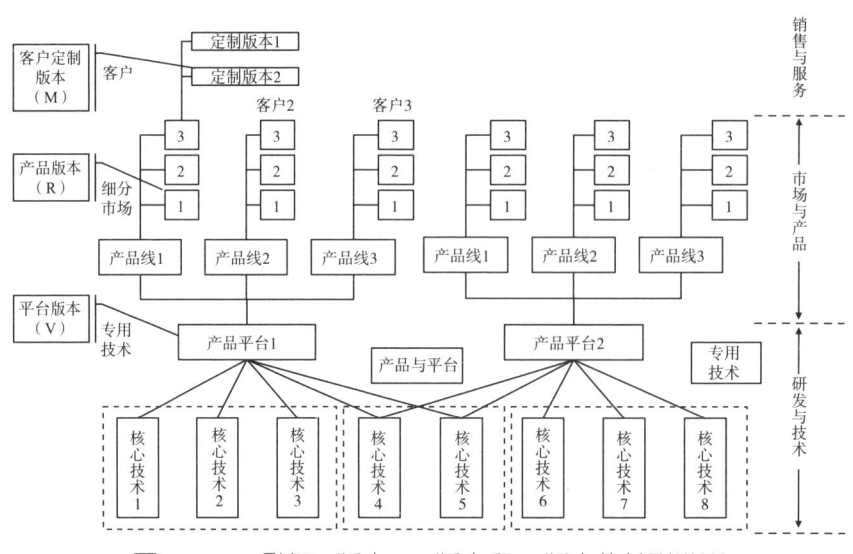

图2-1-8 融智V版本、R版本和M版本的关联模型

■ 实现集成产品开发管理（IPD）必须建立立体研发体系

一、IBM和华为的研发管理改革案例

1993年前，IBM公司面临着收入持续下降、利润比收入下降得更快，而研发费用不断上升、研发周期不断延长、研发的浪费不断增加、产品上市时间远远落后于对手的困境。为了降低研发成本，缩短产品上市周期，IBM进行了产品研发管理改革，建立了基于市场需求和核心技术及平台驱动的产品研发管理体系。IBM公司梳理了产品结构层次，重整了产品开发流程，以市场需求作为产品开发的驱动力，将技术研发和产品开发分离，并将产品开发作为一项投资来管理。短短几年，IBM公司便实现了收入

与利润同步增加，产品开发周期缩短一半，研发费用降低50%，研发浪费几乎为零的目标，蓝色巨人重新崛起。

1997年前，华为的研发管理同样面临着许多问题：

- 对技术负责而不是对市场和财务成功负责；
- 不关注市场需求，无法对市场需求做出快速响应；
- 产品开发周期漫长（如图2-1-9所示）甚至不能收工，不断进行重复开发；
- 研发、中试、生产、销售分段开发，没人对全流程负责；
- 很少关注产品平台或共享技术，大部分项目从头做起，研发浪费严重；
- 只有研发过程绩效考核指标，缺少市场和财务成功的组织绩效考核指标；
- 只有单项目管理，没有多项目管理体系；
- 销售与研发人员矛盾大，销售抱怨研发反应速度慢，研发抱怨销售不能带回客户的需求；
- 缺人成为所有问题的借口；
- …………

华为进行了研发创新大讨论，之后便开始进行产品研发管理改革，将技术研发和产品开发分离，将对研发负责的技术开发体系改为对市场和财务成功负责的产品开发体系，基于核心技术和市场需求双向驱动进行产品开发，强调：

- 创新不是全新的创新，不是推倒重来，而是要在现有的产品和技术的共享上进行创新，鼓励在共享货架的基础上满足客户的差异化需求；

- 产品开发与技术开发分离，产品开发面向市场需求，技术开发为产品开发服务，技术开发为产品开发提供成熟的货架技术和平台；产品开发中不允许运用没有解决的核心技术和不成熟的器件，以缩短产品开发周期和降低产品开发风险，以及确保产品成功以后所需要的核心技术可控；

- 建立跨部门的产出管理团队，强调从技术到样机到产品到商品的全流程演进和包括研发、中试、生产、采购、营销等的全要素管理，市场和财务成功是研发成功的组织绩效考核指标；

- 产品功能和业务的创新要领先于研发工具和技术路径的创新；

- 核心技术和关键技术必须基于自己的知识产权进行开发和预研，一般通用技术可外包或走平台化道路；

- 资源线和产出线分离，产出线以项目的方式对市场和财务成功负责，资源线对能力的提升负责，能力提升包括人员的任职资格提升，以及技术产品和平台的共享。

- 需求不清晰
- 分阶段项目管理
- 项目组织只有研发，没有市场及销售、财务和供应链参与
- 产品研发中有未突破的关键技术
- 没有共享，所有项目从头做起
- 关键资源冲突，平行开展项目
……

（思考气泡：产品开发周期为什么如此漫长？）

图2-1-9　产品开发周期为什么如此漫长

经过几年的改革，华为获得了成功，产品开发周期大大缩短，共享产品货架形成，市场和销售分离，产品开发与技术开发分离，建立了基于市场需求的产品开发体系。同时，各部门围绕全流程的产品开发重组资源，实行产品经理制和跨部门的开发团队，产品经理对产品开发的全流程（原理样机、工程样机、小批量、批量、转生产）和全要素（进度、质量、成本、采购、生产、营销、研发）负责。技术评审与决策评审分离，决策评审以市场和财务成功作为指标来评价产品或项目是否成功。华为产品管理改革的成功为今天华为成为世界通信业的巨头奠定了雄厚的基础。

二、如何实现集成产品开发管理

集成产品开发管理模式的建立是一个系统性工程，不应只是研发管理的改革或研发流程的调整，而应该是企业整体战略的转型。其目的是以客户为导向，以市场需求和核心技术双向驱动为产品开发的原动力，将产品开发当成一项投资来管理，以货架技术和平台为共享基础，面向细分市场构建产品，实现产品开发的市场和财务成功；将对研发负责的技术体系改为对市场和财务成功负责的产品管理体系，以实现产品开发"准确、快速、低成本、高质量"的目标；同步建立任职资格管理体系，在技术创新、产品创新以及营销创新的同时培养全流程全要素的复合型人才。

要实现集成产品开发管理，企业内部首先要统一以下核心思想：

1. 产品开发是一项投资，按费用包比例执行开放式预算；

2. 必须强调基于市场与基于核心技术的同步创新；

3. 执行技术开发与产品开发分离，建立技术货架和产品货架；

4. 对技术进行分类管理，强调核心技术、关键技术的自主开发，一般通用技术合作开发或外包；

5. 强调跨部门的协同开发，实现全流程全要素（市场、研发、生产、采购、财务等）的管理；

6. 强调CBB和平台建设，强调共享，执行异步开发；

7. 根据产品的不同层次和技术开发执行不同的结构化开发流程；

8. 将市场和财务成功，以及核心竞争能力的提升作为研发绩效考核的要素；

9. 建立基于产出的任职资格管理体系，鼓励研发人员横向流动，培养全流程全要素的复合型人才；

10. 建立面向一线、面向产出、面向增量、面向核心技术攻关的企业文化。

集成产品开发的总体方案包括四大产出体系建设、四大产出团队建设、四大支撑体系建设，简称为周辉产品管理四四四模型，如图2-1-10所示。

要实现四四四模型，就必须以产品线（产品）为核心进行四大重组，四大重组由产品线业务领导统一管理，而不是由各职能部门分段执行。四大重组的具体内容如下。

1. 财务与成本重组

（1）建立面向产品线和产品以及项目的开放式预算核算体系；

（2）基于财务核算进行项目的排序和资源配置；

（3）所有的项目开发都是一项投资，投入产出比为最终衡量要素；

（4）成本分析和定价以及经营分析成为产品管理的重要部分；

（5）基于产出节点进行预核算和绩效管理。

2. 市场重组

（1）细分市场及客户群，开发产品（R版本）；

（2）市场经理和客户经理分离；

（3）详细进行市场需求分析；

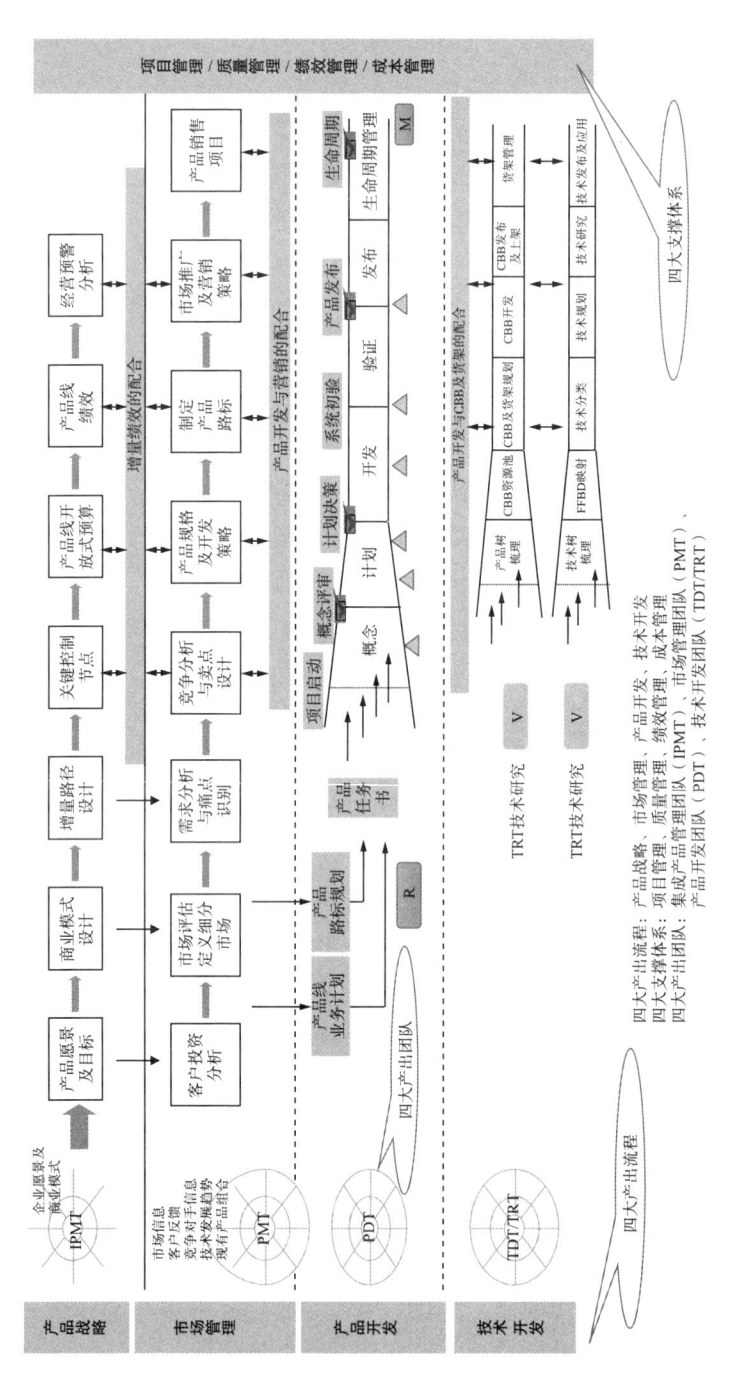

图 2-1-10 周辉产品管理四四四四模型

（4）市场规划、产品规划和客户规划、技术规划联动；

（5）基于市场需求重新设计商业模式和组织；

（6）客户分类，低端客户不定制，高端客户要定制（M版本）。

3. 产品与技术重组

（1）产品分为内部产品和外部产品，按七层建设；

（2）技术分为专业技术、领域集成技术、系统集成技术，按三层建设；

（3）产品货架与技术货架分别映射；

（4）产品根据产业链分层分级进行架构，执行并行开发（也叫异步开发）；

（5）CBB既是技术开发也是内部产品。

4. 组织与流程及人员重组

（1）项目管理变为多项目管理，进行项目的资源配置和排序；

（2）产出流程包括市场流程和产品开发流程以及技术和平台开发流程，项目管理模式也有区别；

（3）组织上执行矩阵管理，产出线与资源线相对分离；

（4）建立任职资格管理体系，员工分为预研人员、产品开发人员以及市场管理和技术支持人员，建立人员横向流动的机制；

（5）研发包括预研、产品开发、公共研发及技术支持与服务，建立立体研发体系。

第二节
如何构建立体研发体系

■ **问题思考**

1. 立体研发体系包括哪些内容？
2. 立体研发体系包括哪三层？
3. 立体研发下产品开发的内涵是什么？
4. 立体研发下技术开发的内涵是什么？
5. 产品开发与技术开发有什么关系？

■ **立体研发体系的构成**

集成产品开发模式，要求技术开发与产品开发分离。技术开发包括预研、CBB开发以及平台开发；产品开发要求市场规划、产品规划与技术规划联动，同时建立资源管理体系，以确保各类人员能力提升和横向流动。因此，企业立体研发体系的建设，包括规划层、产出层与支撑层三个层级，如图2-2-1所示。

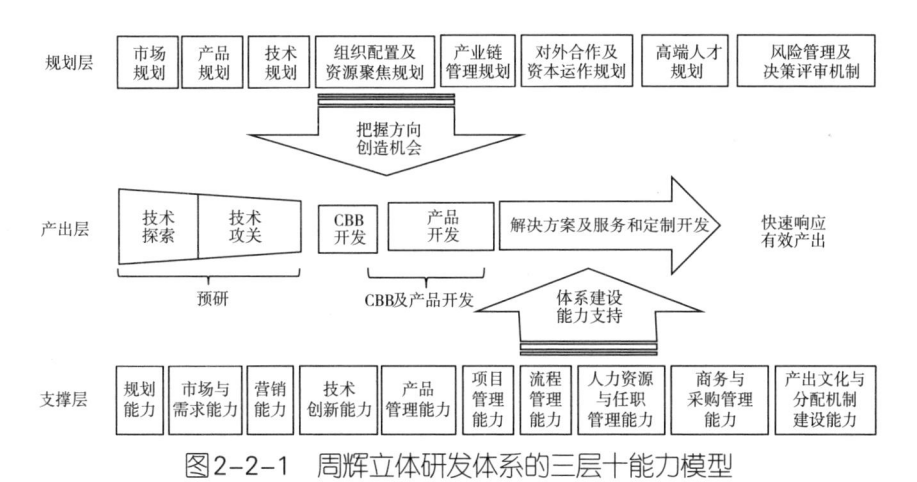

图2-2-1 周辉立体研发体系的三层十能力模型

一、规划层

规划层包括市场规划、产品规划、技术规划、组织配置及资源聚焦规划。领先型企业还要进行产业链管理规划、对外合作及资本运作规划、高端人才规划。企业发展到一定规模后，还必须建立风险管理及决策评审机制。规划层通常以委员会的形式运作。

二、产出层

产出层包括技术开发与产品开发。

技术开发包括预研（技术探索、技术攻关）及CBB开发；产品开发包括基于功能的产品开发、基于客户业务的产品开发以及服务产品开发，互联网公司还将服务的运营以及生态平台建设纳入产品开发范畴。因此，立体研发体系的产出层既包括技术开发也包括产品开发，其成果为技术货架与产品货架，立体研发体系的整体架构如图2-2-2所示。

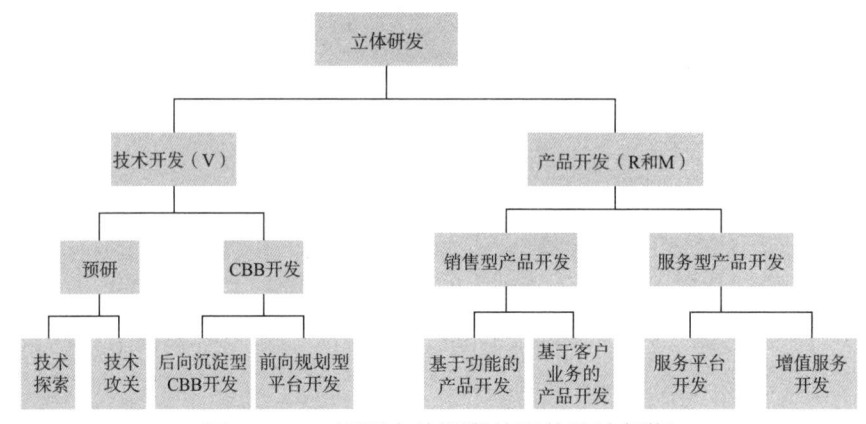

图2-2-2 周辉立体研发体系的整体架构

我们通常将技术探索和技术攻关称为预研。

立体研发需要注意：

1. 预研要为产品开发服务；

2. CBB如果不独立卖，则可作为技术开发；如果在支撑产品开发的同时可以独立卖，则可以归类为产品开发。

三、支撑层

支撑层主要指资源管理及体系，具体包括五种业务能力和五种支撑能力。

五种业务能力：

规划能力、市场与需求管理能力、营销能力、技术创新能力、产品管理能力。

五种支撑能力：

项目管理能力、流程管理能力、人力资源与任职管理能力、商务与采购管理能力、产出文化与分配机制建设能力。

一些领先型企业,通常将立体研发称作"管战建"相对分离,规划层负责"管",产出层负责"战",支撑层负责"建"。

■ 立体研发体系下产品开发与技术开发的内涵

在集成产品开发管理模式的立体研发体系下,产品开发与技术开发分离,产品开发和技术开发内涵是不一样的。

一、产品开发的内涵

内容:基于功能的产品开发、基于客户业务的产品开发,以及服务产品开发。

关注:产品开发最重要的是将眼光放在客户的需求上,并快速且低成本地用成熟技术或平台满足这些需求,这些技术不一定全部由自己创造,产品开发不允许失败。

强调:产品开发强调基于市场需求和共享平台,对市场和财务的成功负责,强调产品包的成功。

流程:全流程全要素,从客户需求面向客户交付。

团队:以IPMT和PDT运作,包含研发、市场、销售的铁三角以及包括供应链和交付的全要素一体化。

目的:

（1）使产品成为企业现金流和利润的主要来源；

（2）使产品开发立足于市场需求，要求准确、快速、低成本和高质量交付；

（3）以成熟技术和平台快速且低成本地满足客户的要求；

（4）在周期、成本和可靠性以及可生产性和可保障性上领先对手，在市场和财务指标上构建核心竞争力；

（5）将低层次的产品当作平台，为高层次的产品做积木开发。

二、技术开发的内涵

内容：技术开发主要包括基础研究和应用开发以及部分无产品平台的定制项目。

关注：技术开发着眼于技术和原理研究，是一个创造的过程，其风险和周期是不可预测的，计划可以按阶段顺延，原则上允许失败。

强调：自己掌握业界成熟的技术，做成货架，供产品开发时共享，以缩短产品开发的周期，降低产品开发的技术风险。

流程：通常以技术建设流程和货架建设流程为主。

团队：主要是技术创新团队，客户为内部产品经理，可以申请政府补贴，创造利润。

目的：

（1）构建技术平台，形成技术储备，发现新的技术增长点；

（2）制定技术标准和技术规划，构建核心技术以主动引导客户，并在技术上领先竞争对手，同步培养优秀的技术人员，提升行业影响力；

（3）以技术研究或承接技术攻关为资金或利润来源；

（4）为核心产品提前提供成熟可靠的技术。

■ 产品开发与技术开发的关系

技术开发必须为产品开发服务，要以核心技术驱动产品开发，面向产品需求进行技术开发。同时，技术开发必须与产品开发不断融合，以及时将成果转变为产品，实行技术规划与开发"沿途下蛋"的战略。具体流程如图2-2-3所示。

1. 定制项目，在方案阶段如果经过分析可以转成产品，就可以转产品开发；

2. 产品开发项目，在计划阶段如果发现技术存在风险，就可以暂停产品开发项目，将其转预研；

3. 预研项目成果化如果可以作为CBB或平台，可以转CBB开发；

4. 定制项目完成后，其项目组不要解散，应分析是否可以转为CBB开发项目组。

根据以上内容，融智建立了基于增量绩效和IPD的产品立体研发体系的架构，如图2-2-4所示。

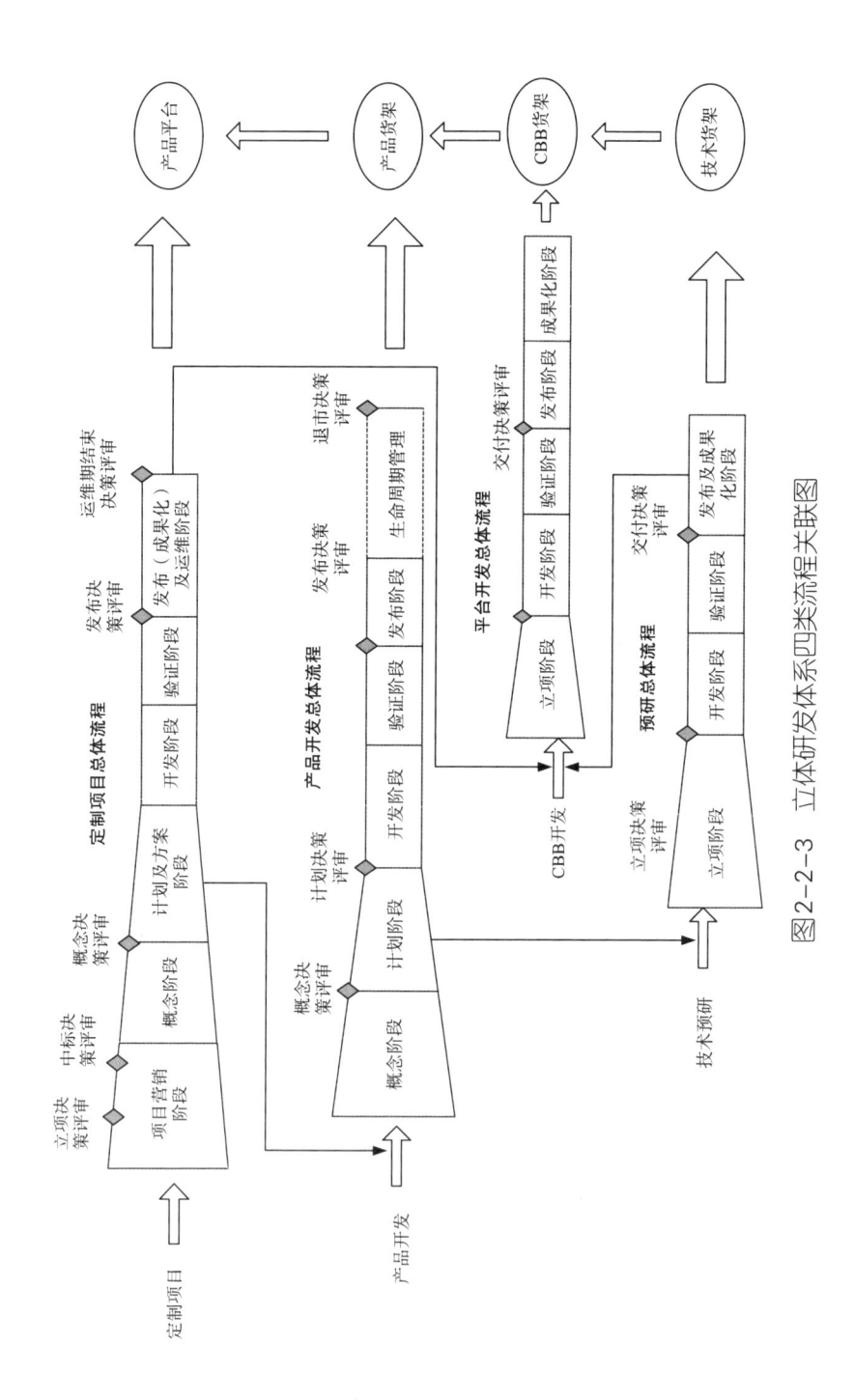

技术创新管理
——构建世界一流的技术创新和货架管理体系

图 2-2-3 立体研发体系四类流程关联图

第 2 章
如何构建立体研发体系，支撑面向核心技术和市场需求双向驱动的产品开发

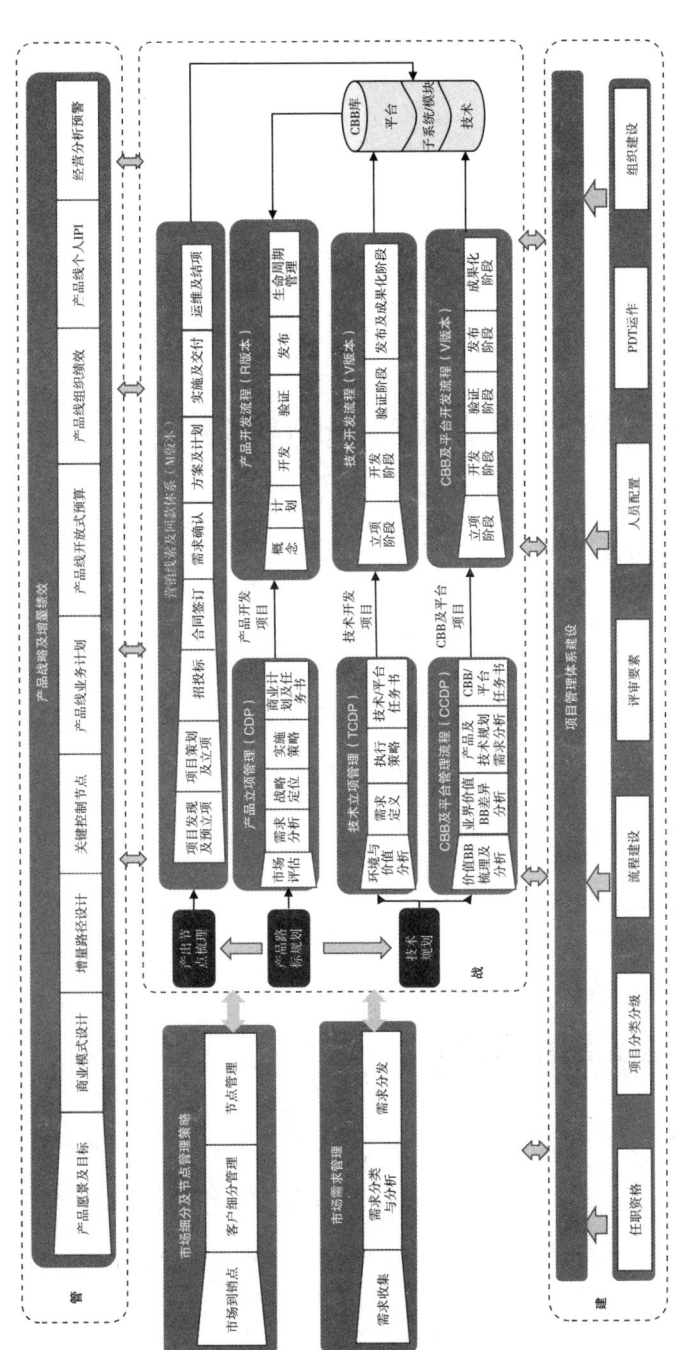

图 2-2-4 融智基于增量量绩效和 IPD 的产品立体研发体系架构

第三节
企业不同阶段的研发组织结构演进

■ 问题思考

1. 企业分为哪五个发展阶段？

2. 企业建立产品线需要运行哪六大分离？

3. 企业每个阶段的研发重心有何不同？

4. 企业在每个阶段的研发组织结构有何不同？

5. 军团与产品线有何关系？

■ 企业的发展阶段划分

企业是一个演进的生命体，其发展一般会由职能制的项目管理向产品化的矩阵管理以及基于解决方案的多层产品管理体系演进，最终将走向产业链管理。根据产品及研发的发展演进，企业的发展可分为五个阶段，如图2-3-1所示。

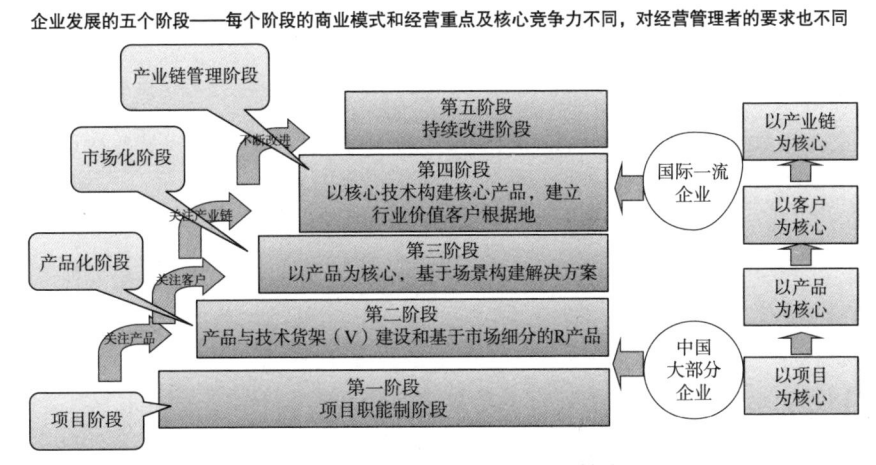

企业发展的五个阶段——每个阶段的商业模式和经营重点及核心竞争力不同，对经营管理者的要求也不同

图2-3-1　企业发展的五个阶段

第一阶段：项目职能制阶段

以项目为核心，逐步形成单一产品或一直按项目运作，由研发人员统一管理。

第二阶段：产品与技术货架（V）建设和基于市场细分的R产品

要求构建产品线，建立技术货架与产品货架，产品开发、预研、公共研发分离。基于核心技术和市场需求双向驱动开发产品，产品经理对产品开发全流程负责。市场经理对需求和产品销售支持负责。项目经理成为产品经理管理的一个阶段的负责人。

第三阶段：以产品为核心，基于场景构建解决方案

建立了面向客户群的解决方案产品线。解决方案与企业的其他产品形成内部结算关系。研发进一步拆分为面向客户的业务开发、面向专业产品的产品开发、公共研发及预研。将技术支持服

务体系纳入研发统一管理。产品分为解决方案产品和单机整机产品。

第四阶段：以核心技术构建核心产品，建立行业价值客户根据地

面向产业链进行平台开发，从技术到产品到解决方案到服务形成完整的研发产业链，并与高校及科研院所、专业产品公司建立广泛的合作关系。

第五阶段：持续改进阶段

不断优化机制，以核心技术支撑核心产品，核心产品支撑解决方案，并通过优质客户的定制和生态建设，形成商业模式的闭环。

各个阶段的具体划分见《产品研发管理》第一章。

企业在不同发展阶段的组织模式、产出类型也会有所区别，如图2-3-2所示。

	组织模式	规划	产出类型	能力建设
第五阶段 持续改进阶段	基于军团（一级）及产品线（二级）和CBB（三级）的管理	系统生态规划 产业链规划 客户群规划 产品规划 技术规划 项目规划	生态产出、服务项目、解决方案开发项目、产品开发项目、预研项目、CBB开发项目	生态管理、客户分类、区域分类、节点梳理及解决方案管理、产品管理、市场管理、预研、CBB管理、PDT运作
第四阶段 以核心技术构建核心产品，建立行业价值客户根据地	基于生态管理的产品开发与服务	产业链规划 客户群规划 产品规划 技术规划 项目规划	服务项目、解决方案开发项目、产品开发项目、预研项目、CBB开发项目	客户分类、区域分类、节点梳理及解决方案管理、产品管理、市场管理、预研、CBB管理、PDT运作
第三阶段 以产品为核心，基于场景构建解决方案	多级产品下的矩阵制	客户群规划 产品规划 技术规划 项目规划	解决方案开发项目、产品开发项目、预研项目、CBB开发项目	节点梳理及解决方案管理、产品管理、市场管理、预研、CBB管理、PDT运作
第二阶段 产品与技术货架（V）建设和基于市场细分的R产品	矩阵制	产品规划 技术规划 项目规划	产品开发项目、预研项目、CBB开发项目	产品管理、市场管理、预研、CBB管理、PDT运作
第一阶段 项目职能制阶段	职能制	项目规划	项目开发	项目管理

图2-3-2　融智企业不同阶段的研发组织与项目类型图

■ 项目制下的企业研发组织结构

在初创期，企业的首要任务是活下来，所以企业基本以项目为中心，围绕着客户，快速响应客户需求，其组织结构通常如图2-3-3所示。

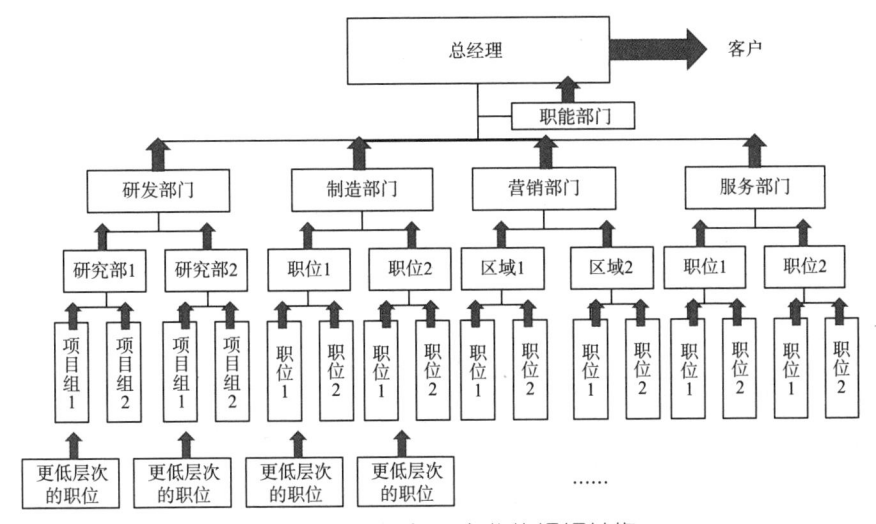

图2-3-3 初创型企业的组织结构

这时候的企业，其研发表现出以下特征：

1. 典型的以项目为中心的职能制；

2. 无共享，产品开发与预研混在一起；

3. 研发、销售分段管理；

4. 总经理成为全流程的协调人；

5. 项目经理能力强，项目成功概率大；

6. 高层全力以赴，全身心投在项目上；

7. 基本没有市场需求分析；

8. 没有共享和产品概念。

1993—1995年，H公司基本上以项目为中心。1995—1997年，为了加强研发体系管理，H公司增设了四个职能部门：

1. 总体部负责技术规划及技术评审；

2. 计划处负责项目管理、研发采购管理及全流程的计划协调；

3. 市场技术处负责产品的资料编写及市场支持；

4. 干部部负责研发人力资源管理。

当时的组织结构如图2-3-4所示。

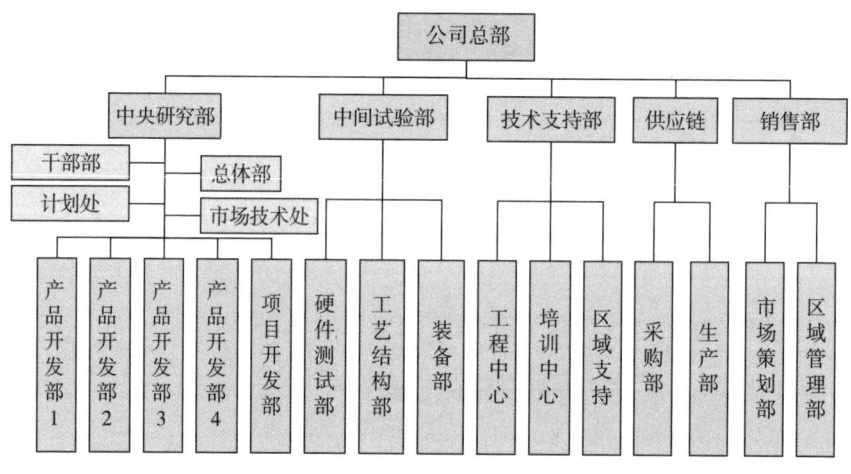

图2-3-4 以项目为核心，逐步加入职能部门的组织结构

随着企业规模越来越大，各部门之间的墙越来越厚，从客户需求响应到面向客户的交付所需时间越来越长，内部协调工作越来越多，高层的重心更多地转向内部管理（如图2-3-5所示）。此

时，企业必须进行产品线改革，进入发展的第二阶段。

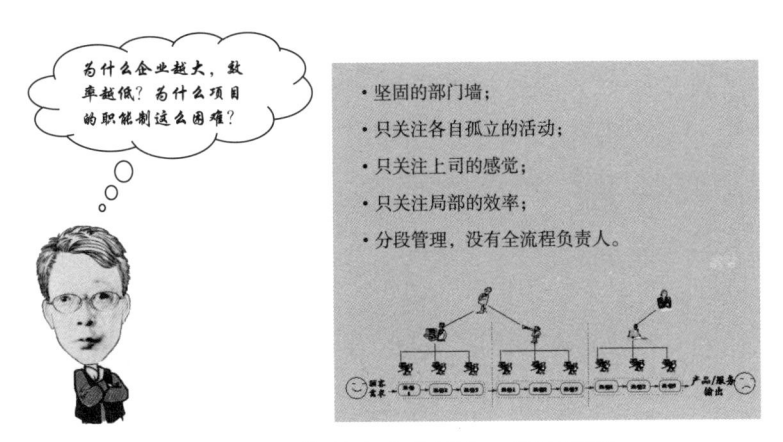

图2-3-5　为什么企业越大，效率越低

■ 产品管理下的企业研发组织结构

随着企业的发展，企业员工越来越多，项目也越来越多，这时项目制下的企业会出现以下问题。

一、产品策略和市场需求方面的问题

1. 很难对市场需求做出快速反应，不知道策略是什么；

2. 项目和客户缺乏有效分类，小订单占用大量研发人员，重要客户的需求却没有人跟进；

3. 缺乏专人负责市场规划、技术规划与产品路标规划，更缺少基于客户群的系统解决方案；

4. 销售人员与研发人员矛盾大，销售人员总抱怨研发人员响应慢，而研发人员总烦恼销售人员签这样那样的条款；

5. 研发人员不做市场工作，不分析市场。

二、产品流程和项目管理方面的问题

1. 预研与产品开发混在一起，产品开发周期漫长甚至无法收工；

2. 缺少全流程负责的产品线管理、产品经理和项目经理，没有人对最终的财务和市场成功负责，盲目创新，分段管理；

3. 产品化程度和产品成熟度不高；产品开发过于重视功能和技术指标，轻视可靠性、可生产性和可维护性，很难形成批量转产的能力；

4. 没有人对产品平台和技术负责，所有项目都从头做起，不能形成自主的技术平台和产品平台，中间产品和技术难以产品化和共享化，不利于核心竞争力的提高和资源的聚集；

5. 项目数量增加导致人员大量增加，不利于组织的良性发展，也不利于资源的有效配置；

6. 矩阵管理变成强矩阵，队伍专业设置和共享度不高，人员在老项目中出不来，导致新人做新产品或新项目，项目风险很大；

7. 增加项目或增加客户便需要增加部门，对一些明显不行的项目不能果断地抽调资源；

8. 缺少资源线的统一管理，导致中层技术人才流失，非核心技术人员占多数，且分散在各项目组，技术路径多，产品路径少。

三、产品评审和绩效考核方面的问题

1. 没有产品成功和失败的标准，重视对技术和销售的考核，轻视对规划、市场、平台建设和增量市场的考核；

2. 没完没了地评审，却解决不了问题；对新领域的评审不够，人力资源短缺成为所有问题的借口；

3. 高层往往倾向于救火式解决问题，"救火英雄"绩效评价高，而对那些规划良好、不出现问题的项目或产品负责人的评价却不公正；

4. 由于过分强调结果考核，不强调路径和能力，技术干部不愿意做产品和市场工作，而愿意做技术路径的预研甚至是课题研究。

如何解决这些问题？相关问题的思考如图2-3-6所示。

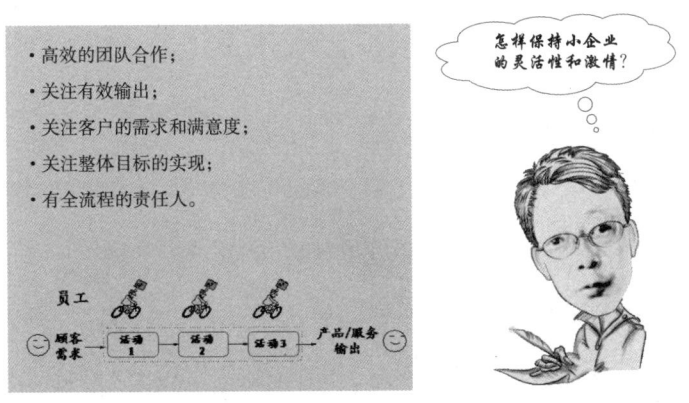

图2-3-6 怎样保持小企业的灵活性和激情

这时要建立产品线和资源线，产品线对产出负责，资源线对能力建设和资源管理负责。产出线直接管理到产出节点，节点是一切的基础，这时的组织结构如图2-3-7所示。

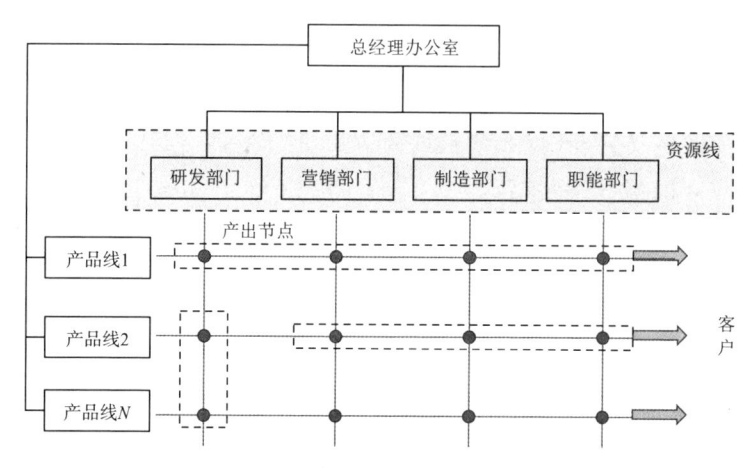

图2-3-7 以产品为中心，产品线和资源线分离的组织结构

要实现以上结构，需要进行六大分离。

1. 产品开发、预研和公共研发分离

产品开发体系的核心业务是利用成熟技术和平台快速且低成本地满足客户的需求；在周期、成本、可靠性、可生产性和可保障性上领先对手，在市场和财务指标上构建核心竞争力。

产品开发体系一般包括产品线、事业部和分公司，产品线下可以设立产品线管理部、产品线市场部和产品线运作管理部。产品线管理部负责老产品的改进、销售支持和新产品的开发；产品线市场部负责整个产品线的市场工作；产品线运作管理部负责项目管理、财务成本控制、人力资源管理及部门行政事务。

预研体系的核心业务是对未来的技术和产品进行探索和研究；形成企业的技术储备，建立技术货架；提高企业在技术领域的影响力；承接国家科研项目。预研部门是对有风险的产品或技术的开发进行管理的部门，部门是固定的，但人员是流动的，根据项目状态，人员从技术开发转到产品开发，因此预研部门的项目人员是"铁打的营盘，流水的兵"。

公共研发体系的核心业务是构建技术平台，形成CBB货架。公共研发体系的研发部分为两级：公司级共享技术开发，即公共技术研发部，以及产品线或分公司的研发部。

公共技术研发部一般包括公司的公共软件部门、公共硬件部门，以及结构和工艺部门。有的公司将中试部拆分为测试部、结构部、工艺部和小批量试制部，同时将结构与工艺设计纳入研发体系中。产品线或分公司的研发部则主要针对本产品线独有的领域或专业技术开发，支撑产品。

2. 市场体系和销售体系分离

公司的营销活动通常包括市场需求分析、产品规划、产品策划及产品销售等环节。对于技术型企业而言，市场需求分析、产品规划和产品策划需要由熟悉技术和业务的高级人员来执行，因此，市场部和销售部通常会被划分为两个独立的部门。

市场部主要由熟悉技术和业务的人员构成，通常要求研发的高手和高水平的客户经理转入市场部，以便更好地进行市场需求分析和产品规划。客户经理主要负责在各个区域或客户所在地进行客户关系管理、客户维护和销售过程的控制。

市场体系的业务是：营造良好的市场环境，做好路标规划和产品规划，主动引导客户，并做好产品的市场需求分析，拉动研发，开发新产品，制定营销策略。

销售体系的业务是：客户关系管理、销售过程管理、服务管理和市场管理。

3. 产出线和资源线分离，明确不同类型的产出模式和产出流程

（1）产出线：对产出负责，按照项目方式运作；

（2）资源线：对人的培养、成长、知识积累和职业通道负责。

产出线有项目，有预算，而资源线有人。产出线通过项目方式与资源线签订资源承接或任务外包合同，资源线必须在年底核算其从产品线获得的内部收入，以实现内部虚拟盈亏平衡。

4. 决策和职能体系管理、执行分离

（1）委员会：进行决策的机构；

（2）职能部门：进行体系建设、决策支持、组织监控以及绩效管理的部门。

需要注意的是，职能部门的职能要下沉到业务部门中去，即业界通常所说的HRBP等。比如，华为公司各部门分别建立了运

作管理部和干部部，直接负责本部门的项目管理、财务成本控制及人力资源管理，行政上对本部门首长负责，业务上归口相应的职能部门。

（3）业务部门：不仅要完成本部门的业务工作，还要完成本部门的管理工作，即负责人力资源、财务、质量等相关部门在本部门的直接管理工作。

通常来说，职能目标决策由委员会负责，而委员会的日常运作由职能部门支持。在委员会休会期间，职能部门负责具体执行决策。职能部门的主要工作不是替业务部门管理具体事务，而是制定规则、制度、流程，并进行监控。项目管理、质量管理和人力资源管理等具体职能通常由业务部门自行负责。这个过程通常涉及几个体系：

- 项目管理体系由项目管理部和各项目经理共同执行；
- 质量管理体系由质量管理部、各项目系统级工程师及质量管理部派出的PQA共同执行；
- 人力资源管理体系由人力资源部和各序列负责人共同执行；
- 财务管理体系通常由财务管理部及各部门的成本分析经理共同执行；
- 人力资源、财务、项目管理在产品线内形成综合管理部门，即运作支持部，以支持产品线的内部运作。

在这些体系的支撑下，委员会进行决策，职能部门负责制度建设和规划管理，而业务部门则负责执行。

5. 系统设计和实现相对分离

体系设计由公司总体架构部负责，系统设计由产品线总体部负责，项目或产品设计由PDT系统设计师负责；系统实现则由各项目成员完成。

设立系统部，目的是鼓励公司高手参与规划和设计，保证研发质量。同时低水平的研发人员开始积累经验，逐步提升为系统级工程师，进行系统设计。例如，华为公司在公司和各产品线设立总体部，在PDT中设立系统级工程师，以实现系统设计与实现相对分离。很多公司也在技术委员会下设立技术管理部。

6. 开发和测试、验证分离

产品、技术、项目开发由跨部门的PDT团队完成，能否进入下一阶段，则由质量、测试部门决定，因此设立独立的测试部门和验证部门可以有效地保证产品的质量，在设计的过程中解决产品的问题。

六大分离后的组织结构如图2-3-8所示。

在这种组织结构下，研发分为四类：

（1）预研对未来负责；

（2）产品线对产出负责；

（3）公共研发对共享负责；

（4）技术支持对工程服务和最终交付负责。

第 2 章

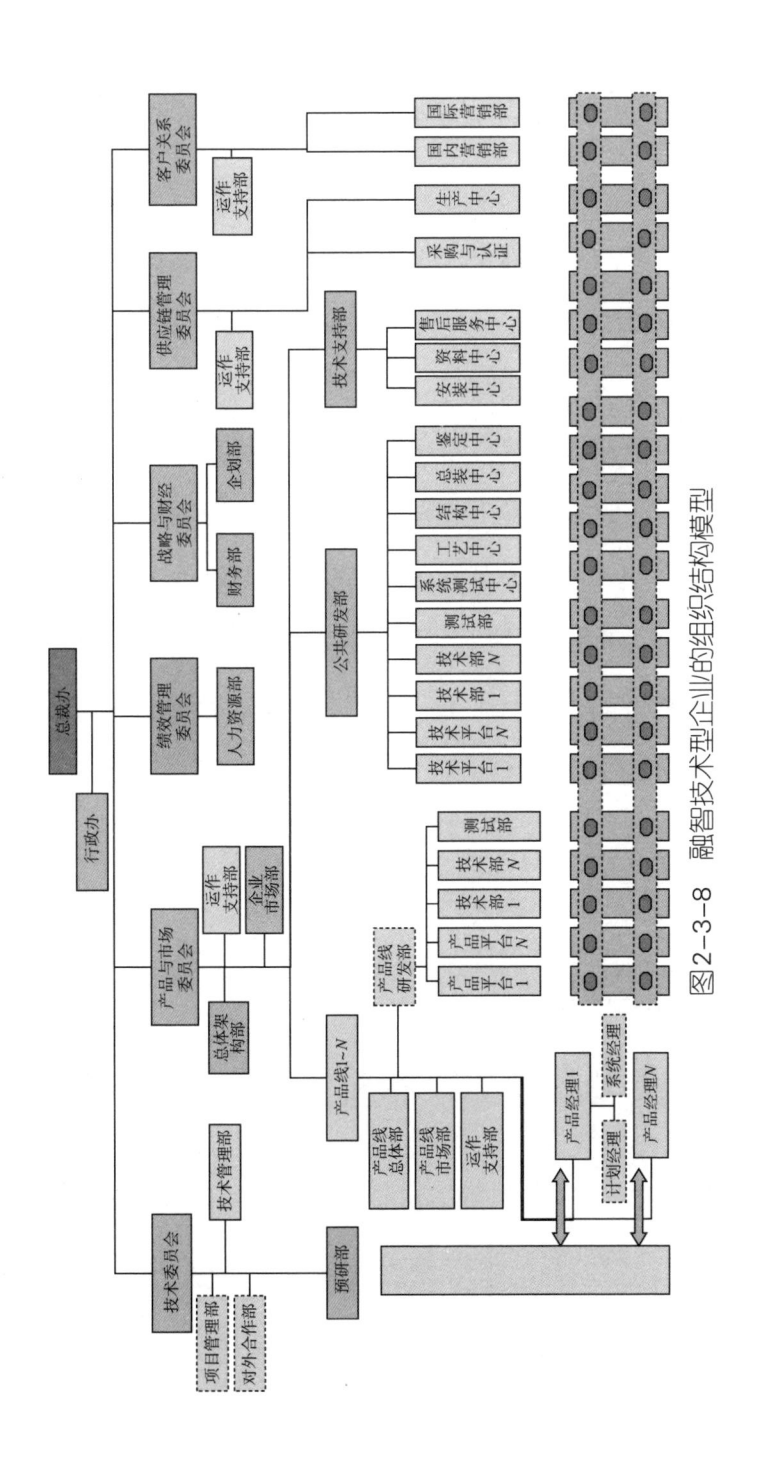

如何构建立体研发体系，支撑面向核心技术和市场需求双向驱动的产品开发

图2-3-8 融智技术型企业的组织结构模型

■ 解决方案及产业链控制下的企业研发组织结构

随着产品线的发展和企业规模的扩大，企业的价值客户越来越多，很多客户要求提供完整的解决方案。然而，原有的产品线只对产品技术负责，企业缺少面向客户业务的开发、面向行业的整体解决方案的构建。

因此，企业需要调整组织结构，以解决方案和系统集成为核心，推动产品线的发展，如图2-3-9所示。必须建立基于客户分类的产品线，通常被称为客户群产品线，融智称为一级产品线。原有的基于产品平台划分的产品线则被称为二级产品线，CBB货架被称为三级产品线。预研工作旨在提升技术的先进性。此时，立体研发体系的特点如下。

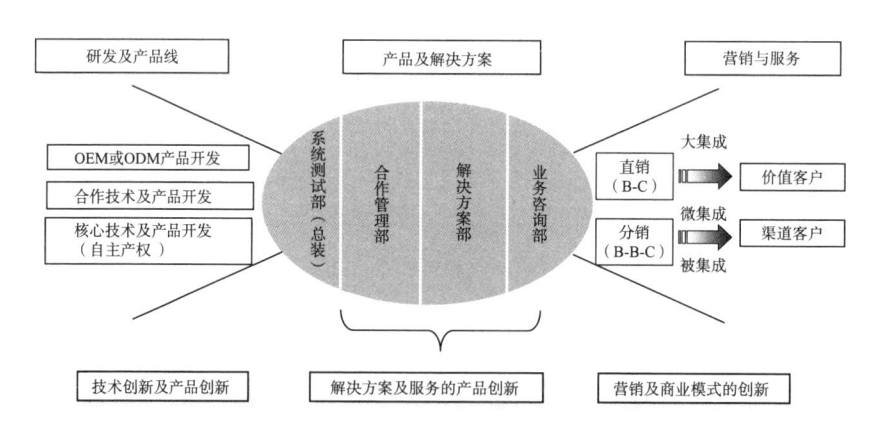

图2-3-9 周辉企业全产业链系统创新架构

1. 一级产品线做大规模，带动二级产品线。

2. 二级产品线做大毛利，支撑一级产品线，同时独立销售。

3. 公共研发提高研发效率和质量，实现标准化。

4. 预研解决未来技术竞争力的问题。

5. 五个面向：面向战略、面向绩效考核、面向队伍培养、面向客户满意度、面向内部效率提升。

这时候的组织结构如图2-3-10所示。

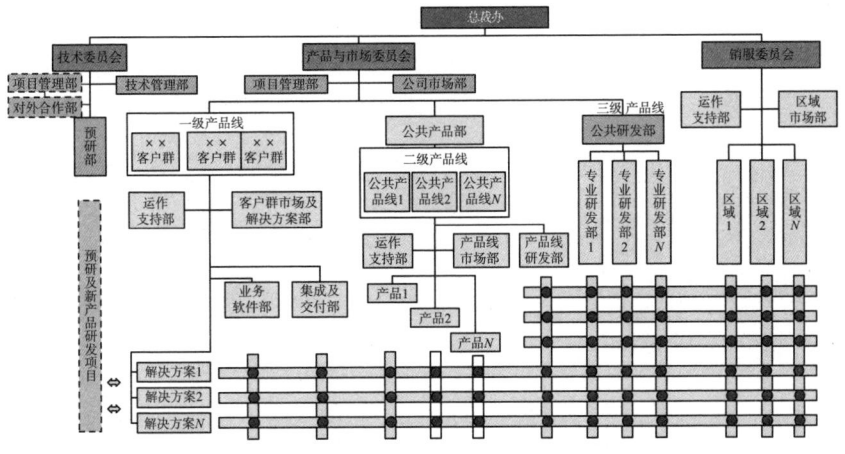

图2-3-10　融智基于产品以解决方案为中心的组织结构

华为公司成立的十大军团（电力数字化军团、政务一网通军团、机场与轨道军团、互动媒体军团、运动健康军团、显示新核军团、园区军团、广域网络军团、数据中心底座军团、数字站点军团）都属于一级产品线。另外，很多公司的BG或BU原则上也属于一级产品线。某公司的组织结构如图2-3-11所示。

技术创新管理
——构建世界一流的技术创新和货架管理体系

图 2-3-11 某公司组织结构

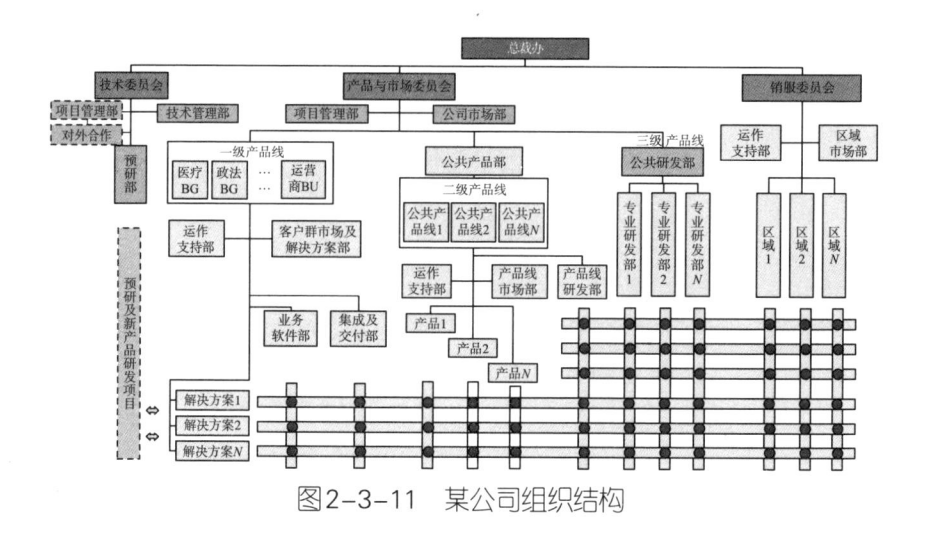

需要注意的是，企业进入第二阶段时，需要对技术进行分类，将项目中的技术按专业进行梳理，并按专业进行归类剥离，形成公共研发，同时要进行技术规划，后续章节将围绕技术管理体系的总体架构进行专门阐述。

第 3 章 Chapter 3

如何进行技术分类，识别核心技术、关键技术并进行技术规划

企业应该进行技术分类，将技术分为一般通用技术、核心技术、关键技术和独有技术，对核心技术、关键技术要进行自主创新，对一般通用技术要进行外包。企业更应该先做产品规划，明确核心产品、战略产品，通过产品树及技术树FFBD映射进行梳理和技术战略价值、竞争定位分析，识别核心技术和关键技术，明确技术需求，进行技术规划，以聚集资源突破核心技术、关键技术，快速打造有竞争力的产品，让技术产生效益并产品化、商业化。

本章精华

1. 技术并非越多越好，而是越有价值越好。

2. 根据价值，技术可分为核心技术、关键技术、独有技术及一般通用技术。

3. 核心技术具有独有性、竞争价值、可拦截性、不可替代性、可管理性和可保护性、可产出效益。

4. 核心技术一定是关键技术和独有技术，但独有的关键技术并不一定就是核心技术，不具备价值的独有技术也不是核心技术。

5. 企业应该针对不同的技术采取不同的管理策略，核心技术、关键技术要自主创新，确保可控，一般通用技术尽量外包。

6. 技术管理全流程包括五个阶段。规划前要完成技术梳理和技术的初步分类，识别核心技术和关键技术，明确技术需求；规划后要完成技术开发、技术货架管理。

7. 产品结构分解要按层进行，直至分解到有货架产品为止。

8. 技术分解要按系统、领域、专业、路径四个层级进行，并且必须一直明确到技术路径。

9. 产品与技术的功能分解定义（FFBD）要从产品树第四层开始逐层进行，每一层都要定义核心功能模块，并针对这些功能模块进行技术分解，直至明确技术路径。

10. 技术分析包括三要素：知识产权分析、战略价值分析、竞争地位分析。

11. 不是所有技术都要做规划，只有领先的且有应用领域的技术才需要做下一代技术规划。对于领先但无应用领域的技术，应该拓宽其应用，做领域发展规划。

12. 技术规划横向要进行技术战略研究、技术路标规划、技术立项指南；纵向要按系统、领域、专业分别规划。

13. 技术规划前要做产品规划，对产品进行分类，对核心产品和战略产品的功能进行分解，将核心产品和战略产品需要的功能分解到技术，再根据技术的战略价值和竞争地位分析，形成技术需求。

14. 评估技术的先进性，首先要评估该技术所支撑的功能能否给行业带来革命性变化，给竞争对手造成巨大冲击，而不是听技术人员自己说技术如何先进。

15. 企业要形成产品矩阵，对核心产品和战略产品进行预研和技术探索，对规模产品和限量产品进行CBB及平台的开发，确保质量，降低成本。

16. 不鼓励进行单纯的孤立技术规划，技术规划要分阶段进行，每一阶段都要与产品规划融合，考虑是否产品化并商业化，以实现技术创新"沿途下蛋"的战略。

第一节
如何进行技术分类并识别核心技术与关键技术

■ 问题思考

1. 技术是越多越好吗？

2. 技术如何按价值分类？

3. 如何识别核心技术与关键技术？

4. 如何针对不同技术制定不同的管理策略？

5. 如何评估技术的先进性？

■ 如何进行技术分类

随着企业规模的不断扩大和市场竞争的加剧，技术型企业往往会增加研发投入，扩大研发团队，并积极寻求外部合作。然而，它们在研发管理上存在一些常见的误区。

1. 认为技术人员越多越好；

2. 自己不能解决的技术就外包或委托开发，自己能做的技术就自己研究和开发；

3. 研发领导不对产品的市场成功、财务成功负责，只知道增加人员、增加技术；

4. 不对技术进行分类，所有技术都按照同样策略进行开发；

5. 按技术维度，而不是按技术支撑的产品功能是否有竞争力和产生价值来评估先进性；

…………

这些误区经常导致核心技术和关键技术不突出，一般通用技术的研发人员越来越多，研发成本越来越高，但支撑产品功能领先的技术欠缺，产品缺少核心竞争力，企业现金流越来越少。

企业应该采用什么样的技术扩张策略？

该如何对技术进行分类？

什么样的技术能够外包？

什么样的技术适合自己开发？

什么样的技术在开发过程中必须拥有知识产权？

什么样的技术必须进行突破？

如何评估技术的先进性？

这些问题对于技术管理者来说至关重要，他们需要有清晰的认识和策略。

企业必须进行技术分类，通常按四个层级进行技术分类。

第一层级，按价值进行分类。通常将技术分为核心技术、关键技术、独有技术、一般通用技术四类。

融智基于价值对技术的分类定义如下。

1. 核心技术：企业在一段时间内领先竞争对手的独有技术，以及在开发中占据重要地位的关键技术。它们所支撑的产品功能给行业带来革命性变化或给竞争对手造成致命打击，并且这些产品在毛利率、市场占有率、财务状况和商业表现方面与竞争对手相比遥遥领先，如华为公司的5G技术、中国科学院上海光机所支撑实用化深紫外全固态激光器的5拍瓦激光脉冲技术。

2. 关键技术：在产品开发中占据关键地位或处在关键路径上的技术，对产品的功能领先、成本降低或易用性、快速交付、易维护、质量稳定起关键作用。它是不可缺少的，但不一定是独有的，甚至不一定是领先的。

3. 一般通用技术：有多种替换路径，有一定的使用标准。

4. 独有技术：企业独有的技术。

第一层级按价值进行分类后，第二层级将基于区域进行分类，如国内核心技术、关键技术，国际核心技术、关键技术。例如北斗卫星定位技术，在中国是核心技术，但由于国际上有GPS，所以在国际上它只是关键技术。

为了进行技术规划，第三层级还可以按技术状态及掌握程度将技术分为已掌握的技术、已开发待验证的技术、正在开发的技术和待规划的技术。

第四层级按应用将技术划分为基础技术、应用技术、集成技术。

技术的四层分类如图3-1-1所示。

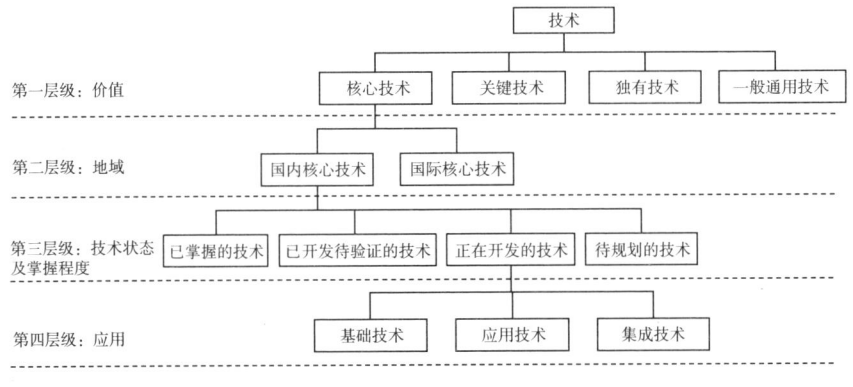

图3-1-1 周辉技术四层分类模型

■ 如何识别核心技术和关键技术

《科技日报》从2018年4月起陆续报道了我国当时尚未掌握的35项关键技术，即我们所说的中国被"卡脖子"的技术，包括：

1. 光刻机；

2. 芯片；

3. 操作系统；

4. 触觉传感器；

5. 真空蒸镀机；

6. 手机射频器件；

7. 航空发动机短舱；

……

这些报道对我国众多科研院所及企业的技术竞争力产生了深远影响。越来越多的企业开始重视基础研究和原始创新，开始设立技术研究院和研究中心，并着手进行技术规划和自主创新。然而，企业进行技术规划和技术创新时，首先需要明确哪些技术适合自主研发，哪些技术适合合作研发。这就要求企业必须在进行技术分类的同时，进行技术识别，尤其是对核心技术、关键技术的识别。

企业如何识别核心技术和关键技术呢？

核心技术具有以下六个特征。

1. 独有性：领先于竞争对手的独有性；

2. 竞争价值：该技术的独特功能或能力是产品的主要竞争优势，如提升功能和性能、降低成本、缩短周期等；

3. 可拦截性：一段时间内竞争对手跟不上；

4. 不可替代性：一段时间内没有替代技术；

5. 可管理性和可保护性：有专利和竞业协议保护，形成了知识产权甚至标准；

6. 可产出效益：能大大提升经济效益与社会效益。

在这六个特征中，独有性、竞争价值、不可替代性及可拦截性是基础特征，竞争价值及可产出效益是最重要的特征，没有效益的独有技术最可怕。

关键技术同样具有竞争价值并能产生效益，但它不一定是独有的。所以，关键技术不一定是核心技术，但核心技术一定是关键技术。

独有技术可能是核心技术，但很多独有技术不一定能创造价值，也无法拦截竞争对手的发展。有些独有技术可能只是为了完成某一个技术路径而盲目进行的创新，并未形成真正的竞争优势或产生实际效益。因此，不要将独有技术当成核心技术，对于企业而言，并非技术越多越好，而是核心技术和关键技术越多越好。

企业进行技术分类后，应针对不同的技术采用不同的管理策略，以实现产出效益最大化。

■ 如何针对各类技术采取不同的管理策略

企业在完成技术分类之后，为了确保现金流的投入产出比最大化，开发具有核心技术、关键技术支撑的具有竞争力的产品，应针对不同的技术采取差异化的管理策略。

1. 对于支撑企业关键产品的核心技术，为了获取高价值的"机会窗"利润并阻拦对手，要进行立体研发，即几个团队对后几代产品同时进行研发，以阻拦对手的发展并确保持续领先的优势；

2. 对核心技术必须进行知识产权保护。与别的企业合作开发技术时，如果涉及核心技术，要么对拥有该技术的企业绝对控股，要么将技术的知识产权归于自己；对关键技术，如果有合作，则至少要相对控股；

3. 核心技术、关键技术允许预研，一般通用技术不允许预研，技术外包时要进行严格评审，以避免将核心技术、关键技术外包出去；

4. 一般通用技术最好采取外包的方式。当然，如果将一般通用技术组合成技术平台，而此平台具有竞争力，那么平台也可成为核心技术、关键技术的一部分，因此，核心技术和关键技术要纵向发展，一般通用技术要横向发展；

5. 在组织结构设计中，应针对核心技术、关键技术提高组织设计的等级，针对一般通用技术要合并组织以便共享。

基于以上策略，企业应避免犯以下错误。

1. 将独有技术与核心技术混淆；

2. 忽视核心技术和关键技术，而专注于一般通用技术开发；

3. 将核心技术和关键技术外包，且不重视知识产权；

4. 在一般通用技术上大量创新，而在核心技术和关键技术上投入不足；

5. 在组织结构设置上，不按核心专业划分，而是简单地按人数划分。

为使技术管理策略清晰，企业应在进行技术分类的基础上，定期进行技术梳理、技术定位，识别核心技术与关键技术，并进行技术规划。

第二节
如何进行技术梳理、技术定位和竞争分析以明确技术需求

■ 问题思考

1. 技术管理全流程包括哪几个阶段和哪几个关键步骤?

2. 如何进行产品树梳理、技术树梳理及FFBD映射?

3. 如何进行技术分析及定位?

4. 如何明确现有的核心技术与关键技术,以及需开发的核心技术与关键技术需求?

■ 包含技术梳理、技术定位和技术规划的技术管理全流程

不少企业进行了技术规划,甚至建立了技术研究院或创新中心,但技术规划要么是研发体系闭门进行,要么是支撑不了产品

的发展，有时甚至会出现这样的情况：产品急需的技术研发无法跟进，研发却做了很多无法商业化、产业化的技术创新，导致研发团队与产品团队矛盾重重，研发效率极其低下。

一个好的技术规划应兼顾当前产品需求，同时着眼于未来，通过技术创新来推动产品的演进和迭代，以扩大竞争优势，拉大与竞争对手的差距。此外，还必须确保研发投资的回报率，并确保技术规划与产品规划及企业整体战略相一致。

如何制定一个好的技术规划并将其项目化、产业化、商业化，是所有技术体系都要考虑的问题。

技术规划不是一个孤立的过程，技术规划之前要进行技术梳理和技术的初步分类，通过知识产权分析、战略价值分析和竞争地位分析，识别核心技术、关键技术，明确技术需求。先做技术规划再进行技术项目立项，然后进行技术开发，技术开发包括专业技术预研开发和CBB及平台货架开发。最后进入技术货架管理，整个过程是一个持续迭代的过程，需要进行全流程全要素的管理。

融智将技术管理全流程分为五个阶段十个关键活动，如图3-2-1所示。

第一阶段：产品树及技术树梳理映射，此阶段包括三个活动：

1. 产品树梳理；

2. 技术树梳理；

3. FFBD映射。

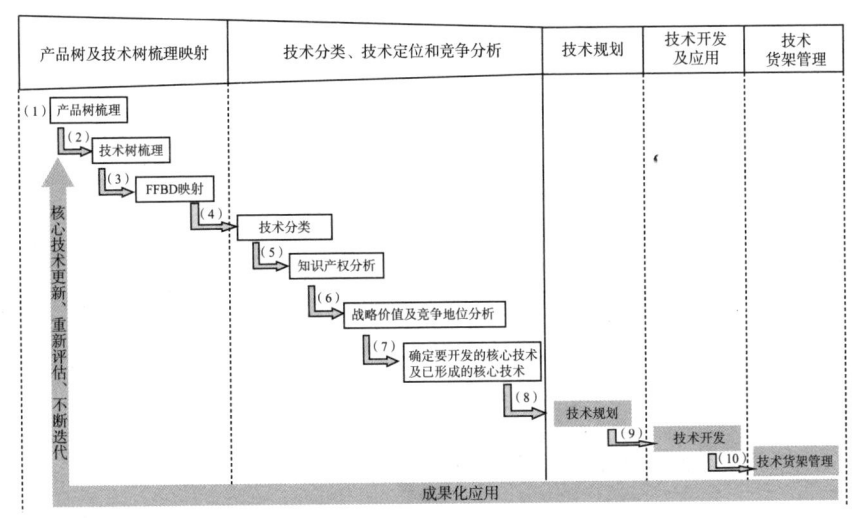

图3-2-1 周辉技术创新管理十步法

此阶段主要完成产品结构分解、技术分解，并通过FFBD明确产品树与技术树的映射关系，最后列出技术清单。

第二阶段：技术分类、技术定位和竞争分析，此阶段包括四个活动：

1. 技术分类；

2. 知识产权分析；

3. 战略价值及竞争地位分析；

4. 确定要开发的核心技术及已形成的核心技术。

此阶段主要进行技术的初步分类，对每项技术进行专利分析、战略价值及竞争地位分析，明确核心技术和关键技术以及一般通用技术，并针对需要开发的核心技术、关键技术提出需求，为接下来的技术规划做准备。

第三阶段：技术规划

此阶段主要针对技术进行定位，明确应用及发展趋势，提出技术发展的路标规划，针对马上要开发的技术进行预研或技术开发立项，提出时间与资源需求。

需要注意的是，技术规划应全面覆盖技术平台、领域技术、专业技术，并且同步规划和立项 CBB 及平台建设。

第四阶段：技术开发及应用

此阶段主要的工作是针对立项的技术分阶段进行开发、验证并上架应用。

第五阶段：技术货架管理

此阶段主要针对已经通过验证的技术进行商业化、产品化、货架化。

需要注意的是，每年都要进行全流程技术管理，滚动三年，往前推进，不断迭代。同时，每次技术活动都要与产品活动融合推进，并时刻关注产品树、产品结构和产品规划。

第 3 章
如何进行技术分类，识别核心技术、关键技术并进行技术规划

■ 如何进行产品树梳理

为使产品开发快速进行，缩短上市时间，提高开发效率，IPD要求采用异步开发架构进行产品开发。

什么是异步开发？

异步开发指产品分层，按层级建立货架，每层产品开发完成后上架，上层产品开发最好不改变下层产品，每一层产品都成为上一层产品开发的积木（Building Block，BB）。在此基础上，企业会形成分层分级的产品货架，如图3-2-2所示。

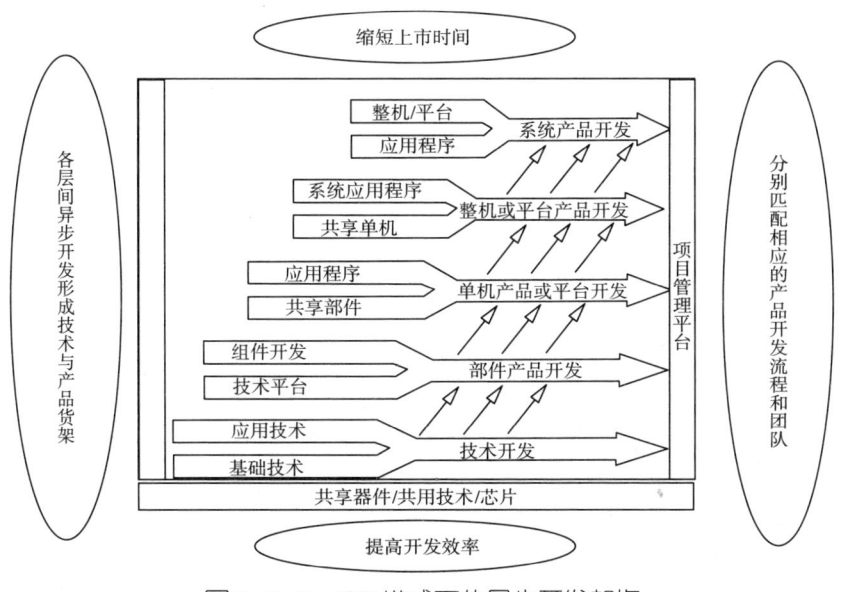

图3-2-2　IPD模式下的异步开发架构

产品树与产品货架有何关系呢？

产品货架分为七层，通信及IT企业按照系统、子系统、整

机、单机、模块、组件、器件/芯片展开，将每一层产品放在货架上供上层选择，不重复开发。

产品货架是针对企业整体来讲的，在进行产品设计时，我们应该逐层对每个产品进行产品结构分解，形成产品树，也叫产品结构树，从系统到子系统到整机、单机、模块、组件、器件/芯片，直至从产品货架上找到产品树里面的共享CBB为止，即一直分解到标准化的不再开发的CBB为止，产品树模型如图3-2-3所示。

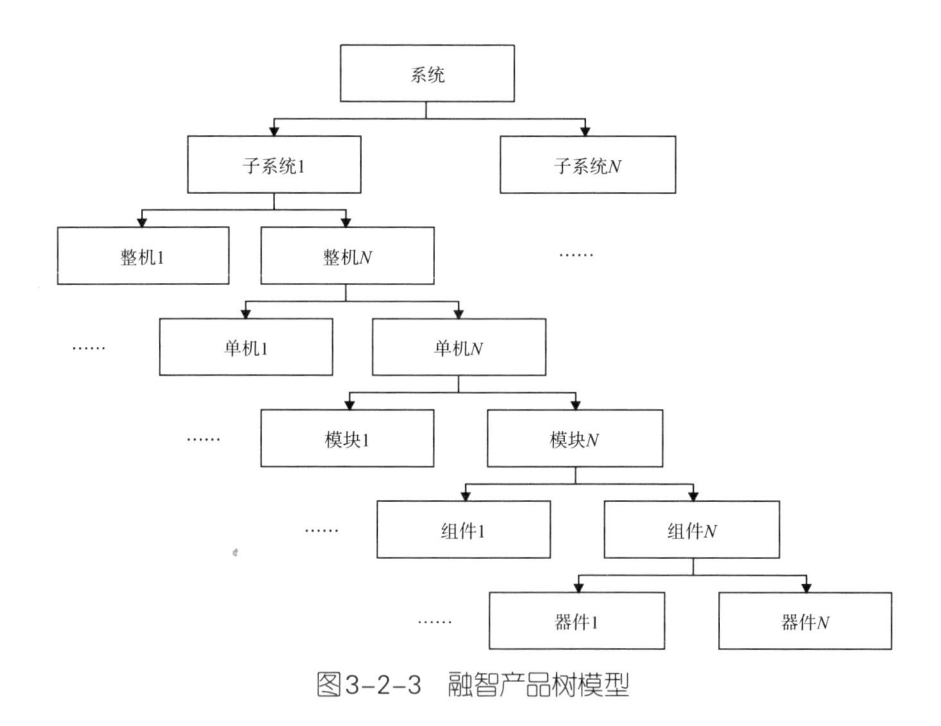

图 3-2-3 融智产品树模型

图3-2-4为H公司无线产品的产品树。

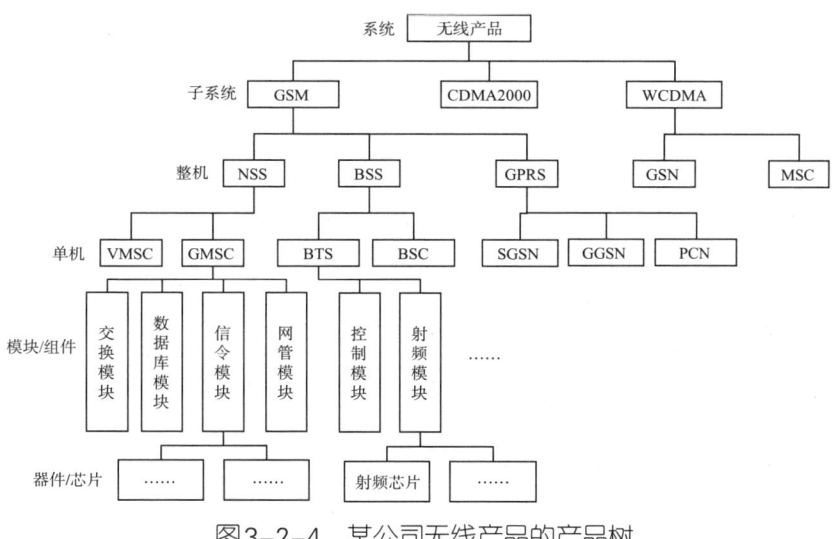

第3章
如何进行技术分类，识别核心技术、关键技术并进行技术规划

图3-2-4 某公司无线产品的产品树

任何一款产品在开始构建时，都要先进行产品结构分解，再针对分解的每一层从货架上选择单机、整机和CBB，这样就可以计算出CBB的共享度，并明确哪些是共享的（√），哪些是要改进的（√'），哪些是要重新开发的（×），产品开发也就可以分解到技术开发，如图3-2-5所示。

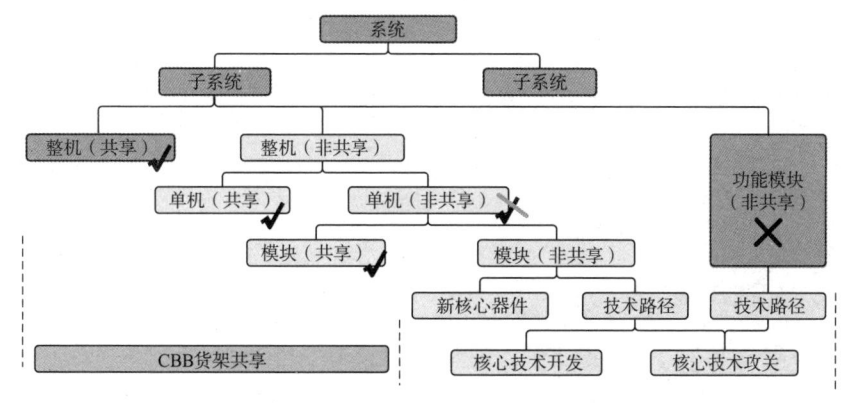

图3-2-5 融智产品结构分解模型

如果在每一款产品开始设计时都做这张图，就不仅能够促进资源共享，还能为产品开发提供清晰的指导，明确开发需求，识别关键路径，并有助于配置关键资源。图3-2-6所示的某厂商的案例便展示了这一点。

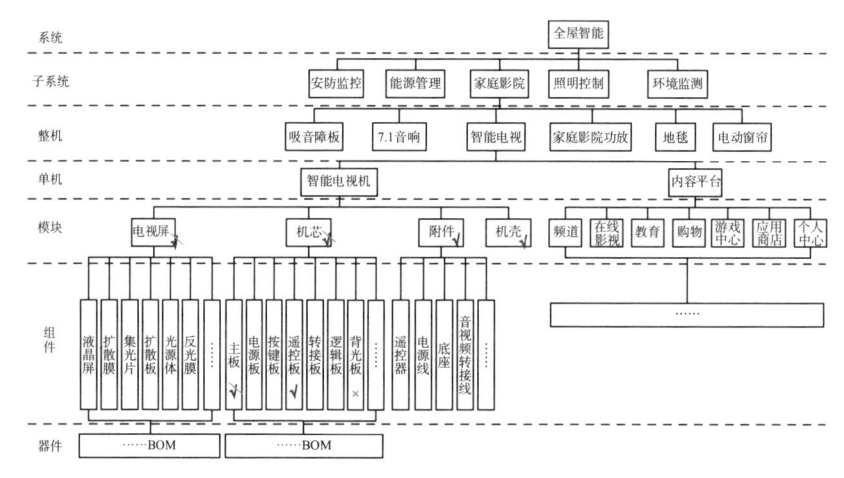

图3-2-6 某厂商的产品结构分解模型

建立了产品货架，企业便可按系统分解产品，实现MBSE和DSSE开发模式及如下效果。

1. 明确产品层级；

2. 标准化产品共享，缩短开发周期；

3. 共享产品，减少质量问题；

4. 降低采购成本；

5. 简化制造装配；

6. 异步开发，面向细分市场开发产品；

7. 评审层级分明，越往下技术评审越严格；越往上，财务、市场评审越严格；

8. 为技术分解打下基础，从第四层开始逐层做产品树、技术树FFBD映射；

9. 为资源配置提供依据。

建立产品货架和进行产品结构分解包括八个步骤：

1. 明确产品层级；

2. 建立产品货架层级；

3. 进行单产品结构梳理；

4. 归并同一层级产品；

5. 裁减相同功能产品；

6. 形成产品货架内容，上货架管理；

7. 定期裁减归并；

8. 使用及维护。

需要注意的是：

1. 产品树梳理不仅要包括现在及过去产品的沉淀，还要包括对未来产品的规划；

2. 产品要分类，主要针对核心产品和战略产品进行梳理，而一般产品和阻拦对手的产品不做重点梳理；

3. 针对七层产品货架的评审，如上文所述，越往下技术评审越严格；越往上，财务、市场评审越严格，如图3-2-7所示。

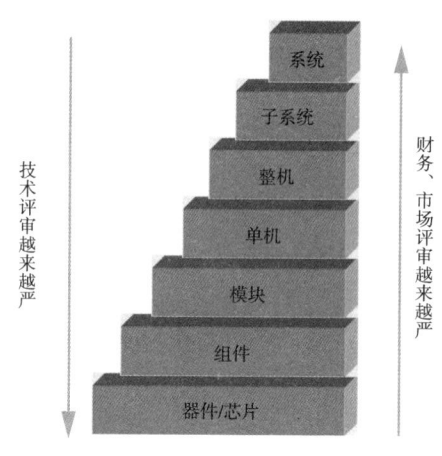

图3-2-7　七层产品货架的评审

关于CBB及平台后续章节还会详细阐述。

■ 如何进行技术分解

技术的载体是产品，每层产品都应该分解到对应的技术，产品树完成后便要建立其与技术树的映射，因此需要同步建设支撑产品的技术树。

什么是技术树呢？

技术树如何分层？

技术树与产品树如何进行映射？

如何建立技术树？

建立技术树对企业有何好处？

谁来建设和维护技术树？

如何裁减归并落后和不用的技术?

很多企业在研讨这些问题。涉及五个以上技术领域的多产品公司，通常都会设立技术管理处。该部门负责管理技术树、推动CBB共享、组织技术评审、管理技术专家及审核技术外包等工作。

技术树是企业的技术分层架构。企业的技术树通常包含三层：系统集成技术、领域集成技术和专业技术。其中，专业技术进一步分解到技术路径上。某卫星通信公司的技术分层模型如图3-2-8所示。

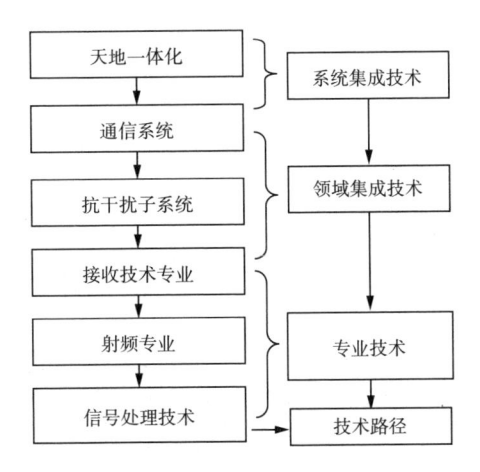

图3-2-8 某卫星通信公司技术分层模型

系统集成技术包括软件、工艺、结构及组装，而领域集成技术指若干相同专业融合而成的技术，例如，H公司早期的每一条产品线就是一个领域集成技术。专业技术是领域集成技术下的一个方向，专业技术分解的最底层便是技术路径，是技术树最低、

技术创新管理
——构建世界一流的技术创新和货架管理体系

最直接的单元。

企业建立技术树有以下好处：

1. 有利于技术分层；

2. 有利于归并技术；

3. 有利于统一技术路径；

4. 可以进一步对技术进行识别和规划；

5. 标明哪些是已掌握的技术，哪些是正开发的技术，哪些是待规划的技术，明确技术的需求及竞争定位。

电路					结构					模组			
系统平台技术	电源驱动技术	音质平台技术	无线平台技术	智能交互技术	结构方案	新材料新工艺	设计分析方法技术	包装技术	模具技术	模组背光技术	模组结构技术	LCD面板技术	显示画质技术
通用接口技术 / 光纤传输技术 / 通用编解码传输技术 / 广播信号解调研究 / 大功率系统散热技术 / 5G+8K定向输出解码技术	模数混合背光驱动技术 / 高速多分区光驱动技术 / EA级多分区扫描驱动技术 / 时分复用数字电源技术 / 超高频小型化及节能技术	磁共振低音增强技术 / 人声增强技术 / AI音效控制技术 / Hi-res音频处理技术 / 全景声音场技术	虚拟低音增强技术 / 双模共振供电技术 / ★激光屏发声技术 / 压电陶瓷技术 / 多声道处理技术	面向5G的广播与组播通信技术 / IOT组播通信技术 / Wi-Fi 6高速传输技术 / 无线音频低延时传输技术 / 金属边框天线增强技术 / 智能天线增强技术	蓝牙遥控交互技术 / 语音识别交互技术 / 红外遥控交互技术 / 图像识别交互技术 / 传感器交互技术 / ★新型金属前壳 / 无边框结构技术	超薄贴墙技术 / ★弹出式端子摄像头 / 超窄下前壳 / 超低成本背板后壳一体	仿企化金属效果 / 差异化金属网罩工艺 / 低成本合金材料 / 高刚性后壳材料 / 高强度底座材料 / 低成本合金塑料	竞品仿真数据库 / 系统分析方法 / 充气包装	注塑模具表面纹理	低功耗背光 / 高色域背光 / 超薄背光 / 高效光背光 / ★多分区驱动 / Mini LED背光	超窄BM / 无螺钉装配 / 复合板材应用	面板Dnura技术	HDR / SR / AI / LD / DLC / MD

第 3 章
如何进行技术分类，识别核心技术、关键技术并进行技术规划

技术分解包括以下步骤：

1. 进行技术分层；

2. 按领域进行分类；

3. 对每一个领域的专业技术进行分解；

4. 针对技术路径进行归并；

5. 合并形成技术树；

6. 明确哪些技术企业已有（√），哪些技术业界有，企业没有（√），哪些技术是业界和企业待开发的（×）。

需要注意的是，技术树可分为两层，一层为公司级，如图3-2-9所示，一层为领域级，如图3-2-10所示。

软件						……	……	……
基础及协议软件	平台支撑软件	业务应用软件	AI软件技术（语音/图像）	大数据技术				
驱动外设 / 最小系统 / 音视频协议 / 数字电视协议 / 多媒体协议 / ★浏览器HBBTV技术 / IPTV技术 / 多屏互动协议 / 操作系统稳定性技术 / 系统安全技术 / Linux文件系统技术 / 海外VIDAA运营支撑系统	高码率数据流处理技术 / 数据分离技术 / 操作系统性能提升技术 / 网络蓝牙平台核心服务技术 / DRM技术 / 系统启动技术 / 数据库管理技术 / 多通道音频处理技术 / 多路音频处理技术 / TV平台接口统一技术	认证技术 / 升级系统性能提升技术 / 操作系统性能提升技术 / WEB应用开发技术 / android应用开发技术 / 互联互通技术 / 多媒体应用核心技术 / 工厂工艺提效技术 / 直播/点播融合技术 / 摄像头交互技术	语音识别技术/TTS / 语义理解应用技术（App） / 语义理解软件平台技术（ML/DL/RL） / 用户意图理解技术 / 知识图谱推理计算、深度学习模型、搜索排序模型的问答和对话技术 / 人脸检测识别、手势、肢体识别技术 / 物体及场景识别技术 / 基于深度学习的音频图像渲染	海量日志收集技术 / 实时数据清洗技术 / 全场景实时图像搜索 / 个性化推荐引擎 / 海量数据统一搜索平台 / 视频内容标签识别系统 / 用户画像系统 / 影视海报自动生成系统 / 影视知识图谱自动生成系统 / 运营海报自动生成系统			

图3-2-9 电视机公司技术树

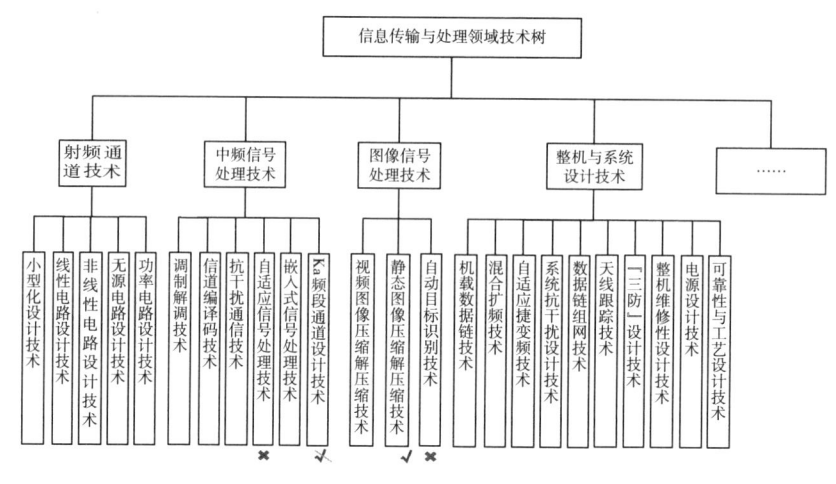

```
                    信息传输与处理领域技术树
                              │
   ┌──────────┬──────────┬──────────┬──────────┐
射频通道    中频信号    图像信号    整机与系统    ……
技术        处理技术    处理技术    设计技术
```

| 小型化设计技术 | 线性电路设计技术 | 非线性电路设计技术 | 无源电路设计技术 | 功率电路设计技术 | 调制解调技术 | 信道编译码技术 | 抗干扰通信技术 | 自适应信号处理技术 | 嵌入式信号处理技术 | Ka频段通道设计技术 | 视频图像压缩解压缩技术 | 静态图像压缩解压缩技术 | 自动目标识别技术 | 机载数据链技术 | 混合扩频技术 | 自适应捷变频技术 | 系统抗干扰设计技术 | 数据链组网技术 | 天线跟踪技术 | "三防"设计技术 | 整机维修性设计技术 | 电源设计技术 | 可靠性与工艺设计技术 |

图3-2-10 信息传输与处理领域技术树

如何评审技术树？

技术树的评审由领域专家和技术专家执行，有的领域专家可以与产品线专家合并。

技术树的评审主要考虑三个方面。

（1）完整性：技术分解是否覆盖了所有技术，是否分解到了不可分解为止；

（2）准确性：技术分解是否准确，技术术语是否标准，技术是否进行了归并裁减；

（3）层次性：层次是否清晰，是否与产品树区分开。

需要注意的是：

1. 技术要分层；

2. 领域与产品线要有效结合，甚至可以合并；

3. 技术树要定期梳理，要裁减掉一些过时的技术；

4. 技术树还要面向未来，针对未来产品需要的技术进行梳理；

5. 针对工具创新和路径创新的技术一定要进行归并，不带来功能提升的路径创新的技术要裁减，不带来效率提升的工具创新的技术要裁减。

在产品树和技术树建立完成后，如何准确地将二者关联起来，以及如何对未来技术进行有效规划，这就需要运用产品树与技术树映射工具：FFBD。

■ 如何通过FFBD将产品树与技术树进行映射并列出技术

我们定义了产品树与技术树，将产品货架分为七层，技术树分为三层，但该如何解决以下问题？

1. 产品怎样找到对应的技术？

2. 如何评估技术对产品的作用？

3. 产品树与技术树如何进行映射？

4. 如何通过产品结构分解实现产品与技术的衔接？

5. 如何通过产品需求明确定义技术需求？

这里首先要解决的是产品的七层货架与三层技术的映射问题，如图3-2-11所示。

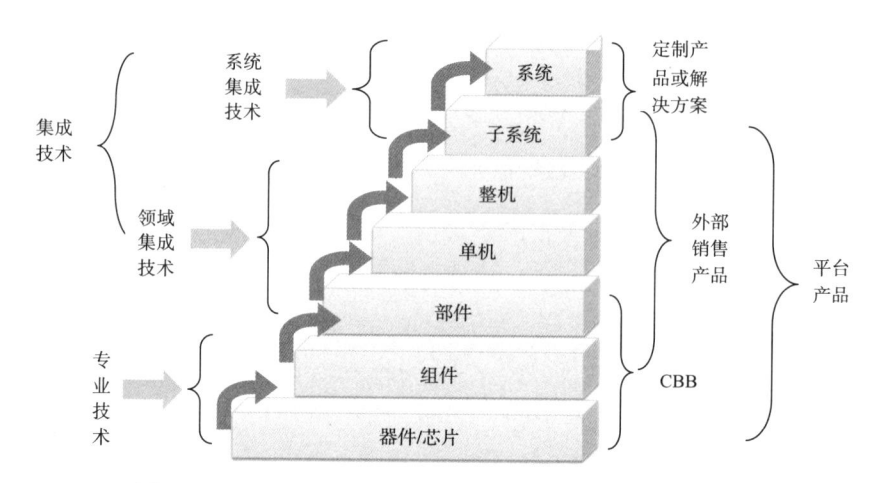

图3-2-11 FFBD三层技术与七层产品货架映射模型

我们需要掌握一个工具，就是FFBD，它是将产品功能映射为技术路径的一个工具。FFBD分别为：Function（产品功能）、Feature（技术路径）、Breakdown（分解）、Definition（定义）。

如何进行FFBD映射呢？

产品的第三、四、五层，通常对应着领域集成技术，六、七层通常对应着系统集成技术，主要涉及软件或结构平台的货架产品管理。然而，从单机到部件、组件，再到器件/芯片，可能需要进行功能模块的分解。对于这些底层产品，必须执行FFBD映射，直至确定技术路径，如图3-2-12所示。

融智评审技术项目立项时，需要自检以下五个关键问题。

1. 技术支撑何种功能？

2. 该功能有何竞争力？

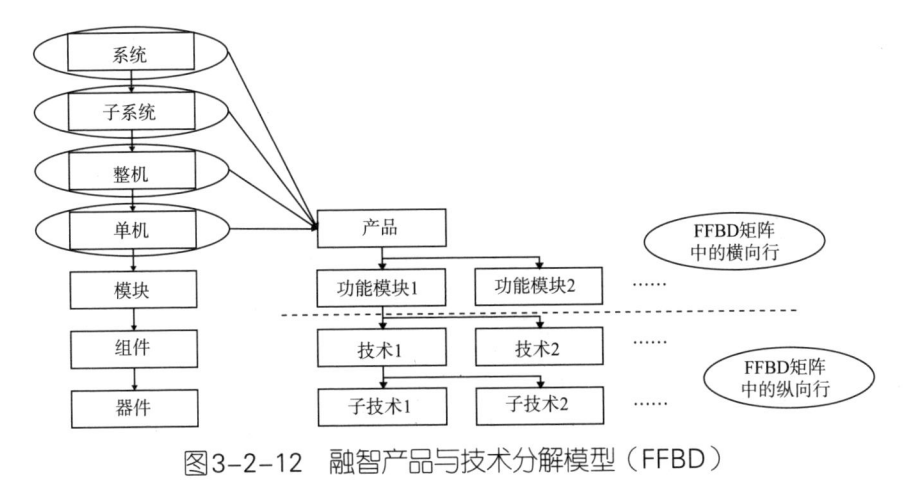

图3-2-12　融智产品与技术分解模型（FFBD）

3. 该功能能支撑产品在哪个层级？

4. 技术有多少条路径？

5. 哪些路径企业已有？哪些路径业界有，企业无？哪些路径国内无，国际有？是否会被"卡脖子"？哪些是全球都在探索的技术路径？

因此，从第四层开始，我们就必须分析产品包含哪些功能模块，每个功能模块由哪些技术构成，以及这些技术如何细分为子技术和路径。这一分析过程应持续进行，直到明确技术路径，并在此基础上开展技术路径研究。图3-2-13为某导航终端产品分解示例。

让我们以手机为例进一步说明：手机需要的一个核心功能是快速充电，快速充电一般需要闪充技术，而闪充技术包括VOOC、Dash、SCP等子技术，如图3-2-14所示。

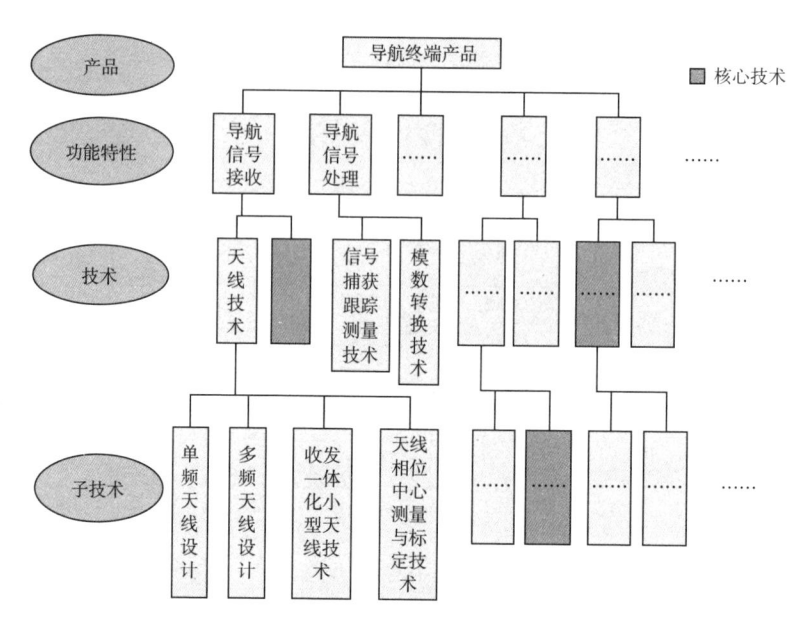

图3-2-13 导航终端产品产品树与技术树映射

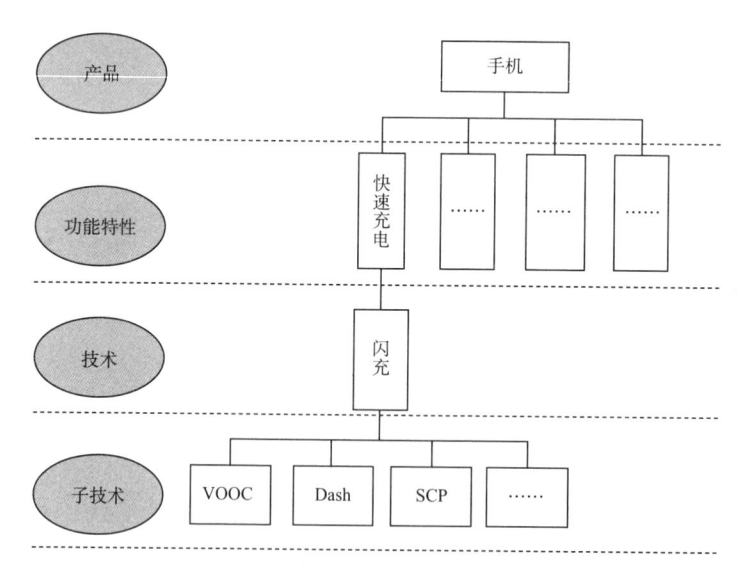

图3-2-14 手机产品树与技术树映射

我们将产品分解成各个功能，又将每个功能进一步分解成技术，直至明确子技术和技术路径。通过将分解出的技术进行整合和归并，就能构建出产品技术货架。业界将其定义为融智产品功能与技术货架，亦称融智产品与技术FFBD货架。

FFBD的步骤为：

1. 进行产品结构分解；

2. 明确五、六、七层对应的领域集成技术及系统集成技术；

3. 从第四层产品开始列出每个产品的功能模块；

4. 针对每一层产品功能模块进行技术分解；

5. 将每一个技术进一步分解到子技术和技术路径；

6. 归并相应的技术；

7. 对每一项技术进行分析，明确技术分类和要规划的技术；

8. 后续进行技术规划和开发。

完成了这些步骤，就可以创建FFBD矩阵，FFBD矩阵的作用是：

1. 检验产品树中所需要的技术在技术树中是否存在；

2. 检验技术树中的技术在产品树中是否有应用；

3. 精简合并冗余的技术路径；

4. 为梳理CBB提供分析依据。

需要注意的是：FFBD矩阵同样分为两层。

一层为公司级的FFBD矩阵。包含系统集成、组装、工艺、结构等，如表 3-2-1 所示。

表 3-2-1　公司级 FFBD 矩阵

系统	子系统	功能	模块	Web 应用			分布式技术					……
				集群技术	前端开发技术	微服务架构技术	分布式调度服务	消息中间件	网络通信协议	数据协议	分布式缓存技术	
AI 审图	项目管理系统	项目信息管理	项目基本信息管理	基于 Nginx 负载的均衡技术	基于 Nginx 负载的群环境会话管理技术	兼容 IE8+ 及主流浏览器的 VUE 技术	基于 Spring Cloud 的微服务架构技术	基于 Zookeeper 的分布式调度技术	基于 Kafka 的消息列队技术	基于 Restful 的网络通信技术	基于 JSON 的数据传输协议	基于 Redis 的分布式缓存技术	……
			项目阶段管理	■	■	■	■	■	■	■	■	■	
		项目人员管理	人员管理	■	■	■	■	■	■	■	■	■	
			角色管理	■	■	■	■	■	■	■	■	■	
	文档管理系统	文档管理	文档历史管理	■	■	■	■	■	■	■	■	■	
			文档状态管理	■	■	■	■	■	■	■	■	■	
			文档权限管理	■	■	■	■	■	■	■	■	■	
		文件夹管理	文件夹权限管理	■	■	■	■	■	■	■	■	■	
			文件夹内容管理	■	■	■	■	■	■	■	■	■	
			文件夹搜索	■	■	■	■	■	■	■	■	■	
	……	……	……										

另一层为产品线的FFBD矩阵。包含领域集成、组装、工艺、结构等。某公司路由器产品线FFBD矩阵如表3-2-2所示。

表3-2-2 融智某公司路由器产品线FFBD矩阵

产品分类			信号完整性技术		电磁兼容性技术		安规工程技术				热设计工程技术		
产品系列	部件	组件	信号完整性仿真技术（SI/PI/TI）	高速信号测试技术	电磁兼容性分析与设计技术	电磁兼容性测试技术	安全性辨识技术	人身安全设计技术	设备安全设计技术	信息安全设计技术	热分析与设计技术	热仿真技术	热验证技术
29（台式路由）	主板	CPU子系统	■	■	■				■		■	■	■
		交换子系统	■	■								■	■
		通信接口组件	■	■	■			■	■				
		板载电源	■									■	■
		时钟系统	■	■	■								
		控制逻辑	■										
73（机框式路由）	主控板	CPU子系统	■	■	■					■	■	■	■
		交换子系统	■	■		说明： 1. 表格纵向指技术，按学科进行分类，表格横向为功能模块（从货架的第四层分解出第三层）；表格中的节点是实现技术的路径。上图为从硬件货架第四层分解到第三层，再进行FFBD映射的示例结果。 2. FFBD映射过程中，若发现纵向同一技术的路径有不同名称，应优化或合并。 3. FFBD映射过程中，若发现横向同一功能模块有不同名称，或采用不同的技术路径实现，应优化或合并。 4. 识别出标准技术、重点发展技术，以及核心技术、关键技术、一般通用技术。							
		通信接口组件	■	■									
		板载电源	■										
		时钟系统	■	■									
		控制逻辑	■	■									

第三节
如何识别核心技术、关键技术，明确技术需求，并进行技术规划

■ **问题思考**

1. 明确技术需求需要进行哪三个要素的分析？

2. 如何进行技术分析？

3. 技术定位的四个象限与技术规划什么关系？

4. 技术规划包括哪些内容？

5. 技术规划包括哪些层次？

6. 技术规划流程及主要活动有哪些？

7. 技术规划流程与市场规划、产品规划、公司规划流程有什么关系？

■ 如何进行技术分析及定位，以及如何识别核心技术、关键技术

通过FFBD映射列出技术后，我们就可以进行初步的技术分类了。但要确定这些技术是否为核心技术或关键技术，还需要进一步分析。特别是针对当前的核心产品和未来规划的核心产品，不仅要通过FFBD映射得到技术，更要重点分析，这也是识别核心技术与关键技术的重要步骤，分析内容主要包括以下几点。

1. 技术区域定位是国内还是国际？
2. 是否有国内、国际的知识产权约束？
3. 技术支撑的功能有何战略价值？
4. 技术支撑的功能对行业有何影响？
5. 技术支撑的功能对竞争对手有何影响？
6. 技术的竞争地位如何？
7. 技术是否与企业战略匹配？
8. 技术是否与产品规划及客户需求匹配？

技术分析及定位的十步法流程如图3-3-1所示。

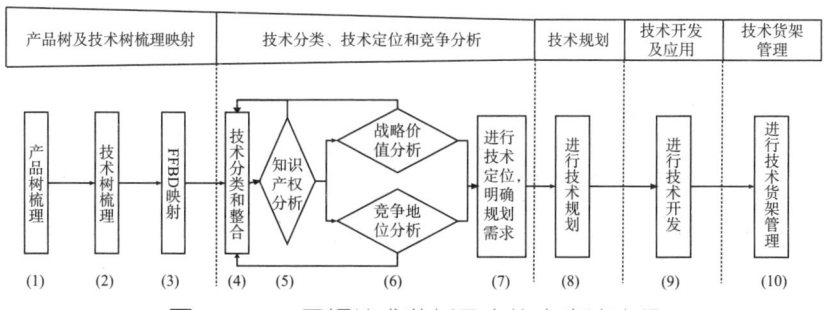

图3-3-1 周辉技术分析及定位十步法流程

技术分析包括三要素：知识产权分析、战略价值分析、竞争地位分析。

知识产权分析关注以下两点：

1. 在国内是否拥有知识产权；

2. 在国际上是否受到知识产权保护；

如果某项技术已经获得知识产权保护，那么我们将不再对其进行进一步规划和分析。

知识产权分析后，我们将对该技术进行战略价值和竞争地位分析，并构建技术战略定位矩阵，简称周辉TSPM。

战略价值分析通常关注四个方面，包含十四个要素。

1. 技术的可应用性

（1）是否开拓了新领域或带来了新突破；

（2）能否在现有产品上应用；

（3）是否代表了主流技术发展趋势；

（4）能否在未来2～5年的产品上应用。

2. 技术所支撑的功能对市场或用户的影响

（1）整体的突破；

（2）成本的降低；

（3）对竞争对手的打击；

（4）产品开发周期的缩短。

3. 获得途径及风险分析

（1）获得途径；

（2）合作伙伴风险分析；

（3）是否可替代；

4. 匹配性

（1）是否与企业战略及资源匹配；

（2）是否与客户需求匹配；

（3）是否与产品规划匹配。

某公司技术战略定位模型如图3-3-2所示：

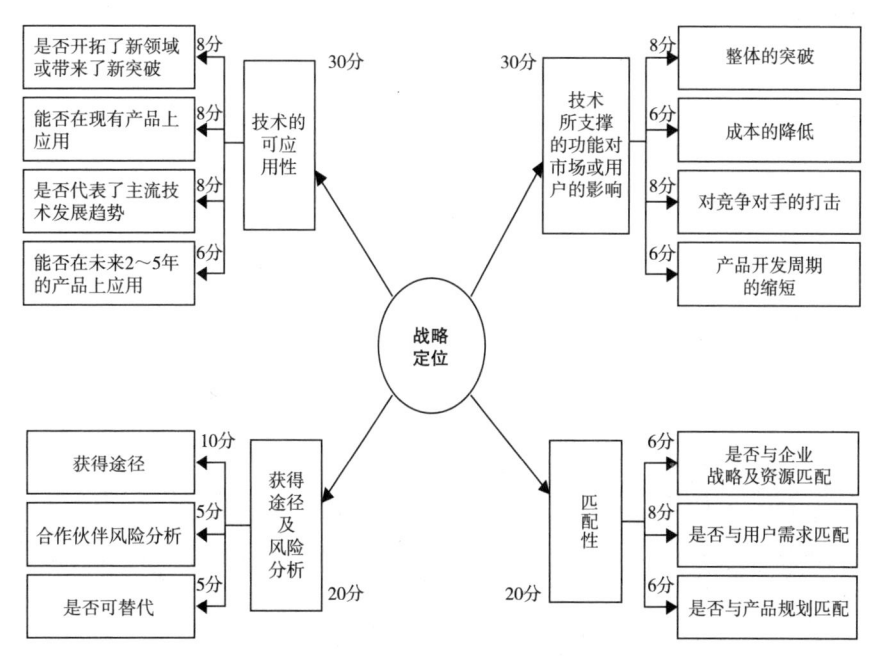

图3-3-2 融智技术战略定位模型

竞争地位分析通常关注以下两点：

1. 与国内同行相比，是领先、平行还是落后；

2. 与国际同行相比，是领先、平行还是落后。

在完成战略价值分析和竞争地位分析之后，我们会构建一个基于产品的技术战略定位矩阵（周辉TSPM），如图3-3-3所示。

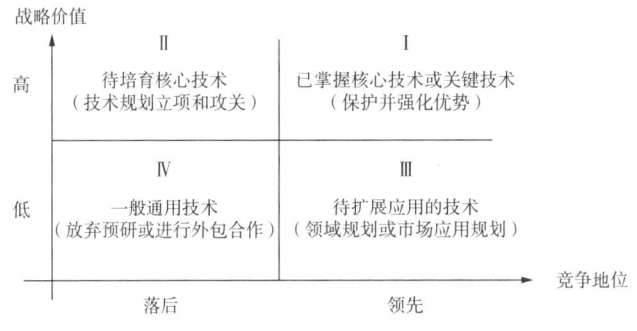

图3-3-3 技术战略定位矩阵

战略价值	落后（竞争地位）	领先（竞争地位）
高	II 待培育核心技术（技术规划立项和攻关）	I 已掌握核心技术或关键技术（保护并强化优势）
低	IV 一般通用技术（放弃预研或进行外包合作）	III 待扩展应用的技术（领域规划或市场应用规划）

某公司进行技术定位战略的示例如图3-3-4所示。

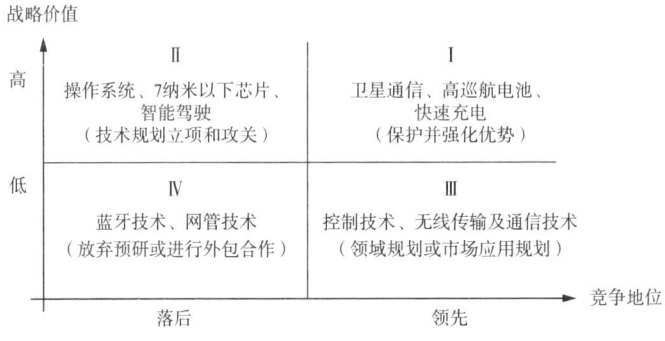

图3-3-4 某公司基于产品的技术战略定位矩阵

战略价值	落后（竞争地位）	领先（竞争地位）
高	II 操作系统、7纳米以下芯片、智能驾驶（技术规划立项和攻关）	I 卫星通信、高巡航电池、快速充电（保护并强化优势）
低	IV 蓝牙技术、网管技术（放弃预研或进行外包合作）	III 控制技术、无线传输及通信技术（领域规划或市场应用规划）

完成技术战略定位后，我们便可针对四个象限的技术制定相应的发展策略，随后进入技术规划环节。

技术战略定位后每一象限的技术发展策略如下。

Ⅰ：落在第一象限的技术，战略价值高且在竞争力方面处于领先地位，此时应采取保护并强化优势的策略，同时进行下一代的技术规划。

Ⅱ：落在第二象限的技术，战略价值高但在竞争力方面处于落后地位，此时应采取积极培育的策略，进行专业技术规划立项和攻关。

Ⅲ：落在第三象限的技术，战略价值较低但在竞争力方面处于领先地位，此时应采取扩展应用的策略，开展领域规划或市场应用规划。

Ⅳ：落在第四象限的技术，战略价值低且在竞争力方面处于落后地位，此时应采取放弃预研或进行外包合作的策略，不做技术规划。

■ 技术规划的内容及层级

很多企业在做技术规划，但在做技术规划前，企业还必须明确以下问题。

1. 技术规划包括哪些内容？
2. 应做多长时间的规划？
3. 技术规划包括哪些层级？
4. 技术规划与产品规划有何关系？

5. 技术规划与技术立项有何关系?

…………

技术管理全流程包括了产品树及技术树梳理映射，技术分类、技术定位和竞争分析，技术规划，技术开发及应用，技术货架管理五个阶段，其中技术规划又包括技术战略研究、技术路标规划、专业技术开发立项计划（军工企业叫"项目指南"）三个内容或步骤，如图3-3-5所示。

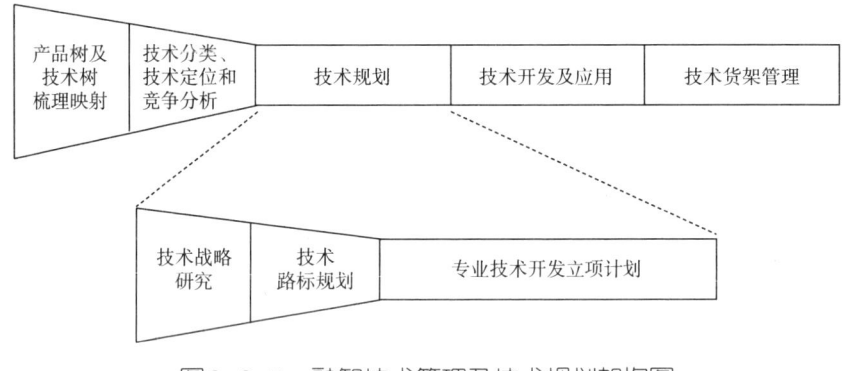

图3-3-5　融智技术管理及技术规划架构图

1. 技术战略研究：指的是长期技术发展规划，通常较为宏观，不涉及具体的资源和资金分配，而是确定发展方向、策略和路径。在通信行业，技术战略研究通常分为2年内、2至5年、5年以上的时间段；而大多数军工企业的技术战略研究分为5年内、5至10年以及10至20年的规划周期。

2. 技术路标规划：指2至3年的技术发展计划，一般包括具体的项目开发时间和资源需求，不仅要指明方向，还要有资源及技术保障等，每年滚动制定。

3. 专业技术开发立项计划：指第二年将要开展的具体预研项目及要求，包括技术指标、启动时间及初步里程碑计划、项目总费用、团队及资源等。

中小公司可根据自身实际情况灵活调整，不一定要全面实施上述三项内容。例如，可将技术战略研究与技术路标规划进行合并，形成一个更具综合性的技术发展计划；甚至还可以将三项内容全部整合，构建一个整体的技术规划，以实现高效管理与资源优化配置。

某航天研究院的技术规划如下所述。

1. 技术战略研究：指较长时间内的技术战略规划，一般来说比较宏观，不涉及具体的资源和经费投入，仅指明方向和策略及路径。包括二到三代甚至更长远的趋势分析。

2. 某领域技术路标规划：指五年以内的技术发展计划，一般包括具体的项目开发时间和资源需求，不仅要指明方向，更要有资源及技术保障等。一般包括二代。

3. 某项目指南：单个项目从立项到验证和成果化的整个过程策划，含目标、成果、时间、预算、节点及资源保障的计划和监控。

正如前面章节所述，技术分为三层：系统集成技术、领域集成技术、专业技术,其与七层产品货架模型的映射关系如图3-3-6所示。

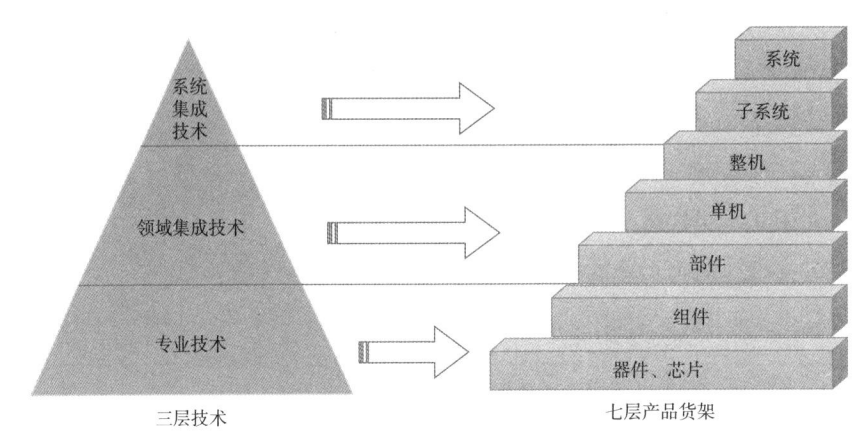

图3-3-6 周辉三层技术与七层产品货架模型的映射关系

1. 系统集成技术(一层):通常由企业的总体部或技术管理部负责,如系统架构技术等。

2. 领域集成技术(二层):通常由企业的领域研究部负责。也有很多企业是按领域划分产品线的,那么产品线技术也归属于领域集成技术,产品线对本领域技术负责。

3. 专业技术(三层):由各专业技术部门负责,如硬件部、软件部、结构部等。

■ **技术规划的责任主体**

企业技术规划分为三层:公司层、产品线层、领域及专业层，各自包含的内容及责任主体如表3-3-1所示。

表3-3-1 融智技术规划分工表

技术规划层级	技术规划内容	责任主体
公司层	体系及平台技术发展战略研究报告，领域技术发展战略研究报告	技术委员会
产品线层	产品线技术路标规划，产品线年度专业技术指南	产品线系统专家组
领域及专业层	领域技术路标规划，CBB及平台路标规划，领域年度专业技术指南	领域和专业专家组

系统集成技术通常涵盖系统架构及企业所需的平台。例如，华为公司的系统集成技术不仅包括通信一体化解决方案，也涵盖必要的软件和硬件平台。类似的，OPPO等智能手机公司的技术包括手机产业发展所需的技术，以及软件平台和硬件平台。

领域集成技术一般由若干相关联的专业技术组成，如结构领域、工艺领域等。有些企业会根据领域来划分产品线，如华为公司的通信领域、传输领域等。因此，领域技术专家一般来自产品线的系统部或企业的领域研究部。

领域研究部下设专业技术研究部，对所属专业技术负责。

【案例】

某公司技术分层及规划责任主体如图3-3-7所示。

技术规划横向分为技术战略研究、技术路标规划、专业技术开发立项计划，纵向分为系统规划、领域规划和专业规划，规划的层级和内容如图3-3-8、图3-3-9所示。

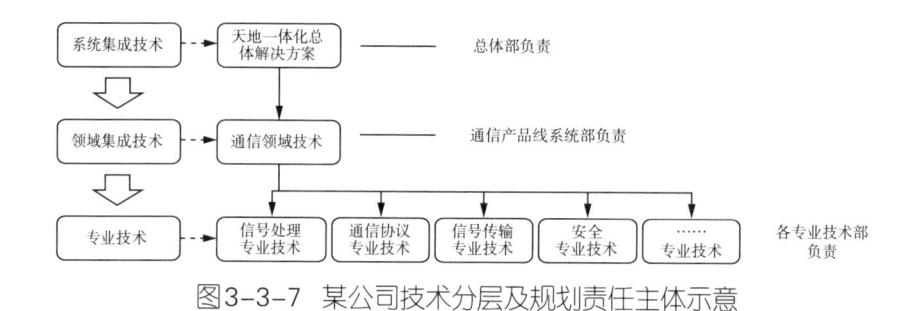

图3-3-7 某公司技术分层及规划责任主体示意

图3-3-8 融智技术规划细化表

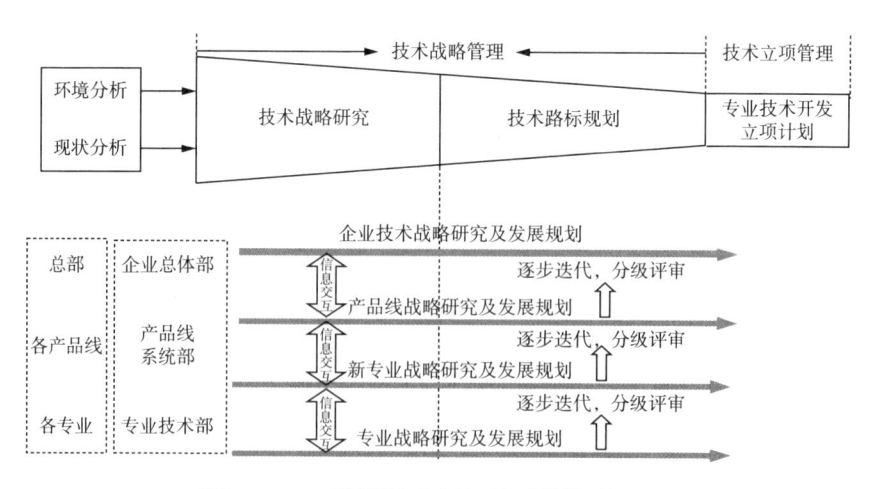

图3-3-9 融智技术创新战略规划分层图

■ 技术规划的流程及关键活动

技术规划通常包括技术战略研究、技术路标规划、专业技术开发立项计划三项内容。

1. 技术战略研究的关键活动包括外部环境分析、内部价值分析、体系及平台技术发展战略研究、领域技术发展战略研究。

2. 技术路标规划的关键活动包括领域技术路标规划、CBB及平台路标规划。

3. 专业技术开发立项计划的关键活动包括融合分析、专业技术指南发布。

三项内容各自的输入、关键活动、输出如图3-3-10所示。

启动	技术战略研究				技术路标规划		专业技术开发立项计划	
输入	1.用户需求 2.行业技术发展趋势 3.行业技术应用现状 4.专业情报	1.企业产品信息 2.企业技术信息 3.企业平台信息 4.研发资源信息	1.外部环境分析 2.内部价值分析	体系及平台技术发展战略研究报告	领域技术发展战略研究报告	1.产品线技术路标规划 2.领域技术路标规划	1.产品线技术路标规划 2.领域技术路标规划 3.CBB及平台路标规划	1.产品线技术路标规划 2.领域技术路标规划 3.CBB及平台路标规划
关键活动	1.用户需求及应用分析 2.技术发展趋势及需求分析 3.技术应用现状分析 4.专业情报分析	1.现有产品结构树分析 2.现有技术树分析 3.现有平台分析 4.关键技术分析 5.技术差距分析	1.行业应用趋势分析 2.企业技术树分析 3.未来产品及技术构想 4.关键技术分析 5.技术基础与支撑资源分析	1.领域应用分析 2.领域技术树分析 3.未来产品及技术构想 4.技术差距分析 5.领域技术战略研究	1.外部环境分析 2.内部价值分析 3.领域产品与技术映射 4.领域技术差距分析 5.领域技术路标规划	1.竞争分析 2.产品同题定位 3.核心产品FFBD分析 4.CBB及平台路标规划	产品规划与技术规划融合分析	专业技术指南编制、评审及发布
输出	外部环境分析	内部价值分析	体系及平台技术发展战略研究报告	领域技术发展战略研究报告	1.产品线技术路标规划初稿 2.领域技术路标规划初稿	CBB及平台路标规划初稿	1.产品线路标规划终稿 2.领域技术规划终稿 3.CBB及平台路标规划终稿	产品线及领域年度专业技术指南

图3-3-10 融智技术规划流程及关键活动表

■ 如何进行技术战略研究

技术战略研究主要是中长期技术战略的构想，包括六个步骤，如图3-3-11所示。

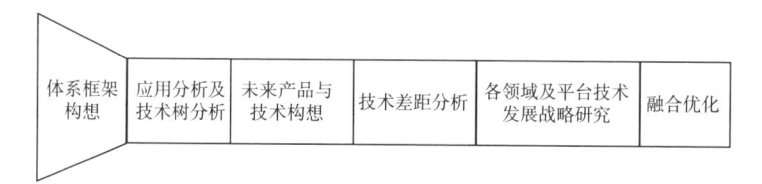

图3-3-11 融智技术战略研究流程图

一、体系框架构想

1. 主要描述未来市场，基于场景化的系统划分、领域划分、平台划分；

2. 未来的挑战和机遇。

二、应用分析及技术树分析

1. 主要畅想未来的应用发展；

2. 同时对现有的产品树、技术树进行分析。

三、未来产品与技术构想

1. 明确未来的产品构想；

2. 明确未来产品树对技术的需求。

四、技术差距分析

1. 分析未来需要的技术；

2. 明晰技术的差距，哪些是领先的，哪些是平行的，哪些是落后的。

3. 落后核心技术和关键技术的供应商分析，确认是否被"卡脖子"。

五、各领域及平台技术发展战略研究

1. 针对各领域进行进一步分析；

2. 明确2年内、2到5年、5到10年以及更长时间的技术目标；

3. 明确核心技术、关键技术需求。

六、融合优化

1. 与产品规划不断进行融合；

2. 通过FFBD优化、分析、规划；

某公司技术战略研究流程如图3-3-12所示。

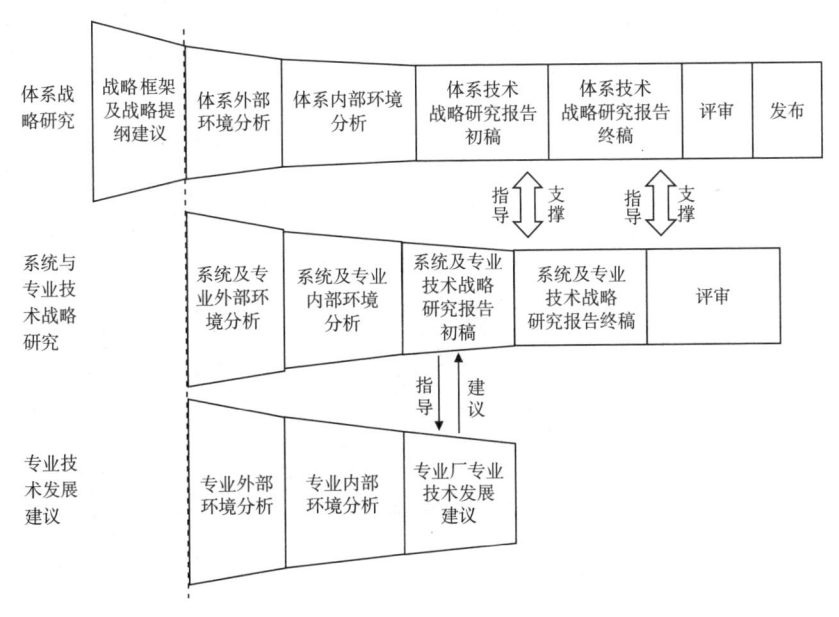

图3-3-12　某公司技术战略研究流程

以下是某公司技术战略研究报告提纲。

一、概述

二、体系地位与作用（系统及专业在体系中的地位、作用）

三、挑战/机遇

四、国际技术发展趋势及应用分析

1. 总趋势分析

2. 主要对手技术发展与特点

3. 应用分析

五、自身分析与定位

1. 自身技术分析、能力分析

2. 主要差距与问题

六、未来技术需求分析及可能会产生的重大突破

七、自身目标分析

1. 2~5年目标

2. 5~10年目标

3. 10年以上目标

4. 总框架

八、技术发展定位、步骤及建议

九、重点发展技术需求

十、总结

需要注意的是：

1.技术战略研究可以包含体系、系统、专业技术，但中小企

业只对专业技术进行研究；

2.并非要对所有的专业技术进行规划，一般只对核心专业技术进行规划。

3.必须先进行产品规划，定义核心产品，再针对核心产品进行分解，然后对专业技术进行规划。

4.一定要将面向未来的场景模式分解到产品，再从产品分解到技术。

■ 如何进行技术路标规划及专业技术开发立项计划

技术路标规划如何与产品规划融合？

技术规划要包含技术立项吗？

通常大型企业将技术规划与技术立项分离，但中小企业可以将二者合并。

技术路标规划包括八个步骤，如图3-3-13所示。

| 外部环境分析 | 内部价值分析 | 领域产品与技术映射 | 领域技术差距分析 | 形成技术路标规划初稿 | 将技术规划与规划融合 | 形成技术路标规划终稿 | 确定具体项目立项计划 |

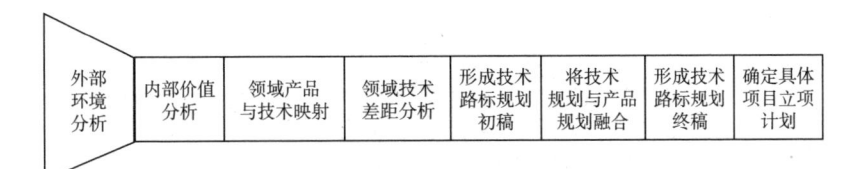

图3-3-13 融智技术路标规划流程图

1.外部环境分析：包括用户需求及应用分析、技术发展趋势及需求分析、技术应用现状分析、专业情报分析；

技术创新管理
——构建世界一流的技术创新和货架管理体系

2. 内部价值分析包括：现有产品树分析、现有技术树分析、现有平台分析、核心技术分析、技术基础与保障分析；

3. 领域产品与技术映射：通过FFBD进行映射，明确产品功能与技术的对应；

4. 领域技术差距分析：对比核心功能的优劣势进行技术差距分析，确定哪些技术是领先的，哪些技术是平行的，哪些技术是落后的；

5. 形成技术路标规划初稿；

6. 将技术规划与产品规划进行融合，看其能否支撑核心产品和战略产品；如果不能融合，还要继续进行产品和技术的分解；

7. 形成技术路标规划终稿；

8. 确定具体项目立项计划。

某公司技术路标规划流程如图3-3-14所示。

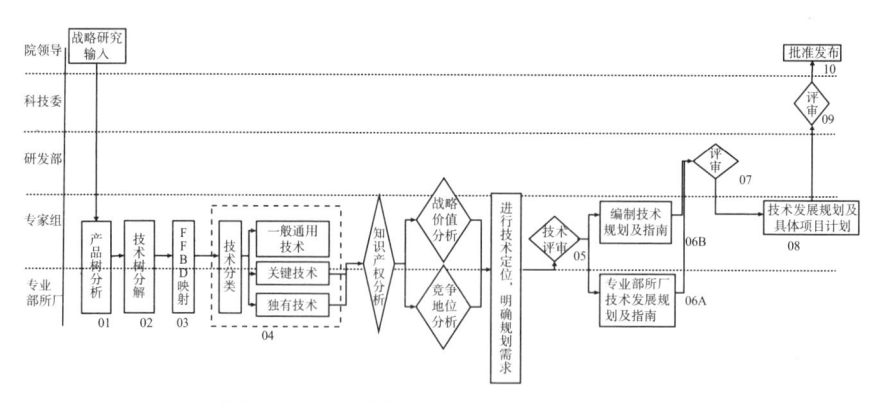

图3-3-14 某公司技术路标规划流程

以下为该公司技术路标规划提纲。

一、定位

领域定位

二、领域分析

1. 领域技术与应用发展趋势分析

2. 领域技术优先级分析

3. 领域差距分析

4. 领域风险分析

三、策略和规划

1. 竞争策略

2. 该领域技术树

3. 平台发展规划

4. 关键技术和核心技术规划

5. 平台继承和共享规划

6. 关键技术及核心技术时间、途径、策略分析

7. 平台项目分工、技术项目分工和任务指派

8. 领域相关性分析

9. 技术保障需求

10. 资源需求及组织落实

四、资源

如何通过技术规划进行预研项目立项和技术攻关立项，将在后续章节阐述。

■ 技术规划与产品规划、企业规划及其他规划的关系

企业规划是一个整体，要以财务规划为中心，衔接客户群规划和产品规划，并针对产品规划制定技术规划、CBB及平台规划，以及在这些规划的基础上制定人力资源规划和管理改进规划。

通常一个企业规划包含七个层级的规划：企业三年规划、客户群规划、产品规划、技术规划、CBB及平台规划、人力资源规划、管理改进规划，如图3-3-15所示。

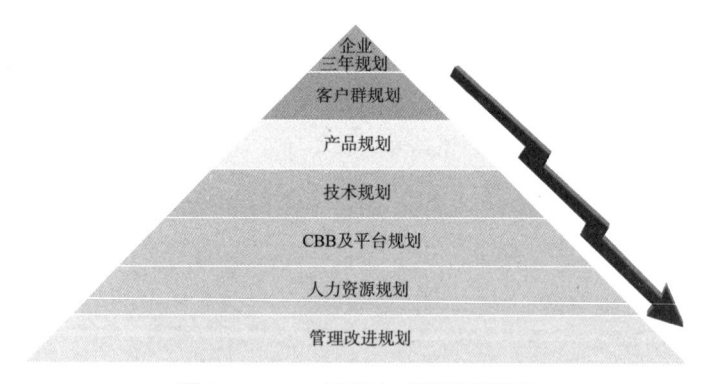

图3-3-15 融智七规划层级图

1. 企业三年规划：包括三年规划和年度计划，由战略框架、组织KPI和一级预算构成，涉及资源聚焦原则、战略控制节点和财务指标演进规划，可分为初稿和定稿，初稿要扩张，定稿要聚焦。

2. 客户群规划：根据客户投资分析，进行客户细分，明确如何守住价值客户，如何将战略客户转化为大客户，如何将大客户转化为利润客户和价值客户，如何规避增长不大的客户，并明确

对产品规划的需求。

3. 产品规划：要针对产品进行定位，核算产品的四类成本（采购成本、制造成本、管理分摊成本、分摊净利润成本）；同时明确哪些产品只要利润，哪些产品只要规模，哪些产品既要利润又要规模，并将产品定位与客户群规划匹配起来；要明确产品战略控制节点，明确新产品开发和客户群方案需求，为技术规划做输入，并提出人力资源方面的需求。

4. 技术规划：要明确核心产品改进和新产品开发需要的核心技术和关键技术，尤其是要明确高毛利产品所需的核心技术和关键技术，同步提出人力资源方面的需求。

5. CBB及平台规划：针对需要降低成本的产品，通过CBB及平台规划来确保成本的降低和平台的共享，并提出人力资源方面的需求。

6. 人力资源规划：根据以上五个规划，列出关键资源需求的总体人力资源规划；包括人员招聘、培训和薪酬激励，以确保"六个一"精细盈利模式的实现。

7. 管理改进规划：包括采购、制造和管理IT规划等配套规划，以支撑以上六个规划落地。

七个规划之间是相互融合的。

如图3-3-16所示，战略规划是一个"W"形的过程，通常在企业愿景、使命和目标指导下，先完成客户群规划和产品规划，在二者的指导下进行技术规划、CBB及平台规划、人力资源规划、管理改进规划。这个"W"形的过程通常从每年的9月开始到次年的2月结束，但在第一年12月31日前必须走完第一个"V"形。

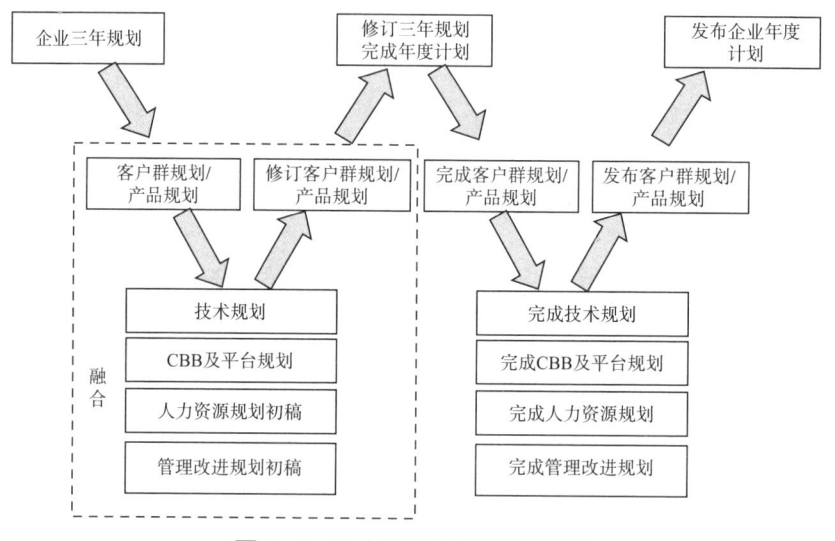

图3-3-16　融智战略规划模型

在整个规划过程中，产品规划与技术规划、客户群规划与产品规划之间是相互融合的。

首先要对市场、技术、竞争对手等进行分析，基于财务指标制定产品规划。接着，根据产品规划对需求进行分类，结合需求和货架进行技术规划与CBB及平台规划，并针对核心产品进行FFBD分析，明确对技术的需求。

技术规划应与产品规划相互融合。在融合过程中，根据产品规划中提出的技术需求，制定并不断完善技术规划，如图3-3-17所示。

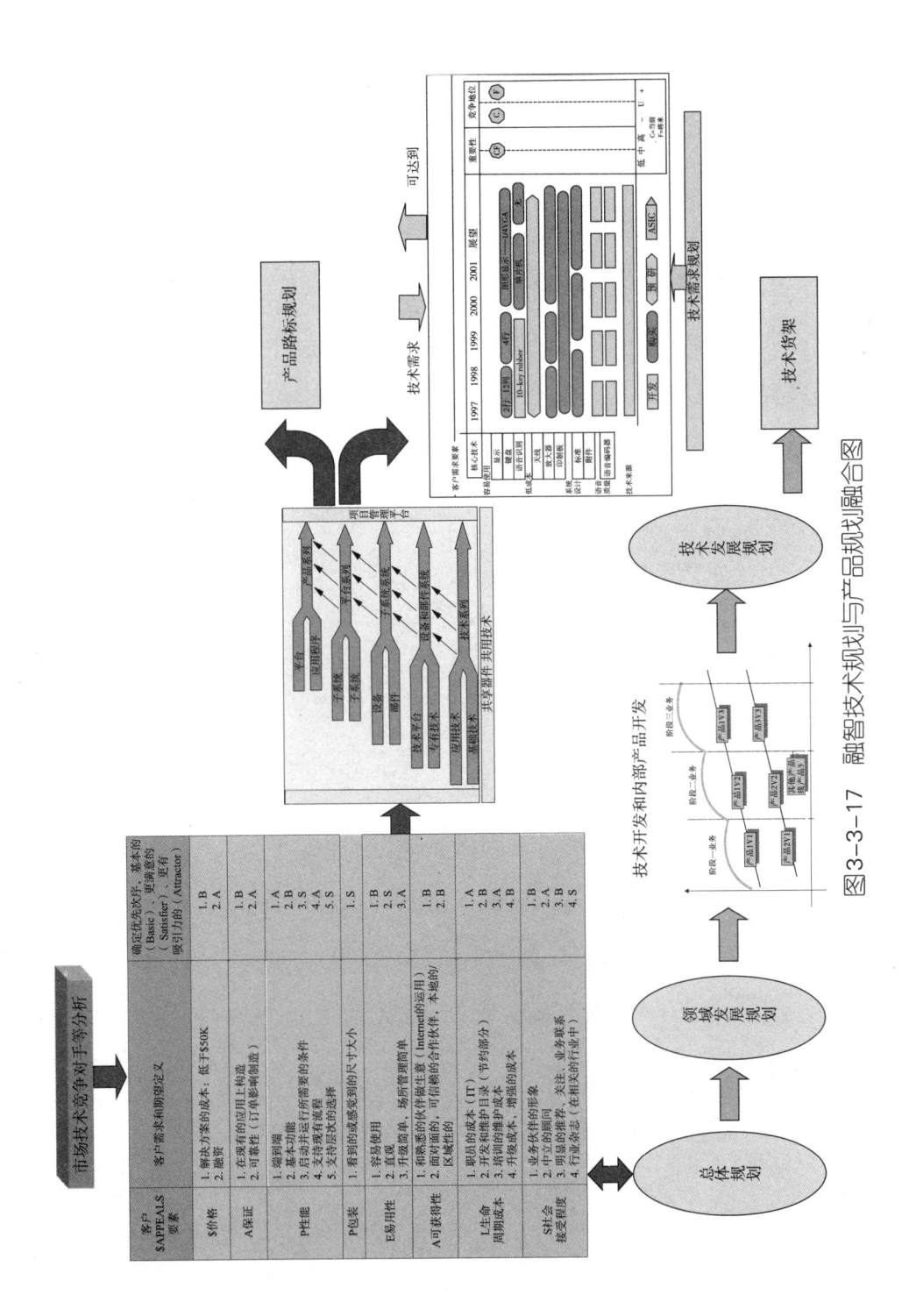

第 3 章　如何进行技术分类，识别核心技术、关键技术并进行技术规划

图3-3-17　融智技术规划与产品规划融合图

产品规划与技术规划的活动如图3-3-18所示。

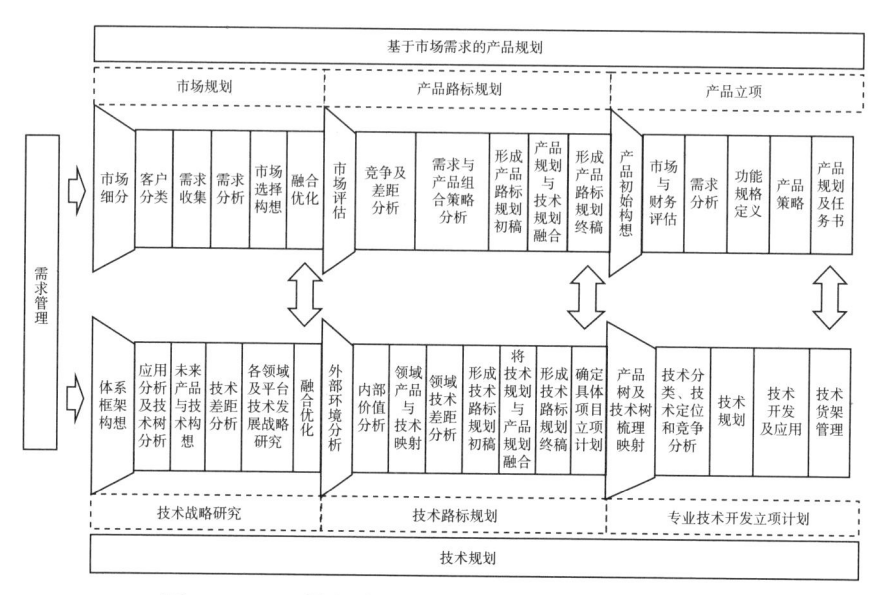

图3-3-18 融智产品规划与技术规划活动融合图

需要注意的是：

1. 战略研究要与企业的市场规划融合，包含企业及产品线；

2. 技术路标规划要与产品路标规划融合；

3. 技术立项要与产品立项融合，如果是技术攻关，甚至可以直接与产品立项合并。

技术规划与产品规划融合通常可以采用功能性能优势分析模型BAFF，如图3-3-19所示。

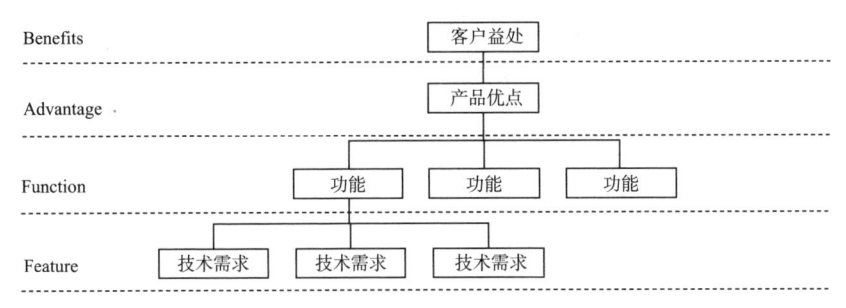

```
Benefits              客户益处
            ----------------|----------------
Advantage           产品优点
            --------|-------|--------
Function       功能    功能    功能
            ----|-------|-------|----
Feature    技术需求  技术需求  技术需求
```

图3-3-19 融智功能性能优势分析模型

BAFF主要回答五个问题：

1.产品给客户带来什么益处，能解决什么问题？

2.该益处及所解决问题与对手相比有何优势？

3.该优势是用什么功能支撑的？

4.该功能是用什么技术支撑的？

5.该技术的路径及需求是什么？

通过对这五个问题的回答和不断整合，最终形成产品路标版本对技术的需求，如图3-3-20所示。

版本	V1R1	V1R2	V2R1	……
上市时间	××年××月××日	××年××月××日	××年××月××日	
B：给客户带来的价值				
A：核心卖点				
F：功能性能需求				
F：技术需求				

图3-3-20 产品路标规划价值主张及卖点设计（R版本）

针对以上问题，不鼓励进行单纯的孤立技术规划，技术规划要分阶段进行，每一阶段都要与产品规划融合，考虑是否产品化并商业化，以实现技术创新"沿途下蛋"的战略。图 3-3-21 为某公司"沿途下蛋"的实例。

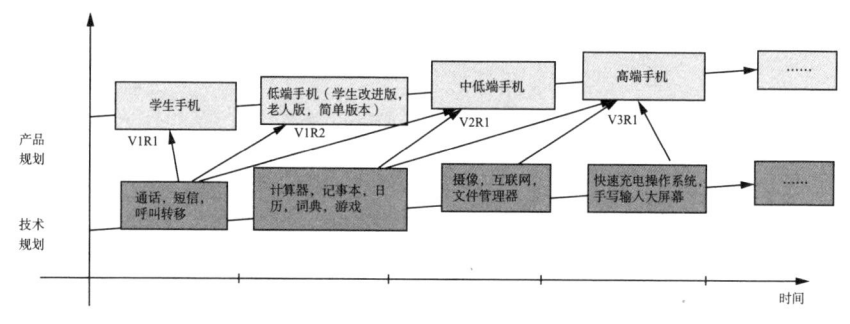

图 3-3-21　产品规划与技术规划融合

第 4 章
Chapter 4

如何进行技术研究和技术攻关

为了培育企业的核心技术，抢占未来的技术制高点，同时探索产品开发中的不确定因素，降低产品开发的风险，缩短产品开发周期，企业要将技术创新与产品创新分离，建立预研体系，包括预研组织、流程及项目管理、绩效管理；同时将技术研究与技术攻关分离，将产品经理当作技术研究及技术攻关团队的客户需求方，以尽快实现预研成果的产品化、商业化。

本章精华

1. 技术创新体系分为技术探索研究（以下简称技术研究）和技术开发攻关（以下简称技术攻关）。技术研究是指对未来前瞻性技术的探索研究，其目的是抢占技术制高点，探索技术开发的路径。技术攻关针对的是业界已存在，但可能被"卡脖子"或技术路径已探索清晰而必须开发的核心技术或关键技术。

2. 技术研究、技术攻关要与产品开发相对分离。通常在产品开发前期进行技术研究。产品开发中如果存在不确定的技术，风险较大，则要暂停产品开发，改为技术研究，或在产品开发中外挂技术攻关团队，以降低产品开发风险，缩短产品开发周期。

3. 技术研究和技术攻关的项目组织不能只由研发人员构成，必须将产品经理当作客户需求方。产品经理甚至要作为技术项目组的客户经理，提出需求并验证成果，以快速实现预研成果的产品化、商业化。

4. 预研核心团队要由高手构成，研究过程要严格管理，研究结果要宽容失败，但技术攻关不允许失败。

5. 预研可以分阶段验证，从原理到原型机，逐步实现方案验证、应用验证及质量验证，但技术攻关必须进行模块的实现以及模块的方案验证和质量验证。

6. 预研应该分阶段制定，分阶段评审，分阶段推进。

7. 为使预研成果产品化，通常预研项目必须在开发完成后寻找三个产品应用，以进行产业化、商业化、货架化管理。

8. 对预研成果，通常除了给予项目奖金，还要进行追溯激励，以鼓励预研项目经理不断地寻找产品化、商业化的前景。

9. 技术研究可以多个团队并行，主要目的是快速确定技术路径，抢占先机，形成技术制高点。而技术攻关最好由一个团队执行，目的是快速形成产品，有时也可以与产品开发团队（PDT）合并。

10. 技术创新体系可以预研部的方式存在，也可成立研究院或研发中心。技术研究必须在预研部或研究院内进行，而技术攻关可以在产品线中进行，但必须按照技术研究和技术攻关模式管理。

第一节
预研的定位及组织建设

■ 问题思考

1. 为什么要进行预研？

2. 预研的定位是什么？

3. 预研体系包括哪些部门？

4. 技术研究与技术攻关、产品开发有何关系？

5. 产品预研与技术预研有何关系？

■ 产品创新与技术创新分离

产品开发要准确、快速、低成本地满足客户的需求。产品开发团队不仅包括产品开发技术团队，还包括市场、工艺、结构、中试、生产等其他开发团队，人员规模多，投资较大。如果某一项技术在产品开发前没有完成突破，那么整个产品开发团队就会

为了等待这项技术的突破而出现停工,从而导致产品开发出现以下问题:

1. 产品不能按期推出,如果市场发生变化,则需要重新分析产品的功能需求和竞争需求;

2. 个别项目组影响全体,造成资源浪费;

3. 产品周期延长,管理难度加大;

4. 不确定因素增加,许多人无绩效工资;

…………

因此,融智倡导将产品创新和技术创新分离,即事先通过产品路标规划,对所需技术进行分析,通过产品树和技术树梳理、FFBD映射、战略价值和竞争地位分析,制定技术发展规划,并在此基础上进行技术研究和技术攻关。这样一来,在产品开发阶段,所需的技术已经完成了前期的研究和开发,有的甚至上了货架,从而降低了产品开发风险,缩短了产品开发周期。

技术创新包括技术研究与技术攻关两个流程。技术研究进行技术路径的分析、研究、验证、选择。技术攻关则针对选择的技术路径进行技术开发,直至模块产品化、成果化、货架化。

技术研究团队通常简称为TRT,而技术攻关团队通常简称为TDT。TRT一般隶属于预研部门。预研阶段完成后,整个团队及其项目成果会转移到TDT。TDT也可以设置在产品线内,由产品线代为管理,作为产品开发的一部分,以共享资源、加快产品开发进度。

大型企业可能会将这两个流程分开管理，但对于大多数企业而言，这样做并无必要，可以将它们视作预研的两个阶段或两种类型。在本书中，技术创新体系称为预研（唯一的区别是CBB开发按照技术开发流程进行）。

需要注意的是，如果因为技术规划不准确或缺乏技术规划，或者客户临时变更计划，导致产品开发过程中出现了未解决的技术问题，决策层就应该对产品开发的风险进行评估。通常的解决办法包括：

1. 对能够外包的一般通用技术进行外包；

2. 暂停产品开发，先做技术预研，如果有两种以上的技术没有解决，则要分别组建项目组进行预研；

3. 产品开发与技术攻关同步进行：对必须开发又不能外包的核心技术、关键技术，要同步进行技术攻关。如果有不同的技术路径，可以由两个团队进行研究，甚至允许多个团队同时研究，确定方案后进行技术攻关，以解决产品开发中的技术问题，降低技术风险。

■ 预研的内涵及定位

如上所述，预研是指为了培育企业核心技术，孵化新产品，突破产品和项目中存在的技术瓶颈而进行的技术研发活动。

根据预研成果不同，可将预研项目分为三类：技术研究、技术攻关、产品预研。

1. 技术研究指对未来两到三年的技术路径进行预先研究，目的是探索多种技术路径，包括：

- 核心/关键技术路径研发；
- 未来技术趋势的前瞻性、基础性课题研究。

技术研究可以多路径进行，直至找到可行的开发方案。为了确保方案的可实现性，我们不仅要从原理到方案进行设计，还要涵盖质量验证等关键活动。

2. 技术攻关主要解决产品和项目中存在的技术瓶颈和问题。技术攻关来源可能是企业自身在技术探索过程中发现并决定深入攻关的技术瓶颈，也可能是行业竞争对手已突破，但企业又无法合作而必须进行攻关的"卡脖子"技术。

3. 产品预研指新产品前期的概念研究。融智建议，如果进行了FFBD映射，将产品分解到了技术，则无须进行产品预研，只要针对分解出的技术需求进行技术研究或技术攻关就行了。

因此，本书所讲的预研主要指技术研究与技术攻关。技术研究与技术攻关完成后，如果后续技术成果形成了CBB，则进入产品货架的一二三层，支持产品异步搭积木式开发，如图4-1-1所示。

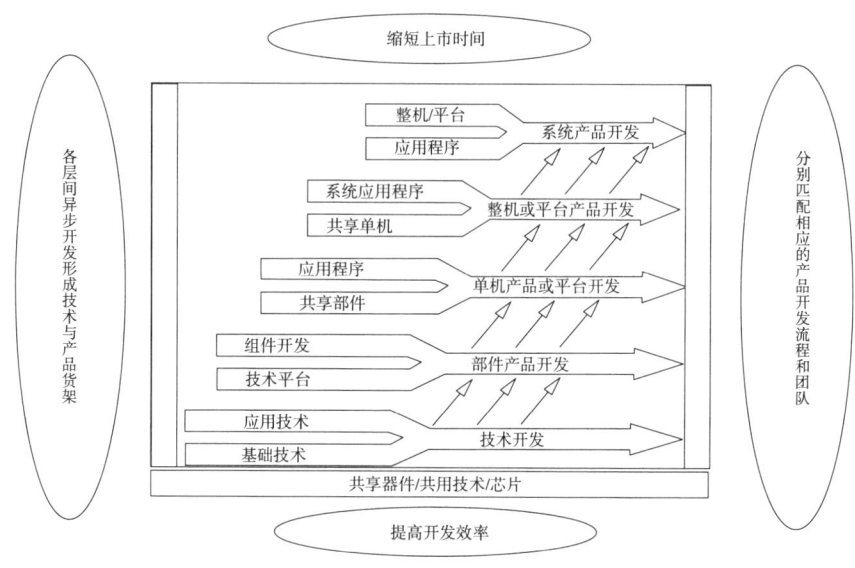

技术创新管理
——构建世界一流的技术创新和货架管理体系

图4-1-1 集成产品开发模式下的异步开发架构

很多企业为了尽快完成产品开发，在完成技术预研形成路径后便将技术攻关直接转为产品开发。

企业技术创新中技术研究、技术攻关与产品开发的区别如表4-1-1所示。

表4-1-1 融智技术研究、技术攻关、产品开发的区别

类型	技术创新		产品创新
	技术研究	技术攻关	产品开发
目的	研究技术实现路径	直接完成技术，形成成熟的模块，CBB也在此	形成商用化产品
开发内容	1. 技术方案开发 2. 内部市场开发	1. 技术模块开发 2. 六性需求（DFX）开发 3. 应用开发 4. 技术资料包开发	1. 市场开发 2. 技术开发（产品） 3. 六性需求（DFX）开发 4. 产品资料包开发

（续表）

类型	技术创新		产品创新
^	技术研究	技术攻关	产品开发
流程	初期研究、中期研究、后期研究。一般来说不要求经过生产体系检验，只要实现核心功能即可。用预研流程	概念、计划、开发、迁移。要经过生产体系验证，达到商用标准。用技术攻关或IPD流程	概念、计划、开发、验证、发布。要经过生产体系检验，达到商用标准。用IPD流程
项目团队	技术研究团队（TRT）	技术攻关团队（TDT）	产品开发团队（PDT）
考核	允许失败	不允许失败	不允许失败
计划及周期	按阶段制定计划	限制时间，倒排计划	限制时间、周期，倒排计划

■ 预研体系的组织建设

研发体系包括预研、公共研发、产品开发、技术支持与服务开发四个部分。预研负责技术研究和技术攻关；公共研发负责CBB及平台开发；产品开发面向客户，满足客户需求，实现产品的市场成功与财务成功；技术支持与服务开发负责安装、维护、实施及服务。

在大型企业中，这四个部分可以独立设立，而规模较小的企业，可以考虑将预研和公共研发合并，组建一个技术中心来统筹管理。

预研体系通常包括三个部分：技术委员会、预研职能管理部门及预研技术团队，如图4-1-2所示。

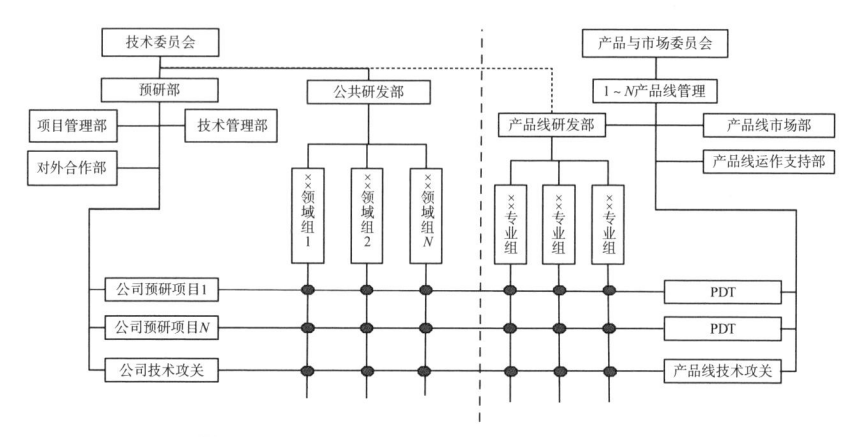

技术创新管理
——构建世界一流的技术创新和货架管理体系

图4-1-2 融智预研体系组织结构示意图

一、技术委员会

作为技术的最高决策组织，技术委员会通常由技术最高负责团队、技术专家、预研部管理团队成员，以及技术领域的专家和相关产品领域的专家构成。

主要职责：

- 组织技术规划，并参与产品规划及将技术规划和产品规划融合；
- 负责预研项目投资和决策评审，决定技术研究、技术攻关的开发策略及投入原则、资源、资金配置；
- 对技术研究、技术攻关的技术控制点做出评审，并提交决策评审建议；
- 负责制定预研体系的管理规则，并管理冲突和进行资源协调；

- 与产品线进行互动,将预研成果向产品线迁移;
- 对前沿技术进行课题式探索研究,向企业推荐领先的前瞻性技术;
- 确定预研体系的组织建设、配置政策、干部任用和绩效考核制度。

需要注意的是,中小企业可能按领域划分产品线,因此领域不仅包括公共研发技术领域,还包括产品线独有的相关领域。

二、预研职能管理部门

通常包括项目管理部、技术管理部、对外合作部,相应职责如下。

1. 项目管理部

- 根据企业技术和产品发展战略,组织制定技术预研、产品预研及对外合作发展规划和年度计划;
- 负责预研的工作流程、工作规范、工作制度的制定和完善,并负责组织实施;
- 负责预研项目组织建设及绩效管理;
- 负责预研项目及对外合作项目综合计划的制定及监督执行,并组织评审;
- 负责预研项目及对外合作项目预算的评审、成本核算与控制;
- 建立与实施预研部绩效指标体系;
- 管理预研资产。

2. 技术管理部

- 根据企业发展战略，从技术上确定技术及产品预研的发展规划；
- 组织进行技术树梳理，并参与产品树梳理，进行FFBD映射。
- 组织核心技术、关键技术的识别与规划；
- 负责预研项目的开发、技术评审和质量保证；
- 组织中长期技术、产品及新领域的预研；
- 负责技术体系评审专家的管理；
- 审核外包技术的必要性；
- 负责向预研项目提供技术SE。

3. 对外合作部

- 负责对外合作规划及策略制定；
- 负责对外合作关系的建立；
- 负责对外合作项目的管理；
- 负责对外合作评估及团队评估；
- 负责对外合作成果的管理。

三、预研技术团队

通常包括技术研究团队、技术攻关团队及各领域专业组。其职责如下。

- 遵照预研项目实施流程完成预研项目的立项、阶段评审及项目的验收；

- 按照预研项目合同，合理安排人力资源和经费，组织和实施项目研究计划，按期完成预研任务；
- 跟踪预研对外合作项目的技术进展。

企业预研项目一般放在预研部；产品线的预研项目一般放在产品线。

各领域专家组有可能放在公共研发部，也有可能放在产品线，职责如下。

- 负责本领域或专业组预研工作的组织建设与管理；
- 组织提出本领域或专业组技术预研、产品预研的规划和设想；
- 负责制定本领域或专业组的预算、成本核算，并监督实施；
- 负责预研项目在人力、物资和信息等方面的需求；
- 负责完成技术研究和技术攻关向产品开发的成果转移工作；
- 负责本领域或专业组预研人员的考评、资格认证，以及预研干部的培养。

技术研究一般放在预研部，技术攻关既可以放在预研部，也可以放在产品线，但原则上讲，预算由预研部出，管理可以灵活处理。

第二节
技术开发及应用流程与项目管理

■ **问题思考**

1. 预研包括哪些阶段？
2. 如何进行预研的技术评审？
3. 如何进行预研的决策评审？
4. 预研项目人员如何构成？
5. 预研流程与产品开发流程有何关系？
6. 如何制定预研计划？
7. 如何对预研进行监控和预警？
8. 如何对预研成果进行产品化？

■ **技术开发及应用总体流程**

如前面章节所述，技术管理全流程包括五个阶段：产品树及技术树梳理映射阶段，技术分类、技术定位和竞争分析阶段，技术规划阶段，技术开发及应用阶段，技术货架管理阶段。其中，技术开发及应用主要是指技术研究与技术攻关，包括四个子阶段：需求及立项、技术研究、技术攻关、技术转移及应用，如图4-2-1所示。

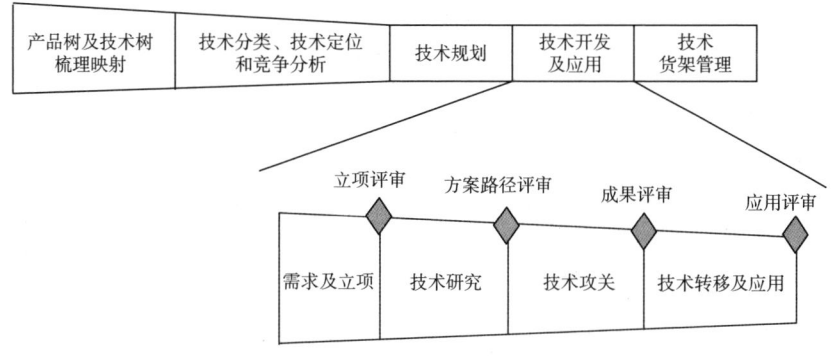

图4-2-1　融智技术开发及应用四个阶段示意图

大型企业，如华为，将以上四个阶段独立为四个流程，其与产品开发及CBB管理一起，共同构成研发（R&D）体系的框架，如图4-2-2所示。

同时，评审分为决策评审与技术评审，包含四个决策评审点和八个技术评审点，如图4-2-3所示。

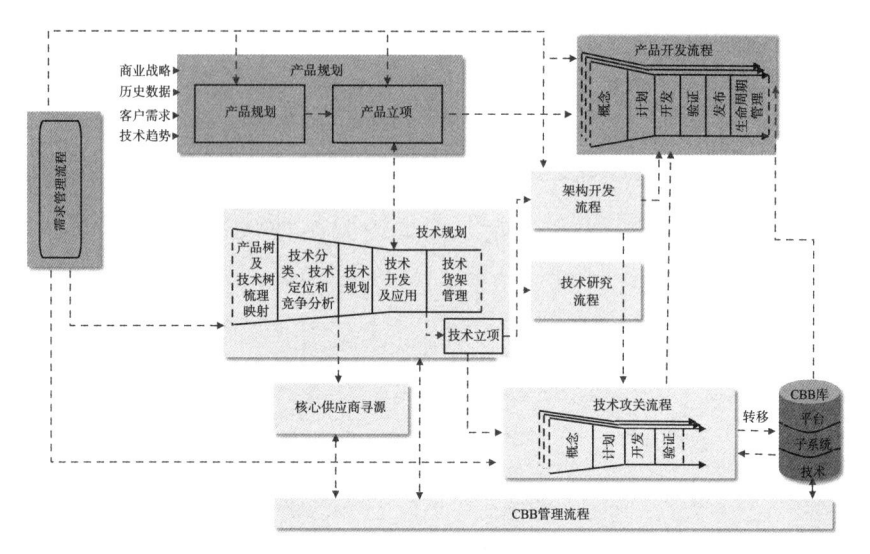

图4-2-2 大型企业的研发体系框架

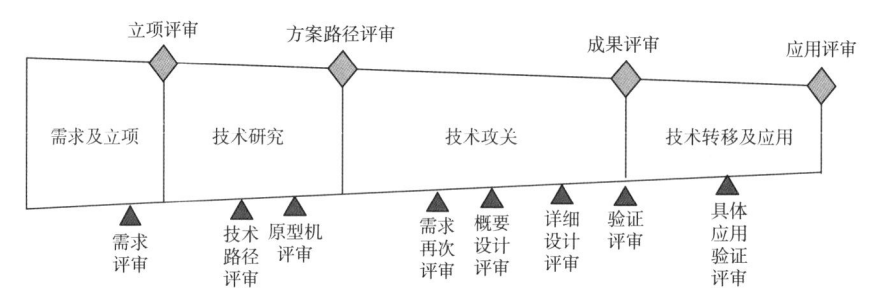

图4-2-3 四个决策评审点和八个技术评审点

一、需求及立项阶段

需求及立项包括四个关键步骤：

1. 立项构想及准备；

2. 环境与价值分析；

3. 需求定义；

4. 路径及立项。

此阶段的主要目的是对构想的技术进行竞争分析、价值分析，同时对支撑产品的功能进行价值分析及竞争分析，定义产品的应用场景，对技术需求进行分级，明确实现路径，进行立项评估。详细活动如图4-2-4所示。

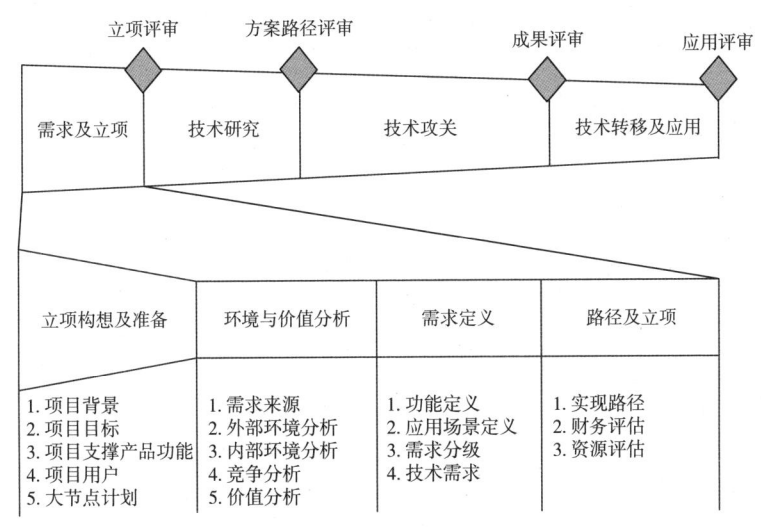

图4-2-4 需求及立项流程图

需求及立项阶段的最终交付为项目任务书，具体内容包括：

1. 项目名称；

2. 国内外情况分析及应用；

3. 项目价值分析；

4. 项目技术支持的产品功能分析；

5. 竞争分析；

6. 技术实现路径；

7. 时间节点；

8. 团队构成；

9. 风险；

10. 内部能力分析及收益汇报；

11. 需要改进的问题。

需要注意的是：项目价值分析及项目技术支持的产品功能分析非常重要，决定技术的价值，也可重新评估验证技术的战略定位。

二、技术研究阶段

技术研究主要是对未来技术进行路径探索，选择一项技术路径，初期对方案进行验证，中期对实验进行验证，后期要对质量进行验证；可以多路径、多方案探索，直至选定一个方案，进入技术攻关。

技术研究、技术攻关通常是分开进行的，很多企业将技术研究直接转到产品开发以便快速支撑产品应用，再转至CBB开发，如图4-2-5所示。

技术研究一般包括三个步骤：研究初期、研究中期、研究后期。

研究初期主要是进行技术方案的研究和标准专利的分析，本阶段不细分子阶段，进行一次评审即可。进入研究中期，就必须严格按照概念、计划、开发进行。而到了研究后期，技术研究可以直接转到技术攻关或产品开发。

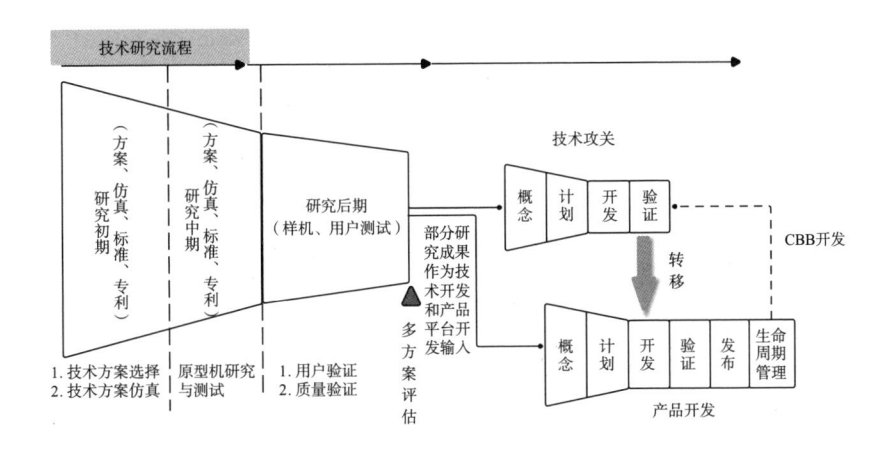

图 4-2-5　融智技术研究流程图

在研究中期，我们建议按照概念、计划、开发三个阶段进行研究活动，如图 4-2-6 所示。

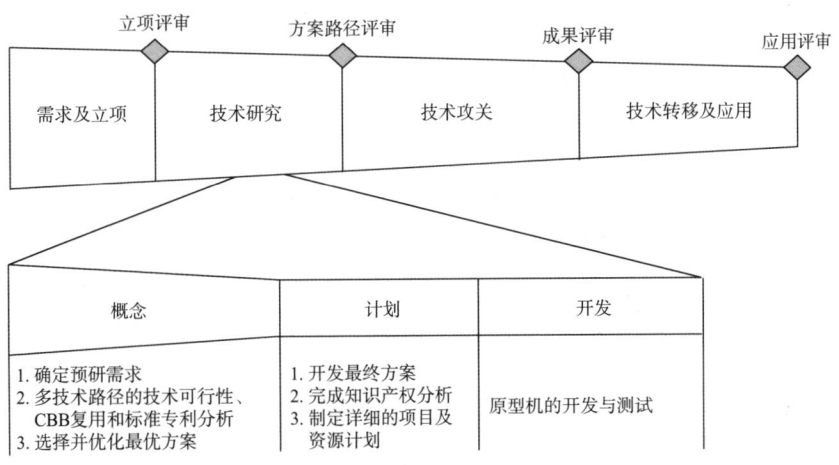

图 4-2-6　融智技术研究中期流程图

三、技术攻关

技术攻关可以来自研究流程中选定的一条路径,也可以直接针对"卡脖子"技术进行攻关,其可分为几个子阶段:概念、计划、开发、验证。技术攻关的主要目的是针对选择的技术路径进行技术开发,直至技术成果产品化,详细活动如图4-2-7所示。

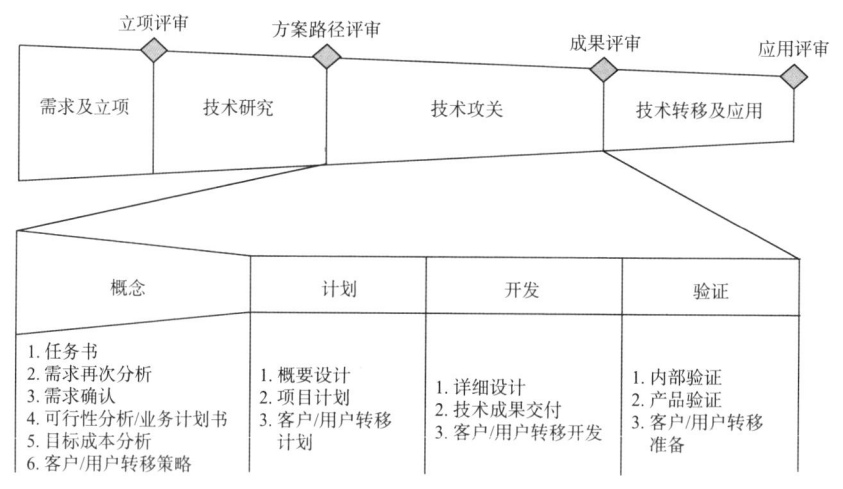

概念	计划	开发	验证
1.任务书 2.需求再次分析 3.需求确认 4.可行性分析/业务计划书 5.目标成本分析 6.客户/用户转移策略	1.概要设计 2.项目计划 3.客户/用户转移计划	1.详细设计 2.技术成果交付 3.客户/用户转移开发	1.内部验证 2.产品验证 3.客户/用户转移准备

图4-2-7 融智技术攻关流程图

四、技术转移及应用

转移阶段的目标是将技术/平台顺利转移到产品中,保证技术/平台在产品中的有效应用。

转移阶段的目的在于转移,而不是移交。技术/平台转移阶段前期都需要在用户产品环境下进行测试验证、质量优化,以使其逐步达到稳定。

转移前技术/平台产品要达到初始产品质量水平,技术立项管理后转移到产品的技术进行集成测试,最终和产品一起达到量产状态,如图4-2-8所示。

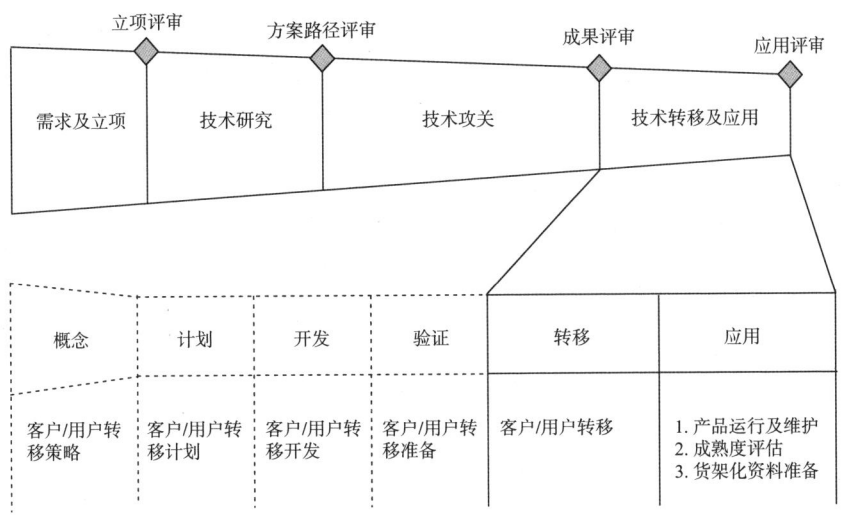

图4-2-8 融智技术转移及应用流程图

在最开始进行TDT立项时就要考虑技术转移,通常在概念阶段考虑技术的转移策略,在计划阶段建立技术转移详细计划,到开发及验证阶段要分别选择1~N个产品完成技术转移准备,转移阶段要进行技术转移,直至本技术的生命周期结束,如图4-2-9所示。

针对技术研究及预研成果的快速应用,要注意以下四点:

(1)为提高创新成果应用率,产品线产品经理要负责项目初期的需求论证,并承担将研究成果转化为实际应用的责任;

(2)鼓励预研部将技术成果转移到产品线应用,对成功实现

图 4-2-9 技术的转移

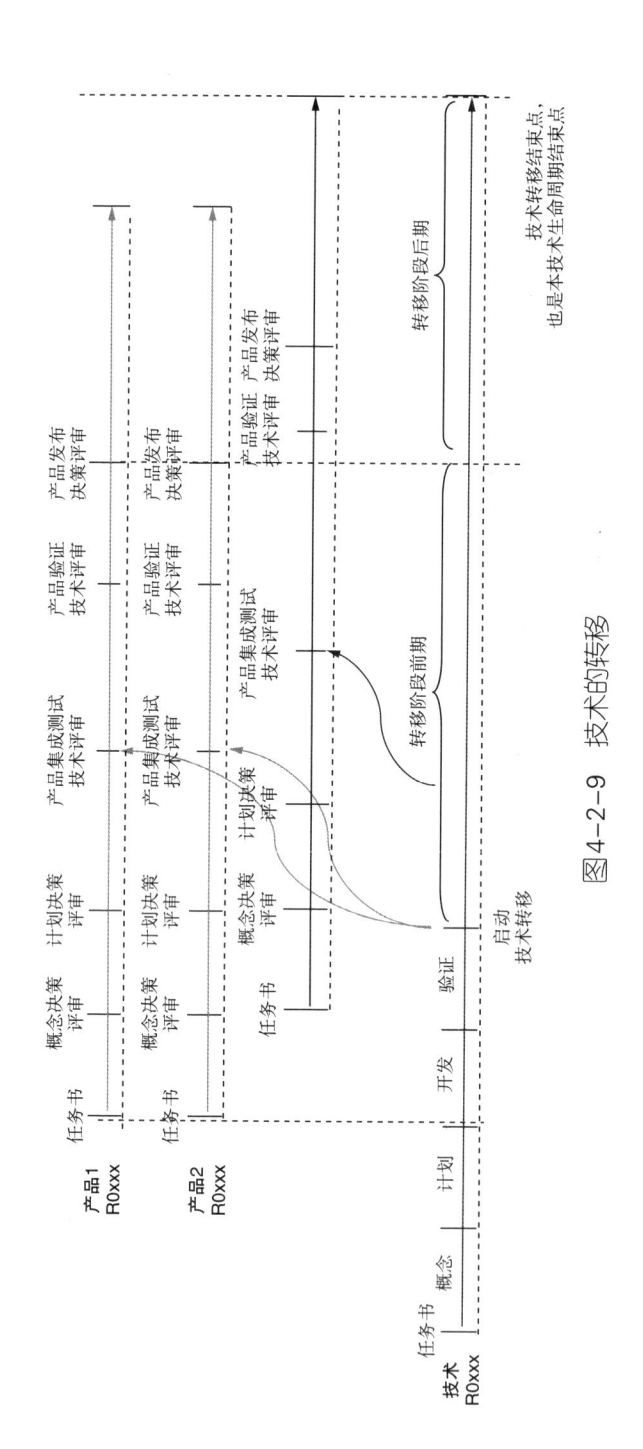

成果转化的预研项目实施成果转化奖励；

（3）鼓励产品线积极产品化及商业化应用技术成果，将预研部取得的预研成果无偿提供给产品线应用；

（4）支持预研项目成果实现应用转化，对尚有一定差距，需进一步研发的实际应用，给予应用部门一定的资金支持。

预研项目可设专项完成奖励、成果转化奖励，这些奖励不纳入部门工资总额。

在对预研项目进行专项检查时评估并评审等级（如A、B、C级，依据研发进度、质量、技术水平、成果等级、应用前景等系列因素制定相应评价标准）。

- 如未获得成果产出，则取消项目相应阶段奖励；如项目中途终止，则不兑现奖励；如项目滞后任务书要求超过3个月，则该项目不能被评定为A级；C级以下项目不予奖励；
- 预研项目奖励额度为项目总经费的5%左右，分项目重要节点完成、成果产出（专利申报并受理、科技成果发布、论文发表）两个阶段，奖励额度分别占项目奖励总额的60%和40%；
- 预研项目奖励分配：各阶段实发奖励的60%直接奖励给项目研发团队成员，40%奖励给部门。

小型企业可对以上四个阶段的流程进行简化，如图4-2-10所示。

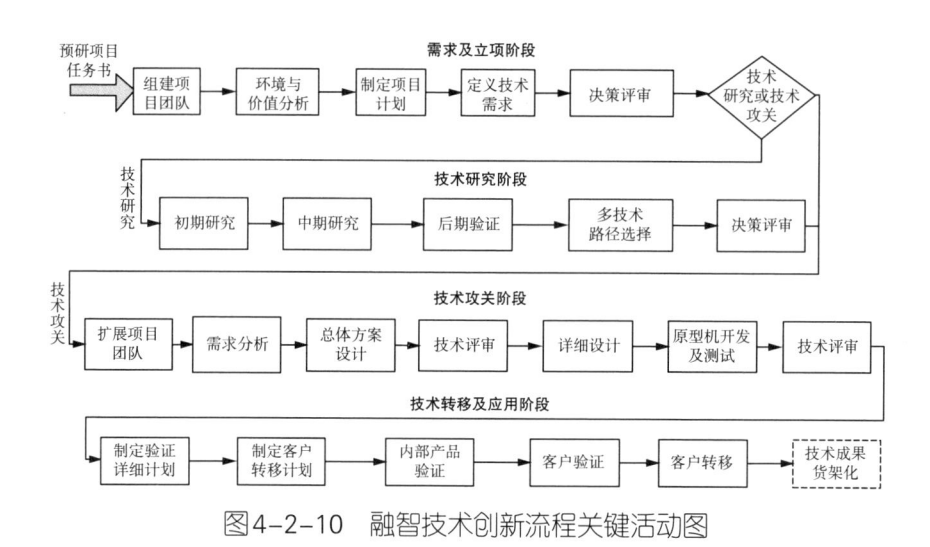

图4-2-10　融智技术创新流程关键活动图

综上所述，技术开发及应用的总体流程包括四个子阶段、四个决策评审点、八个技术评审点，如图4-2-11所示。

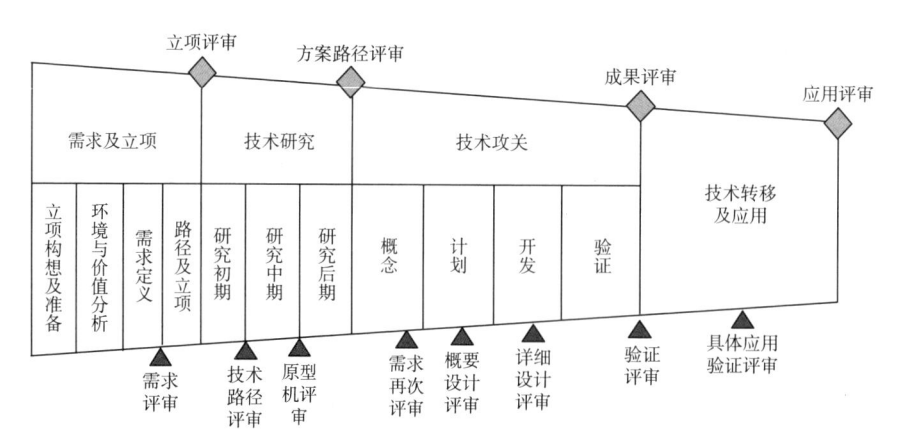

图4-2-11　融智技术开发及应用的总体流程

技术开发及应用各阶段的最终输出件见下图4-2-12。

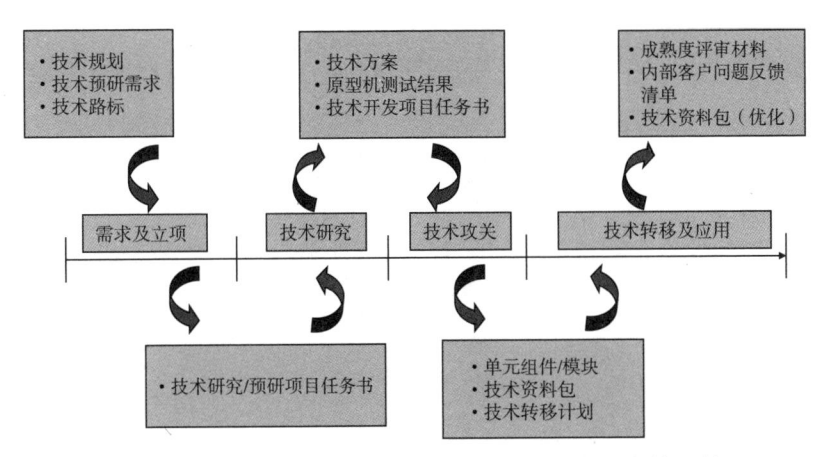

图4-2-12　融智技术开发及应用各阶段的最终输出件

■ 技术研究及攻关项目组织与预研人员管理

如前所述，技术创新体系由技术委员会、预研部、公共研发部和产品线研发部组成，同时包括项目管理部、合作管理部和技术管理部等职能部门。此外，技术创新体系还包括三类项目组：技术需求与立项小组（TCDT）、技术研究小组（TRT）和技术攻关小组（TDT），这些项目组在不同阶段承担相应的职责。

一、技术需求与立项小组（TCDT）

技术需求与立项小组由技术管理部或技术规划部负责组建。技术规划通常每半年进行一次更新，每三个月进行一次内部审查。因此，每季度会针对需要立项的技术项目开展任务书开发和小组组建的工作。

技术需求与立项小组的构成如图4-2-13所示。

图4-2-13 技术需求与立项小组的构成

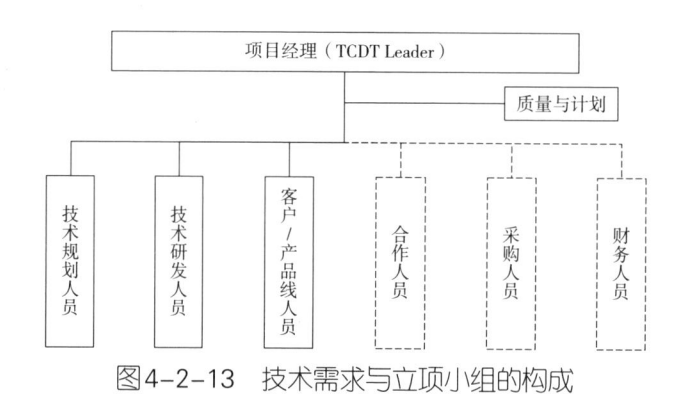

项目经理通常由技术规划人员或技术研发人员担任，其中合作、采购、财务人员可以按需求配置，但客户/产品线人员必须由熟悉产品业务或产品线的人员担任，以便进行用户需求分析和竞争分析。如果项目经理具备财务知识，则由项目经理兼做财务人员，在评审时加强财务评审，通常不建议财务部人员直接充当财务人员。

技术需求与立项小组的工作通常1~3个月完成，每月滚动计划，主要交付件为：

1. 技术分析报告；

2. 研究项目可行性报告及任务书；

3. 初始需求及价值分析包。

任务书通常每半年一次，主要指标为技术转移成果化项目占比（成果化项目数/立项项目数）。

一般考核数量及转换率，转换率30%~50%算及格，50%以上算优秀。

二、技术研究小组（TRT）

如果只做初期的研究，主要输出方案、研究和标准专利分析，不一定完成原型机的开发，则可以组建一个较为简单的项目组。但如果需要完成原型机开发，涉及中后期的研究，就必须建立完整的技术研究小组，其后期可以与技术攻关小组合并。技术研究小组的构成如图4-2-14所示。

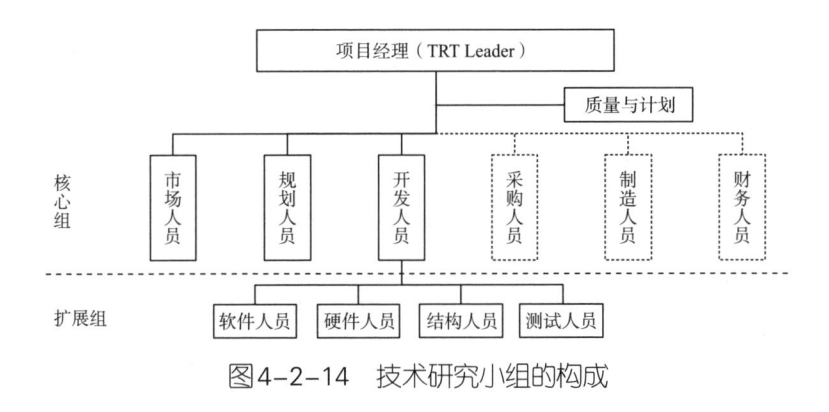

图4-2-14 技术研究小组的构成

项目经理通常由技术领域的专家担任，或者由技术管理部委派。项目成员可以根据项目进度的需要逐步加入团队。如果项目经理具备财务知识，则由其兼做财务人员，在评审时加强财务评审，不建议财务部人员充当财务人员。如果项目中涉及硬件研究需求，则可根据需求任命采购与制造人员。

三、技术攻关小组（TDT）

技术攻关小组的项目经理来自预研部或研发领域，项目开发团队的项目经理则来自产品线。技术攻关小组可以直接挂在产品开发团队下。为了确保 TDT 成果（原型机）与产品线有效融合，需要建立扩展组和外围组，如果项目涉及硬件，则必须配备采购、财务和质量等相关人员。技术研究小组和技术攻关小组的项目计划应按阶段制定，并且每个月必须有一次评审，作为项目过程考核的依据。技术攻关小组的构成如图 4-2-15 所示。

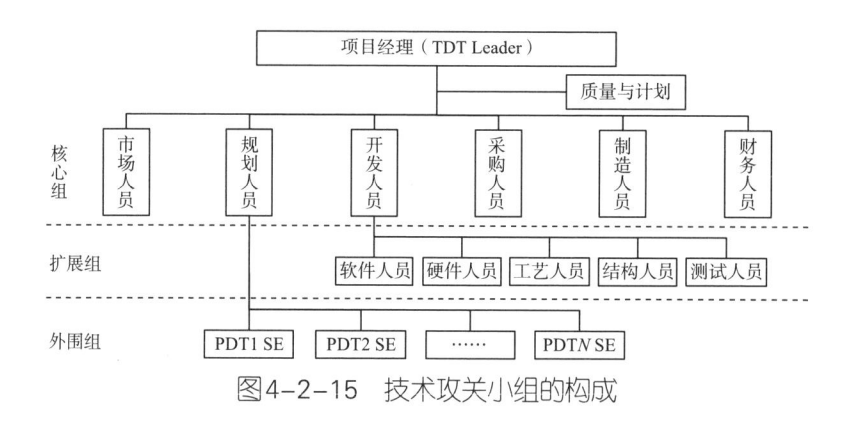

图 4-2-15 技术攻关小组的构成

技术研究小组允许失败，尤其是路径选择，但技术攻关小组与产品开发团队合并，不允许失败，其考核方式也与产品开发团队一致，具体的考核方法将在后续章节中详细描述。

四、预研人员的管理

预研人员是"铁打的营盘，流水的兵"，数量通常占企业研发人数的 10%，且以高级专业工程师为主。

预研人员要随预研成果流转到公共研发部和产品线，以确保预研成果的转化，如图 4-2-16 所示。

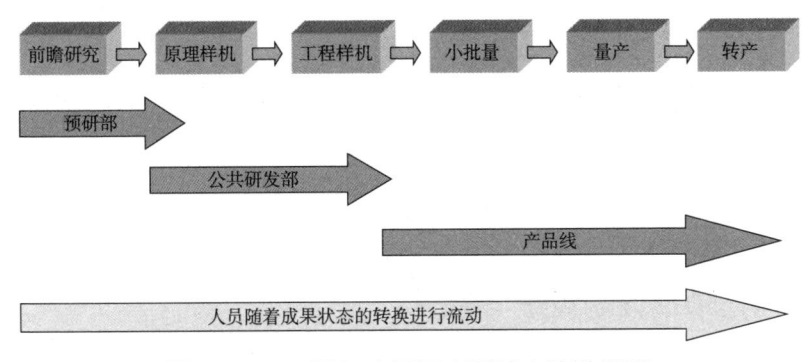

图4-2-16　融智人员与成果状态流动模型

需要注意的是：

1. 选用高水平的人员做预研；

2. 与项目组一起流动；

3. 不要在预研部门一次工作三年以上；

4. 不要只做课题；

5. 要求做技术客户关系。

下面是某公司预研人员的准入、准出机制。

1. 准入机制：预研人员来自各产品线的技术队伍，具体人员数量由预研部决定，报技术委员会审批，人员名单由各产品线提交至预研部。

2. 准出机制：

- 预研人员三年内无成果的，要进行内部分析，必要时进行换岗；
- 预研团队三分之一人员随成果状态流动到各产品线的产品开发团队；

- 预研人员绩效考核不通过，或任职资格评定不合格，要提前转出预研部，预研经历无效；
- 原则上，预研人员在预研部连续工作不得超过三年。

■ 预研项目计划管理与监控

预研项目先寻找技术路径，再进行技术攻关，类似于在黑屋子里探索前进，适合分阶段制定计划，但成本要总体控制。对预研项目的管理，过程要严格，结果要宽容失败。

预研项目的分级，以及其计划的制定、监控、预警均与产品开发项目有所不同。

一、预研项目分级

预研项目主要根据技术和管理维度分为两级。

（1）一级预研项目：由企业进行管理，主要包括根据核心产品分解需要进行技术研究的重大技术项目、跨产品线的预研项目、新领域的预研项目。

（2）二级预研项目：由产品线管理，主要包括产品线内部的技术攻关项目、企业委托产品线管理的项目。

虽然项目级别、项目经理的来源以及成本规格都不一样，但总体核算能归总为预研项目。

二、预研项目计划制定

由于预研项目包括项目管理、技术转移及内部产品线融合，因此预研项目计划应分两级制定。

一级计划为总体的项目进展，主要包括决策评审点、关键路径控制点。

二级计划主要包括三个领域：

（1）项目管理领域，主要包括项目团队组建、组织评审；

（2）技术领域，主要包括八个技术评审点；

（3）内部技术转移。

一级计划制定的责任主体是项目经理，而监控职责由计划经理承担。在二级计划中，项目管理领域的计划由项目经理负责制定；技术领域的计划由技术经理负责制定，如果项目涵盖多个专业领域，则应由各专业技术经理分别制定；至于技术转移和应用方面的计划，则需要与产品经理共同制定。

一级计划由项目经理在项目启动时制定，二级计划分阶段制定，其中需求及立项阶段二级计划在项目启动时制定，后续阶段二级计划均在上个阶段结束时制定，如图4-2-17所示。

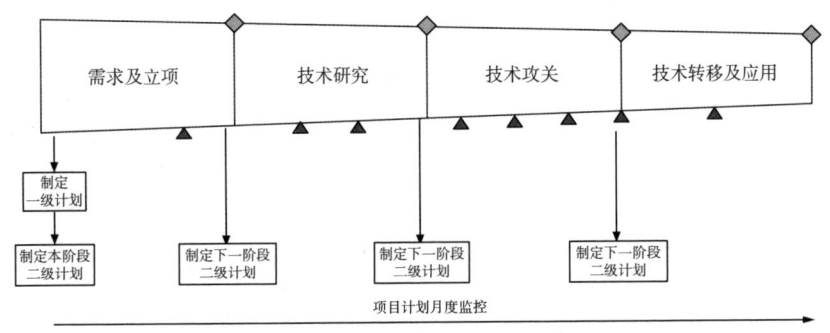

图4-2-17 融智预研项目计划管理示意图

三、预研项目计划监控、预警

由于预研项目是分阶段进行的，每个阶段通常持续3~6个月，因此，应按月对每个阶段的计划进行监控。

（1）计划管理部监控所有预研项目一级计划的执行情况；

（2）项目经理每月初向计划管理部提交项目月报，包含上月工作完成情况、未完成工作分析和本月详细工作计划；

（3）计划管理部每季度向技术委员会提交预研项目经营报告，包含项目进度、预算执行情况、重大问题分析等内容；

（4）当项目进度延迟30%时，计划管理部组建专家组对预研项目面临的问题进行分析，提出相应纠偏措施，并监控项目组落实相关措施。

预研项目计划监控点如图4-2-18所示。

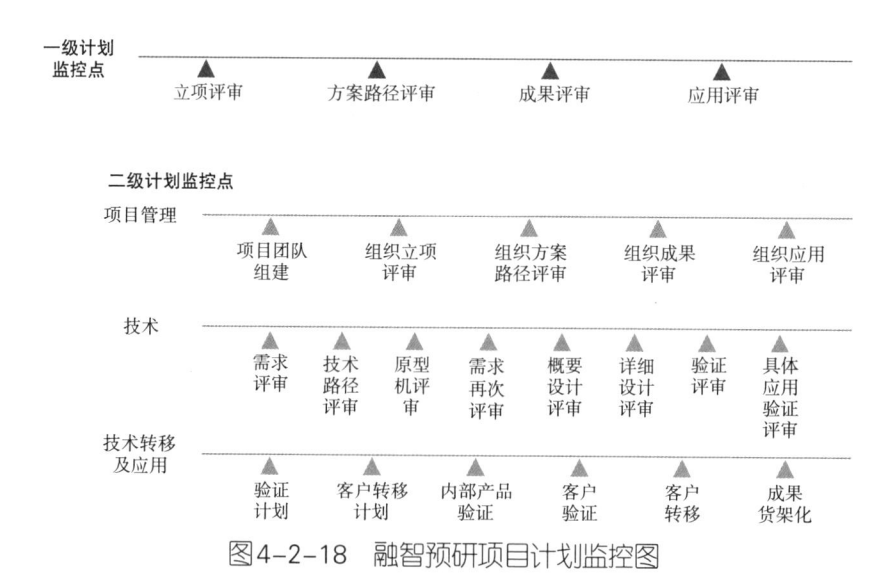

图4-2-18 融智预研项目计划监控图

四、预研项目结项

结项标志：预研项目以通过内部验证为结项标志。

项目结项有四种情况。

（1）项目进行过程中，由于各种原因，项目组提出无法进行，定义为项目失败；

（2）项目内部验证通过，定义为项目成功；

（3）项目内部验证未通过，定义为项目失败；

（4）项目三年内未进行内部验证，定义为项目失败。

五、预研项目考核的误区

很多企业认为技术创新项目，尤其是预研项目的考核要宽松，其实这种认识具有一定的片面性。对技术创新项目，尤其是预研项目的考核，应该是结果上宽容，过程中严格。这样做是因为我们面临的创新不是彻底的颠覆性创新，更多的是技术应用的创新和继承性创新。该如何实现继承性创新呢？

第一，要执着和勤奋，在技术创新过程中会遇到很多困难和意想不到的情况，不要一遇到问题就退缩，要坚信能够找到解决问题的办法。

第二，要不断验证、测试和仿真。

第三，要与客户交流，在客户的批判中不断进步，这里的客户更多地指应用客户，甚至是内部客户。

第四，要注重文档的归档和更新。文档要强调可用性、可继承性。

第五，技术研究的质量管理除了常规的评审，还需要注意：在研究初期，重点进行方案的仿真工作；到了中期，则需要开展原型机的研究和测试；进入后期，应进行全面的用户验证和质量验证。技术攻关则要按照IPD流程，进行严格的技术评审。

第5章 Chapter 5

如何建立技术货架和开发CBB及平台

为了降低研发成本,快速推出产品,同时提高产品的质量,企业应该通过前向规划、后向梳理和供应商的分类、产品序列的划分,使价值BB形成资源池进而形成平台;根据企业的技术规划和产品规划进行CBB和平台的开发,形成CBB及产品货架;对CBB和平台的开发及使用进行激励,形成企业的技术货架和产品货架,确保研发效率提升,企业可持续成长。

本章精华

1. 企业进行多产品开发后，必须建立CBB及平台，以确保快速、高质量、低成本地推出产品。

2. 企业建立产品货架，一二三层共享模块形成CBB，四五层共享形成平台；产品基于CBB开发，系统及上层产品基于平台开发，这样就可实现基于货架搭积木式开发产品。

3. CBB及平台是支撑产品线或者产品V版本的基础构架，各产品可在平台上增加自己的市场个性，或者客户的个性化定制件可在构架的基础上快速形成产品。产品开发不允许改动平台，个性化定制件要下沉为平台构件就必须经过严格的共用性及成熟度评审。

4. 不是所有的BB都要建成CBB，只有价值BB才要建设成CBB。

5. 评价是否为价值BB，首先要评价支撑产品的收入占比，然后评价该BB支持功能的战略及竞争地位，最后评价其共享复用成熟度以及降本度。

6. CBB及平台建设不仅要后向梳理，还要前向规划，更要进行平台架构设计，并减少外购件供应商。

7. CBB及平台开发前三单要主动与产品开发融合并验证，CBB及平台开发组织不仅要有CBB及平台产品经理，还要将使用的产品线当作内部客户经理。

8. CBB及平台原则上按产品管理进行，只不过营销和定价是在内部进行的，不对外销售。

9. CBB及平台前三单要进行双向战略补贴，即对使用者和开发者均要进行战略补贴以激励快速成熟上架。

10. CBB及平台激励包括内部定价核算、开发特别激励前三单、试用验证特别激励等，同时要将CBB及平台使用纳入流程及任职资格等级提升条件进行管理。

11. CBB及平台开发阶段按照IPD流程进行，只不过发布与生命周期管理阶段要在内部进行。

第一节
CBB及平台的定义和组织

■ 问题思考

1. 为什么要建立CBB及平台？

2. 什么是CBB？什么是平台？

3. CBB与平台有何关系？

4. CBB如何分类分层？

5. CBB及平台建设体系的组织如何构成？

■ 为什么要建立CBB及平台

企业发展一般会经历从单项目、单产品阶段向多产品阶段转变的过程，但很多企业在这个过程中出现盲目扩张，从而导致现金流紧张。如何基于共享实现低成本、有竞争力的扩张，是所有研发型企业面临的问题。

如前面章节所述，企业产品扩张最好建立细腰型生态架构，依托产品平台、技术平台扩张，而产品平台和技术平台必然涉及CBB的建设，因此，企业想进行多产品扩张，就必须建立CBB及平台，这样做有如下好处。

1. 新的产品系列开发只需在CBB及平台的基础上增加新的特性。

2. 增加新模块和新特性所涉及的开发费用和资源只占开发最初费用的很小一部分。

3. CBB及平台可以使得产品中的构件和模块更加容易获得，从而极大地降低研发和生产成本。

4. CBB及平台可以更加迅速地与新技术、新组件统一起来，以便更加迅速地对市场新兴机会做出反应。

5. 在CBB及平台基础上，可以通过使用更有效的开发流程和更快速的基础模块更新来缩短产品开发周期，实现快速交付。

6. 大量的CBB共享提高了产品质量的稳定性，减少了质量问题。

7. 建立CBB后，数量的上升会带来采购成本的下降。

综上所述，企业如果建立了CBB及平台，便可实现准确、快速、低成本、高质量的产品开发，极大地节约现金流。

■ CBB及货架、平台的定义

企业进行多产品开发必须建立CBB及平台。那企业应如何建立CBB及平台呢？我们结合CBB及产品货架先了解几个定义。

一、CBB（Common Building Blocks）

CBB是指可以在不同产品或系统间直接共用的零部件、模块、技术及其他相关设计成果。

二、货架

货架是企业用于统一管理产品和技术的一种层级结构，旨在便于产品开发过程中共享和利用已有的成果。不同层次或级别的产品和技术都是货架的一部分。产品开发设计时，可以参考货架上的产品和技术，识别出可以直接采用的部分，从而便捷地实现最高程度的共享，减少重复开发造成的浪费。

三、货架产品

货架产品是指成熟度达到一定程度（如小批量）的CBB及共享产品，它们被纳入企业的货架，供上层产品开发时共享。

四、平台

平台是指一系列货架产品基于特定架构的有机集合。平台为产品提供通用基础能力，产品以平台为基础，加上客户化非标特性便能快速形成不同产品系列。平台分为跨产品线的平台和同一产品线的平台（V版本）。

在产品七层货架中,一二三层为CBB,四五层有可能基于CBB开发形成平台,六七层系统基本上要在平台或产品上开发,这样就可实现基于货架搭积木式开发产品,实现异步开发,如图5-1-1、图5-1-2所示。

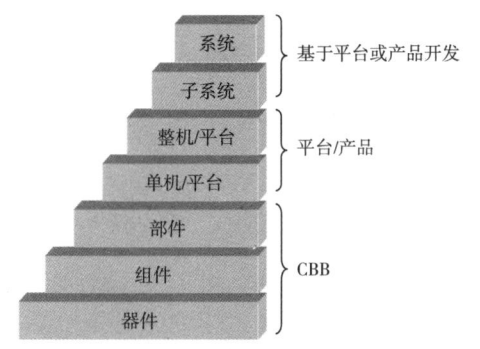

图5-1-1 融智七层货架与CBB及平台的关系

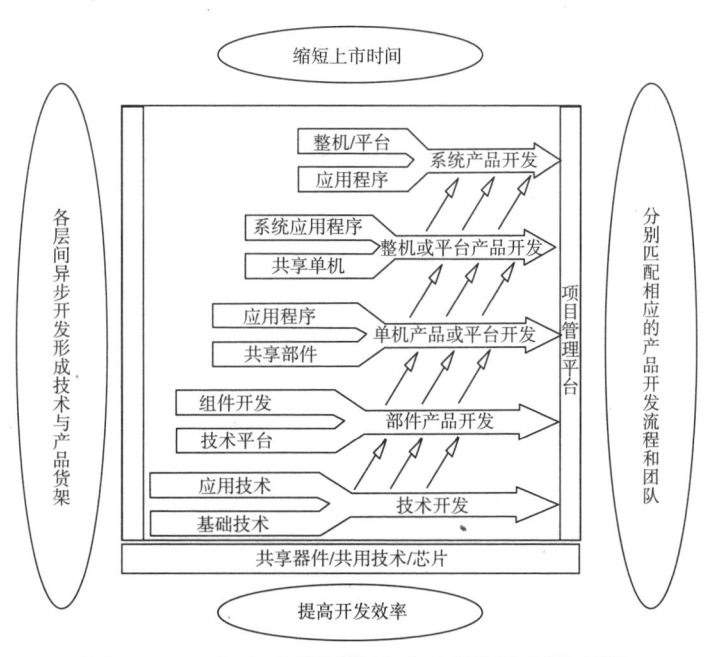

图5-1-2 集成产品开发模式下的异步开发架构

H公司的硬件CBB及硬件平台，软件CBB及软件平台，如图5-1-3所示。

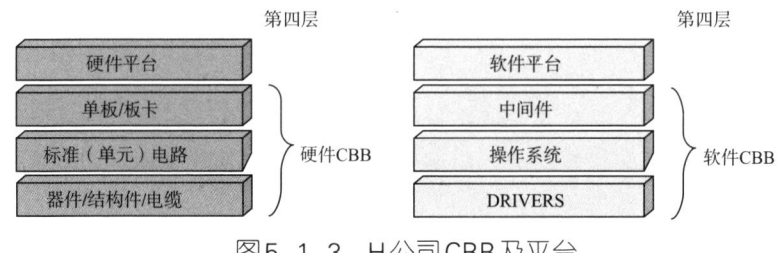

```
           第四层                            第四层
      ┌──────────┐                      ┌──────────┐
      │  硬件平台  │                      │  软件平台  │
      ├──────────┤ ┐                    ├──────────┤ ┐
      │  单板/板卡 │ │                    │  中间件   │ │
      ├──────────┤ ├ 硬件CBB             ├──────────┤ ├ 软件CBB
      │标准（单元）电路│ │                    │  操作系统  │ │
      ├──────────┤ │                    ├──────────┤ │
      │器件/结构件/电缆│ ┘                    │ DRIVERS  │ ┘
      └──────────┘                      └──────────┘
```

图5-1-3　H公司CBB及平台

需要注意的是，在异步开发中，有些对外销售的产品，对上层也是CBB或平台，对外也可独立销售，这是两种不同类别的划分。

■ CBB的特征及分类

在货架一二三层中，并不是所有的BB都要形成CBB，CBB通常具有以下几个特征。

1. 共用性、可集成性；

2. 界面清晰；

3. 功能、性能指标明确；

4. 可维护、可测试；

5. 有完善的资料手册。

在五个特征中，共用性、可集成性、界面清晰尤为重要。CBB不仅可以分层，建立货架，还可以分类。

CBB按类型可分为硬件CBB、软件CBB、技术CBB、外购CBB。

硬件CBB多指可被产品或系统直接应用的实物类CBB，有明确的规格、接口、功能性能及属性需求指标，如CPU、主板、内存等。

软件CBB多指封装好的软件模块、函数、插件等，有明确的功能、输入输出及配置定义，如驱动、标准中间件、通用功能模块等。

技术CBB多指产品或系统开发过程中的设计类、操作类手册及工艺路径等，有明确的操作流程、指标参数、岗位职责等，如数据库配置手册、烧结工序文件等。

某公司CBB的定义及分类如下。

1. CBB的定义：支撑产品、服务和解决方案的，可重复使用、降低成本或提高效率的软件、硬件、数据、工具、表单等成品或成品组件。

2. 将CBB分为五类：软件类CBB、硬件类CBB、工具类CBB、数据类CBB、表单类CBB，其定义如下。

（1）软件类CBB：具备独立功能，可单独移植、更新和使用的软件模块，以及由多功能组合而成，可独立封装、使用的软件。

（2）硬件类CBB：具备独立功能，可组合、集成和使用的硬件组件，以及可独立包装、使用和交付的硬件。

（3）工具类CBB：具有特定功能、性能和用途的方法载体。

（4）数据类CBB：不受载体限制，具有一定数据量，且能够进行数据更新，灌装和使用后有特定用途的数据包。

（5）表单类CBB：具有特定用途的模板、表单、流程、样例或案例等。

■ CBB的来源及与平台的关系

既然CBB非常重要，那是不是所有企业都要建立货架，构建CBB呢？

小型企业、专注于单一产品的企业，以及初创型企业可能没有CBB，甚至许多定制化企业也缺乏CBB。只有针对拥有多产品并且需要降低成本的企业，特别是那些涉及多品种小批量开发的企业，如软件公司和军工企业来说，构建CBB才显得尤为重要和有意义。

通常来说，CBB有四个来源，如图5-1-4所示。

1. 后向梳理CBB，即基于已开发产品或项目梳理CBB。

2. 基于架构开发CBB。

3. 前向规划CBB，即在技术规划和产品规划基础上规划CBB。

4. 外购CBB。

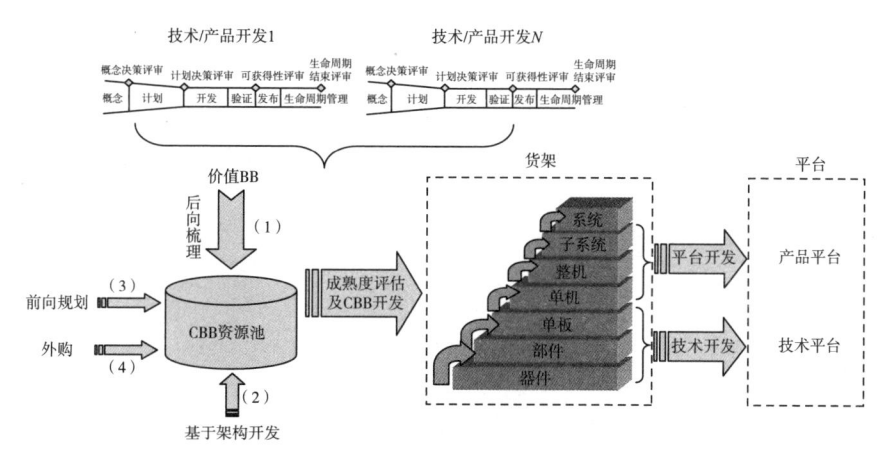

图 5-1-4　CBB 的四个来源

很多企业采用后向梳理的方法，不断沉淀总结形成 CBB，但对中大型企业而言，根据技术规划、产品规划前向进行 CBB 规划和开发更为重要。很多企业设立系统级工程师和平台工程师职位的主要目的，就是实现这种前向规划和开发。

CBB 支撑产品及平台，平台支撑产品及解决方案的开发，因此 CBB 与平台的应用关系可以概括为两条。

1. 产品平台整合。在产品平台中，CBB 技术被应用于整合各个功能模块，构建一个统一、模块化的产品平台。这使得不同产品之间可以方便地共享和复用功能模块，提高了产品开发的灵活性和效率。

2. 在产品平台上实现多样化系列产品开发。通过 CBB 技术的应用，产品平台可以更容易地实现产品多样化。企业可以根据市场需求，快速配置和定制不同功能模块，开发出符合客户需求的多样化产品。

融智将CBB与平台的梳理分为八个步骤。

1. 后向梳理BB；

2. 识别价值BB；

3. 针对价值BB进行分析，结合外购、前向规划及基于架构开发的CBB，形成CBB资源池；

4. 通过对资源池进行成熟度共享评估来确定是否立项开发CBB；

5. 针对CBB进行立项开发，CBB进入产品货架；

6. 评估产品货架的一二三层能否形成技术平台，整合产品货架的四五六层，评估能否形成产品平台；

7. 进一步开发立项形成平台；

8. 针对CBB及货架平台进行管理和应用。

价值BB梳理非常重要，每个企业都有自己的标准，通常从支撑产品收入占比、技术重要性和复用降本几个维度考虑。

H公司价值BB的评价标准如下：

1. 占公司或产品线硬件发货额$X\%$的产品所应用的BB；

2. 具有公司核心技术的BB；

3. 对公司或产品线产品发展影响较大、有战略意义的BB。

以下三种外购件，融智不建议作为价值BB：

1. 对产品制约很大、有较大采购风险的外购件。

2. 价值下跌很快，且采购成本很高的外购件。

3. 独家供应商供货的外购件。

■ 平台的架构和定义

我们定义了七层货架，其中一二三层为CBB，即通常说的技术构件或模块，它们有效地支撑了单机产品的异步开发。但对于多个产品系列，也就是我们通常说的产品平台版本来说，如何以此为基础，结合细分市场或客户化非标特性，形成R版本，这就涉及产品线平台（V版本）的开发，甚至会出现支撑多个产品系列（V）的产品族或产品群平台，如图5-1-5所示。

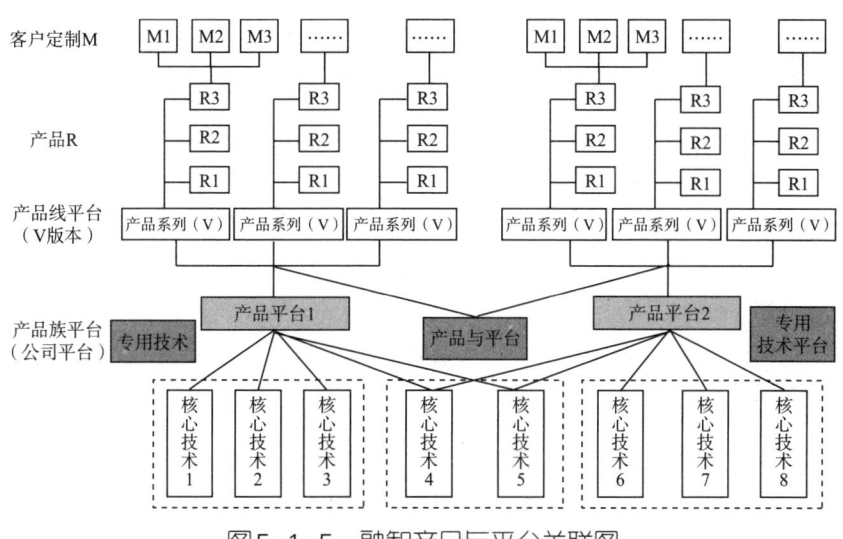

图5-1-5 融智产品与平台关联图

平台通常具有以下特征：

1. 基于特定架构；

2. 具有共享性、通用性；

3. 具有较高的战略价值；

4. 具有高度可集成性，可快速实施；

5. 具备二次开发能力，极易扩充；

6. 与产品之间的界面清晰，可实现上层应用的技术无关性。

平台可以分为公司平台和产品线平台（V），公司平台支撑产品线产品，产品线平台支撑 R 版本的开发。图 5-1-6 为某公司手机产品平台划分案例。

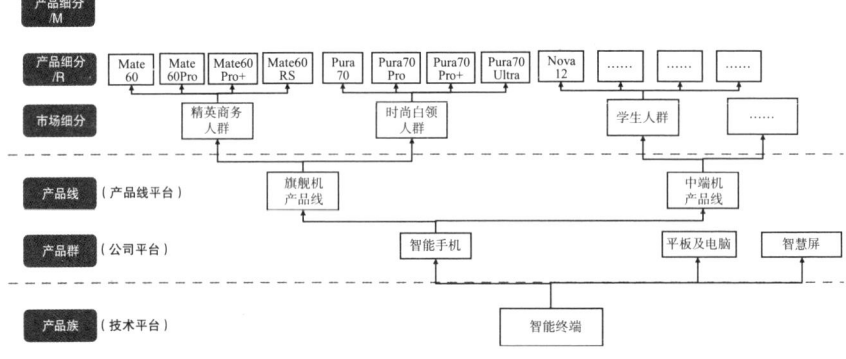

图 5-1-6 某公司手机产品平台划分案例

需要注意的是：

1. 平台是产品 V 版本或 R 版本的组装生产线；

2. R 版本的非标准应用组件上层不允许改变下层；

3. R 版本的非标准应用组件必须经过成熟度及量的评估才能

下沉为平台构件；

4. 随着产品的发展，R 版本的标准应用组件逐渐增加，但是能否进入平台还必须经过共用性、成熟度评估；

5. V 产品不直接面向销售。

与 CBB 一样，平台也是企业发展到一定阶段，拥有多产品且需要降低成本时才会产生的需求。平台的形成分为三个阶段九个步骤，如图 5-1-7 所示。

阶段一，以产品项目开发为核心。

1. 对于新业务领域，根据客户需求快速开发产品；

2. 根据客户需求及现有技术不断补充产品功能特性；

3. 将特性固定的产品版本基线化为 R 版本。

阶段二，以产品 V 版本为核心开发产品，初步形成产品平台、技术平台，进行平台迁移。

4. 产品开发团队分离为产品项目组和平台开发组。

5. 平台开发组将多个功能、技术特性相近的产品整合为固定版本的产品平台。

6. 针对其他用户的相同业务需求，从产品平台 V 版本中生成新的 R 版本产品。

阶段三，以产品平台为基础，以平台开发为核心，形成产品。

7. 针对现有产品平台，通过整合预研技术，优化产品构架，衍生其他产品平台；

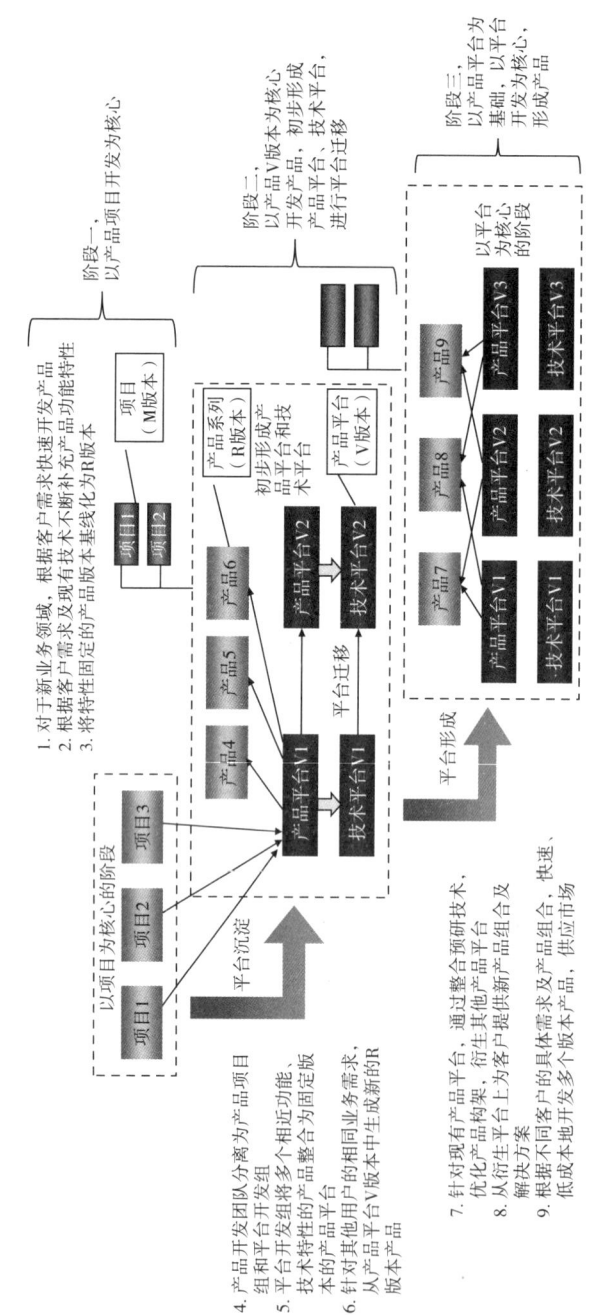

182 技术创新管理
——构建世界一流的技术创新和货架管理体系

图5-1-7 融智平台形成九步骤

第 5 章
如何建立技术货架和开发 CBB 及平台

8. 从衍生平台上为客户提供新产品组合及解决方案；

9. 根据不同客户的具体需求及产品组合，快速、低成本地开发多个版本产品，供应市场。

平台开发流程与IPD开发流程一致，但IPD开发流程中验证、发布、生命周期管理分为三个阶段，而平台开发流程中由于平台不对外销售，所以这三个阶段整体上合并为迁移阶段，如图5-1-8所示。

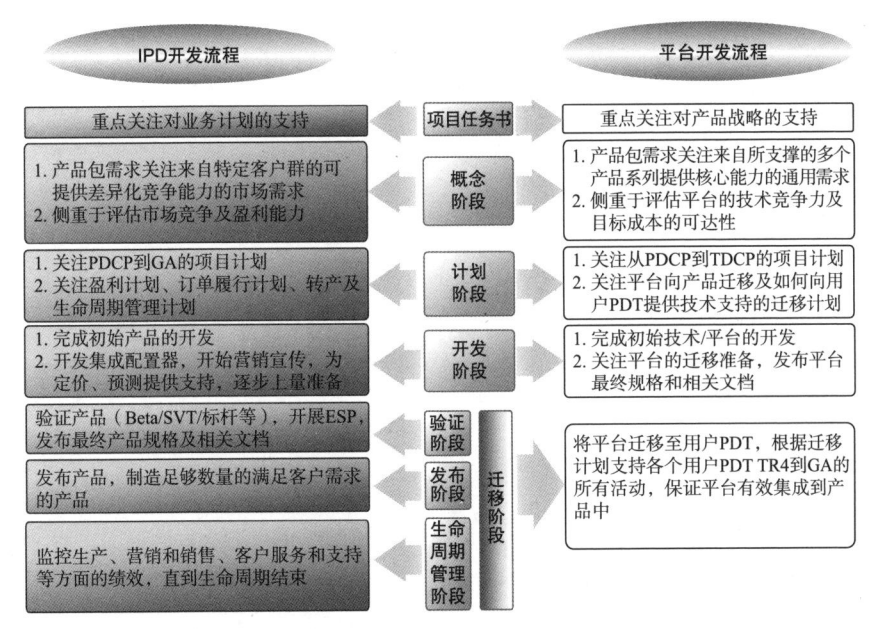

IPD开发流程		平台开发流程
重点关注对业务计划的支持	项目任务书	重点关注对产品战略的支持
1. 产品包需求关注来自特定客户群的可提供差异化竞争能力的市场需求 2. 侧重于评估市场竞争及盈利能力	概念阶段	1. 产品包需求关注来自所支撑的多个产品系列提供核心能力的通用需求 2. 侧重于评估平台的技术竞争力及目标成本的可达性
1. 关注PDCP到GA的项目计划 2. 关注盈利计划、订单履行计划、转产及生命周期管理计划	计划阶段	1. 关注从PDCP到TDCP的项目计划 2. 关注平台向产品迁移及如何向用户PDT提供技术支持的迁移计划
1. 完成初始产品的开发 2. 开发集成配置器，开始营销宣传，为定价、预测提供支持，逐步上量准备	开发阶段	1. 完成初始技术/平台的开发 2. 关注平台的迁移准备，发布平台最终规格和相关文档
验证产品（Beta/SVT/标杆等），开展ESP，发布最终产品规格及相关文档	验证阶段 / 发布阶段 / 生命周期管理阶段	将平台迁移至用户PDT，根据迁移计划支持各个用户PDT TR4到GA的所有活动，保证平台有效集成到产品中
发布产品，制造足够数量的满足客户需求的产品	迁移阶段	
监控生产、营销和销售、客户服务和支持等方面的绩效，直到生命周期结束		

图5-1-8 平台开发流程在各个阶段充分考虑了平台的特点

除了流程不同，平台开发流程与IPD开发流程还有以下差异。

1. 市场：平台重点关注战略支撑，不直接对外销售，不涉及定价、预测、订单履行等环节，市场经理在平台管理中的核心职责是需求控制和内部的应用推广；

2. 财务：短期内财务核算重点关注成本核算和目标成本的达成，不关注收入和利润；长期关注所支撑的产品带来的收入与利润；

3. 技术支持：平台的客户是产品线PDT，其技术支持方式有别于产品，主要职责是支持内部产品线PDT进行二次开发，其技能要求和服务模式与产品的要求有较大差异；

4. 研发：平台是产品的一个部件，只有在产品中集成验证后才能达到量产要求，流程中需要有一个迁移阶段来保证平台顺利迁移到产品，并有效支持产品验证和转产；

5. 制造：平台需要集成到产品中才能完成最后的转产过程，因此平台开发流程不需要独立定义相应的量产活动。

有了平台后，我们就可用DSSE进行架构分解管理、模块化、搭积木式开发，如图5-1-9所示。

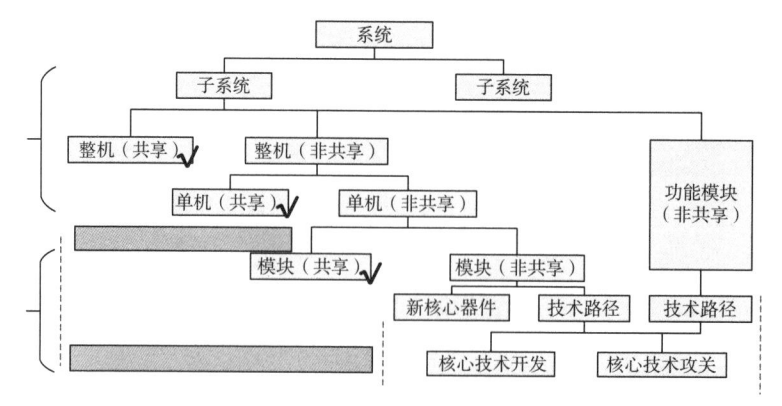

图5-1-9　融智架构分解模型

其步骤为：

1. 建立产品货架及CBB池；

2. 按产品货架架构分解产品，从系统到整机、单机、模块；

3. 分析是否有三四五层平台；

4. 分析一二三层是否有CBB；

5. 针对无CBB或半共享需要的产品或BB进行功能分解；

6. 对功能进行FFBD映射，直到找到技术路径；

7. 如果技术货架上无路径，则进行技术研究、攻关或产品开发。

建立DSSE架构可以实现如下好处：

1. 系统分层，便于架构设计；

2. 非成熟度模块不放入平台中，便于维护或服务；

3. 易耗品单列，便于服务营销；

4. 便于明确产品开发的关键路径及关键资源的投入；

5. 对非成熟度模块提前开发及测试验证，有利于缩短周期。

当然，在这样的架构下，系统级工程师及总体技术部或技术管理部的作用变得尤为关键。

■ CBB及平台建设的组织与职责

CBB可分为产品线CBB和公司CBB。融智通常将货架分为两层：产品线货架CBB和公司货架CBB。产品线货架CBB为产品线各产品共享,公司货架CBB为各产品线共享。

CBB的管理工作通常由公共研发部门或产品线研发部门负责。这些部门会建立专门的货架管理体系,其中公司的技术管理部负责管理公司层面的货架CBB,而各产品线的总体技术部则负责管理该产品线的货架CBB。CBB的开发工作通常需要组建专门的CBB开发团队,并遵循CBB开发流程或技术开发流程(TDT)。

某公司公共研发组织架构如图5-1-10所示。

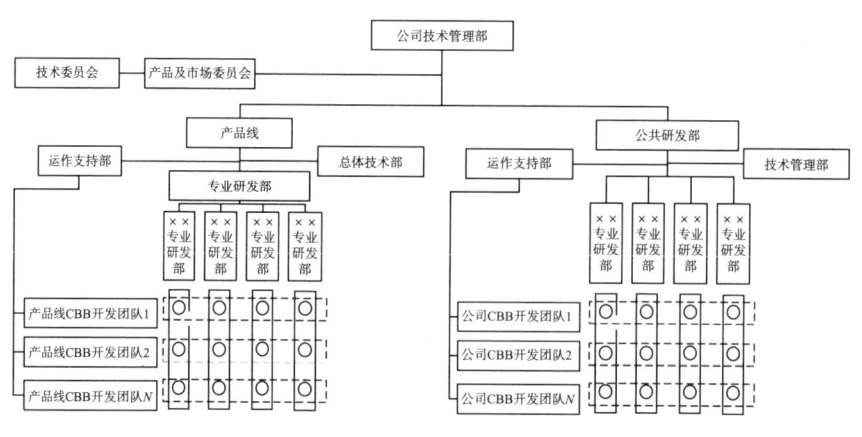

图5-1-10 某公司公共研发组织架构

1. 技术管理部

负责建立CBB管理体系及公司货架CBB,负责公司CBB项目的立项、开发、评审、上架、变更、下架管理,并对公司CBB使用情况进行评估。

2. 产品及市场委员会

负责公司CBB项目的立项及决策评审。

3. 技术委员会

负责公司CBB项目的技术评审。

4. 公共研发部的运作支持部

负责组织公司CBB项目的立项、评审，以及技术与决策评审，负责公司CBB项目过程管理及CBB使用数据统计。

5. 公共研发部的专业研发部

参与公司CBB开发，应用成熟CBB。

6. 产品线总经理

负责产品线CBB项目的立项及决策、评审，以及评估CBB的应用。

7. 产品线总体技术部

负责CBB管理体系在本产品线的落地推行，负责建立产品线货架CBB，负责产品线CBB项目立项、开发、评审、上架、变更、下架管理，并对产品线CBB的使用情况进行评估。

8. 产品线研发专家组

负责产品线CBB项目的技术评审。

9. 产品线运作支持部

负责组织产品线CBB项目的立项、评审，以及技术与决策评审，负责产品线CBB项目的过程管理。

10.产品线专业研发部

参与产品线CBB开发，应用成熟CBB。

关于平台，其管理职能类似于CBB，大企业设有平台架构部，下设软件平台部、硬件平台部，小企业则建议先做好CBB，再做平台工作。

第二节
CBB 及平台管理和开发

■ 问题思考

1. CBB 总体管理分为哪几个阶段？

2. CBB 开发组织包括哪些成员？

3. 为什么产品线要成为 CBB 的内部客户经理？

4. 如何对 CBB 进行激励和定价？

■ CBB 及平台总体管理

CBB 总体管理分为五大阶段：CBB 梳理及识别、CBB 规划、CBB 立项、CBB 开发和 CBB 生命周期管理，如图 5-2-1 所示。

一、CBB 梳理及识别阶段

本阶段主要进行产品树及技术树梳理，分解出 BB，并识别价值 BB，对价值 BB 进行功能、技术定义，识别共用的功能模块及技术路径。

```
CBB梳理及识别 | CBB规划 | CBB立项 | CBB开发 | CBB生命周期管理
```

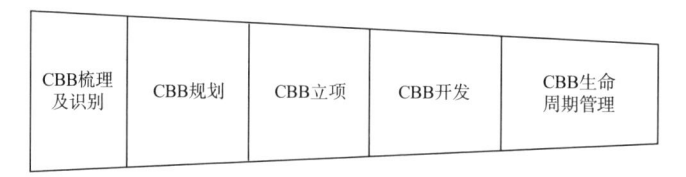

图5-2-1 CBB总体管理全流程

其关键活动如下：

（1）产品树及技术树梳理；

（2）价值BB识别；

（3）价值BB FFBD分析；

（4）CBB识别。

本阶段主要输出：

（1）价值BB清单；

（2）CBB建议清单。

二、CBB规划阶段

本阶段的主要任务是分析竞争对手和企业内部的CBB价值，这包括评估它们对产品收入的贡献和降低成本的效果。同时，需要将计划开发的CBB与产品规划紧密结合，特别是对核心产品的FFBD进行详细分析，以确保CBB与产品需求的一致性。基于这些分析来制定CBB的发展规划。

其关键活动如下：

（1）竞品CBB差异分析；

（2）核心产品CBB价值分析与确认；

（3）核心产品规划与技术规划的CBB需求融合；

（4）CBB规划。

本阶段主要输出：

（1）CBB规划；

（2）CBB项目清单。

三、CBB立项阶段

针对需要立项的CBB进行需求分析，明确规格及定义，并编制任务书，进行立项。

其关键活动如下：

（1）CBB应用产品需求分析；

（2）CBB规格及需求定义；

（3）CBB开发任务书编制；

（4）CBB项目立项。

本阶段主要输出CBB开发任务书。

四、CBB开发阶段

CBB开发阶段可细分为概念、计划、开发、验证四个子阶段，并设有四个关键评审点，其关键活动与输出见下一节。

五、CBB生命周期管理阶段

对CBB要进行成熟度评估，编写销售指导书，同时要定期进行维护更新。对于CBB的前三单销售或后期使用情况，应制定相应的激励措施。

其关键活动如下：

（1）CBB使用；

（2）CBB维护；

（3）CBB下架；

（4）CBB激励。

本阶段主要输出：

（1）CBB信息及资料；

（2）CBB使用数据；

（3）CBB团队绩效；

（4）CBB下架通知。

■ 如何进行CBB开发

CBB的开发通常按照技术攻关流程或IPD流程进行，其开发流程包括四个阶段和四个评审点，如图5-2-2所示。

1. 四个阶段仍按IPD流程进行，只不过发布和生命周期管理阶段在内部进行。

2. 四个评审点：CBB需求及规格评审、CBB概要设计评审、CBB测试评审、CBB验证评审。

图 5-2-2　融智 CBB 的开发流程

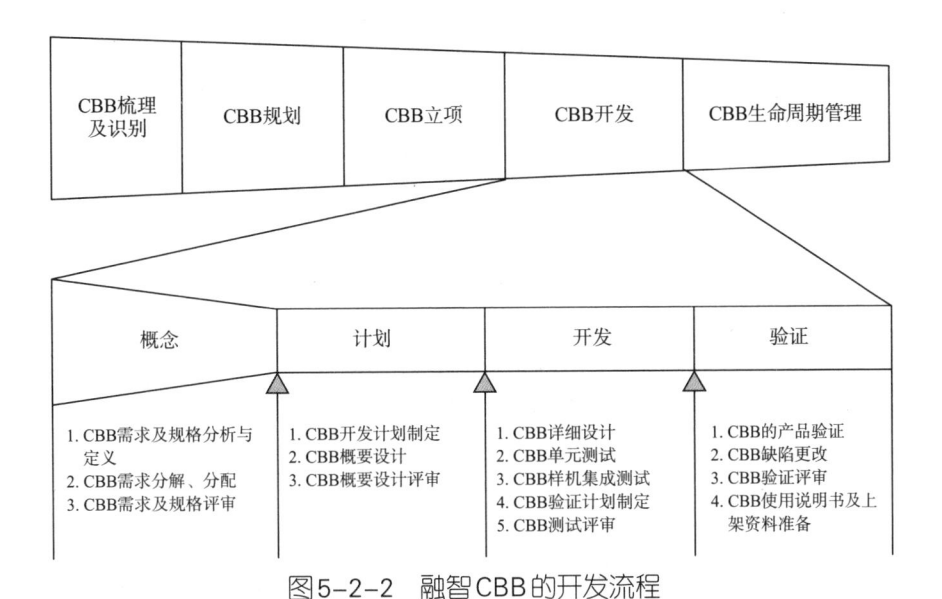

CBB 开发各阶段的输入与输出，如图 5-2-3 所示。

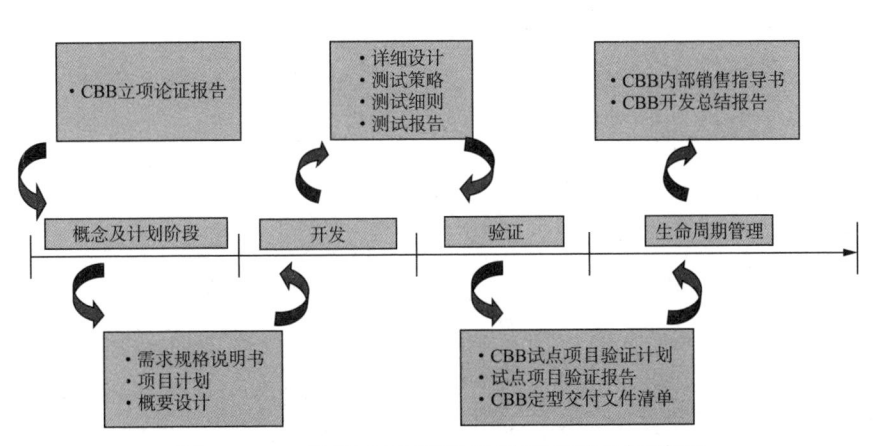

图 5-2-3　融智 CBB 开发各阶段的输入与输出

CBB 开发项目组织结构同技术攻关小组（TDT）组织结构，如图 5-2-4 所示。

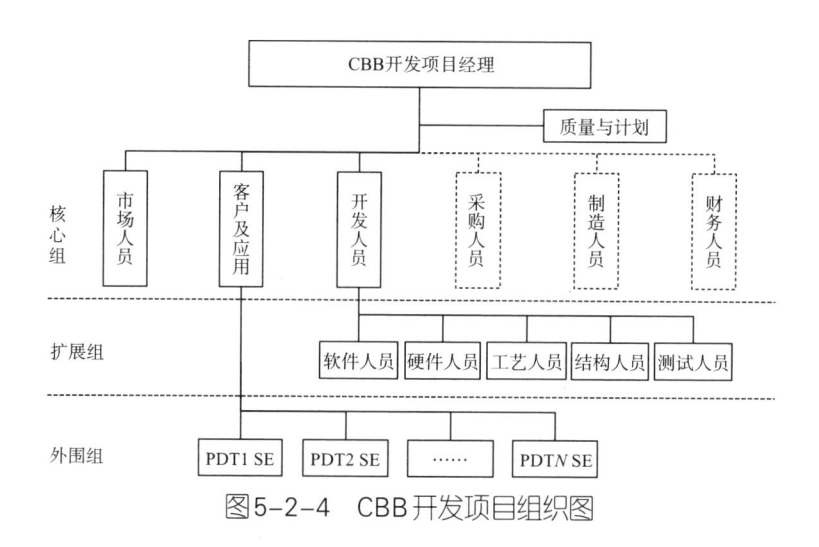

图5-2-4　CBB开发项目组织图

CBB开发项目经理来自公共研发部或产品线研发部，如果是硬件类CBB，则必须配备采购人员、制造人员、财务人员；而软件类和技术类CBB则可以不专门配置这些人员。由于CBB需要应用于多个产品，质量要求非常严格，因此建议开发、软件、硬件、工艺、结构等关键职位由具备四级及以上任职资格的专业人员担任。

CBB项目计划分为CBB开发计划和CBB验证计划。CBB开发计划由CBB开发项目经理制定，CBB验证计划由项目外围组的PDT SE制定，即由应用CBB的产品的SE制定。

原则上，CBB项目周期不超过六个月，其中开发周期为三个月，即从概念阶段到开发阶段为三个月，验证周期为三个月。

公共研发部的运作支持部监控公司CBB的项目计划，当项目计划偏差10%以上时，运作支持部须进行预警，并协调技术管理部专家参与项目问题分析和纠偏。

产品线运作支持部监控产品线CBB的项目计划，当项目计划偏差10%以上时，运作支持部须进行预警，并协调总体技术部专家参与项目问题分析和纠偏。

产品平台开发可以按照IPD流程进行，但需要注意的是，产品平台开发面向内部客户，不对外销售，同时需要产品线人员做市场经理。

■ 如何进行CBB及平台的管理

CBB及平台的管理分为两层：产品线CBB及平台管理、公司CBB及平台管理。产品线总体技术部负责产品线CBB及平台管理，公司技术管理部负责公司CBB及平台管理。管理活动主要包括四项：CBB的使用、CBB的维护、CBB的下架、CBB的激励。

一、CBB的使用

（1）产品开发团队在开展"多方案选择及CBB分析"活动时，提出CBB使用申请；

（2）总体技术部/技术管理部评估相关CBB资料包，同时完成CBB使用的数据统计。

二、CBB的维护

（1）产品开发团队使用CBB发现问题时，向总体技术部/技术管理部反馈；

（2）总体技术部/技术管理部组织CBB开发团队完成CBB的改进，并更新CBB货架信息与CBB资料包。

三、CBB的下架

当CBB出现以下情况时，总体技术部/技术管理部需组织CBB的下架：

（1）CBB支撑产品退市；

（2）三年内使用次数低于三次；

（3）CBB出现重大质量问题，如技术、工艺、材料、成本、货架产品/平台出现重大质量事故等。

四、CBB的激励

为了鼓励CBB的开发与使用，通常会对CBB开发团队和CBB使用团队进行激励，激励模式包括：

（1）CBB特别激励；

（2）CBB内部定价核算激励；

（3）作为任职资格等级提升条件之一。

后续章节将详述本节相关内容。

第6章
Chapter 6

如何进行核心技术的知识产权管理

企业必须重视知识产权，尤其是核心技术专利申请及智力资产保护。企业必须将专利查询、申请及技术交底作为研发流程中的关键活动，并将专利申请及智力资产使用、保护作为激励，与任职资格等级提升相关联，重视专利，确保智力资产产业化。

本章精华

1. 知识产权包括专利权、著作权和商标权三大类。著作权是自动享有的，而商标权、专利权需要依申请而享有。

2. 在核心技术梳理过程中，通过知识产权评审，明确核心技术的知识产权保护形式，判断是否需要申请专利，国内是否拥有知识产权，国际上是否有知识产权保护等。

3. 核心技术知识产权保护要依靠申请专利与技术秘密管理的相互结合，对于未申请或不便申请专利的核心技术，应进行技术秘密管理。

4. 将企业的知识产权保护融入研发人员的工作中，梳理与知识产权相关的项目，明确研发人员与知识产权部的工作范围与职责，明确研发人员在各阶段的关键活动，指导研发人员在开发过程中如何参与和配合。

5. 预研项目研发人员要进行专利检索分析，规避潜在侵权风险，挖掘创新点并申请专利；加强内部技术保密，涉密研发人员应签署保密协议，限制敏感信息传播；参与制定知识产权保护策略，确保研发成果安全。

6. 产品开发项目研发人员要主动检索与分析，识别创新点，为技术预研提供线索，并及时申请专利。概念阶段结束前完成初步的知识产权布局规划；计划阶段结束前对研发成果确定知识产权保护类型；开发与验证阶段结束前须排除风险，并启动知识产权的申请或登记；发布阶段对知识产权布局规划进行查漏补缺。

7. 企业要对研发人员进行有关专利挖掘、技术交底书的结构及内容的培训，并将培训关联到任职资格"五上"流程中，必须完成培训和考试才可以提升任职资格等级。

第一节
知识产权的内容及保护

■ **问题思考**

1. 知识产权包括哪些内容?
2. 知识产权评审在核心技术梳理过程中有什么作用?
3. 对于不便申请专利的核心技术,应如何保护知识产权?

■ **知识产权的概念及内容**

知识产权是人们对创造性智力成果享有的专有权利,是基于创造成果和工商标记依法产生的权利的统称,亦称智力成果权。知识产权包括专利权、著作权和商标权三大类。著作权是自动享有的,而商标权、专利权需要依申请而享有。

专利权是指发明创造者或单位被依法授予的对发明创造成果独占、使用、处分的权利。

商标权是指商标使用人对所使用的商标依法享有的专用权利。商标是为了帮助人们区别不同的商品而专门设计、有意识地置于商品表面或其包装物上的一种标记。

著作权是指自然人、法人或者其他组织对文学、艺术和科学作品依法享有的财产权和人身权。

知识产权的特征：

- 客体是不具有物质形态的智力成果；
- 专有性，即知识产权的权利主体依法享有独占、使用智力成果的权利，他人不得侵犯；
- 地域性，即知识产权只在产生的特定国家或地区有效，不具有域外效力；
- 时间性，即依法产生的知识产权一般只在法律规定的期限内有效。

■ 企业知识产权部组织结构及职责

知识产权部、技术管理部和产品线共同组成企业知识产权管理的核心，也有一些企业在技术管理部下设立知识产权部。对国内企业而言，知识产权是企业依靠自主创新发展壮大的保障，更是企业走向国际市场必须跨越的一道门槛。通常来说，知识产权部内部设置专利商标处、无形资产管理处、法律事务处和科技情报处，如图6-1-1所示。

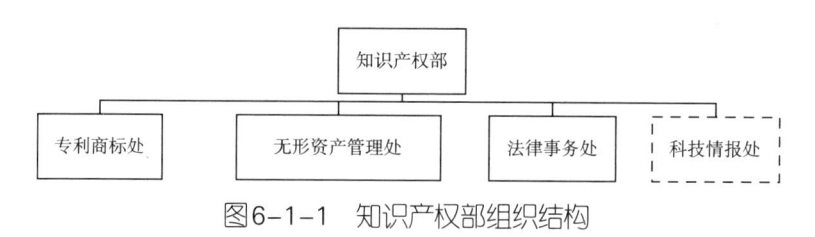

图6-1-1　知识产权部组织结构

1. 知识产权部的主要职责包括：

- 制定企业的知识产权管理制度，对企业的知识产权进行统一管理；
- 专利挖掘、代理、信息查询和外部情报搜集；
- 负责企业专利、科研成果的保密工作；
- 组织合同评审和产品商标命名及注册；
- 诉讼代理；
- 针对员工与企业之间的法律问题提供咨询。

2. 专利商标处的主要职责包括：

- 专利、商标的申请；
- 专利、商标审查事务的处理；
- 专利的挖掘；
- 商标命名及规范化管理；
- 科研项目立项中的专利可行性评审。

3. 无形资产管理处的主要职责包括：

- 对企业各部门商业和技术秘密保护工作进行监督管理；
- 起草制定知识产权管理制度；

- 评估与利用无形资产；

- 参与合资合作与技术贸易工作；

- 调查和处理软件使用中的版权问题；

- 负责知识产权的培训、普及、宣传。

4. 法律事务处的主要职责包括：

- 企业及下属机构知识产权和法律咨询；

- 处理涉及企业的知识产权诉讼和纠纷；

- 负责对外合作中合同的评审及谈判；

- 协调企业与员工之间的法律关系。

5. 科技情报处的主要职责包括：

- 专利和科技文献检索；

- 技术标准提供与查找；

- 科技文献与专利跟踪、分析与利用；

- 图书、软件、情报资料服务；

- 外部情报、信息搜集和对外联络；

- 竞争对手跟踪和分析。

■ 核心技术的知识产权保护

企业要注重长期的规划，加强核心技术识别与保护，为提升企业自主创新能力提供服务和保障。如图6-1-2所示，核心技术梳理过程中的知识产权评审，要明确核心技术的知识产权保护形式，是否需要申请专利，国内是否拥有知识产权，国际上是否有知识产权保护等。

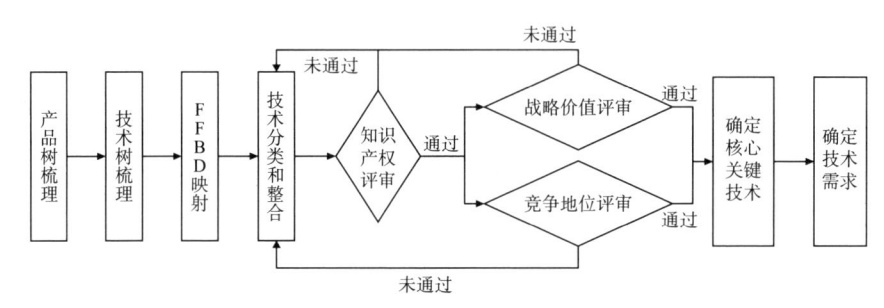

图6-1-2 融智核心技术梳理过程中的知识产权评审

核心技术需要明确技术责任人，负责核心技术维护更新和保护。核心技术知识产权保护要依靠申请专利与技术秘密管理的相互结合。对需要申请专利的技术，及时向知识产权部门发起专利需求，配合完成专利申请。图6-1-3为某公司的专利申请流程。

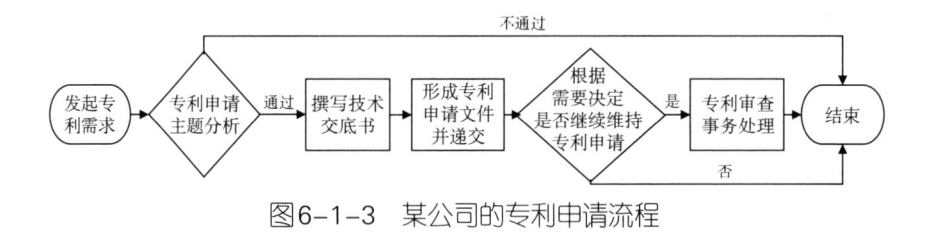

图6-1-3 某公司的专利申请流程

对于未申请或不便申请专利的核心技术，要进行技术秘密管理。技术秘密管理主要依靠企业强有力的保密措施和涉密人员的主动性与自觉性。有效的技术保密规章制度是技术秘密管理的关键。其核心是做好四个管理。

- 人员管理：根据研发人员职责、职级设置研发相关资料的访问权限；与涉密人员签署职务发明的归属协议、保守商业秘密协议和竞业限制协议等；
- 设备管理：对研发人员电脑使用加密软件；对研发的样机、试制品要严格管控其流出并确保可以追溯；对有泄密风险的设备要进行改造设计并建立管理制度；
- 文件管理：对技术文档、代码等资料设定密级、查询访问要求；制定严格的查阅、保管、传输、销毁保密制度；
- 环境管理：建立保密区域，设门禁、指纹锁，限制访客及无权限人员进入等。

以国内H公司为例，其对知识产权的保护措施如下：

- 竞业协议；
- 电脑全部没有外驱；
- 公共的出差便携机；
- 定期检查个人便携机；
- 所有文档拷贝有记录；
- 分级查询；
- 所有专利都是职务发明；
- 将专利设置为工作的一部分。

■ 商标权的保护

我国商标注册实行"申请在先原则",两个或者两个以上的商标注册申请人,在同一种商品或者类似商品上以相同或近似的商标申请注册的,初步审定并公告申请在先的商标;同一天申请的,初步审定并公告使用在先的商标,驳回其他人的申请,不予公告。

企业商标最常见的问题是将项目初期的代称沿用为产品名称,但未进行商标检索,在产品正式上市前才发现产品名称被抢注,或产品名称与他人在先注册的商标相同或近似进而造成侵权。

如何提前避免以上问题呢?

1. 在产品规划中,当启动全新产品开发时,要对项目型号、产品名称进行商标检索。如果无在先注册商标,可以提前注册保护,避免被他人抢注;如果已有在先注册商标,在产品发布阶段,要提前设计、检索和注册对外推广宣传的物料及销售工具包中的产品名称、型号,避免侵权风险。

2. 启动产品开发项目时,同一个产品序列的新项目可以沿用原商标。

产品开发中的商标产生,大致有以下三种情况。

1. 产品属于企业原有产品系列,用原商标;

2. 产品属于企业原有产品系列，需要采用新商标；

3. 产品不属于企业原有产品系列，需要采用新商标。

■ 软件版权风险识别

研发项目中涉及的使用到产品中的软件或开发用的工具软件等，要在项目启动前进行软件版权的侵权风险识别，制定技术实现策略。

技术实现策略要列举清楚软件的名称及版本型号，明确产品中使用到的软件是否需要获得许可，是否使用开源及第三方软件，是否需要采购；明确开发用的工具软件是否具有知识产权，是否需要许可，是否需要增加许可数等事项；同时，要对风险进行定性、定量分析，阐述发生概率、影响程度，制定应对方案或求助事项。

■ 科技情报的工作流程与价值

科技情报的分析与利用是一切研究的前提。科技情报需求主要来源于知识产权部、业务部和管理层。图6-1-4是科技情报的工作流程。科技情报处根据需求登记表上的需求，充分检索、分析国内外的科技论文和专利文献，并提供文献原文或情报分析报告。

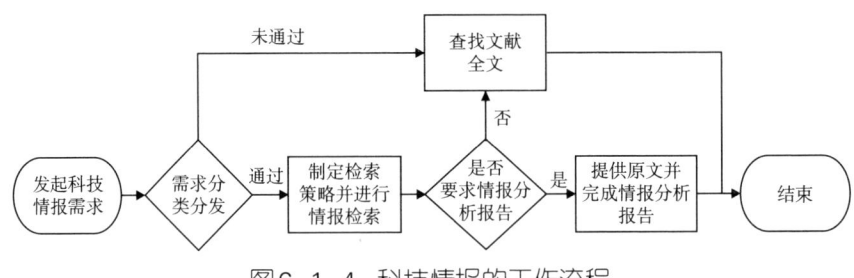

图6-1-4 科技情报的工作流程

很多企业因未查阅专利文献或查阅不充分，导致研发成果失去价值，遭受严重损失。专利文献的分析与利用，为"回避设计""技术地雷"等提供信息依据，为企业建立专利地图，支撑研发团队及时调整方案，避免重复开发，节约研发费用，对企业的发展与专利布局意义重大。

第二节
研发人员如何参与知识产权保护

■ **问题思考**

1. 研发人员在知识产权保护过程中必须完成哪些工作?
2. 预研项目的研发人员该如何参与知识产权的保护?
3. 产品开发项目的研发人员该如何参与知识产权的保护?
4. 如何培养研发人员的知识产权素质?

■ **知识产权与研发部门的关系**

知识产权保护不仅仅是知识产权部的工作,它涉及多个部门,其中研发部门是企业专利的大脑,处于核心地位。知识产权部为研发部门战略规划提供支持与指导,研发部门要为知识产权部提供重要的信息与资料。

很多企业的研发人员专注于搞研究,不愿与知识产权部打交道,这样会影响知识产权专利布局的实施,进而影响企业战略发展。

■ 研发项目中的知识产权保护

将企业的知识产权保护融入研发人员的工作中。首先，梳理哪些项目与知识产权紧密相关；其次，明确研发人员与知识产权部的工作范围；最后，描述清楚各自的职责，明确知识产权部如何指导研发人员参与，研发人员如何配合及获得奖励等。图6-2-1是某公司的自主研发业务流程图，其中需要研发人员参与知识产权保护的项目共三类：技术预研项目、CBB开发项目和产品开发项目。在技术预研与CBB开发这两类项目中，研发人员在四个阶段参与知识产权保护的形式相同。

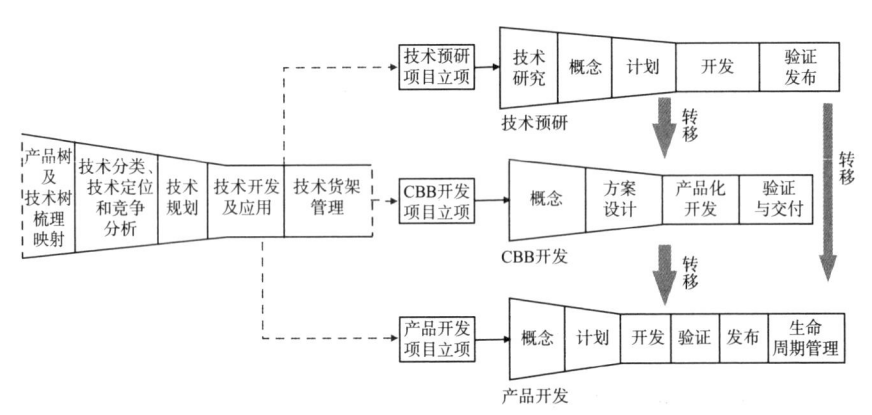

图6-2-1 某公司的自主研发业务流程图

一、技术预研项目和CBB开发项目

技术预研项目和CBB开发项目的每个阶段均有相关的工作。

1. 概念阶段

涉密研发人员签署保密协议；初步确定专利保护项，识别专利风险；在技术可行性分析报告中对知识产权进行分析，明确使用的专利是否需要缴纳专利费，能否规避，说明项目可以产生并申请哪些专利。

2. 计划/方案设计阶段

确定专利挖掘状况、专利风险应对策略、对外合作商合作模式；对技术方案进行专利检索，确定预研的技术采用专利保护还是技术秘密管理。

3. 开发/产品化开发阶段

对研发中有所变更的内容及时进行检索，排除知识产权侵权风险。

4. 验证发布/验证与交付阶段

总结知识产权方面的成果，启动知识产权的申请或登记。

图6-2-2是某公司技术开发项目和CBB开发项目各阶段的知识产权保护关键活动。

概念阶段	计划/ 方案设计阶段	开发/ 产品化开发阶段	验证发布/ 验证与交付阶段
1. 保密协议签署 2. 需求澄清 3. 明确专利保护项 4. 识别专利风险 5. 技术可行性分析	1. 专利挖掘 2. 风险应对策略制定 3. 确定合作商 4. 技术方案专利检索 5. 技术保密措施制定	1. 持续进行专利挖掘与检索 2. 变更内容专利检索 3. 风险监控与应对策略实施	1. 项目成果总结、验收与交付 2. 发起知识产权申请 3. 编制技术交底书

图6-2-2　融智技术预研项目和CBB开发项目中各阶段知识产权保护关键活动

二、产品开发项目

产品开发项目通常承接预研项目，但在开发时各阶段均有智力资产保护相关工作，尤其是概念阶段的智力资产查询。

1. 概念阶段

涉密研发人员签署保密协议；研发人员要与知识产权代表共同完成市场、竞争、专利保护、技术发展趋势等信息的检索与分析；通过智力资产查询，为技术预研提供线索；产品包需求说明书确定后，研发人员需要制定初步检索策略，扫描是否存在侵权风险；遇到研发技术难点，可以借助专利检索分析启发、拓宽研发思路。研发人员要在概念阶段结束前完成初步的知识产权布局规划。

2. 计划阶段

产品规格说明书与产品概要设计确定后，研发人员要对方案、技术及其他内容进行检索，最终的方案要通过知识产权专家的评审。研发人员要在计划阶段结束前对研发成果确定知识产权保护类型（是进行专利、商标、著作权保护，还是进行技术秘密管理）。

3. 开发与验证阶段

研发人员要对研发中有所变更的内容及时进行检索，排除知识产权侵权风险。研发人员要在开发与验证阶段结束前启动知识产权申请或登记，确保知识产权应申尽申。

4. 发布阶段

研发人员参与检视产品的宣传资料，注意避免公开的内容影响到知识产权的获取（如影响新颖性或创造性等）；按要求将研发档案进行存档保存；对知识产权布局规划进行总结、复盘，查漏补缺。

5. 生命周期管理阶段

研发人员要关注是否有新的替代方案产生，对产品维护更新中的新技术方案进行侵权风险排除和专利申请。

图6-2-3是某公司产品开发项目各阶段的知识产权保护关键活动。

概念阶段	计划阶段	开发阶段	验证阶段	发布阶段	生命周期管理阶段
1. 保密协议签署 2. 专利检索与分析 3. 技术可行性分析 4. 侵权风险识别 5. 检索策略初步制定 6. 智力资产查询 7. 知识产权布局规划	1. 方案与技术检索分析 2. 知识产权保护方案及措施制定 3. 知识产权评审 4. 多方案选择及智力资产使用	1. 持续进行专利挖掘与检索 2. 变更内容专利检索 3. 发起知识产权申请 4. 编制技术交底书		1. 宣传资料侵权、泄密等风险排查 2. 研发档案存档 3. 知识产权布局规划总结与复盘	1. 定期进行专利挖掘与检索 2. 侵权风险识别 3. 新知识产权申请

图6-2-3 产品开发项目中各阶段知识产权保护关键活动

■ 建立研发档案，防范知识产权风险

研发档案是研发成果全流程全要素的过程记录，记录了项目成果是如何由研发产生并演进而来的。

研发档案通常包括可行性研究报告、立项报告、任务书、需求映射表、项目各级计划、监控计划、各类需求说明书、设计说明书、设计图档、代码、评审报告、测试计划、测试报告、开发进度月报、验证报告、项目总结等。

若研发项目没有研发记录或过程中形成的研发成果，资料没有做好管理和归档，当发生知识产权纠纷时，企业就不能为法务部门提供资料来追溯研发过程，这将为知识产权和研发成果的权属带来隐患与风险。

研发档案的建立和管理关键在于研发人员。对企业而言，制定完善的文档管理制度，培养研发人员的归档习惯，是避免研发档案缺失、防范知识产权风险的重要手段。

■ 培养研发人员的知识产权素质

研发人员应具备基本的知识产权素养，包括：

1. 能够识别出知识产权的重要性及其与研发的关系；

2. 具有知识产权布局的观念以及专利挖掘的能力；

3. 具备一定的知识产权实务能力，如进行专利检索、阅读专利文献、进行侵权技术比对等；

4. 具备智力资产拓展应用能力。

企业不仅要对研发人员进行有关专利挖掘、技术交底书结构及内容的培训，还要针对不同岗位需求准备与之相关的知识产权培训内容。例如，针对结构工程师、软件工程师、硬件工程师的知识产权培训，内容要包含专利技术挖掘、科技情报检索、技术交底书撰写等；而针对工业设计师、平面设计师、UI设计师等，可就商标和版权知识进行培训。培训内容与考试还可以应用到资格认证、职级晋升等体系中。

在资格认证方面，应将知识产权管理知识作为企业内部资格认证时的必备知识。例如，一位研发工程师想获得内部的项目经理资格证书，就必须参加并通过知识产权管理课程培训和考试。

在职级晋升方面，应将知识产权的培训放到任职资格"五上"流程中，必须完成培训和考试才可以进行任职资格提升。例如，研发人员必须成功撰写过2份技术交底书才可以晋升为五级专业工程师；要有高价值的知识产权输出才可以晋升为六级专业工程师。

第 7 章
Chapter 7

技术创新体系的财务和成本管理

企业不仅要保持研发费用与其他费用的均衡占比，更要保证预研、公共研发与产品开发投入结构的合理性，同时要让研发人员树立综合经济成本观念。综合经济成本不仅包括物料成本，还包括研发设计成本、维护成本、生产成本、共享CBB成本等，还涉及批量器件采购所降低的成本。除此之外，企业还要关注价值工程，针对高端市场产品，要增本增效，敢于在技术上投入以获取高额利润，而对中低端市场产品，要大力降本，以确保规模。

本章精华

1. 财务要及早进入创新流程。项目经理和高级别研发工程师要尽早熟悉成本。

2. 为了获取高毛利,企业应该加大技术创新的投入,技术创新越贴近基础研究和技术探索,产品竞争力越强,毛利率越高。然而,技术创新投入大,风险高,周期长。

3. 所有技术的创新都是为了提高产品的竞争力并确保支持产品的商业模式成功,因此所有的创新都必须围绕功能、成本、时间三个目的进行,针对高端市场产品要增本增效,加大研发的投入,加大功能的创新力度;针对低端市场产品,首要任务是降本。

4. 毛利 = 市场容量 × 市场份额 × 毛利率,毛利率高,并不等于毛利高;毛利率低,也不等于毛利低,关键看市场份额。

5. 研发不能只关注物料成本、研发设计成本等,还要关注批量器件采购所降低的成本,共享量上升带来的成本下降更有利于研发投入产出比的提升。

6. 企业应按照毛利进行费用包划分，要确保研发的投入，但是不能超出企业的承受范围，竞争环境中研发的费用占比不建议超出毛利的40%。

7. 研发的费用结构内部要划分为产品开发、预研、公共研发、产品管理和市场四个包，其中规模化竞争型企业的预研投入不能少于研发费用的10%，公共研发投入不能少于20%，产品管理和市场投入不能少于10%，产品开发按60%进行。

8. 初创型企业应该注重打磨产品，加强产品开发的投入及产品管理和市场的投入，而不应将所有的费用聚集在技术创新上。

第一节
技术创新相关的财务和成本管理

■ 问题思考

1. 研发对财务管理的误区是什么？
2. 技术创新与毛利率、利润及风险的关系是什么？
3. 创新的三个目的是什么？
4. 功能、成本与市场该如何进行有效的衔接？
5. 如何将研发综合成本与产品的综合经济成本关联起来？

■ 研发对财务管理的误区

研发团队大多由研发及产品管理人员构成，他们通常不关注财务活动，认为财务活动是财务人员的工作。因此，在研发中，他们往往不关注产品的成本，不提前进行产品定价分析，不关注毛利率。这会导致新产品一上市就承受巨大的价格竞争压力，有

第 7 章
技术创新体系的财务和成本管理

时甚至不得不为降成本而重新设计。此外，有些研发人员不考虑研发投入产出比，不关注研发费用占毛利的比例，甚至不清楚产品开发周期、硬件成本、质量以及 CBB 共享对成本的影响。

财务应该及早进入创新流程，这不仅要求财务人员及早参与，更要求项目经理及高级别研发工程师熟悉成本相关知识，关注功能成本的价值工程，尤其是 BOM 成本和共享带来的成本下降。

创新中财务分析的具体活动，如图 7-1-1 所示。

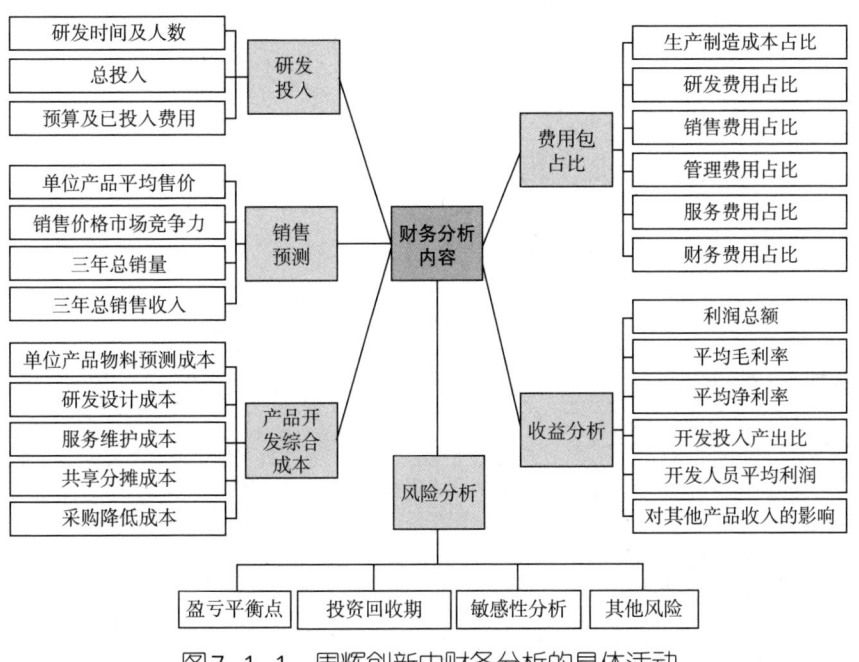

图 7-1-1　周辉创新中财务分析的具体活动

■ 创新需要关注的与财务相关的模型

一、技术创新与毛利率及利润的关系

在研发的六种形态（见第1章）中，技术战略前瞻研究、技术探索和技术攻关的投入大、周期长、风险高，但是由于解决了核心技术与关键技术的问题，产品具有了竞争力和高毛利率，如果技术能够领先，并且能够提前支持产品上市，那么企业将会获得更多的"机会窗"利润。

因此，企业要想可持续发展，不被竞争对手"卡脖子"，获得市场成功的同时获取高额利润，就必须进行技术战略前瞻研究和技术探索。但如果企业现金流紧张，则建议先进行产品开发与解决方案集成开发，逐步积累现金，后期再开展技术探索与技术前瞻研究。如图7-1-2所示。

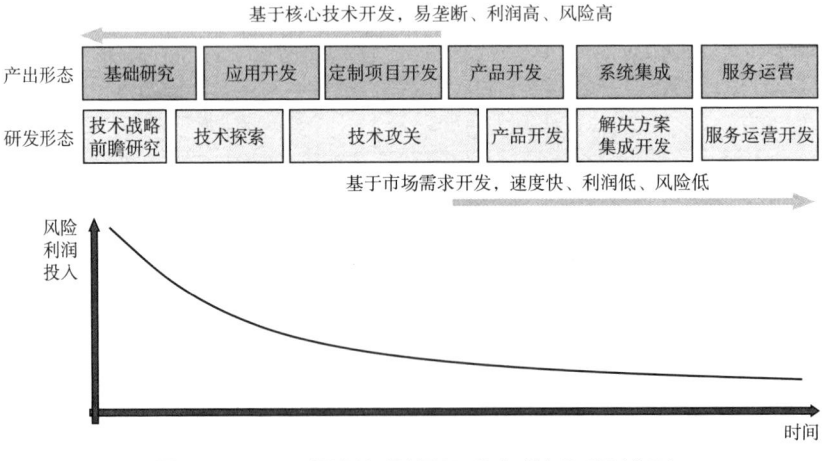

图7-1-2 周辉创新财务及成本分析活动模型

二、创新的目的与价值工程

技术的载体是产品，所有技术的创新都是为了提高产品的竞争力并确保支持产品的商业模式成功，因此，创新围绕三个目的：

（1）提供高质量的领先功能、性能；

（2）降低成本（包含物料成本，服务成本，交付成本等）；

（3）抢占市场先机，缩短交付时间。

正因如此，笔者一直强调，创新的首要目的是老产品降本，其次是解决价值客户的质量问题，最后是新产品的开发。针对新产品的开发，笔者在华为负责项目立项时一直强调，抓住机会只能获取普通利润，创造机会才能获取超额利润，新功能产品提前上市六个月，利润会增长50%。

如果比较幸运，创新的三个目的能够完美融合，即在增加产品功能的同时降低成本并加快上市进度，那么这种创新无疑是极为理想的，但这往往可遇而不可求。通常来说，增加功能会导致成本上升和上市时间延迟，而降低成本又可能以牺牲功能和质量为代价。如何解决这些矛盾呢？这就涉及创新的价值工程了。

价值工程是一种系统的方法，用于在满足必要功能和质量的前提下，优化产品或服务的成本效益。通过价值工程，企业可以在不牺牲产品质量和市场竞争力的情况下，寻求成本效益最高的解决方案。

什么是创新的价值工程呢？

创新价值工程的创新价值计算公式如下：

$$创新价值 = \frac{功能（质量）}{成本}$$

我们倡导以下创新：

（1）功能提升，成本下降；

（2）功能不变，成本下降；

（3）功能大幅提升，导致成本增加，但毛利率也有所增加；

（4）功能下降，但成本下降更快，毛利率不下降。

我们坚决反对以下创新：

（1）功能下降，成本提升；

（2）功能不变，成本提升；

（3）功能下降，成本不变；

（4）功能提升，但成本提升更快，毛利率下降。

在创新项目立项阶段，如果功能提升与成本降低之间存在冲突，那么选择哪种创新模式就必须结合市场需求来决定，如图7-1-3所示。

序号	功能（F）	成本（C）	
1	提升	下降	针对所有市场
2	大幅提升	提升	主要针对高端市场
3	提升	维持	主要针对中高端市场
4	维持	下降	主要针对中低端市场
5	下降	大幅下降	主要针对低端市场

图7-1-3　融智价值创新分析模型

因此，企业创新不能一味地降本增效，针对高端市场，要抢占高端客户，就必须增本增效，加大研发投入，加快推出新功能，抢占"机会窗"，获取超额利润；针对中低端市场，则必须大力降本，并缩短交付时间。

三、毛利率与毛利的关系

在讨论毛利率与毛利的关系时，我们首先需要了解用于评估产品成功和计算毛利的MS三次方模型，如图7-1-4所示。

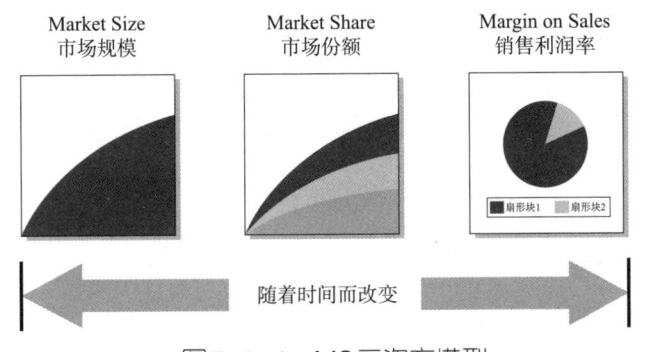

图7-1-4　MS三次方模型

市场规模（Market Size）：即市场容量，指整个市场的总销售额或潜在销售额。

市场份额（Market Share）：指企业在市场中所占的比例。

销售利润率（Margin on Sales）：也称为毛利率，是企业销售收入中扣除销售成本后剩余的利润比例。

这三个因素相乘的结果就是企业的毛利。

我们将毛利率进一步细化分解，如图7-1-5所示。

市场容量 × 市场份额 × 毛利率 = 毛利

收入

研发成本　采购成本　制造成本　服务成本　其他成本

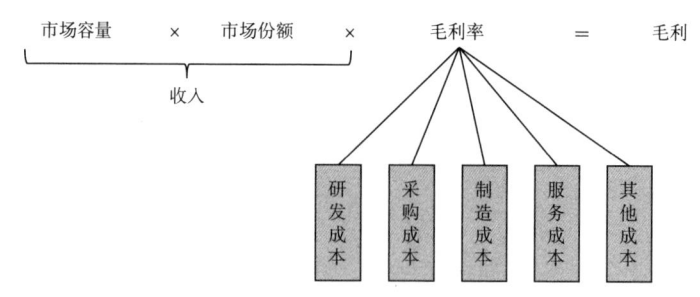

图7-1-5　融智基于产品增量的财务模型

市场容量乘以市场份额的结果通常可以被视为企业的销售收入。

毛利率与研发成本、采购成本、制造成本、服务成本及其他成本紧密相关。

市场容量、市场份额、毛利率，这三个因素都是动态的，会随着市场环境、企业策略和竞争状况的变化而变化。企业在制定增长策略时需要充分考虑这三个关键维度。

如果市场容量足够大，并且企业拥有核心技术，产品竞争力强，享有较高的毛利率，则毛利往往较为可观。

当产品进入充分竞争阶段后，为了提升市场份额，许多企业可能会选择降价策略。然而，降价并不总会导致毛利减少。如果降价能够增加市场份额，销量提升后成本分摊减少，那么毛利反而可能增加。相反，如果产品价格上涨，但缺乏核心功能支持，虽然毛利率看似提高了，但毛利可能会下降。

因此，研发投入尤其是核心技术上的投入越多，产品功能越领先，就越能抢占市场先机，也就越能避免激烈的市场竞争，获取超额利润。

总体来看，针对MS三次方模型，我们要澄清两个误区。

（1）不是毛利率低，毛利就低；

（2）不是毛利率高，毛利就高。

我们将产品按收入与毛利率放入四个象限中，形成一个矩阵，针对不同象限中的产品采取不同的市场策略，如图7-1-6所示。

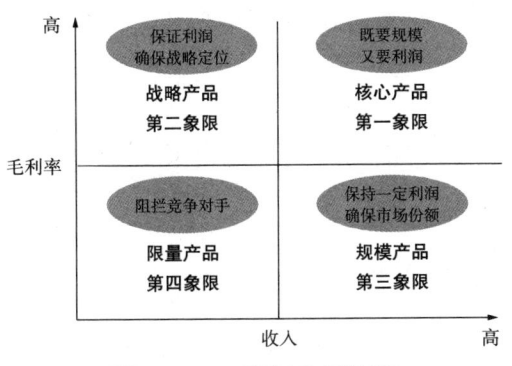

图7-1-6 融智产品矩阵

第一象限（核心产品）：高收入和高毛利率的产品。对于这类产品，企业应该加大技术创新和营销投入，以扩大规模并确保利润与规模同步增长。

第二象限（战略产品）：高毛利率但收入较低的产品。这类产品可能需要更多的技术投入来提高其市场接受度和收入，以确保其战略定位并提高利润。

第三象限（规模产品）：高收入但毛利率较低的产品。这类产品需要通过降低成本来提高毛利率，同时确保市场份额，以保持一定的利润水平。

第四象限（限量产品）：收入和毛利率都较低的产品。对于这类产品，首要任务是降低成本，并且可能需要限制生产量，以避免资源浪费和市场内卷。

四、研发综合成本与综合经济成本的关系

为什么要建立货架和共享？怎样才能通过量的上升实现采购成本的下降？为什么没有新功能时不倡导技术路径的研发？为什么研发坚决反对不带来新功能的研发工具的创新，以及不带来新业务的技术路径的创新？这就涉及研发综合成本与企业产品的综合经济成本之间的关系了。

产品的综合经济成本通常指研发综合成本以及共享CBB成本和批量器件采购所降低的成本，而研发综合成本又包括物料成本、研发设计成本、维护成本和生产成本等。产品的综合经济成本构成如图7-1-7所示。

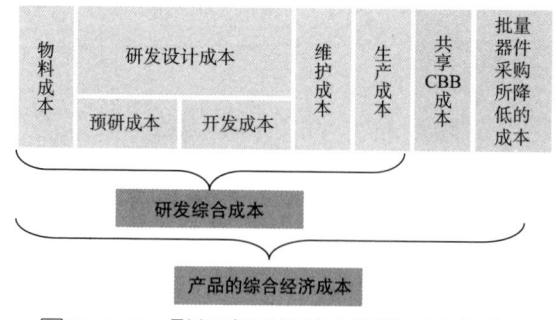

图7-1-7 融智产品的综合经济成本构成

研发人员通常会犯以下错误。

1. 只关注物料成本，不关注研发设计成本和维护成本，经常出现虽然物料成本降低了，但设计难度提高了的现象，导致研发设计成本和维护成本大幅增加，进而导致研发综合成本增加。

2. 常常借口对外采购成本或直接共享内部货架产品的共享成本高而自行开发，导致成本不受控甚至研发综合成本更高，由于产品不稳定带来的维护成本也会随之增加。

3. 对企业当前成本较高的优选器件不予选用，不考虑量的上升带来的采购成本的下降。

综上所述，研发人员不能片面地关注其中某一个要素，而应全面地考虑产品综合经济成本的各个要素，尤其是共享CBB及批量器件采购带来的成本降低，使产品的综合经济成本得到更好的控制。

第二节
如何平衡技术创新与产品创新的投入及预算

■ **问题思考**

1. 企业的费用包分为哪些?

2. 研发的费用包包括哪些?

3. 如何分配研发费用?

4. 立体研发应该保持怎样的费用结构?

5. 打磨产品的初创型企业的费用包应该保持怎样的结构?

6. 一款产品成功后,在发展第二款产品的时候应保持怎样的研发费用结构?

■ **研发投入在总费用中的占比**

企业的资金、资源有限,特别是现金流,而研发要求企业不断加人,不断加大资金投入,以推动新技术和新产品的开发。一些企业可能会因为在研发上过度投入而出现现金流紧张,甚至破产。因此,企业发展到一定规模后,应该建立费用包模型,以平衡资金分配,并让研发部门承担相应的业绩指标,关注收入增长,提高投入产出比。

研发投入在企业总费用中的占比应该保持在一个合理的范围,既不能过低以至于影响创新能力,也不能过高以至于影响现金流的稳定性。企业的费用包模型可以参考图7-2-1所示的结构。

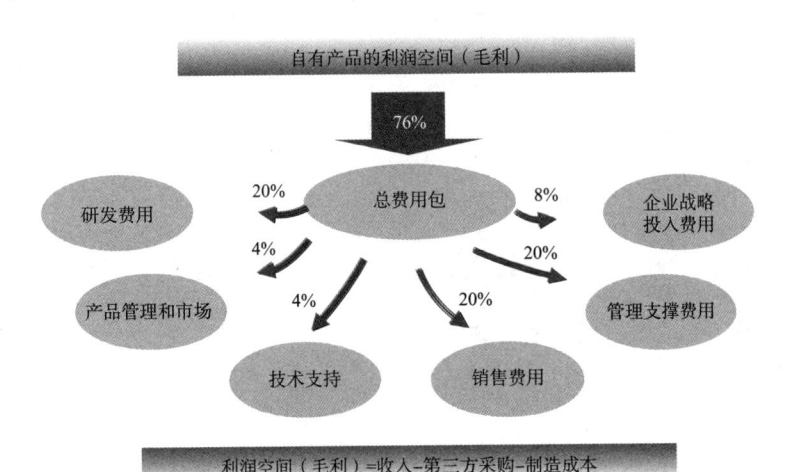

图 7-2-1　周辉企业费用包模型

这是一个适用于规模较大企业的费用包模型。规模较小的企业可以相应地调整。但无论如何调整,即使企业将所有的战略补贴都投入到研发中,与研发相关的费用比例也应控制在36%以内,如图7-2-2所示。

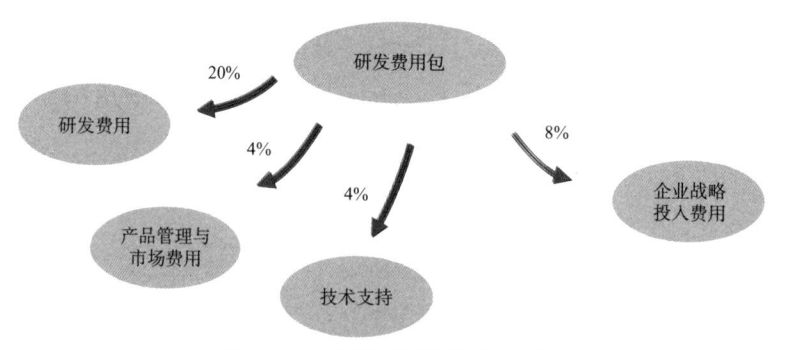

图 7-2-2　周辉研发费用包模型

如果企业的毛利率是50%，那么研发费用应不超过总收入的18%。如果毛利率更低，相同的研发投入占收入的比重就会变得更大。

因此，企业应该按毛利进行研发费用分配，原则上研发（含公共研发、预研、产品开发、技术支持与服务开发）投入不超过毛利的36%，最好控制在28%。

如果不控制研发费用包，研发就可能会不断要求加人，不断延长周期，而不对产品的质量负责。控制研发费用包，会带来如下好处。

（1）正确评估研发价值；

（2）正确评估投入产出比；

（3）主动缩短产品开发周期；

（4）主动对非核心/关键技术外包；

（5）主动加强质量建设；

（6）主动设计服务收费；

（7）主动放弃非战略的定制；

（8）主动使用CBB；

（9）主动加班加点，加快交付。

■ 研发费用包的分配

研发费用包包含预研、公共研发、产品开发、产品管理及市场方面的费用，业界比较好的分配模型为1261模型，如图7-2-3所示。

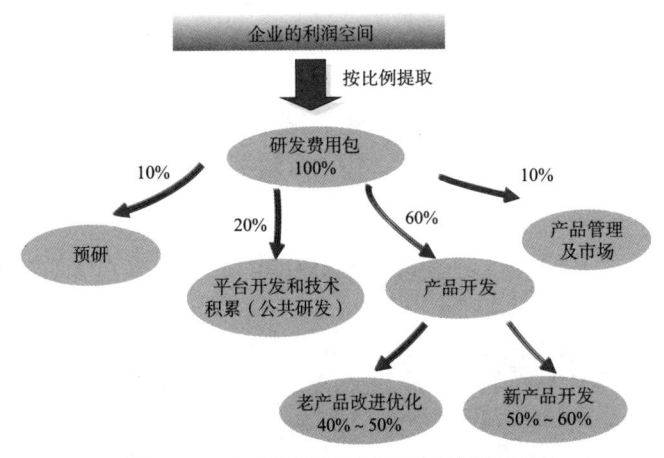

图7-2-3　周辉研发费用包分配模型

这种分配模型的好处包括：

（1）保证预研的投入比例，确保技术先进性，可持续发展；

（2）保证公共研发的投入比例，确保共享和货架，进行搭积术式开发，降本增效；

（3）保证产品开发中的老产品降本改进优化不低于产品开发的40%，确保企业活下来；

（4）保证新产品开发的投入比例，确保针对不同市场实现产品矩阵；

（5）保证产品管理与市场的投入比例，确保需求分析清晰，产品管理有效。

这种模型是立体研发的基础，当然企业在不同阶段可灵活调整，但结构最好不变。

初创型企业研发投入较大，但无货架，无公共研发，重心应放在打磨第一款产品上，此时，研发费用包模型如图7-2-4所示。

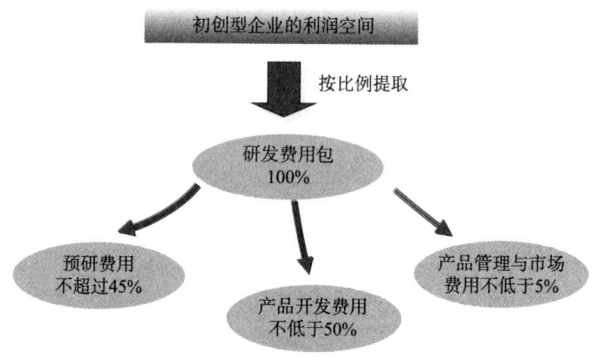

图7-2-4 初创型企业研发费用包模型

为使第一款产品技术成果产品化、商业化，应保证：

（1）产品管理与市场费用不低于5%；

（2）产品开发费用应不低于50%。

如果第一款产品已上市，企业要打磨第二款产品，那么预研及公共研发费用应不低于10%，产品管理与市场费用不能低于5%，产品开发费用不能超过85%，其中新产品开发费用不能低于40%，老产品改进优化费用不能超过45%，如图7-2-5所示。

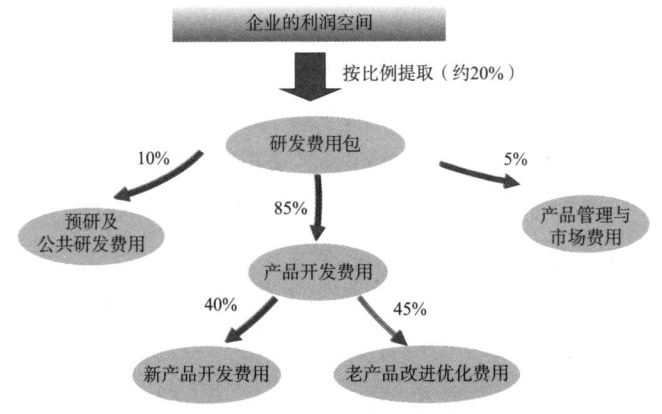

图7-2-5　周辉研发费用包分配模型

明确了费用包结构后，研发预算便有了约束，这将会给企业用财务管控研发，以及研发定岗定编和绩效管理带来巨大好处。

■ 如何进行技术创新体系的预算

技术创新体系的预算一般按比例投入，来自企业的战略补贴，预研的预算一般包括人力成本及相关研究试验费用，可以按阶段投入。

某公司预研预算如表7-2-1所示。

需要注意的是，技术创新尤其是预研与产品开发的预算不同，区别如表7-2-2所示。

表7-2-1 融智研发预算表

科目	研究阶段	技术攻关	技术转移	合计
周期/月	9	6	8	23
人数/人	10	20	15	45
月平均工资/万元	3	3	3	—
投入人月/个	90	120	120	330
人力成本/万元	270	360	360	990
业务费用/万元	120	240	120	480
试验费/万元	100	200	60	360
差旅费/万元	20	40	60	120
其他/万元	0	0	0	0
管理分摊/万元	50	100	80	230
小计/万元	440	700	560	1700

表7-2-2 融智技术创新与产品开发预算分析表

	技术创新	产品开发
预算来源	战略补贴	产品线预算
预算制定方式	控制总投入，分阶段	比例制，开放式
预算制定责任人	预研	产品线
预算考核	预算准确率	投入产出比
预算内容	研发	研发+市场+中试装备等
预算限制	战略补贴	费用包比例
评审	企业	产品线

技术创新通常由企业战略补贴提供预算，分阶段进行，主要为技术研发，而产品开发要根据产品线产生的毛利，按一定比例投入，考核投入产出比，预算内容不仅包括研发，还包括市场及早期客户销售和前期中试装备等，是全流程全要素的预算。

第 8 章
Chapter 8

如何对技术创新人员进行管理与激励

企业应采用绩效、任职资格、文化与价值观三者相结合的方式对技术创新人员进行管理。对高级别人员，三者都要考核，对低级别人员先考核任职资格。此外，研发投入产出比、预研及CBB支撑的产品销量和成本降低都应成为技术创新人员的绩效指标。要建立从预研到公共研发到产品开发的人员横向流动的任职资格标准体系，并建立面向产出、过程严格管理、结果宽容失败的创新文化。

本章精华

1. 技术型企业的创新活动通常分为三层：规划层活动、产出层活动（主要以项目方式进行）、资源层活动。

2. 技术创新人员的管理围绕绩效、任职资格、文化与价值观三大要素进行，融智进一步将其细化成对应三要素的五种考核与激励手段，分别为任职资格考核、基本行为准则考核（文化与价值观）、月/季度PBC考核、年度KPI/IPI考核、KCP考核。

3. 针对高层领导或需要培养的核心员工，绩效、任职资格、文化与价值观三者都要考核；针对低级别员工，应该先考核任职资格，再考核绩效，最后强调文化与价值观，不要让文化泛滥。

4. 为避免过度管理，针对技术创新体系职能部门员工，要先考核任职资格，再考核绩效，最后考核文化与价值观。

5. 按照融智"十元薪酬制"模式，员工收入可分为三部分：薪酬包、岗位津补贴和中长期激励，其中薪酬包包括工资包和增量激励包。工资包又分为基本工资和绩效工资，增量激励按照

KCP特别激励、业绩增长奖、增量活动激励三种方式综合发放。

6. 为鼓励技术成果产品化、商业化，技术创新中的中长期激励，尤其是追溯激励非常重要，三年内预研、CBB支撑的收入，以及三年内平台降本等均可设置追溯激励。

7. 任职资格标准体系主要包括基本条件、参考项、资格标准三个方面，可细化为八个要素，分别是经历、学历、现职状况、绩效情况、品行、关键活动、基本素质、必备知识，越是高级别人员，越要重视其经历和关键活动。

8. 技术创新人员既可以纵向发展走专家之路，也可以横向发展走向产出职位，还可以进入管理者序列，走研发管理道路。通常核心专业人员鼓励纵向发展，走专家之路，非核心专业人员鼓励横向流动，成长为懂技术、懂业务、懂管理的复合型人才。

9. 技术创新人员过程绩效考核主要采用PBC的方式，"个人主要工作"细分活动内容要求时间节点明确，完成标志清晰，每项内容有权重，有明确的输出标志，一般来说不要超过七项，最好控制在五项以内，前三项重要的指标权重占比要超过50%。

10. 融智将技术创新人员的KPI分为五个维度，在平衡计分卡财务、客户、内部流程、学习与成长四个维度的基础上增加了"创新"维度。

11. KPI用于评估团队整体的绩效，而IPI用于衡量团队成员的个人贡献。KPI的考核结果决定了组织绩效的来源，而个人绩效的发放则与IPI的考核结果紧密相关。并不是组织绩效KPI完成得好，员工就一定有个人绩效，但如果组织的KPI表现不佳，那么即使员工个人的IPI评分很高，个人绩效也没有来源。

12. 对技术创新人员的宽松管理并不意味着放任不管，而是在过程和文档管理上保持严格，在对待结果时则宽容失败。

13. 文化也是可以考核的，可以细化成行为准则考核及价值观评价，特别需要关注的是沟通原则、创新规则、人才原则和管理原则的具体要求，并将其纳入考核体系中。

14. 技术型企业必须构建促进技术成果产品化、商业化的技术创新价值观，并建立面向产出、宽容失败的创新文化。

第8章 如何对技术创新人员进行管理与激励

第一节 技术创新人员的分类及管理模式

■ **问题思考**

1. 技术创新体系的创新活动分为哪三层？
2. 技术创新体系的员工管理包括哪三个要素？
3. 技术创新人员有哪五种考核模式？
4. 高级别的技术创新人员应该如何管理？
5. 中低级别的技术创新人员应该如何管理？
6. 技术创新体系的职能人员应该如何管理？

■ **技术创新体系人员的分类**

技术型企业的创新活动通常分为三层：规划层活动、产出层活动（主要以项目方式进行）以及资源层活动，如图8-1-1所示。

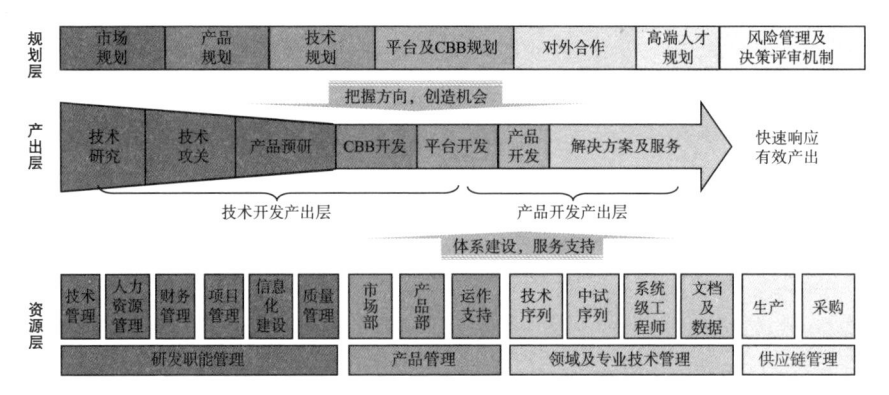

图8-1-1 融智技术型企业创新活动层次模型

规划层主要把握方向，创造更多的机会，对决策负责，对评审负责，一般由委员会以及支撑委员会运作的相关职能部门和产品专家、领域专家构成。

产出层根据商业模式分为技术开发产出层、产品开发产出层。

技术开发产出层包括技术研究（TRT）、技术攻关（TDT）、产品预研（PRT）、CBB及平台开发（TPT）。

技术开发产出层的产出包括直接产出和间接产出，直接产出主要是指项目本身带来的收入（攻关项目收入、预研项目收入、政府补助），间接产出主要是指预研项目转换为产品所带来的收入，以及CBB和平台所支撑的产品降低的成本，通常由预研及CBB项目组完成。

产品开发产出层主要指直接对外带来收入的产品开发和解决方案及服务，一般由产品线及解决方案部完成。

资源层主要为产出层提供合格的资源并对资源进行管理，包括体系建设、人员培养、本体系的标准及专业任职资格制定、专业流程制度建设等。技术创新体系资源层主要包括研发职能管理、产品管理、领域及专业技术管理、供应链管理。研发职能管理主要包括研发体系的技术管理、人力资源管理、财务管理、项目管理、信息化建设及质量管理等。

根据上述活动，技术创新体系人员按照角色、职责也可以分为三类。

1. 技术委员会人员

主要由研发高管、领域及技术专家和产品线专家担任。

2. 预研和开发领域团队及项目技术创新人员

包括领域专家、预研人员、技术开发人员、平台开发人员等，这些人员主要在预研部、公共研发部，有时技术攻关人员也可以在产品线。

3. 职能支撑人员

主要指运作支持部、技术管理部、对外合作部的人员，以及研发人力资源和研发成本管理的相关人员。

需要注意的是，本文提到的三类人员主要是按角色区分的，高层人员可能会同时扮演这三类角色。

■ 技术创新人员管理的三种模式和五种考核手段

技术创新人员拥有高技术、高教育背景，在工作方面表现出明显不同的特征。总体而言，技术创新人员在工作上会体现出以下六个方面的特征。

1. 热爱创新

技术创新人员的求知欲很强，他们喜欢做有前沿性、挑战性的研究和发明，他们希望用自己的专业技术进行创造性活动，而不是进行简单重复的劳动。

2. 自我驱动

技术创新人员倾向于拥有一个高度自主的工作环境，希望可以自我引导、自我管理，但他们关注个人兴趣和技术成就超过组织绩效，可能因我行我素而影响企业组织绩效及团队管理。

3. 成就意识

技术创新人员更在意实现自身价值，希望通过努力得到理想的技术结果，在工作中获得技术成就感，对技术的执着超过了对产品商业价值的追求。

4. 高度自尊

格外注重他人、组织尤其是同行对其个人技术水平的认可，喜欢创新，不愿意共享，甚至喜欢从头做起。

自我价值能否得到肯定，自己的劳动成果能否被他人或组织认可，能否获得尊重与赞赏等，都是他们看重的因素。

5. 特立独行

技术创新人员在日常的待人接物方面特别小心谨慎，比较特立独行，喜欢独立思考，喜欢邮件交流，有的甚至害怕面对面交流，这会影响相互合作和团队精神的培养。

6. 流动意愿强

技术创新人员自身所拥有的知识资本、专业技能使他们有能力适应新的环境和任务，他们在工作中更加看重的是能够实现自身价值，当看不到成长和发展的空间时，他们就会寻求新的平台。他们高度敏感，且流动意愿强烈。

针对技术创新人员的特点，融智提出，对技术创新人员的管理应该从三大要素着手，如图8-1-2所示。

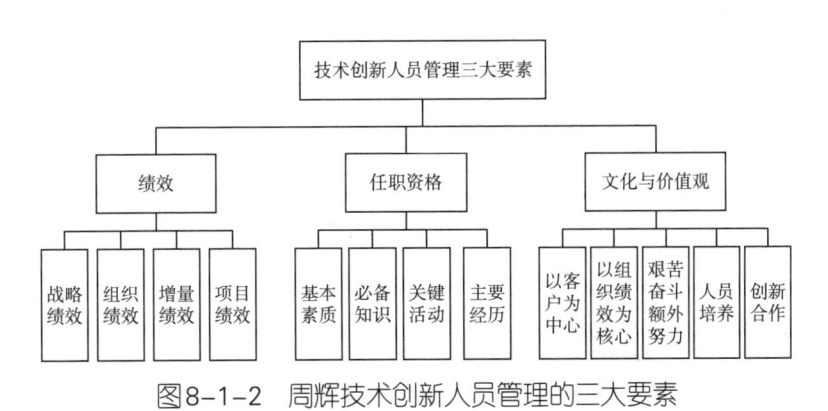

图8-1-2 周辉技术创新人员管理的三大要素

1. 绩效管理：包括战略绩效、组织绩效、增量绩效和项目绩效，强调基于组织绩效的个人绩效成功，并在过程中强化项目绩效。

2. 任职资格管理：强调人员的能力，包括基本素质、必备知识、关键活动、主要经历等要素。

3. 文化与价值观管理：包括技术创新体系的价值导向、基本行为准则、沟通原则、创新原则及人员培养等。

围绕绩效、任职资格、文化与价值观三大管理要素，融智进一步细化出五种考核与激励手段，如图8-1-3所示。五种考核与激励手段分别为任职资格考核、基本行为准则考核（文化与价值观）、月/季度PBC考核、年度KPI/IPI考核、KCP考核，综合考虑了技术创新人员的能力、过程绩效、最终结果以及文化价值观，同时牵引他们完成组织绩效。

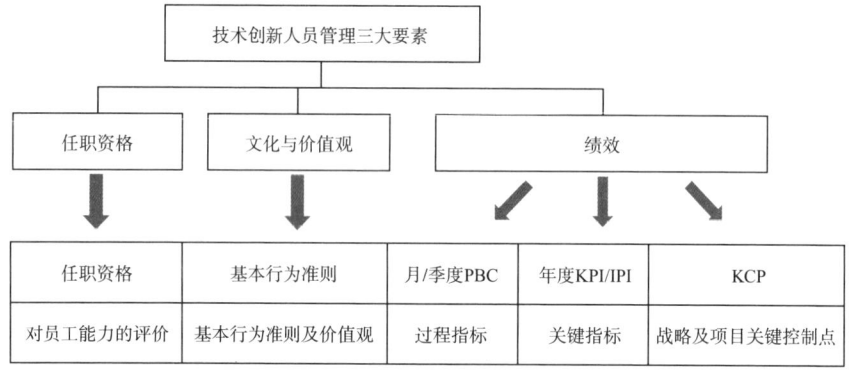

任职资格	基本行为准则	月/季度PBC	年度KPI/IPI	KCP
对员工能力的评价	基本行为准则及价值观	过程指标	关键指标	战略及项目关键控制点

图8-1-3　周辉技术创新人员三大管理要素及五种考核与激励手段

融智针对技术创新人员管理的核心思想，倡导先提升能力，再确保基本行为准则和过程的准确性，然后在实现年度目标的基础上确保增量，并完成战略及项目关键控制点的工作。

1. 任职资格

主要是对员工的能力进行评价,包括经历、资质、基本素质,以及关键活动和必备知识等要素。

2. 基本行为准则

基本行为准则指每一个职位必做的工作及职位的基本要求,我们可以把它理解成最低PI(Performance Indicator),有些企业称之为防火墙指标,华为公司称之为军规。

3. 月/季度PBC

PBC(Personal Business Commitments)主要对员工的过程绩效进行评价,来自月度和季度计划,主要指当月/季度必须完成的一些工作,强调过程、路径。PBC考核结果一般与过程绩效工资挂钩。

4. 年度KPI/IPI

年度绩效考核分为组织KPI和个人IPI。

KPI即关键绩效指标(Key Performance Indicator),通常对组织进行考核,来自企业的发展战略财务指标、市场指标及必须解决的问题,更多地强调组织绩效,强调实现战略目标的挑战性指标。

IPI即个人绩效指标(Individual Performance Indicator),通常针对产品线、营销、项目组及职能部门领导进行考核,个人IPI结合了组织KPI、PBC、PI,将企业发展战略、组织及个人重点工作、团队工作及必须遵守的行为准则,以及关键事件里程碑有效衔接起来。

5. KCP

KCP(Key Control Point)是针对有增量的部门或战略关键控制点设计的增量特别激励。有两种发放形式,一种是直接发放给个人,主要是评优;另一种是通过KCP项目立项的方式,先奖励给团队,再由团队根据个人贡献进行二次分配。

没有绩效,企业无法生存。

没有任职资格,员工无法胜任工作,无法提升能力。

没有文化与价值观,组织会失去可持续发展的动力和竞争力。

三者既统一又相互补充,针对不同的对象,企业应采用不同的管理模式,在图8-1-4中,我们将技术创新人员的管理细分为八种类型。

	绩效	任职资格	文化与价值观	
1	√	√	√	重点培养;核心员工;确保涨薪及配股;担任导师
2	√	×	√	提升能力,强化沟通,增加培训和导师指导,可增加绩效工资或增量激励,适当配股
3	√	×	×	核心业务培养B角,非核心业务承包,一对一沟通绩效,严格进行过程管理,及时核算,坚决不配股
4	√	√	×	加强引导和过程监控,争取回到第一种情况,否则,按第三种情况处理
5	×	√	√	分析外部环境,再对任职资格重新评估,同时设计追溯绩效或年终绩效,不增加固定工资和月/季度绩效工资
6	×	×	√	年限长的坚决换岗到服务岗位,年限短的及时淘汰
7	×	√	×	重新评估任职资格
8	×	×	×	坚决淘汰

图8-1-4 周辉三要素八类型人员管理模型

1. 针对高层领导或需要培养的核心员工，三者都要考核；

2. 针对预研人员，应该先考核任职资格及文化价值观，以任职资格考核为主，绩效考核为辅，绩效考核应过程严格管理、结果宽容失败；

3. 针对CBB及平台开发人员，则不允许失败，应该以绩效考核为主，其次是任职资格和文化价值观的考核；

4. 针对低级别员工，应该先考核任职资格，再考核绩效，最后强调文化价值观，不要让文化泛滥；

5. 针对技术创新体系职能部门员工，应该先考核任职资格，明确其具备的能力，再考核绩效，最后关注文化与价值观，避免过度管理；

6. 针对绩效不好，任职资格不过关，但认可企业文化的员工，要么调离产出岗位，要么淘汰；

7. 企业要坚决反对绩效不好，任职资格不过关，又不认可企业文化价值观的员工，这样的员工要及早淘汰。

总之，企业不仅要关注技术创新人员能力、结果和过程，更要结合不同类型的项目（预研项目、产品开发项目、技术项目、平台项目）通过多种手段实现对技术创新人员分层、分级、分项目的管理。

第二节
技术创新人员的薪酬及任职资格管理

■ **问题思考**

1. 薪酬包括哪些部分及要素?

2. 为什么要设立增量激励?

3. 为什么要建立追溯激励机制?

4. 中小企业如何灵活使用"十元薪酬制"?

5. 任职资格与薪酬收入有何关系?

6. 技术创新人员有几种职业通道?

■ **技术创新人员"十元薪酬制"模式**

按照融智"十元薪酬制"模式,员工收入可分为三部分,即薪酬包、岗位津补贴和中长期激励,其中薪酬包包括工资包和增量激励包,而工资包又分为基本工资和绩效工资,增量激励按照

KCP特别激励、业绩增长奖、增量活动激励三种方式综合发放，如图8-2-1所示。

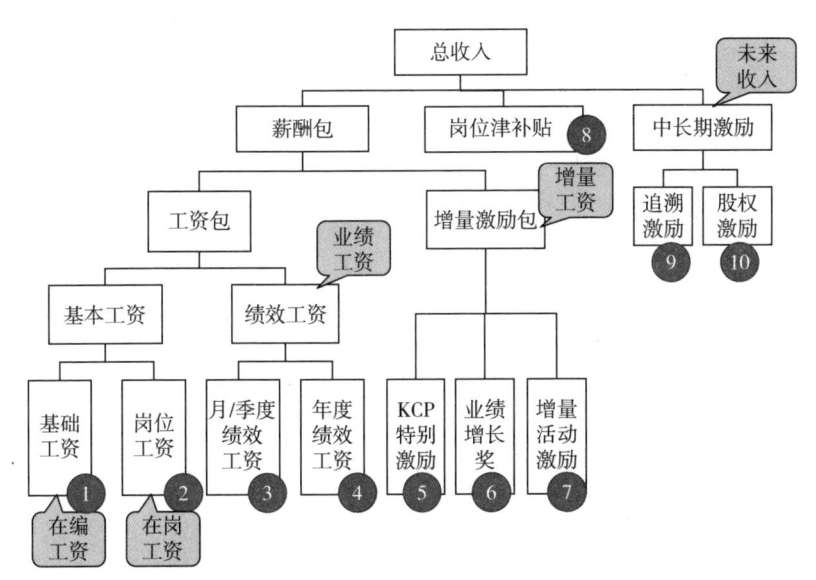

图8-2-1 周辉员工"十元薪酬制"模式

一、薪酬包

薪酬包包括工资包和增量激励包，工资包与任职资格挂钩，增量激励包与实际完成的增量核算挂钩。

1. 工资包

通常用年薪表示，有四种发放形式，即基础工资（1）、岗位工资（2）、月/季度绩效工资（3）、年度绩效工资（4）。

基础工资不低于当地规定的最低工资标准，岗位工资按照员工是否在岗发放，如果员工因能力不符合岗位要求而学习或脱岗，则此部分不发放。

月/季度绩效工资的发放与员工个人过程PBC考核结果挂钩；年度绩效工资的发放与组织绩效及个人年度考核结果关联。

企业通常将以上（1）（2）（3）（4）工资合并成年薪，与任职资格挂钩。任职资格等级越高，年薪越高，绩效比例也就越高。

此外，在设计工资时，首先要考虑员工的月度安全收入。月度安全收入主要指基础工资、岗位工资、月/季度绩效工资以及随月发放的津补贴。安全收入要求保证员工每月到手的收入能够满足其在当地的基本生活开支，与行业没有关系，而与员工所在地的消费水平及员工的年龄和家庭构成相关，可将恩格尔系数（衣食住行/收入≤80%）作为最低参考标准。

2. 增量激励包

增量激励包包括KCP特别激励（5）、业绩增长奖（6）、增量活动激励（7）。

KCP特别激励是针对有增量的部门或战略关键控制点设计的奖励，例如，对核心技术的快速突破和攻关，对价值客户重大问题的解决，等等。

业绩增长奖是针对连续实现增长的部门设计的奖励，包括费用包节余、三年内预研及CBB和平台支撑的收入增长、CBB带来的成本降低等。

增量活动激励主要是针对承担了非本职工作且承担战略关键控制点工作的人员设立的奖励，如担任业务导师、SE及评审人员等。

二、岗位津补贴

岗位津补贴（8）主要包含战略岗位津贴、管理岗位津贴、区域岗位津贴。

战略岗位津贴是针对超出薪酬带宽的特殊人才或在企业战略下进行人员调动所给予的专项补贴，例如，研发人员转市场，高产出的产品开发人员转向有技术难度的预研及技术突破，等等。

管理岗位津贴是指承担业务导师、委员会成员或评审专家等所享受的专项补贴，小企业的高级别硬件人员参与采购专家团，也可以为其设置管理岗位津贴。

区域岗位津贴是针对艰苦区域或一线消费水平较高的区域设置的专项补贴。

三、中长期激励

中长期激励包含两类：追溯激励（9）、股权激励（10）。

一些长期项目，当年看不到增量绩效，无法奖励，但未来能带来增量，为了鼓励员工，企业在一个周期内要设计技术成果追溯激励，鼓励预研成果快速转化为产品，形成销售收入。例如，某公司将三年内预研成果转化为产品带来的净利润的10%用于奖励预研团队。股权激励来源于净利润的一部分，可分为实际股权与虚拟股权，例如，某公司将净利润增长的三分之一用于虚拟股权激励。

综上，技术创新人员的总收入有十种来源，其中基础工资、岗位工资、月度绩效工资每月发放，年度绩效工资、增量激励年底发放，岗位津补贴视情况发放，追溯激励、股权激励中长期发放。

上文所提到的技术创新人员考核与激励的五种手段需要与薪酬模式相结合，其对应关系如图8-2-2所示。

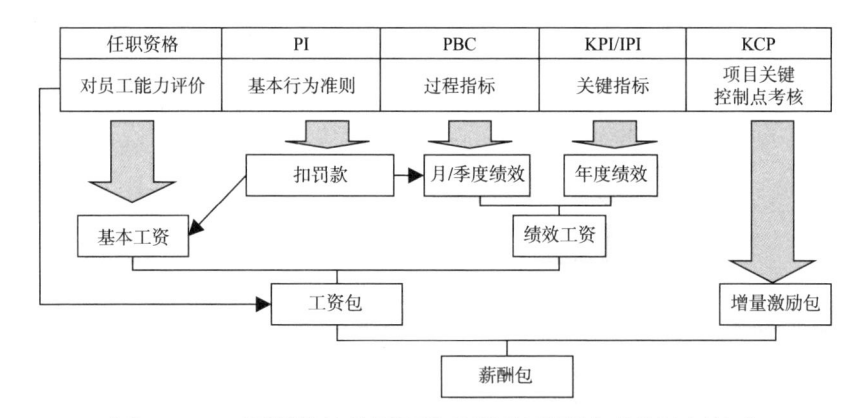

图8-2-2 周辉绩效管理五种手段和薪酬模式的映射结合

需要注意的是：

1. 并非要针对每个人都完全按照"十元薪酬制"设计薪酬结构；

2. 不同类别、不同层级员工的薪酬结构要有所区别；

3. 所有人员要有年度绩效，薪酬包越大，年度绩效发放占比越大；

4. 绩效工资、增量激励包要设封顶值，级别越高，封顶值越大；

5. 小企业在针对核心技术创新人员设计股权激励的同时，还要设计追溯激励或对赌激励，以确保现金流充足。例如，某公司针对预研人员设计了追溯激励，三年内预研成果转化为产品带来的收入按 $X\%$ 追溯激励。

从薪酬结构来看，技术创新人员不直接参与销售过程，其工资相对稳定，固定薪资占比较高。同时，为了鼓励技术创新人员提高研发效率，缩短研发周期，不断提升产品品质，提高产品的市场竞争力，要对其分层分类设计相应的考核和激励机制。

图8-2-3是某公司技术创新人员的薪酬结构。对比来看，同样属于研发工程师序列，初级研发工程师的绩效工资设计为1个月，增量激励包的上限为1个月，而高级研发工程师的绩效工资为3个月，增量激励包的上限为5个月。

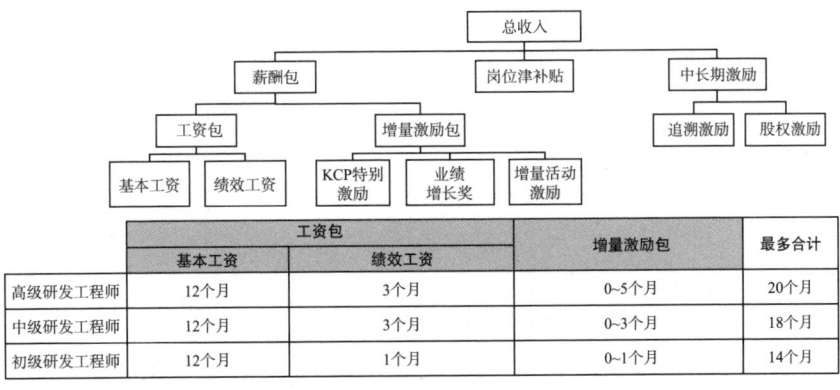

	工资包		增量激励包	最多合计
	基本工资	绩效工资		
高级研发工程师	12个月	3个月	0~5个月	20个月
中级研发工程师	12个月	3个月	0~3个月	18个月
初级研发工程师	12个月	1个月	0~1个月	14个月

图8-2-3 融智不同层级的技术创新人员的薪酬结构

任职资格等级决定了基本工资的额度，也决定了薪酬的固浮比。通常来说，任职资格等级越高，基本工资越高，绩效工资的占比也就越大。同时，任职资格等级也决定了增量激励包的上限。因此，想要提升整体薪酬水平，就必须提升任职资格等级。

■ 技术创新人员任职资格标准体系

如上文所述，技术创新人员的薪酬与任职资格等级紧密关联，如何衡量他们的任职资格呢？

任职资格是指员工承担某一职务或岗位工作应具备的个人素质与能力。

任职资格标准体系从胜任工作的角度出发，建立以结果为导向的技能和行为标准，它强调企业的价值导向，强调员工能做什么，会做什么，而不是知道什么，更强调员工对照标准提升能力和经过岗位轮换积累经历。

任职资格标准体系建设的核心是五个字——"知会用效讲"。"知"是了解和知道，"会"是必备知识考试通过，"用"是在实际工作中用理论来指导实践，"效"是做出业绩，达到效果，"讲"是总结案例，分享经验，讲解和点评他人并培养他人。

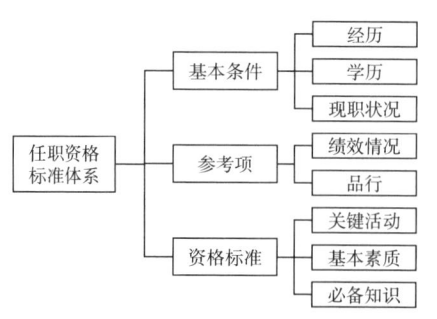

任职资格标准体系主要包括三个方面八个要素，如图8-2-4所示。

图8-2-4 任职资格标准体系

1. 基本条件

用于初步判断员工是否具有申请某个级别的资格，主要判断经历，低层次员工看学历和实践经历，高层次员工主要看跨部门的工作经验，管理干部主要看管理经验。

2. 参考项

用于对资格标准认证的结果进行调整。

3. 资格标准

用于衡量员工能否获得资格的主要指标，主要包括关键活动、基本素质和必备知识。低层次员工主要认证基本素质和必备知识，高层次员工主要认证关键活动。

图 8-2-5 是某公司软件工程师的任职资格模型。

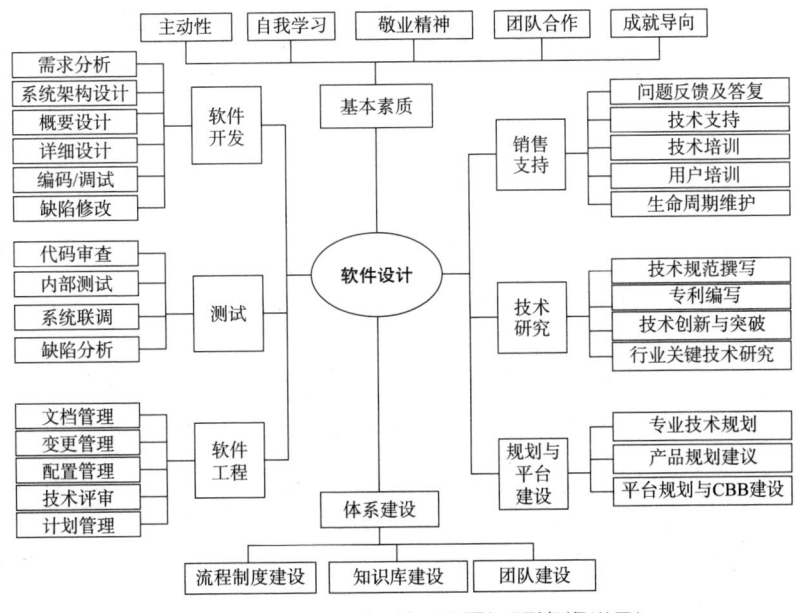

图 8-2-5　融智软件工程师任职资格模型

软件工程师的任职资格等级，通常可以分成一级到四级，不同等级的人员需要掌握的关键活动不同，如图8-2-6所示。

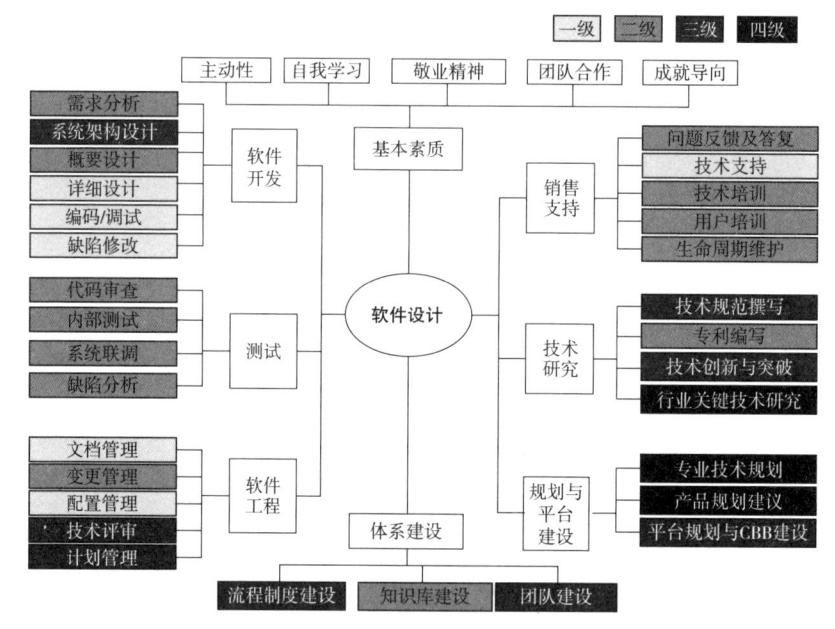

图8-2-6 融智一到四级软件工程师关键活动

其中，一级软件工程师需要掌握的关键活动包括编码/调试、缺陷修改、文档管理、配置管理、技术支持。一级软件工程师在指导下参与详细设计，不参与技术研究。

二级软件工程师需要掌握的关键活动会更多一些，在一级的基础上叠加了需求分析、概要设计、详细设计、代码审查、内部测试等。二级软件工程师不做具体技术研究，在指导下可以进行专利编写。

三级软件工程师则进一步叠加了活动的要求，是研发的主力，在指导下参与技术创新与突破、平台规划与CBB建设等。

四级软件工程师除了以上活动，还要完成专业技术规划、行业关键技术研究，提出产品规划建议。

大型企业可以一次性建立四级软件工程师的完整标准体系。小型企业则可以采用渐增式设计方式，先确立一级软件工程师的标准，然后根据企业的发展和需求逐步增加和完善更高级别的软件工程师标准。

技术创新人员任职资格管理通常会严格依据"五上"流程，即"上学、上架、上位、上岗、上薪"，如图8-2-7所示。

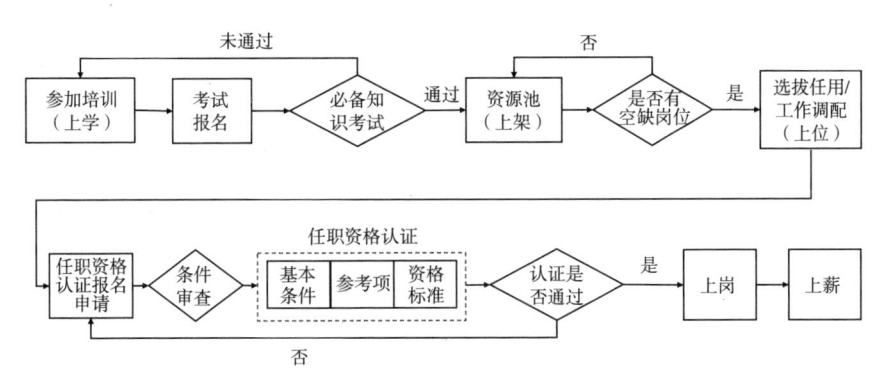

图8-2-7　周辉任职资格管理"五上"流程

上学：根据任职资格标准的要求，进行必备知识学习和参加相关培训，完成"上学"。

上架：必备知识考试通过，进入"资源池"，完成"上架"。

上位：当有空缺岗位或有更高层次任务时，资源池内基本素质高、个人绩效优、业绩经历突出的员工，优先拥有选拔任用、工作调配和承担任务的机会，完成"上位"。

上岗：做出业绩，并且任职资格认证通过，完成正式"上岗"。

上薪："上岗"后的员工，根据岗位和任职资格及绩效考核情况，匹配相应的薪酬，完成"上薪"。

企业建立一套清晰的任职资格标准体系，可以让员工认识到岗位的能力要求，明确自身能力与岗位要求的差距，定位自己的能力短板，并有针对性地参加培训，补充相关经历，提升能力的同时匹配更高的薪酬待遇，获得更好的职业发展前景。在建立任职资格标准体系的同时，企业也要为技术创新人员设计相应的职业发展通道。

■ 技术创新人员职业发展通道

企业规模比较小的时候，经营方向相对单一，产品相对简单，职位种类相对较少。入职这样的企业，不存在职业选择的问题。而员工的发展问题也通过父传子、师带徒的方式进行传递。

当企业规模壮大以后，随着分工的进一步细化，企业职位序列的划分和职业通道的建设就显得更加迫切和重要了。这个时候，就需要个人与组织相结合，既要从专业的角度照顾到员工的诉求，帮助员工找到更准确的职业发展定位，还要从价值流程和组织绩效上进行相应的职位归类。职业通道设计要体现面向客户、面向产出、面向未来的价值导向。

职业通道对企业的作用主要体现在三个方面。

第一，有利于明确企业的职业发展机会，吸引、保留、激励有价值的员工，并提高员工的敬业度，从而推动企业的发展。

第二，有利于引导员工合理流动，专家人才纵向发展，复合型人才横向发展，人尽其才，才尽其用，充分发挥人力资源的效用。

第三，有利于结合企业需要及员工个人的能力、兴趣、特长、性格等对员工进行有针对性的培养和使用，最终达到员工个人效益和企业效益的相互协调和最大化。

那相对健全的职业发展通道应该如何设计呢？我们先来看一下几种常见的职业发展通道模式。

一、单一职业发展通道

传统的职业发展通道模式往往是单一纵向职业发展。员工按照逐级晋升的方式，从一个特定的岗位到下一个岗位纵向向上发展。这种模式的优点是员工可以清晰地看到职业发展，但其最明显的缺陷是，最终的目标都是"当官"，否则薪酬待遇难以提升。对于中、高级专业技术人员而言，他们会因缺少发展路径而离开组织，造成人才流失，或者在被提升到管理岗位后，出现能力和岗位不适应的情况，造成人才浪费。图8-2-8展示了专业开发工程师的单一职业发展通道。

二、双重职业发展通道

除了管理生涯阶梯，双重职业发展通道还平行设置了专业技术生涯阶梯，两个阶梯同一级的地位是平等的，呈现出双重通道。新进员工完成职业适应后，可以在二者之间选择最适合自己兴趣与能力的发展通道。双通道设置，让专业技术人员能够与管理类员工获得同等的薪酬、地位和发展机会；能让有贡献的员工即便基本工资低于管理类员工，也有机会靠项目奖金、增量激励等方式提高收入；让有贡献的员工有选择职业发展道路的机会，如图8-2-9所示。

三、多重职业发展通道

多重职业发展通道从纵向、横向上拓宽了职业发展通道，为员工提供了多样的生涯发展可能性。其最大

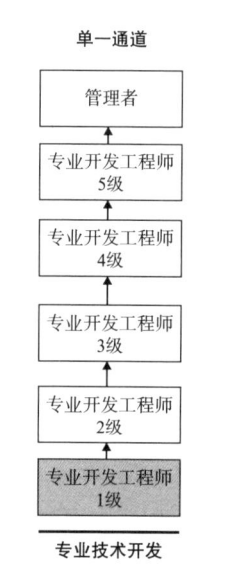

图8-2-8 融智单一职业发展通道

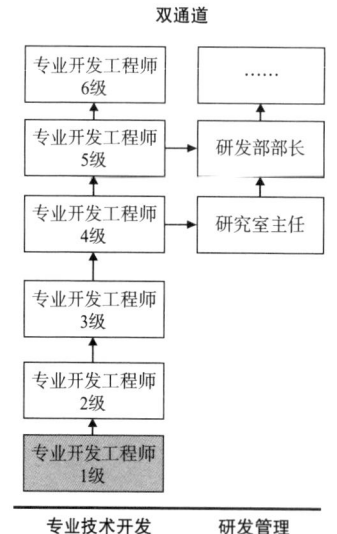

图8-2-9 融智双重职业发展通道

的优势在于可以避免通道堵塞，也缓解了职业高原现象，员工职业发展不必局限于某种既定的模式和路径，条条大路通罗马。同时，当组织某职位空缺时，其可选择的范围也较为宽泛。多样、开放的职业发展通道，还能在一定程度上化解岗位争夺的矛盾冲突，并且使组织在面临战略大调整时，可以平稳完成人员转岗，进而提高组织的应变力。

我们来看一下技术创新人员的多重职业发展通道，如图8-2-10所示。

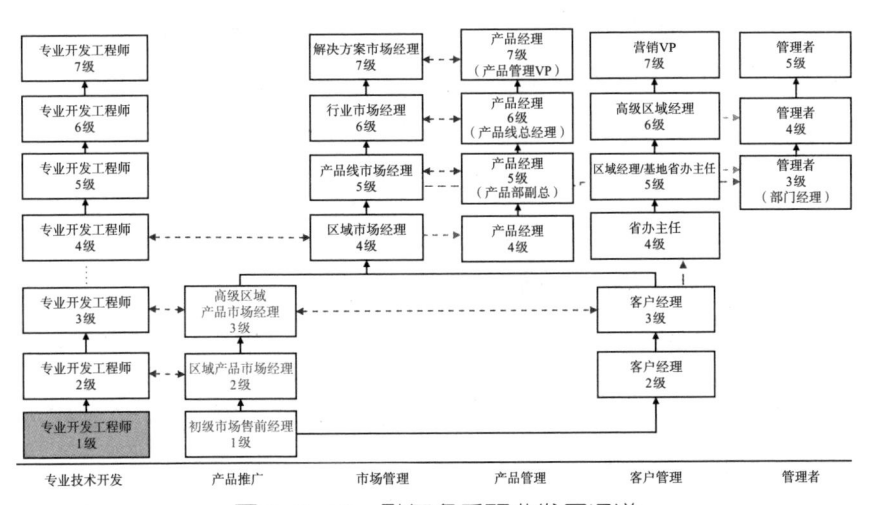

图8-2-10　融智多重职业发展通道

技术创新人员既可以纵向发展走专家之路，也可以横向发展走向产出职位，还可以进入管理者序列，走研发管理的道路。通常核心专业人员鼓励纵向发展，走专家之路；非核心专业人员鼓励横向流动，成长为懂技术、懂业务、懂管理的复合型人才。

从纵向发展来说，技术创新人员的晋升需要满足的基本条件如下。

1. 1级人员没有测试的经历不能升2级；

2. 2级人员没有技术支持和售后服务的经历不能升3级；

3. 3级人员没有模块概要设计的经历不能升4级；

4. 4级人员没有从概要设计到详细设计的经历不能升5级；

5. 5级人员没有做过CBB不能升6级；

6. 6级人员没有完整地做过一个预研项目不能升7级。

当然，我们也鼓励技术创新人员在2级、3级的时候横向走向市场或产品管理类职位，研发成为整个企业产出人员培养和发育的资源池。

需要注意的是，企业设计职业通道必须结合自身的发展战略和现实状况，要牢记以下基本原则。

1. 战略导向原则：职业发展通道建设紧密围绕企业转型优化的战略导向，以"专业化、职业化、规范化"为切入点，推进企业的职业发展通道建设；

2. 小步快跑原则：职业发展通道中要设计足够的层次，以保证为员工提供较多的职业发展空间和机会，让员工"小步快跑"；

3. 能上能下原则：以公平、公正、公开、竞争为导向，遵循能上能下的原则，从而保持企业人力资源的活力；

4. 动态管理原则：企业对员工的职级数既要总量控制，也要比例控制，并根据企业业务发展需要实施动态调整，以达到人力资源的合理配置与有效开发。

需要注意的是，企业要建立全流程的人员流动机制。人员是流动的，要根据项目的状态，从技术开发向产品开发流动，如图 8-2-11 所示。

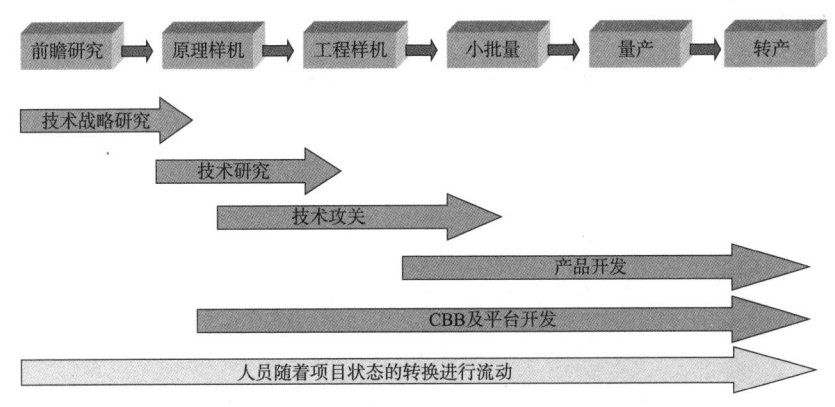

图 8-2-11　融智人员与项目状态流动模型

第三节
技术创新人员绩效管理

■ **问题思考**

1. 技术创新人员的绩效考核有哪几种手段？
2. 如何对技术创新人员进行PBC考核？
3. 如何对技术创新体系各职位设计KPI及IPI？
4. 技术创新体系如何设计KCP？

技术创新工作具有高度专业性和成果滞后性，这使其成果很难直接与财务和市场指标相关联，也使提取刚性绩效指标变得具有挑战性。此外，技术创新人员的工作通常以项目为主，每个项目的工作内容、难度和产出模式都不尽相同，这些因素都增加了绩效管理的复杂性。因此，技术创新人员的绩效管理一直是企业管理中的一个难题。

技术创新人员的绩效管理包括战略绩效、组织绩效、增量绩效和项目绩效。其中，战略绩效对应的是KCP战略关键控制点考核；组织绩效对应的是组织KPI考核；增量绩效对应的是个人IPI考核；项目绩效对应的是月/季度PBC考核，如图8-3-1所示。

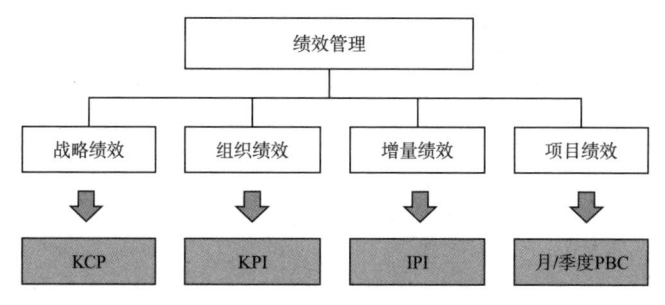

图8-3-1　融智技术创新人员绩效管理

对于技术创新人员的考核要综合使用以上几种工具；对普通技术创新人员，多采用PBC的考核方式，强化过程管理；对研发负责人，多采用个人IPI考核，强化结果导向。

■ 技术创新人员PBC考核

PBC即个人绩效承诺（Personal Business Commitments），是保障组织战略目标达成的过程管理系统。具体指标在分析战略目标实现路径的过程中，通过分析问题、潜在风险进而明确关键活动的基础上形成。

PBC的核心意义包括路径梳理、风险预知、成本控制、资源协调四个方面，具体表现为：

1. 对过程指标进行预警，强调相关责任人的工作路径，并对各责任人遇到的困难给予大力支持和资源调配；

2. 通过分解企业年度战略，将企业一级计划落实到月/季度部门二级计划，再分解到个人的月/季度PBC，通过周报的执行监控及计划的修订实现企业年度计划、季度计划、月度计划的闭环管理；

3. 解决跨部门的协同问题并通过工作联络单和PBC落实到各责任主体；

4. 通过设立必须完成的工作进入防火墙，确保关键活动的完成并监控企业和各部门关键活动的开展、关键问题的解决并预知风险；

5. 各级领导根据例行计划及资源配置分析风险并提前规避；

6. 通过PBC的管理和监控确定月/季度绩效奖金的发放标准，实现及时激励。

技术创新人员PBC划分为两个维度，分别是个人主要工作、防火墙指标。模板如表8-3-1所示。

"个人主要工作"细分活动内容要求时间节点明确，完成标志清晰，每项内容有权重，有明确的输出标志，一般来说不要超过七项，最好控制在五项以内，前三项重要的指标权重占比要超过50%。

表8-3-1 某技术创新人员PBC示例

指标类别	序号	活动类型	细分活动内容	计划完成时间	评分规则	权重	自评得分	评分	备注
个人主要工作	1	技术预研	HMP4.1下的PTVR立项并完成开发	4月30日	立项完成20分 开发完成40分	40			
	2	技术攻关	多媒体事业部BITV系统触摸屏PC客户端立项及开发	5月31日	开发完成并部署，得30分；未按时完成，不得分	30			
	3	总体方案设计	完成××总体方案设计	5月15日	完成并通过评审，得20分	20			
	4	××模块开发	完成××模块的开发工作	6月20日	开发完成，测试通过，得10分；未通过，不得分	10			
			小计			100			
防火墙指标	1	上季度未完成工作	××项目的总结报告	4月20日	未按时完成扣5分	……			
	2	行为准则	1. 每月及时归档 2. 计划完成率不低于70% 3. 周报、月报按时提交 4. 每周工作X小时以上 5. 不出现重大质量事故	每月最后一天	违反一项行为准则扣5分	……			
			合计						

"防火墙指标"包括上一考核周期未按时完成的工作和基本行为准则，对于与"防火墙指标"要求不符的事件或行为，可采取扣分方式，也可采取扣款方式。

很多企业采用PBC对员工进行季度绩效评价，评价结果通常分为四个等级：A、B、C和D。通过综合员工四个季度的绩效考核结果，企业能够得出员工全年的绩效评价。年度绩效评价对于员工的个人发展至关重要，因为它将影响：

1. 培训培养——根据年度绩效评价，企业可能会为员工提供进一步的培训和培养机会，以提升其技能和能力；

2. 薪酬调整——员工的薪酬可能会根据年度绩效评价进行调整，以反映其对企业的贡献和个人表现；

3. 职位晋升——年度绩效评价也是职位晋升的重要参考，表现优异的员工可能会获得晋升机会。

通过这种绩效考核方式，企业能够激励员工提高工作效率和质量，同时确保员工的职业发展目标与企业目标一致。

■ 技术创新人员KPI及IPI考核

传统KPI经常将组织与个人混淆，KPI是组织绩效考核的工具，从战略着手，按活动要素进行关联分解，组织KPI通常分为三层。

1. 企业的KPI为第一层，通常包括八个指标。

四个财务指标：

（1）销售收入和毛利及其增长率——评估企业的发展规模；

（2）新业务在销售中所占的比例——评估企业的增量及创新能力；

（3）人均毛利及增长率——评估企业的人均效益和员工任职能力；

（4）非薪酬包费用占比降低率——评估企业的管理能力及运营能力。

四个关于核心竞争力的结构性指标：

（1）核心产品收入占比——评估产品收入结构的合理性；

（2）优质客户收入占比——评估客户收入结构的合理性；

（3）重点区域和战略区域的收入占比——评估区域收入结构的合理性；

（4）员工结构和任职资格的合理性——评估企业的员工结构及核心员工的能力是否与薪酬包匹配。

2. 产出线的KPI为第二层，通常由八大指标分解为产品和客户群指标。

3. 节点的KPI为第三层，主要是各产品线分解到参与该产品线的研发、市场、采购、制造及相关职能部门的节点的指标，强调的是支撑产品线必须完成的细化指标。

各类指标的逻辑关系和责任主体如图8-3-2所示。

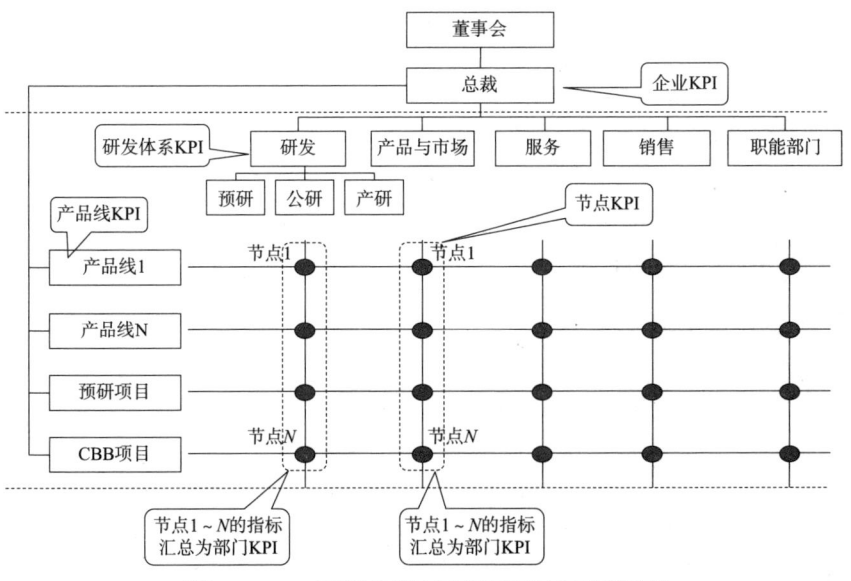

图8-3-2　周辉企业KPI和产出KPI层级图

融智将技术人员的KPI分为五个维度，在平衡计分卡财务、客户、内部流程、学习与成长四个维度的基础上增加了"创新"维度，如图8-3-3所示。

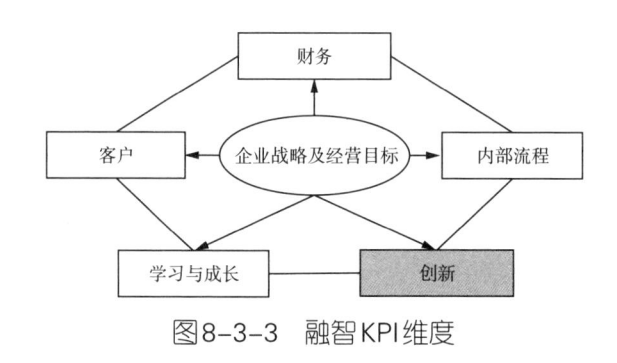

图8-3-3 融智KPI维度

技术创新体系常用KPI如下。

1. 技术委员会（ITMT）的KPI

（1）财务维度

- 新增CBB复用额；
- 平台及CBB支撑的产品收入增长率；
- CBB及平台降本增长率；
- 研发投入产出比及费用包结构比例。

（2）客户维度

- 内部客户服务满意度；
- 内部市场占有率。

（3）内部流程维度

- 流程关键活动的执行率；

- 技术创新计划完成率。

（4）学习与成长维度

- 员工任职资格等级提升率。

（5）创新维度

- 技术战略及规划符合度；
- 核心技术与关键技术的投入占比；
- 核心技术与关键技术的领先度。

2. TMT/TMG 的 KPI（研究部部长）

（1）财务维度

- 三年内 CBB 及平台支撑的收入增长率；
- 新增 CBB 复用额；
- 研发费用执行符合度；
- 目标成本完成率。

（2）客户维度

- 内部客户服务满意度；
- 内部市场占有率。

（3）内部流程维度

- 技术开发项目进度偏差率；
- 流程关键活动的执行率；
- 技术创新计划完成率。

（4）学习与成长维度

- 员工任职资格等级提升率。

（5）创新维度

- 技术规划符合度；
- 核心技术与关键技术的领先度。

3. TDT 的 KPI

（1）财务维度

- 新增 CBB 复用额；
- 研发费用预算执行符合度；
- 目标成本完成率。

（2）客户维度

- 内部客户服务满意度；
- 内部市场占有率。

（3）内部流程维度

- 项目进度偏差率；
- TPD 执行符合度。

（4）学习与成长维度

- 员工任职资格等级提升率。

（5）创新维度

- 器件复用率；
- 器件优选率；
- 器件替代率；

- 电路复用率；

- 电路BB库管理效率；

- 单板复用率；

- 单板复用能力。

4. TRT的KPI

（1）财务维度

- 研发费用预算执行偏差率；

- 预研成果三年内支撑的收入占比。

（2）客户维度

- 验收评估满意度；

- 内部客户服务满意度。

（3）内部流程维度

- 项目周期、阶段周期和进度偏差；

- 决策评审点准确度；

- 项目进度偏差率。

（4）学习与成长维度

- 员工任职资格等级提升率。

（5）创新维度

- 阶段关键交付件发现缺陷密度；

- 标准专利计划完成率；

- 核心技术与关键技术对竞争对手的打击程度。

技术创新管理
——构建世界一流的技术创新和货架管理体系

组织KPI与个人IPI的关系如图8-3-4所示。

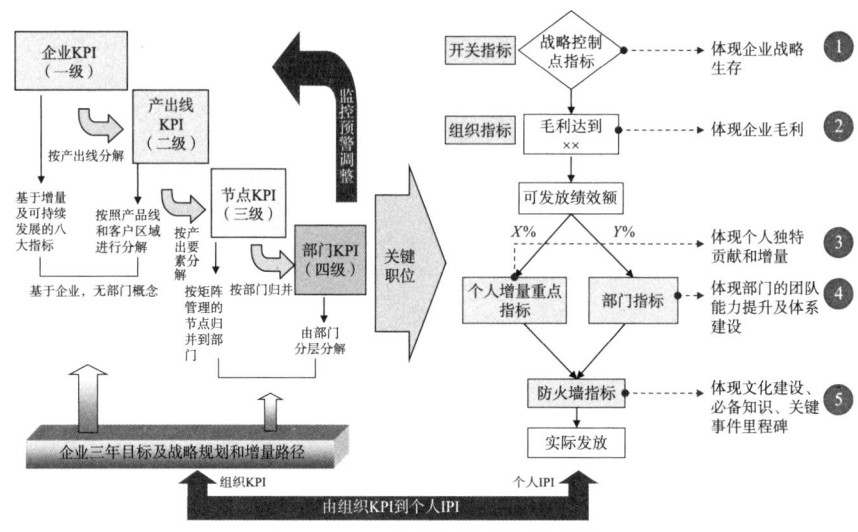

图8-3-4 周辉增量绩效模型

如何确保个人绩效与组织绩效相匹配呢？

企业首先需要设计合理的组织KPI，以确保组织目标的达成。然而，即使组织绩效达到了预期，也不意味着所有个人都能自动获得成功。接下来，企业应该将组织KPI细化为个人IPI，特别是要关注开关指标和个人增量重点指标的设计。

组织KPI决定了绩效奖金池的大小，个人IPI则决定了奖金如何在员工之间分配。如果组织绩效未达到预期，即使个人表现再出色，奖金也可能无法发放。在这种情况下，企业可以通过表彰优秀个人的方式，给予那些表现卓越的员工特别奖励。

相反，组织绩效达到了预期，只是为奖金的发放提供了条件，如果个人不努力，IPI表现不佳，奖金同样不会发放。这样才能真正实现基于组织绩效的个人绩效成功。

IPI一般分为开关指标、组织指标、个人增量重点指标、部门指标以及扣分制的防火墙指标五类。

1. 开关指标

开关指标决定绩效工资的有无，一般选取人均毛利、新产品或新业务占比等指标。开关指标没有完成则不进行绩效考核，年度绩效工资为零。

2. 组织指标

组织指标决定绩效工资的多少（相当于蓄水池），通常基于组织发展的要求选取最重要的一个指标，以确保组织得以发展。组织指标分为公司级和部门级，通常选取毛利作为组织指标，需要注意的是公司所有职能部门都要承担相应的组织指标。

3. 个人增量重点指标

个人增量重点指标考核该职位个人的独特贡献，重点指标通常为3~5个，最多不超过5个，占部门绩效的权重不低于50%。

个人增量重点指标强调高手的独特贡献，充分体现个人独特贡献或主抓的创新业务、增量业务。

每个人会有五类活动：组织、参与、监控、独立执行、评审与规划，而个人增量重点指标一定是独立执行和组织的，这样可以防止团队负责人把下面员工的指标加和为自己的指标。

个人增量重点指标的设置可以保证压力的有效传递，避免员工要么当甩手掌柜，透明传输，要么因任务分解不出去而自己背指标。

4. 部门指标

部门指标由部门拟制，直接上级进行审核，通常根据部门发展目标从部门KPI指标库中选择若干项指标组成，占部门绩效的权重不高于50%。

5. 防火墙指标

防火墙指标是指规定必须完成的基本行为动作，如果没有完成，则要从应该发放的绩效工资里面按比例扣除或者乘以一定的折扣系数，可设月度、季度、年度防火墙指标。

某公司研究部部长年度IPI绩效考核指标如图8-3-5所示。

IPI绩效考核流程一般分为五步。

第一步，进行开关指标考核。未完成则不进行年度绩效考核，年度绩效工资为0。在开关指标完成的前提下，继续进行组织指标考核。

第二步，进行组织指标考核。组织指标考核毛利，不同的毛利完成区间对应不同的可发放绩效额度。

第三步，进行个人增量重点指标和部门指标考核。根据实际完成情况，按照权重进行核算。

第四步，进行防火墙指标考核。防火墙指标一项未完成则扣减一定额度的绩效。

第五步，通过以上五类指标的考核，最终核算出年度绩效的实际发放值。

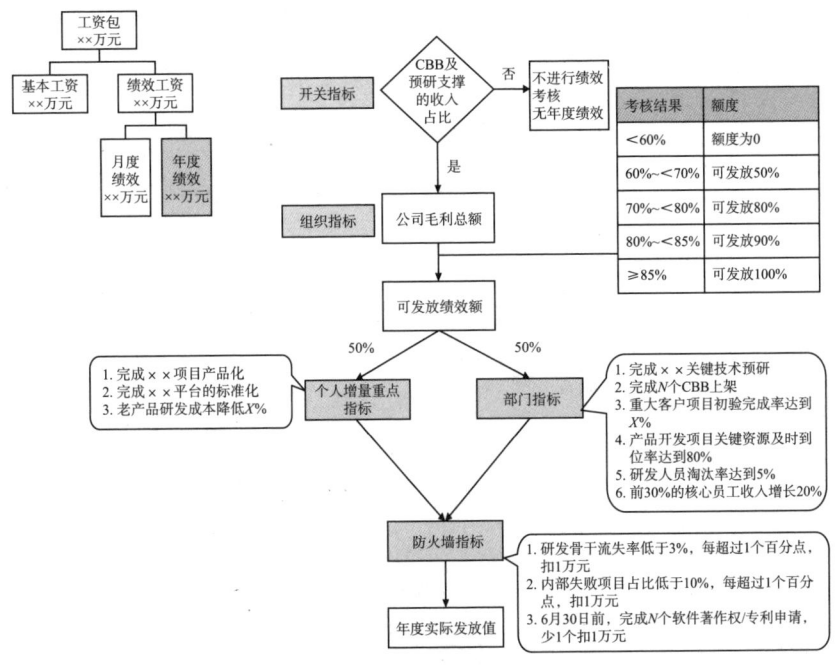

图 8-3-5 年度IPI绩效考核模型

■ 技术创新人员KCP特别激励

如图8-3-6所示，技术创新人员的增量激励通常包括三类：KCP特别激励、业绩增长奖、增量活动激励，本节将重点针对KCP特别激励进行介绍。

KCP项目立项要提出明确的价值导向，比如技术创新奖，鼓励通过技术创新来提升产品及技术竞争力，并将技术创新成果快速应用到项目或产品中，形成销售收入。再比如CBB建设奖，鼓励构建CBB，提高产品成熟度，推出标准模块或标准化产品。

在图8-3-6中，某公司针对重大技术创新、前三单开发、CBB推广、成本降低等内容分别设置了相应的奖项。各项目团队可根据自身的项目内容进行申报，奖金会发放给项目团队，团队成员的奖金分配主要参考以下要素：

1. 是否在关键项目的关键路径上；

2. 是否要付出个人额外的努力；

3. 是否有独特贡献；

4. 是否是关键资源；

5. 是否冒一定的风险；

6. 是否代表一定的价值导向。

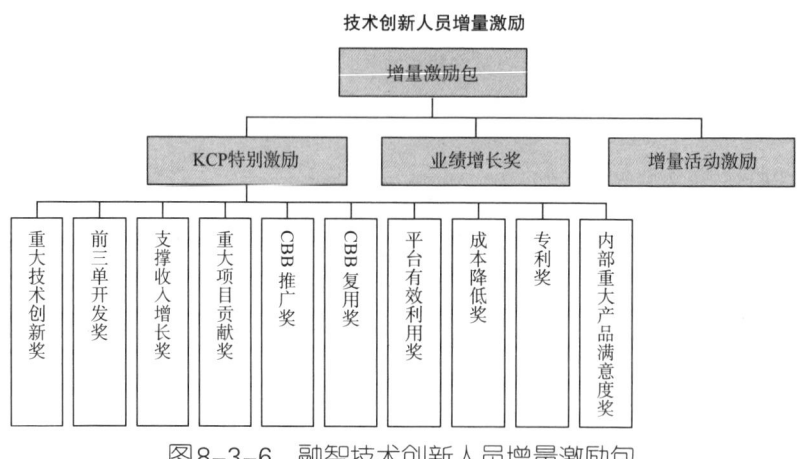

图8-3-6 融智技术创新人员增量激励包

KCP特别激励通常在年底发放，为发挥及时激励作用，激发骨干人员的积极性，也可以拿出一部分进行预发。

第四节
如何建立面向产出、宽容失败的创新文化

■ **问题思考**

1. 文化建设的三个台阶四个支柱是什么？
2. 如何对技术创新人员的价值观进行考核？
3. 如何细化技术创新体系的四个支柱？
4. 如何建立宽容失败的创新文化？

■ **文化建设的三个台阶四个支柱**

正如前文所述，针对技术创新人员，尤其是高级别的预研人员，企业要加强创新文化与价值观的考核，建立开放合作、宽容失败、对组织绩效负责的创新文化。那么，技术创新体系文化建设的内涵是什么？

图 8-4-1 展示了技术创新体系文化建设的三个台阶四个支柱。

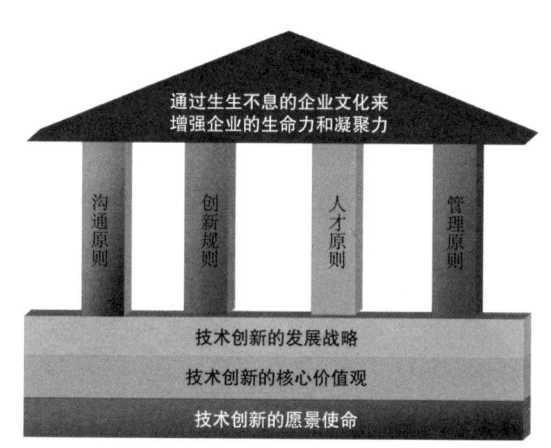

图8-4-1　技术创新体系文化建设的三个台阶四个支柱

技术创新体系文化建设包括三个台阶——技术创新的愿景使命、技术创新的核心价值观、技术创新的发展战略，和四个支柱——沟通原则、创新规则、人才原则、管理原则。

企业应该将这些内容变得通俗易懂、易记忆、易执行。例如，华为公司的企业总体文化和价值观是：以客户为中心；以奋斗者为本；始终坚持自我批判和艰苦奋斗的精神。

很多企业明确了自己的愿景使命和发展战略，但核心价值观和四个支柱需要进一步细化。

■ 如何建立技术创新体系的价值观

如何建立技术创新体系的价值观？让我们先看看华为公司的案例。

1998年华为公司进行了研发创新的研讨，当时研发人员在对创新的理解方面存在以下问题：

1. 认为创新就是搞发明和新技术，而不用对产品的稳定性和质量以及成本降低负责，不去改进工艺或进行材料创新；

2. 都想要做技术学霸，不愿做技术商人；

3. 认为所有开发都要从头做起，不愿意做共享；

4. 不分类专业，不分类技术，不分析行业，一般技术也要重新开发；

5. 不愿负责产品的基本功能，都要负责带新技术的需求，高级别研发人员更不愿意对需求负责。

华为公司针对以上问题进行了大讨论，对创新价值观形成了基本认识，提出了创新的具体文化内涵。

1. 创新不是全新的创新，更不是推倒重来；

2. 对现有产品和技术的利用率大于70%，才是真正的产品创新；

3. 技术的创新只有转化为产品和收益才有意义；

4. 整合公司现有资源形成产品平台，并在产品平台基础上开发新的业务也是创新；

5. 从对科研成功负责转化为对产品负责，也是企业的创新；

6. 分类技术，对影响产品重大功能改变的技术要立体研发；

7. 正确理解商业意义和低成本的创新，提高产品核心竞争力才是创新；

....

笔者曾辅导国内通信企业F公司建立了技术创新体系的核心价值观。

1. 以客户为中心

客户需求是企业发展的原动力，要坚持以客户为中心，快速响应客户需求，持续为客户创造长期价值，进而成就客户。技术创新体系的客户是产品线，所有技术创新必须为产品创新服务，预研项目或技术项目必须由产品线人员作为内部项目经理。

2. 以组织绩效为核心

创新的目的不是技术的成功，而是技术支撑产品获得商业成功，企业获得组织绩效。对技术创新体系不仅要考核三年内预研支撑的产品收入占比，更要考核CBB及平台支撑的产品收入增长率，以及CBB和平台的降本率。

3. 艰苦奋斗，额外努力

创新必须不断尝试，通过艰苦奋斗为客户创造价值，赢得客户的尊重与信赖，尤其是预研，要不断地进行验证、仿真直到找出技术路径。评估技术路径，不能简单地评估技术的先进性，更要评估该技术对行业的贡献，或者是对竞争对手造成的打击力度。

4. 开放进取

创新要积极进取、勇于开拓，更好地满足客户需求，任何先进的技术，只有转化为商业成功才能产生价值。不管技术创新还是CBB开发，必须围绕商业目标进行，并针对核心技术自主开发，将一般通用技术外包，以缩短产品开发周期，降低成本，保障技术的先进性。

5. 团队合作，人才培养

创新必须有团队合作，胜则举杯相庆，败则拼死相救，团队协作是提升效率的有力保障。同时要在团队合作过程中进行人才培养。

■ 如何进行基本行为准则的考核

为保障文化与价值观落地，很多企业依据文化与价值观建立了自身的行为准则，有些企业称之为"防火墙"。

例如，某公司研究部经理的"防火墙"如下：

1. 每半年进行一次技术规划；

2. 每半年进行一次CBB的评估；

3. 每季度进行一次团队活动；

4. 计划完成率低于70%，就必须采取措施；

5. 出现重大质量事故必须解决；

6. 客户问题答复率必须大于95%，价值客户问题答复率100%，客户问题解决率大于70%；

7. 每月投入4个小时进行面试、任职资格管理或与员工沟通；

8. 每月至少参加一次技术评审；

9. 每月至少进行一次客户接待，或者至少参与一次产品线研讨；

10. 每月进行一次技术交流；

11. 每月进行一次内部培训。

同时，针对研发人员还要建立反向考核制度，出现以下情况，可以采用绩效考核扣款方式，或直接影响绩效考核等级评定。

1. 每月不写文档；

2. 计划完成率低于70%；

3. 周报、月报一次不交或两次迟交；

4. 每周工作少于40小时；

5. 出现重大质量事故；

6. 客户答复率低于95%。

■ 如何细化技术创新体系的四个支柱

针对技术创新体系的文化建设，除明确核心价值观外，我们还对沟通原则、创新原则、人才原则和管理原则四个支柱进行了细化。

以下为F公司技术创新体系文化建设的情况。

一、文化支柱一：沟通原则

1. 沟通的目的是解决问题、寻找路径。鼓励当面沟通，鼓励对事不对人；

2. 分析问题，先说自己；总结经验，先说别人；强调换位思考，不鼓励指责式沟通；

3. 例行工作不允许跨级沟通、跨级指挥；创新研讨允许跨级，但要传递和汇报；

4. 鼓励遇到问题及时反馈、沟通、暴露，目的是解决问题；

5. 公司级会议分为四类，有会议必有计划，必有议程，必有纪要，必有监控。

二、文化支柱二：创新原则

1. 技术创新、产品创新、营销模式创新与管理机制创新同等重要，创新首先要以项目方式运作。

2. 创新要围绕价值工程进行，高端市场要提高技术的先进性，低端市场必须降成本。

3. 将一般通用技术组合成技术平台，降低成本，提升质量，也是创新。

4. 创新不是推倒重来，而是继承式改进，新手先理解继承再改进，高手允许创新。

5. 鼓励承担挑战性任务，鼓励增量市场，高手做增量市场，对从存量市场转过来做增量市场的人给予战略补贴。

三、文化支柱三：人才原则

1. 技术创新人员是愿意负责和合作的，是有高度自尊和强烈成就欲望的，若达不到业绩标准和能力标准，管理者要负责任。

2. 以独特贡献论英雄，以增量产出论回报，评价员工的工作态度、工作能力和主动精神，首先评价是否有增量绩效。

3. 鼓励核心技术人员纵向发展，非核心技术人员横向流动。

4. 大胆使用优点和缺点比较明显的人，反对只会做人不会做事的老好人。

5. 坚决执行按职位的末位淘汰（末位淘汰不一定是让其离开企业，也可以降职或调换岗位）。

6. 对技术创新要过程管理严格，结果宽容失败。

四、文化支柱四：管理原则

1. 要建立组织绩效与个人收入对应的关联分配体系；先有组织绩效的成功，才有个人收入的提升。

2. 计划是一切活动开展和资源调动的基础，企业的关键产出计划必须经过评审。

3. 一切以市场为导向，所有的技术创新都要将产品线作为内部客户，技术创新必须为产品服务。

4. 技术要进行分类管理，核心技术自主开发，一般通用技术外包。

5. 针对所有的BB都必须分析其是否有价值，将价值BB变成

CBB，进而建立平台、降低成本。

6. 流程建设以产出活动为中心，分步建设，定期总结和改进，不求一步到位；所有的流程体系建设要有专人负责，并定期改进。

在确立了沟通原则、创新原则、人才原则和管理原则之后，F公司显著优化了沟通流程，降低了沟通成本，提高了管理效率。

■ 建立宽容失败的文化的注意事项

技术创新要宽容失败，这里的"宽容"指的是要对结果宽容，对技术创新的过程管理要严格。

一方面，要进行严格的文档管理；另一方面，要在成本范围内进行技术创新；针对技术创新，更重要的是关注过程和路径，技术路径跑通了，要给时间进行验证，对技术创新人员要设计追溯激励。

现实中，很多高科技企业面临这样的困境：渴望招来技术专家、科学家，搞出一番成就，却没有耐心，导致这些被他们高价招来的人，干不了多久，就主动或被动离职了。技术创新充满不确定性，很难短时间出成绩，急于求成的企业，人才换了一拨又一拨，还是没有取得技术突破。

对待技术专家和技术创新，最核心的两个字就是"宽容"。

宽容有双重含义：第一，专家自身对评价要有正确的态度，有时候专家也会受一点委屈，也请对组织宽容一些；第二，对专家的评价要相对合理，不要过于情感化，对一时的不成功，要合理地鼓励，使专家能接受。企业要肯定专家的贡献，专家也要宽容企业在一个阶段里没有做出特别的评价。

1.技术创新要敢冒风险

想要成为行业的领军企业，让行业内某个技术关键的环节离不开自家企业，就必须提高研发投入，必须做技术创新。要创新就一定要勇于冒险，敢于试错，没有冒险就没有创新。企业家要敢于冒险，只有在市场上敢冒技术创新的风险，才能快速实现科技自立。不敢去冒险，创新就成了一句空话，用再大的声音喊"大胆创新"的口号也没有用。

2.技术创新要允许犯错

技术创新最大的可能是犯错误，而不是成功。要正确看待成功与失败。在科研的道路上，研究、探索没有失败一说，失败的经验是宝贵的财富。失败了，只要认真总结，把路径讲清楚，边界论证充分，知道边界在哪里，到了这个边界就会走不通，就是成功。不成功的科学研究也是一种成功，或者说是为成功打下了坚实的基础。若能善于总结失败中的成功经验，避免未来在这个方向上进行大规模的商业投入从而造成不必要的损失，那么这样的失败就是值得的。

宽容失败，允许试错，这是很多企业做不到的。一些企业不给将才犯错机会，一年没有干出成绩，管理层就会被大换血，这样十分不利于人才沉淀。在创新问题上，要更多地宽容失败，宽容失败的人，这样才能不断创新，才有明天和光明的未来。

后记暨鸣谢和展望

本书结束之际，正巧看到了一则新闻报道，由于中国进行自主创新，打破"卡脖子"垄断，以下产品出现了大幅的降价。

1. 盾构机：进口约3亿元/台，国产约5000万元/台；

2. 核磁共振仪：进口约2000万元/台，国产约300万元/台；

3. 工业机器人：进口约150万元/台，国产约15万元/台；

4. 光刻胶：进口约1000万元/吨，国产约100万元/吨；

5. 大口径无缝钢管：进口约800万元/吨，国产约80万元/吨；

6. 电子显微镜：进口约1000万元/台，国产约100万元/台；

7. 激光雷达：进口约500万元/套，国产约50万元/套；

8. 数控刀具：进口约500元/片，国产约50元/片；

9. 大型压缩机：进口约800万元/台，国产约80万元/台；

10. 碳纤维自行车架：进口约5万元/个，国产约5000元/个。

华为公司2024年上半年的半年报显示，华为公司收入增长34%，净利润大幅增加，研发投入也同步增加，真正实现了通过技术创新带来业绩的大幅增长。

与此同时，国家也提出了构建"新质生产力"并倡导企业反内卷，核心思想是要求企业加大研发的投入，加大新技术的创新，构建高毛利率、高质量的产品，避免产品同质化竞争带来的低价内卷，进一步要求企业重视研究院建设，加大核心技术和基础研究的投入，提高研发效率，建立包含预研、产品开发、公共研发的立体研发体系，建立货架和平台，以降低成本，确保质量，使基业长青。

衷心地希望这本《技术创新管理》为中国的创新型企业提供帮助，使它们早日解决"卡脖子"的技术问题。同时希望我国涌现出一批有技术、有产品、有货架、有平台的领先头部企业，走向国际，为国争光。

最后，衷心感谢这二十年来一如既往地支持我的客户和团队，我们持续的合作促进了本书案例、模板、工具的不断丰富和完善。

周辉

zhouhui@rdmu.com.cn

2024年9月20日

英文缩写与释义

缩　写	全　称	释　义
BB	Building Block	构件
BP	Business Plan	业务计划
CBB	Common Building Block	公共基础模块
CCDP	CBB Concept Development Proposal	CBB及平台管理流程
CDM	Customer Distinction Management	客户细分管理
CDP	Concept Development Proposal	产品立项管理
CTM	Central Technology Management	核心技术管理
DSSE	Domain-Specific System Engineering	领域系统分析和设计的流程
ESP	Early Support Planning	早期客户支持
FFBD	Function/ Feature / Breakdown / Definition	（产品与技术的功能技术分解定义）产品功能/技术路径/分解/定义
IPC	Incremental Performance Culture	增量产出文化
IPD	Integrated Product Development	集成产品开发
IPI	Individual Performance Indicator	个人绩效指标
IPM	Incremental Performance Management	增量绩效管理
IPMS	Integrated Product Marketing & Sales	产品营销上市操盘管理
IPMT	Integrated Product Management Team	集成产品管理团队
ITMT	Integrated Technical Management Team	集成技术管理团队
ITR	Issues To Resolution	问题到解决方案
KCP	Key Control Point	关键控制点

（续表）

缩　写	全　称	释　义
KPI	Key Performance Indicator	关键绩效指标
LTC	Leads To Cash	营销线索及回款体系
MM	Marketing Management	市场营销管理
MS三次方	Market Size/Market Share/Margin on sales	市场规模/市场份额/利润率
M版本	Modification	客户定制版本
NDM	Node Distinction Management	节点分类管理
NVQ	National Vocational Qualification	任职资格管理
PBC	Personal Business Commitment	个人绩效承诺
PDCP	Plan Decision Check Point	计划决策评审点
PDT	Product Development Team	产品开发团队
PI	Performance Indicator	绩效指标
PMT	Product-line Marketing Team	产品线市场管理团队
PQA	Product Quality Assurance	产品质量工程师
PRT	Product Pre-research Team	产品预研团队
R版本	Release	细分客户群版本
SE	System Engineer	系统工程师
TCDT	Technology Charter Development Team	技术需求与立项团队
TCDP	Technology Concept Development Proposal	技术立项管理
TDT	Technology Development Team	技术开发团队
TMG	Technical Management Group	技术管理小组
TMT	Technical Management Team	技术管理团队
TPBC	Technology/Product/Business/Customer service	经营技术/经营产品/经营解决方案/经营客户和服务
TPD	Technology/Platform Development Process	技术攻关流程
TPT	Technology Planning Team	平台开发/技术规划团队
TR	Technical Review	技术评审
TRT	Technology Research Team	技术研究团队
TSPM	Technology Strategy Position Matrix	技术战略定位矩阵
V版本	Version	产品大版本

> 创新核心技术　构建核心产品
> 提升任职资格　实现增量绩效

伟大的咨询公司，必须与伟大的企业共同成长，我们期待与您的合作！

融智的竞争力

1. 不仅仅是IPD，更是通过增量绩效与任职资格的管理，让IPD落地。
2. 不仅仅强调管理，更强调经营。
3. 不仅仅强调产品，更强调核心技术的构建。
4. 不仅仅强调人才的培养，更强调业绩增长和对赌。
5. 不仅仅强调方案的落地，更强调与行业数据的对标。
6. 不仅仅是咨询，更强调"战、建、管"结合。

融智的奋斗历程

1. 至少有五十家企业通过三期每期三年的合作，业绩翻了四番。
2. 至少有百家企业通过IPD和增量绩效，实现了业绩的三年翻番。
3. 上千家企业中有80%保持了3年以上的合作，有50%保持了长达5年以上的合作。
4. 在每个细分领域，培养一个"华为"。

融智选择客户的要素

1. 企业主营业务和核心产品突出。
2. 企业领导人富有责任感和使命感，立志将企业做到行业前三名。
3. 有核心技术或正构建核心技术。
4. 中高级干部有忧患意识和开放的学习心态。

融智的合作模式

1. 咨询：模块项目式咨询、系统顾问式咨询、业绩对赌咨询。

2. 培训：IPD&IPM特训营、培训式咨询、内训。

3. 对赌投资：咨询费转投资、对赌费转股权。

合作共赢

RDMU 融智IPD及增量绩效管理创新欢迎您

融智IPM&IPD创新联盟欢迎您

为了更好地推行IPM&IPD，欢迎您和融智携手，共同打造融智IPM&IPD联盟，共同为企业进行IPD落地及IPM推行，建立数据库，共同拓展，培养细分行业的"华为"：

1. 共享行业数据。

2. 参与标杆企业的管理经验分享。

3. 组织当地企业交流。

4. 讲解融智授权课程。

5. 参与融智公开课。

6. 参与投资，打造行业生态圈。

7. 推荐、评审及辅导IPM&IPD成员。

欢迎加入：

融智客服：400 910 9910

邮　　箱：zhouhui@rdmu.com.cn

北京大学哲学学科史

韩水法 主编

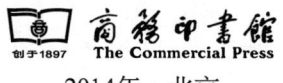

商务印书馆
The Commercial Press
2014年·北京

图书在版编目(CIP)数据

北京大学哲学学科史/韩水法主编.—北京：商务印书馆，2014
ISBN 978-7-100-09343-9

I.① 北… II.① 韩… III.① 北京大学－哲学－学科建设 IV.① G649.281 ② B2

中国版本图书馆CIP数据核字(2012)第171839号

所有权利保留。

未经许可，不得以任何方式使用。

北京大学哲学学科史

韩水法　主编

商 务 印 书 馆 出 版
(北京王府井大街36号　邮政编码 100710)
商 务 印 书 馆 发 行
三河市尚艺印装有限公司印刷
ISBN 978-7-100-09343-9

2014年6月第1版　　开本 710×1000 1/16
2014年6月北京第1次印刷　印张 29 1/4
定价：73.00元

目录 Contents

前言 ... 001

    第一节　哲学 ... 001

    第二节　哲学学科及其历史 ... 003

    第三节　哲学学科在西方的演变史 ... 007

    第四节　中国现代大学与哲学学科 ... 059

    第五节　北京大学哲学学科史的对象和内容 ... 082

    第六节　北京大学哲学学科史的范围 ... 086

    第七节　北京大学哲学学科分期 ... 087

    第八节　哲学学科史的原则和方法 ... 088

第一章　中国哲学学科史 ... 090

    第一节　引言：地位、传统和特色 ... 090

    第二节　近现代学术转型中的中国哲学（1912—1951）... 096

    第三节　意识形态化时期（1952—1977）... 125

    第四节　自主发展时期（1978—2012）... 136

第二章　西方哲学学科史 ... 159

    第一节　引言 ... 159

    第二节　西方哲学学科前史（1911年之前）... 160

第三节　西方哲学的初步译介和接受（1912—1924）... 164

　　第三节　西方哲学的学科自觉（1924—1949）... 172

　　第五节　西方哲学教学和研究的曲折（1949—1978）... 190

　　第六节　西方哲学研究和教学的复兴（1978—1999）... 196

　　第七节　西方哲学学科现况（2000—2012）... 213

　　第八节　回顾与展望 ... 225

第三章　马克思主义哲学学科史 ... 228

　　第一节　传入、传播、初创与奠基阶段（1949年之前）... 229

　　第二节　主导意识形态的确立和曲折发展的进程（1949—1978）... 240

　　第三节　多元探索、纵深推进和理论创新时期（1978—2012）... 253

第四章　伦理学学科史 ... 279

　　第一节　奠基期（1902—1919）... 279

　　第二节　延展期（1920—1952）... 288

　　第三节　沉寂期（1953—1978）... 296

　　第四节　全面重建期（1978—1998）... 302

　　第五节　多向发展期（1999—2012）... 307

　　第六节　回顾与展望 ... 314

第五章　美学学科史 ... 317

　　第一节　学科前史 ... 317

　　第二节　北京大学开中国美学学科建设之先河（1912—1952）... 321

　　第三节　院系调整后的北大美学与"美学大讨论"（1952—1960）... 329

　　第四节　美学教研室的建立及学科发展（1960—2000）... 337

　　第五节　现状与反思（2000—2012）... 346

第六章　宗教学学科史 ... 353

第一节　从孔教会之争到非基督教运动（1912—1925）... 354

第二节　宗教学研究的深化和发展（1926—1951）... 363

第三节　从院系调整到宗教学专业独立前的宗教学研究（1952—1982）... 371

第四节　新时期的宗教学研究（1982—2011）... 374

第七章　科学技术哲学学科史 ... 392

第一节　引言 ... 392

第二节　西方科学史、科学哲学的引进时期（1898—1949）... 395

第三节　自然辩证法事业的形成与发展时期（1949—1983）... 405

第四节　科学技术哲学学科建设时期（1983—2012）... 411

第八章　逻辑学科史 ... 421

第一节　逻辑学科的开端（1905—1937）... 421

第二节　现代逻辑研究的开端（1937—1952）... 430

第三节　在困难中坚持现代逻辑（1953—1977）... 434

第四节　现代逻辑研究的繁荣（1978—1999）... 439

第五节　现代逻辑研究领域的开拓（2000—2011）... 448

后记 ... 455

前言
韩水法

第一节 哲学

人类思想有多久远，哲学也就有多久远；而哲学有多悠久，哲学教育也就有多悠久。人类最原始的思维，人类最初的文字资料，都记载了他们关于外在自然和内心的根本、规则和支配力量的思考。不过，就如人们可以理解的那样，在古老的哲学教育与现代的哲学教育之间存在着巨大的差别。人们亦可以想象，最古老的哲学教育会是怎样的；因为即便现代的人们也经常会在日常生活中重现这种教育，在事关诸如生活的意义、德性和审美等问题时，情况尤其如此。

哲学思考、探讨、研究和论述世界的根本和总体、人对世界和自身的认识、人类生命的性质和生活的意义、人与人的关系、各种知识之间的关系、语言和逻辑、审美以及理性这样一些问题，哲学也反思自身的历史。在哲学成为理论和思想体系之前，相应的观念就以诗歌、神话传说乃至绘画的形式由直觉的和具象的方式表达出来。由此人们也可以推断，这些形式和方式在被记录下来之前，已经长久地活动于人们的思想和实践活动之中。诚然，在今天，哲学的这种形式依旧发挥作用，但自有文字以降，哲学就趋向于成为专门的知识，它在措置上述问题时形成了自己特有的概念、方法、逻辑乃至特定的表述方式。这个现象首先是在西方出现的；在中国，哲学长期处于专门化的史前阶段，只是到了现代在西方学术制度的襄助之下，才基本上走上专业化的道路。

起初，哲学的对象和内容无所不包，几乎与所有其他知识混为一体，因而在西方，哲学原本是所有这些知识的一个统称。哲学发展的历史，一方面是不断拓展其自身广度和深度的过程，另一方面也是其中各个知识门类通过发展而形成自己的体系并从中独立出去的过程。这样一个过程相当漫长，但哲学在哲学教育的历史中，尤其是在大学形成之后的哲学教育史上，进展得相对迅速，表现得最为经典。

从所有知识的总称，演变为一切知识的最高原理，到今天成为所有自然科学、社会科学和人文学科之外一个独立却也依然居于基础地位乃至极具渗透性的学科，哲学是人类知识和学术体系演变和进步的成就和结果。人类持续追求对外在世界、人类自身以及两者之间关系的理解以及相应的纯粹知识，这些知识不断分化和综合以及它们所展现出来的普遍联系，人们对于一切知识的最终统一的热情和渴望，使得哲学在经过了几千年的发展之后依然具有强大的生命力。

今天，什么是哲学这个问题依然是意见分歧、观点对立的争点；这里的困难之处在于无法对哲学的对象、意义和方法作出一个公认的规定。一类观点认为，哲学的特定对象就是诸如存在、知识、理性、价值、心灵和语言等，而以诸如逻辑的和分析的方法为其手段，这就是它与其他知识类型的区别。另一类观点则认为，哲学并没有特定的对象，只是因为方法的差异，比如，思辨的、批判的方法和体系的方法，就造成哲学与其他知识类型——主要是经验的和实证的知识，以及数学——之间的区别。当然，还有一类观点认为，哲学其实就是人类的一种精神疾患，其原因盖以不正确的方式来使用人类的语言，所以，现代哲学的任务首先就是要来治疗这种疾病，以回归人类正常的思维。

知识的性质和类型无法得到确切的规定这种情况，并不单单发生在哲学身上，即使像物理学和化学这样经典的自然科学知识也同样无法得到一个公认而确定的定义，而后者能够告诉人们，物理学、化学是什么。这些知识类型相对于哲学的长处，就在于它们能够明确地告诉人们在从事什么样的工作，这些工作及其成果的理论结构和验证方式，以及对于人类社会具有什么样的实际意义。就此而论，哲学似乎处于一个不利的地位，因为哲学虽然能够告诉人们它所说的东西，却无法提供证明的方式，尤其难以清楚地告诉人们，它的实际功用是什么。任何从个人现实的功利得失上来衡量哲学用处的做法，都不可能得出确定无疑的结论。哲学的功用是依赖于整个人类社会和各种社会共同体的精神物质的。对个人来说，哲学的意义就是一种理智的兴趣。不过，哲学所从事的是什么样的活动，这依然是可以予以清楚的说明的，并且这种解释不会比任何对其他种类的知识的说明更难以理解。体现在个人身上的这种人类理智的兴趣和倾向就如康德所说的那样，是必然的。

人类的知识就如这个世界一样，不是平面的，而是多维度的，彼此交错和重叠的。人类的知识倘被视为整体，那它的各个部分之间并非都有直接和清楚的连接，在许多方面是不连续、不融贯的和断裂的。现代知识和学术体系的主干从一个被认为是整体的古典自然哲学体系演变为许许多多独立的、某些部分之间甚至连遥远的联系也相当模糊的一种状态之后，关于所有知识的总体思考和探讨不仅仍旧是必要的，而且依然是无可避免的。上述种种都是哲学必然的领域和劳作。但是，在这样的反思和探讨之下，哲学还是有其确定的问题和持续的追求，无论在观念上还是在方法上都是一样：作为一个的领域，它具有大致明确的界限、对象和范围，尽管这些领域会穿越其他知识类型而彼此重叠。哲学知识内部因对象、问题和方法的差异也进一步区分为不同的范围和流派。

人类的知识无法在某一天达到最终的完成，知识各个领域和部分之间的鸿沟和断裂也不可能最终完全交通，而人们对自身的认识也不会在某一天因满足而终结，因此，哲学的思维和活动始终就有其不息的动力。哲学作为纯粹的理智的需要，是无可避免的形而上学的趋势和倾向，而作为一种精神活动以及作为一种知识类型，它正是奠基于这样的本质之上的。

第二节 哲学学科及其历史

学科是一个现代的观念，亦具有多种意义。

它既是现代学术制度的体现，亦是它的结果。在现代学术体系和制度中，学科依赖于和立足于大学，以及与大学关系密切的科学研究院所体系。

只有在学术共同体的境域之中，"学科"一词的本义和衍生意义才能够得到准确的领会。哲学作为一个学科的意义，就是被理解为一个包含教学在内的学术共同体以追求新的观念、思想和知识为宗旨的研究和探讨活动，以及组织和协调这种活动的规则。这样的共同体就是由以哲学为业的人们——无论是终生或者一段时间——组成的。

因此，人们也就可以领会，在这个意义上，哲学学科史的内容和范围要大于哲学史的内容。在哲学史中，大学及其制度无须特别的叙述，某个重要的哲学观念和思想是由大学教师提出，还是由一位社会人士提出，亦或由一位教师提出，还是由一位学生提出，都是无关紧要的；而在哲学学科史里，这是要予以区别的，有探讨和研究的必要。

哲学作为学术共同体的活动，有其悠久的传统。虽然没有可靠的资料佐证，哲学思维伊始就是学术共同体之中的活动，但是，可以证明的一点是，哲学思维在一开始就是以某种彼此传达和交流的方式存在的。在古代哲学的鼎盛时代，哲学典型的表达方式就是对话，比如苏格拉底在雅典市场街上与人的谈话，它的经典文本形式就是柏拉图的对话集。在中国，《论语》由对话构成，所记录的主要就是孔子与其学生的对话。这些都表明，古代哲学活动的共同体特征是中西共具的，尽管它也同样反映了早期教育的一般特征。

依据不同的标准，学术共同体可以作不同的区分。中国人常说，学术为天下公器，是故，凡天下从事学术研究的人皆可视为属于同一个共同体，这算是最大的一种。其次，按照一般的惯例，国家和地区，大学和学术研究机构，研究领域和专业，皆是划分学术共同体的标准或范围；或者如通常的情况那样，两个或多个标准构成一个复合的标准。因此，在人类精神史上，学术共同体是以各种不同的形式存在和活动的。但是，大学和与其密切相关的科学院体系乃是学术共同体的现代形式，一种具有确定的制度和一般的结构的学术共同体形式。它们不仅相对于历史上曾经出现过的所有其他形式的学术共同体来说，是最为复杂和持久的，而且也是与整个社会整合得最为紧密而水乳交融的形式。

严格地说，学科是在大学里形成的，也只有在现代大学里才能够得到充分的发展。"学科"这个词语在英文里就包括训练、纪律、训练的方法和处罚等几个义项，由此也就拓展出规范和领域的意义。由此哲学学科史区别于一般哲学史的理由和根据也就提示了出来。在这部学科史的前言中，我们虽然要从最早的学术共同体谈起，但是现代哲学学科以及其他学科的直接先驱，是在中世纪形成并发展起来的大学之中的各个学院，它们构成了这里论述的主要内容。

　　现代学术体系之中的所有学科都经历了一个漫长的演变历史，哲学学科也是如此。绝大多数现代基础学科的研究本身在起源上都可以回溯到人类追求知识的精神活动的初期，但它们作为一种独立而有内在体系的、与其他学科之间形成相对清楚的界限的学术领域，大都是在18与19世纪之交的现代大学形成时期才出现和形成的，而在这之前，它们在欧洲古典大学里孕育和酝酿了几百年的时间。在这个历史进程中，哲学经历了与传统四大学院中其他三大学院或曰学科的不同演变，亦即经历了与现代自然科学、人文学科和社会科学学科发展趋势相反的一种演变。因信仰的特殊性，神学院这里暂且不论，法学和医学继续保持其基本的范围，尽管这两门学科的内容和方法逐渐现代化了。因为原先囊括在哲学院之中的各种学科在19世纪先后得到了长足的发展，最终在20世纪初完全成熟而分离出去，自成一体；哲学失去大多数地盘，它所关涉的对象和内容日趋狭窄，方法上也愈益受限。在这个意义上，哲学学科史就是一部哲学从可以科学地，亦即实证地和系统地处理的知识领域不断退却的历史，尽管与此同时，哲学自身的问题却在不断地深化。这一点对于理解哲学，尤其作为学科的哲学在现代中国的出现、形成和发展具有关键性的意义。哲学作为学科是直接以其现代的形式进入中国的，那种包罗万象的哲学在中国人的思想和精神记忆中并不存在。这一方面固然影响了中国学者对于哲学与构成人类知识体系主流的自然科学、人文学科和社会科学之间深厚的历史的理论的关系的理解，但在另一方面，也在一定程度上让中国哲学学者免受西方哲学传统中消极因素的束缚和影响。

　　这样，哲学学科史的宏观视野所展示的，就是从一种极其广阔的古典领域逐渐收缩到范围和领域大为逼仄的现代境况的演变。不过，对于本学科史来说，它们仅仅构成前言的一个部分，尽管是必不可少的部分，并需要精心的叙述。

哲学是古老的，而哲学学科则是现代的。这就意谓，当我们论及哲学学科的历史发展，并勾勒其主体轮廓时，是以今天的观点来剪裁过往的人类精神活动，从中澄淘出哲学的元素、理论和线索。

哲学教育在现代学术体系建立起来之前，就包含一系列专业的训练课程，而在现代学术体系之下，这些专业的分类就更具体系性，它们彼此之间的关联就以合理的方式建立起来。因此，哲学作为一门学科，就必然包含教学制度，或者换言之，学术共同体的教育层面。哲学教育包括教学体系，即各种课程的设置与安排、基础训练与高级训练；也包括教师制度，即职衔和学衔的制度、教师及教辅人员的组织、研究与教学的比配，以及奖励、学术规范等内容。倘若更详细一些，它还涉及图书分类等内容。

这样，哲学学科史不仅要叙述哲学观念和理论的发展脉络，而且也要关注历史上哲学家和哲学教育家对哲学的反思和规定，而这种规定不单包括理论的内容，也包括有关教学内容、课程和教学方式等方面的思考、设计和制度，而后者通常关涉和蕴含某些对哲学的未言明的反思和理解。

哲学学科史同时就是哲学学术共同体的成长和发展史。作为学术共同体的活动，哲学学科当然也受到社会变迁、政治制度演变和意识形态的影响。它们作为哲学学科史的重要背景，都会在这部哲学学科史中体现出来。

作为学科的哲学是由各个不同的分支学科组成的，这些分支学科多数都有与哲学本身一样悠久的历史。在哲学漫长的发展过程中，尤其在哲学学科史视野之下，它们多数有其线索大体连贯和清楚的演变。不过，在不同的国家和地区，不同的大学制度之下，人们处理学科的态度和方式是大相异趣的。在现代学术体系和哲学学科的发源地的西方大学里面，哲学虽然也被区分为不同的领域和方向而方便研究和教学，但是并没有建立一种行政的乃至国家的制度来强制实行这种分类。在当代中国，政治和行政深度介入学术和大学制度，学科演变走上了特殊的道路，形成了颇为复杂的中国特色。所有的知识被划分为不同的门类，每个门类又被进一步划分为不同亚类，亚类下面甚至还有次亚类，这就是所谓的一级学科、二级学科和三级学科。这种划分与中国当代大学体制相互制约，适合技术主义的官僚体系，它实际上也就是后者创造出来的。这种制度极大地影响了学术在中国的发展，也直接决定了眼前这部哲学学科史的编写方式，这就是说，我们必须将哲学划分为八个学科进行分门别类的叙述——这是本学科史的撰写者所要面对和措置的现实，也是读者需要理解的历史。

第三节　哲学学科在西方的演变史

哲学作为系统的理论与哲学成为学科，是首先在欧洲形成和发展起来的现象。中国现代哲学和哲学学科体系从总体上来说，是从西方引进的，虽然中国传统哲学和思想作为主脉一直在现代中国哲学和哲学学科体系中发挥重要的作用。为了使读者了解和领会哲学学科体系的来龙去脉，这里就有必要对它在欧洲的缘起和在西方的发展予以赅简的叙述，以为中国哲学学科发展的背景和北京大学哲学学科史的引言。

一、古希腊罗马学园

人们一般同意，西方哲学发源于古代希腊，在那里哲学活动很早就以学术共同体的形式开展，而这种学术共同体最典型的体现就是学园。

1. 古希腊的教育

古希腊的教育在它的早期神话之中就有记载。在雅典和其他一些城邦，很早就已经出现了提供初等教育和中等教育的学校，虽然学校的数量看来并不多。初等教育的内容包括读、写、算术、音乐和体育，中等教育的内容包括文法、修辞、绘画和几何等知识。[1] 这类初等和中等教育的存在乃是类似高等教育的哲学学校或学园的基础和前提。无疑，这里所谓的哲学要理解为

---

[1] 汪子嵩等著：《希腊哲学史》第2卷，人民出版社1993年版，第101页。

最宽泛意义上的古希腊自然哲学，因此它包括当时人类知识的主要的和基础的部分。

古希腊自然哲学家从很早开始就形成各种派别，而这些派别通常会拥有一些固定的活动场所，以供成员讨论问题、辩论疑难和传授知识。这就是学校或学园。因为有教学活动，自然也就产生了师生关系，而思想、学说以及戒律的传承都加强和拓展了这种关系。不过，当时的师生关系与后世的师生关系有着很大的差别，也就不能完全从现代意义上来理解。学派和学校之间的这种密切关系也可以从西方语言中的"学校"一词看出。比如英文school就像其他语言中的对应词一样来自希腊文，它同时具有"学派"的义项。

2. 毕泰戈拉学校

从时间上来看，较早而有较多资料可考的哲学学校是毕泰戈拉学派的学校。除了人们所熟悉的那些出于古代信仰而显得奇怪的清规戒律之外，毕泰戈拉学校不仅研究和教授哲学，也研究音乐、算术、几何、天文，并把它们列入基础课程。这个学派及其学校存在了相当长的时间。人们从它那里看到了哲学学科的源头。柏拉图接受了他们的教学经验，同样把这四门课程列为学园的必修课，它们成了他理想国中教育系统的核心课程。毕泰戈拉学校的一些主要课程和教学方式不仅在后来的柏拉图学园和其他古希腊学园里发扬光大，也通过它们影响到中世纪。黑格尔认为："毕达哥拉斯应该看成是第一个公共教师。"[1] 毕达哥拉斯用数量关系论证了和谐的观念，使和谐成为理性的东西而为人接受，并使和谐发展的教育在雅典成为一种普遍接受的教育观念。

需要特别提出的一点是，"哲学"和"哲学家"这两个词是由毕泰戈拉首创的。

3. 智者教育

智者是古希腊城邦中的一个特殊群体，它也是城邦民主制度所产生的一

---

[1] 〔德〕黑格尔：《哲学史讲演录》第1卷，商务印书馆1981年版，第213—214页。

种特殊现象。智者自称是或者被人看作是有智慧的人，他们以授徒设课为业，从事演说，游走于各个城邦和城邦的各个地区。智者的讲演和授课泰半是为了实用的目的，比如教人们如何思考，如何表达，帮助人改善判断力，指导人们的论辩技巧和行为举止。这些都是公民参与城邦政治生活所必需的理智条件和修养。至于教授的具体内容则是相当广泛的。就哲学而言，智者的教学涉及认识理论如知觉的确定性和真理问题，语言、思想与实在的关系，神及其存在的问题，民主、法律和正义的问题，以及其他内容广泛的问题。智者依据自己的专长提供特定的讲演和授课服务。他们当中有的就是自然哲学家，哲学也就成为他们讲演和教授的主要题目。他们讲演、论辩和授课的形式是不定的，这不仅取决于学生的要求，也要视他们的行踪而定；既有即兴的讲演和授课，也有多次的甚至长期而系统的课程，形式也相当灵活和多样，讲授、质疑和辩论通常是交替进行的。智者的教育体现了自由无拘的讨论和授课形式对于理智训练的重要性。苏格拉底的哲学活动在其外在的形式上与智者的教学相似，只是他并不收费。

4. 柏拉图学园

在柏拉图的著作中，智者的形象是相当消极的，但是柏拉图所讨论的问题多数也是智者所讨论和关心的。这说明，在古希腊，尤其在雅典等城邦，存在一些为人所普遍关心、探讨和辩论的问题，并且公民由于要参与城邦管理，也就需要一些必备的实用知识和技巧。于是，柏拉图学园与智者讲学就具有一个共同点，即它们都是为了培养城邦的政治人才，或者更为一般地说，培养城邦公民的政治才能。柏拉图的目标更为明确，这就是培养城邦的精英人士，而后者除了其他的才能和品德，是要通晓哲学的。

柏拉图学园于公元前387年由柏拉图在雅典建立。学园（Academy，古希腊文：Ἀκαδήμεια）一词来源于这个学校的所在地——它原本是用来纪念古希腊英雄Akademus（阿卡德穆）的，因此而成了柏拉图学校的名称。柏拉图学园为此后2000多年的西方高等教育奠定了体制、内容和教学方式等方面的初步模式。当欧洲古典大学兴起而取代传统学园时，源自柏拉图学园的课程、教育方式和思想体系一直在大学的哲学院和神学院里发挥非同寻常的影响。

在柏拉图学园的早期，成员之间没有明确的教师和学生的区别，只有资历深浅的不同。学园并不讲授什么学说，也没有正式的课程。柏拉图提出一些问题，其他成员进行研究，寻求解决之道。比如，柏拉图指导其他成员对观察到的不规则的天体运行提出简明的解释。学园成员学习和研究的内容包括数学和一些哲学问题。

柏拉图学园开办的时间相当长，从公元前387年起到公元前86年苏拉洗劫雅典而停止；此后什么时候恢复不甚清楚。但到公元410年，它得以重建成为柏拉图派中心，到公元529年又为罗马皇帝查士丁尼所关闭。上文所叙述的情况当是它在古希腊时期的概况。关于柏拉图学园的记载，所依据的文献多数是相当间接的材料；在柏拉图主持的早期，情况尤其如此。

根据这些材料，人们勾勒出柏拉图学园的图景：它是古代世界数学、自然哲学和哲学的研究中心。学园十分重视数学，在大门口有"非几何学者不得入内"的匾额。这项要求与柏拉图的思想是一致的。数学知识在柏拉图眼中属于真理性的知识，是人们从可见世界达到理念世界的必经阶段。在晚期对话《蒂迈欧篇》里，柏拉图尝试用几何学来构造宇宙世界。波普尔据此认为，柏拉图可以说是几何世界图景的奠基人，以哥白尼、伽利略、开普勒和牛顿为代表的近代科学都应当追溯至柏拉图。[1]

柏拉图学园的成员欧多克索等人对数学暨几何的演绎系统作出了重大的贡献，希思在《希腊数学史》中指出："如果没有欧多克索的新的比例学说，如果没有柏拉图时代的几何学和数学的那些内容，那么欧几里得的主题的形式和安排以及方法都可能不是我们现在所看到的这样。"[2]

柏拉图学园研究、讨论和教学的主要内容还是哲学问题。柏拉图后半生40年就是在学园度过的，他的大部分著作也是在这里完成的。人们有理由推断，柏拉图对话录中提出的各种哲学和理论，大部分应当在学园中提出过和与人讨论过。[3] 除了哲学，柏拉图学园研究和讨论的主要内容就是算术、

---

[1]　参见汪子嵩等著：《希腊哲学史》第2卷，第614页。
[2]　转引自上书，第615页。
[3]　参见上书，第616页。

几何和天文学等，它们与哲学一起后来成为主要的课程。"柏拉图学园是一个自由思想的园地，学术讨论和争辩是自由而激烈的。"[1]

由于学园早期并不以课程教学为主，因此成员发表自己的观点，彼此讨论、辩驳和质疑乃是学员学习的主要方式，后来也成为教学的主要方法。像柏拉图哲学一样，柏拉图学园偏重于数学、推理和辩证，但不重视经验的和归纳的研究。由于柏拉图的哲学及其学园对后世自然哲学，尤其对欧洲古典时期大学自然哲学的研究与教学的长久和重大的影响，所以它们在后世所受到的评价趋于两极。不过，无论积极的还是消极的，都说明它们影响的巨大。

在从建立到关闭的900年间，柏拉图学园不仅是柏拉图主义和新柏拉图主义研究和教学的中心，而且也是那个时代欧洲的哲学中心之一。[2]

在希腊化时期和罗马时期，柏拉图学园也一直是欧洲哲学活动的中心。从哲学学科角度来看，人们可以注意如下几点：第一，这个学园一直有效运作，代有传承；第二，它的课程相比其他几大学园要更加正规；第三，柏拉图学园的哲学与其他哲学学派相互影响，到3世纪，柏拉图学园甚至把亚里士多德的著作当作学习柏拉图哲学及其学园课程的预备课程[3]；第四，不断有新的哲学思想和流派诞生，比如学园派怀疑主义等[4]。

公元532年雅典新柏拉图派在哈兰（Harran）重新建立学校。哈兰在波斯边境，新柏拉图学派的成员当时作为异教徒继续从事哲学研究和传授，他们至少到10世纪还作为一个团体存在。

5. 吕克昂

吕克昂（Lyceum）是亚里士多德学园的名称，古希腊另一所著名的学园，哲学和学术研究的另一个中心。亚里士多德在柏拉图学园研究和学习了

---

[1] 汪子嵩等著：《希腊哲学史》第3卷，第18页。
[2] Pauliina Remes, *Neoplatonism*, Acumen, 2008, p.4.
[3] 参见〔美〕大卫·福莱主编、冯俊等译：《劳特利奇哲学史·第二卷·从亚里士多德到奥古斯丁》，中国人民大学出版社2004年版，第183页。
[4] 参见上书，第309页。

20年，在柏拉图过世之后离开，到小亚细亚漫游12年后回到雅典，于公元前334年进入名为吕克昂的学园任教并主持学园。他在吕克昂从事研究和教学13年，度过了他学术生涯的鼎盛时期。

从现有文献来看，吕克昂无论在类型和风格上与柏拉图学园都有相当大的不同，至少在亚里士多德主持期间，它更像现代的科学院，而不是学校。各种比较可靠的文献所强调的吕克昂的特征也与这种研究性质有关，譬如它有专门的图书馆和博物馆，这是古希腊其他学园的记载中所未曾见及的。人们还认为这是有记载的第一个私家图书馆。它的博物馆由于有亚历山大征战各地所搜集来的大量资料和物品，藏品相当丰富多样。学园里还有实验室。吕克昂的成员是亚里士多德的友人和学生，他们是数学、天文学、几何学、医学、植物学和科学史等领域的专家。有人据此评价，它是最接近现代意义的大学的学校；其实，它所近似的应当是欧洲古典大学的早期形态。亚里士多德主持吕克昂时期，非常注重经验研究，他派遣许多学生到希腊各城邦去收集该地政治制度和历史变迁的资料，他加以整理，撰写成篇，据说完成了158种著作。19世纪末期从埃及纸草文献中发现的《雅典政制》抄本，就是其中最重要的一种，它提供了研究雅典历史政治的可靠资料。[1]

吕克昂有一套管理的规章制度，据说有一个负责管理的委员会，每10天选出一个人主持吕克昂的日常工作，每月还有定期举行的共餐会。[2]

作为一所学校，吕克昂也有讲座，亚里士多德和学园其他成员每天向学园成员和公众发表讲演。据记载，在通常情况下，亚里士多德每天上午与学园成员一起散步，讨论一些艰深的学术问题——他们由此而获得了逍遥学派的称号；下午则在柱廊下对初学者和其他听众作讲演，发表他的通俗学说。后世学者也依此把他的著作分为两类，一类是深奥的学术著作，一类是通俗学说。不过，现代人并没有为这种区别找到充分的根据。

亚里士多德之后，学园"早期活动的特点是，就像亚里士多德在世时那样，第一，在每一个领域收集和解释资料，以及提出和试图解决各种理论疑

---

[1] 汪子嵩等著：《希腊哲学史》第3卷，第28页。
[2] 同上书，第26页。

难"[1]。第二，吕克昂的另一项工作就是搜集早期学者的各种观点，编辑成各种学科史，如数学史、医学史、关于自然世界与感觉关系的观点集录和政治史等；第三，经验的自然科学研究；第四，哲学研究，这包括逻辑、形而上学和物理学、认识论与心灵哲学以及伦理学和政治学等学科的研究。[2]

吕克昂存在的时间也相当长，一直到公元529年东罗马帝国皇帝查士丁尼下令关闭所有非基督教学校时才被迫结束。[3] 在亚里士多德之后，这个学园关注的重心不断转变，但亚里士多德的影响一直存在。与柏拉图学园一样，到关闭之时，它一直是古希腊罗马哲学活动的重镇，也是我们所要追溯的哲学学科的重要源头。

6. 伊壁鸠鲁学校

古希腊罗马哲学学校中另一所比较重要且有记载的是伊壁鸠鲁学校。这所学校建在伊氏住宅的花园里，所以又称为花园学派。有关这所学校的文献很少，只是有记载说它是古希腊第一所接受妇女的学校，学校的宗旨是快乐。另外，与其他哲学学校自由讨论的学习方式不同，在这个学校里，伊壁鸠鲁要求学生背诵他学说的教条。这个学校存续了多长时间，没有确切的文献证据。但公元1世纪罗马哲学家卢克莱修的《物性论》以诗篇的形式几乎全部重述了伊氏的思想。这说明了两点：第一，伊壁鸠鲁思想和学校在那个时代还有影响；第二，这个学校要求学生背诵教条的学术方式确实还产生了作用。

7. 斯多亚学校

另外一所值得一提的学校就是斯多亚学派的学校。这所学校起初是这个

---

[1] 〔美〕大卫·福莱主编、冯俊等译：《劳特利奇哲学史·第二卷·从亚里士多德到奥古斯丁》，第175页。
[2] 同上书，第174—199页。
[3] 另一种说法，公元前85年苏拉洗劫雅典之后，吕克昂作为一个组织已经不存在了。（参见〔美〕大卫·福莱主编、冯俊等译：《劳特利奇哲学史·第二卷·从亚里士多德到奥古斯丁》，第182页）但作者在这里紧接着说："在公元176年马可·奥勒留为四个主要哲学学派（柏拉图学派、亚里士多德学派、斯多亚学派和伊壁鸠鲁学派）的老师设立了职位……在整个公元2世纪后半叶，不同学派的哲学家们在雅典教书并积极从事彼此之间的争辩。"（出处同上）

学派的聚会场所，创始人是芝诺。年轻人前来受教于他，乃是为了学习世上至善的知识，而芝诺自己也以身作则，身体力行。斯多亚学派常常在公共场合讨论一些哲学原理，如其竞争对手伊壁鸠鲁学派那样，论述公众所关心的内容和问题，从而就成了流行哲学。这与柏拉图学园和亚里士多德学园显然不同。斯多亚学派内部也有师承关系，但相对于柏拉图学园等学校，则没有成型的教学制度。在斯多亚的学校里虽然有三门课程，即逻辑、伦理学和物理学，但那里的教师主要以顾问形式为达官贵人等提供服务。[1]在罗马时代，这个学派的重要人物以帝王师为业，最后学派里也产生了如奥勒留这样的罗马皇帝。

上述这些哲学学校以及若干其他名不见经传的学校，就如前面所说，在雅典等地或有间断地存在至罗马时代，一直到为查士丁尼关闭为止。雅典直至5世纪下半叶时依然是欧洲的哲学中心，原因就是那里有多所这样的哲学学校。柏拉图学园应当是所有学校中最重要的一所。学校的学生多数来自境外，他们在这里学习数年后回到家乡，教授和传播哲学。[2]

在罗马以及罗马人控制的其他城市，也有他们的哲学教育机构。罗马的教育一般分为三个层次，哲学学校类似高等教育。学生进入哲学学校，学习经典文献，听哲学教师讲授对哲学文本的逐字逐句的分析和讨论，而这些讨论的目的在于试图将文本的观念置于某个哲学家或学派的学说体系之中，从而使学生理解学说的体系。在哲学课程中，道德教育具有相当大的比重，后者关涉人的举止行为。这一特点与罗马时代的政治、社会状况和世风直接相关。[3]

西罗马灭亡之后，拜占庭也有从事哲学教学活动的学校，如各种修辞学校。在欧洲的西部，随着教父哲学和基督教教会学校的出现，哲学教学也包含在学校课程之中，但并无独立的地位。那里所讲授的哲学的元素和逻辑学的内容，与德行教育有关，也与语法、辩证法、修辞学、算术、几何学、天

---

[1] Brad Inwood (edit.), *The Cambridge Companion to The Stoics,* Cambridge University Press, 2003, p.37.
[2] Edward J. Watts, *City And School,* Berkley: University California Press, 2006, p.114.
[3] Ibid., p.5.

文学和音乐等七艺密切相关。[1] 但是，从总体上来说，哲学教育在这个时期的境况无非也就是一缕尚存。

二、欧洲古典大学及其学院

1. 大学的兴起与学科的形成

就如近代欧洲社会和国家制度并不直接来源于古希腊和罗马一样，欧洲古典大学从源流上与古代学园也没有直接的关系，与拜占庭更没有什么干系。它是独立发生和形成的，但是在发展过程中，受到了古代哲学思想和教育制度的影响。

不过，古典大学与教会学校之间则有比较密切的关系。在此前的几百年间，学校在欧洲乃属凤毛麟角，只是随着欧洲中世纪城市的兴起才恢复生机。尽管文献记载缺乏而且也不尽一致，但人们有理由认为，在大学出现之前，哲学已经逐渐成为一些学校的正式课程，尽管这样的学校屈指可数。课程是混合的，人们会在学习和研究医学、几何学、算学、音乐和逻辑的同时学习和研究哲学。当时一些学校图书馆也藏有柏拉图、亚里士多德和西塞罗等人的著作。[2] 对此，有人认为："承认理智的努力是社会活动的精华和文化的聚集点，依然是早期中世纪文化的显著特征，也是一些讨论的价值所在。"[3]

西方曾有学者认为，大学起源于人们对知识的单纯兴趣和探求的欲望，政治的、社会的、宗教的、法律的、经济的和实用的要求和动机，都不是主要的。[4] 这一点对人们理解大学的兴起和发展，以及此后的学术发展极其关键，但是大学在欧洲的兴起和发展的原因则是综合的和多重的，这与人类追求知识和探索世界的兴趣始终是大学的发展和进步、学科演进的基本动力这一点，并无矛盾。不过，追求知识和探索世界的兴趣在大学兴起的中世纪早

---

[1] 〔英〕约翰·马仁邦主编、孙毅等译：《劳特利奇哲学史·第三卷·中世纪哲学》，中国人民大学出版社 2009 年版，第 113 页。
[2] 同上书，第 113—114 页。
[3] 同上书，第 114 页。
[4] 〔瑞士〕瓦尔特·吕埃格主编、程玉红等译：《欧洲大学史·第一卷·中世纪大学》，河北大学出版社 2008 年版，第 11—12 页。

期是受到严格的限制的,而现代大学以及学科体系的形成,正是启蒙运动从根本上突破这类限制从而使得学术和思想能够自由发展之后的事情。

在初创时期,大学是以各种不同的类型出现的,因应人们对知识的兴趣和追求、实际的需要与当时的实际情况和条件。比如,现在可以确认的最早的大学,即1088年创立的博洛尼亚大学,起初就是一批教师和学生组成的法律教学团体。巴黎大学——另一所最早的大学——起初就是由一些分别教授与学习神学、法律和医学的人共同组成的学校。这些古老的大学在以后的发展中,逐渐在自己内部形成了四大学院,即神学院、法学院、医学院和文学院(亦称哲学院)。这些学院孕育和肇始了现代学科体系。任何学科的历史,从制度、组织和机构上来说,都可以追溯到此。

大学在欧洲中世纪的兴起和形成,虽然原因多重,但在欧洲古典大学的早期,不同的大学却有高度的统一性。各所大学从起初的种种不同的类型,比如博洛尼亚大学类型和巴黎大学类型等,逐渐趋于一致。各所大学在学院组织、学习科目、学位、教学计划和教学模式上,虽然有差别,但没有根本性的差异。[1]这个特点为我们考察那个时代的学科,主要是哲学学科,提供了方便。

古典大学时期的600多年间在欧洲出现过许多大学,但在相当长的时期内,最有影响力也最为典型的是巴黎大学和牛津大学,到了近代早期则有德意志地区的若干所大学崭露头角。因此,下面所叙述的大学、学院、课程和学位等内容主要以这些大学为根据。

2. 大学的诸学院与哲学院

(1) 哲学院的变迁

一般而言,欧洲古典大学都拥有四大学院,即神学院、法学院、医学院和文学院(哲学院)[2],虽然在不同的大学,它们在结构和组织形式上面有

---

[1] 〔瑞士〕瓦尔特·吕埃格主编、程玉红等译:《欧洲大学史·第一卷·中世纪大学》,第33页。
[2] 虽然自中世纪起,文学院的名称比哲学院的名称要普遍一些,但在此类学院中主要的课程体系一般就是当时所理解的哲学体系的内容。自16世纪,哲学院的名称渐渐地取代了文学院的名称。在本文论及欧洲古典大学时,因语境而用文学院或哲学院的名称,但所指则为同一类学院。

所差异[1]。在前期的相当长的时间内，前三个学院是高级学院，而文学院则属于低级学院。所谓低级学院，是指里面的课程是为学生进入其他三大学院深造而作准备的，相当于预科。[2]学生通常是按如下的顺序来完成学业：学生进入大学，首先到文学院学习若干年，获得学士学位，然后进入其他三个学院中的某一个，继续深造，获取硕士学位或博士学位。

文学院的这种初级地位，除了构成今天知识体系主体的大部分学科在当时处于尚未成熟的萌芽状态这个原因之外，还在于当时的欧洲并没有成体系的初等教育和中等教育，大学文学院在相当大的程度上还要承担初等教育和中等教育的功能，后者与诸如神学、法学和医学这样系统的理论和实践的教学体系事实上具有相当大的差别。直至16世纪，一些文学院从大学独立了出去，而一些新建的独立文学院也出现了，它们开始比较专门地承担初等和中等教育的职能，这两种教育职能才开始逐渐地从大学文学院剥离出去，文学院也才开始上升为高级学院。不过，在当时，大学文学院和独立的文学院，与中等学校之间的界限也是相当模糊和不确定的。在欧洲，初等教育、中等教育和高等教育之间的分工体系是在启蒙运动之后才比较完整地建立起来的。在康德时代，各个学院经常还为高级学院和低级学院的地位和作用发生争执。康德为此写过一篇名为"学院之争"的专文，表达他对学院高低等级的划分的独特看法。他认为，这种划分出于政府的重视程度，而与学术无关，或者刚好反过来，真正关切学术的学院反而被视为低级学院。康德的观点反映了当时重要性正在崛起却得不到官方和社会承认的哲学院的地位以及那些学院中成员的不满态度。

文学院从事其他三个学院专业知识之外的基础知识的教学。在欧洲古典大学的早期，七艺和哲学的基础课程都是在文学院开设的；在后期，所有在酝酿、萌芽和成长之中乃至初步独立的自然科学和社会科学的研究和教学也都在哲学院的范围之内进行的。哲学作为学科的基地就在文学院。但是，这里必须注意几个与现代不同的情况。

---

[1] 〔瑞士〕瓦尔特·吕埃格主编，贺国庆等译：《欧洲大学史·第二卷·近代早期的欧洲大学》，第159页。
[2] 同上书，第169页；又参见〔英〕海斯汀·拉斯达尔著，崔延强、邓磊译：《中世纪的欧洲大学》第二卷，重庆大学出版社2011年版。

第一，在欧洲古典大学时期，一般而言，人类知识的共同理论基础先是被说成是柏拉图学说[1]，然后是亚里士多德学说，所以除了哲学院，其他三个学院的研究和教学都在不同程度上关涉和介入哲学问题。

第二，与第一点相关，在那个时代，知识被视为一个整体，而没有今天这样复杂的分化，所以有兴趣也有能力的学者会涉足当时被视为学问的所有领域，比如托马斯·阿奎那、笛卡尔和莱布尼茨都是这样的人物。到了现代大学，这样的遗风继续存在，如黑格尔，只是形式有了些变化。这样的成就在今天看来是百科全书式的，而在当时，也只是一个常见的现象，尽管能做到这一点的只是学者之中的少数。

第三，在那个时期，教师并不是像现代大学的席位那样是专任的，他们可以在几个学院同时兼课，并且一名教师可以同时讲授多门课程。这样的情形一直持续到现代大学的早期。根据文献记载，康德在其晋升教授之前就讲过几十门课程。

第四，有些教授职位是交错设置的，在欧洲古典大学后期，这种情况并不少见。比如在1661年，海德堡大学自然法教授的职位就设在文学院，著名的普芬道夫就以文学院教授的身份从事自然法和国际法的研究，而他则是欧洲大学里面自然法和国际法独立学科的创始人。诚然，作为一名法哲学家，哲学院教授的身份其实也是相当适合于他的。

因此，欧洲古典大学内的哲学学科史，一般而言，就是哲学活动从整个大学逐渐收缩到哲学院，最后收缩至专职的哲学教师群体的活动的历史。把握了历史演变的这个特征，人们自然也就可以理解，阿伯拉尔的思想和教学既属于欧洲古典大学哲学学科史的重要内容，也是这个历史的开端。

这个过程同时也是欧洲古典大学的哲学院地位提升的过程。在很长的时期里，各个学院的地位相当稳定，神学院向来在大学里处于最重要的地位，法学院和医学院的地位也是稳固的。哲学院地位的提高，以及人们更多地用哲学院而不是文学院来称呼大学诸学院中这个低级学院的原因是多种多样

---

[1] 需要指出的是，柏拉图的影响起初更多的是间接的，因为拉丁世界在12世纪前只有《蒂迈欧篇》的部分翻译，其他柏拉图著作尚未移译过来。

的，它们也是共同发生作用的。首先自然科学各个学科的迅猛发展和渐次成熟，应当是最主要的原因，它们从基础上动摇了基督教学说的统治地位；而法学、经济学和历史等学科的发展和成长则突现了这个学院的重要作用。其次就是启蒙运动，作为一种广泛的思想、文化、社会和政治运动，它直接降低了神学的重要性，而理性首要地位的确立，实际上就为从自然科学到人文和社会科学的所有知识和学科种类的完全独立的发展扫清了最大的障碍。

"在18世纪下半叶，整个欧洲的大学都从神学院的统治中解放了出来，这与他们希望讲授有用的、实践的和易于应用的知识的想法相吻合。正如在法国不久前发生的那样，这导致培训专门人才的专业成为教育的重点。它也导致了新学科的引进和大学里已经在教授和学习的那些学科发生了变化。无论如何，对科学和学术本身在方法上和本质上的认识变化了，并且由于这种认识的变化，发展科学和学术的那些人的行为和自我认为也同样变化了。"[1]

到了18世纪，法学院已正式取代了神学院，成为大学里最重要的学院。与此同时，哲学院的一些学科也坚决要求与先前那些高级学院至少有平等的地位。[2] 哲学，包括自然科学、社会科学和人文学科的进步和成就，改变了人们对世界和社会的看法，同时自然也改变了对这些知识和这些学科本身的看法。到这个时候，学院地位之争，实际上所体现的正是这样一个趋势：人们对整个知识体系和学术体系有了全新的认识，并且将这种新认识落实为大学教育结构和制度的改革和调整的要求。"自18世纪80年代开始，在大学里和从前一样在学院之上对科学知识和精深的知识进行划分，因此学科内的学术讨论将促进对哲学学科及其子学科的发展。后者现在作为与以前的'高级'学科平等的身份出现了，事实上哲学学科宣称（最后成功了）它是其他学科的理论和方法基础。即便当人们将重心放在历史和文献学科及'唯心主义'哲学的时候，那也没有真正阻止'四艺'中的学科（自然科学及其主旨和方法）吸收这些学科以自己的方式产生的影响。"[3]

---

[1] 〔瑞士〕瓦尔特·吕埃格主编、贺国庆等译：《欧洲大学史·第二卷·近代早期的欧洲大学》，第664页。
[2] 同上书，第656页。
[3] 同上书，第661页。

从学科史的视野来讨论哲学的发展，与一般哲学史所展现的哲学的演变，有如下几个方面的重大差异：第一，时期划分的差异。在这篇前言里，我们以欧洲古典大学的兴起和现代大学的兴起这两件事件为标志来划分作为学科的哲学历史，这样，叙述就是从欧洲古典大学的源头开始的。于是，中世纪哲学就与近代哲学被划在了同一个时期，而人们一般认为，这两个阶段之间发生了一个伟大的转向，后者乃是一个全新的哲学时代。

第二，我们关注大学里面的哲学活动，也就是哲学在学术共同体内的活动，它既包括研究——所谓研究在那个特定的时代主要就是注释和辩论——和教学，也包括学术共同体的制度一类的内容。

第三，这个时期的哲学是从广义上来理解的，如前所述，从神学、形而上学、自然哲学，到历史和语文学等都归在哲学的范围之内，当时文学院的基础课程七艺也包括在哲学之中。

第四，这里所概述的主要限于哲学作为学科在欧洲古典大学内部的演进，因此，相对于人们一般所习见的波澜壮阔的近代哲学史，它展现出了另外一番景象。但是，人们由此可以一窥那个时代作为学科的哲学活动的主要特征。

因而，在整个欧洲古典大学时期，大学内部的哲学活动可以划分为两个阶段：第一个阶段就是从大学兴起到近代哲学兴起，即培根和笛卡尔等哲学家的登场，这与一般哲学史相契合了。第二个阶段是从近代哲学开端到德国现代大学的建立——在有些哲学史家眼里，这正是近代哲学终结和现代哲学开端之际。

（2）经院哲学

第一阶段，哲学活动主要发生在大学之内，这就是所谓的经院哲学时期。它还可以进一步划分为两个时期，即经院哲学的兴盛时期和文艺复兴时期。第二阶段是近代哲学兴起和鼎盛时期，国内通常称之为近代唯理论和经验论时期。在这个时期，欧洲哲学活动的主要场所不是大学之内，而是大学校园以外的广阔社会，人们耳熟能详的重要哲学家都不是大学教师。哲学学科史只关注大学内部的哲学活动，所以近代哲学的主要活动在这里就只是作为一个背景而出现。

欧洲中世纪哲学史，通常从阿拉伯哲学讲起，因为阿拉伯哲学家着手大量翻译和注释古希腊的重要哲学著作,如柏拉图和亚里士多德的著作,由此造就了这个时代的主要哲学活动。这些古典哲学著作先是译成古叙利亚文和阿拉伯文,然后又转译成拉丁文,为西欧的早期学者提供了古典文本和参考,产生了直接而必不可少的影响。[1] 不过,哲学学科史要从大学开始讲起,而相对于阿拉伯哲学以及同时代的犹太哲学,欧洲古典大学中的早期哲学被称为拉丁哲学,因为它们是用拉丁语写成和教授的。

当我们来确定哲学学科的开端时,就需要考虑如下几项基本特征:第一,固定而且具有一定规模和明确制度的学术共同体;第二,有明确的研究和教育的对象和内容;第三,有确定的教材和课程体系;第四,通过上述制度和教学活动结合起来的教师和学生群体。

巴黎大学在多种意义上被视为最古老的一所大学,尽管现在可以确认的欧洲第一所大学是博洛尼亚大学。哲学学科的开端也要追溯到巴黎大学的创建及其前身,即巴黎圣母院学校。巴黎大学究竟创始于哪一年虽然尚无定论,但巴黎圣母院学校为其主要的前身则是确定无疑的。阿伯拉尔和拉昂的安瑟尔谟(Anselm of Laon)、香浦的威廉(William of Champeaux)等重要的早期经院学者在巴黎圣母院学校以及其他学校的写作与教学实践,或许也包括其他教堂学校中的活动,孕育了一直发展到今天的哲学学科。

另一个相关事件也值得在这里一提。欧洲第一所现代大学即柏林大学的首任校长是一位哲学家,他就是费希特。这体现了哲学与大学的密切关联。它很可以表明,人们对知识、思想和技术等的追求,皆以精神关切为其核心,而哲学或者被视为所有这些追求统一的知识体系的总称,或者仅仅体现了它的极致。这一点对哲学学科史也有某种特别的意义。它仿佛表明,不仅哲学总是倾向于在学术共同体内活动,而且大学发展不同阶段的每一个开端都与哲学和哲学家直接相关。

在第一阶段里,哲学是一个包罗极广的概念,从当时大学制度的表面现象来看,举凡神学、法学和医学之外的一切知识都属于哲学。不仅如此,在那个时代神学与哲学之间并没有清楚的界限,而法学也包含基础性的哲学问

---

[1] 参见〔英〕约翰·马仁邦主编、孙毅等译:《劳特利奇哲学史·第三卷·中世纪哲学》,第166页。

题。如想准确了解欧洲古典大学早期的哲学学科的情形，则要把握如下几个要点：第一，当时所有知识的根本宗旨就是领会上帝的存在。"所有人类的科目，主要是语法、修辞、辩证法、算术、几何学、天文学和音乐——用更技术性的术语来说就是哲学，都被看作服务于《圣经》智慧这个主人的婢女。"[1] 这就是通常所说的，哲学乃是神学的婢女。它反映了当时欧洲人的精神和知识状况的基本事实。第二，在哲学的名义之下，人们追求所有知识的统一性，不过，这种统一性先是以柏拉图的思想，后来又以亚里士多德的知识体系为根据的。这些也是经院哲学的基本特征。

以今天的眼光更具体地来看，当时的哲学思想是蕴含在神学和逻辑的研究和教学之中的，在欧洲古典大学的早期，经院哲学家对所研究的问题虽然有分别，但对于神学、哲学和逻辑这些不同的学科并没有清楚的区分。因此，在当时，人类的知识虽然在某些特殊问题上是清晰的，但在总体上是不甚分明的，或者是浮浅的。"甚至最为敏锐的思想家，例如阿伯拉尔，其专业术语的运用可能也十分粗糙，或缺乏精确，并且经常忽略他们所处理的问题的复杂性。那个时代的一些著名思想家，尤其是深受柏拉图影响的思想家，更倾向于体系的建构，而不注重详细的论证与分析。不过，12世纪还有相当一部分思想非常严格，需要进行细致的哲学分析，而且，本身确实有趣和非凡，值得人们关注，并不纯粹是其他什么东西的先驱。它们大多与当时学术生活的最显著的特征联系在一起，即强调'三学科'[2]，三门以语言为基础的学科：语法、修辞以及最重要的逻辑。"[3]

阿伯拉尔和12世纪其他哲学家所建立的哲学学术共同体的活动方式，为13世纪和14世纪文学院各类知识亦即经院哲学的发展和繁荣，奠定了基本的原则和范式。中世纪经院哲学的重镇主要就是巴黎大学和牛津大学，在早期，巴黎大学的地位尤其重要。我们看到，在《劳特利奇哲学史》有关中世纪和文艺复兴时期哲学的章节里，用专门的篇幅来讨论大学，其主要内容就是上述两所大学内的哲学活动及其作用。当时，像巴黎大学和牛津大学这

---

[1] 参见〔英〕约翰·马仁邦主编、孙毅等译：《劳特利奇哲学史·第三卷·中世纪哲学》，第211页。
[2] 所谓三学科，一般也译为"三艺"。
[3] 参见〔英〕约翰·马仁邦主编、孙毅等译：《劳特利奇哲学史·第三卷·中世纪哲学》，第167页。

样的大学是相当国际化的,而巴黎大学在很长时间里是国际学术中心,欧洲各地的重要学者都到此处来进修,目的主要就是从这里学习和获得新思想和新资料,带回本地,虽然他们也会带来新的观点。上述两所大学的哲学活动以及所取得的成果,代表了当时欧洲哲学的最高水平。

在13世纪,出现了新的形而上学趋势:"这种尝试试图将更多的注意力集中在被造世界的本体论上,并且借助于与神圣理念无关的词语来构建实在。"[1] 在另一方面,这也体现为从柏拉图的文本进一步向亚里士多德的文本的转化。"甚至在13世纪的前半叶,思想家们的见解就已经受到新近翻译的亚里士多德著作以及阿拉伯评注性论著的重大影响。到13世纪50年代的中期,巴黎大学人文学院的课程几乎覆盖了亚里士多德著作的全部,在几十年的时间里,几乎他的所有著作都被从希腊文或阿拉伯文翻译过来,在中世纪大学中成为可用的教本。在这一代人中,领头的神学家分别是多米尼克会修士托马斯·阿奎那和他的老师大阿尔伯特,以及弗兰西斯会修士波那文图拉。"[2]

经院哲学鼎盛时期最主要的形而上学问题就是共相是否真实存在。这个问题源自亚里士多德哲学。关于这个问题的争论也就形成了唯名论和实在论两大流派。唯名论认为,虽然存在一般的和抽象的名词和谓词,但与之相应的普遍的或抽象的对象并不存在;实在论认为,普遍的和抽象的对象是存在的,否则它们就不会在理智中被认识到。奥康将实在论的观点概述如下:"个别的事物之外还存在着普遍的事物。"[3] 个别事物的概念就是个别命题的主项,而普遍事物的概念就是普遍命题的主项。[4] 共相的问题有其神学的意义,但它们也涉及语言哲学、心灵哲学和逻辑学的一些根本问题,后者一直到今天还是有其意义的。

经院哲学在13世纪早期到14世纪中期的巴黎大学和牛津大学达到了全盛时代。经院哲学有其特定的目标,这就是为神学作准备,并解释和维护基督教学说。它有特殊的形式和方法。在形式上,它主要依赖于古代哲学,尤

---

[1] 〔英〕约翰·马仁邦主编、孙毅等译:《劳特利奇哲学史·第三卷·中世纪哲学》,第226页。
[2] 同上书,第248页。
[3] 同上书,第419页。
[4] 同上。

其依赖于亚里士多德哲学；它的方法就是提问和论证，然后作出判断。[1] 与此相关或因此之故，逻辑研究在当时是一项基础研究，而且已经相当深入，以至于有的学者竟将它们与当代分析哲学的工作相比较。[2] 逻辑研究的范围包括语义学、语言哲学，还有物理学、心灵哲学和认识论的部分内容。[3]

从 14 世纪至 15 世纪，欧洲古典大学哲学开始了一个变化时期。在此之前，哲学院的阅读、辩论和写作的主题是逻辑学和物理学，而在此之后，自然哲学的地位逐渐上升。虽然在这之前，自然哲学也在经院哲学的阅读、思考和讨论的范围之内，但并不重要。所谓自然哲学，在当时就是混合着神学和哲学思辨的自然科学研究。

文艺复兴在相当程度上改变了大学哲学的视野。虽然哲学家依旧从古代经典中获取他们的灵感，但是在文艺复兴时期，人们重新发现了许多古代文献，而后者大大地拓宽了他们关于古代哲学和其他知识领域的了解。诚然，文艺复兴时期的人文主义哲学与经院哲学一样，也是依赖于古典文本的哲学，但人文主义学者所掌握的古典拉丁文和希腊文知识更为厚实，这使得他们能够批评经院哲学家对经典文献的错误翻译和对拉丁语言的野蛮误用；与此同时，他们也努力以西塞罗那种优美的拉丁文为范本来写作。[4]

（3）近代科学的兴起与哲学学科的演变

随之而来的是一个更大的变革时代。伟大的历史转变通常会以一件或一系列的特殊事件为标志突现出来，但它本身是由各种逐渐变迁的因素长期积累和相互作用而蓄积的力量促成的，所以历史的转折就其实际的发展而言必定是经历了一个较长的时期，而不是突然之间偶发的事件。导致 16 世纪事件的许多因素，是在 15 世纪下半叶或者更早的时候就已经酝酿了。

从 15 世纪开始，学术知识和科学知识的增长与自然科学新领域的发现和探索是同时并进的，在大学里面，它们依然是在亚里士多德哲学体系之下

---

[1]〔英〕G. H. R. 帕金森主编、田平等译：《劳特利奇哲学史·第四卷·文艺复兴和 17 世纪理性主义》，第 3 页。
[2]〔英〕约翰·马仁邦主编、孙毅等译：《劳特利奇哲学史·第三卷·中世纪哲学》，第 383—384 页。
[3] 同上书，第 456 页。
[4]〔英〕G. H. R. 帕金森主编、田平等译：《劳特利奇哲学史·第四卷·文艺复兴和 17 世纪理性主义》，第 3 页。

发展的。但是，科学发现和学术探索一旦逾越了单纯思辨和逻辑的畛域而直接证诸自然，亦即实证的观念一俟引入，自然科学和学术探索就获得了自主的动力，逐渐形成脱离既有哲学体系的约束的能量。在大学里面，亚里士多德哲学体系依然有其传统的力量和巨大的惯性，虽然在17世纪笛卡尔哲学也开始进入一些主要的大学，影响大学的研究和教学，与亚里士多德哲学一起发挥作用。不过，笛卡尔哲学与亚里士多德哲学的影响有其共同之点：它们体系之中的所有知识与学科分支最终都依赖于同样的一套形而上学原理，而且它们研究和探索的方法主要是思辨的和逻辑的，而非实证的。新兴的自然科学和学术研究与探索在这个时期就在大学之外蓬勃发展起来，与此相应，近代哲学的主要活动也是在大学以外兴起和展开的。虽然笛卡尔哲学影响了大学的哲学和自然哲学的观念和教学，但大学哲学观念和教学体系的根本变革是到了18世纪下半叶才出现的，直到19世纪初才大体完成。

在16世纪和17世纪，欧洲处于近代科学革命前期。许多科学家坚信，传统的科学及其方法是有问题的，它的原理和方法、事实和理论、思想和观点，都是错误的。

1644年实验自然科学家亨利·鲍尔在其所写的一篇文章中给我们展示了当时的人对传统势力与新兴科学之间斗争的观感和倾向分明的理解："这是一个哲学大潮来临的时代；亚里士多德学派弟子也许希望（或者与薛西斯一世一起）阻止这一潮流，阻止自由哲学的溢出就像阻止海洋潮涨潮落一样；我认为我看到了这一潮流如何以排山倒海之势把所有的旧垃圾，把年久失修的建筑物推倒并清除出去。这是为一个更伟大的永远不会被推翻的哲学奠定新基础的年代；正如我们欣赏艺术作品，观察手艺人一贯正确的证明一样，这一时代将要以经验为根据切合实际地详细调查自然现象，从自然的本源中推测万事万物的发生原因；当然这就是建立一个真正的、永久哲学的方法。舍此，别无他法。"[1]

亚里士多德哲学在大学占据统治地位，于是大学就受到了人们严厉的批评。批评者认为，大学不仅不能保护科学，而且把最先进和现代的观察排除

---

[1]〔瑞士〕瓦尔特·吕埃格主编、贺国庆等译：《欧洲大学史·第二卷·近代早期的欧洲大学》，第561页。

在大学之外。培根谴责大学说:"一切均和科学的发展背道而驰……因为这些地方人们的研究禁锢在某些作家的著作中,如果任何人对他的看法持有异议的话,他就会受到排斥并作为一个暴乱分子和革新者而接受审判。"[1] 17世纪40年代,清教徒改革家约翰·霍尔直接抨击了牛津大学和剑桥大学:"在哪里我们和机械化学有过联系?……在哪里对实验进行过检验和推理?……在哪里我们持续阅读过关于生物活体尸体解剖的相关材料,或者亲眼见证任何草药的疗效?"[2] 现代有些学者更是干脆认为,当时的大学对科学发展就是一种障碍:"尽管科学在教育中占有一定地位,但17、18世纪科学的巨大发展并不是因为大学在教育中所拥有的这一地位。就科学知识而言,19世纪中期之前所有的伟大科学家都是自学成才的……科学在古老的大学并没有立足之地。"[3]

但是,另一方面,人们确实也要了解,大学确实也为这种科学革命作出了特定的贡献,这表现在如下几个方面:第一,"无论依据任何标准都对科学革命作出贡献的人绝大多数都接受过大学教育"[4]。"近代早期的大学是实施科学教育的机构,科学知识得到传播和扩散,大学引发了人们的科学兴趣。"[5] 第二,"我们可以更有说服力地说明这一点。在近代科学发展早期,绝大部分的伟大科学家实际上是在大学里以教授为业的(或者至少是以大学教授开始自己事业的)"。第三,重要的是,"许多著名科学家……在他们发明创造处于旺盛时期的大部分时间内,均在大学里拥有职位"[6]。"近代早期大学是科研事业的生命线。"[7] 第四,医学的教学和发展向来完全以大学为中心。[8]

因此,我们固然看到,"传统的自然哲学规则已经深深地植根于神学院和大学之中,植根于教材、课程和受教育者的心灵之中。传统自然哲学规则受

---

[1] 转引自〔瑞士〕瓦尔特·吕埃格主编、贺国庆等译:《欧洲大学史·第二卷·近代早期的欧洲大学》,第555页。
[2] 同上。
[3] 同上书,第555—556页。
[4] 同上书,第567页。
[5] 同上书,第573页。
[6] 同上书,第570页。
[7] 同上。
[8] 〔瑞士〕瓦尔特·吕埃格主编、贺国庆等译:《欧洲大学史·第二卷·近代早期的欧洲大学》,第583页。

传统知识观念的监护者天主教会的庇护,尤其受到罗马教皇的保护"[1]。因此,大学与当时自然科学和哲学的脱节,不仅出于学术观念的原因,而且在相当大的程度上也出于政治以及政治集团利益的原因。但是,脱节其实也在大学内部发生,就如上面的资料所表明的那样,虽然正统的和过时的观点占据了大学的正式场合、活动和文献,如言论、教材和课程等,但自然科学家和其他革新者却可以利用大学的其他场合来从事革命性的研究、探索和思考。因此,一方面,就最终成果而言,科学革命主要发生在大学之外,但是,另一方面,大学却为这种革命提供了某种基础性的、必不可少的条件和因素。

近代哲学——这里是指现代意义上的因而狭义的哲学——开始的标志,就如培根所申明的那样,乃是反对经院哲学和提倡新科学,它同样也是在大学之外发生的。近代经验论和理性论的巨擘,从培根、笛卡尔和霍布斯起,经斯宾诺莎、洛克和巴克莱,直到莱布尼茨和休谟,无一人在大学任教。然而,他们都是在欧洲古典大学里接受系统的训练的,多数毕业于当时顶尖的大学,如霍布斯和洛克均毕业于牛津大学。当中只有斯宾诺莎是个例外,他只上过犹太学校,并且拒绝了当时名校海德堡大学请他当教授的聘约。

在这个时期,哲学和科学的活动也受到了若干新的精神和因素的影响。第一,不少学者把对学术共同体的责任和友谊视为甚至高于对国家的忠诚,把自己对科学的义务视为高于对教会的义务。第二,民族国家的逐渐兴起开始冲击欧洲古典大学的统一性。从近代哲学以来,哲学思想流派与地域有了越来越密切的关系,这一点我们从唯理论与经验论的分野里看得最为分明。我们也看到,德语地区大学的哲学活动也逐渐地形成并显现出自己的特征,而且也正是首先在这里哲学才又回归到大学。第三,其他类型的文法学校或拉丁学校教授语法等传统的七艺,在结构和功能方面发生了很大的变化,它们从哲学院被剥离出来,而使哲学院得以发展成为完全意义上的哲学院。

自17世纪以降,哲学和自然科学主流活动都在大学之外的场所展开,并在那里完成了革命。不过,传统思想依然保持了自己的巨大影响力,神学

---

[1] 〔瑞士〕瓦尔特·吕埃格主编、贺国庆等译:《欧洲大学史·第二卷·近代早期的欧洲大学》,第561页。

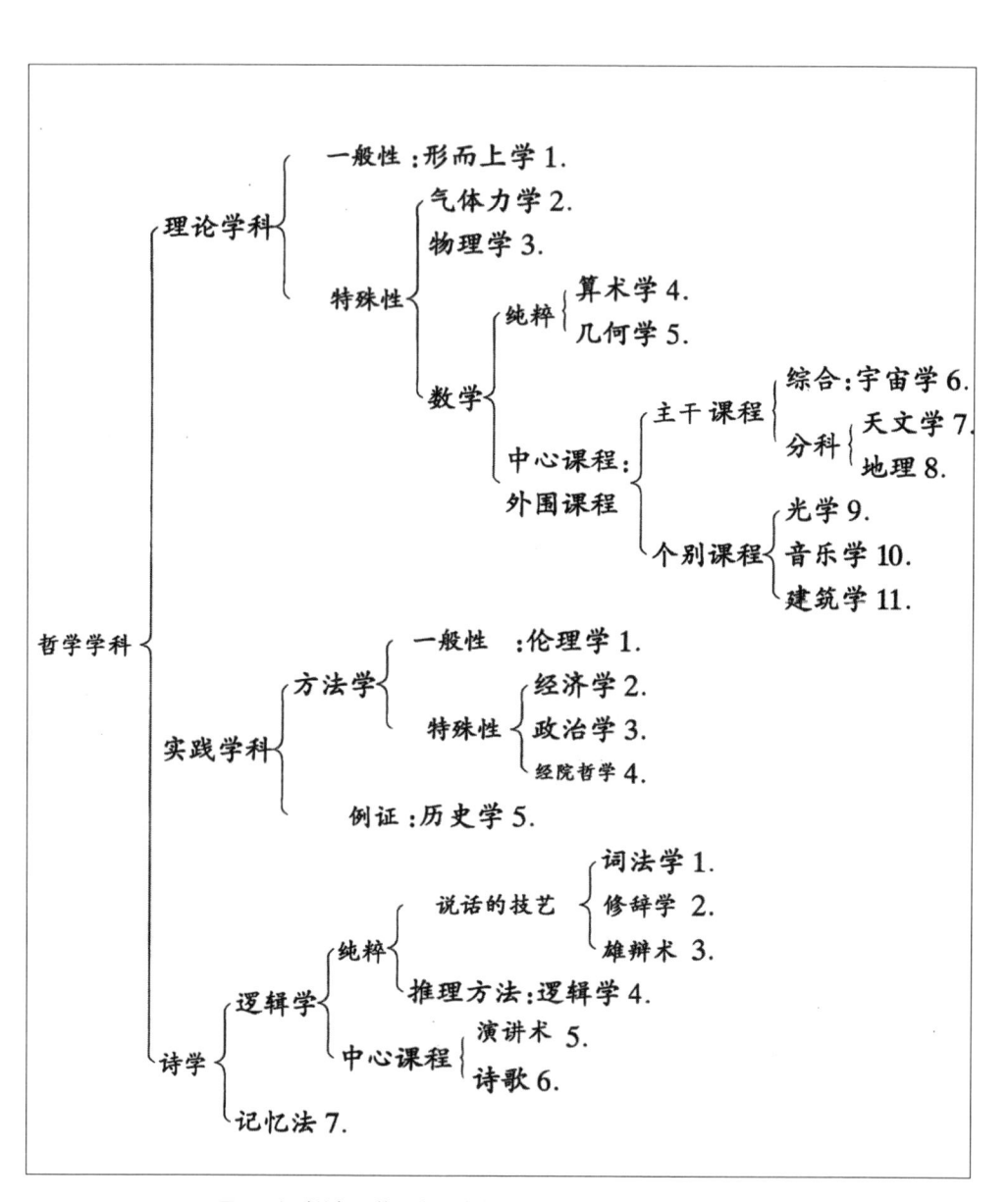

```
                                   ┌ 一般性：形而上学 1.
                                   │         ┌ 气体力学 2.
                   ┌ 理论学科 ┤         │ 物理学 3.
                   │              └ 特殊性 ┤        ┌ 纯粹 ┬ 算术学 4.
                   │                         │        │      └ 几何学 5.
                   │                         │ 数学 ┤                  ┌ 主干课程 ┬ 综合：宇宙学 6.
                   │                         │        │                  │           │ 分科 ┬ 天文学 7.
                   │                         └        │ 中心课程：        │           │      └ 地理 8.
                   │                                   │ 外围课程         │           │ 光学 9.
                   │                                                      └ 个别课程 ┼ 音乐学 10.
                   │                                                                  └ 建筑学 11.
哲学学科 ┤        ┌ 一般性：伦理学 1.
                   │                  │         ┌ 经济学 2.
                   │ 实践学科 ┤ 方法学 ┤ 特殊性 ┼ 政治学 3.
                   │              │         └         └ 经院哲学 4.
                   │              └ 例证：历史学 5.
                   │                         ┌ 词法学 1.
                   │         ┌ 说话的技艺 ┼ 修辞学 2.
                   │         │                └ 雄辩术 3.
                   │ 逻辑学 ┼ 纯粹 ─ 推理方法：逻辑学 4.
                   │ 诗学 ┤        ┌ 演讲术 5.
                         │ 中心课程 ┤ 
                         │        └ 诗歌 6.
                         └ 记忆法 7.
```

图 1　学科的哲学体系表（摘自：Alsted, *Encyclopaedia*, col. 81）

资料来源：〔瑞士〕瓦尔特·吕埃格主编、贺国庆等译：《欧洲大学史·第二卷·近代早期的欧洲大学》，第 521 页。学科分类术语译名由吴天岳、徐龙飞根据 *A History of the University in Europe, Volume II, Universities in Early Moderation Europe, 1500-1800*, Cambridge University Press, 1996, p.500 的原图作了修订。

的禁锢虽然已经突破，它的地位也大幅降低，但是知识的统一性或统一的知识体系的观念依然具有巨大的影响力，即使牛顿也还认为自己所从事的乃是一项哲学工作，而事实上，正是牛顿理论成为确立自然科学独立性的最重要的推动力量，尽管他将自己的力学理论放在哲学的统一名称之下。

上面的这张"学科的哲学体系表"展示了那个时代人们关于知识统一性或统一知识体系的观点。

从图1所列的知识体系，我们看到，在17世纪，所有的知识分为三大部分，即理论学科、实践学科和诗学——这与我们在康德哲学体系里所看到的大体相同。形而上学与许多尚未展开的自然科学一起构成理论学科，不过，前者是一般理论，后者属于特殊学科。伦理学与经济学、政治学、历史学和演讲术一起构成实践学科，而诗学所包含的皆是人文学科，逻辑学在那个时代主要属于人文学科。这个学科体系只覆载哲学院的所有学科，其他三大学院的学科并不包括在内。

通过这个哲学学科的体系表，我们可以了解和认识那个时代有关知识总体及其相互关系的观念和思想。由此，我们也就能够明白，笛卡尔的《哲学原理》为什么包括几乎当时所有自然科学的分支，以及为什么他的自然哲学能够取代亚里士多德的自然哲学成为17世纪的主流，直到牛顿自然哲学的出现。这也为我们理解康德哲学体系各个部分之间的关系，比如理论哲学与自然科学的形而上学基础之间的关系，提供了历史背景知识。由此我们同样也就可以领会，即便自然科学已经从哲学独立出去而自立门户，德国唯心主义哲学家们和各种流派的继承者，尤其是黑格尔，还将自然哲学作为其哲学体系中的一个重要部分这种传统的由来。但是，就如我们在近代早期大学看到的情况一样，传统的习惯常常有其持久的力量，而它有时会以改头换面的方式和制度在后世发挥影响。比如在中国大学，尤其在哲学系长期存在的自然辩证法课程就是这个传统的一个特别的延续，它是黑格尔自然哲学通过恩格斯而对现代中国科学和哲学，以及人们的一般思维和思维方式所施加的持久影响。

（4）向现代哲学活动的转变

现代哲学活动与作为学科的现代哲学活动并不完全同步，因为如前所述，后者受制于大学体系和制度。大学体系和制度变革的主要动力来自人类知识的增长以及人们对于知识及其体系的重新认识。自然，我们也可以简单地说，传统大学体系和制度改变的基本动因主要来自自然科学的发展。

大学哲学学科体系的改变是一个逐渐展开的过程。这个过程可以从如下几个不同的方面来叙述：

首先，欧洲古典时期大学开始设立独立的学科教授席位，"在16世纪和17世纪早期，许多欧洲大学，尤其在新教地区的大学，开始设立大量的历史学教授席位"[1]。这里可以举一个典型的例子，"斯密的创造性在于他以现世主义的、功利主义的伦理哲学作为严肃的经济学研究的起点，而18世纪不论在大学内或大学外都几乎没有人将后者视为一门学科"[2]。1776年出版的《国富论》是一位哲学家从道德的视野对人的基本行为的尝试性的考察，但它毫无疑义地标志着一门新学科即经济学的创立，而这个考察的成果也成了经典。这说明，学科体系和制度方面的变化落后于研究的实际变化，而学术研究和领域的拓展又领先于人们关于新领域和新学科的反思和规定。

其次，自然哲学的基础逐渐发生变化，数学逐渐取代形而上学成为物理学的基础，而实证的观点也逐渐成为自然科学的基本原则。在16世纪早期，哲学学生获得文科硕士学位的条件之一就是在文学院学习一定时间的数学。在17世纪下半期和18世纪早期，就对精确的数学和物理学的兴趣而论，笛卡尔学派的教授或许并不比亚里士多德学派的教授更多。"然而，他们确实相信……几何学知识有助于训练人们形成清晰严密的论点。结果，他们开始在讲授物理学之前加上了数学入门。"[3] 这个转变对无论是自然科学还是哲学都是关键的，其重要性一时却难为人们清楚地意识到。

在现代自然科学在基础上从自然哲学体系独立出来之前，所有自然哲学的分支最终都依赖于一套共同的形而上学原理，亚里士多德哲学长期充任这个角色，笛卡尔哲学曾经取而代之，但所发挥的作用也是类似的，即充当最终的形而上学根据。只有牛顿哲学才从根本上改变了这一状况。人们接受和采纳牛顿的学说，自觉或不自觉地放弃最终的形而上学原理一类

---

[1] 〔瑞士〕瓦尔特·吕埃格主编、贺国庆等译：《欧洲大学史·第二卷·近代早期的欧洲大学》，第601页。
[2] 同上书，第614页。
[3] 同上。

信条，认识到物理学是建立在数学基础之上的经验主义的科学，这样，物理学就从形而上学那里独立了出来。[1]"既然物理学已经这么做了，其他的哲学学科为什么还要结合在一起呢？逻辑学、形而上学、伦理学及它们的各个子学科作为独立研究的学科，按照牛顿的经验主义方式且不受先验主义假设或神学命令的限制来进行研究，不就可以得到更好的发展吗？随着18世纪的过去，启蒙运动的主要领军人物——当然包括牛顿学派，都认为这样做可以使各个学科得到成功的发展，这样社会科学的各个分支的独立研究就出现了。"[2] 于是，牛顿学说就从根本上瓦解了形而上学原理作为一切知识基础的根据，它促进了自然科学充分自由的发展，但也放弃了所有知识具有最终统一性的理想。

最后，启蒙运动不仅最终奠定了理性的首要地位，也奠定了现代教育的基本观念和分级教育的体系，如前所述，它也是哲学院最终成为高级学院的外在条件。但是，与此同时，亦即从18世纪80年代开始，哲学也就失去作为所有自然科学的最高原理的地位，尽管它当时也成功地宣称了它是其他学科的理论和方法论基础。[3]

3. 课程与教学方式

欧洲古典大学的哲学教学和课程与前面所述的哲学观念的演进和趋势具有直接的关联。关于那个时代的教学和课程体系，这里只能做一个简要的叙述。

因为哲学是与其他学科结合在一起的，所谓的哲学课程也就包含在文学院的全部课程之中。要单独讨论哲学课程，我们就需要将它们从其他课程中分离出来。但是，既然当时的哲学原本就是广义的，我们也就可以从总体上来考察文学院的基础课程，以了解哲学教学在那个时代的特点。

文学院的主要课程类型有两种：讲演和论辩[4]——这与现代大学的讲授

---

[1] 〔瑞士〕瓦尔特·吕埃格主编、贺国庆等译：《欧洲大学史·第二卷·近代早期的欧洲大学》，第613页。
[2] 同上书，第614页。
[3] 同上书，第661页。
[4] 〔瑞士〕瓦尔特·吕埃格主编、程玉红等译：《欧洲大学史·第一卷·中世纪大学》，第357页。

与研讨课在一定程度上是相对应的，至少在演进上有一种渊源关系。

讲演课的基本形式就是对指定文本的阐发和分析，学生在上课之前必须阅读指定文本和相关文献，并且提出问题。一般而言，不同地区的大学在结构上各有差别。但是，"无论是否具有学院制，欧洲各国大学的上课形式都是通用的"[1]。在当时，讲演课水平实际上是比较高的。"更宽泛地说，在中世纪大学中以高度技术性的、非修辞的、以逻辑为基础的讲授哲学问题的方式（这也是它被忽视的另一个原因）被看作和20世纪分析学派的方法异乎寻常的接近。"[2]

辩论课的基本形式是学生就一些基本问题分成正方和反方，彼此诘问和回答，最后得出结论。这种辩论当时在不同的大学各有不同的形式和规定。比如，在牛津大学，学生首先必须参加逻辑辩论课，然后才能参加自然哲学的辩论课；但在巴黎大学，它们虽然属于两种不同的辩论课，但学生可以同时参加。辩论课延续到学生毕业考核，尤其是硕士生毕业答辩，都需要当众回答问题。[3]

这里有两份文学学士（文学院学生）如要毕业获得学位必须修完的课程表。牛津大学文学学士的学制一般是四年，该大学《1268年章程》规定的必修课程如下：

（1）古逻辑学：如"波菲利《范畴篇》导论"，亚里士多德"范畴篇"与"解释篇"。

（2）新逻辑学：包括"前分析篇"、"论题法"和"论诡辩"。

此外，可以确证的课程还包括：

（3）语法：包括普利西安"语法结构"以及多纳图斯"小艺"（Ars minor）。

（4）自然哲学：如亚里士多德的"物理学"、"论灵魂"、"论生成"和"动物机能衰退论"。

逻辑课程是最先要修习的基本课程，一般学满一年之后接受一两次的考

---

[1]〔瑞士〕瓦尔特·吕埃格主编，贺国庆等译：《欧洲大学史·第二卷·近代早期的欧洲大学》，第345页。
[2]〔英〕约翰·马仁邦主编，孙毅等译：《劳特利奇哲学史·第三卷·中世纪哲学》，第5页。
[3]〔瑞士〕瓦尔特·吕埃格主编，程玉红等译：《欧洲大学史·第一卷·中世纪大学》，第360页。

查，然后参加逻辑命题的答辩，接着就开始其他课程的学习，最后需要进行答辩。[1]

牛津大学1409年的课程包含如下一些内容：

学生在升入大学二年级后至少要就前庭辩论（Parviso）[2]的指定著作进行为期一年的讨论。必修课程包括多纳图斯的"小艺"、"波菲利《范畴篇》导论"，以及吉尔伯特·波里的"六原理论"；亚里士多德的"论诡辩"、算学、复活节计算法、"天球"等——以上都是所有学院的学生的必修科目。[3]

学生要想毕业，就必须修习七艺的每门课程。在那个时代，哲学课程主要包括三个领域的内容，即自然哲学、伦理学和形而上学。在15世纪，牛津大学哲学课程的主要参考书基本上都是亚里士多德的著作。(1) 自然哲学：亚里士多德《物理学》，或《论天》、《元素属性》、《论植物》、《论灵魂》和《动物志》等亚里士多德小论著中的任意一篇。(2) 伦理学：亚里士多德《伦理学》，或《经济学》和《政治学》。(3) 形而上学：亚里士多德《形而上学》。[4]

到了中世纪后期，哲学课程由四个相对独立的领域构成，即逻辑学、伦理学、形而上学和物理学。伦理学包含了现代意义的政治学和经济学的内容，形而上学包含了自然神学和心理学，而物理学则包含了所有自然科学的内容。

16世纪初，人们开始抨击中世纪后期哲学课程体系有如下一些缺点：(1) 亚里士多德哲学凌驾于其他古典哲学如柏拉图哲学之上；(2) 课程太长，需5至7年时间才能学完；(3) 用不规范的拉丁文来讨论深奥的哲学问题，属于浪费时间。除此之外，还有 (4) 激进的观点主张从根本上取消哲学教育；其他的观点则包括 (5) 引入柏拉图主义，改善文本阅读课程，或者重组这类课程；(6) 反对哲学的四分法，比如清除形而上学部分。但是，直到17世纪上半叶，哲学课程依然由这四个部分构成。[5]

---

[1] 〔英〕海斯汀·拉斯达尔著、邓磊译：《中世纪的欧洲大学》第三卷，重庆大学出版社2011年版，第97页。
[2] 这是指牛津大学在大学教堂前庭（in parviso）所举行的辩论课，学生需在此回答老师提出的问题，故此得名。内容关涉语法、逻辑、算学等。
[3] 〔英〕海斯汀·拉斯达尔著、邓磊译：《中世纪的欧洲大学》第三卷，第98页，译文有改动。
[4] 同上书，第99页。
[5] 〔瑞士〕瓦尔特·吕埃格主编、贺国庆等译：《欧洲大学史·第二卷·近代早期的欧洲大学》，第605页。

在 17 世纪，虽然各个大学的情形各有差异，但从总体上来说，哲学课程发生如下一些变化：

首先，人们对亚里士多德著作的看法逐渐发生了变化，比如，巴黎大学出现了著名的亚里士多德哲学批评者，即彼得吕斯·拉谟斯，他认为，逻辑并非是与正确推理规则有关的学科，而是确定和排列证据的实用技术。另一方面，大学学者不再将亚里士多德视为哲学的唯一权威。巴黎学派在 17 世纪下半叶前期，根据天文学、生理学、动力学和气体力学的最新成果对传统的物理学课程进行了改造。从 17 世纪中期开始，首先在新教地区的大学中，机械论哲学开始取代亚里士多德哲学，而前者的主要思想来源就是笛卡尔哲学。[1] 在 18 世纪牛顿学说开始在欧洲古典大学逐渐占据主导地位，笛卡尔的先天的和独断的思想让位于经验主义的牛顿理论。

其次，在现代大学中逐渐形成的自然科学、社会科学和人文科学体系也开始体现在大学课程之中，虽然它们还是在哲学课程的名义之下，甚至在法学等学科的名义之下，而且许多人对这些学科的独立性和前景也没有多少意识或明确的意识。

最后，哲学课程学习时间缩短为二至三年。

自然科学，尤其是物理学，和其他学科的迅速发展与独立，兼以启蒙运动的促进，欧洲古典大学传统四大学院的结构最终在 18 至 19 世纪之交之时被打破了，而哲学也在自然科学、社会科学和人文学科独立出去之后，形成了比以前狭窄但更加确定的独立的课程体系。

欧洲古典大学早期的学生制度具有统一性，但各个大学依然具有自己的特点，依大学所在地区或国家采纳不同的学习方式。当时占主导地位的有两种大学生活模式：一种是巴黎大学模式，它或多或少地采用封闭式寄宿或学院体系；另一种是博洛尼亚大学模式，学生学习相对自由，可以在私人住宅或房屋中膳宿。[2] "通常，在英国、法国和西班牙的大学中占主导地位的是封闭式教育系统，在意大利、德国和欧洲北部和东部大学中学生的学习形式

---

[1] 以上内容参见〔瑞士〕瓦尔特·吕埃格主编、贺国庆等译：《欧洲大学史·第二卷·近代早期的欧洲大学》，第 604—615 页。

[2] 同上书，第 345 页。

相对自由。"[1]

巴黎大学模式后来的典型表现就是英国学院[2]，而与之相对的是德国现代大学的模式，学生生活形式与其学习一样，都有相当大的自由度。人们也可以说，现代大学制度的许多因素来自历史上既已形成的一些传统。不过，在当时，这两种形式并非囊括了所有欧洲大学的学生学习和生活方式，即便在以某一种形式为主的大学里，也包含其他类型的因素，彼此渗透。

4. 教师制度与学位

在欧洲古典大学的制度中，学位制度是与教师制度密切关联的。在欧洲大学的早期，学位甚至直接就是与教师制度结合在一起的，这一点我们还可以从学位本身的名词上看出来。

"就形式而言，大学学位制度自中世纪以来就没有任何改变。然而，几个世纪以来，每个国家甚至每一个大学都草拟了一些规则，就学习期限、考试性质、学位间时间的间隔、花费和其他必需，以及授予方式等方面进行管理。"[3]

在欧洲古典大学时期，大学学位的出现和成型的时间虽然有先后，但一共有三种，即学士、硕士和博士。一般来说，在早期，高级学院，即医学院、法学院和神学院只录取完成文学院学习而获得学士或硕士学位的学生。事实上，学位制度在欧洲古典时期还是发生了一些变化，这主要就是学位制度在不同的地区出现了分化。

在早期，或在不同的大学，学士与硕士学位之间的区别、硕士学位与博士学位之间的区别并不是那么的明确。"一般来说，博士学位可以紧随硕士学位之后获得，而不需要任何特别的间隔，结果它经常在授予硕士学位的当天或第二天授予。"[4]

巴黎大学 1215 年制定的章程已经确定了硕士学位与学士学位之间的区

---

[1]〔瑞士〕瓦尔特·吕埃格主编，贺国庆等译：《欧洲大学史·第二卷·近代早期的欧洲大学》，第 345 页。
[2] 现在中国若干大学所谓的本科学院的改革，几乎就是倒退到这种古典学院制度上去。在那些不明大学学习制度的历史的国人看来，这确实是陌生的新东西。
[3]〔瑞士〕瓦尔特·吕埃格主编，贺国庆等译：《欧洲大学史·第二卷·近代早期的欧洲大学》，第 374 页。
[4] 同上书，第 379 页。

别，在1252年又正式提出了学士学位的规定。[1]学士学位需要经过四年的学习，前两年修习讲演和辩论两类课程，后一年在一名导师指导下参加辩论，同时要修习该位导师的课程，甚至可能要住在他的家里。[2]硕士学位的学业时间长达六年，甚至八年——在不同的大学有不同的规定，通常的情况是获得学士学位者留在大学，一面继续学业，主要参加辩论课程，一面开设讲演课程，主持辩论课程。硕士学位的最终获得需要通过一项程序和仪式。它分为两个阶段：第一阶段，候选人要发表一场讲演，参加一场答辩，就出席的教师所提出的问题予以答辩；第二阶段是在翌日，候选人以新的身份发表一个就职讲演，并主持一场辩论。他要进行记录并作出评论。这样，这位硕士的教师身份就得到了确认，成为文学院的正式成员。[3]

在硕士学位之前是更低的学士学位。最初，它通常只是由文学院亦即哲学院授予，文学院很少颁发更高的学位。自16世纪始，这样的情况开始改变，因为文学院获得了更大的独立性，能够更加自由地发展，成为真正的高级学院，分别教授哲学、语言学、数学和其他科学。虽然文学院颁发文学硕士学位，但也出现了更高的学位，这就是逐渐被称为哲学博士的学位。[4]

在德意志地区，学士学位自16世纪之后逐渐消失，人们进入大学学习获得的第一个学位是硕士，而更高一级的博士学位也慢慢地普遍起来。但是获得一个博士学位花费高昂，所以许多人安于硕士学位，在实际上它与博士学位的功用是一致的。[5]

在今天，尤其在没有大学发展历史知识的人们眼里那些泾渭分明的学位与学衔，在欧洲古典大学早期原来却是混合在一起的，它们之间的分离是以后几百年间逐渐演变的结果。直到现代大学兴起之后，它们才基本上分离为两种彼此关系密切却性质不同的制度。

这里举"教授"这个术语的复杂历史演变为例。"拉丁语'professor'用

---

[1]〔瑞士〕瓦尔特·吕埃格主编、程玉红等译：《欧洲大学史·第一卷·中世纪大学》，第357页。
[2] 同上书，第357页。
[3] 同上书，第361—362页。
[4] 参见〔瑞士〕瓦尔特·吕埃格主编、贺国庆等译：《欧洲大学史·第二卷·近代早期的欧洲大学》，第374—375页。
[5] 同上书，第362页。

来指所有博士学位的获得者。例如，常见的 STP（Sanctae Theologiae Professor）意思就是神学博士。同样可以肯定，拉丁词'lector'或'praelector'在很长一段时间内也演变为教授的通用的和官方的术语。"[1]

在欧洲古典大学，教师与教授之间没有明确的界限。每一个获得学士学位的人都要开讲演课，想要成为硕士或博士的人也要开讲演课。到16世纪这个制度开始改变，只有得到授权的学位拥有者才可以开设讲演课。讲师与教授之间的界限也开始逐渐明确起来。[2] 这时就出现了新的现象："一般情况下，几乎每一所大学都有一个由有权势的'固定'教授组成的小核心，在其周围聚集着一个由各种教师构成的比较重要的群体，这些教师（博士、硕士、领有开业证书的人、学位应考者、学士）或帮助前者承担一定的职责，或通过提供专门的或辅导性的教学来谋生。"[3]

教授的任命有三种制度："第一种是由一个学院委员会来判别一名申请者的优点并决定其任命；第二种是教授任命的决定权不在学院，而掌握在大学全体成员的手中；第三种是把任命权归于地方、省或国家一级政府。"[4] 这三种任命方式通常是混合在一起的，不同的大学会以其中的某一种为主。不过，欧洲古典大学越到后来，政府对教授任命的介入越深，它的权力也越大。

教授职位自15世纪起开始世俗化，没有教士身份的人也可以担任教授，而在这之前它属于教士的特权。

在多数大学里，有志成为教师的学者首先只能在文学院谋得一个职位。几年之后，他们就会争取在高级学院即神学院、医学院和法学院获得一个职位——这表明，当时的教师都是通才式的人物。哲学院的教授职位只是到了18世纪才被看作与其他学院教授职位同样重要的席位。[5]

在欧洲古典大学时代，并不是所有教授都要有博士学位，直到古典大学与现代大学转变之际这才普遍地成为一个必要的条件。"蒂宾根大学从1601

---

[1] 〔瑞士〕瓦尔特·吕埃格主编、贺国庆等译：《欧洲大学史·第二卷·近代早期的欧洲大学》，第226页。
[2] 同上书，第227—228页。
[3] 同上书，第229页。
[4] 同上书，第236页。
[5] 同上书，第255页。

年起每一位普通教授都要有博士学位（特殊教授有专业开业证书即可）。"[1]

需要提及的一点是，大学教师，或者准确地说，教授成为一个固定的职业，是到了欧洲古典大学晚期才出现的事情。到这个时候，人们对教师的职责也有了更为明确的意见和要求。虽然大学里的学者一直在推动学术的发展，但并不是所有的教授都专注于学术研究。

为此，18世纪德国的马丁·威兰就主张，发表论文和著作是教授的职责之一："出版著作和论文本质上是学者的活动，对教授而言再合适不过了，因为通过出版社他可以有机会扬名于国外，而且由此提高了大学的声望。"[2] 据记载，在当时颇为著名的哥廷根大学，哲学院的年青教师出版著作的平均数量是五部，而正教授出版著作的平均数量达到十本。不过，这些著作的质量和内容都参差不齐，从布道集、摘要到论辩等各种形式都有，与现代的学术研究尚有相当大的差距。[3]

教师或教授的另一个职责就是讲课，讲一门完整的课程，或者某项特定的内容。[4]

大学教师还负有其他的职责。比如，在学校行政方面的职责，是要担任大学校长、院长和系主任等，监督学生的行为和品行、生活方式和业余活动等。在德意志地区的大学，校长一职是教授轮流担任的，康德就曾经担任过一年的哥尼斯堡大学的校长。

总之，在欧洲古典大学时期，一方面，教授不是一种得到特别尊重的职业，不过，另一方面，教授确实也是享有重要特权的职位。[5]

3. 现代大学

（1）现代大学的兴起

从现代大学开始，哲学的整体活动和发展又与作为学科的哲学活动汇合

---

[1] 〔瑞士〕瓦尔特·吕埃格主编、贺国庆等译：《欧洲大学史·第二卷·近代早期的欧洲大学》，第235页。
[2] 同上书，第231页。
[3] 同上书，第232页。
[4] 同上。
[5] 同上书，第266页。

为一体了，因为大学又重新成为所有哲学活动的主要场所，哲学学术共同体的基本领域。从此，重要哲学家同时就是大学的教师。因此，有关哲学观念、理论和思潮及其演变，人们从各种哲学史和专著里面就可以方便了解，而这里的论述重点主要就着眼于大学哲学活动的制度层面和哲学教育。

不过，在直接讨论现代哲学学科的发展之前，有必要首先简要介绍现代大学的性质及其演变。

第一，现代大学与古典大学的区别可以从许多层面来考察，而至关重要的一点就是，现代大学是以学术研究为宗旨，因而获得新知识和新观念就成为大学的首要原则，大学的教学和其他活动以此为核心，整个学校的组织和制度也是围绕这个核心而构建起来的。柏林大学的首要原则之一即学术和教学相结合就是出于这个理念。因此，与古典大学不同，现代大学的教师，尤其教授必须是从事研究的学者。教授在课堂所教授的必须是他学术研究的成果，而不仅仅是既有的教条和陈旧的知识。学生在大学的学习并非只限于获得现成的知识，而是要掌握科学或知识的基本原理、获取知识的方法，亦即要提高思维能力并从事原创性的学术研究。这个观念就决定了现代大学的教学方法和课程体系的变革。柏林大学相信，在学术研究上面杰出的学者，始终也是最佳的教师。[1]

第二，与第一点相关，自然科学、社会科学和人文学科的各门学科的独立和自主发展既是现代大学形成的前提条件，也是它的基本特征。学术研究领域的专门化，亦即学科的形成，既是各种专门研究分化和独立的结果，也是不同领域和方向的研究彼此综合的结果。这两种现象都是人类对新知识和新思想的探索和追求所必然导致的，它们同时也是新知识和新思想获得的途径。

第三，这与前两点也直接相关，现代大学的整个结构是以专业院系为单位组织起来的，教师和学生也以同样的原则组织起来。这一点在柏林大学贯彻得最为彻底，因为学术原则是它的最高原则。

现代大学还有其他一些性质，比如教学自由和学习自由，研究生与本科

---

[1]〔德〕弗·鲍尔生著，滕大春、滕大生译：《德国教育史》，人民教育出版社1985年版，第125页。

生教育在制度上和教学上的分离等，它们是依据上述三条原则发展出来而具有某种地域特性的原则和制度。

上述现代大学的原则和特征无疑从根本上影响了哲学学科。哲学基础问题和理论的研究和探讨固然是要寻求新的观念和思想，哲学文本和历史的研究也一样要提供新的解释和观点。诚然，哲学学科这些新现象和特征的出现有一个逐渐演变的过程，但现代大学原则、制度和体系的建立，强化了这个趋势和倾向。我们看到，一方面，哲学研究的成果大量增加，另一方面，自然科学、社会科学和人文学科纷纷从哲学分离出来，哲学越来越成为专门领域的理论和知识，而不复是凌驾于所有学科的最高原则。[1] 现代大学体系的形成过程也就是形而上学受到持续的批判、挑战和抛弃的过程，但同样也是哲学和形而上学不断发展和变化的过程。

现代大学的原则、制度和体系最早是从德意志地区的大学发展起来的。这是在世界文明史中出现的特例：落后的德国反而率先建立了现代大学体系，从而带动了整个世界的进步和发展。

在18世纪，英国大学实行的依然是学院（亦称书院）制度。这里所谓的学院不是神学、医学、法学和哲学四大学院，而是以宿舍为基地、具有鲜明社团性质的师生团体，学院的学生皆是本科生。通过复杂的演变过程，它从大学早期的同乡会发展为固定的学院，如牛津大学的三一学院。在历史上，先有大学，后有学院。大学是教师教授和学生学习的场所。但在以后的发展中，学院逐渐发展成为教学中心，大学的功能随之而衰退，沦落为学院的松散联合体。大学教师成为向不同学院的学生提供各种课程的课程供应者。一个学生要想进入大学，必须进入一所学院注册，成为那个学院的成员，然后才成为大学的学生。英国古老大学如牛津和剑桥就教学而论，有两套系统，首先是各个学院自己的教学系统，学院有自己的导师或院士，他们负责基本的课程，主要就是讲解经典著作，并且负责学生的教养等事务。其次是大学的教学系统，包括一些综合性的学术机构，它们为各学院提供一些学院自身无法提供的课程。"由于一流教师的主要身份是学院导师，因此他

---

[1]〔瑞士〕瓦尔特·吕埃格主编、贺国庆等译：《欧洲大学史·第二卷·近代早期的欧洲大学》，第375页。

们所承担的研究工作被摆在了次要的位置。他们的业绩取决于本科优等生的培养,而不是成果丰硕的学术工作。许多世纪以来,牛津大学和剑桥大学的工作重点一直放在本科生教育方面。如果数字可以说明问题的话,那么今天的情况依然如此。"[1] 美国大学由于历史的传承起初采用英国大学的书院制度,在 18 世纪末与 19 世纪初才开始普遍地采用德国现代大学的体系。

在法国,19 世纪初,拿破仑实行了大规模的彻底的教育改革,主要内容包括如下几个方面:第一,实行中央集权的教育制度,国家举办高等教育,管理高等教育;第二,全国划分帝国大学(实质上为最高教育行政机构)、学区和省区;第三,教育机构划分初等教育、中等教育和高等教育,分区管理。高等教育的重心从大学转向高等专科学校,后者主要的任务就是教学,而不重视学术研究。拿破仑教育改革的结果导致法国高等教育的发展由徘徊而处于停滞,大大落后于德国大学。

现代大学及其制度在德意志地区尤其普鲁士兴起的原因多种多样,除了特定的政治、社会和历史境遇之外,这里我们只提及两项主要的因素:第一,各种哲学观念的兴起及其影响;第二,知识的领域化发展及其成熟,尤其是自然科学的成长。我们不得不承认,在大学的发展过程中,人们的观念和精神的因素通常发挥了决定性的作用。影响 19 世纪德国大学的改革乃至德国整个教育改革的哲学思潮有多种,主要的有新人文主义、自由主义和浪漫主义,历史进步和发展的观念以及民主主义的倾向。上述这些思潮的影响是逐渐展开的,然而,它们却共同对柏林大学的建立发挥了作用。"古老的学府如此彻底地按照一种理念进行重塑,可以说是前无古人,后无来者。当然,这一事件也是长期酝酿的结果,追根溯源,人们不难发现莱布尼茨、康德、歌德以及其他人的影响——他们都积极参与了民族文化的创造。但具体说来,这一新时代与稍后出现的一批人物有关,他们是黑格尔、费希特、施莱尔马赫和洪堡。"[2]

现代大学建立的标志是柏林大学,但其观念和制度则最早发源于哈勒

---

[1] 〔美〕亚伯拉罕·弗莱克斯纳著、徐辉等译:《现代大学论》,浙江教育出版社 2002 年版,第 233—234 页。
[2] 同上书,第 272 页。

大学、哥廷根大学和后来的爱尔兰根大学。有学者认为，哈勒大学是欧洲第一所现代意义上的大学，因为它最早出现了两个特点：第一，采纳了现代的哲学和科学观念和原则；第二，以思想自由和教学自由为基本原则。在此之前，无论新教设立的大学还是天主教设立的大学，都要以教会的教条为原则。[1]

就哲学学科而言，哈勒大学的哲学教授们为现代大学初期的哲学学科奠定了基本的范围，无论是自觉的还是不自觉的。这包括哲学的基本领域和主题，在德国大学第一个用德语讲授哲学的是托马斯（Chr. Thomasius），他所教授的内容包括哲学、自然法和法理学等课程。对现代大学的哲学学科来说，更重要的人物是沃尔夫。他讲授的课程包括数学、物理学和哲学。他建立的哲学体系在德意志各大学几乎影响了一个世纪。[2]康德所批判的形而上学体系，就是以他所建立的体系为原本的。

1810年建立的柏林大学基本上落实了上述现代大学的原则、制度和教学方式，尽管某些原则和制度的普遍落实也花费了较长的时间。它的成功又反过来影响德意志其他地区的大学改革，包括那些曾为其源头的大学。相对于其他地区和国家的大学，以柏林大学为代表的现代大学体系确实展现出了巨大的优势。

弗莱克斯纳甚至在1928年左右还认为，如果大学从根本上来说是一个从事学术研究的场所，要致力于保存知识并促进系统化的知识的话，那么"正如我们已经发现的，这不是当前美国大学的理念，也不是英国人的理念"[3]。但弗莱克斯纳对大学的要求，与柏林大学初建时的原则相比，已有重大的差别，后者是以发现新知识也就是以学术研究为主的。当时的美国大学和英国大学是否连这个较低的标准都没有达到？弗氏的话或许稍有夸张，却也道出德国大学的超前和现代大学体系的优越。美国现代大学体系的建立基本上就是学习德国大学制度的成果，诚然，现在的状况是青出于蓝而胜于蓝。

弗莱克斯纳认为，直到1876年，美国仍然只有学院，亦即英国大学那

---

[1]〔德〕弗·鲍尔生著，滕大春、滕大生译：《德国教育史》，第79—80页。
[2] 同上书，第83页。
[3]〔美〕亚伯拉罕·弗莱克斯纳著、徐辉等译：《现代大学论》，第201页。

样的书院。约翰·霍普金斯大学的成立改变了这一状况，它主要是按照德国大学的样板建立起来的。最初它只有一个哲学院，随后又建立了医学院。在几十年间，它是美国唯一一所真正意义上的大学。在课程上，既开设讲演课，又开设研讨课（seminar）。在研讨课中，教授和少数学生从事高水平的教学和研究。它对美国大学产生了公认的巨大的影响。[1]

（2）哲学院系与哲学课程

学科史要关注大学在思想史上的意义。在欧洲古典大学里面，所谓思想史其实基本上是可以用哲学思想史来概括的。当人们仔细考察欧洲大学史，尤其关注它们的教学体系时，就会发现，自然科学、社会科学和人文学科与哲学在学科意义上的真正分道扬镳，是在19世纪现代大学建立时开始的，直到20世纪之初才算基本完成。不算古典大学的长期酝酿，这个过程本身就经历了差不多一百年的时间。

在德国大学的现代转向中，哲学院的地位得到了极大的提高，其关键和契机就在于，教师不再是能够简单地讲解教条和现成的知识，而是要不断地提出新的观点、思想和理论，而哲学院，亦即包括自然科学、社会科学和人文学科的哲学院，正是这种创造的渊薮或园地，因此，哲学院在大学中终于取得了领先地位。

鲍尔生认为，哲学院的领先并不限于科学知识本身，在大学教学方法方面亦是如此。现在，神学和法学从语言学和历史学那里获得理论基础——神学和法学因此准确地说来也就成为宗教学和法律科学，因为这些知识的各部分都离不开语言学和史学的研究。医学的情况更是如此，现代医学的基础是物理学、化学和生物学等自然科学，并且随处都要利用这些自然科学的成果和方法。[2] "的确，从十九世纪神学和法学的发展看，神学和法学可以作为语言学和史学研究的分支，仅仅因为它们涉及的科学不同，并且为着实用的关系，神学和法学才分别成为专门的学院。到现在，这两门学科以前所有的教条性质的内容，逐渐地被史学研究方法所取代。神学

---

[1] 〔美〕亚伯拉罕·弗莱克斯纳著，徐辉等译：《现代大学论》，第60—61页。
[2] 〔德〕弗·鲍尔生著，滕大春、滕大生译：《德国教育史》，第128页。

已不再讲那套关于上帝和世界、三位一体和耶稣化身等绝对真理和论证，而成了基督教的历史科学。法学不再讲那套有关自然法或现行法的讼律格言，而成了法律发展的历史科学，讲述从法律的起源到现行法律制度的发展过程，当然这一发展过程在整个历史的长河中又只是一个短暂的片段。"[1] 不仅如此，在实际的教学方法上，神学、医学和法学三个学院也普遍效法哲学院的讲授课和讨论课的方式。[2]

另外，需要提一下的是，现代大学及其哲学教育也极其多样，这里主要概述作为主流的并且对中国哲学学科影响最大的德国大学和美国大学哲学教育的相关内容。

（甲）德国大学哲学教育

我们首先分析柏林大学建立初期几个学期的哲学课程表（见图2），以展示和考察当时的哲学教学及其方式。从1810年到1830年左右，柏林大学哲学课程经历了从初创伊始的简略到内容渐丰的过程。在1810年的哲学（它的德语学术名称是 Philosophische Wissenschaft，或在强调哲学的科学性或学术性）课程表上，作为校长的费希特所讲的课是"哲学研究"，课程表上还有"知识学"、"意识行动"等课——这些似乎都与费希特有关。其他课程包括"培根的新工具"、"心理学"和"自然法"。

通过分析柏林大学建立初期二十余年的课程，我们可以看到，哲学课程的数量和种类当时并不多，常设的课程包括"哲学导论"、"形而上学"、"逻辑学"、"道德哲学"、"政治学"、"心理学"、"法哲学"（自然法和国家法等）和"哲学史"。"哲学导论"因人而异，比如1810年费希特任教的是"知识学"，而黑格尔任教的则是"哲学全书"。"哲学史"主要是断代史，亦有关于个人的专题研究，比如关于康德等人的研究。虽然柏林大学建校之初，就已经采用了研讨课的方式，但只限于个别系，哲学系尚未采用。

我们再来看看百年之后柏林大学的课程，这里有四张1911年夏季学期的课程表（见图3、图4、图5、图6）。

---

[1] 〔德〕弗·鲍尔生著，滕大春、滕大生译：《德国教育史》，第128页。
[2] 同上。

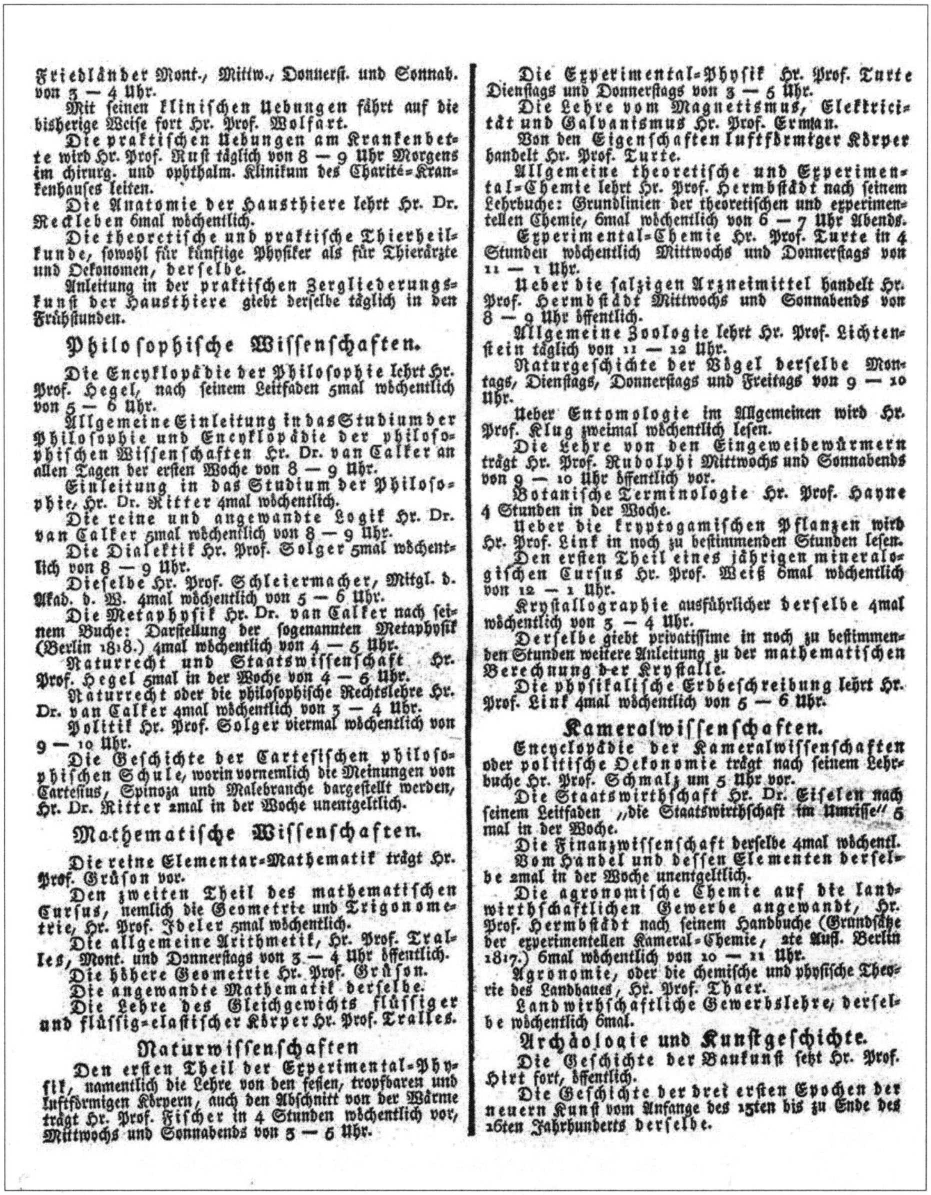

Friedländer Mont., Mittw., Donnerst. und Sonnab. von 3 — 4 Uhr.

Mit seinen klinischen Uebungen fährt auf die bisherige Weise fort Hr. Prof. Wolfart.

Die praktischen Uebungen am Krankenbette wird Hr. Prof. Rust täglich von 8 — 9 Uhr Morgens im chirurg. und ophthalm. Klinikum des Charité-Krankenhauses leiten.

Die Anatomie der Hausthiere lehrt Hr. Dr. Reckleben 6mal wöchentlich.

Die theoretische und praktische Thierheilkunde, sowohl für künftige Physiker als für Thierärzte und Oekonomen, derselbe.

Anleitung in der praktischen Zergliederungskunst der Hausthiere giebt derselbe täglich in den Frühstunden.

Philosophische Wissenschaften.

Die Encyklopädie der Philosophie lehrt Hr. Prof. Hegel, nach seinem Leitfaden 5mal wöchentlich von 5 — 6 Uhr.

Allgemeine Einleitung in das Studium der Philosophie und Encyklopädie der philosophischen Wissenschaften Hr. Dr. van Calker an allen Tagen der ersten Woche von 8 — 9 Uhr.

Einleitung in das Studium der Philosophie, Hr. Dr. Ritter 4mal wöchentlich.

Die reine und angewandte Logik Hr. Dr. van Calker 5mal wöchentlich von 8 — 9 Uhr.

Die Dialektik Hr. Prof. Solger 5mal wöchentlich von 8 — 9 Uhr.

Dieselbe Hr. Prof. Schleiermacher, Mitgl. d. Akad. d. W. 4mal wöchentlich von 5 — 6 Uhr.

Die Metaphysik Hr. Dr. van Calker nach seinem Buche: Darstellung der sogenannten Metaphysik (Berlin 1818.) 4mal wöchentlich von 4 — 5 Uhr.

Naturrecht und Staatswissenschaft Hr. Prof. Hegel 5mal in der Woche von 4 — 6 Uhr.

Naturrecht oder die philosophische Rechtslehre Hr. Dr. van Calker 4mal wöchentlich von 3 — 4 Uhr.

Politik Hr. Prof. Solger viermal wöchentlich von 9 — 10 Uhr.

Die Geschichte der Cartesischen philosophischen Schule, worin vornemlich die Meinungen von Cartesius, Spinoza und Malebranche dargestellt werden, Hr. Dr. Ritter 2mal in der Woche unentgeltlich.

Mathematische Wissenschaften.

Die reine Elementar-Mathematik trägt Hr. Prof. Grüson vor.

Den zweiten Theil des mathematischen Cursus, nemlich die Geometrie und Trigonometrie, Hr. Prof. Ideler 5mal wöchentlich.

Die allgemeine Arithmetik, Hr. Prof. Tralles, Mont. und Donnerstags von 3 — 4 Uhr öffentlich.

Die höhere Geometrie Hr. Prof. Grüson.

Die angewandte Mathematik derselbe.

Die Lehre des Gleichgewichts flüssiger und flüssig-elastischer Körper Hr. Prof. Tralles.

Naturwissenschaften

Den ersten Theil der Experimental-Physik, namentlich die Lehre von den festen, tropfbaren und luftförmigen Körpern, auch den Abschnitt von der Wärme trägt Hr. Prof. Fischer in 4 Stunden wöchentlich vor, Mittwochs und Sonnabends von 5 — 6 Uhr.

Die Experimental-Physik Hr. Prof. Turte Dienstags und Donnerstags von 3 — 5 Uhr.

Die Lehre vom Magnetismus, Elektricität und Galvanismus Hr. Prof. Ermlan.

Von den Eigenschaften luftförmiger Körper handelt Hr. Prof. Turte.

Allgemeine theoretische und Experimental-Chemie lehrt Hr. Prof. Hermbstädt nach seinem Lehrbuche: Grundlinien der theoretischen und experimentellen Chemie, 6mal wöchentlich von 6 — 7 Uhr Abends.

Experimental-Chemie Hr. Prof. Turte in 4 Stunden wöchentlich Mittwochs und Donnerstags von 11 — 1 Uhr.

Ueber die salzigen Arzneimittel handelt Hr. Prof. Hermbstädt Mittwochs und Sonnabends von 8 — 9 Uhr öffentlich.

Allgemeine Zoologie lehrt Hr. Prof. Lichtenstein täglich von 11 — 12 Uhr.

Naturgeschichte der Vögel derselbe Montags, Dienstags, Donnerstags und Freitags von 9 — 10 Uhr.

Ueber Entomologie im Allgemeinen wird Hr. Prof. Klug zweimal wöchentlich lesen.

Die Lehre von den Eingeweidewürmern trägt Hr. Prof. Rudolphi Mittwochs und Sonnabends von 9 — 10 Uhr öffentlich vor.

Botanische Terminologie Hr. Prof. Hayne 4 Stunden in der Woche.

Ueber die kryptogamischen Pflanzen wird Hr. Prof. Link in noch zu bestimmenden Stunden lesen.

Den ersten Theil eines jährigen mineralogischen Cursus Hr. Prof. Weiß 6mal wöchentlich von 12 — 1 Uhr.

Krystallographie ausführlicher derselbe 4mal wöchentlich von 3 — 4 Uhr.

Derselbe giebt privatissime in noch zu bestimmenden Stunden weitere Anleitung zu der mathematischen Berechnung der Krystalle.

Die physikalische Erdbeschreibung lehrt Hr. Prof. Link 4mal wöchentlich von 5 — 6 Uhr.

Kameralwissenschaften.

Encyclopädie der Kameralwissenschaften oder politische Oekonomie trägt nach seinem Lehrbuche Hr. Prof. Schmalz um 5 Uhr vor.

Die Staatswirthschaft Hr. Dr. Eiselen nach seinem Leitfaden „die Staatswirthschaft im Umrisse" 5 mal in der Woche.

Die Finanzwissenschaft derselbe 4mal wöchentl.

Vom Handel und dessen Elementen derselbe 2mal in der Woche unentgeltlich.

Die agronomische Chemie auf die landwirthschaftlichen Gewerbe angewandt, Hr. Prof. Hermbstädt nach seinem Handbuche (Grundsätze der experimentellen Kameral-Chemie, 2te Aufl. Berlin 1817.) 6mal wöchentlich von 10 — 11 Uhr.

Agronomie, oder die chemische und physische Theorie des Landbaues, Hr. Prof. Thaer.

Landwirthschaftliche Gewerbslehre, derselbe wöchentlich 6mal.

Archäologie und Kunstgeschichte.

Die Geschichte der Baukunst setzt Hr. Prof. Hirt fort, öffentlich.

Die Geschichte der drei ersten Epochen der neuern Kunst vom Anfange des 15ten bis zu Ende des 16ten Jahrhunderts derselbe.

图 2　1818 年柏林大学哲学系课程表

说明：表上有黑格尔及施莱尔马赫所讲的课。黑格尔所讲的是“哲学全书”（Die Enzyklopädie der Philosophie），是依照教材讲的，每周讲五次，每次一小时。黑格尔另一门课是“自然法和政治学”。在这个课程表上，我们看到另一位重要哲学家施莱尔马赫，他讲的内容是“辩证法”，一周讲四次，也是下午 4—5 点的时刻。从整个课表来看，“哲学导论”课占有主要地位。

Verzeichnis der Vorlesungen

an der

Königlichen Friedrich-Wilhelms-Universität

zu Berlin

im Sommer-Semester 1911

vom 19. April bis 15. August 1911

Preis 50 Pfennig

Berlin 1911
Universitäts-Buchdruckerei von Gustav Schade (Otto Francke)
Linienstraße 158

图 3　柏林大学哲学系 1911 年夏季学期课程表 1-1

Philosophische Wissenschaften

Grundprobleme der Philosophie, Prof. **Lasson**, Fr 6-7 abends, ö. [548

Einleitung in die Philosophie, Prof. **Münsterberg**, Mi 11-1, p. [549

Einleitung in die Philosophie (mit besonderer Rücksicht auf Sozialphilosophie), Prof. **Simmel**, Mi So 9-10, p. [550

Probleme der modernen Kultur (der Streit der Kunstprinzipien, das religiöse Problem, objektive und subjektive Kultur), Prof. **Simmel**, Mi So 10-11, p. [551

Der Zusammenhang von Philosophie und Politik in der Neuzeit, besonders in Deutschland, Dr. **Spranger**, Mo 6-7 abends, g. [552

Psychologie, Prof. **Erdmann**, Mo Di Do Fr 12-1, p. [553

Allgemeine Psychologie, mit Einschluß einer Übersicht über die Geschichte der Psychologie, Prof. **Dessoir**, Di Fr 5-6, p. [554

Grundzüge der Experimentalpsychologie, mit Demonstrationen, Dr. **Rupp**, Mi So 9-10, p. [555

Logik und Erkenntnistheorie, Prof. **Stumpf**, Mo Di Do Fr 10-11, p. [556

Logik und Erkenntnistheorie, Prof. **Lasson**, Mo Di Do Fr 11-12, p. [557

Grundzüge der Logik, Dr. **Döring**, So 11-1, p. [558

Logik der Naturwissenschaften, Prof. **Riehl**, Di Fr 9-10, p. [559

Allgemeine Erkenntnistheorie, Dr. E. **Cassirer**, Mi So 4-5, p. [560

Geschichte und System der Ethik (mit besonderer Berücksichtigung des Rechts und des Bildungswesens), Dr. **Frischeisen-Köhler**, Di Fr 5-6, p. [561

Willensfreiheit, Prof. **Münsterberg**, Do 6-7 abends, ö. [562

Ästhetik der Tonkunst siehe Kunstlehre

Religionswissenschaft siehe unter Theologie

图 4　柏林大学哲学系 1911 年夏季学期课程表 1-2

46   Philosophische Fakultät

Allgemeine Geschichte der Philosophie, Prof. Stumpf, Mo Di Do Fr 11-12, p.   [563

Allgemeine Geschichte der Philosophie, Prof. Dessoir, Mo Di Do Fr 4-5, p.   [564

Geschichte der Philosophie im Altertum (mit Einschluß des Orients), Dr. Misch, Mo Do 5-6, p.   [565

Geschichte der neueren Philosophie, Prof. Lasson, Mo Di Do Fr 10-11, p.   [566

Geschichte der Philosophie: Kant und der deutsche Idealismus, Prof. Riehl, Mo Di Do Fr 10-11, p.   [567

Kritische Geschichte des Empirismus in der neueren Philosophie, Prof. Erdmann, Di Fr 11-12, p.   [568

Geschichte und Kritik des Monismus, Dr. Frischeisen-Köhler, Di Fr 6-7 abends, p.   [569

Philosophie der Gegenwart, Dr. Frischeisen-Köhler, Mi So 4-5, p.   [570

Leibniz: Das System und seine Bedeutung für die Philosophie der Gegenwart, Dr. E. Cassirer, Di 6-7 abends, p.   [571

Die Philosophie Fr. Nietzsches, Prof. Riehl, Mi 5-6, ö.   [572

Im Philosophischen Seminar:

1. Seminaristische Übungen zur Psychologie der Sprache, Prof. Erdmann, Mo 6-8 abends, pg.   [573

2. Seminaristische Übungen über Kant: die Antinomie der reinen Vernunft, Prof. Riehl, Mo 11-12, pg.   [574

Im Psychologischen Institut:

1. Theoretische Übungen, Prof. Stumpf, So 12-1, pg.   [575

2. Experimentelle Übungen für Anfänger, Dr. Rupp, Mi So 10-11, p.   [576

3. Experimentelle Übungen für Vorgeschrittene (Farben- und Tonwahrnehmungen), Dr. Rupp, Di Fr 3-5, prss.   [577

4. Leitung wissenschaftlicher Arbeiten, für Vorgeschrittene, Prof. Stumpf mit Dr. Rupp, täglich, in zu bestimmenden Stunden, prss.   [578

5. Colloquium über Neuerscheinungen auf dem Gebiete der Experimentalpsychologie, für Vorgeschrittene, Dr. Rupp, Di 5-7, prss.   [579

Übungen zur Ästhetik, Prof. Dessoir, Mo 5-6, ö.   [580

图 5　柏林大学哲学系 1911 年夏季学期课程表 2-1

Philosophie — Mathematik

Philosophische Übungen, Prof. **Simmel**, in zu bestimmender Stunde, ö. [581
Philosophische Übungen, Dr. **Misch**, Mi 6-8 abends, pg. [582

Pädagogische Prinzipienlehre, Prof. **Münch**, Mi So 11-12, p. [584
Pädagogik (Geschichte und System), Dr. **Spranger**, Mo Di Do Fr 9-10, p. [585
Pädagogisch-theoretische Übungen, Prof. **Münch**, Mi 12-1, pg. [586

Mathematische Wissenschaften

Einführung in die Determinantentheorie, Prof. **Hettner**, Mi 9-11, p. [587
Analytische Geometrie, Prof. **Knoblauch**, Mo Di Do Fr 9-10, p. [588
Differentialrechnung, Prof. **Lehmann-Filhés**, Mo Di Do Fr 10-11, p. [589
Integralrechnung, Prof. **Schwarz**, Mo Di Do Fr 10-11, p. [590
Theorie der algebraischen Gleichungen, II. Teil. Prof. **Frobenius**, Mi So 9-11, p. [591
Gewöhnliche Differentialgleichungen, Dr. **Schur**, Mo Di Do Fr 10-11, p. [592
Einleitung in die Funktionentheorie, Dr. **Schur**, Mo Di Do Fr 11-12, p. [593
Funktionentheorie, zweiter Teil, Prof. **Schottky**, Mo Di Do Fr 11-12, p. [594
Ausgewählte Anwendungen der elliptischen Funktionen, Prof. **Schwarz**, Mo 6-8 abends, ö. [595
Variationsrechnung, Prof. **Schwarz**, Mi So 11-1, p. [596
Krümmungstheorie der Kurven und Flächen, Prof. **Schottky**, Mo Di Do Fr 12-1, p. [597
Theorie der Raumkurven, zweiter Teil, Prof. **Knoblauch**, Mi 8-9 morgens, ö. [598
Theorie der krummen Flächen, zweiter Teil, Prof. **Knoblauch**, Mo Di Do Fr 8-9 morgens, p. [599

图6 柏林大学哲学系1911年夏季学期课程表2-2

在这个课表上，课程大概分为如下几类：

第一类，导论性的课程，如"哲学基础问题"、"哲学导论"、"当代文化问题"——这个题目有时代性，那个时代的德国人喜欢谈论文化问题。

第二类，基础性课程，如"心理学"、"逻辑与认识论"、"自然科学的逻辑"、"自由意志"等。

第三类，哲学史、断代史和哲学家思想的专门研究，如康德、莱布尼茨研究；值得注意的是，已经有尼采研究，这在当时还是一个新的题目，也表明了授课教师对哲学思潮的敏感性。

第四类，研讨课，当时所开设的此类课程有"语言心理学"和"康德的二律背反"。

第五类，心理学虽然还在哲学名下，但已经有自己的机构，并且有专门的课程，如"实验和练习"等。

第六类，是其他学院开设的课程，哲学院的学生需要选修的，如"宗教学"、"声乐美学"等。

在这个课程表中，研讨课的形式首次出现，但名称还不统一。不同类型的课程先前就已经存在，但现在已经有了初步的分类，各种类型的名称还并不一致。

在这个课表中，人们可以看到，哲学史占有相当大的比重。人们所熟悉的重要哲学家在这里出现的有西美尔（Simmel）、卡西尔（Cassirer）——他当时还不是教授，还有以编辑黑格尔著作闻名的拉松（Lasson）。有意思的是，在这个学期，施通普夫（Stumpf）和拉松两位教授同时开设了"逻辑与认识论"的课程。这不仅让人们想到此前几十年叔本华与黑格尔打擂同时开设同名课程的故事。

在这个世纪之交的时刻，现代哲学课程体系已经建立。虽然在后来的发展中，制度日趋健全，课程分类更为明确，内容和种类更为多样，不过，后面诸项，除了其他因素，还有赖于哲学系的规模和教师数量。

总之，课程主要有三种类型，即讲演课（或称大课）、练习课（Übung）和研讨课（Seminarische Übung）。还有一种等级最高的课程，即专题论辩（colloguium），它的基本形式是几位教师与众多博士生一起就特定题目进行讨论和辩驳，它应当就是古典大学辩论课的现代变种。现在在德国大学里，这种课程依然存在。这个课表的课程类型与弗莱斯克纳在20世纪初期所作的论断是一致的："大学中普遍使用的教学方式有三种，即大班讲课、与助教合作开设的实习课、为经过选拔的学生保留的研讨班。"[1]

除了主修专业之外，学生一般还要兼修两门辅修专业。同时，因为实行学习自由的制度，始终有一些学生是从其他主修专业或者其他学校转过来的，这就使得学生知识背景不仅广阔而且多样化。这也就让我们理解：为什么综合性的学者和思想家大多出在德国大学，而德国哲学教授总是具有相当广阔的知识，可以从事复杂的和体系性的学术研究和理论构建。

柏林大学哲学系的课程无论初创之时的简略，还是百年之后的完备体系，都展现了现代哲学学科的一些鲜明特征。第一，课程直接体现和反映了当代哲学主流，当时的主要观念、思想和思潮，以及人们集中关注的领域。费希特讲授"知识学"，黑格尔讲授他的"哲学全书"，都是经典表现。20世纪初有关尼采的课程，有关逻辑与认识论关系的课程，文化问题的课程，同样如此。第二，哲学教授和其他教师在课堂上所讲授的内容，正是他们自己正在思考、研究和不断修改完善的思想体系。黑格尔的至今仍为经典的许多著作就是讲义或出自课堂笔记。上面提及的几位柏林大学哲学系的教授，情况也大抵如此。直到20世纪，这样的传统依然延续着，海德格尔的许多著作就是他授课的讲义，是他正在思考的问题乃至思考的方式；他的授课所展示的乃是一位哲学家实际的哲学活动，所谓在途中的哲学思维。第三，重视基础课程，但在不同时代，基础课程的内容则有很大的差别。第四，出于哲学教育基础训练的需要，同时或许也出于传统，哲学系学生必须选修其他学科的相关课程。

（乙）美国现代哲学教育

这里我们再来看看哈佛大学在1968年"静悄悄的革命"，即其文理学院实行通识教育之前的哲学教学。

---

[1]〔美〕亚伯拉罕·弗莱克斯纳著、徐辉等译：《现代大学论》，第278页。相关的内容还可参见《诗魂——数学家的沉思》（江苏教育出版社2008年版）第166页。

FACULTY OF ARTS AND SCIENCES

Philosophy 141. Inductive Logic

Half course (spring term). M., W., (F.), at *11.* Professors D. C. WILLIAMS and SCHEFFLER. (IV)

Principles and problems in the theory of induction, probability, confirmation and decision.

Prerequisite: The equivalent of Philosophy 140 or the permission of the instructors.

Philosophy 143. Introduction to the Philosophy of Mathematics

Half course (fall term). Tu., Th., (S), at *9.* Assistant Professor C. D. PARSONS. (XI)

Philosophical issues concerning mathematics: The concepts of class, number, axiom, proof, infinity, mathematical existence; the "reduction of mathematics to logic," intuitionism.

Prerequisite: Students who have not taken Philosophy 140 or had equivalent preparation should take Philosophy 140 concurrently.

Philosophy 148. Philosophy of Language

Half course (spring term). M., W., (F.), at *10.* Professor QUINE. (III)

Topics: Basic features of scientific language; problems of meaning and existence.

Prerequisite: Philosophy 140.

[Philosophy 149. Philosophy of Science]

Half course (spring term). Tu., Th., (S.), at *10.* Professor SCHEFFLER. (XII)
To be given in 1963–64.

Analysis of basic features of science: the nature of scientific terms and laws; description, explanation, prediction, confirmation, reduction.

Prerequisite: One half course in philosophy.

Philosophy 152. Theory of Knowledge: Meaning and Perception

Half course (fall term). M., W., (F.), at *10.* Professor RODERICK FIRTH. (III)

An examination of some of the basic problems concerning empirical knowledge. Readings in the works of leading contemporary philosophers such as Lewis and Russell.

Prerequisite: Any two half courses in philosophy.

[Philosophy 154. Theory of Knowledge: The Concept of Necessity]

Half course (fall term). M., W., (F.), at *12.* Professor M. G. WHITE. (V)
To be given in 1963–64.

An examination of the philosophical issues surrounding the notions of

FACULTY OF ARTS AND SCIENCES

Philosophy 171. Political and Social Philosophy
Half course (fall term). Tu., Th. (S.), *at 11.* Professor RAWLS. (XIII)

An examination of some of the philosophical concepts and moral principles expressed in a rational appraisal of social institutions. Special attention will be given to such conceptions as natural rights and natural law, justice and equality, liberty and tolerance, the common good and social utility. Readings from classic and contemporary writers representing specific interpretations of these ideas.

Prerequisite: One half course in philosophy.

[Philosophy 186. The Nature and Function of History]
Half course (spring term). M., W., (F.), *at 12.* Professor M. G. WHITE. (V)
To be given in 1963–64.

A philosophical examination of historical language and inquiry. One part will be devoted to the logic of theories of historical development, for example, those of Marx and Toynbee; a second will treat the problem of historical explanation; a third will deal with philosophical problems connected with narrative discourse. Special attention will be given to the relationship between history and the social sciences, and also to the role of moral judgment in historical writing.

Primarily for Graduates

[Mathematics 281. Proof Theory]

Mathematics 282. Axiomatic Set Theory
Half course (spring term). M., W., F., *at 2.* Professor QUINE. (VII)

The set-theoretic foundations of classical mathematics will be developed, with special attention to existence assumptions. The principal axiom systems for set theory will be compared.

Prerequisite: Philosophy 140 or equivalent preparation in quantification theory.

Mathematics 283. The Herbrand Theorem, Decision Procedures, Decidable Theories
Half course (fall term). (M.), W., F., *at 2.* Associate Professor DREBEN. (VII)
Prerequisite: See instructor.

*****Philosophy 204. Seminar: Issues in Plato's Later Dialogues**
Half course (spring term). Tu., 2–4. Associate Professor SACHS (Brandeis University). (XVI, XVII)

*****Philosophy 243. Seminar: Philosophy of Mathematics**
Half course (spring term). ~~M., 3:30–5:30.~~ Associate Professor DREBEN.
F., 3:15–5:15 (VIII, IX)

图 8 哈佛大学哲学系 1962—1963 年学年课程表 2

课程分三种程度：第一，本科生课程（Primarily for Undergraduates，编号1—99以内）；第二，本科生和研究生共同课程（For Undergraduates and Graduates，编号100—199）；第三，研究生课程（Primarily for Graduates，编号200—299）——这个等级的课程里多是研讨课；第四，研究生阅读和研究课程（Graduate Courses of Reading and Research，编号300以上）——这是教师针对学生的个人研究的个别指导课程，可在教师的研究范围内请求；第五，其他系的课程（Courses in Other Departments）——这是指与哲学有关的课程，如"经济学"、"古典语言"等。

我们看到，哲学作为一门学科在这里展现了相当成熟的课程体系。这不仅体现在哲学的一般教学，而且也体现在具有鲜明学派特征的哲学系里。在20世纪60年代的美国哲学界，现代经验主义已经占据主流地位。从课程来看，经验主义的和分析哲学的课程占多数，但古代哲学、近代唯理论哲学依然有其传统的势力，现象学也出现在课程表中（见图7、图8）。

由此，人们可以了解到当时美国大学课程体系的一些知识。第一，虽然通识教育的"静悄悄的革命"发生在1968年，但通识教育的研究和实验在这之前已经进行了很长一段时间了。第二，哈佛大学课程系统是本科生和研究生统一的系统课程。第三，课程是分级的，整个课程设计的系统性很强，所有课程都有次序或等级的编号，它表明这些课程适合于什么年级或程度的学生修习。学生选修课程是有条件的，即上某一门课程前必须先修过相关的预备性的或基础性的课程。比如，当时罗尔斯的"政治和社会哲学"课程就要求先修过"哲学"，奎因的"公理集合论"课程就要求先修"哲学140"的课程。由此可以看出当时人们对哲学知识之间的关系和课程体系的观念和理解。

在下面的文字里，我们将要叙述一下美国普林斯顿大学哲学系现行的哲学课程体系和学习要求[1]，从而结束这个有点漫长的哲学学科在西方的历史演变。

在当代世界，美国大学的哲学学科无疑居于世界前列，而普林斯顿大学

---

[1] 下面有关普林斯顿大学哲学系的简介和课程的内容都摘自美国普林斯顿大学哲学系网站：http://etcweb.princeton.edu/CampusWWW/Companion/philosophy_department.html。笔者作了一些必要的调整或增删。

哲学系又是美国顶尖的哲学系，以它为例子来分析当代西方哲学学科教学状况，无疑是相当合适的选择。

在 19 世纪晚期，普林斯顿大学哲学系的主流还是康德和黑格尔。当时，普林斯顿大学哲学系与英国哲学界保持着紧密的联系，系里任教的若干教师直接来自英国，比如著名的英国康德专家斯密就是在普林斯顿完成他的名著《〈纯粹理性批判〉评注》的。20 世纪初，美国哲学界兴起的反康德—黑格尔的新实在论思潮，主力就是普林斯顿哲学系的教员。在这个时期，真正造就美国哲学系转向的是美国的詹姆斯和杜威的实用主义，英国的摩尔和罗素的实在论与欧洲大陆的实证主义。年轻一代是这个转变的主力，但一些黑格尔主义势力根深蒂固的美国大学哲学系甚至拒绝聘用持有上述思想的年轻学者。还有一些哲学系单单重视上述思潮中的一种。普林斯顿大学哲学系在这个转变时期坚持中道，在传统和新兴思潮之间保持平衡。到了 20 世纪五六十年代，若干后来成为现代分析哲学和经验主义大师的青年教师进入该系，直到 70 年代，这里曾经或一直闪耀的群星包括亨普尔、戴维森、克里普克和罗蒂等现代经验主义和分析哲学家，有考夫曼、内格尔和斯坎伦等哲学史和实践哲学领域中的重要人物。从总体上来说，普林斯顿大学哲学系还是保持它的中道，但实质上顺应美国哲学主流，偏重于分析哲学。

在这样一个知识背景之下，我们来考察一下普林斯顿大学哲学系现行的学习制度，从而了解以现代经验主义哲学为基本立场的哲学学科的教育。通过分析，我们也可以比较系统地认识到，这个哲学派别所主张的基础知识和训练是什么，他们关于哲学内部不同专业和方向之间关系的观念又是如何。[1]

普林斯顿大学就如美国其他大学一样实行通识教育，本科生进入大学是不分专业的，接受通识教育之后在三年级才开始选择学科。因此，哲学的专业教育是到三年级才开始的。系里有专门的教师负责指导学生选课，本科任何年级的学生在遇到选课的问题都可以去寻求指导。

本科生所要选修的课程一共有八种。其中至多两种课程是低级课程，

---

[1] 以下关于该系课程与学业的简述摘自 http://philosophy.princeton.edu/philosophy-majors.html，笔者作了一些必要的调整或增删。

即编号 200 或以下的等级。还有至多两门课程可以从外系所开设的课程中选修而作为哲学系的同类课程——这主要是为了扩大学生的知识面，加深他们对知识与其他知识之间联系的理解。在八种课程中有六种应当是这样安排的：从形而上学、伦理学与价值哲学、逻辑与科学哲学和哲学史这四个领域里要选择三个领域，每个领域要修两门课程。余下的两种课程则没有这样的限制。

四年级学生撰写某种跨学科的论文，可以代替上述三个哲学领域中的两门哲学课程。选择政治哲学的学生可以在政治学系选修两门课程，以代替某一个哲学领域的课程，同时选修伦理学与价值哲学领域的两门课程、其他领域的两门课程。选修科学哲学方向的学生，同样也可以在诸如数学、物理学、生物学、心理学和语言学中选修两门课程，以替代某一哲学领域的两门课程。

对于选修常规课程的学生，选修其他系的同类课程需要个别批准。有些课程虽然与哲学有关，但不能替代"哲学"课程，如"文本分析"等。

最近几年，在普林斯顿大学哲学系，通常被认定为哲学同类课程的是政治学系的"政治理论课"，历史学系里最多的是"历史科学"，稍少一些的是非西方文明的"理智史"（intellectual history），后者要与"西方哲学史"作比较。——这也体现了两个特征：第一，政治哲学持续热门；第二，非西方文明的理智（不用哲学这个概念，颇显奇怪）引起美国学生和学者的关注。

三年级学生要参加"研讨课"（seminar）。"研讨课"有人数的规定，比如 5 人以上，有一名系里的教师指导。"研讨课"为学生提供了从课程选修向独立研究转变的途径。"研讨课"或一周一小时，或两周两小时，讨论由指导教师所遴选出来的阅读材料。所有学生最终要写一篇 5000 个单词，约 20 页的论文，题目取自所阅读的材料。如果说 20 世纪 60 年代"研讨课"还主要是为研究生开设的，那么它现在贯彻在美国大学教学的各个层面，甚至普及到高中教学之中。

除此之外，三年级学生还要在教师的指导下写一篇学年论文，篇幅为 5000 个单词，约 20 页。四年级学生要在系里教师的指导下写一篇毕业论文，篇幅为 1 万个单词，约 40 页。

同时学生还要参加一次系里的考试，即 90 分钟的口试，范围是某一哲学领域，由毕业论文题目和相应的阅读文献大纲所规定。倘若学生认为口试不足以反映其知识和能力，可以另外举行一次笔试，但不能代替口试。[1]

据普林斯顿研大学哲学系网站报道，该系的研究生教育有三大特征：即住宿、小规模正式研讨课（5至15人）和教师的良好指导。每个学年的研究生总数约在40人，师生比为1∶2。

研究生的标准学程设置如下：每个学期修哲学领域的三门研讨课，但在指导教师指导之下的独立研究可以替代课程学习。每位研究生必须掌握一门与自己研究领域相关的外语。特定的领域，譬如哲学史和近现代欧洲哲学对外语有专门的要求。在综合考试之前，研究生必须通过外语考试。

研究生在综合考试之前，还必须具备如下领域的基本知识：1. 古代的和现代的哲学史；2. 形而上学和认识论；3. 伦理学；4. 逻辑——这是需要评估的。

研究生如要证明具备上述的知识，就必须完成十个单位（相当于学分）的学习与研究。

哲学史领域至少有两个单位，形而上学和认识论领域两个单位，伦理学领域两个单位，逻辑学领域中一个单位，其他哲学领域两个单位，加上语言单位或替代的单位。

研究生可以通过研讨课、课程作业、考试或提交系内教师提前安排的独立作业来完成上述的单位。有最多不超过三个的单位，学生可以提交进入普林斯顿大学前所撰写的论文来代替。

对上述哲学领域，普林斯顿大学哲学系有一个大致的规定。比如形而上学和认识论，在普林斯顿的课程指导上，就包括形而上学、认识论、科学哲学、心灵哲学、语言哲学和数学哲学等部分。

对于学生何时应当修完多少课程，一门课程或单位如何算通过，也都有明确的规定。

在普林斯顿大学，哲学硕士学位并不是一个常规的学位，而只是一个偶然的学位。它并不招收以硕士学位为最终学位的学生，而只招收以博士学位

---

[1] 从前面标注之处到此处以上的内容都摘自普林斯顿大学哲学系网站。

为最终学位的学生。只是学生在修完所规定的课程而又无法从事博士研究工作时,才可能获得硕士学位,结束学业。

综合考试限定在博士生论文所要撰写的范围内,由三至四个小时的笔试和大致一个小时的口试组成,考试由系所安排的一个委员会主持,确保学生会受到出于各种不同的观点的考问。考试的题目很宽泛,博士生在综合考试中不是就论文提纲的细节作答辩,而是就拟撰写的博士论文范围内所涉及的某些观念进行答辩。

博士生是否允许继续进行博士论文的撰写,视综合考试的评分和先前所完成的单位而定。

博士论文由系里的两位老师担任导师,学生还可以向系里的其他教师请教。博士论文一般限制在10万个单词以内,最好是在3万至5万个单词之间。博士论文要有一页纸的提要。博士论文必须为系里所接受,为此要由两名并非导师的审阅者审读和推荐。博士论文接受之后,学生要参加公开的答辩,必须为自己在博士论文所涉及领域内的学术研究能力作出证明。通过答辩,学生就能获得学校颁发的哲学博士学位。

在攻读博士期间,学生必须参与教学工作,主持小组讨论、主持考试和批改作业论文等。这些都要算入课业之内。

普林斯顿大学哲学系的课程体系,我们可以把它视为从欧洲发源而扩展至整个西方的哲学学科教学的当下现象,虽然其中有些原则和观念在所有人文学科、社会科学乃至自然科学,都是相同的,但为了周全,这里依然要予以强调。

行文到此,我们有必要总结一下现代大学哲学学科的发展和演变的特点:独立性、专业性和领域性。

所谓独立性,是指哲学正式与所有其他自然科学、社会科学和人文学科分离,成为一个在对象、方法等方面皆有独特性的、与其他学科有明显区别的学术研究和教学领域,尽管哲学依然与它们保持着剪不断理还乱的密切关系。这种关系乃是哲学学科与其他学科之间持续分化和综合的条件,也是它们所导致的结果。

所谓专业性,是指哲学从包含自然科学、社会科学和人文学科的普遍知识成为一个有着自己特定范围的学科，在研究、教学和表达方面，都形成了自己的专业特征和要求。哲学学科有自己的基础训练以及相应的课程设计体系，有自己的基础知识范围，形成了它特有的判断一位学生或学者是否具备哲学基础知识和训练以及水平如何的标准。专业性的另一个表现，与其他学科相同，就是专业的概念和观念与常识之间的距离越来越大。

所谓领域化——也是现代一切学科的基本特征，是指在哲学学科内部包含不同的方向和亚专业，从而形成学科内部彼此互有区别的领域，有些领域之间除了最基础的问题和概念之外，在特定的时期内甚至存在着某种程度的对话困难，比如20世纪下半叶西方的分析哲学与欧洲大陆现象学—存在主义之间就有这样的障碍。这样的情况在其他学科也普遍存在，这是现代知识深化和扩展的必然结果。

哲学学科在当代的发展也展现了若干明显的特征，即在基本问题、基础训练和基本表达方式等方面，在整个世界范围内，都有越来越相同的趋势。不同地区和国家的哲学学术共同体，虽然会保持对本地区的哲学史、曾经兴起的主要思想和哲学人物的特别关注，但是，在基本问题、基础课程和基础训练等方面，越来越具有共同性。作为这种趋势的条件和结果，在世界范围内，不同国家和地区之间的哲学学术共同体和哲学学者之间的交流越来越经常和频繁，通过留学、任教、客座和访问讲演等互动与交通，以及更进一步的合作研究，彼此之间的关系也越来越密切。虽然不能说，一个世界性的哲学学术共同体正在形成，但是在特定的领域内，哲学学术共同体的国际化无论如何也是一个清晰可见的趋势。

第四节　中国现代大学与哲学学科

一、中国现代大学的建立与现代学科体系的形成

1. 中国学科简史

中国现代大学的历史就是不断引进西方的各种制度、不断建立各种制度

并且对它们进行不断改革的历史，这个进程到现在为止尚未结束。因此，直接依赖于大学制度的现代学科体系在中国也就无可避免地依然处于演变之中。

中国传统高等教育和科举制度与现代中国大学之间的关系，是复杂而多重的。一般而言，重视和支持教育、国家只任用通过考试录取的有学之士、尊重和优待士林阶层、学校制度和考试制度等，都直接地影响和促进了现代大学在中国的建立，而最早鼓吹、主张、着手建立和管理现代大学并促进其不断改革的人士也主要是由传统教育制度培养出来并由科举制度出身的精英人士。这些传统和优势无疑相当有利于包括现代大学制度在内的现代教育制度的建立。但是，在观念、理论、制度、结构和内容诸方面，现代中国大学则完全是从西方引进的，相应地，整个学科体系，包括哲学学科体系也是效仿西方的。

鸦片战争之后的19世纪四五十年代，中国开明知识分子提出了"师夷之长技以制夷"的口号，主张学习西方技术，至60年代冯桂芬进一步明确提出采纳西学，但目光还是在自然科学之上。最早设立的西式学校是"京师同文馆"，它以实用为目的，宗旨是学习语言文字。随着洋务运动的兴起，科学技术人才显得十分缺乏，当局又在同文馆增设算学、格物和化学等自然科学科目。它便是京师大学堂的前身。

甲午战争之后，设立大学和建立现代教育制度成了维新变法的重要内容，而这两者都是为了挽救民族国家于危亡。梁启超认为："变法之本，在育人材，人材之兴，在开学校，学校之立，在变科举。"[1]为此，当时的先进分子主张废除中国传统教育和考试制度，开设各级新式学校，尤其是大学。

1896年刑部左侍郎李端棻上《请推广学校折》，首次提议设立"京师大学"。李端棻的教育思想包含如下一些因素：第一，在全国建立统一的教育体系，"自京师以及各省、府、州、县皆设学堂"。第二，现代高等教育与传统科举和铨选制度相结合："京师大学选举、贡、生监三十岁以下者入学，其京官愿学者听之，学中课程一如省学，惟益加专精，各执一门，不迁其业，以三年为期。"毕业之后，"予以出身，一如常官"。第三，大学分科制，

---

[1] 梁启超：《论变法不知本原之害》，见《中国近代史资料丛刊》：《戊戌变法》（三），第21页。

京师大学堂分为十科，即天学科、地学科、道学科（各种哲学思想体系）、政学科、武学科、工学科、文学科、农学科、商学科和医学科。第四，现代文化建设，即设藏书楼，创仪器院，开译书局，广立报馆，选派游历等。李端棻的思想虽然混杂，却包含了颇为先进的学术分科因素。

京师大学堂初创时期的主要工作，就是设置现代学术体系亦即学科体系，而学科体系也经常变动。直到1902年中国第一个国家现代教育体系《钦定学堂章程》即"壬寅学制"颁布，中国现代大学的学科体系才通过其中的《京师大学堂章程》第一次以官方的形式制订出来。

所谓"壬寅学制"，乃是一整套国家教育体系，覆盖从蒙学、小学、中学到大学的等级、学年和学科设置等内容。这套学制虽然依据欧美日本教育体系，但也试图绍续中国传统教育制度，而使之有所承继。其中《京师大学堂章程》表明，大学是一个按照学科体系建立起来的教育机构。1903年的《奏定学堂章程》即"癸卯学制"颁布，它比"壬寅学制"更加完备，对大学各个学科和学科之下的分支和课程有具体的规定。严格地说，它是近代中国第一个正式的学制。依照其中的《奏定高等学堂章程》，大学堂旨在造就通才，共分为八科，每科分设多门：经学科、政法科、文学科、医科、格致科、农科、工科和商科。这个学制一直维持到清朝结束。

在民国初年，中国大学学科制度随着教育制度更新而不断地进行调整和改革，变动颇巨。这自然是中国接受现代大学制度的一个必须经历的过程。中华民国建立之后，大学制度亦持续变革，学科体系也随之而不断地调整。1913年教育部颁布"大学规程令"，大学学科分为"文科"、"理科"、"法科"、"商科"、"医科"、"农科"和"工科"等八科。与"癸卯学制"相比，总科目没有变动，但名称以及各科之下的门类则有较大的变动。文科下分为"哲学"、"文学"、"历史学"、"地理学"四门。[1] 1917年教育部修正学制，大学本科修业年限从三年延长为四年。

1919年，北京大学废除各科制，将门改为系，全校共14个系，重点发展文理法等学科。在学习制度上，实行选科制。它规定本科学生修满80个

---

[1]《教育杂志》第五卷第一号（1913）。

单位，即 80 个学分，就可以毕业。在 80 个学分中，一半为必修课，一半为选修课。选修课既可选修本系的课程，亦可选修外系的课程。

1922 年北洋政府颁布了"壬戌学制"：它以美国的学制为榜样，所建立的乃是从幼儿园直到大学的整个教育体制，基本上沿用到 1949 年。相应地，1924 年教育部颁布了《国立大学条例》。这个条例规定了大学的宗旨、学科、学制、组织和院系（科系）教授自治等事项。[1] 在制度上，它设立大学评议会和教授会，教授参与学校的治理。1929 年国民政府颁布了若干教育法则，其中有关大学的有《大学组织法》和《大学规程》等。有关学习的新内容包括大学必须由三个以上学院组成，且必须兼有文与理或农工医学院。教师职衔分教授、副教授、讲师和助教四种。大学一年级学生不分系，学习基本科目。大学采用学年兼学分制。

国民政府教育部于 1934 年颁布《大学研究院暂行组织规程》，第一条申明，大学设立研究院是为了教员研究高深学问，并招收研究生。

1935 年 4 月 22 日，民国政府颁布《学位授予法》，学位分学士、硕士和博士三级。硕士生和博士生一般在大学研究院或研究所从事研究，分别称为硕士候选人和博士候选人，博士候选人也可以是拥有特别的学术著作或发明，以及在大学或学院任教三年以上者。

上述大学学习制度维持到 1949 年，部分直到 1952 年院系调整才被取消。

中华人民共和国建立之后，中央政府于 1951 年 10 月颁布了《关于改革学制的决定》，公布实施新型的学制。这是 1952 年院系调整的前奏。

1952 年 6 月至 9 月，中央政府大规模调整了全国高等学校的院系设置，以"苏联模式"高等教育体系来改造民国时期主要依照美国模式建立起来的现代高等教育体系。"院系调整"有如下几个特点：第一，裁撤综合性大学，新建独立的专科性的工科院校；第二，强调政治挂帅和行政主导，大学和其他高等学校丧失自主权；第三，取消若干社会学、政治学等现代社会科学的学科；第四，取消私立高等学校；第五，在学习制度上，取消大学低年级学生不分院系和专业学习共同课的制度，取消学分制和通选课制，完全实行学

---

[1] 参见曲士培：《中国大学教育发展史》，北京大学出版社 2006 年版，第 276—277 页。

年制和专业教育，彻底限制了学生的学习自主性和主动性，抑制了学生个性的发挥。

苏式大学制度一直维持到20世纪70年代底。其中1966年至1977年间，大学一度停办，随后又实行工农兵"上管改"大学的模式，苏联模式也被全盘否定。

1977年中央政府决定恢复高等学校考试招生入学的制度，1978年春"文革"后第一批考试入学的学生进入大学，大学在全面恢复的同时也开始一系列的改革。

1980年全国人大常委会通过《中华人民共和国学位条例》，1981年起正式施行学位制度：学位分学士、硕士和博士三级。这是自中国现代大学诞生之后所建立的第二个国家学位体系。1985年中共中央发布《关于教育体制改革的决定》，改革的方向和趋势是恢复综合性大学，恢复选修课制、学分制，恢复以前被取消的社会学等学科，公共政治课开始进行改革。至20世纪90年代，中国大学开始试行通识教育。

这里需要提及的是，当代中国大学学术研究和学科体系，深受两种学科分类的国家规定和标准的影响：第一，国务院为高等学校以及科研机构所设立的研究生院制订的学科分类目录，至今为止，它共出过四个版本。第一个版本是1983年3月国务院学位委员会第四次会议决定公布的《高等学校和科研机构授予博士和硕士学位的学科专业目录（试行草案）》，最新的版本是《学位授予和人才培养学科目录（2011）》。第二，《中华人民共和国学科分类与代码国家标准》由国家技术监督局于1992年11月1日发布，1993年7月1日正式实施。无疑，这两者也就直接决定和影响了本学科史的结构和撰写。

这两种具有法规性质的分类标准的目的是便于行政管理，而对于学术和学科的自由和自主的发展，则是弊大于利。除了其他的因素，此类目录和标准的关键在于，它通过行政的手段与教师席位、学位制度、经费资助和奖项评比密切地结合在一起，从而严重地阻碍学科的自由生长和发展，妨碍不同学科之间的交流和综合，导致学术研究的新方向、新领域和新学科难以产生或形成迟缓的局面。新兴学科，尤其是综合性学科和领域的实际探讨和研究，始终要优先于有关该学科的反思和规定，而行政的承认又必定落后于这种学科的认识。国际通行的学科分类是归纳的，只是为着统计的需要，因而是以实际的学术研究和领域拓展为根据的，并没有强制的作用，因此行政权力无法介入人类知识分类、学术体系和组织之中。今天，中国大学改革新方向之一就是突破学科限制，促进多学科和跨学科的综合性研究和探讨，使得学术研究的新领域和新方向不断涌现，而其实际意义就是使各种学科生长、分离和结合得以自然自由地进行。

2. 北京大学学科体系的建立和发展

北京大学的建立标志中国正式接受现代学术体系，因为现代学术体系，无论是自然科学研究体系，还是人文学科和社会科学研究体系，都是以现代大学为骨干建立起来的。北京大学学科体系的建立是一个曲折发展的过程。因为中国固有的文明本身就是一个成系统的文明，它对于外来文明和文化体系的排斥乃是一种有体系的排斥，而对新的文明系统的接受不仅是渐进的，传统文明也一定会以体系的形式介入其中。

就学科演变而论，北大起初主要依据欧美和日本大学的样板设立各个学科分类，但同时也照顾到中国传统学术，予以特别的设置。这个分类体系体现了当时人们对刚刚从西方引入的知识与学科分类体系的理解。在没有切实的经验之下，完全照搬是难以完全付诸实现的。这样，在北大成立的最初几年里，学制和学科的不断调整就是相当正常的现象。倘若无须调整反倒是不正常的了。

北京大学学科体系的建立和演化，从一开始作为国家的大学体系和学术体系到现在作为其典型代表，体现了中国现代大学和学术的发展和进步。不过，并非所有在后面出现的现象都体现进步，亦并非所有以改革名义进行的事件都是先进的，其实今天许多以改革名义所做的事情或者直接就是一种倒退，或者就是以新的形式实现的去合理化。

中国大学制度依然处于持续的变动之中，根本原因就是人们关于知识与学术体系的态度和理解依然处于不确定的演变之中。人类学术探索在深度和广度上的进展和人类知识的持续增长，在体系上就体现为各种学科持续的分化和综合。这部学科史记录过去的变迁，但同时也为人们理解今天的状况和未来的发展提供借鉴和背景。

二、哲学学科的建立

1. 哲学学科的创立和完善

"哲学"这个词最早是由日本人创造出来的，用以对译 philosophia 和 philosophy 等西文对等词。它之引入中国并为人们所接受则经历了一个颇长的理解、翻译和再理解的过程。虽然哲学作为一个学科，作为人类知识和理智活动的特殊类型，最早是由古希腊人创立的，但是，中国传统思想从上古起就富含哲学的各种因素。因此，哲学，就如其他许多学科一样，虽然首先由欧洲人发现和创立，但却是普遍的人类知识类型，作为学科整体，并不具有地域的特殊性。诚然，这并不意谓，不同区域、使用不同语言、处于不同文明发展阶段的人的哲学活动不会具有不同的特征和偏重。

哲学作为一个学科是从西方引入的，在它被引入之前很早就被介绍到中国。在明清之际，传教士在引入基督教思想时，也同时介绍了西方学术大要。在艾儒略的《西学凡》里，哲学最早被译为"理学"。此书概要介绍了欧洲古典大学的各个学科和所授课程。艾儒略对理学作了如下的定义："理学者，义理之大学也。人以义理超于万物，而为万物之灵，格物穷理，则于人全而于天近。然物之理藏在物中，如金在沙，如玉在璞，须淘之剖之以斐禄所费亚之学。"[1]这里所谓"斐禄所费亚"即是拉丁语"哲学"一词的音译。艾儒略用中国传统的术语和观念来介绍哲学及其学科，倘若没有进一步的阐释，是很容易混同于中国传统思想的。他认为，当时西方哲学包括五个分支，它们分别是"落日加"(Logica)、"费西加"(Physica)、"默达费西加"(Metaphysica)、"马得马第加"(Mathematica)、"厄第加"(Ethica)。它们分别就是逻辑学、物理学或自然哲学、数学、形而上学和伦理学。[2]在那个时代，哲学还有"性学"和"爱知学"两种译法。值得注意的是，传教士介绍哲学时确实是依据当时欧洲大学一般观念和经典理解来介绍的，所以哲学也就被视为一切知识的总汇，所有科学的大全。[3]然而，当时的中国缺乏

---

[1] 转引自陈奇伟：《"哲学"译名考》，《哲学译丛》2001年第3期，第61页。
[2] 参见《哲学译丛》2001年第3期，第61页。
[3] 同上书，第61—63页。

理解哲学作为学科的背景知识，人们自然也无法真正领会哲学及其所属分支学科的意义。欧洲经院哲学和亚里士多德哲学的若干观念和元素也出现在这些早期的介绍之中，只是在当时并没有在中国思想界产生多大的影响。中国人错过那个全面接触西方知识和学术的机会，哲学及其学科并没有在中国得到传播，那些译名也没有流行起来。

当哲学在晚清再次从西方引入中国时，人们首先采用的依然是"理学"这个术语[1]，同时也曾采用"智学"、"格学"和"性理学"等译名。此时，西方大学已经进入了现代大学的阶段，哲学作为学科的意义已经发生了巨大的变化。这里所要注意的是，这个时候人们常常是明确地与大学学术体系联系起来介绍哲学的，从而突现出哲学作为一种特定的知识门类的特征。日本思想家西周助首次创造了"哲学"这个汉语术语。他解释说，倘若将哲学译作"理学"等，是为直译，容易产生混淆，而译为"哲学"，就可以与儒学区别开来。[2] 他把哲学界定为"诸学之上之学"（the science of sciences），并解释说，"凡物皆有其统辖之理，万事必受其统辖"。[3] 西周的观念虽然与同时代的西方哲学的主流观念已有差距，但是颇为切合西方传统哲学，尤其是近代自然哲学的观念。这个译法最早似由清末思想家黄遵宪引入中国，而经由梁启超和蔡元培的大力宣传，很快为中国学界普遍接受。这两位先行者在介绍哲学时也同样重视解释哲学与其他学科之间的关系。[4]

哲学学科全面引入和建立依赖于中国现代大学的建立。在晚清官方与民间建立大学的各种方案中，因参照欧美和日本大学的学院和学术体系，哲学一开始就出现在若干设计方案之中。但是，它也遭到一些重要人物的否定。张之洞和张百熙虽然主张建立大学，但排斥哲学，在他们主持制定的关于各级学堂的学制和课程设置的《学务纲要》中，删掉"哲学"，禁止大学堂设哲学学科。他们的理由是：哲学鼓吹自由、民权等异端邪说。张百熙说："哲学置之不议者，实亦防士气之浮嚣，杜人心之偏宕。"[5]

---

[1] 黄见德：《西方哲学东渐史》（上），人民出版社2006年版，第143页。
[2] 参见王中江：《道家形而上学》，上海文化出版社2001年版，第3页注1。
[3] 参见黄见德：《西方哲学东渐史》（上），第313页。
[4] 参见陈奇伟：《"哲学"译名考》，《哲学译丛》2001年第3期，第66—68页。
[5] 同上书，第68页。

王国维是坚决主张在国立大学设立哲学学科的第一人。他撰写《奏定经学科大学文学科大学章程书后》等文，直接驳斥张之洞废弃哲学的三个理由，即第一，哲学有害，第二，哲学无用，第三，西方哲学与中国传统学术不相容。王国维认为："哲学之不可不特立一科，又经学中之不可不授哲学。"[1] 他主张参照欧美和日本大学的体制，将经学合并于文学院中，而哲学为文学院中所有学科的基本课程。[2] 他不仅认为哲学学科必须设立，而且还拟定了包含哲学诸学科的大学经学、理学等课程。

不过，由京师大学堂管学大臣张百熙主持制定于1902年颁布的"壬寅学制"终于没有设立哲学一科，而是在文科之下的经学科和理学科包含了哲学的部分内容。这自然实现了张百熙排斥哲学的意图。1903年的"癸卯学制"。将经学科放在所有学科的首要位置，经学科的内容主要就是中国传统经学，其所包含的理学乃是程朱陆王的宋明理学，与现代哲学无关。有所关系的乃是经学科中的教育学等课程。显然，这个学制对于哲学的态度，依然遵从张之洞、张百熙的观念。

民国建立之后，教育部于1912年公布大学令，取消经学科。[3] 1913年颁布"大学规程"，哲学学科归于文科之下。哲学门分为两类，即中国哲学类和西洋哲学类。中国哲学类之下包括：一、中国哲学（周易、毛诗、仪礼、礼记、春秋、公、穀、传、论语、孟子、周秦诸子、宋理学），二、中国哲学史，三、宗教学，四、心理学，五、伦理学，六、论理学，七、认识论，八、社会学，九、西洋哲学概论，十、印度哲学概论，十一、教育学，十二、美学及美术史，十三、生物学，十四、人类及人种学，十五、精神病学，十六、言语学概论。西洋哲学类之下包括：一、西洋哲学，二、西洋哲学史，三、宗教学，四、心理学，五、伦理学，六、论理学，七、认识论，八、社会学，九、中国哲学概论，十、印度哲学概论，十一、教育学，十二、美术及美术史，十三、生物学，十四、人类及人种学，十五、精神病学，十六、言语学概论。[4]

---

[1]《王国维美论文选》，湖南人民出版社1987年版，第93页。
[2] 参见上书，第96页。
[3] 参见《中国近代教育史料汇编·高等教育》，上海教育出版社1993年版，第367—368页。
[4] 参见《中国近代教育史料汇编·学制演变》，上海教育出版社1991年版，第698—699页。

中国哲学与西洋哲学的区分，相当于现在的二级学科，其中有多门课程是共同的。在大学学术和教学体系的草创时期，这种划分主要体现了人们偏重于研究的倾向，而缺乏哲学教育的经验。

另外，在文学门的国文学类之下也包括哲学概论、美学概论和论理学概论，梵语及梵文学之下包括中国哲学概论、西洋哲学概论、伦理学概论和论理学概论。[1]它所表明的乃是这个体系的引进的性质。

北京大学自民国元年由京师大学堂改为现名，学科体系已经从根本上得到了调整。根据从北京大学档案室查得的1912年"大学文科之科目"表（参见图9），哲学门与文学门、历史学门和地理学门一起组成文科。哲学门下分中国哲学和西洋哲学两类。中国哲学类和西洋哲学类之下的课程就是"大学规程"指定的内容。此外，文学门的课程也包括"中国哲学概论"、"西洋哲学概论"和"印度哲学"等哲学课程。

至此，哲学作为一个现代学科已经在北京大学正式建立起来，这同时也意谓哲学学科在中国的正式建立。

1919年，在蔡元培校长的主持之下，北京大学实行学科制度改革，废去文、理、法科之名，改"门"为"系"，全校文、理、法13门学科遂成为13系。哲学门名为哲学系。与此同时，北京大学的课程制度也进行了改革。改革的大要有如下几点：第一，本科修习4年。第一年，全校所有本科学生的课程分两类：其一为由基础课程和外语组成的共同必修科，全体必修；其二为选修科，分为5组[2]，学生从5组中选择一组修习8或11个学分以上，作为二年级专业学习的预备。本科二至四年级全部采用选修制，要在某一系和其他相关系内选修30至40个学分，以及两种外语。[3]为哲学系二、三年级开列的选修课是最多的，属于本系的有14种，被认为与哲学有关的其他系科的课程有6种，包括数学、经济学、生物学、地质学和人

---

[1]《教育杂志》第五卷第一号（1913）。
[2] 第一组数学、物理学、天文学等；第二组化学、地质学、生物学等；第三组哲学、心理学、教育学等；第四组中国文学、英文学、法文学、德文学等；第五组史学（政治、经济、法律）等。引自王学珍、郭建荣主编：《北京大学史料》第二卷，北京大学出版社2000年版，第1079页。
[3] 王学珍、郭建荣主编：《北京大学史料》第二卷，上册，第1079页。

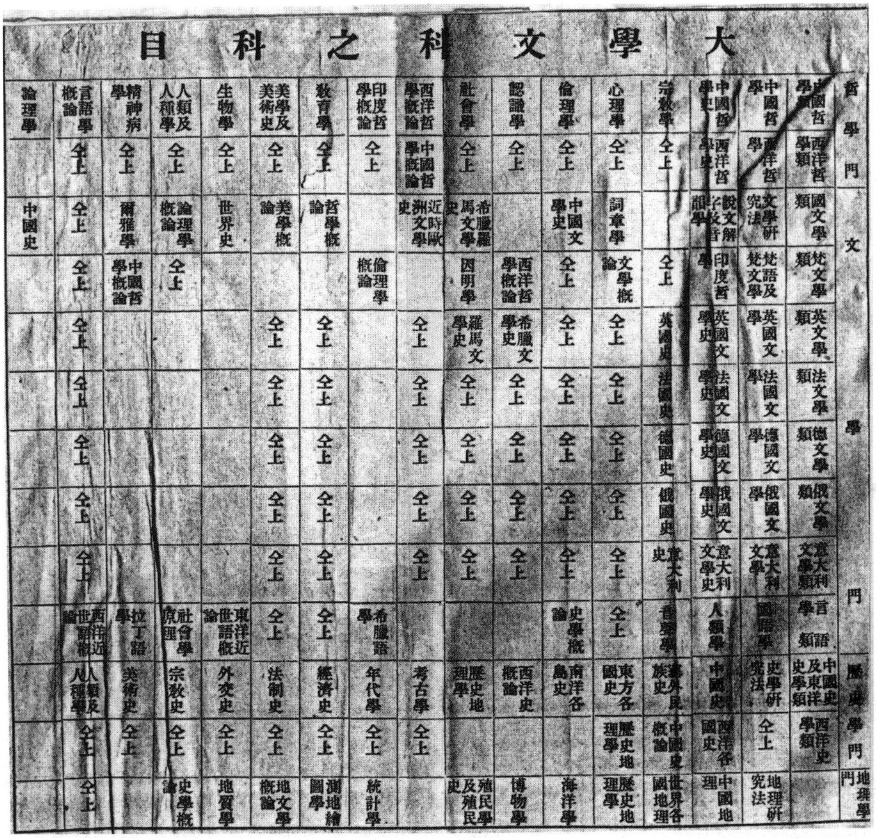

大學文科之科目

哲學門	中國哲學類	中國哲學	中國哲學史	宗教學	心理學	倫理學	認識論	社會學	西洋哲學概論	印度哲學概論	教育學	美學及美術史	生物學	人類及人種學	精神病學	言語學概論	論理學
	西洋哲學類	西洋哲學	西洋哲學史	仝上	仝上	仝上	仝上	仝上	中國哲學概論	仝上	仝上	仝上	仝上	仝上	仝上	仝上	
文學門	中國文學類	文學研究法	說文解字及音韻學		詞章學	中國文學史		希臘羅馬文學史	近世歐洲文學史		哲學概論	美學概論	世界史	論理學概論	爾雅學	仝上	中國史
	梵文學類	梵語及梵文學	印度哲學	仝上	文學概論	仝上	西洋哲學概論	因明學		倫理學概論				仝上	中國哲學概論	仝上	
	英文學類	英國文學	英國文學史	英國史	仝上	仝上	希臘文學史	羅馬文學史	仝上		仝上	仝上				仝上	
	法文學類	法國文學	法國文學史	法國史	仝上	仝上	仝上	仝上	仝上		仝上	仝上				仝上	
	德文學類	德國文學	德國文學史	德國史	仝上	仝上	仝上	仝上	仝上		仝上	仝上				仝上	
	俄文學類	俄國文學	俄國文學史	俄國史	仝上	仝上	仝上	仝上	仝上		仝上	仝上				仝上	
	意大利文學類	意大利文學	意大利文學史	意大利史	仝上	仝上	仝上	仝上	仝上		仝上	仝上				仝上	
	言語學類	國語學	人類學	音聲學	仝上	史學概論				希臘語學	仝上	仝上	東洋近世語概論	社會學原理	拉丁語學	西洋近世語概論	
歷史學門	中國史及東洋史學類	史學研究法	中國史	塞外民族史	東方各國史	南洋各島史	西洋史概論	歷史地理學	考古學	年代學	經濟史	法制史	外交史	宗教史	美術史	人類及人種學	
	西洋史學類	仝上	西洋各國史	中國史概論	歷史地理學				仝上	仝上	仝上	仝上	仝上	仝上	仝上	仝上	
地理學門		地理研究法	中國地理	世界各國地理	歷史地理學	海洋學	博物學	殖民學及殖民史		統計學	測地繪圖學	地文學概論	地質學	史學概論		仝上	

图 9　大学文科之科目（1912 年）

类学与人种学等课程。当时在北大任教的杜威的若干课程被列入必须选修的课程之中。[1]

这个改革就形成了 20 年代北大哲学系课程的基本状况。从总体上看，当时哲学学科就教育体系而言，与欧美大学的体系已经相当接近。它奠定了从那时一直到 1949 年北京大学哲学学科发展和教育的基础，同时也奠定了中国现代哲学学科和教育的基础。

在这个大的调整之后，直至 1949 年，哲学系的课程体系、教学方式，

[1] 王学珍、郭建荣主编：《北京大学史料》第二卷，上册，第 1085 页。

与其他学科一样，一直还有不断的改进。比如1924—1925学年的课程表载明，哲学系分为哲学和心理两门，学生可以按自己的志愿主修一门。哲学系课程分共同必修科目、各门必修科目和选修科目三种。共同必修科必须于一、二年级选习完成。除了外语，哲学系学生要修满60个单位（学分）才能毕业，其中本系的课程必须占40个学分。这就与1919年的课程要求有了很大的不同。从这个学年起，课程表更名为"课程指导书"，出现了如下一些新的特征：（甲）每门课程前面都有关于课程内容的介绍，有课程大纲和参考书目的介绍。（乙）课程学习的难度和修习次序已经有了规定，如"变态心理学"一课必须在修过"普通心理学"之后才能选修。（丙）哲学课程展现了新的内容，如中国哲学史中设置了许多断代史课程，如"近世中国哲学"、"清代思想史"、"王阳明哲学"等，西方哲学已开出"法国哲学"、"笛卡尔和斯宾诺莎哲学"、"康德哲学"等；此外还设有"英文哲学选读"、"法文哲学选读"和"德文哲学选读"。就安排、内容乃至形式来看，这个课程表与当时欧美大学哲学系没有多大的差距，在某些方面比今天的课程表更为合理。

在这一期间，先是北京大学，随后中国大学的研究院、研究生和学位制度也建立了起来。中国历史上最早的学位制是清末的"附生、贡生、举人、进士"四级学位制。北京大学1932年发布《国立北京大学研究院规程》[1]，第一条申明，研究院为北大及国内外大学毕业生继续研究高深学术之所，研究生毕业学位分硕士和博士两种。但是，在政府的"学位法"颁布之前，暂时只发甲种或乙种证书。研究生进入研究院后选修主科一种，辅科一种或两种。1935年的《国立北京大学大学研究院招考章程》载明，汤用彤在中国佛教史方向、胡适在中国哲学专题方向招收研究生。这应当是哲学系招收研究生之始。[2]

至此为止，在北京大学建立起来的哲学学科，虽然规模不大，人数不多，学位体系也还不完整，成果亦属初创性质，但是，它为哲学学科在中国

---

[1] 1932年7月8日校务会议议决。

[2] 这个结论来自对北京大学档案馆所存档案的查阅和考察。

的未来发展，奠定了良好的基础、健康的制度和体系。哲学学科日后所经受的挫折和中断，皆是由于战争和政治变动等外在的原因所导致，而与哲学学科本身的制度和体系乃至大学的制度没有多大的干系。

贺麟先生曾经这样回顾北大哲学系的初创和发展："自从1923年，张颐先生归国主持北京大学哲学系，讲授康德和黑格尔的哲学时，我们中国才开始有够得上近代大学标准的哲学系。自从张东荪、瞿菊农、黄子通诸先生于1927年创刊《哲学评论》后，中国才开始有专门性质的哲学刊物。自从1925年4月中国哲学会成立，举行第一届年会起，中国哲学界才开始有自抒哲学理论，自创哲学系统的尝试。"[1]

1937年，抗日战争爆发，北大、清华和南开三校合并为西南联大，哲学系亦合并重组为哲学心理学系。哲学系隶属西南联大文学院。冯友兰、胡适、汤用彤、冯文潜先后任哲学心理学系主任。1945年抗日战争胜利，西南联大结束，北大哲学系复原。

2. 哲学学科的变迁、中断和更兴

1949年至1952年，北京大学哲学学科的活动基本停止。1952年院系调整，全国所有大学哲学系都合并到北大哲学系，北大哲学系成为全国唯一的哲学系，独一无二的哲学学科。在此后的一段时间内，北大哲学学科的演变过程也就几乎等于中国哲学学科的历史。（见图10、图11）

院系调整的当年，哲学学科的方向、机构和制度也接着进行了重大的改变。在方向上，哲学学科转变为意识形态和政治的附庸，在机构上开始采用苏联式的教研室制度，设立自然科学、社会科学和逻辑科学三个教学组。在课程设置上，虽然保留中国哲学史、西方哲学史和若干自然科学的科目，但无不充斥意识形态的偏见，而课程的主干，皆是苏式科目。在组织上，聘用苏联专家对所有中国教师进行粗暴的灌输式的教育，并且在相当长的时间禁止中国教师讲授西方哲学史等课程。

在20世纪50年代中期之后，随着国内和国际政治形势的起伏，哲学学

---

[1] 贺麟：《五十年来的中国哲学》，商务印书馆2002年版，第25页。

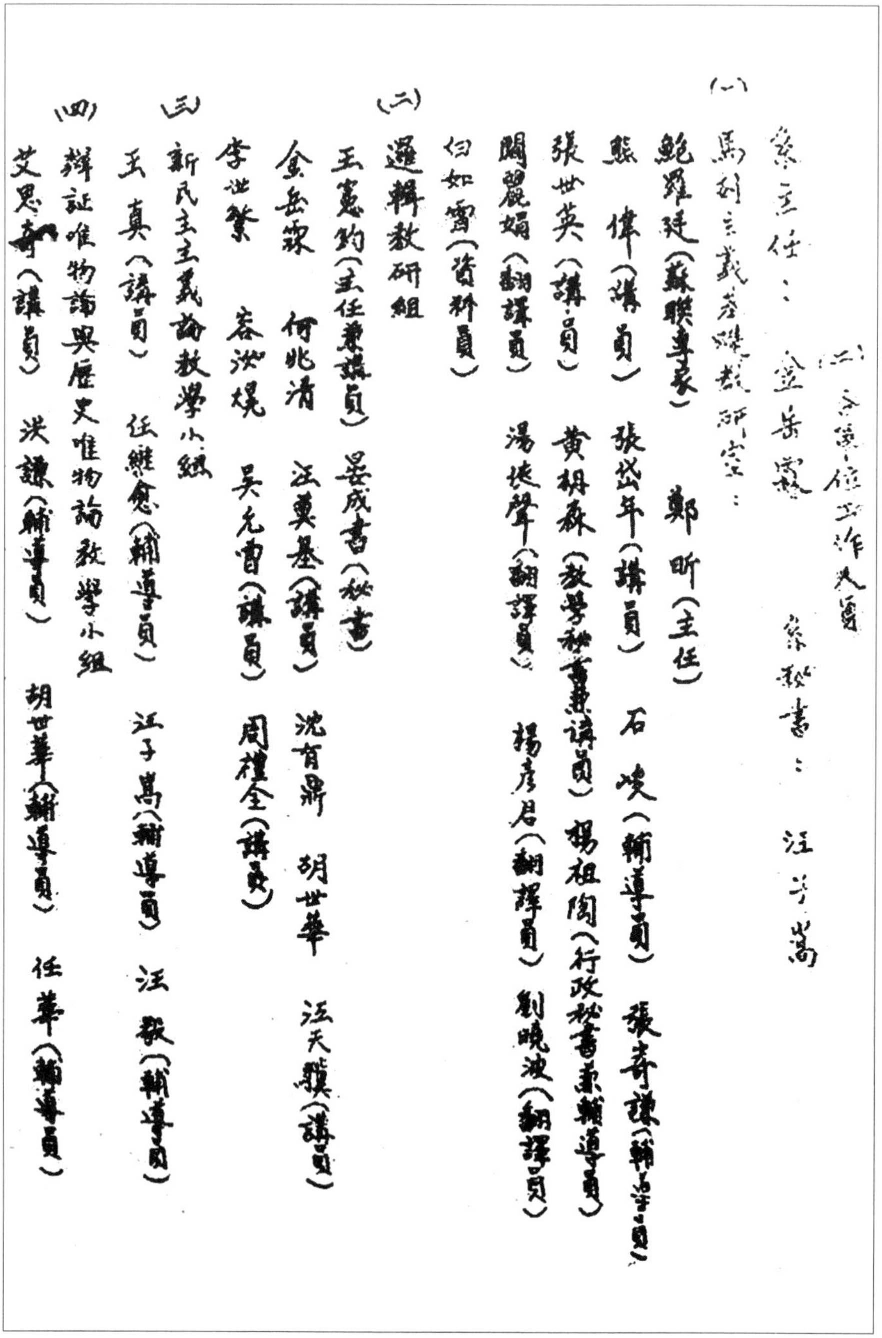

系主任：金岳霖　（二）各种任工作人员　系秘书：汪子嵩

（一）马列主义基础教研室：

鲍罗廷（苏联专家）

熊　伟（讲员）　张岱年（讲员）　石　峻（辅导员）　张奇谏（辅导员）

张世英（讲员）　黄相森（教学秘书兼讲员）　杨祖陶（行政秘书兼辅导员）

阎麟娟（翻译员）　汤侠声（翻译员）　杨彦昌（翻译员）　刘晓波（翻译员）

归如雷（资料员）

（二）逻辑教研组

王宪钧（主任兼讲员）　晏成书（秘书）

金岳霖　何兆清　汪奠基（讲员）　沈有鼎　胡世华　汪天骥（讲员）

李世繁　容肇煌　吴允曾（讲员）　周礼全（讲员）

（三）新民主主义论教学小组

玉真（讲员）　任继愈（辅导员）　江子骥（辅导员）　汪　籔（辅导员）

（四）辩证唯物论与历史唯物论教学小组

艾思奇（讲员）　洪　谦（辅导员）　胡世华（翻导员）　任华（辅导员）

图10　1952年北京大学哲学系人员名册1

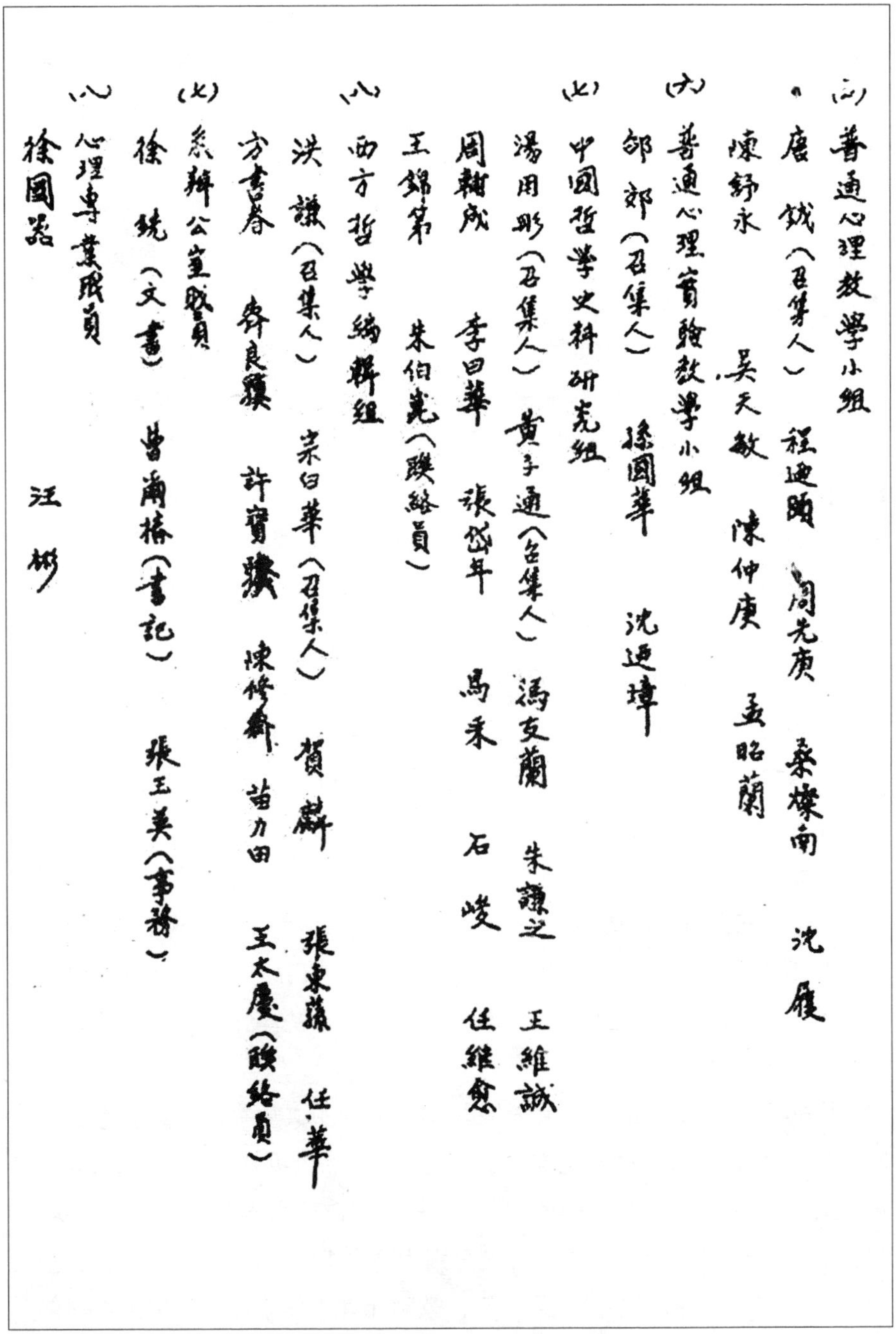

(五) 普通心理教学小组

・唐钺（召集人） 程迺颐 周光庚 桑燦南 沈履
陳舒永 吳天敏 陳仲庚 孟昭蘭

(六) 普通心理实验教学小组
邹郊（召集人） 徐圓華 沈迺璋

(七) 中國哲學史料研究組
湯用彤（召集人） 黃子通（召集人）馮友蘭 朱謙之 王維誠
周輔成 李田華 張岱年 馬采 石峻 任繼愈
王錦第 朱伯崑（聯絡員）

(八) 西方哲學翻譯組
洪謙（召集人） 宗白華（召集人） 賀麟 張東蓀 任華
方書春 許良驥 許寶騤 陳修齋 苗力田 王太慶（聯絡員）

(七) 系辦公室職員
徐鏡（文書） 曾庸揚（書記） 張玉美（事務）

(八) 心理專業職員
徐國璐 汪彬

图11　1952年北京大学哲学系人员名册2

科一方面由于传统的和学科本身的力量，研究、翻译和教学等一些学术活动有些恢复，国内一些其他大学也逐渐恢复了哲学系。但是，苏式体制越来越趋于自主的发展，哲学学科的意识形态化越来越严重。直到 1966 年"文革"开始，在意识形态的高压之下，北京大学哲学学科的主要学术成果除了少数哲学史的研究之外，其余基本上就是哲学史资料的整理和翻译。以主流的意识形态为指导批判古今中外哲学，清算年轻的中国哲学学科传统和成果的文章，也在这个时期大量产生。

在这一期间，民国的学制和学位制度也被改造为苏联式的制度。

1953 年 11 月 12 日中央高等教育部施行《高等学校培养研究生暂行办法（草案）》。第一条说，根据 1951 年政务院学生改革的决定，"大学和专门学院得设立研究部，修业为两年以上，招收大学专门学院毕业生或同等学力者"。招收研究生的大学或专门学院的首要条件就是要有苏联专家（或人民民主国家的专家）。这是中国教育在自主权上面的巨大倒退，中国人在学术、思想和精神上的独立性由此而被自我否定。

哲学系从 1954 年开始招收研究生。1954—1955 学年辩证唯物主义与历史唯物主义专门方向招收 30 人，1955—1956 学年，中国哲学史招收 2 人，1956—1957 年除以上两个专业，西方哲学、逻辑学也开始招生，分别招收 7 人和 2 人。

在北京大学 1954 年的《关于拟定研究生培养计划几项原则及执行计划》中，规定研究生学制采取两年制和三年制两种，后者为正规形式。苏联专家培养两年制研究生，每位专家以指导 30 人为宜；培养三年制研究生，每位专家以指导 7 人为宜。本校教授、副教授以每人培养 6 名研究生人为限，但分配在三年入学。

1966 年"文革"劫起，大学停办。1970 年中共中央决定废除考试制度，"实行群众推荐、领导批准、学校复审相结合的办法"，招收工农兵学员，后者要"上大学、管大学、用毛泽东思想改造大学"。北大当年共招收正式生 2392 人，其入学文化程度分别为高中 171 人，初中 2142 人，小学 79 人。大学学制缩短为 2 至 3 年，教学无课程体系可言，学生学习的内容包括以毛泽东著作为基本教材的政治课；实行教学、科研、生产三结合的业务课；以备战为内容的军事体育课。[1]

自1977年起，随着"文革"的结束，中国进入改革开放的新时期。哲学学科在学术研究、教学与课程、学位与学衔、机构与组织等方面都发生了重大的变革。北京大学哲学学科由此进入了恢复和快速发展的时期。学术研究越来越成为学科的核心，成果大量涌现，哲学共同体逐渐壮大。

1977年国家恢复高等学校考试招生，废止"文革"中实行的工农兵推荐上大学的措施。1978年春，第一批通过考试录取的本科生进入北京大学哲学系。哲学系实施新的哲学专业教学原则和计划，该计划说明学生毕业后从事哲学研究、教学和有关的实际活动。本科生的学制从三年恢复为四年，课程设置有必修课、选修课和专题讲座课。

1978年制定的《综合大学哲学哲学专业学分制教学方案（修订草案）》（参见图12、图13），它是1952年之后第一套系统的哲学专业教学方案，并且部分恢复了民国时期的学分制。另外，这套制度相当重视自然科学的学习，这是优于后来的教学方案的突出之点。不过，在"文革"刚刚结束，改革开放伊始之时，这套方案依然具有浓重的意识形态特色。它申明哲学专业的培养目标是"培养德、智、体全面发展的马克思主义的哲学研究、教学和宣传的专门人才"。而在第二部分"学制"中，则总共只有"一般为四年"五个字。

第三部分"课程设置"是这个方案的主体。课程分为必修和选修两种类型。

必修课共92个学分，包括不计学分的每周半天的"时事政治学习"。其中，从"中共党史"、"国际共运史"、"马列哲学原著"到"毛泽东著作"的课程共占40个学分，"西方哲学史"和"中国哲学史"分别为8个学分，"自然辩证法"4个学分，"形式逻辑"3个学分，"外语"14个学分，"自然科学基础"（"数学"、"自然科学史"）6个学分、"体育"3个学分。

在选修课方面，每个学生必须修满38个学分：学生在系（室）指导下，就某一主要方面选修若干课程，可以跨专业选修。可供选修的课程方面以例

---

[1] 见1970年6月27日中共中央批转《北京大学、清华大学关于招生（试点）的请示报告》。

综合大学哲学系哲学专业
学分制教学方案

（修订草案）

一、培养目标

本专业培养德、智、体全面发展的马克思主义的哲学研究、教学和宣传的专门人才。

具体要求是：

能完整地、准确地理解马列主义、毛泽东思想的基本原理，热爱中国共产党，热爱社会主义，具有爱国主义、国际主义精神和共产主义道德品质，遵守革命纪律，树立无产阶级的阶级观点、群众观点、劳动观点和辩证唯物主义观点，坚持实事求是的作风，不断提高无产阶级专政下继续革命的觉悟，全心全意为人民服务。

熟悉马克思主义经典作家的主要哲学著作，能系统、正确地理解马克思主义哲学的基本理论；具有本专业所必需的基础知识和某些方面的专门知识；掌握社会调查和科学研究的基本方法，能初步运用马克思主义的立场、观点、方法研究理论问题和实际问题，批判资产阶级和修正主义；具有较强的写作能力，能阅读中外古典哲学文献；学会一门外国语，达到阅读专业书刊的程度。

有健全的体魄。

二、学　　制

一般为四年。

三、课程设置

（一）必修课	共92学分
时事政治学习（每周半天）	不计学分
中国共产党历史	4学分
国际共产主义运动史（也可开设科学社会主义原理）	4学分

图12　1978年北京大学哲学专业学分制教学方案首页

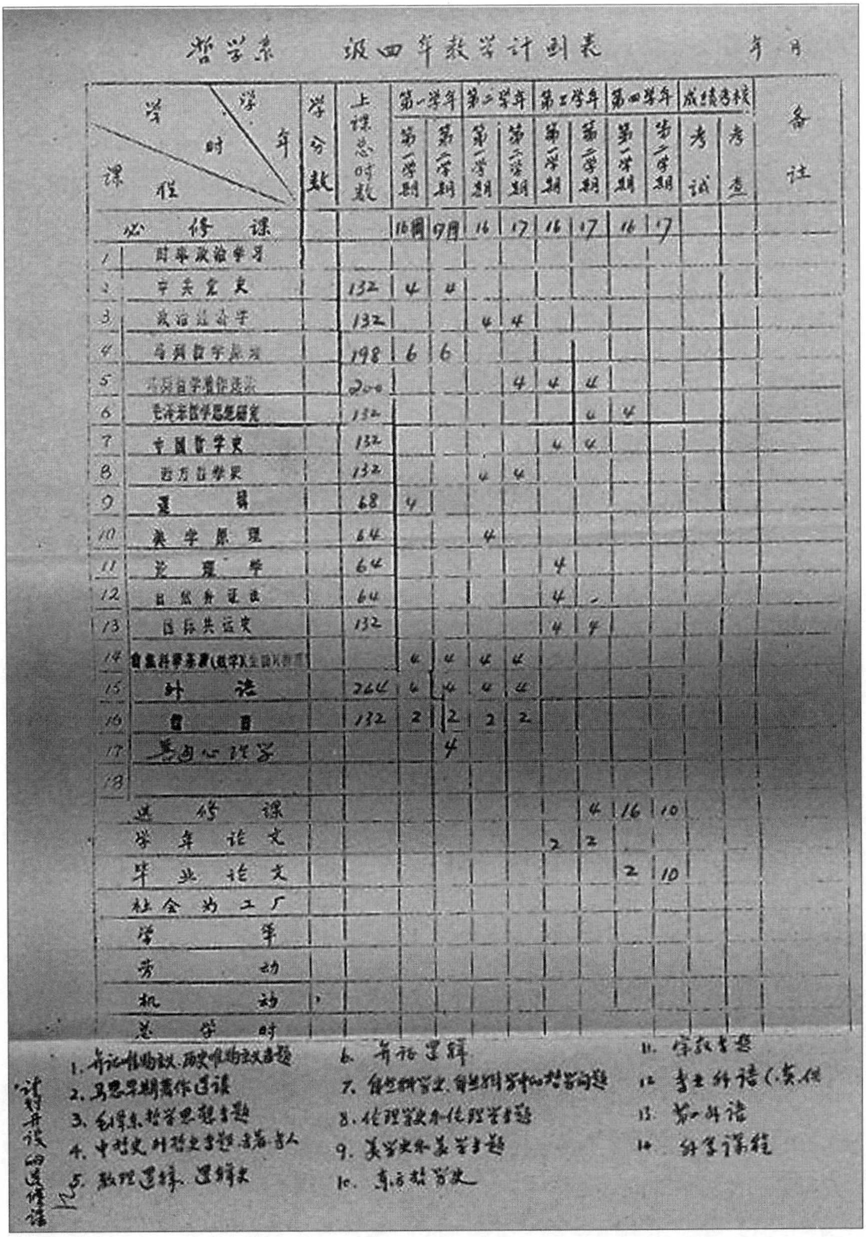

哲学系　　级四年教学计划表　　　　年　月

课程 \ 学时 \ 学年		学分数	上课总时数	第一学年 第一学期	第一学年 第二学期	第二学年 第一学期	第二学年 第二学期	第三学年 第一学期	第三学年 第二学期	第四学年 第一学期	第四学年 第二学期	成绩考核 考试	成绩考核 考查	备注
必修课				16周	17周	16	17	16	17	16	17			
1	时事政治学习													
2	中共党史		132	4	4									
3	政治经济学		132			4	4							
4	马列哲学原著		198	6	6									
5	马列哲学著作选读		200				4	4	4					
6	毛泽东哲学思想研究		132						4	4				
7	中国哲学史		132					4	4					
8	西方哲学史		132			4	4							
9	逻辑		68	4										
10	美学原理		64			4								
11	伦理学		64					4						
12	自然辩证法		64					4	-					
13	国际共运史		132					4	4					
14	自然科学基础(数学)[illegible]			4	4	4	4							
15	外语		264	4	4	4	4							
16	体育		132	2	2	2	2							
17	普通心理学				4									
18														
选修课									4	16	10			
学年论文								2	2					
毕业论文										2	10			
社会为工厂														
学军														
劳动														
机动														
总学时														

计划开设的选修课

1. 辩证唯物主义、历史唯物主义专题
2. 马恩早期著作选读
3. 毛泽东哲学思想专题
4. 中哲史、外哲史专题、名著、名人
5. 数理逻辑、逻辑史
6. 辩证逻辑
7. 自然科学史、自然科学中的哲学问题
8. 伦理学史和伦理学专题
9. 美学史和美学专题
10. 东方哲学史
11. 宗教专题
12. 专业外语(英、俄
13. 第二外语
14. 科学课程

图 13　北京大学哲学系 4 年教学计划表（1978 年）

举的方式举出，如有马列主义哲学及原理、中国哲学及中国史和古代汉语、外国哲学史及外国现代资产阶级哲学方向、自然科学及自然辩证法方向、逻辑、伦理、美学及宗教方向。

学生要从事科学研究，三年级写学年论文，四年级撰写毕业论文。学生要参加生产劳动约10周，军事训练约2周，要参加四年内总共12周的社会调查。

课程考核形式分考试和考查两种；考试方式有笔试和口试，或开卷或闭卷。学年论文和毕业论文由指导教师给出分数。生产劳动采用个人总结和小组评议的方式。

1978年，北大哲学系开始招收中国哲学、外国哲学和马克思主义哲学等方向的硕士研究生。

《中华人民共和国学位条例》于1981年1月1日起施行。国务院学位委员会于1981年11月3日公布"首批硕士学位授予单位及其学科、专业名单"，北大共有辩证唯物主义与历史唯物主义、马克思主义哲学史、中国哲学史、外国哲学史、现代外国哲学、逻辑学、伦理学、美学等八个哲学二级学科成为硕士学位授予单位。

同一天，国务院学位委员会公布"首批博士学位授予单位及其学科、专业和指导教师名单"，北大中国哲学史张岱年教授、现代外国哲学洪谦教授、马克思主义哲学史黄枏森教授、美学朱光潜教授、逻辑学王宪钧教授名列其中。

从1981年起，北大哲学上述八个学科每年有计划地招收硕士研究生；此后，学科和专业有所更动，研究生人数逐渐增长。

1982年北大共录取中国哲学史两名、马克思主义哲学史一名共三名博士研究生。此后，博士学位授予学科和导师逐渐扩大，博士研究生人数逐渐增长。

自2000年起，哲学双学位和哲学辅修专业开始招生。哲学双学位的宗旨是通过二至三年的系统教育，使学生掌握哲学的基本理论和较丰富的哲学史、哲学分支学科知识，具备较高的哲学思维能力等。哲学辅修专业宗旨是通过二至三年的系统教育，使辅修学生掌握哲学的基本理论和较好的哲学史、哲学分支学科知识。

在这一时期，国内许多大学不断新建哲学系，一些具有悠久传统的哲学系快速发展，北京大学哲学学科在全国的地位和重要性相对来说逐渐减弱。对整个中国的哲学学科来说，这自然是大好的局面，而对北京大学哲学学科来说，则意谓越来越大的挑战。

哲学学科虽然自改革开放之后日益与欧美大学，尤其是美国大学的哲学学科的模式看齐，但由于在大学制度和学科组织等方面依然存在着作用不小的苏式因素，它们一直制约哲学学科的自由发展。因此，哲学学科就如其他学科一样，在制度和结构等方面，依然需要改革，而改革也在一定的限度内持续着，它近期和远期的目标都应当是消除行政化的学科樊篱，使原创性的哲学活动在深度和广度上都更加自由和充分地展开。

3. 现在情况

在2012年，北京大学哲学学科共有八个二级学科：马克思主义哲学、中国哲学、外国哲学、逻辑学、伦理学、美学、宗教学、科学技术哲学。这正是本学科史分为八个学科进行撰写的理由。此外尚有一级学科科学技术史作为一个专业挂靠在哲学系。

北京大学的学位根据是《中华人民共和国学位条例》和《中华人民共和国学位条例暂行实施办法》。据此，北京大学制定了学位授予细则。按照这个细则的2007年7月修订版，哲学学科授予哲学学士、哲学硕士和哲学博士三级学位。

目前，北京大学哲学学科本科分哲学专业、哲学专业（科学技术哲学与逻辑学方向）和宗教学专业三个方向招收学生。

哲学专业学生，学制四年，毕业授予哲学学士学位。该专业在四年学习中，要求修满总学分136个学分，其中（1）必修课程98个学分，包括全校公共必修课、全系必修课、专业必修课；（2）选修课程32个学分，包括文科大类平台课、全校通选课、专业选修课；（3）学年论文1个学分；（4）毕业论文5个学分。

必修课程包括（A）全校公共必修课程28个学分，如大学英语、马克思主义原理、文科计算机等；（B）文科大类平台课16个学分，其中至少8个学分课程要从中文系、历史系、考古学院、外语学院和艺术学院开设的文科大类平台课中选修，其余选修本院系提供的平台课（但不得与专业类型必修课重复计算）；（C）院系课程由全系必修课程20个学分和专业必修课34个学分构成。全系必修课程包括"哲学导论"、"高等数学"或"古代汉语"（任选一门）、"中国哲学史"、"西方哲学史"和"宗教学导论"；专业必修课程除哲学基础类4个学分外，其余从马克思主义哲学类、中国哲学类、外国哲学类各选修6个学分，从逻辑学类选修4个学分，从伦理学类、美学类、宗教学类和科技哲学类各选修2个学分。

选修课程包括（A）不限类型课程20个学分，其中选修本系课程不得低于12个学分，其余可选修外系课程，课程类型没有限制；（B）本科素质教育通选课12个学分，其中数学与自然科学类至少4个学分，社会科学类至少2个学分，哲学与心理学类至少2个学分，历史学类至少2个学分，语言、文学与艺术类至少2个学分。此外学生还要在教师指导下，在寒暑假从事社会调查活动，并写出调查报告。此项教学活动无学分。

哲学专业（科学技术哲学与逻辑学方向）和宗教学专业学生选修专门的专业必修课程，前者主要选修自然科学和逻辑学课程，后者主要选修宗教类专业课程。

"哲学双学位"和"哲学辅修专业"各有专门的课程设置。

硕士研究生在学习期间，要修完40个学分学位课程。学位课程分为以下三类：1.马克思主义理论课；2.基础理论课和专业课；3.一门外国语。课程分必修和选修两种，马克思主义理论和外国语为必修课，基础理论和专业课由一定比例的必修课和选修课构成；选修课可以选修本系开设的课程，也可以选修其他院系开设的课程，有关选修课的学科和方向并没有明确的要求。必修课成绩达70个分为合格，选修课成绩达60个分为合格。必修课程学分与选修课程学分的要求在各个学科并不一致。此外，硕士研究生必须从事社会实践60个学时。

硕士研究生需要撰写和提交硕士论文。硕士论文需要通过导师的评议，三位论文评阅人的评议，然后提交至少由三位教师（其中两位为教授）组成的答辩委员会，通过论文答辩，然后经过学科学位评定分委员会和校学位委员会审查批准，论文作者才可获得硕士学位。

博士研究生要求掌握坚实宽广的本门学科的基础理论和系统、深入的专门知识，具有独立从事科学研究工作的能力，最后应在科学研究或专门技术上取得创造性的成果。

博士研究生学业期间要修习博士学位课程。博士学位课程包括以下三类：1. 马克思主义理论课；2. 基础理论课和专业课；3. 两门外国语（有些专业经学位评定分委员会决定，经学校批准，可以只修一门外国语。但第一外国语为非英语者，第二外国语必须修习英语）。博士研究生学位课程考试合格，通过学科综合考试，才能提交博士学位论文进行答辩。

从入学到获得博士学位，北大博士研究生现在需经过五道考试程序，即入学考试、中期考试、开题、论文预答辩和论文答辩。[1] 此外，中国大学现在流行的一种措施是，博士研究生必须在核心期刊上发表学术论文两篇，方可获得学位。北京大学采用的办法是由各系认定学生发表论文的有效刊物，相对而言，北大对论文发表的要求宽松一些。

博士学位论文需经过导师评议和五名具有教授职衔的学者的评议，包括三名校外学者和两名校内学者的评议。通过上述评阅之后，论文才能提交答辩委员会答辩。答辩委员会通过决议之后，所有材料提交学位评定分委员会通过，报学校学位委员会审查批准，论文作者才可获得博士学位。

以上简明的大学史与哲学学科史表明，与其他学科相比，哲学学科与大学本身的发展、大学观念和制度的演变的关联更为直接和密切。哲学学科在中国的建立和发展，北京大学哲学学科的形成和建立，虽然时间很短，却同样体现了这一特征。迄今为止，哲学学科的性质和特征与大学制度和时代观念依然息息相关，从外在方面来看，哲学及其学科的演变始终依赖于整个社会的、政治的和其他制度的变革，尽管从内在层面来看，哲学以及其他思想观念的变化构成了社会政治和制度演变的一种基本动力。

---

[1] 事实上，由于太过繁复，这些程序中的个别环节会流于形式。

第五节　北京大学哲学学科史的对象和内容

一、观念与学术

在这部学科史里，哲学观念在中国的发展将是叙述的中心。哲学观念和思想，按照传统的分类，可以进一步分析为形而上学、认识论、逻辑学、伦理学、美学、政治哲学与社会哲学、历史哲学的观念和思想。诚然，哲学观念和思想在原来的形态上，多数是综合的而非单纯的。我们在叙述现代中国哲学学科的形成以及北大哲学学科的形成的时候，从理论上来说，当以这样的线索来叙述，因为正是这些方面新的观念、观点和理论才体现了哲学思想的特征和原创力量。然而，当下的这个哲学学科史受限于现有的国家学科分类目录、规定和学科体制，需要从哲学八个二级学科的角度来分别叙述中国现代哲学观念的发展历史。无疑，这种学科分类在一定程度上把中国现代哲学观念、思想和理论的演变的整体拆散成孤立的部分，大大削弱了观念和思想体系的总体气势。有鉴于此，在叙述之中我们尽量予以补足，照顾全面。另一方面，现在八个二级学科中的逻辑学、伦理学、美学和宗教学等学科原本就是传统分支，这些分类也有助于清楚地分析和解释相应哲学观念的发展和演变。

强调观念的演变，就在于突出哲学活动发展的创造性质，我们希望通过这个学科史展示给读者的，不是简单片断的观点的陈列、表面的成果和光鲜的人物，而是要展示具有真正思想和精神力量的哲学思维本身的活动。这就会涉及如下几个问题：

第一，作为学科，哲学虽然自西方引入，但哲学思维乃是人类的和普遍的活动，而无论其中若干观念如何独特，因此哲学一旦在中国落地生根，就成为中国的，乃是中国人的思维活动。于是，这就产生了哲学在中国发展的问题，这不单单关涉"中国哲学"，而且关涉中国学术共同体中发展的哲学。在这一点上的观念分歧，一直蕴涵在现代中国哲学的发展史中，而不同的观点也就实际地影响到人们的学术兴趣、态度乃至方法。北京大学哲学学科史的叙述所依据的正是如下这样一种态度：哲学在中国学术共同体中的发展这样一种背景和视野就使得其中关于哲学的任何探讨和研究，都成为中国的哲学活动。

第二，观念和思想是发展和展开的，所以在这个学科史之中，我们只是叙述、分析和解释持续出现的新的观点、思想，而并非仅仅新的作品。我们之所以提及这一点，乃是因为有一种流行的风气，即新的作品，包括论文、著作和其他形式的成果，可以不包含任何新的观点和思想。这部学科史不是哲学出版物的编年史。这个目标对本学科史的所有撰写者来说，无疑是一个巨大和困难的任务。但是，哲学学科史本身就是一项具有原创意义的学术研究，所以这样的任务也是题中应有之义。

第三，新的观念和思想分布的范围其实是相当广泛的，关于既有哲学观点、思想的重新解释、分析、评价和考证，亦在其中；文本的解释、翻译和校订等，无不需要新的观点、方法和思想。这项工作虽然与观念和思想原创的哲学工作须臾不可分离，却通常在性质、方法等方面存在明显的差异。在中国百年的哲学学科史上，它占了哲学学术活动的泰半以上。北京大学哲学学科在这一层面的工作不仅成果极为丰硕，影响也颇大。此类学术活动到现在为止尚无一个中肯的术语，不过，我们可以借用"朴学"一词予以指示，因为它的重在文献和文本的解释、考证、校订和翻译等工作，恰恰就是清代"朴学"一词所覆载的范围。

不过，两者之间的界限有时却又是很模糊的，原因可以从如下两个方面来分析：一方面，重要的哲学学术研究其实就是一个思想性的工作，比如黑格尔所撰写的西方哲学史、海德格尔和斯特劳逊所撰写的康德研究等，都成为原创性的哲学观念的构造。另一方面，真正有价值和意义的哲学学术研究，总是包含新的观点和进展的。毫无新意的东西，是无法称为学术研究的成果的。强调这一点，对中国哲学学科，对整个中国的学术界，是十分必要的。

二、人物、机构与事件

学术活动，无论是自然科学、社会科学还是人文学科，都是人的活动，直接依赖于特定的人类群体，即学者——或曰科学家、哲学家、思想家、教授和研究工作者等。相对于一般的学术活动，重要观点的发现、重大的理论创立，乃至一个新的学科的建立、一个方向的确定、一种新方法的确立和采用，都与特定的个人相关，甚至与某个人的某个特定时期的学术和思想活动相关。不言而喻，在学术史和思想史的著作里，人物总是具有相当突出和重要的地位。同样，在一本学科史里，人物同样也占据重要的地位。

北京大学哲学学科百年的历史，不仅是北大哲学学科的草创和发展的历史，也是中国百年或者更久远的学科建立和发展的历史，而在中国近百年波澜壮阔的巨大变迁的洪流之中，人物的学术经历和命运为我们揭示了哲学精神活动独特的人格力量，以及观念、思想和学术的具体轨迹。尽管如此，本学科史的特色依然在于以观念和学术发展的脉络为主线，北大百年哲学史上的重要人物和其他人物将随之而出场。因此，本学科史所记载的所有哲学人物，应当都是因为他们在北大哲学学科发展中的意义和作用而出现的。当某一位人物在不同的分支学科和不同的时代分别出现时，这一般也就表明他在北大哲学学科发展中作出了多方面的贡献。

哲学学科要通过机构和组织而活动，北京大学最早的哲学门，后来的哲学系，以及1952年之后组成系的各个教研室都是哲学学科的必要条件。由于中国大学制度的特殊性，机构其实还包括许多行政的部门和职位——通常远远多于西方大学哲学系的部门和职位。其中的一些实在与学科史无关，甚至体现了消极的意义，所以在这个学科史中不会涉及。系、教研室以及研究所等，是与学科史直接相关的主要机构。在通常情况下，譬如教研室和各种研究所的建立和发展就是哲学学术研究和教学进展的体现，诚然，这并非是一体通用的。

综观整个哲学史，包括哲学学科史，哲学家大多是在寂寞和散淡中从事他们的劳作的，就如康德的生活一般。哲学的事件，或者准确地说，哲学学科的事件，多数是社会和政治的事件，而非哲学活动自身的起伏。伟大的哲学革命都是在静悄悄中完成的，即便伟大的社会事件会在思想中反映出来，观念的活动依然是恬然沉静的。

哲学学科在中国的发展，原本是一系列巨大社会变迁中的一个环节，它因此确实也就参与和生发了一些事件。由于哲学学科在现代中国的急剧的沉浮，一些原来并不足道的事件也就有了需要加以叙述的理由，不过，我们还是试图将它限制在最为必要的范围之内：如重要学术会议，比如20世纪50年代的哲学史会议，1978年全国外国哲学史会议；再如重要的学术交流活动，比如教师出国进修等。

不过，人类思想史上确实也有与思想直接相关的重大事情，就如布鲁诺之上火刑柱、中国的文字狱和启蒙运动，以及在这部学科史跨度内所发生的五四运动和实践是检验真理的唯一标准的大讨论，它们的激烈壮阔主要体现在思想对社会和政治的现实影响。这类事件在这个学科史中会通过观念和思想的呈现而展现出来，也会作为背景得到叙述。

三、学制与课程

教育构成了哲学之为学科的两大支柱中的一根。在前文中，我们追溯了哲学教育从古代、欧洲古典大学到现代大学的演进，包括课程及其内容、学制、学位和学衔等方面。这为我们了解现代哲学学科体系，乃至现代大学学科体系，提供了必不可少的知识。在这部学科史中，北京大学哲学系最初的课程设置、学制、学位和学衔，以及相关的重要变革，都将予以比较详细的叙述。这些制度所体现和展示的是人们对哲学的教育和训练的理解，以及对这种教育的管理的理解和经验。

学制与课程原本是须臾不可分的，尽管在大学的历史上，课程要早于学制，但随着大学的制度化，学制就与课程成为同一制度的不同层面。学制是要通过课程来体现的，而合理的课程是依照学制展开的。

现代中国的整个教育体系基本上是同时建立的，但在具体的进程中，高等教育确实也略早于中等和初等教育体系，而这使得大学在初期设有预科。中国大学的学制，包括哲学学科的学制，在百多年的时间内经历了多次反复，现在已经建立起了从本科、硕士生和博士生的完整的学历学位教育体系。本科教育与硕士生和博士生教育的区分以及各自的任务和特点，在西方虽然已经具有比较成熟的观念和制度，但在中国依然处于不断理解、调整和改善的过程之中。比如，博士后原本并非学位，而是一种研究职位。但在中国，它越来越被人误认为是一种学位，而赋予它以不应有的重要性。

第六节　北京大学哲学学科史的范围

北京大学哲学学科史，顾名思义，就是包括北京大学所有哲学学术和教学活动在内的历史。北大百年哲学学科的建立和发展，固然以哲学系为主，但一方面，在某些时期，与哲学系同时并存的其他哲学研究和教学机构，如外国哲学研究所，从事全校公共课教学的马列教研室和马克思主义哲学教研室等，也从事哲学的研究和教学。此外，北京大学的学者向来就有从事多学科综合研究的传统，在其他院系任职的教师也有若干从事或涉及哲学研究和教学的。本学科史的原则是叙述哲学学科的新观点、思想、成果、课程和制度等，于是，凡是在北京大学范围与此相关的上述活动和成果，都会纳入本学科史的范围。

1952年院系调整对北京大学哲学学科的发展是一个特殊的事件，它不仅使得全国高校的所有哲学教师几乎都归入北大哲学系，而且将北京两个历史较久的哲学系整体并入北大哲学系，这就是燕京大学哲学系和辅仁大学哲学系。这样，在这个学科史中，它们的历史也就会适当地提及。

其实，20世纪50年代北京大学哲学系的人员变动是相当频繁的，院系调整使北大哲学系集中了全国所有现职的哲学教师，但是此后几年，随着中国科学院哲学研究所的建立以及其他大学哲学系的恢复，哲学系也有不少教师陆续调到其他单位。于是，关于这些人员的哲学活动的叙述就会有一定的张力，并不刻板地固守时间和单位界限。处理这些变动时，本学科史遵循如下原则：主要叙述这些人员在北京大学时期的哲学学术和教学活动。但是，为了叙述的完整和连续，他们在北大前后的哲学活动，也会予以必要的介绍和评价。

第七节　北京大学哲学学科分期

中国哲学学科的发展只有短短的一百年，却几经起伏，这是人所共知的历史。就学科史而言，这就关涉分期。经过本学科史全体撰写者的几次讨论和商量，我们认为，一百年的学科发展可以按照哲学学科本身的演变和状况划分为如下三个大的时期——其实，这在相当大的程度上受制于现代中国政治和社会的变迁史。

第一，奠基与成长期（1912—1952）。这是中国现代大学建立和现代学术体系草创时期，由于直接学习和引进已经现代化的欧美先进大学制度，学术环境相当自由和宽松，中国现代大学和学术体系在这一阶段得到迅速发展，哲学学科的情况也是如此。虽然当时中国社会内忧外患，动荡不定，但是哲学学科已经初步建立了一个完整的体系，尤其是造就了一批学术人物，他们奠定了现代中国哲学学科。虽然几经挫折和磨难，在最后他们依然成为改革开放之后中国哲学学科重生和发展的中坚和领袖人物。

第二，变动与意识形态化时期（1952—1978）。这是中国现代大学和学术体系的动荡和挫折时期。在苏联模式和意识形态的主导之下，这个时期的主要学术活动就是以意识形态的教条清算古今中外的一切学术成果和思想。除了意识形态的经典著作，人类既有的精神成果几乎都受到了否定性的批判。即便少数得到抽象肯定的观念和思想也具体地被一一否定。但是，它的深远影响乃是摧毁了中国传统的理智主义和精英主义，摧毁了来自西方的形而上学的、理性的和实证的精神，而后者乃是现代学术的根本原则。这种精神的重建事实上比恢复某一项具体的学术研究和评价更为艰难。它造就了以意识形态教条和反智主义方式思维与行事的群体，而后者也必定会以某种方式再生产相应的制度以及思维和行事方式。加上苏式的制度和模式的基本结构依然存在，两者共同作用，就导致了下一个时期中需要改革的一系列问题。

第三，改革和发展时期（1978年至今）。这是一个中国社会在各个层面都处于持续变革快速演变的时期，整个社会迅速趋于多样化。改革开放的政策，尤其是中国大学、学术和思想界的改革开放，使得人们重新获得了追求真理的自由空间，尽管这是逐渐扩大的，但也能够激发起人们的自由精神，从而导致中国大学学术的恢复。在这几十年里，哲学学科得到了极大的发展，政治的和意识形态的桎梏一旦冲破，中国哲学学术的力量就喷薄而出。不过，外在的障碍和心灵的限制其实依然存在，而这些限制与人们追求真理和学术的要求就形成了巨大的冲突和复杂的纠缠。一方面，哲学的学术和教学所关涉的层面多而复杂，人们重视学术写作和发表，每年论文、著作和其他学术性作品大量增加，另一方面则受到内心的限制和行政的束缚，在思想和学术上人们并不完全自主，哲学观念和思想的构造，以及技术性学术研究，在原创性和基础性方面依然存在相当大的不足。

在这一时期内，北大哲学学科的进展可以总结如下：

（1）学术和教学在原则上重新被确立为大学的中心任务，随着北京大学制度改革的推进，哲学学科在教师制度、学术研究和教学机构、学制、课程和学位、教学方式和国际交流等方面都经历了相当大的改革，并取得了进步。

（2）学术成果大批出现，在深度和广度方面大幅拓展。但是，真正原创性的思想和理论还在少数。

（3）追求真理、学术自由的精神有一定程度的回归，但是学术成果及其水平的客观合理和有效的评价体系尚未真正建立起来。

（4）与国际哲学界的交流恢复和持续扩大，哲学教师乃至学生的培养日趋国际化，哲学研究和教学的国际化也日益加强。

（5）从全国的范围来看，新的哲学系不断建立，哲学学科的教师和学生人数大幅增加。

（6）整个中国哲学学科之间的交流和竞争日趋增大，北大哲学共同体的成员明确树立了跻身一流学科的目标。

第八节　哲学学科史的原则和方法

哲学学科史是一门横跨多个领域的综合性的历史，它既要处理观念和思想及其演变的进程，也要处理机构、制度和人物的历史。如何来措置这些内容，关涉哲学学科史的原则和方法。

本学科史的基本原则是，为了展现北京大学百年哲学学科的历史，重点在于叙述由北大哲学共同体成员所提出和建立的新的观念和思想的历史、所取得的朴学成果的进展、相关的制度演变，让读者由此了解以观念和思想演化为中心的哲学学科史。

因为该学科史关涉多个领域和学科，所以本学科史也就要采用多种方法，尤其是哲学研究的各种方法。作为历史研究，实证的方法就是基础，而所谓实证在这里就是指所有叙述皆有文献和资料的根据。这样，本学科史就会建立在坚实的基础之上，虽然可以遗漏某些内容甚至重要的内容——尽管这是需要避免的，它们却也是日后可以再作增补的——但不会出现缺乏根据的内容，而使本学科史失去可信性。

在这样的原则和方法之下，这部学科史的撰写自身就成为一项学术研究，并且是综合性的学术研究。学科史本身就是一个新的学术领域。虽然在汉语学术界，人文学科、社会科学和自然科学的若干学科，已经出版了几部学科史，但学科史的概念、内容和范围依旧缺乏必要的研究和探讨，自然也没有公认的规定和界说。于是，所编的学科史虽然不多，但体例大相异趣，或者就是学术史的翻版，或者则是相关学科的人物、著作、课程的介绍。本部学科史的独特性在于，将哲学活动的主要成果即观念和思想的发展，以及相关的朴学研究的进展作为核心，结合哲学学术共同体的制度变迁，展现哲学活动的历史。这也就提出了学科史的新模式，我们努力在实际的撰写过程中予以落实。

第一章　中国哲学学科史

郑开

第一节　引言：地位、传统和特色

北大中国哲学学科在近现代中国人文学科发展史中是最具特殊性和代表性的学科之一，这是由百年来北大中国哲学学科的历史地位、学术传统和研究特色所决定的。对于中国哲学的发展而言，维护其历史地位、弘扬其学术传统、坚持其研究特色，仍然具有非常重要的现实意义。

一、北大中国哲学学科的特殊性

中国哲学学科史在中国现代诸人文科学发展史中最具特殊性，而北大的中国哲学学科——由于其历史地位和学术特色——在全国中国哲学学科中又最具代表性。

历史地看，经过了一个从传统学术向近代学术的转型过程，现代中国诸人文社会科学的体系始得以建立。比如说，诗词歌赋纳入了文学（literature）范畴，乙部之学归并于历史（history）领域，当然其间经过近现代观念的洗礼，主要是摆脱传统学术中经学观念的支配、束缚以及附庸于经学的从属地位。然而，中国哲学和中国宗教的情形似乎比较复杂：中国传统学术本来没有"哲学"（philosophy）这一门类，现代意义上的"中国哲学"是在"面向西方哲学的转译活动"中建构起来的，并非简单地把四部之学中的"经"、"子"两部诸书置于哲学学科的门类之下而已。也就是说，"哲学"作为一门学科出现于中国，是近代化过程、现代性建构的产物，"古未之有"。西方哲学、马克思主义哲学是近现代以来从西方播迁而来的学术，而哲学的其他哲学分支学科如伦理学、逻辑学等，都是根据既有的西方哲学学科移植过来的；然而，"中国哲学"这门学问、这一学科的特殊性在于：它自身是中国近现代学术转型过程中面向西方哲学和西方学术体系而创建出来的，并非传播或移植的结果。

实际上，现代学术语境中的"中国哲学是什么"问题，往往关联着"哲学是什么"这一更根本的问题，比如说，胡适、冯友兰的著作《中国哲学史》都首先讨论了"哲学"和"中国哲学"概念，冯友兰先生还区分了"中国的哲学"（哲学在中国）和"中国底哲学"（中国哲学），熊十力与梁漱溟书信往返讨论了"哲学"概念的理解和意义问题，张岱年亦多次著文阐发关联于中国哲学的哲学问题。可见，"中国哲学"学科的产生与发展，恰好折射了现代中国学术视野中的"哲学"观念。这一点是我们理解中国哲学学科发展（特别是其早期发展）的最重要前提之一。近来学术界热衷讨论的"中国哲学的合法性问题"，其实包含了"哲学究竟是什么"的一般观念，以及"中国哲学区别于西方哲学的特征究竟何在"的特定问题。而实际上，百年来的中国哲学学科史表明：现代学术转型过程中创立的中国哲学学科，其最初的发展经验就是会通中西、熔铸古今，始终以关注中国文化命运为己任，自觉地在创造性诠释和转化中国古代哲学的基础上予以综合创新。也就是说，从百年来中国哲学学科发展史的角度看，诸如"哲学"、"中国哲学"等观念，以及"中国哲学的内在规律和根本特征"和所谓"中国哲学的合法性"诸问题，都需要从现代中国学术转型的视野，从中国哲学的历史阐释和创造发展的角度，予以把握和理解。

近代意义上的大学的建立，同样也是中国近代化或现代化的一个结果，而与中国现代学术转型息息相关。北京大学在近现代教育史、学术史和文化史的特殊地位在于：北京大学是中国近代建立的第一所真正意义上的大学。北大哲学系又是中国最早建立的哲学系，也是近代以来（特别是五四运动前后）中国政治风暴和思想风云的策源地。中国哲学学科又充分体现了北大哲学系的学风、成就和影响，可以说，对于中国哲学学科而言，北大最具代表性。这样看来，反思北大百年来中国哲学学科的历史发展，总结其规律、把握其特点，对于中国的"中国哲学"的教学与研究来说，具有非常重要的意义。

二、百年来的地位和影响

自"哲学门"建立以来，中国哲学学科一直就是北大人文教育和学术研究的重要部分。蔡元培先生1917年长校之后，特别重视人文学科教育，延揽天下英才，哲学系逐渐成为大师荟萃、名师雅集的地方。近百年以来，中国哲学学科涌现了陈黼宸、陈汉章、马叙伦、胡适、梁漱溟、熊十力、徐炳昶、汤用彤、朱谦之、嵇文甫、冯友兰、容肇祖、王维诚、朱伯崑、汤一介等著名学者，可谓济济多士，使得中国哲学学科成为了海内外瞩目的学术重镇。哲学系的教师和毕业生（包括进修教师和访问学者）也把传习和发展中国哲学的火种播撒于全国乃至世界各地，推动了中国哲学学科的发展，例如嵇文甫于河南大学，朱谦之于中山大学，冯契于华东师范大学，肖萐父于武汉大学，容肇祖、李泽厚于中国社会科学院哲学研究所，朱谦之、任继愈、余敦康于世界宗教研究所；许多海外学者也曾通过留学和访学，把中国哲学的种子播撒于全世界。

中国哲学学科的历史地位和影响奠基于民国时期（1912—1949）。五四运动（1919）前后的哲学系不仅是新文化运动的重要策源地以及海内思想文化的重镇和中心，而且在学术研究上也经历自己的黄金时期，中国哲学学科亦莫能外。胡适、冯友兰写出了体大思精的中国哲学史通史论著，奠定了中国哲学学科的基本范式，熊十力创立的"新唯识论"是传统思想创造性转化的典范。抗战期间（1937—1945），北大与清华、南开等校合并成为西南联合大学，成为全国高等教育最重要的中心，为保存和延续中国文化思想的火种起到了非常重要的作用；同时，冯友兰著述"贞元六书"、金岳霖写作《论道》、汤用彤草创《汉魏两晋南北朝佛教史》和《魏晋玄学论稿》，又使中国哲学研究传统踵事增华，进一步发展。1952年院系调整之后，中国哲学学科先是汇聚了全国的精英，随后又为中国科学院哲学研究所、世界宗教研究所和其他大学的中国哲学学科输送了学术骨干，北大的学术研究和教学模式随之发生了广泛而重要的影响。

1949年特别是"文革"以来，中国哲学学科经历了痛苦而曲折的意识形态支配时期，政治因素左右了正常的教学活动和学术研究，中国哲学学科由于其特殊性而沦为种种政治因素竞逐于其间并玩弄于股掌之上的东西。然而，北京大学中国哲学学科的同仁们仍在政治压力和迫害的威胁之下，尽可能地致力于学科的发展建设。

1978年改革开放新时期之后，北京大学中国哲学学科迎来了摆脱政治束缚、回归自身发展的契机。首先是年逾古稀的冯友兰、张岱年先生和花甲之年的朱伯崑先生焕发了新的学术生命活力，冯友兰用惊人的毅力和魄力写出了《中国哲学史新编》（七册），张岱年则先后出版了《中国哲学史史料学》、《中国哲学方法论发凡》、《中国哲学范畴要论》、《文化论》等著作，朱伯崑撰成了传世之作《易学哲学史》（三卷），可谓老树新枝。其次是学术中坚汤一介、邓艾民、楼宇烈、许抗生等通过言传、身教和笔耕，有力推进了中国哲学学科的发展。新时期后成长起来的一批学者，如陈来、刘笑敢、李中华、魏常海、胡军、张学智、王中江等，努力使中国哲学学科专业化、规范化、系统化和国际化，完成了中国哲学跨世纪发展的使命。实际上，近30年来的中国哲学学科的发展既迅猛又深刻：不但全面系统而深入地改革了教学模式、修订再版了教材，而且新的、高水平的学术专著层出不穷；这是一个整理和重述中国哲学史的时期，也是一个弥补和超越的发展历程。

百年来的北京大学中国哲学学科正处于一个继往开来、推陈出新的历史分水岭。北京大学中国哲学学科具有光荣的历史和优良的传统，如何发扬北京大学自由思想、兼容并包的学术风气，继承会通中西、熔铸古今的研究传统，自觉地投身于中国哲学史的创造性阐释和创造性转化，并致力于新的哲学创造，继承"旧邦新命"的文化意识，使中国哲学成为活的、开放的、与日常新的传统，确是目前北京大学中国哲学学科发展的重要目标和前进方向。

三、百年来的研究传统与学术特色

近现代以来的中国人的思想世界里,哲学观念和中国哲学的观念几乎不分彼此。实际上,中国哲学学科的最初创立和早期建设,一直处于新旧学术传统的张力之中。胡适、熊十力、梁漱溟、冯友兰、汤用彤、张岱年等著名学者因缘时会、得风气之先,为中国哲学学科的创立与发展作出卓越贡献。经过了筚路蓝缕的开创阶段,北京大学中国哲学学科形成了会通中西、熔铸古今的学术道路,体现了关注中国文化命运(特别是重视文化问题的讨论)的思想特色,更具有以弘扬传统哲学思想为己任而且自觉创造的高远目标和宏伟抱负。20世纪20—40年代的中国哲学学科确立了学科范式,是中国哲学学科发展的最为激动人心的时代。也就是说,"五四"时期以来,北大中国哲学学科的两个特点十分突出:

第一,现代中国哲学的研究,无不以西方哲学及其发展历史为参照背景。从欧美留学归国的学者自不必说,即使最具传统特色的学者如梁漱溟、熊十力等,他们的哲学问题意识也都受到西方哲学观念的深刻影响。西方哲学是人类智慧中理性分析和建构的精致代表,西方哲学的形态虽属特殊,但其中不少问题的讨论是具有普遍性的。西方哲学的论述虽然不是哲学所以为哲学的根本规定,但西方哲学已成为现代哲学学科的基础。学习西方哲学可以为研究其他哲学家提供具有普遍意义的重要方法。而深入了解西方哲学和世界其他哲学,将促使我们更深入地了解自己的哲学传统。

第二,现代中国的哲学体系的创制必须与中国传统哲学的资源建立内在联系。例如熊十力的"新易学"、梁漱溟的"新儒学"、冯友兰的"新理学"、贺麟的"新心学"、金岳霖的"新实在论"、张岱年的"新唯物论",都在不同的程度上自觉地与中国古典哲学相接应,与中国传统文化的实际相结合。

开放多元、自由创造和强烈的文化自觉意识,足以概括北京大学中国哲学学科的学风。过去有一种说法,在20世纪30年代,北大哲学系与清华大学哲学系,学风有所不同。北大哲学系在胡适的影响下,重视考据,重视历史的研究。清华哲学系在金岳霖、冯友兰的领导之下,赞赏英国穆尔(Moore)、罗素(B. Russell)的逻辑分析方法,致力于建立自己的理论体系。在新文化运动时期，胡适撰写了《中国哲学史大纲》上卷，开创了哲学史研究的一代新风。但是胡氏只写了上卷古代篇，以后写不下去了。30年代初，冯友兰先生撰写了两卷本《中国哲学史》，从上古讲到清末，其中考据之精，分析之密，远远超过了胡著，被誉为开辟了中国哲学史研究的新纪元。30年代末，冯友兰又撰写了《新理学》，提出了自己的理论体系。金岳霖是数理逻辑专家，1930年代又撰写了《论道》，建立了自己的本体论学说。北大哲学系比较重视中外哲学史的研究，熊十力、汤用彤是佛学专家，张颐、贺麟是黑格尔专家，郑昕是康德专家。其中熊十力著《新唯识论》，自成一家之言，晚年又舍佛归儒，著《体用论》、《乾坤衍》，自称"新易学"（一般认为是"新心学"）。贺麟试图综合陆王心学与黑格尔学说，可谓"新心学"。新中国成立后，清华、北大的哲学系同仁都热心于学习马克思主义哲学，阅读马克思、恩格斯、列宁的著作。当时金岳霖、冯友兰都对马克思主义的唯物论与辩证法有较深的体会，实现了哲学思想的重大转变。1952年院系调整，清华哲学系合并到北大，于是以前清华哲学系与北大哲学系各自的特色也就随之而消失了。而北京大学中国哲学学科却因而具有了历史研究和理论探讨并重的特色，一直持续到了今天，形成了某种"北大学派"的特色。在这个意义上，可以说北大中国哲学学科的发展史即是20世纪中国哲学学科发展史的缩影，或许没有夸大其词。

实际上，北京大学中国哲学学科的研究传统和学术特点也是与时俱进的。进入新世纪以来，其特点似乎可以归纳为以下几点：

第一，它是我国中国哲学学科中具有百年悠久历史传统和深厚学科积累的学科点，已历史地形成了在国内同类学科点中的核心地位。

第二，它是20世纪80年代国家教委评定的重点学科，2001年再次评为国家级重点学科。它曾经多年一直是全国中国哲学学科点中唯一的国家级重点学科。

第三，总体科研教学水平居国内相同学科的前列，研究水平国内领先，学科点内的不少研究方向皆有国内学科带头人。本学科点与国内其他同类学科点相比，现有学术梯队整体力量雄厚，研究方向齐全，断代覆盖面广，科研成果卓著。

第四，学风严谨，长久以来形成的以注重历史资料的消化和逻辑理论的分析兼长的"北大学派"特色，代表了我国中国哲学研究的主导方向，并对国内同类学科有较大影响。

第五，自主培养了大量研究生（包括博士生和硕士生），是我国相关领域高层次人才培养和接受国内外访问学者进修的主要基地之一。

第六，北大中国哲学学科是国际中国哲学界公认的一个学术中心，学术成果在国内及海外影响较大，学术交流活跃。与目前世界上其他同类机构相比，如与东京大学、京都大学、哈佛大学、哥伦比亚大学等著名学府，北京大学的中国哲学研究和教学在综合实力、专深研究等方面都具明显优势。

第二节　近现代学术转型中的中国哲学（1912—1951）

中国哲学学科完成创建的重要标志就是具有了中国哲学的自觉意识，通过中国哲学史通史、中国哲学通论著作的撰述，奠定了中国哲学史课程的基础，构建了中国哲学（史）研究的理论范式。

这一时期的学科发展，大致可以划分为以下几个阶段："哲学门"筚路蓝缕的初创阶段（约1912—1917）；五四前后的历史风云和学术转型的大时代（1918—1929）；沉潜发展和典范自树阶段（1930—1936）；抗战烽火中的西南联合大学时期（1937—1945）；复校及面临挑战阶段（1946—1951），因为新中国建立初期，意识形态支配思想学术的情况已见端倪。当然这只是一个大致的、便于历史叙述的分期而已。

一、观念和思想

1. 哲学观念和中国哲学意识的形成

"哲学"之为"物"，"恍惚"而已。因为作为一个名词或一门学问，"哲学"乃是中国前近代史迹所没有的东西。但这样说并不意味着古代思想世界找不到相当于近代意义上的"哲学"。所谓中国哲学学科的初创和发展，不能不诉诸近代以来"哲学"观念的酝酿发展和近代大学的分科制度（包括教育宗旨、教学大纲和课程设置等方面）的明确建立之间的互动，这是需要特别关注的问题。

作为近代意义上的"学科"门类而存在的"中国哲学"实际上是由古代学术发展为现代学术的过程中建构起来、创设出来的。中国哲学出现于近代，诞生于现代意义上的大学；这是我们理解和把握它产生与发展的必然性的基本前提。也就是说，"中国哲学"从理论上看绝不是古代的，虽然"中国哲学史"是以"中国哲学"的视角和方法进入古代思想世界，并予以梳理、重述和阐释。毕竟"中国哲学"是参照西方哲学范式建构起来的（因为我们不可能反过来把西方思想——按照中国固有的义理之学的形式——重建为西方义理学），是面向西方哲学转译活动的结果。

另外，哲学是什么？这一基础问题，对于理解和把握哲学学科，并进而理解和把握中国哲学学科，并非没有意义。王国维、严复都认识到哲学的重要性，胡适、冯友兰、梁漱溟、熊十力都比较深入地讨论过这一问题，其目的就是奠定中国哲学的理论基础。由此可见，中国哲学学科的创立或诞生，岂不是恰好印证了"天下同归而殊途，一致而百虑"这句古训吗？

王国维是中国近代哲学的先知先觉，针对张之洞1903年制订的《奏定京师大学堂章程》列8科46门而以经学科为"第一"，指出应以哲学为基本学科而不可缺，（《奏定经学科文学科大学章程书后》）还说：

> 夫哲学者，犹中国所谓理学云尔。艾儒略《西学发凡》有"费禄琐非亚"之语，而未译其义。哲学之语实自日本始。日本自然科学曰"理学"，故不译"费禄琐非亚"理学，而译曰"哲学"。[1]

中国哲学学科的创构就要从中国古代思想中再发现其中的"哲学问题"、"哲学意识"和"哲学方法"。既然如此，在接轨和转型中创构的中国哲学，其前提就是在中国古典学术中发现和确立西方哲学的对应物。西

---

[1] 王国维：《哲学解惑》，《王国维学术文化随笔》，中国青年出版社1996年版，第54—57页。

周和王国维都认为"理学"是 philosophy 的对应物，自然不无道理；而最早从事中国哲学教学和研究的学者，大多深受宋明理学思想的濡染。但是，传统的"理学"并不能涵盖"哲学"，"哲学"也不能归于"理学"。强调这一点还具有一定的实际意义，毕竟"哲学门"并不只是"理学门"衣钵的继承者。

创构中国哲学或者说建树中国哲学的范式并非易事。实际上，传统与现代之间的持续张力充分体现于中国哲学学科的形成过程中，这是由中国哲学学科的特殊性决定的。民国初年，人们对"哲学"和"中国哲学"的认识是有不少局限性的。有一点很清楚，西方哲学的传播和研习，是中国哲学学科产生和发展的前提之一。[1] 胡适撰著的《中国哲学史大纲》和冯友兰撰著的《中国哲学史》（两卷本）都首先讨论了对"哲学"的基本理解问题，以及"中国哲学"的独特性问题；熊十力和梁漱溟通过书信往来，反复讨论"哲学"一词的含义，[2] 都表明了"中国哲学"的创构，需要进行某种范式转换。

我们显然应该从新旧文化之间的张力中把握中国哲学的特点。从近现代学术范式转移的角度看，中国哲学的创立其实就是近现代学术范式转型的结果。对此，北大中国哲学的先驱者们都有比较清醒的认识，所以他们大多数人自觉沿着会通中西、熔铸古今的方式方法从事中国哲学的教学和研究，进行中国哲学的创造性阐释和创造性发展。

2. 新旧之争和东西方文化论战

民国初年，新文化运动方兴未艾，思想界的东西方文化论战也拉开了帷幕。北大存在着新旧两派的对立[3]，蒋梦麟说："新派竭力提倡思想文学之革新。旧派恐国学之沦亡，竭力以保存国粹为事。于是新旧两派作思想学术之竞争"，而北大则成为"竞争的中心点"。[4] 北大中国哲学学科受新旧之争、

---

[1] 参见欧阳哲生：《近代中国学人对哲学的理解》，《中国哲学史》2006 年第 4 期。
[2] 陈来《熊十力与现代新儒家的"哲学"观念》对此作了很好的梳理和分析，参见陈来：《现代中国哲学的追寻》，三联书店 2010 年版。
[3] 萧超然等编：《北京大学校史（1898—1949）》，上海教育出版社 1981 年版，第 48 页。
[4] 曲士培编：《蒋梦麟教育论著选》，人民教育出版社 1995 年版，第 103 页。

中西之争和科玄论战的洗礼而具有了学科内部的自觉意识。

初设的哲学门基本上沿袭京师大学堂时期的理学门（仿效朱熹讲解理学），按照旧式经学的方式讲授和研究"中国哲学"，但已逐渐开始以西方的学术方式理解中国传统哲学。在北京大学哲学门讲授中国哲学史的第一人是陈黼宸。陈黼宸在哲学门主讲的课程包括"中国哲学史"、"诸子哲学"等。虽然陈黼宸在政治上是晚清的进步人士，但他治中国哲学史的观念，仍是传统学术的延续，从他讲中国哲学史的三部讲义（《诸子哲学》、《老子发微》、《中国哲学史》）看，基本上采用的是经典注疏的方式，在治学的观念和方法上并没有实质性的突破。

陈汉章是晚清著名学者俞樾和黄以周的弟子，学问渊博，人称"两脚书橱"；他讲中国哲学史的路数和陈黼宸如出一辙。在陈黼宸讲授"中国哲学史"的同时，其高足马叙伦也进入北京大学讲授中国哲学、伦理学等。他曾数度进出北京大学，在哲学门教授中国哲学，还开设"诸子哲学"、"老庄哲学"等课程，他长于文字学和历史考据，著述颇多，其重要的哲学史著作如《老子校诂》、《庄子义证》等反映了这一点；他的教学，比如说"宋学"课程，以《宋元学案》等书为参考资料。

可见，北大最早讲授"中国哲学史"的"二陈一马"的学术观念，基本上是传统学术的延续，与并世的学者章太炎、梁启超和王国维等人相比，他们缺乏突破传统学术的新思想、新观念、新方法。陈黼宸的学问根底是浙东学派的史学传统，马叙伦的兴趣集中于文字训诂方面。冯友兰曾回忆陈黼宸的教学事迹，认为他儒雅博学，深受学生的敬重和爱戴，但他的学问根底毕竟是古典学术传统，学术观点和研究方法，却比较陈旧，他讲授"中国哲学史"这门课程的教学特点就是"将哲学与哲学史混为一谈"[1]。

接替陈黼宸教职的是陈汉章，他的讲法是旧式《学案》的讲法。当时，胡适也在讲授"中国哲学史"，与陈汉章同时开课"中国哲学史"（只不过前者针对低年级，后者针对高年级），而他们的讲法和想法却迥然不同。陈汉

---

[1] 冯友兰：《五四之前的北大和五四之后的清华》，见钟叔河、朱纯编：《过去的学校》，湖南教育出版社1982年版，第55—59页。

章讥笑胡适"不通",胡适反唇相讥,说陈氏"守旧"。[1] 这种讲法和想法上的风格不同和隐然对立,恰好反映了现代中国学术转型背景下的中国哲学教学及研究范式建构过程中的新旧两派的不同甚至对立。在冯友兰当年看来,所谓"旧"(传统学术)就是"封建的",所谓"新"(现代学术)就是"资产阶级的"。他回顾并反思说:

> 从这些例子可以看出来,当时学者对于"哲学史"这门学问的性质,是完全不了解。胡适用资产阶级学术观点和研究方法写的中国哲学史,出来以后,自然使人耳目一新。[2]

胡适在北大初执教鞭的时候,主要为哲学门低年级学生讲授"中国哲学史大纲"和"西洋哲学史大纲"等课程,比起当时担纲中国哲学教职的马叙伦,似乎并不很受学生们的青睐。胡适发奋努力,开创了以新观点审视批判旧材料的新的学术研究风气。他所讲的"中国哲学史"课程开辟了一种新的学术风气,顾颉刚十分钦佩胡适的教学,认为胡适的哲学史课,条理清楚,裁断有制,不肯贸然信从古人,"是中国学者的文章里所从来没有的,是梁(启超)、章(太炎)二家所写不出的"[3]。

胡适关于中国哲学史的新讲法,是以联系的观点和变化的观点看待和分析历史材料的,与传统学问(特别是经学束缚下的思想观点)迥然不同。从近代学术的范式转型的角度看,民国初年,负笈欧美或东渡日本的学者归国任教,同时把新思潮、新观念带回中国,乃是一个特别重要的历史契机。在新思潮的濡染下,中国哲学学科的观念也发生了很大变化,一方面逐渐摆脱了寻章摘句的注解式研究方法,另一方面也调整了理学门的课程设置,当然也逐渐革新了教学方法。由此开始酝酿新的理解和把握中国哲学的范式和方法,即开始摆脱理学和经学的束缚,并自觉以西方哲学理论

---

[1] 参见冯友兰《五四之前的北大和五四之后的清华》以及《胡适日记》等史料。
[2] 冯友兰:《五四之前的北大和五四之后的清华》,见钟叔河、朱纯编:《过去的学校》,第55—59页。
[3] 《顾颉刚自述》,见高增德、丁东编:《世纪学人自述》第一卷,北京十月文艺出版社2000年版,第67—68页。

和学术范式理解和研究中国哲学。在这方面，胡适可以说是一个重要代表。而且，胡适在其1916—1917年间于北大哲学门讲授中国哲学史课程的讲义的基础上，写出了《中国哲学史大纲》（卷上），其所载的内容和方法，表明了中国哲学史的教学和研究等方面的新的旨趣和新的倾向。所谓"新"，与胡适之前讲授中国哲学史的陈黼宸、陈汉章和马叙伦的"旧"来说，既显而易见又针锋相对。

1919年"五四"前后，以北大哲学系为中心的思想界风云变幻，各种思潮汹涌激荡，引发了学术思想界的几场大规模思想论战，其中包括："东西方文化论战"（约1915—1927）、"问题与主义之争"（1919—1921）、"科学与玄学论战"（1923—1924）、"中国本位文化建设"问题的论战（1935）等，这些论战和论争之所以产生了持续、广泛而深远的影响，是因为上述论战皆触及了这样一个根本性问题：中国文化的历史命运，或者说中国的未来究竟向何处去？同时也和救亡与启蒙的时代命题息息相关。由于中国哲学以关注中国文化命运为己任，所以这些论战也有力地刺激了中国哲学学科内部对传统文化价值的反思与重估，以及对中国哲学学科的自我定位。比如说，"科玄论战"既涉及科学作为一种理性观念在中国的成长的问题，亦关系到人们对哲学的性质和作用的理解问题，因此中国哲学学科的同仁自然也不能置身于这场论争之外。

五四运动前夕，新文化运动方兴未艾，关于东西文化问题的争论已开始酝酿，最初的论战基本上延续前清"中西之争"问题展开的。论战的双方分别是陈独秀、李大钊（以《新青年》为阵地）和杜亚泉（以《东方杂志》为阵地），争讼的焦点在于新旧文化、东西文化的根本区别与孰优孰劣。[1] 进而东西文化之争又转化为文化问题之争，新旧文化的能否融合、调和成为人们热衷讨论的问题。陈独秀、李大钊、蔡元培、张东荪、陈嘉异、章士钊、蒋梦麟等活跃于论战的第一线。其中章士钊代表的东方文化派主张中西文化各有所长，因此中国文化的出路，只能是"一面开新，一面复旧"，取西方文

---

[1] 有关史料参见钟离蒙、杨凤麟主编：《中国现代哲学史资料汇编》第一集第五册，辽宁大学哲学系中国哲学史研究室，1984年；陈崧编：《五四前后东西方文化论战文选》（增订本），中国社会科学出版社1989年版。

化之长，补中国文化之短，实现中西文化的折中调和。而以陈独秀为代表的西化论者认为，西洋文化与中国传统文化是两种性质截然相反的文化，新旧之分，水火不容；主张破旧立新、以新代旧。1921年后，梁启超《欧游心影录》与梁漱溟《东西文化及其哲学》的相继发表，"东西文化之争"又进入一个新的阶段。

梁漱溟《东西文化及其哲学》旗帜鲜明地"崇拜中国固有文化"，反对五四新文化运动中反传统文化的极端方面，因此倘若从梁氏"文化多元主义"角度上分析，他执意反对的并不是当时代表了世界化潮流的"欧化"（或"西化"），而是"反映了他的反反东方文化论的立场"。[1] 也就是说，梁漱溟一直坚持认为，东方文化自有其价值与意义，即便我们不能置身于世界化浪潮之外。他于1917年初到北大时，就曾说自己是为释迦、孔子打抱不平而来。1919年夏，梁漱溟写了《东西文化及其哲学》的两章作为《唯识述义》的前录，1920年秋在北大作了为期一个月的"东西文化及其哲学"讲演（该讲演"不在哲学系课程之内"），《北京大学日刊》连载了讲演的部分内容。1921年夏，梁漱溟又应邀于济南讲东西文化问题。1920年秋和1921年夏的这两次讲演记录，编成《东西文化及其哲学》[2]；到1922年10月，一年之间，印刷了5版。[3] 这本书曾得到了广泛传诵，李石岑称之为"震古烁今之著作"[4]。梁漱溟仍然抱着为包括中国文化在内的东方文化"打抱不平"的动机，阐述其观点。[5] 其实，梁漱溟并不反对新文化运动提倡的、源于西方的科学和民主，但他强调中国文化与西方文化的不同"路向"。[6]

"五四"之后，相对于陈独秀、胡适等人的激进思想，梁漱溟的文化观念更有代表性。他强调东方文化的独特价值，主张东西方文化融合这样一种

---

[1] 陈来：《现代中国哲学的追寻》，第138页。
[2] 1921年10月出版。
[3] 梁漱溟：《五四运动前后的北京大学》，见《梁漱溟全集》第7卷第187页以及氏著《东西文化及其哲学·自序》。
[4] 李石岑：《评东西文化及其哲学》，《民铎》1922年三卷三号，转引自陈来：《现代中国哲学的追寻》，第135页。
[5] 详见《梁漱溟全集》第一卷，第332—333页。
[6] 详见上书，第391—392页。

强烈而深沉的文化观念，多少平衡了"五四"前后新文化运动中的比较极端的激进主义（例如全盘西化）思潮，而激进主义文化观念终究难免"过犹不及"之嫌。

1935年3月31日，胡适在《大公报》上发表《试评所谓本国本体的文化建设》。陈序经曾在《民国日报》上发表《中国文化之出路》，在《独立评论》上发表《关于全盘西化答吴景超先生》等文，鼓吹"全盘西化"论。何炳松、陶希圣等十教授在《文化建设》杂志上联合发表《中国本位的文化建设宣言》反对陈序经提出的"全盘西化"论。而胡适的文章认为"中国本位的文化建设宣言"是"中学为体，西学为用的最新式的化装出现"，并支持陈序经。自此，两派对峙争锋，就中国文化及其出路形成一场激烈而且旷日持久的争论。[1] 实际上，在这场讨论过程中，胡适已察觉陈序经所说"全盘西化"易生误解，因此他主张之以"充分世界化"。张岱年特别关注文化问题，30年代多次著文阐述文化问题，最终提出了"综合创新论"。值得注意的是熊十力关于"中国文化本位建设"的议论，他说，所谓中国本位文化的建设问题，从另外的角度看就是激发儒家思想的活力，创造新的哲学。[2] 这一论点，既暗合于汤用彤所说的"文化之研究乃真理之讨论"，又与贺麟所见略同。[3] 可见，中国哲学（史）的学术（研究和教学）活动濡染了一种坚定自觉的文化意识。比如说汤用彤提出"文化之研究乃真理之讨论"，其中的深邃含义之一就是力图把李大钊、陈独秀、胡适、梁漱溟等人开启的文化问题争论，从文化批评的层次提升到哲学层面予以深化和把握；徐炳昶的名著《中国古史的传说时代》，旨在针对当时人文学科中"疑古过甚"的极端倾向予以矫正，隐含了耐人寻味的文化意识。[4]

文化问题之所以重要，因为中国近百年来的危机，根本上是一个文化的危机。而围绕着文化问题的讨论和论争，正反映出人们企图解决和摆脱

---

[1] 《中国现代哲学史资料选编》第2集第6册。
[2] 熊十力：《文化与哲学》，《中国现代哲学史资料选编》第1集第5册，第172—173页。
[3] 贺麟：《儒学思想的新开展》，《贺麟集》，中国社会科学出版社2006年版，第1—15页。
[4] 据《中国古史传说时代》初版"叙言"所述，该著写作于1939—1941年，但构思则始于1921年后徐炳昶任教北大之时。

文化危机的努力。实际上，文化讨论语境中的古今、中西之争，近百年来反复出现。[1]

总之，上述文化问题及其论争乃是创建中国哲学（学科）之际不能不濡染于其中的社会—思想语境，同时也是"中国哲学"是否具有合法性的必要基础。试想：倘若中国文化没有价值，没有出路，那么参酌西方哲学，从中国文化传统中构建中国哲学，岂不是水中捞月、缘木求鱼吗？另一方面，正如熊十力、贺麟所说，文化争论或者文化危机的真正解决恰恰有赖于儒家思想的创造性转化，有赖于新的哲学创造，亦即现代意义上的中国哲学的新发展。可见，自创建伊始，"中国哲学"（学科）就肩负了某种非凡的使命：既要在草莽中构建中国哲学史的基本框架，又要尝试新的哲学创造，以使现代的"中国哲学"能够"接着讲"。这难道不是中国哲学学科的特殊性之所在吗？

3. 胡适《中国哲学史大纲》：意义与影响

1919年2月，胡适的《中国哲学史大纲》（卷上）由商务印书馆出版，这是中国哲学学科发展史上的里程碑，也可以说是中国哲学史学科初步建立的标志，同时也是现代学术转型进入一个新阶段的起点。在此之前的谢无量、之后的钟泰都曾写过《中国哲学史》著作，但谢无量的《中国哲学史》（中华书局，初版于1916年）竟然从传说时代的黄帝讲起，而终于戴震，从内容上说其实只是材料的堆积，尚不能称为严格意义上的哲学史。钟泰的《中国哲学史》（1924年初版）则从尧舜讲起，而终于曾国藩，同样缺乏深入系统的哲学分析，也很难称得上现代意义上的哲学史。而胡适的《大纲》则是一个全新的哲学史，因为它是真正用现代学术方法，系统地梳理中国哲学的著作，堪称现代意义上的中国哲学史研究的得风气之先的著作。

在《大纲》的"导言"中，胡适不但提出了自己对"哲学"和"哲学史"的理解，还自觉规定了"哲学史"学科的任务，即"述学"、"明变"、

---

[1] 比如说，20世纪50—60年代的古代思想遗产的继承问题（这对于中国哲学学科来说具有特殊的意义），60年代台湾的文化论战，80年代的文化热以及中国文化讨论，90年代的大陆国学热等，甚至我们还可以认为史无前例的"文革"折射了一种极端化的文化观念。

"求因"、"评判";进而提出了较系统的研究中国哲学史的方法论,即"证明的方法"、"剪裁的方法"、"分析的方法"、"系统的方法"。蔡元培的《序》高度评价了《大纲》,认为它"把我们三千年来一半断烂、一半庞杂的哲学界,理出一个头绪来","此真是古人所见不到的"。

胡适《大纲》的一个突出特点就是参照、借鉴西方学者研究哲学的观念和方法,运用西方哲学史的框架和模式来整理中国传统哲学的资料。胡适在该书导言中曾指出:"我们若想贯通整理中国哲学史的史料,不可不借用别系的哲学,作一种解释演述的工具。"他还坦言,自己所用的比较参证的材料便是西洋的哲学。如所周知,胡适是以实用主义哲学为根据来检视中国哲学的。

由胡适所开创的这种援引西方哲学整理中国哲学材料并由此创建中国哲学学科的研究模式,在创建中国哲学学科的过程中,具有积极意义并占据了主导地位。冯友兰先生认为他"确实为中国古代哲学空的实质系统加上了一个形式系统。虽然其所加未必全对,但在中国学术界,则是别开生面的"。更重要的是,虽然胡适是采用西方学术方法系统研究中国哲学史的第一人,但他明确意识到"中国哲学"不同于西方哲学,因而需要在科学地整理古代思想史料的基础上创建"中国哲学"这一学科。我们知道,新文化运动以批判旧文化、创造新文化为宗旨。胡适《大纲》贯穿着他沟通中西文化、再造中国文明的强烈意向。可见,作为第一部以现代学术方法著作的中国哲学史,以及中国哲学学科创建的标志,《大纲》的意义重大,影响深远。

然而,胡适《大纲》虽然能使洛阳纸贵,却仍是一部草创的著作,遗憾与缺陷在所难免。实际上,《大纲》对古代哲学的许多分析和评价,颇多见仁见智之见,不免引起许多争议。三年之后,也就是在胡著影响力持续发酵的1922年,北京大学哲学社邀请梁启超作"评胡适《中国哲学史大纲》"的公开演讲,专门评价这部"一字千金"的名著。梁启超的演讲既有称道,更多的却是不客气的批评。[1]胡适到场答辩,听者"如醉如狂",为两位学者

---

[1] 梁启超的演讲分两天进行(最后半天时间由胡适答辩),时在1922年3月4—5日。参见梁启超的演讲稿《评胡适之中国哲学史大纲》,收录于《饮冰室文集》第38卷第51—68页。

的风采所倾倒。[1] 梁启超对《大纲》的批评也是很中肯的。实际上，章太炎、金岳霖以及胡适自己都发现了《大纲》中的种种问题。金岳霖说，《大纲》不像中国人所做的中国哲学史，点出了问题的要害：没有真正突出中国古代哲学的自身特点。初版于1929年的钟泰《中国哲学史》[2]，从某种意义上说，乃是对胡适《大纲》的反动。虽然钟泰曾留学东洋，但他编著的《中国哲学史》却自觉摒弃了西学的参照，因为在他看来，"中西学术，各有统系，强为比附，转失本真"，"近人影响牵扯之谈，多为葛藤，不敢妄和"。钟泰明确反对胡适以西方哲学术语"强为比附"中国哲学的研究模式。但钟泰的著作本身又不能够以西方近代以来的哲学进行澄清，何由实现现代学术转型的历史使命呢？实际上，胡适与之前的谢无量、之后的钟泰代表了不同的中国哲学的研究模式或学科范式。他们之间的分歧乃是根本性的学术范式或研究模式之间的分歧。

那么，如何在中国哲学学科创建过程中具体而微地体现中国现代学术在"民族本位"与"世界大同"之间重新为中国的"传统"与"思想"寻找位置？换言之，就是如何借用近代以来西方哲学澄清中国思想史上的问题和方法，创构中国哲学学科以抗衡并且接轨世界潮流中的哲学学科，从而完成现代学术转型的历史使命？由于中国哲学学科的特殊性在于：必须诉诸创造性转化，亦即面向西方哲学的转译，中国哲学才能得以建构。这一特色使得关于中国哲学（史）的探索和讨论往往具有复杂而深邃的意味。如果说胡适代表了中国哲学理解和研究中的舶来主义的研究模式或学术范式的话，那么钟泰则代表了"本土立场"的模式和范式。应该说，如何凿破中国哲学的混沌，打破中西哲学思想的隔膜或壁垒，实现中西结合——即在参照、借鉴西方哲学史研究的观念和方法的同时，还提倡在研究中兼顾中国哲学本土的特殊性，是中国哲学学科进一步深入发展所不能回避的问题。我们将会看到，这些问题经过冯友兰、张岱年等人的继续探索，得到了更妥当、更合理的解决。

---

[1] 《胡适日记》记载了此事。而当时的盛况，亦见于胡颂平编《胡适年谱长编初稿》（台北联经出版事业公司1984年版，第483页）。

[2] 系作者执教之江大学时所作。

4. 冯友兰和张岱年：“中国哲学史”范式与模式的奠定

撰作通史性质的《中国哲学史》和通论性质的《中国哲学大纲》，应该说是创建"中国哲学"学科的最重要任务和最主要标志。"五四"以来，从陈黼宸、陈汉章、马叙伦到胡适，北大中国哲学的发展经历了一个"范式转换"（paradigm shift）的过程。真正具有典范意义的"中国哲学史"著作应运而生，这就是冯友兰的《中国哲学史》两卷本。[1]

比较胡著，冯著的确"青出于蓝"。胡适的《中国哲学史》始终没有写完，《中国哲学史大纲》上卷出版后，就没有了下文。这使蔡元培的殷切期望落了空，又遭到某些学者（例如黄侃）的嘲笑。冯著两卷本是第一个用现代方法写出的、完整而系统的"中国哲学史"。"中国哲学史"的基本框架由此始得确立，"中国哲学"学科的基础亦由此最终奠定。冯著的特点之一是注重"哲学"，用他自己的话说就是，"此哲学史对于'哲学'方面较为注重"（《中国哲学史·自序》）。这一点也与胡著恰成对照。胡著详于文字的考证训诂和历史境况的介绍，对文字所表达的义理体会较浅，把握不切。冯著却不重文字的训诂考证及相关的历史背景，而特重于哲学义理的了解体会。冯著还很好地克服了胡著对中国哲学精髓把握不切的毛病。冯友兰较好地处理了中国哲学研究的近代化和民族化的关系，在借鉴西方研究观念和方法的同时，对中国哲学的自身特点也给予了较多的关注。另外，胡著《中国哲学史大纲》的理论基础是杜威的实用主义，冯著《中国哲学史》虽然启用了新实在论诠释宋明理学，但更多的是取其逻辑分析方法，成见较少。总之，"冯友兰《中国哲学史》两卷本堪称20世纪中国学术思想界中国哲学史研究的'典范性'之作"[2]。早于冯氏的谢无量、胡适和钟泰的著作，以及晚于冯著的李石岑《中国哲学十讲》（世界书局，1935年）、范文澜《中国哲学史通论》（上海开明书店，1936年）都没有取得这样公认的典范地位。[3]

---

[1] 上册1931年出版，下册1934年出版。两卷本是冯友兰任教燕京大学、北京大学（按：据有关史料记载，冯于1927年于北大讲授"中国哲学史"课程）时讲授"中国哲学史"的著述，后用作大学"中国哲学史"课程教材。

[2] 陈来：《现代中国哲学的追寻》，第416、413页。

[3] 李、范二氏著作的共同特点是自觉运用唯物辩证法驾驭中国哲学史。

张岱年所著《中国哲学大纲》[1]是第一部"中国哲学"的通论性著作，旨在融贯中西、道通为一。《中国哲学大纲》的副题为"中国哲学问题史"：

> 这是一部以问题为纲的中国哲学史，将中国哲人所讨论的理论问题选出，分别叙述其源流发展，以显示中国哲学之整个的条理系统。全书分为三部分。第一部分宇宙论，内容又分为本根论、大化论。这里所谓宇宙论指关于宇宙的理论，相当于西方的 metaphysics，一般译为形上学。这里所谓本根论相当于西方所谓 ontology，一般译为本体论。这里所谓大化论相当于西方所谓 cosmology，一般译为宇宙论。当时不用普通的译名，意在择取更合适的固有名词。第二部分人生论，内容又分天人关系论、人性论、人生至道论、人生问题论。第三部分致知论与方法论。致知论相当于一般所谓认识论，选用了古代哲学所谓致知一词。但是有一个流行的见解，认为中国古代没有认识论。我特别选出中国古代哲学中关于致知问题的论述，证明中国古代哲学也有认识论学说。此书试图展示中国传统哲学的理论体系，对于中国哲学中的概念、范畴、问题、争论做出比较全面的阐述。[2]

张岱年是"中西合璧"研究模式的发扬光大者。他所谓的"西"，除了包括逻辑分析方法（即形式逻辑的分析方法）之外，还包括唯物辩证法。《中国哲学大纲》对中国哲学问题的研究，虽然参照了西方哲学的分析方法，但并不是用西方哲学的框架模式来削足适履地套取中国哲学，而是试图于融会和比较中发现中国哲学的固有问题、阐发中国哲学的根本特点。因此，张岱年在自己的中国哲学研究中对西方哲学的观念和范畴都作了相应的修正和改造。终其一生，张岱年都坚持"中西合璧"的研究模式和方法，可以说是他治学方法的核心，而他之所以能够在中国哲学研究中提出颇多真知灼见，出于其好学深思的治学精神和综合创新的治学方法。

---

[1]《中国哲学大纲》成书于1935—1936年，最早是作为张岱年在中国大学的"中国哲学概论"授课讲义，印发于1943年。

[2]《张岱年全集》第8卷，河北人民出版社1996年版，第510—511页。

1930年代前期，冯友兰《中国哲学史》和张岱年《中国哲学大纲》的撰写与出版，标志着"中国哲学"的创建已具规模，真正奠定了现代意义上的"中国哲学"学科的基础。历史经验表明，北京大学中国哲学学科的学术研究传统也是在这一创建中国哲学学科的过程中形成的，它的一个突出特点就是：沿着中西会通的道路，参取西方哲学的学术体系，针对传统的思想资源进行创造性的转化。

5. 熊十力的"新心学"

熊十力是那种孤怀独往、冥心独造、勇于自信的哲学家。1922年，他经梁漱溟引荐、应蔡元培之聘，任教于北京大学哲学系，讲授唯识学。他慧心独运，深获前人所未发的洞见，以致不惜"悍然改造古学"，超出旧的唯识学说，提出了自己的"新唯识论"体系。熊十力于1932年出版文言文体《新唯识论》，这是他初步建立新唯识论的标志。熊十力造新唯识论的思想资源非常复杂，熔铸了佛学、周易和陆王心学的哲学体系，被称之为"新心学"（贺麟的哲学体系亦称"新心学"，但以心学的特色而论，熊十力的新心学更具代表性）。他后来的著作如《体用论》、《乾坤衍》更加发挥了其"新心学"的思想。

"熊十力哲学的最突出之处，是他的体大思精的本体—宇宙论。"[1] 然而，他所说的"本体"、"宇宙"殊不同于西方哲学语境中的"本体"、"宇宙"，而是应该从"宇宙人生融成一体"的角度理解"本体"、"宇宙"概念。他认为，"东方学术归本躬得"[2]，与西方哲学的知识论趣向南辕北辙，但他仍直言不讳地说："我喜用西洋旧哲学宇宙论、本体论等论调来说东方古人身心性命切实受用之学"，目的是"以哲学的方式建立一套宇宙论。这个建立起来，然后好谈身心性命切实功夫"。[3] 可见，熊十力自信中国哲学不仅可以称之为"哲学"，而且当仁不让于西方哲学。其曰：

---

[1] 陈来：《现代中国哲学的追寻》，第23页。"本体—宇宙论"的说法亦见于郭齐勇《熊十力思想研究》，天津人民出版社1993年版，第52页。
[2] 熊十力：《十力语要》，《熊十力全集》第四卷，湖北教育出版社2001年版，第29页。
[3] 《与梁漱溟》1957年6月25日，转引自陈来：《现代中国哲学的追寻》，第25页。

昨宰平过此，谓西人"哲学"一词本为知识的，而弟以为中国学问为哲学，却主张知识与修养一致，此恐为治西学者所不许，盍若不用哲学之名词为得云云。……弟坚决主张划分科哲领域，科学假定外界独存，故理在外物，而穷理必用纯客观的方法，故是知识的学问。哲学通宇宙、生命、真理、知能而为一，本无内外，故道在反躬，非实践无由证见，故是修养的学问。（《十力语要》）

通过这样一种抽象的"本体—宇宙论"，熊十力进一步阐明人的本心（宇宙心）就是"绝对的本体"，就是"仁体"。同时他强调"体用不二"，并指出"体用不二"的思想源于周易的辩证法。这就是熊十力早年研习佛学、窥见奥旨，晚年"舍佛归《易》"，"摄体归用"（这也是他自称"新易学"的原因）的思想历程。对此，张岱年曾给予高度评价，认为"他确实有见于传统哲学中的积极因素"[1]。总之，熊十力的哲学思考，体现了这样的特点，即："在总结中国哲学的基础上，吸收了西方唯物、唯心等哲学思考，致力回应西方哲学对东方哲学的挑战，成功地建立了他的富有特色的哲学体系。这一体系的深刻性、独特性、宏大性，使得他的哲学已经无可争辩地成为了近代中国哲学走向世界的典范。"[2]

6. 冯友兰的"新理学"与"贞元六书"

从现存史料反映出的中国哲学学科的发展脉络进行分析，可以看出，20世纪30年代以后，尝试建立哲学体系开始成为当时哲学界的自觉追求，实际上尝试创造性地建树具有中国特色的哲学体系也是"中国哲学调整与发扬"的必然要求。而这种哲学理论的创造精神延续到了西南联大时期。西南联大时期的哲学创造和理论建树更加丰富，更加深闳，更加引人瞩目。

冯友兰哲学史工作告一段落之后，即着手进行哲学创造方面的探索了。他说："我不满意于自己仅仅成为一个哲学史家。因此，在完成了这部《中

---

[1]《张岱年全集》第 8 卷，第 449—450 页。
[2] 陈来：《现代中国哲学的追寻》，第 42 页。

国哲学史》（两卷本）之后，我立即着手准备新的工作，但这时正是1937年夏，抗日战争爆发了。"[1]所谓"新的工作"，就是他自觉地"接着宋明理学讲"而创立的颇具中国特色的哲学理论体系的新尝试，相对于宋明理学，他的哲学体系称为"新理学"。

冯友兰于1938年至1946年间，撰写了《新理学》、《新事论》、《新世训》、《新原人》、《新原道》、《新知言》六部哲学著作，合称"贞元六书"，建构起了"新理学"的哲学体系。张岱年谈到"贞元六书"的历史意义时，分析说：

"贞元六书"的思想体系，总起来说，可以称为"新理学"体系。……"贞元六书"基本上是抗日战争时期撰写的。（唯《新知言》一书可能写于抗战胜利之年）在抗战时期，冯友兰先生提出这样一个哲学体系，具有什么理论意义和社会意义呢？我认为，这有两点可说：第一，"新理学"的体系可以说是在比较完整的意义上的综合中西哲学，在中国的理论思维的发展史具有一定的地位。第二，"贞元六书"中充满了抗战胜利的信心，强调了民族的自尊心，洋溢着对于民族复兴的热望，所谓"以志艰危，且鸣盛世"（《新原人·自序》），表现了爱国主义深情。

"贞元之际六书"，意图建立一个融合中西的哲学体系。新理学是接着程朱理学讲的，其中心观点是"两个世界"（真际与实际）的学说。程朱理学虽以理为最高范畴，但尚无两个世界之说，两个世界主要是西方柏拉图主义的观点。新理学体系是柏拉图主义与程朱学说的综合。[2]

冯友兰哲学体系的特点是继往开来：接着"程朱理学"，会通西方的新实在论哲学，熔铸而成。如果说他的《中国哲学史》是近代以来史论结合、有自己独立的理论体系的第一部哲学史著作的话，那么寓于"贞元六书"中

---

[1] 冯友兰：《中国哲学简史》，第294页。
[2] 《张岱年全集》第8卷，第467—469、474—475页。

的哲学体系，则推进了传统哲学的创造性转化，使之脱胎换骨，成为一种现代哲学，因此"贞元六书"标志着中国哲学从传统走入了现代。应该说，这是中国哲学发展史上的重要里程碑。

"贞元六书"引起强烈的反响，赞成和反对皆汹涌而至。[1] 冯友兰因此成为了现代中国哲学的重要代表，对中国哲学学科的发展产生了莫大影响，流风余韵至今不绝。毫无疑问，冯先生是我国现代最著名的哲学家之一，他在中西哲学会通方面作出了很大的贡献。他是一面旗帜，达到了那个时代的一个高峰。这个评价是实事求是的。

在冯友兰的哲学生涯里，哲学与哲学史之间的张力是一个耐人寻味的问题。[2] 实际上，对于作为一位哲学史家和身为一位哲学家的异同，冯友兰具有明确的意识和清晰的解说。身兼哲学史家与哲学家的双重角色而挥洒自如、相得益彰，这是冯友兰先生的学术风范，同时也是中国哲学研究传统中值得珍视的思想遗产，尤其是对于早已陷入"哲学的贫困"的今天的中国哲学学科来说，具有特殊价值和重要的意义。

7. 汤用彤的哲学史研究和文化意识

汤用彤的名著《汉魏两晋南北朝佛教史》、《魏晋玄学论稿》都是撰写于西南联合大学时期。佛教自汉末舶来中国，到隋唐宗派佛学的兴起，经历了数百年的中国化的进程，迄至两宋新儒家的崛起，更是跨越了千年之久的思想史。那么，如何理解和把握魏晋以来佛教的中国化，从文化史、学术史和思想史角度看，非常重要，因为这一历史进程充分体现了中国思想和文化如何在文化交流和思想融会过程中吸纳佛学的精华而自树的特色。换言之，佛教播迁到中国并最终中国化且成为了激发宋明理学兴起的重要契机，这样一种中外文化交流会通的历史文化辙迹，是否可以作为近代以来中西文化碰撞的历史镜鉴？这一点应该是近代以来学术界面临的问题意识。同时，从历史

---

[1] 详见钟离蒙、杨凤麟主编的《中国现代哲学史资料汇编》第4集第5册；贺麟的《五十年来的中国哲学》也评论了冯著。
[2] 郁有学：《哲学与哲学史之间——冯友兰的哲学道路》，华东师范大学出版社2004年版，第17—19页。

和学术史的角度说，汉魏六朝的历史，包括思想史，亦号称难治，这是由其复杂性和难度决定的。贺麟这样评述了汤用彤先生的学术贡献及其特色：

> 写中国哲学史最感棘手的一段，就是魏晋以来几百年佛学在中国的发展，许多写中国哲学史的人，写到这一时期，都碰到礁石了。然而这一难关却被汤用彤先生打通了。汤先生以缜密的头脑，渊博的学问，熟悉东西方哲学文学，学习过梵文及巴利文，以治印度哲学，承继他家传的佛学、并曾在支那内学院听过欧阳竟无讲佛学，同时他又得到了西洋人治哲学史的方法，再参以乾嘉诸老的考证方法。所以他采用蔡勒尔（Zeller）治希腊哲学史一书的方法，所著的《汉魏两晋南北朝佛教史》一书，材料的丰富，方法的谨严，考证方面的新发现，义理方面的新解释，均胜过别人。他并且要采文德尔班（Windelband）写西方哲学史的方法，以问题为中心，写一部《魏晋玄学》。[1]

汤用彤被公认为是现代学术史上能够比肩章太炎、梁启超、王国维、陈寅恪、胡适的学者，也是极少数能会通中西、熔铸古今的大师。《汉魏两晋南北朝佛教史》初版于1938年，吕澂评价此书超出了日本的佛学研究。实际上，这部著作，"不仅对当时的日本学术界形成了巨大冲击，而且被认为对增强抗战时期的民族自信心，为民族文化的建设做出了卓越的贡献"[2]。可以认为，《汉魏两晋南北朝佛教史》之著述体现了汤用彤先生"文化之研究乃真理之探求"的思想旨趣。

汤用彤先生于西南联大时期深入研究了魏晋玄学，《魏晋玄学论稿》是他在1938年至1947年之间所写的八篇论文和一篇讲演记录稿合成的文集，并于1957年由人民出版社出版。这部著作也是不可逾越的经典，同样也体现了汤用彤的文化观念（例如文化渐进论的思想）。贺麟指出过汤用彤学术研究背后的人文动机：

---

[1] 贺麟：《五十年来的中国哲学》，第21—22页。
[2] 汤一介：《汤用彤全集》"前言"，河北人民出版社2000年版。

根据他多年来对中国学术文化史的研究和观察，对于中国哲学发展之继续性有了新颖而深切的看法。他一扫认中国哲学的道统在孟子以后，曾经长期失传的偏狭的旧说。他认为中国哲学自来就一脉相传没有中断。即在南北朝隋唐时代，当佛学最盛、儒学最衰时期，中国人并未失掉其民族精神。外来的文化只不过是一种偶然的遇合、外在的刺激，而中国人利用之、反应之、吸收之，以发扬中华民族精神，并促进中国哲学的新发展。他这种说法当然是基于对一般文化的持续性和保存性的认识。这种宏通平正的看法，不惟可供研究中国文化和中国哲学发展史的新指针，且于积极推行西化的今日，还可以提供民族文化不致沦亡断绝的新保证。且在当时偏激的全盘西化声中，有助于促进我们对于民族文化新开展的信心。[1]

上述分析可谓切中肯綮。虽然汤用彤没有创立一种卓尔不群的哲学体系，但他的学术研究及其旨趣（主要是文化观念）产生了重大影响，早已成为中国哲学学科特别是北大中国哲学学科研究传统的一部分了。

8. 金岳霖、贺麟在现代中国哲学方面的创造性贡献

其实，会通中西（按：西学亦包括马克思主义等）、熔铸古今不独中国哲学学科的"专业"，同时也是中国的西方哲学等学科的"共识"。金岳霖、贺麟等人的哲学创造表明了，中国哲学思想的创造性转化与发展，不但有必要经过近代以来的西方哲学的深刻洗礼，同时又是赋予西方哲学以"中国意义"的可能途径。从某种意义上说，金岳霖、贺麟以西方哲学的知识背景、参取中国哲学思想资源进行的新的创造性思考，颇多"易筋"之功和"洗髓"之论，很有点石成金的意味。

20世纪20—30年代，金岳霖曾被誉为中国"哲学界的第一人"。张岱年指出："金先生以严密的逻辑分析方法讨论哲学问题，分析之精，论证之细，在中国哲学史上，可谓前无古人。30年代中期，金先生完成大著《逻

---

[1] 贺麟：《五十年来的中国哲学》，第22—23页。

辑》之后，转而研究元学。元学，旧译形而上学，即关于本体论宇宙论的研究。"[1] 金岳霖《论道》（初版于 1940 年）"是一本最有独创性的玄学著作"[2]。金岳霖擅长逻辑分析，《论道》的基本思路就是由分析知觉经验出发，进而提出"道"、"式"、"能"等概念构建起来的哲学体系。其基本观点是，"道曰式曰能"，"能"是不可名状的 X，"式"是析取地无所不包的可能。宇宙间每一事物都是式与能的结合体。"无无能的式，无无式的能。""能"是动的，就有出入的。动的"能"套进或走出静的"式"。"能"套进于某"式"，为某物之生，"能"走出于某"式"，为某物之灭。"能"的极致为"无极"，"式"的极致为"太极"。

张岱年说："《论道》主要讨论中国古代哲学所谓理与气的问题，亦即西方古代哲学所谓形式与质料的问题。这个问题虽然由来已久，但在 20 世纪西方哲学中仍然是一个活问题。"[3] 可见，《论道》表达了金岳霖通过分析的方法继续讨论传统哲学蕴含的问题，其中不乏擅自运用的活思想。那么，为什么用"道"字作为自己哲学思考的最高、最基本的概念呢？金岳霖解释说：

> 每一文化区有它底中坚思想，每一中坚思想有它底最崇高的概念，最基本的原动力。……中国思想我也没有研究过，但生于中国，长于中国，于不知不觉之中，也许得到了一点子中国思想底意味与顺于此意味的情感。中国思想中崇高的概念似乎是道。……我底情感难免以役于这样的道为安，我底思想也难免以达于这样的道为得。（《论道·序》）

张岱年感慨说："这真是肺腑之言，表现了一个当代中国哲学家的真挚深沉的胸怀，实在给我们以无穷的启发。金先生不是专门研究中国哲学的，但对于中国哲学确实有深刻的理解。"[4]《论道》之哲学思考，无论是"旧瓶

---

[1]《张岱年全集》第 8 卷，第 453 页。
[2] 贺麟：《五十年来的中国哲学》，第 29 页。
[3]《张岱年全集》第 8 卷，第 453 页。
[4] 同上书，第 454 页。

装新酒"也好，还是易生误解也罢，终究表现了金岳霖先生皈依中国哲学的根本旨趣。这一点，在现代意义上的中国哲学创建历程中具有特殊价值和重要意义。

20世纪30年代前期至40年代后期，中国哲坛上活跃着一个有相当影响的哲学派别，这就是贺麟的"新心学"。"新心学"这个名称并不是贺麟自己起的，而是同时代人概括他的思想特点，相对于冯友兰的哲学思想被称为"新理学"而有的称谓。贺麟的"新心学"是以黑格尔、新黑格尔主义为其基础，融合唯心论与实在论、观念论与感觉论、程朱理学与陆王心学，以心理合一、心物合一、心性合一、体用合一为形态的"理想唯心论"。其特色在于兼综融会古今中西哲学。[1] 贺麟抗战时期写的文章于1946年北归复校之前结集为《文化与人生》（商务印书馆，1947年）。他自述其内容，"即是从各方面，从不同的问题去发挥出我所体察到的新人生观和新文化应取的途径。在发挥我的文化见解和人生见解时，我觉得我又尽量同情理解并发扬中国固有文化的优点，并介绍西洋文化的意义，西洋人的近代精神和新人生观"，"书中每一篇文字都是中国当前迫切的文化问题、伦理问题和人生问题所引起"。[2] 实际上，贺麟的作品，正如他自己所说，"有我"即"有我的时代、我的问题、我的精神需要"，而且折射出其深邃的思想和深沉的信念。他说："中国近百年的危机，根本上是一个文化的危机。文化上有失调整，就不能应付新的文化局势。""中国当前的时代，是一个民族复兴的时代。民族复兴不仅是争抗战的胜利，不仅是争中华民族在国际政治中的自有、独立和平等，民族复兴本质上应该是民族文化的复兴。民族文化的复兴，其主要的潮流、根本的成份就是儒家思想的复兴，儒家文化的复兴。假如儒家思想没有新的前途、新的开展，则中华民族以及民族文化也不会有新的前途、新的开展。换言之，儒家思想的命运，是与民族的前途命运、盛衰消长同一而不可分的。"[3] 这样的议论至今仍不失其启

---

[1] 张学智：《贺麟的"新心学"》，《中国社会科学》1992年第5期。
[2] 贺麟：《文化与人生》"序言"，商务印书馆1947年版。
[3] 《儒家思想的新开展》，原载《思想与时代》第1期，1941年8月，后收录于《文化与人生》、《贺麟集》等书。

发意义。

总之，熊十力、贺麟的哲学体系可以称之为"新心学"，冯友兰、金岳霖的哲学体系可以称之为"新理学"。它们的共同特点就是会通中西、熔铸古今。"新理学"和"新心学"是中国哲学在现代意义上、条件下创造性转化的最具代表性的哲学体系。[1] 从某种意义上看，它们都是"接着宋明理学讲"。（中国哲学的最初研究者知识背景或学术基础大多是宋明理学。）"中国哲学"是现代学术转型过程中在新旧文化激烈冲突的夹缝间创建出来的。从20世纪20年代思潮激荡到40年代抗战烽火，从新旧文化、新旧范式的抗衡到文化问题的激辩，"中国哲学"学科得到了长足发展：若干种"中国哲学史"的编撰，若干年"中国哲学史"课程的经验，多种专题课的开设和专题著作的写就，初步奠定了中国哲学的学科基础；而以"新理学"和"新心学"为代表的哲学体系的创造，更表明了中国哲学的新发展，同时也是中国哲学学科趋于成熟的标志。因此，可以说，经历了"五四"前后的大时代和抗战时期思想创造的迸发，中国哲学的发展达到了前所未有的新高度。

二、学制与课程

1912年新设的"哲学门"，其实并非先前的"理学门"、"经学门"和"诸子门"的简单转换，而是现代学术转型的一个具体体现。中国的哲学教育由此迈入了现代门槛，感受到了近现代思想潮流的激荡。

京师大学堂时期的教育宗旨和办学方针是"忠孝为本"、"经史为基"[2]。1903年《奏定学堂章程》规定，京师大学堂本科分设8科46门。《奏定京师大学堂章程》（清廷命张之洞会同张百熙、荣庆修订）比起原有的《钦定京师大学堂章程》来，新增设了经学科11门（即易、书、诗、左传、春秋三传、周礼、仪礼、礼记、论语、孟子、理学诸门），旨在突出经学。经学

---

[1] 独创哲学体系的，并非只有"新理学"和"新心学"诸家。张东荪"多元认识论"大概要算中国治西方哲学者企图建立体系的最初尝试"（贺麟：《五十年来的中国哲学》，第28页）。朱谦之"唯情主义"、"无元哲学"亦自成体系。

[2] 1903年《奏定学堂章程》。

科大学各门的主课是经典研究法,辅助课包括:尔雅学、说文学、历代通鉴辑览、中国历代法制史、中外教育史、中外地理学、外国语文、世界史等;理学门的主课包括:理学研究法、程朱学派、陆王学派、周秦诸子学派,辅助课与经学门大致相同。[1]1912 年《大学文学科之科目》规定哲学门中国哲学类的主要课程包括:中国哲学、中国哲学史、宗教学、心理学、伦理学、认识学、社会学、西洋哲学概论、印度哲学概论、教育学、论理学等。[2]

1912 年民国元年,中华民国临时政府教育部颁布《普通教育暂行办法》,学堂改称学校,废止读经。依照教育部《大学令》、《壬子学制》等文件,京师大学堂改制为北京大学。经学门取消,归并到文科,文科包括了新设的哲学门。就是说,经过 1912 年壬子改制,部分经学科在教育理念上纳入了哲学学科。两年后的 1914 年,时任校长的胡仁源拟定了整顿大学计划书,文、理、法、工四科于是年招纳新生,文科新设的中国哲学门,也是在这一年开始第一次招生,学制三年,第一批毕业生于 1917 年毕业,其中有陈钟凡、张申府等,次年(1918)的毕业生有冯友兰、嵇文甫等。当时的哲学门下设有中国哲学、西洋哲学和印度哲学,但实际上只有中国哲学具有招生的师资条件(尚无西洋和印度哲学的教授),所以其时的哲学门亦称中国哲学门。可以说,自 1912—1914 年,随着现代意义上的国家体制和教育体系的确立,现代意义上的中国哲学也第一次在教育制度上奠定了作为现代学术的学科基础。历史地看,这当然是一件石破天惊的大事。

"五四"前后的中国哲学(史)课程在哲学学科中比较重要。这一时期的中国哲学课程设置和教学都有了一些实质性的改变,无论是在课程内容还是讲授方法上,都有了很大的改观。1916 年,中国哲学门的必修科目是:中国哲学(5 单位)、中国哲学史(1 单位)、伦理学(1 单位)、论理学(1 单位)、宗教学、心理学等。1918 年哲学门第一学年开设必修科目包括:哲学概论(周 3 学时,陈大齐教授)、中国哲学史大纲(周 3 学时,胡适教授)、论理学(周 2 学时,胡适教授)、心理学(周 3 学时,陈大齐教授)、外国

---

[1] 北京大学档案室藏:《光绪二十九年(1903)学科设置及课程安排》。
[2] 北京大学档案室藏:《民国元年学科设置及课程安排》。

语；选修课有：生物学、经济学、化学发达史、地质学方法论（周1—2学时）等。第二学年开设中国哲学（周3学时，马叙伦教授）、伦理学（周3学时，杨昌济教授）、外国语（周3学时）；选修课有：社会学（周3学时，陶履恭教授）、心理学实验、生物学、言语学、人类学及人种学、社会问题（周1—2学时）等。第三学年必修课：西洋哲学史大纲（周3学时，胡适教授）、中国哲学（周3学时，马叙伦教授）、外国语（周3学时）；选修课有：印度哲学（周3学时，梁漱溟教授）、社会问题（周2学时，陶履恭教授）、伦理学史（周2学时，杨昌济教授）、生物学方法论、地质学方法论、化学发达史（周1—2学时）等。可见，虽然1912年北京大学成立了"哲学门"，但文史哲各人文学科的研究和教学仍然处于混然未分的状态，哲学系的课程体系也几经变动，反映出当时学科观念的不成熟，而哲学系的教学课程往往也和其他系的课程重叠。比如说，1916年的中国哲学门的必修课，除了中国哲学、中国哲学史、宗教学、认识论外，还包括社会学、教育学、人类学及人种学、生物学和言语学概论等选修课程；而1918年的选修课程中甚至还有经济学、化学发达史、地质学方法论等。

1923年张颐留学归来，担任北京大学哲学系系主任之后，依照现代意义上的英美哲学系的建系标准进行学科和课程体系的规划与建设，终使北京大学哲学系建设成为中国第一个现代意义上的哲学系，中国才有了真正意义上的"哲学"学科。《国立北京大学哲学系课程指导书》（1924—1925）关于中国哲学课程规定是，必修课：中国哲学史（周2学时，胡适教授）；选修课：近世中国哲学（周2学时，胡适教授）、清代思想史（周1学时，胡适教授）、永嘉哲学（周2学时，单不庵教授）、老子哲学庄子哲学（周4学时，马叙伦教授）、二程哲学王阳明哲学（周3学时，马叙伦教授）。《国立北京大学哲学系课程指导书》（1925—1926）仍然规定中国哲学史（周3学时，徐炳昶教授）为必修科目，中国中古思想史（周4学时，胡适教授）、明清思想史（周3学时，徐炳昶教授）、永嘉哲学（周2学时，单不庵教授）、老子哲学庄子哲学（周4学时，马叙伦教授）、二程哲学王阳明哲学（周3学时，马叙伦教授）为选修科目。可见，这一时期的中国哲学课程的基本情况是在必修课中国哲学史（通史）的基础上，开设了各种以断代哲学为主的专题课作为选修。

20世纪20年代后期和30年代前期,在北大哲学系讲授"中国哲学"和"中国哲学史"课程的教授有:马叙伦、徐炳昶、胡适、冯友兰、邓秉钧、林志均、嵇文甫、容肇祖等,熊十力、汤用彤等讲授佛学和中国佛教史,他们大多学贯中西,同时也对中国文化及其现代命运予以持续关注和深入思考。

民国初年的高等教育本来就具有很强的对峙性,即新旧之间的对峙。如果说,陈黼宸、陈汉章、马叙伦的中国哲学(史)教学活动主要沿袭了旧传统的话,那么蔡元培执掌北京大学以后,更加推进了学术思想转变和研究范式转型的现代趋势。受蔡元培校长聘请,杨昌济、梁漱溟、熊十力、胡适前后任教于哲学门,促使北京大学的学风发生了很大的转变。比如杨昌济主讲伦理学,其特点是会通中西,重视理论,这对于包括中国哲学在内的北大诸哲学学科都是一个有力促进。当时蔡元培延聘的那一批最早的"海归派"(留学归国知识分子)教授——主要是英美、法日两系,大都具有熔铸中西文化的知识背景,具有开创新知的抱负和能力。鲁迅曾说"北大常为新的、改进的运动的先锋",的确是对那个时代北大精神的精辟概括。

西南联合大学时期,北大、清华和南开三校"在教育方针、教学制度、课程设置以及科学研究工作方面,借鉴了各校原有的规章制度,互相融会,取长补短,继承和发扬了三校的优良传统"。这一时期的本科学制为四年。但教育部强化了对学校的统制,竭力在招生、教材、课程、学籍、师资等方面予以控制。1938年教育部颁行了《大学共同必修科目表》,1939年又颁行了《各院系必修选修科目表》,其中把"三民主义"、"伦理学"列为"当然必修课",企图进行"党化教育"。1942—1945年联大开设"伦理学"课,由冯友兰讲授,内容主要是他的《新原人》、《新事训》等书。一般规定,本科生应该修习30门左右的课程,其中40%是选修课。哲学心理学系哲学组通常开出本系必修课6门,选修课10余门。必修课有冯友兰开设的"中国哲学史"和"中国哲学史史料学"等;选修课中有汤用彤开设的具有较强学术性的"魏晋玄学"、"印度佛学"(他还开设了"大陆理性主义"、"英国经验主义"、"印度哲学"等课程),沈有鼎"周易哲学",任继愈"隋唐佛学"、

"朱子哲学"、"程朱陆王哲学",王维诚老庄、孔孟、程朱诸家哲学等课程,容肇祖讲授"先秦哲学"、"明代哲学"、"宋代思想史"、"中古儒学之发展",石峻教授"哲学概论"(1938—1939年度)等课程。[1]

三、机构和人物

1912年设立哲学门时,未设主任,由文科学长决定聘任教授,进行教学组织,当然也没有专门的中国哲学的教学研究机构。1917年,哲学门依照校方建议,成立了哲学门研究所,旨在开展学术探讨、研究教学方法、译述西学名著。胡适、陈大齐、蒋梦麟先后担任研究所主任。1920年研究所停止活动。"所约"规定,凡哲学门三年级以上学生均可报名加入。当时毕业班研究员有陈钟凡、张申府等,大三研究员有冯友兰、嵇明(文甫)等。哲学门哲学所召开成立大会时,蔡元培先生应邀演讲。1917年度哲学门研究所的研究科目如下:社会学史(陶履恭)、逻辑学史(章士钊)、二程学说(马叙伦)、老庄哲学(刘少珊)、中国名学(胡适)、儒家玄学(陈汉章)、佛教哲学(梁漱溟)等。1918年,哲学门教授会成立。哲学门研究所和教授会这两个机构的建立,标志着北京大学中国哲学门的发展进入了一个新的阶段。

实际上,"五四"前后,北京大学哲学系师生发起组织了各种研究会,创刊和出版了各种刊物,产生了很大影响,当然也在某种意义上推动了中国哲学的发展。例如,1918—1919年间,相继成立了进德会(蔡元培发起)、孔子研究会(梁漱溟发起)、北京大学哲学会(陈钟凡、冯友兰发起)、北京大学哲学研究会(杨昌济、马叙伦、梁漱溟、陶履恭、胡适、陈公博等发起,毛泽东曾参加)、学余俱乐部(蔡元培、陈钟凡、胡适发起)、国故月刊社(梁漱溟、刘师培、黄侃发起),《国故》月刊出版发行,《国故》知识群体包括刘师培、黄侃、陈汉章、马叙伦、梁漱溟等,《新潮》创刊,《新潮》知识群体包括胡适、傅斯年、顾颉刚、康白情等。这表明北大学术机构和社

---

[1] 萧超然等编著:《北京大学校史1898—1949》(增订本),北京大学出版社1988年版,第380—394页;王学珍、郭建荣主编:《北京大学史料》(第三卷,1937—1945),北京大学出版社2000年版,第306—333页。

团相当活跃。而"五四"前后的新旧对立，更显示出新旧两派阵营上的对垒，如《新青年》和《东方杂志》之间的对立，《新潮》与《国故》之间的壁垒。甚至所谓新派中间还有英美派和法日派的分野：前者以《现代评论》、《晨报副刊》为喉舌，后者盘踞于《语丝》、《京报副刊》。而北大这种求新、创新的精神气质，也使以胡适为代表的新风气、新范式之"嘤其鸣矣，求其友声"，得到了轰然响应，可谓历史的大势使然，因为古今中西的融会贯通乃是时代精神的内在要求。

1930年，哲学系建立同学会。该会的主要活动是邀请专家学者讲演、出版刊物、编纂丛书、组织读书、进行专题研究以及帮助本系事业的发展。同学会设有读书会，分为康德哲学组（导师张颐）、认识论组（导师陈大齐）、伦理学组（导师傅佩青）、中国哲学组（导师徐炳昶）等。

西南联大时期（1937—1946），北大、清华和南开三校合并，重视哲学史研究的北大哲学系和偏爱理论研究的清华哲学系因而相得益彰，中国哲学学科的课程设置更臻完备。

1912—1952年间，曾经担任北京大学中国哲学学科教职的学者主要有：陈黼宸、陈汉章、马叙伦、胡适、梁漱溟、熊十力、徐炳昶[1]、汤用彤、嵇文甫、容肇祖、任继愈、王维诚等。

下面简要介绍的人物除这一时间在北大任教者外，也包括在前文中论及、后来任教于北大的哲学家和学者。

陈黼宸（1859—1917），字介石，温州人，前清进士、京师大学堂教习，浙东史学的代表人物（"东瓯三先生"之一）。撰有中国哲学史讲义三部，即《诸子哲学》、《老子发微》、《中国哲学史》。[2]

陈汉章（1864—1938），晚号伯弢，浙江宁波人，曾执教于北京大学和中央大学。著有《周书后案》、《后汉章补表校录》、《辽史索隐》（中华书局，1960年）等三种，1985年杭州大学古籍研究所整理其遗著，如《论语征知录》、《公羊旧疏考证》、《诗学发微》等。

---

[1] 参见"西方哲学学科史"人物简介部分。
[2] 《陈黼宸集》，中华书局1995年版。

马叙伦（1885—1970），字彝初、夷初，浙江余杭人。1917年、1929年等几度在北大任教。主要著作包括《庄子义证》（商务印书馆，1920年）、《老子校诂》（古籍出版社，1956年；中华书局，1974年）、《马叙伦学术论文集》（科学出版社，1958年）、《庄子天下篇述义》（上海龙门联合书局，1958年）、《马叙伦政论文选》（文史资料出版社，1985年）。

胡适（1891—1962），字适之，安徽绩溪人。1910年作为"庚子赔款"留学生负笈美国，辗转入哥伦比亚大学哲学系，师从实用主义哲学家杜威，1917年毕业进入北京大学哲学系任教，因提倡文学革命而成为新文化运动的领袖之一。历任北京大学教授、北京大学校长、台湾"中央研究院"院长等。胡适涉猎广泛，著作等身，出版文集、全集多种。

梁漱溟（1893—1988），祖籍广西桂林，著名思想家，新儒家的代表人物之一，人称"最后一个儒家"。其主要著作有《究元决疑论》、《东西方文化及其哲学》、《中国文化要义》、《人心与人生》等。

熊十力（1885—1968），号子真，湖北黄冈人，著名哲学家，现代新儒家的代表人物之一。1920年进入南京支那内学院，从欧阳竟无研习佛学三年，先后在武昌文华大学、南开中学、北京大学、浙江大学任教。著有《新唯识论》、《佛家名相通释》、《十力语要》、《体用论》、《原儒》、《明心篇》和《乾坤衍》等，收录于《熊十力全集》。

汤用彤（1893—1964），字锡予，湖北黄梅人。1918年入美国明尼苏达州汉姆林大学哲学系，1919年考入哈佛大学研究院，仍主修哲学，1921年获哈佛大学硕士学位，1922年夏回国，历任东南大学、南开大学、中央大学哲学系教授，1931年，北京大学文学院院长胡适以英庚款补助特聘教授之名义邀请汤用彤至北京大学哲学系任教。1935年起，汤用彤任北大哲学系主任。1940年，《汉魏两晋南北朝佛教史》获教育部学术研究一等奖。1947年夏，应邀赴美国加州大学伯克利分校讲学，1948年当选为"中央研究院"院士、评议员。1949年，汤用彤被公推为北京大学校务委员会主席，至1951年转任北大副校长。他的主要学术著作有《汉魏两晋南北朝佛教史》、《魏晋玄学论稿》等，收录于《汤用彤全集》（8卷）。

冯友兰（1895—1990），字芝生，河南唐河人。1918年毕业于北京大学哲学门，1924年获哥伦比亚大学哲学博士学位，历任中州大学（河南大学）、燕京大学、清华大学、西南联大、北京大学哲学系教授。其著述"三史"（《中国哲学史》、《中国哲学史新编》、《中国哲学简史》）"六书"（《新理学》、《新世训》、《新原道》、《新原人》、《新知言》、《新事论》），为中国哲学学科建设作出了重大贡献，是"现代新儒家"的代表人物之一。他的著作现已编集为《三松堂全集》。张岱年先生多次提到，冯友兰先生于20世纪30年代之初出版了开新纪元的哲学史专著《中国哲学史》两卷本，被国内外誉为划时代的哲学史著作，超过了胡著。[1]

嵇文甫（1895—1963），原名嵇明，河南汲县（卫辉）人。1918年毕业于北京大学哲学系，曾经任教于北京大学哲学系。后任河南大学校长及郑州大学首任校长，中科院哲学社会科学学部委员，是著名的中国哲学史及古代思想史学术领域的研究者。

容肇祖（1897—1994），广东东莞人。1926年毕业于北京大学哲学系，先后任教于厦门大学、中山大学、岭南大学、辅仁大学、北京大学。其主要哲学史研究著作有《魏晋的自然主义》、《明代思想史》、《韩非子考证》、《李贽评传》等。

王维诚（1904—1964），福建长汀人。1932年毕业于北京大学哲学系。先后任教于清华大学哲学系、西南联大哲学心理学系、南开大学哲学系、北京大学哲学系、辽宁大学哲学系（1961年之后），1955年任中国科学院哲学研究所研究员。

张岱年（1909—2004），别名季同，河北献县人，1933年毕业于北京师范大学，前后任教于清华大学、中国大学，1952年后任北京大学哲学系教授。其主要著作有《中国哲学大纲》、《中国哲学史方法论发凡》、《中国哲学范畴要论》等，收录于《张岱年全集》（8卷）。

任继愈（1916—2009），字又之，籍贯山东平原。1938年北京大学哲学系毕业，1939—1941年考取西南联大北京大学文科研究所第一批研究生。先后任教于北京大学（1942—1964），任职中国科学院哲学研究所研究员

---

[1]《张岱年全集》第8卷，第463、474页。

(1956—1964),创建世界宗教研究所(1964),任研究员兼所长,担任北京图书馆馆长(1987—2005)。中国哲学方面主要著作有《老子今译》等。[1]

第三节 意识形态化时期(1952—1977)

如果说北大中国哲学学科的一个很重要的学术传统是以关注中国文化的历史命运为己任的话,那么它在新中国成立后的最初28年(1949—1977)间,却面临着空前严峻的挑战和严重的挫折:一来是因为近代以来中国文化历史命运的诡谲性在这一时期得到了充分表现;二来是学术思想的意识形态化(或者说意识形态对学术思想的宰制)使得我们丧失了学术研究繁荣进步的必要前提——自由创造和多元开放。由于政治因素的干涉与介入,1912年以来中国哲学学科塑造起来的传统在1949年新中国成立伊始就受到了意识形态化的挑战,而1952年的院系调整,又从学科建制上推进了意识形态化的进程,之后此起彼伏的政治运动特别是"文革",使包括中国哲学在内的几乎所有哲学乃至人文学科陷入了一个意识形态化时期。所以,对于中国哲学学科而言,1952年是一个重要的分水岭。

这一时期(1952—1977)的学术研究遭遇到了不可抗力的支配而滞于困局,学术研究和学科建设各方面都教训深刻。如果说意识形态化是中国哲学学科正常发展的绊脚石的话,那么"文革"之后的学术思想领域的"去政治化"应该是中国哲学学科按照自身规律自主发展的必要条件之一。

一、思想和观念

1. 思想改造和自我批判

自1949年开始,包括中国哲学学科在内的哲学诸学科注定沦为政治的附庸、意识形态的战场。因为北京大学哲学系师生深度参与了几乎所有的

---

[1] 任继愈宗教学科研究成果介绍见本书宗教学科史部分。

政治运动、社会运动和思想改造运动，例如"土改"、"四清"、"反右"、"文革"（包括"儒法斗争"、"批林批孔"）等。"学习"、"改造"、"批判"等术语交织而成的学术思想语境，又折射出了整个哲学系和中国哲学学科被意识形态化了。所谓"学习"主要是认真学习马列主义和毛泽东思想，以此"改造"世界观，否定旧的、非马克思主义的哲学思想；所谓"批判"就是清算、打倒和战胜一切非马克思主义的思想观念，学术思想上的敌我之分是由意识形态立场划定的。也就是说，"从旧社会过来的知识分子，必须经过思想改造，才能为新社会服务"。

1949年到1952年院系调整前这个时期，北大哲学系与清华大学哲学系计划共同编写新的教学大纲，编选资料，探讨如何用马克思主义观点改造旧大学的哲学教材。需要强调的是，新中国成立初年的"学习"、"改造"运动实际上是一种将思想文化和学术研究意识形态化的政治运动。从这个角度看，1952年的全国院系调整是有其必然性的。例如张岱年先生说：

> 1949年春，应学生们要求，经学校同意，我开讲"辩证唯物论"课程，听者甚众。次年又讲过"辩证法"、"新民主主义论"等大课。但后来发现，讲辩证唯物论哲学，必须联系中国革命实际及中共党史。而我对党史及当时政策都缺乏信息来源，难以联系实际，以后便决定不再讲辩证唯物论课程了。[1]

张岱年信持辩证唯物论终生不渝，其思想也曾被称为"解析的唯物论"，但是1949年后的马克思主义哲学已然具有了意识形态的地位，所以他"不再讲辩证唯物论课程"，或者在清华大学开设"马列主义基础"课程，不过是"照本宣讲而已"。[2] 而那些之前并不信奉马克思主义的哲学家，如金岳霖、冯友兰等，则面临考验。张先生回忆当时（50年代初）的情形：

> 金岳霖先生与冯友兰先生都努力学习辩证唯物论哲学，思想上有了

---

[1]《张岱年全集》第8卷，第602—603页。
[2] 同上书，第603页。

重大的转变。金、冯两先生在哲学上本来都已成一家之言,而今努力研读马、恩、列及毛主席的著作,他们的谦虚态度是值得钦佩的。[1]

的确,当年的学习马列和思想改造,有力重塑了一代知识分子的精神世界,其中不乏积极的影响,但亦有消极的作用。比如说冯友兰参加"土改",就曾受到了很大的触动,真实不虚。中国革命胜利的伟大意义,以及新民主主义、社会主义的强有力的感召作用,对于那一代的知识分子(包括哲学家)来说,意味深刻。冯友兰先生曾致函毛泽东,表态自我改造,然而毛复函告诫:"总以采取老实态度为宜。"可谓意味深长。

自1952年前后,在历次政治运动,尤其是历时十年的"文革"政治动乱的政治境域里,北京大学中国哲学学科开展了学习马列、毛泽东思想进而改造思想、自我批判的运动。首当其冲的被批判对象就是曾开创了中国哲学史教学研究新风气的胡适,张东荪早年的思想也被目为"反动哲学思想"予以批判。冯友兰的遭际很能代表北大哲学系以及中国哲学史学科的命运,他作了"过去哲学史工作的自我检讨"。同时,中国哲学初创时期影响较大的西方思想(家)也受到了批判。

2. 冯友兰:"旧史新编"和"抽象继承法"

20世纪30年代以来,冯友兰先生就居于中国哲学学科的前沿,新中国成立后他又时常处于政治运动的中心。冯氏的研究、思考以及境遇很能体现这一时期北京大学中国哲学学科的特征。

政治上的"革面"和思想上的"洗心",促使冯友兰"用新的观点、立场和方法写新的中国哲学史",其实这也是他准备撰写《中国哲学史新编》的初衷。1949年10月,冯友兰致函毛泽东,表态决心改造思想。后来他在《三松堂自序》中写道:"现在我决心改造思想,学习马克思主义,准备于五年之内用马克思主义的立场、观点和方法重新写一部中国哲学史。"毛复函说:"像你这样的人,过去犯过错误,现在准备改正错误,如果能实践,那

---

[1]《张岱年全集》第8卷,第603页。

是好的。也不必急于求成，可以慢慢地改，总以采取老实态度为宜。""总以采取老实态度为宜"这句话是什么意思？后来冯友兰反思说：

> 经过了三十多年的锻炼，我现在才开始懂得这句话了。我说我要用马克思主义的立场、观点、方法，在五年之内重写一部中国哲学史，这句话真是肤浅之至，幼稚之极。学习马克思主义，掌握马克思主义的立场、观点、方法，谈何容易，至于要应用它到哲学史的研究工作中，那就更困难了。……学习马克思主义，也得要马克思主义"化"了才行，这样的"化"岂是三年五载所能完成的？没有这样的程度，而要重新写《中国哲学史》，那也不会新到哪里，充其量不过是用马克思主义的字句生搬硬套而已。[1]

虽然如此，冯友兰撰著的《中国哲学史新编》第1、2册分别于1963、1964年由人民出版社出版了。[2]《新编》的编写工作一直持续到了冯友兰先生的晚年，他曾自述"三史释今古"，其中就包括很重要的"新编"。冯友兰说：

> 在解放以后，我也写了一些东西，其内容主要的是忏悔，首先是对40年代所写的那几本书的忏悔。并在忏悔中重新研究中国哲学史，开始写《中国哲学史新编》。但在有些时候，也发表了一些不是忏悔的见解和主张。这些见解和主张一提出来，就受到了批判。[3]

而1957年冯友兰在讨论古代思想文化遗产时酝酿提出的"抽象继承法"，恰恰就是上面所说的"受到批判的见解和主张"，因为它与当时居于支配地位的"批判继承"不同。冯友兰说：

---

[1] 冯友兰：《三松堂全集》第1卷，河南人民出版社1985年版，第135—136页。
[2] 据冯友兰回忆，毛泽东关注《中国哲学史新编》的进行情况，这对于冯氏来说很不寻常（参见冯友兰：《三松堂全集》第1卷，第139页）。
[3] 冯友兰：《三松堂全集》第1卷，第139页。

我们近几年来，在中国哲学史的教学研究中，对中国古代哲学似乎否定得太多了一些。否定得多了，可继承的遗产也就少了。我觉得我们应该对中国的哲学思想，作更全面的了解。[1]

写下这段话可以说事出有因。因为对古代即所谓封建时代的哲学遗产全面抹杀是那个时代的基本态度。而我们知道，中国哲学学科创立伊始即确立了一种特别强烈的文化意识作为自身的传统，这种强烈的文化意识促使我们从更基本层面、更广阔的视野来审视古代思想文化遗产。从上述角度来看，冯氏提出这种异端性质的"抽象继承法"显然不是心血来潮，而是具有很强的必然性。甚至我们可以说，它是意识形态阴影下不屈不挠的抗辩。

在1957年1月，中国哲学史教研室举行的中国哲学史问题讨论会上，冯友兰再次阐述了哲学命题上的"抽象继承法"，即哲学命题有抽象意义与具体意义，抽象意义是没有阶级性的、可以继承的，具体意义是有阶级性的、不可继承的。冯先生的观点引起了很大争论，后来他又发表了《再论中国哲学遗产继承问题》[2]。实际上，50年代末（特别是1958—1959年），"抽象继承法"一直就是学术界热议的话题。冯友兰在《三松堂自序》中仍然为"抽象继承法"进行辩护，认为"还是可以成立的"，并且与"批判继承"并不矛盾。[3]

1973年，群众性的"批林批孔"运动展开了。冯友兰在诚惶诚恐的心理状态下写出了《论孔丘》[4]。这本小册子的观点，不但与他之前或之后对孔子的看法矛盾，同时也背离了其一贯秉持的"旧邦新命"的文化观念。冯友兰后来反思说，《论孔丘》是应命违心之作。[5]

3. 薪火不绝的学术研究

这一时期的中国哲学学科虽然深受意识形态的宰制，但作为学术研究，

---

[1] 冯友兰：《关于中国哲学遗产的继承问题》（原载1957年1月8日《光明日报》），转引自《三松堂自序》"原文摘要"，冯友兰：《三松堂全集》第1卷，第237—238页。
[2] 《哲学研究》1957年第5期。
[3] 冯友兰：《三松堂全集》第1卷，第240—243页。
[4] 《论孔丘》，人民出版社1976年版。
[5] 后来编集的《三松堂全集》没有收录《论孔丘》。

仍多少体现了某种自身的规律和特点。也就是说，讨论、研究和著述等学术活动仍在蹒跚前进。

张岱年回忆说，中国哲学史教研室成立后，内部规定每人每月提交一篇论文，以供同仁间的批评讨论。冯友兰、张岱年等人都积极参与这种例行的学术讨论。

1957年1月，北京大学中国哲学史教研室举行中国哲学史问题大型学术讨论会。来自中国科学院哲学所、中共中央高级党校、中国人民大学等科研机构的100多位学者集中讨论了唯心主义的评价问题和中国哲学的遗产继承问题。贺麟发言，提出唯心主义也有好的和进步的东西；冯友兰提出了"抽象继承法"。这次会议在当时的影响比较大。

1958年7月，北京大学哲学系全体师生和中国科学院哲学研究所部分学者一起就冯友兰提出的哲学遗产抽象继承问题进行了讨论。

1959—1962年，中国哲学史教研室同仁展开了对孙子、老子、庄子、孔子和朱熹哲学的学术讨论。讨论的问题主要集中于哲学遗产的继承问题以及古代哲学的性质（唯心还是唯物）、阶级本质、其人其书等问题。比如说，关于老子哲学的性质，任继愈、汤一介、冯友兰、黄子通等人认为是唯物的[1]，侯外庐、吕振羽等人是唯心的，嵇文甫、贺麟则认为既有唯心色彩也有唯物内容[2]。值得注意的是，关于孔子思想及其评价问题，受到了人们的特别关注，当然，不同看法之间的分歧亦比较大，主要是冯友兰和关锋、林聿时的观点之间的对立。冯氏提出，应正面看待孔子思想的价值和意义，不同意关锋等人的看法，因为在他看来，孔子哲学是一个较完整的思想体系，具有重要的价值。任继愈、黄子通、冯友兰、汤一介、朱谦之也曾参加了孔子问题的讨论。不能不提的是，关锋当时对孔子和中国哲学史方法论的讨

---

[1] 任继愈对老子哲学性质的看法前后有变化。
[2] 1962年，由《哲学研究》编辑部编辑，中华书局出版了《庄子哲学讨论集》，收录了关锋、冯友兰、任继愈、杨荣国、汤一介等人的论文，讨论进一步展开争论的问题包括：(1)《庄子》的哪些篇章能代表庄子自己的思想；(2) 庄子哲学是唯物主义还是唯心主义；(3) 庄子哲学是辩证法还是相对主义；(4) 庄子哲学的阶级根源是什么，在历史上起了什么作用？等等。这种讨论问题的"格式"比较典型，具有那个时代的烙印。

论，具有很强的意识形态的背景和意味。[1]

这期间，北大学者虽然出版了若干部中国哲学研究论著，不过像汤用彤《汉魏两晋南北朝佛教史》（中华书局，1955 年再版）、《魏晋玄学论稿》（人民出版社，1957 年）、《往日杂稿》（中华书局，1962 年），冯友兰《中国哲学史论文集》（上海人民出版社，1958 年）、《中国哲学史》（中华书局，1961 年），张岱年《中国哲学大纲》（商务印书馆，1958 年），其实都是解放前（或者大部分成文于较早时期）的旧著新刊。也有一些新的著作，例如石峻、任继愈、朱伯崑合著《中国近代思想史讲授提纲》（人民出版社，1955 年），张岱年著《中国唯物主义思想简史》（中国青年出版社，1957 年），冯友兰著《中国哲学史史料学初稿》（上海人民出版社，1962 年）、《中国哲学史新编》（第一册，人民出版社，1963 年）、《中国哲学史新编》（第二册秦至东汉，人民出版社，1964 年），朱谦之著《日本的朱子学》（三联书店，1958 年）、《日本的古学及阳明学》（上海人民出版社，1962 年）等。除了朱谦之的著作外，大多数论著沿袭了过去通史、通论和断代史研究的样式与规模。

20 世纪 70 年代，当北大哲学系大部分教职工下放江西干校期间，哲学系组织留守师生（包括工农兵学员等）编写了若干种适应"批林批孔"、"儒法斗争"需要的注释本，例如《论语批注》（北京大学哲学系 1970 级工农兵学员编著，中华书局，1974 年），其中的部分内容亦载于《儒家黑四书批注选辑》（人民出版社，1974 年）等，留下了那个时代的思想印记。

二、课程与教材

1. 课程

无论如何，中国哲学毕竟仍是哲学的主要学科之一。北京大学中国哲学教研组经过内部的讨论和准备，于 1954—1955 学年开设了力图适应于新

---

[1] 1963 年，关锋受邀来北大哲学系作"关于中国哲学史研究中的方法论"报告，同时也结合孔子的讨论，阐述了如何继承文化遗产等问题。

时代需要的"中国哲学史"课程，这是1949后第一次开设的"中国哲学史"课程，由冯友兰和张岱年共同负责讲授，冯友兰讲先秦至汉初，张岱年讲汉初至明清。张岱年详细记述了1953年成立了中国哲学教研室之后准备开设"中国哲学史"课程的情况：

> 教研室同仁集体准备，努力运用马克思主义的立场、观点、方法研究中国哲学史，计划开设新内容的中国哲学史课程。当时北大教务长尹达同志参加中国哲学史教研室的讨论会，考虑讲课教师的人选，建议由冯友兰和我担任课程主讲，于1954年至1955年度开设"中国哲学史"课程。冯先生讲先秦至汉初，我们讲汉初至明清，是为新中国成立后第一次开设的中国哲学史课程。[1]

实际上，1954年9月"试开"的"新中国第一次的中国哲学课程"是由中国哲学史教研室集体讲授的：冯友兰由朱伯崑协助讲授先秦部分，任继愈讲授两汉魏晋南北朝隋唐部分，张岱年讲授宋元明清部分，邓艾民讲授近代部分。而这次"中国哲学史"课程的讲稿也是经过内部酝酿和讨论通过的，曾以"中国哲学史讲授大纲（初稿）"（署名"北京大学哲学系中国哲学教研室主编"）为题，连载于《新建设》杂志1957年至1958年间若干期上。其内容大致分为三个部分：第一部分先秦时期的哲学；第二部分秦汉至隋唐时期的哲学（只发表了其中一部分，因为其中几个问题需进一步讨论）；第三部分宋至清中期的哲学，即《宋元明清哲学史提纲》——这部分主要是张岱年撰写的，后来收入《张岱年全集》第三卷。这部课程讲授提纲已隐约具有了日后《中国哲学史》教材的雏形。

2. 教材

20世纪50年代末期形成的《中国哲学史讲授大纲》奠定一个适用于新时代、新形势的中国哲学史的教学要求的教材的基础。1956年1月，中国哲学

---

[1]《张岱年全集》第8卷，第604页。

史教研室开会，讨论编写中国哲学史教材，决定分四部分："冯友兰、朱伯崑、杨正典编写先秦部分，由冯友兰负责；周辅成、杨宪邦、任继愈编写汉至唐部分，由任继愈负责；张岱年、孙长江、汪毅编写宋至鸦片战争部分，由张岱年负责；石峻、李泽厚、尹明编写近现代部分，由石峻负责。"这是新中国成立后第一次编写中国哲学史教材，学校非常重视，为此"又决定聘请陈伯达、郭沫若、侯外庐、杜守素、赵纪彬、杨荣国、杨献珍、艾思奇、孙定国、胡绳、嵇文甫为审查委员会委员"。[1]1961年，官方开始组织全国高校统编教材。中宣部、高教部从全国高校和科研系统中抽调了一大批人力，分别集中到北京和上海，脱产编写教材。哲学组的成员集中于中央党校，哲学组组长是艾思奇。哲学组下设中国哲学史编写组，由任继愈主编，北大哲学系参加编写工作的有：孔繁、汤一介、邓艾民、卢育三、庄印、楼宇烈。这是新中国第一部《中国哲学史》（全四册），它为日后教材的编写和完善准备了条件。

为了教学和研究的需要，中国科学院哲学研究所、北大哲学系中国哲学史教研室共同编写了《中国历代哲学文选》一套，由中华书局出版，其中包括：《中国历代哲学文选·先秦篇》（上、下册，中华书局，1962年）、《中国历代哲学文选·两汉—隋唐编》（上、下册，中华书局，1963年）、《中国历代哲学文选·宋元明编》（上、下册，中华书局，1963年）以及《中国历代哲学文选·清代近代编》（上、下册，中华书局，1963年）。稍后，以北京大学人员为主的"中国哲学史教学资料汇编编选组"编撰了《中国哲学史教学资料汇编》一套（未出齐），由中华书局出版，其中包括：《中国哲学史教学资料汇编·先秦部分》（上、下册，中华书局，1962年），《中国哲学史教学资料汇编·两汉部分》（上、下册，中华书局，1963年），《中国哲学史教学资料汇编·隋唐部分》（上、下册，中华书局，1965年）。这些教学研究资料对当时的中国哲学学科的发展起到了一定的推动作用，同时也是后来编纂更简明、适用的教学研究参考资料的坚实基础。

1972年，由汤一介主持，中国哲学史组编写了《中国哲学史》教材讨论稿（上、下），以及《中国哲学史资料辑要》。20世纪70年代后期，在

---

[1] 钱耕森：《中国哲学史界泰斗张岱年与冯友兰共同走过的路》，《人物》2004年4月。

楼宇烈主持下，全面修改《中国哲学史》讨论稿，署名"北京大学中国哲学史教研室"。[1] 同时，由朱伯崑负责，中国哲学史教研室还完成了《中国哲学史教学资料选辑》（中华书局，1981 年）。《中国哲学史》（上下册）虽然不能摆脱当时意识形态的支配性影响，但比较起来，内容方面还是比杨荣国主编（李锦全、吴熙钊编著）的《中国哲学简史》（人民出版社，1973 年）更加充实和丰富，更加适用于当时及日后的教学需要。

三、机构和人物

这一时期的机构和人员变动较大。1951 年燕京大学、辅仁大学建制取消，原有教师划归其他院校和机构，辅仁大学哲学系部分并入北大哲学系。由于 1952 年全国院系调整的特殊契机，北大中国哲学学科的师资空前强大。院系调整之前北京大学讲授中国哲学的教师有汤用彤（时任北京大学副校长）、容肇祖、任继愈（1964 年调往世界宗教研究所）。院系调整后，新增的教师包括原清华大学教授冯友兰、张岱年、王维诚、朱伯崑和沈有鼎，原武汉大学教授黄子通、石峻（1956 调往中国人民大学），原中山大学教授朱谦之（1964 年调往世界宗教研究所）、马采，原燕京大学教授张东荪（1954 年被免去教职，1958 年调往北京文史馆）、梁启雄、汪奠基等。容肇祖于 1952 年调出北京大学。可见，当时全国的中国哲学学科的主要力量几乎全部集中于北京大学"中国哲学史教研室"（有段时间也称"中国哲学史资料组"）。值得一提的是，自 1946 年西南联大解体，北京大学、清华大学和南开大学复校之后，这几所大学又恢复了各具特色的办学道路，同时初建于 20 年代的各地方大学的哲学系，也有所发展，并逐步形成了自身的特色。但经过 1952 年院系调整，特别是清华哲学系合并于北大，北大中国哲学学科于是乎容纳了不同的学术传统。

张东荪（1886—1973），原名万田，字东荪，浙江杭县（杭州市）人。1904 年赴日本东京大学学习哲学，1911 年回国，先后任教于中国公学、光

---

[1] 中华书局 1980 年出版。

华大学、北京大学和燕京大学（哲学系主任）。他是现代哲学家、著名学者和政治活动家。他担任过中国民盟中央常委、秘书长，新中国成立后曾任首届中央人民政府委员。主要哲学著作有《知识与文化》（商务印书馆，1946年）、《思想与社会》（岳麓书社，2010年）、《理性与民主》（岳麓书社，2010年）等。1952年转为北京大学哲学系教授，但不得授课，1958年被迫辞去哲学系教授，1973年病逝于秦城狱中。

朱谦之（1899—1972），字情牵，福建福州人。曾就读北京大学哲学系（1916—1920）。1921年在杭州从太虚大师出家，后来在支那内学院从欧阳竟无学习佛学。前后任教于厦门大学、中山大学（1932—1951，前后任中山大学哲学系主任、历史系主任、文学院院长、文学研究院院长等），1952年任北京大学哲学系教授，1964年起任中国科学院世界宗教研究所研究员。他特立独行、著作等身，在哲学、历史学、东方学、宗教学等领域都有很多建树，被誉为最后一位百科全书式的学者。主要哲学著作有《日本哲学史》、《日本的朱子学》、《日本古学及阳明学》、《中国哲学对欧洲的影响》、《中国景教》等，其著述文稿晚近编集为《朱谦之文集》（10卷）。

梁启雄（1900—1965），字述任，广东新会人，著名学者梁启超胞弟。毕业于南开大学。先后任教于东北大学、北平交通大学、辅仁大学、燕京大学和北京大学，1955年调至中国科学院哲学研究所，任研究员。主要著作有《荀子柬释》（商务印书馆，1936年）、《荀子简释》（古籍出版社，1955年）、《韩子浅解》（中华书局，1960年）等。

汪奠基（1900—1979），又名三辅，号艾芜，逻辑学家、哲学家。早年就学于北京大学，留学巴黎大学。回国后先后在北京大学等多所大学任教，1952年任北京大学教授，1955年起任中国科学院哲学研究所研究员，主要研究中国逻辑思想史。著有《老子朴素辩证的逻辑思想—无名论》、《中国逻辑思想史料分析》、《中国逻辑思想史》等。

石峻（1916—1999），湖南零陵（今永州市）人。1934年入北京大学哲学系，1938年毕业（西南联大时期），曾任教于北京大学哲学系（同时任汤用彤助手）、北京师范大学哲学系、中国人民大学哲学系等。

1955年，中国科学院哲学研究所成立，金岳霖调往该所任副所长，贺麟调往该所任西方哲学史组组长，冯友兰受聘为兼职研究员、中国哲学史组组长，沈有鼎、容肇祖、汪奠基、梁启雄和王维诚等也陆续调往该所。

1956年，邓艾民、汤一介调入中国哲学史教研室，石峻调往中国人民大学，马采调往中山大学。汤用彤、冯友兰与金岳霖等人当选为中国科学院哲学社会科学学部委员。

1964年，中国科学院世界宗教研究所成立，任继愈调任该所所长，朱谦之等调往该所。

20世纪60—70年代，留校任教和由外单位调入的情况如下：1960年楼宇烈、庄印留校任教，1970年李中华、魏常海留校任教，1973年许抗生调入中国哲学史教研室任教，1975年鲁军留校任教，1976年王守常留校任教。

第四节 自主发展时期（1978—2012）

1978年改革开放以来，北大中国哲学学科迎来了自身发展的历史契机。在新时期波澜壮阔的历史进程中，北大中国哲学学科亦与时俱进，在中国哲学（史）的教学和研究以及国际学术交流诸方面，取得了令人瞩目的大发展，进入了一个新的发展阶段。在这样一个新的发展时期，1999年前后可以说是一个分水岭，我们因其固然，把这一时期划分为1978—1998年和1999—2012年前后两个阶段进行论述。

一、新时期语境和学科趋势

中国社会晚近30余年的一个显著变化就是政治因素逐渐在经济社会生活中退隐，随之而来的是意识形态在思想文化领域的支配作用也被削弱了，政治与学术之间的关系被重新认识了。改革开放以来我们迎纳的世界潮流也是如此：20世纪80年代以后，马克思主义在全球范围内经历了一个显著的退潮过程，同时任何意义上的"意识形态和乌托邦"都多少遭受到了质疑和清算。对于这一时期的中国哲学学科来说，言不必称马列，既意味着摆脱政治束缚的思想解放，亦重启了北大中国哲学学科再次回到整理和重述古代哲学思想的纯学术活动。

相应于教条主义和意识形态的式微，"文化"和"学术"的话语建构起了这一时期的思想文化语境：20 世纪 80 年代的"文化热"、90 年代思想史和学术史的浩荡潮流、90 年代绵延至新世纪的"国学热"，构成了晚近中国哲学发展的社会背景，当然新时期以来大规模译介西方思想经典也是中国哲学发展的一个重要参照系。

但更重要的是，中国哲学学科终于由政治回归学术，从此走向了一条按照自身内在规律自主发展的正常道路。换言之，无论是"文化热"、"国学热"，还是学术史、思想史、社会学方法论的兴起，无论是西方学术的大行其道（例如布罗代尔的新史学、韦伯的社会学理论和斯特劳斯的政治哲学），还是港台地区与海外新儒家的炫人耳目，无论"中国哲学合法性"讨论多么分歧，还是儒教的正名问题怎样纠结，其实都只是涉及中国哲学发展的局部脉络而已，无关宏旨，因为中国哲学学科的基本动力乃是：怀抱深沉的文化意识，沿着会通中西、熔铸古今的道路继续展开对传统中国哲学的梳理、理解和诠释，进而予以创造性的转化。显而易见，新时期以来，北大中国哲学学科发展的基本动力内在于之前（特别是 1912—1946 年）业已形成的学科传统之中。为什么冯友兰、张岱年等前辈学者在"文革"以后焕发了青春活力，年逾古稀仍能令人惊异地从事哲学思考、学术研究，而且著述宏富呢？其中的原因当然只能从中国哲学发展的内在规律中，从他们的学术信念中寻找答案，而这种学术信念和内在规律都与中国哲学学科的既有传统息息相关。

实际上，也许只有在这种中国哲学学科按照自身规律自主发展的条件下，我们才能比较明确地讨论中国哲学学科，因为之前的所谓中国哲学学科的边界似乎不甚明晰。历史地看，中国哲学是我国现代人文学科建制中历史最悠久的学科之一。实际上现在的中国哲学学科是从 20 世纪 50 年代以来中国哲学史专业的教学研究演变而来的。同时，目前中国哲学学科的内容，主要是中国哲学史专业的教学与研究，这在教学和培养方面尤其如此。也就是说，中国哲学学科给本学科的研究生提供的主要是哲学史的训练，尤其重视古典文本的解读与理论分析的训练，研究生论文以中国哲学史为其内容和范围（研究生须选修若干西方哲学课程和论文须借助西方哲学的概念方法）。

世纪之交的1999—2000年之所以成为这一历史时期的分水岭，其背后的原因是，教育体制改革的深化以及中国哲学学科的发展规律所致。1999年之后教育体制改革的力度明显加大，而中国哲学学科建设方面也显示出很强的专业化和国际化的趋势。所谓"专业化"似乎可以从体系化和规范化等方面予以说明。

这里所说的"体系化"涉及诸多方面的复杂因素，主要是指伴随着新时期以来持续不断的教育体制的改革并与现行教育体制相应的教学—课程体系的系统化，还指中国哲学史学科各个研究领域在深化发展条件下形成的成熟科研机制和学术范式。"规范化"在很大程度上改变了学者们的思考、写作的方式，"规范化"了的学术书写从形式上看迥然不同于前辈学者的手笔，前者要求综述完整、体例严谨，后者的特色却是深造有得、要言不烦。

所谓"国际化"是指：（1）适应于国际学术交流要求的学科发展趋势；（2）具有国际化问题意识和研究视野；（3）具备一定的国际化科研组织的能力和水平。总之，"体系化"、"规范化"和"国际化"的特点在晚近的中国哲学学科发展中是一种显著的趋势和特征。北大中国哲学学科在这几个方面也是国内同业之中得风气之先者。应该说，"体系化"、"规范化"和"国际化"的趋势促进了中国哲学学科专业化的发展。例如从师资角度来看，新时期以来30多年间进入北大中国哲学学科的教师几乎都拥有哲学（或文学）博士学位。

二、研究进展

新时期以来的中国哲学研究的主要倾向可以概括为：（1）专业化和国际化的基本趋势；（2）整理、重述和阐释（特别是中国哲学史）的基本路径。这一时期北京大学中国哲学研究充分体现了中国哲学学科回归学术以后所采取的"整理"与"重述"、"内在的理解"与"客观的呈现"的著述旨趣。

新时期以来,特别是近20年来,中国哲学的研究取得了突出进展,在很大程度上改变了中国哲学的研究态势,在很大意义上深化了人们对中国哲学及其价值意义的认识。北大中国哲学学科在这一学科发展的进程中起了重要而积极的推动作用。如果说中国哲学学科在这一时期的发展有什么显著特征的话,专业化和国际化可以说是不容忽视的两个方面。专业化、国际化和中国哲学学科发展之间的交互关系,既可以说专业化、国际化是学科发展的"因",亦可以认为是"果"。也就是说,按照专业化和国际化的标准和要求进行学科建设,是中国哲学学科发展的动力和契机;而达到专业化水平和国际化程度同样也是学科发展的重要标尺。

1. 1990年代之前的研究进展

(1) 通史、通论类著作

"十年动乱"甫终之际,就是中国哲学更生之时。冯友兰、张岱年等前辈学者老骥伏枥,笔耕不辍,以惊人的毅力和饱满的激情,著书立说,迎接自己学术生命中的又一个春天。冯友兰以年逾古稀的高龄,写出了《三松堂自序》,完成了《中国哲学史新编》(7册)等著作,淋漓尽致地表达了他"阐旧邦以辅新命"、"中国哲学必将光大于世界"的学术信念。其重要著述包括:《三松堂自序》、《三松堂文集》(三联书店,1984年),《中国哲学史新编》(第1—3册,人民出版社,1982—1985年)、《三松堂全集》(第1—4卷、5卷,河南人民出版社,1985年、1986年)。张岱年先生不仅肩负中国哲学"掌门人"的职责,还负责指导本专业的博士研究生,更写出多种专著、大量的论文、评论、回忆录和序跋,其1980年代出版的主要著述包括:《中国哲学大纲》(中国社会科学出版社,1982年)、《中国哲学发微》(山西人民出版社,1982年)、《中国哲学史史料学》(三联书店,1983年)、《中国哲学史研究方法论发凡》(中华书局,1984年)、《求真集》(湖南人民出版社,1985年)、《玄儒评林》(上海人民出版社,1985年)、《中国伦理思想研究》(上海人民出版社,1989年)等,其大部分文稿收录于《张岱年先生全集》（全8卷，河北人民出版社，1996年）。

他们倾尽生命全部的、最后的力量从事研究著述，目的是希望"薪尽火传"，留下中国哲学的火种。这对于北大中国哲学学科来说，是重要的精神遗产，也是重要的精神启示。冯友兰、张岱年先生晚年迸发出如此的创造力，实际上受到了强烈的理想和信念的人文动机之支配，从某种意义上说，他们烈士暮年的研究著述具有必然性。冯友兰在《三松堂自序》的末尾引用了《庄子》"薪尽火传"的典故和李商隐"春蚕到死丝方尽，蜡炬成灰泪始干"两句诗，又说：

> 人类几千年积累下来的智慧真是如山如海，像一团真火。这团真火要靠无穷无尽的燃料继续添上去，才能传下来。我感觉到，历来的哲学家、诗人、文学家、艺术家和学问家都是用他们的生命作为燃料以传这团真火。……中华民族的古老文化虽然已经过去了，但它也是将来中国新文化的一个来源，它不仅是过去的终点，也是将来的起点。将来中国现代化成功，它将成为世界上最古也是最新的国家。这就增强了我的"旧邦新命"的信心。……我所能做的事就是把中国古典哲学中的有永久价值的东西，阐发出来，以作为中国哲学发展的养料，看它是否可以作为中国哲学发展的一个来源。我认为中国古典哲学中有些部分，对于人类精神境界的提高，对于人生中普遍问题的解决，是有所贡献的。[1]

张岱年回顾自己"进入80年代，我以高兴的心情努力工作，写出了很多学术论著"时，曾特别指出自己对于文化问题的关注，这既是对当时文化讨论的回应，也反映了他和冯友兰同气相求的文化意识，毕竟"学术界从疯狂的批孔的噩梦中清醒过来了"，而且"尊孔"和"反孔"的时代都过去了。他的这两句话可谓意味深长。

冯友兰、张岱年先生新时期的研究著述，大部分仍是通史、通论类之作，也是奠定中国哲学（史）研究全局的论著。

---

[1] 冯友兰：《三松堂全集》第1卷，第312—313页。

（2）专题研究

20 世纪 80—90 年代，当时的中国哲学学科骨干和中坚邓艾民、朱伯崑、汤一介、楼宇烈、许抗生等也都雄姿英发，积极投身于研究著述，撰写了不少具有影响力和示范性的学术专著。专题研究可以说是他们的主要研究旨趣。

（甲）先秦哲学方面，许抗生著《帛书老子注释与研究》（浙江人民出版社，1982 年初版，1985 年增订第二版）、《先秦名家研究》（湖北人民出版社，1986 年），朱伯崑著《先秦伦理学概论》（北京大学出版社，1984 年）、《易学哲学史》（上、中两册，北京大学出版社，1986 年），以及在 80 年代崭露头角的新生代学者刘笑敢所著《庄子哲学及其演变》（中国社会科学出版社，1988 年），当时都是得专题研究之风气之先的论著。特别值得一提的是朱伯崑著《易学哲学史》，开创了以哲学的视角和方法重新整理古代经学思想遗产的先河，具有非常重要的示范性，对于后来的哲学史研究产生了很大影响。许抗生著《帛书老子注释与研究》，开创了基于简帛文献开展古代思想史研究的先河。刘笑敢著《庄子哲学及其演变》在当时产生了很大影响，因为当时的庄子哲学研究恰好呼应了 80 年代以来人们特别瞩目的自由和反对异化的时代诉求，或许也可以认为它是 80 年代风靡一时的欧陆哲学存在主义折射于中国哲学研究的一个例子。

（乙）魏晋玄学领域，楼宇烈著《王弼集校释》（中华书局，1980 年），对王弼著作进行了精审整理，是古籍（尤其是思想史料）整理的典范。汤一介著《郭象与魏晋玄学》（湖北人民出版社，1983 年），许抗生、李中华等著《魏晋玄学史》（陕西师范大学出版社，1989 年），以翔实的史料、深入的理论分析，进一步推进了自汤用彤以来的魏晋玄学研究，堪称新时期玄学研究的教科书。应该说，上述著作都对全国中国哲学学科的体系化、规范化和专业化发展，起到了重要作用。

（丙）佛道教研究中，汤一介著《魏晋南北朝时期的道教》（陕西师范大学出版社，1988 年），是国内较早关注魏晋六朝道教史的著作，因为魏晋六朝是道教历史发展中特别重要的阶段。许抗生也关注佛道教的历史和理论，他在这一时期撰写了不少有价值的学术论文，大多数围绕着佛教中国化这一思想主题。

（丁）宋明理学研究方面，邓艾民著《朱熹王守仁哲学研究》（华东师范大学出版社，1984年）、《传习录注疏》（台北法严出版社，2000年），体现了邓艾民先生的治学精神，是20世纪80年代阳明学研究的代表作，至今仍极有参考价值。[1]陈来著《朱熹哲学研究》（中国社会科学出版社，1988年）、《朱子书信编年考证》（上海人民出版社，1989年）。80年代，陈来的朱子哲学研究，在学术界产生了很大影响，可谓新一代学者的代表性著作。

2. 1990年以后的专业研究

新时期以来，尤其是新世纪以来，国家社会科学基金以及教育部、北京市人文社会科学研究项目的设立并不断加大资助力度，各种学术或公益基金会（包括国外和港台地区财团）的积极介入资助学术研究，各种奖励和激励机制，特别是"211"工程和"985"计划，推动了人文社会科学诸学科的繁荣发展，北京大学中国哲学学科也是这种新时代科研机制创新的受益者。多人承担了多项国家社会科学基金项目、教育部科研项目、北京市科研项目、国家古籍整理规划项目等科研项目，多人多次荣获了国家、教育部和北京市的优秀科研成果、教学评比、精品教材等主要奖励。1990年以后，在逐渐成熟完善的科研机制的运作下（例如"211"工程和"985"计划以及各种科研基金支持的人文社会科学研究项目），更主要的是在自觉的学科使命感的驱使下，北京大学中国哲学领域的学术研究事业进入了一个深化发展的黄金时期，高水平的学术精品不断涌现，具有广泛影响力的研究著作层出不穷。

（1）通史、通论和问题史研究

朱伯崑（1923—2007），河北宁河人。1951年毕业于清华大学哲学系。1952年由清华大学哲学系转入北京大学哲学系任教。长期从事中国哲学史的教学与研究，对新中国成立以来北京大学中国哲学史教学体系的建设、对中国哲学学科"北大学派"的建设贡献极大。他继承了冯友兰先生的治学方法，在把握中国哲学的广阔性和深刻性方面达到了很高的造诣，名重士

---

[1] 邓艾民仙逝于1984年，其著作生前没来得及出版，都是在其身后出版印行的。

林，在国内外学术界有重要的地位和影响。他的著作有《先秦伦理学概论》（北京大学出版社，1984年）、《易学哲学史》（上、中两册，北大出版社，1986、1988年；四卷本，华夏出版社，1996年）、《朱伯崑论集》（沈阳出版社，1998年）等。《易学哲学史》既不落经学研究的窠臼，又开创了古代经典研究中的哲学阐释的传统，是中国哲学专业研究领域里的旷世力作，是中国哲学经典诠释活动的最重要范例之一，影响极其深远。

冯友兰、张岱年等老一代中国哲学史研究者重视通史、通论的研究，汤一介也是如此。汤一介（1927—），祖籍湖北黄梅，1951年毕业于北京大学哲学系，现任北京大学哲学系资深教授，儒学研究院院长，是著名的人文学者和学术活动家，也是当代中国哲学发展的见证者。其著述宏富，主要有《儒释道与内在超越问题》（江西人民出版社，1991年）、《在非有非无之间》（台北正中书局，1995年）、《郭象与魏晋玄学》（增订本，北京大学出版社，2000年），以及主编《20世纪西学东渐史》（12册）[1]、《中国儒学史》（9卷）等。

李中华教授长期活跃于中国哲学教学、研究和学术活动的第一线，具有多方面的造诣和建树。著有《中国文化概论》（华文出版社，1994年）、《中国人学思想史》（北京大学出版社，2004年）等著作。形而上学和知识论问题是胡军教授的主要研究领域之一。他撰写的《知识论引论》（黑龙江教育出版社，1997年）、《分析哲学在中国》（首都师范大学出版社，2002年）、《哲学是什么》[2]等著作体现了他特别关注理论问题的研究旨趣。王中江教授撰写的《进化主义在中国》（首都师范大学出版社，2002年）、《视域变化中的中国思想与文化构想》（中州古籍出版社，2005年）、《近代中国思维方式演变的趋势》（四川人民出版社，2008年）诸书，以问题史的方式，深刻分析了近现代思想史的主要问题，创获甚多。

（2）专题研究和断代思想史、哲学史研究

虽然进入20世纪90年代仍不乏通史、通论式的研究，但更为主流的研

---

[1] 首都师范大学出版社2007年出版，第十四届中国图书奖，2004年。
[2] 北京大学出版社2002年出版，国家图书提名奖、输出版图书奖，2004年。

究还是体现在专题研究和断代研究方面。这也是中国哲学学科专业化发展的一个标志。

（甲）先秦哲学史——包括基于简帛文献的思想史研究和经典阐释学研究在内的先秦哲学史、思想史研究，一直都是中国哲学研究的重点之一。陈来著《古代宗教与伦理——儒家思想的根源》（三联书店，1996年）、《古代思想文化的世界》（三联书店，2003年），对儒家所由以发展出来的早期思想传统予以极大关注，特别强调了中国文化早期发展中的连续突破和内在转向，重新估价了礼乐文化的意义，被誉为"以思想史家的写法写的古史著作"。郑开著《德礼之间——前诸子时期的思想史》（三联书店，2009年）进一步突出并论证了前诸子时期思想史的主题是"德"，并在方法论上从"德礼之间"的关系中把握"德"。王博著《老子思想的史官特色》（台北文津出版社，1993年）、《庄子研究》（北京大学出版社，2004年）、《无奈与逍遥——庄子的心灵世界》（华夏出版社，2007年），许抗生著《老子评传》（广西教育出版社，1996年），王中江著《道家形而上学》（上海文化出版社，2001年），郑开《道家形而上学研究》[1]，都是道家哲学研究领域里的力作，影响很大。

王博在出土文献的思想史和哲学史研究方面占据重要地位。其中《简帛文献思想论集》（台北古籍出版社，2001年）和《易传通论》（中国书店，2003年）是王博两个主要研究方向——周易和基于简帛的思想史研究——的成果结集，体现了北大中国哲学研究重视经典研究和强调分析第一手思想史料的传统。近年来，在基于简帛文献拓展思想史哲学史方面，王中江著《简帛文明与古代思想世界》（北京大学出版社，2011年），力求将出土文献同传世文献紧密结合起来，对古代中国思想世界展开了一定程度的整体性研究，取得了很大成绩；陈来著《竹帛五行与简帛研究》（三联书店，2009年），也提出了许多具有启发性的真知灼见。

儒家哲学研究亦硕果累累。王博著《中国儒学史·先秦卷》是一部先秦儒学的断代史，其中提出了值得重视的哲学史观念。彭国翔著《儒家传统——宗教与人文主义之间》（北京大学出版社，2007年）、《儒家传统与中

---

[1] 宗教文化出版社2003年出版，获第四届胡绳青年学术奖，2006年。

国哲学》（河北人民出版社，2009年）、《儒家传统的诠释与思辨——从先秦儒学、宋明理学到现代新儒学》（武汉大学出版社，2012年），对儒家人文传统、儒家现代价值等问题进行了有益的探讨。

（乙）两汉哲学和魏晋玄学研究的创获颇丰。许抗生著《三国两晋玄佛道简论》（齐鲁书社，1991年，亦名《魏晋思想史》）；杨立华翻译了著名汉学家瓦格纳（R. G. Wagner）的名作《王弼〈老子注〉研究》（江苏人民出版社，2008年），还撰著了《郭象〈庄子注〉研究》（北京大学出版社，2010年），展现了严谨的注释和阐释的研究方法。

（丙）佛教和道教研究也是北京大学中国哲学学科的传统项目。许抗生著《僧肇评传》（南京大学出版社，1998年）、《佛教的中国化》（宗教文化出版社，2008年），延续了汤用彤以来北京大学佛学研究的传统，致力于阐明佛教中国化的历史经验。张广保著《金元全真道内丹心性学》[1]，是近年来道教理论研究著作中的佼佼者，其后他又撰写了《唐宋内丹道教》（上海文化出版社，2001年）、《道家的根本道论与道教心性学》（四川出版集团，2008年）等著作，对道教的历史和理论的研究作出了较大贡献。此外，杨立华著《匿名的拼接》（北京大学出版社，2002年），也是一部道教史研究的专著；郑开留意早期道教的历史与理论有年，目前也在进行道教心性学方面的研究。

（丁）宋明理学研究方面，由于陈来、张学智、彭国翔和杨立华等教授的执着探求和突出贡献，北京大学中国哲学学科在这一领域取得了辉煌成就。陈来是20世纪90年代以来中国哲学研究专业领域的重要代表。他以其精深的学术造诣、敏锐的问题意识和自觉的方法论，笔耕不辍，著作等身，写出了大量论著和论文，其中比较重要的有《有无之境——王阳明哲学精神》[2]、《宋明理学》[3]、《古代宗教与伦理——儒家思想的根源》（三联书店，1996年）、《人文主义的视界》（广西教育出版社，1997年）、《现代中国哲学的追寻》（人民出版社，2001年）、《中国近世思想史研究》（商务印书馆，2003年）、《古代思想文化的世界》（三联书店，2003年）、《诠释与重建——

---

[1] 三联书店1995年版，获首届汤用彤学术奖。
[2] 人民出版社1991年出版，获1998年高校人文社会科学研究成果奖。
[3] 辽宁教育出版社1992年出版，中国图书奖，1993年。

王船山的哲学精神》[1]，这些研究成果代表了目前本领域的领先水平，对推动中国哲学特别是儒家哲学、宋明理学的研究进展作出了特别重要的贡献。

张学智教授擅长明代哲学史研究，主要著作有《贺麟》（台北东大图书公司，1992年）、《明代哲学史》[2]、《心学论集》[3]、《中国儒学史·明代卷》（北京大学出版社，2011年）等。《明代哲学史》是断代哲学史论著的典型，在阳明学的研究方面提出了一些有价值的观点，是宋明理学研究领域中不可忽视的成果。《中国儒学史·明代卷》对明代经学作了系统提揭，对儒学与各宗教的会通融合有深入阐发。《心学论集》分古代篇与现代篇对从王阳明到熊十力、牟宗三、贺麟的心学思想作了深入研究，《贺麟》是我国第一部全面研究贺麟思想的著作，对此领域有重要影响。彭国翔教授著有《良知学的展开——王龙溪与中晚明的阳明学》（台北学生书局，2003年），是晚近阳明学研究的新成果，得到了很好的专业评价，是同类论著中的佼佼者。杨立华教授也特别留意于宋明理学研究，他的《气本与神化——张载哲学述论》不拘泥于前人成说，通过深入细致的分析，提出了不少新见解，是对张载哲学研究的新贡献。

（戊）近现代哲学（史）研究方面，涌现出许多著名而且重要的学者，例如楼宇烈、王守常、胡军、王中江和陈来等教授。楼宇烈、王守常教授特别重视近代哲学史料的校理，他们分别整理了康有为和熊十力的著作；胡军教授的《道与真》[4]是金岳霖哲学思想研究的重要著作；近现代哲学也是王中江教授的主要研究领域之一，其著述宏富，创获颇多，例如《严复与福泽谕吉：中日启蒙思想比较》（河南大学出版社，1991年）、《理性与浪漫：金岳霖的生活及其哲学》（河南人民出版社，1993年）、《严复》（台北东大图书公司，1997年）、《殷海光评传》（台北水牛出版公司，1997年）、《金岳霖学术思想评传》（北京图书馆出版社，1998年）等，另外，他的著作《进化

---

[1] 北京大学出版社2004年出版，中国高校人文社会科学研究优秀成果奖，2006年。
[2] 北京大学出版社2000年出版，中国高校第三届人文社会科学优秀成果奖哲学类二等奖。
[3] 中国社会科学出版社2006年出版，获得北京市人文社科优秀成果奖二等奖，2008年，获得高等学校科学研究优秀成果奖著作类三等奖，2009年。
[4] 人民出版社2002年出版，获金岳霖学术奖，2005年。

主义在中国》（首都师范大学出版社，2002年）、《视域变化中的中国思想与文化构想》（中州古籍出版社，2005年）、《近代中国思维方式演变的趋势》（四川人民出版社，2008年）也是关于近现代思想史的专题研究论著，产生了广泛而深远的影响。陈来教授出于对中国哲学学科传统的高度自觉，曾撰《现代中国哲学的追寻》，不但讨论了熊十力"新心学"和冯友兰"新理学"，还涉及了许多近现代思想的复杂问题（例如文化观），开卷有益。

（己）在思想史料和哲学史料的整理方面，北京大学同仁们作出了有目共睹的显著成绩。例如楼宇烈、许抗生参与编著了《中国佛教思想史资料选辑》多卷本，曾推动了资料匮乏时期佛学研究的发展。再如王守常教授擅长佛学和近现代哲学史和思想史的研究，编校了大量的近现代哲学史料和思想史料，例如校点《十力语要》（中华书局，1996年）、校点《新唯识论》（河北人民出版社，1996年）、校点《原儒》（河北人民出版社，1996年），编著《人间关怀——近代佛教文化论著辑要》（广博出版社，1999年）、编著《20世纪的中国学术和社会·哲学卷》（山东人民出版社，2001年）等，为新时期以来学术思想的发展作出了较大贡献。

他们编著（含注释、点校）了数量不菲的研究丛书（包括全集、文集和纪念文集等）和哲学史（思想史）史料，迻译了多种海外汉学、中国学研究论著。例如，汤一介主编、中国哲学教研室大部分同仁参与的《中国儒学史》（九卷本，北京大学出版社，2011年），陈来主编《北大哲学门经典系列》（十卷本，吉林人民出版社，2005年），以及李中华、王守常、魏长海、王中江等人都主编了一些有价值、有影响的学术研究丛书。魏常海、彭国翔教授涉猎海外汉学（中国学）研究，比如说魏常海著有《日本文化概论》（世界知识出版社，1966年）、《中国文化在朝鲜半岛》（新华出版社，1993年）、《空海》（台北三民书局，2000年）等著作。李中华、魏长海、张学智、胡军、王中江、王博、杨立华、彭国翔和郑开翻译、编著了多种国外（主要是英、日、韩文）学术文献，在嘉惠学林的同时也推动了国内外中国学术的交流与合作。

（庚）北京大学哲学系其他学科的同仁学者如张世英、张祥龙、赵敦华、韩林合、章启群和王锦民等，也在中国哲学研究领域取得了令人瞩目的成绩，开拓了中国哲学研究的视野，丰富了中国哲学研究方法。

总之，20世纪90年代以来，北京大学在中国哲学、中国哲学史的研究进展上取得了很大成绩，产生了不少国内领先、国际一流的专业研究成果，深刻改变了中国哲学（史）研究的方式和形态，迈向了系统化、规范化和专业化的发展轨道，同时亦深化发展了北京大学中国哲学学科的研究传统，继续执着于会通中西、熔铸古今的学科发展范式，致力于中国哲学的创造性阐释和创造性转化。著名前辈学者胡适、梁漱溟、熊十力、冯友兰、汤用彤、张岱年、朱谦之、蒙文通的全集或文集亦自90年代以来编集出版，还举行过多次纪念前辈学者的学术活动（主要形式是学术研讨会和编辑出版纪念文集），客观上促进了中国哲学学科对治身传统的自我意识和自我理解。然而，晚近的北大中国哲学学科的研究旨趣高度聚焦于中国哲学史研究领域，似乎过多偏重于梳理和重述古代哲学思想，却多少忽视了关于中国哲学创造性转化和发展的系统阐述，毕竟中国哲学和中国哲学史之间既有联系又有区别。这一点毋庸讳言。那么，如何继承和发扬中国哲学研究中"接着讲"的传统，以弘扬深沉的文化意识和创新精神，进行新的中国哲学创造，应该是中国哲学学科特别是北大中国哲学学科的重要使命。实际上我们有充分的理由期待北大中国哲学学科通过新的哲学创造（也只有如此），对古代哲学思想予以某种形式的总结，为现在的中国哲学研究以及当前的哲学贫困找到新方向，开出新生面。

3. 国际学术交流的加深与拓展

自20世纪初创建以来，中国哲学学科即是一门国际性的学问。日本的中国哲学（有的时候称为"儒教"和"中国思想史"等科目）研究起步早于我们，而且格局合理、力量雄厚、成绩斐然；欧美汉学或中国学研究下的中国哲学、思想史研究亦有长期的积累，又长于理论分析。他山之石，可以攻玉。海外和港台地区的中国哲学、思想史研究的优点和长处值得我们借鉴和参取。所以说，国际学术交流和合作正是改革开放以来中国哲学学科的必然趋势。经过30多年的国际化发展，目前，中国的中国哲学尤其是北大的中国哲学研究已经在不少方面居于世界前列，但全面树立中国学者研究在本学科的主导地位还有待于时日。对于北京大学的中国哲学学科而言，由于它的历史地位的特殊性，从世界性视野思考和分析学科发展的问题，从世界性的中国哲学思想史的研究特点和格局中确定中国哲学的研究方向和发展方向，甚有必要。换言之，我们既不能坐井观天，把自己的眼光限制于北大传统，亦不能忽视与国内、国际同行之间的切磋交流。

所幸的是，北大中国哲学学科在国际学术交流方面具有得天独厚的优势，毕竟北大是世界范围内中国哲学屈指可数的重镇。新时期以来，特别是新世纪以来，交流的规格、规模和水平取得了长足进步，极大促进了学科发展。

1984年台湾地区的著名学者陈鼓应教授客座北大，讲授道家哲学课程，宣扬"道家主干说"，编辑出版专业刊物《道家文化研究》，有力地推动了北大以及整个大陆道家哲学的兴盛和发展。1985年，哈佛大学杜维明教授客座哲学系，开设儒家哲学专题课程，从事学术研究，他关于儒学第三期发展的论断以及儒学与世界文明的对话，在海内外产生了很大影响。近年陈鼓应、杜维明重返北大，杜维明教授目前任北大高等人文研究院院长，陈鼓应教授担任北大哲学系人文讲席教授、道家研究中心主任。实事求是地说，陈鼓应、杜维明的讲学活动，仿佛"风起于青萍之末"，对20世纪80年代以来的中国哲学研究来说，其观点、方法和文风，引起了新鲜刺激之感，因为当时中国哲学研究界深受教条主义和思想禁锢之害久矣。

新时期以来，除了世界哲学界重要人物纷纷造访中国之外，国际汉学和中国学研究的名宿亦时常流连于燕园，如东京大学教授沟口雄三（1991）、法国高等研究院教授施舟人（K. Schipper，1999）、夏威夷大学教授安乐哲（R. T. Amers，2001）、早稻田大学教授小林正美（1994—1995）等，曾先后来北大从事讲学和研究活动。港台地区和海外华人学者来访交流的就更多、更密切了。同时，中国哲学学科学者到世界各国的重要专业研究机构客座访问、研究甚至担任正式教职的机会愈来愈多，例如刘笑敢、陈来、王中江、王博、张广保和彭国翔等先后赴哈佛大学燕京学社访学，汤一介、王守常、陈来、张学智、王中江、杨立华、彭国翔先后客座港台地区和国外大学（或研究机构）从事讲学和研究，张学智（1999—2001，其间张学智获东京大学文学博士学位，2001年）、王守常（2001—2002）先后任教于东京大学文学部。这些国际交流极大地开阔了学者的视野，提高了专业水平，同时显著提升了北京大学中国哲学学科的地位和影响，促进了中国哲学学科的国际化发展。

国际交流的一个重要方面就是参与和主办国际学术会议。自1985年以来，北京大学中国哲学学科的学者的身影总是出现于各种重要的国际学术会议上，像中日佛教会议、国际中国哲学会议、东西方哲学家会议、世界哲学大会等等。比如说汤一介参加"第十七届世界哲学大会"（加拿大蒙特利尔，1983年），发表了演讲——"儒学第三期发展的可能性"，引起与会者的强烈反响。汤一介、陈来多次出席国际中国哲学讨论会，楼宇烈、许抗生多次出席中日佛教会议等。与此同时，北京大学或北大哲学系主办了许多大型而且重要的国际学术会议，如国际中国哲学会议（1993年第8届，张岱年任大会主席；2001年第12届，方克立任大会主席）、道家哲学国际研讨会（北京，1996年）、汉学研究国际会议（北京，1998年）、中美哲学与宗教学研讨会（始于1993年）等重要国际会议。汉学研究国际会议（北京,1998年），来自160多个国家的近300位著名学者与会。这是新中国成立以来在汉学研究领域层次最高、规模最大的一次国际学术盛会。

现在，北大中国哲学学者每年多次出席、参与甚至主办国际学术会议，呈现了高层次、高水平的发展态势。他们受惠于国际交流，又将它转化、体现于专业研究，贡献于本学科的国际化和专业化的发展。国际交流的深入开展和国际化水平提升的一个结果就是推动了世界性的中国哲学学术共同体的形成和发展，"天下一家"已不再是一个遥不可及的梦想。由此我们可以期望，经过国际化和专业化洗礼的北大中国哲学学科，一定能够巩固其世界性的学科重镇的地位，并有可能（也应该）成为全球最重要且最具特色的中国哲学研究中心。

北大中国哲学学科的学术交流涉及多方面的问题，这里我们的论述只能顾及其中最主要的部分，至于国际性的文化交流活动、国际出版物、荣誉学位的授受、海外留学生情况等问题，限于篇幅，不在叙述之列。

三、课程教学

课程体系的建设始终是北大中国哲学学科建设的重点，经过30多年的努力，中国哲学课程体系建设已达到国内领先水平，并取得重大的人才培养效益。中国哲学类的课程，1999年之前大致分为本科生课程（主要是中国哲学史课程）和研究生课程两部分；2000年以来，由于教学体制的深入改革，增设了哲学系通选课程及全校素质教育课程等。

1. 本科生中国哲学课程体系的建设

前面提到，即使在"文革"期间，中国哲学史课程建设仍在继续推进，这为改革开放以后的中国哲学史课程体系建设打下了坚实的基础。

20世纪50年代，冯友兰、张岱年等开设了"中国哲学史"课程；当时集体讨论形成的《中国哲学史课程的教学大纲》是新中国第一个系统性的"中国哲学史课程体系"讲授大纲，很长时间里它是各大学讲授"中国哲学史"课程的参照体系。60年代，任继愈主编了新中国第一部《中国哲学史》（全4册）。在张岱年主持下，中国哲学史教研室也编注了《中国哲学史教学资料汇编》（全8册）。70年代，汤一介主持编写了《中国哲学史》教材讨论稿（上、下），以及《中国哲学史资料辑要》；后在楼宇烈主持下，经过全面修改，正式出版了《中国哲学史》（2册，中华书局，1980年）。同时，由朱伯崑负责，中国哲学史教研室还完成了《中国哲学史教学资料选辑》（中华书局，1981—1982年）。2001年，《中国哲学史》再次全面修改，由北京大学出版社出版，并被评为北京市精品教材。可以说，在1949—1979年这一时期，北京大学中国哲学学科在本科"中国哲学史"课程开立、教材编写、教学体系组织等方面为全国各大学哲学系的"中国哲学史"课程教学树立了示范。

1977年恢复高考、哲学系招收"文革"后第一批本科生以来，"中国哲学史"课程就列为最重要的基础课之一，现在是北京大学主干基础课。作为主干基础课，"中国哲学史"课程一直受到学生的重视，是最受喜欢的课程之一，经常会吸引很多外系同学旁听。在历次教学评估中，本课程都得到了学生很高的评价，在参评课程中位居前列。其主要教学对象是本科生，其教学内容是系统地介绍中国哲学从先秦到清代的发展线索，使学生对古代中国哲学传统有一个基本的了解。该课程主要以哲学问题为基本框架，如宇宙论、知识论等，以概念、命题为基本对象，通过分析研究，揭示中国哲学对世界、社会和人生的理解。就课程内容的设计而言，很长一段时间里，曾经受到僵化教条的影响，同时也存在着不加分析地用西方哲学问题取代中国哲学问题的情形，妨碍对中国哲学传统的正确理解。近二三十年来，随着研究的深入，学者们越来越注意对中国哲学精神和特点的把握。这些前沿研究的进展和讨论已经开始反映在教学内容之中。换言之，北大中国哲学学科的特点是比较注重对中国哲学自身特点的理解和体会，并力图重建中国哲学自己的问题，以及中国哲学自身的概念范畴系统和中国哲学的实践性特征等。在最近的"中国哲学史"课程的教学实践中，我们比较强调中国哲学是一门实践性很强的学问，需要深入而内在的体会，针对中国哲学的这个特点，课程讲授特别注意把知识掌握和人文教育结合起来。

在北京大学，"中国哲学史"课程的教材建设一直受到高度重视。改革开放以后，张岱年《中国哲学大纲》和冯友兰《中国哲学史新编》，使中国哲学史通史课程的教学参考书更加完备。中国哲学课程的全面建设也取得了很好的成绩，并获得北京高等教育教学一等奖。除了现行的《中国哲学史》教材一直根据学生的反应和研究的进展尽力修改之外，开设专题课程，例如还在本科生中开设了"四书研究"、"周易哲学"、"宋代哲学"、"先秦哲学"等专题性课程，深受同学们的欢迎。中国哲学教师写作和推荐了一些专著，例如《宋明理学》、《明代哲学史》、《庄子哲学》、《魏晋玄学史》、《易传通论》、《分析哲学在中国》等，以供有兴趣的同学进一步延伸阅读，促进学生们进一步了解中国哲学的兴趣。

2. 中国哲学专业研究生的课程体系建设

1978年，北大哲学系招收了"文革"后第一批研究生，包括李中华、陈来等人。1981年，国务院学位委员会批准首批博士研究生指导教师名单，其中有中国哲学教研室张岱年教授，次年（1982）张岱年招收了中国哲学方向两名博士研究生——陈来、刘笑敢。冯友兰1984年获批第二批博士研究生导师资格。朱伯崑、汤一介1986年获批博士研究生导师资格。自此而后，中国哲学方向的博士和硕士研究生的招生规模不断扩大，因此中国哲学教研室教师除了继续担任本系本科生的"中国哲学史"和"中国哲学史资料"课程以外，主要的教学重心逐步转向研究生的课程建设和教学实践，在我国最早形成了比较完善的中国哲学史研究生教学体系。

中国哲学的研究生课程教学，从1978年起，最早由张岱年先生为研究生开设"中国哲学史史料学"、"中国哲学史方法论"两课肇其始，至20世纪80年代末90年代初，我们的中国哲学研究生课程体系已经体系化和规范化为10种课程："中国哲学史史料学"、"中国哲学史研究方法论"、"儒家原著选读"、"道家原著选读"、"佛教原著选读"、"近代哲学原著选读"、"儒家哲学专题"、"道家哲学专题"、"佛教哲学"、"近代哲学专题"。这10种课程给三年制硕士研究生提供了24—28个学分的研究生课程，为中国哲学专业的研究生提供了系统和全面的训练。这种对中国哲学专业研究生的基本训练课程的体系，衡之于港台地区与国外，应属领先。这也是我们一二十年来中国哲学专业人才培养成绩突出的根本原因。由于我们的教师研究的领域分布较广，所以我们的课程内容分布涵盖很广，满足了教学体系的需要和学生的要求。90年代后期，根据教育部和大学对博士生课程的要求，由各博士生指导老师分别开设了不同的博士生课程，这些课程也逐渐规范化和系统化。

研究生的课程及培养体系亦不断完善。无论是招生、课程设置与讲授、制定培养计划，还是综合考试、论文开题报告、论文预答辩、论文答辩诸教学培养环节都比较规范、有序，较好地保证了研究生培养的预期目标。

3. 哲学系通选课程及全校素质教育课程建设

从2000年开始，为了配合哲学系本科教学的改革和素质教育课程的建设，中国哲学学科对原有的课程目录进行了调整，以适应教育改革的变化和需要。这次调整主要是在保持研究生教育的强度的同时，大力加强中国哲学类课程在哲学系本科教育和全校素质教育中的作用。

1990年代以前，中国哲学在本科教学中只开设"中国哲学史"课程。2000年以来，中国哲学学科设立了本系通选课，供本科生和硕士生通选，包括"易学哲学"、"先秦哲学"、"两汉哲学"、"魏晋哲学"、"南北朝隋唐哲学"、"宋代哲学"、"明代哲学"、"清代哲学"、"近现代哲学"、"现当代哲学"、"新儒家哲学"。自2000年以来，中国哲学史教研室在全校性选修课中开设了"中国古代思想世界"、"周易"、"四书"、"庄子哲学"、"宋明理学"等课程，在人文素质教育中发挥了积极作用，深受学生们的欢迎。

1987年国家教委评定全国高等院校重点学科，北京大学中国哲学史学科被评为全国八个哲学重点学科之一。1990年进行了学科自查，顺利通过。2001年以全国哲学学科综合计分总分第一的评比结果，再次被评为全国重点学科。

三、机构和人物

1. 机构

新时期以来学科发展的基本态势之一就是各种科研机制的完善和各种学术组织的勃兴。北大中国哲学学科的基本建制是中国哲学史教研室，而以此为核心或基础的各种学术研究机构的不断建立与拓展，实际上对于促进中国哲学的学术研究共同体的形成和发展，对于促进中国哲学的专业化发展进程，对于扩大中国哲学的影响力和社会作用，进而维护和提升中国哲学的地位，显然是一个具有特殊重要性的方面。实际上，北京大学中国哲学学科通过建设或参与建设各种专业研究机构和各种宗旨的学术组织，有力地推动本学科合规律的发展，极大地扩大了自身在全国乃至全世界范围内的影响力。比较重要的机构和组织罗列如下：

（1）中国哲学史学会——成立于1979年，是全国中国哲学学科的专业组织，首任会长是张岱年教授，现任会长为陈来教授。该学会的创立和发展，对于推动中国哲学学科的发展具有特殊重要的意义。1979年，为了适应和促进新形势新条件下中国哲学学科的健康快速发展，北京大学哲学系、山西社会科学院、中国人民大学、中国社会科学院哲学研究所在山西太原联合举办中国哲学史讨论会，并发起成立了中国哲学史学会。30余年的历史发展表明，中国哲学史学会成功构建了中国哲学学科的学术研究共同体。其会刊《中国哲学史研究》（编辑部设于哲学所）业已成为一个特别重要的展现中国哲学研究进展和学术成果的专业学术杂志。

（2）中国文化书院——成立于1984年，由著名学者冯友兰、张岱年、朱伯崑和汤一介等教授共同发起，联合了北京大学、中国社会科学院、中国人民大学、北京师范大学、清华大学等单位及港台地区和海外的数十位著名教授、学者创建的一个民间的学术研究和教学团体，首任院长汤一介教授，现任院长王守常教授。在著名学者梁漱溟（首任院务委员会主席）、冯友兰（名誉院长）、张岱年（名誉院长）、季羡林（曾任院务委员会主席）、庞朴（曾任学术委员会主席）、汤一介（院长、创院院长）主持下，围绕中国传统文化主题，开展了多种研讨和教学活动，其中1987—1989年自主招生举办的中外比较文化研究班（函授），学员逾万名，产生了较大社会影响，取得了很好的社会效益。至今中国文化书院仍在发挥其特有的影响力，组织、参与各种文化活动，例如参与举办蔡元培学术讲座和汤用彤学术讲座等。

（3）中国哲学暨文化研究所——成立于1995年，首任所长汤一介教授，现任所长李中华教授。该所是北京大学中国哲学学科的重要学术平台，多年来持续不懈举办汤用彤学术讲座和蔡元培学术讲座等重要学术交流活动。创办于1996年的汤用彤学术讲座和创办于1997年的蔡元培学术讲座旨在纪念近代著名学者汤用彤先生和蔡元培先生，至今已经分别举办了15届和14届。著名学者柳存仁、饶宗颐、施舟人、陈方正、金耀基、成中英、安乐哲、罗多弼、刘述先和陈鼓应等先后担任主讲。部分讲演稿已结集出版，例如饶宗颐《中国宗教思想史新页》（北京大学出版社，2000年）、柳存仁《道教史探源》（北京大学出版社，2000年）。现在，蔡元培、汤用彤学术讲座已成为北大文科中品位最高、最有学术水平和社会影响力的学术讲座，代表了北大人文学术的最高水准。

（4）北京大学儒藏编纂中心——酝酿于2002年，正式成立于2004年，主任汤一介教授，常务副主任魏长海教授。北京大学《儒藏》工程是我国一项重大的学术文化项目。2003年，教育部将"《儒藏》编纂与研究"定为"2003年度教育部哲学社会科学研究重大课题攻关项目"，正式批准立项，北京大学资深教授汤一介先生任项目首席专家。2004年，"《儒藏》精华本"

又被全国哲学社会科学规划办公室批准为"2004年度国家社会科学基金重大项目"。同年，《儒藏》工程被列为"北京大学'985'工程重点项目"。2006年，《儒藏》编纂工程被列入国家哲学社会科学研究"十一五"规划。2007年，"《儒藏》精华编"的出版被新闻出版总署列入"十一五"国家重点图书出版规划项目之重大工程出版规划。目前《儒藏》编纂进入了一个全面推进的阶段。此外，该中心还编辑出版刊物《典籍与中国传统文化杂志》。

（5）北京大学儒学研究院——成立于2010年，宗旨是致力于推进儒学学术研究的进步和促进中华民族文化的复兴。该研究院是在北大《儒藏》编纂与研究中心、北大中国哲学暨文化研究所和中国哲学教研室的基础上成立的。该研究院的研究规划包括重大研究项目、经典典籍整理、专题研究项目、特色学术讲座四类。重大研究项目有多卷本《中国经学史》、多卷本《儒道佛三教关系史》、多卷本《儒学与马克思主义》；经典典籍整理包括《儒藏》诸种；专题研究项目包括儒学与和谐社会、儒学与生态问题、儒学与民族凝聚力问题、礼法合治问题的研究、儒学与现代管理学、儒学与西学（包括海外汉学）。

（6）东方国际易学研究院——成立于1996年，首任院长朱伯崑教授。该院出版《东方国际易学研究院通讯》、《国际易学研究》（朱伯崑主编），并开展各种学术研究和文化活动。

（7）北京大学道家研究中心——主任陈鼓应、王博教授。创刊于1990年代的重要专业刊物《道家文化研究》（陈鼓应主编）现已列为中心刊物。该中心主办"严复讲座"，已邀请著名学者汤一介、李学勤教授分别作了"启蒙在中国的艰难历程"、"古代文明"的学术报告。此外，该中心拟编辑出版"国学论丛"，推动包括道家学术在内的中国人文学科的发展。

另外，跨学科的北京大学国学研究院（负责人袁行霈教授）、高等人文研究院（负责人杜维明教授）、专业性的北京大学宗教文化研究院（负责人楼宇烈、张志刚教授）、全国性的中华孔子学会（负责人汤一介、王中江教授）等学术机构，都与北京大学中国哲学学科之间有着千丝万缕的联系和互动。实际上，上述学术机构和文化组织，也是中国哲学学科将自身的思想创造、学术研究得以展现并发挥其文化影响力的不可或缺的平台与媒介。

2. 人物

北京大学哲学系中国哲学史教研室是北京大学中国哲学学科最基础性的组织机构。张岱年、汤一介、许抗生、陈来、张学智先后担任教研室主任。这一时期（1978—2012）曾经在此担任教职和从事研究的学者（包括长期讲学的客座教授）有冯友兰、张岱年、邓艾民、朱伯崑、汤一介、楼宇烈、许抗生、李中华、魏长海、王守常、陈来、刘笑敢、张学智、王博、胡军、杨立华、王中江、郑开；杜维明1985—1986年任客座教授，陈鼓应1984—1997年任客座教授、2011年任人文讲席教授。

邓艾民（1920—1984）教授，生于湖南邵阳。1945年毕业于西南联合大学哲学系，1956年由教育部调入北京大学哲学系任教。出版专著《朱熹王守仁哲学研究》和《〈传习录〉注疏》等。

楼宇烈教授，1934年生，浙江嵊县人，1960年北京大学哲学系本科毕业留校任教，在中国哲学和佛教研究领域都有很高的成就。著有《中国佛教与人文精神》、《温故知新》、《东方哲学概论》、《中国的品格》、《王弼集校释》等。

许抗生教授，1937年生于江苏武进。1966年于北京大学哲学系中国哲学史研究生班毕业留校任教。主要著作有《帛书老子注译与研究》、《老子与道家》、《中国的法家》、《先秦名家研究》、《老子与中国的佛、道思想简论》和《魏晋南北朝哲学思想研究概论》，主编《魏晋玄学史》、《中国传统道德·教育修养卷》等。

李中华教授，1944年生于辽宁法库。长期活跃于中国哲学教学、研究和学术活动的第一线。著有《冯友兰评传》（百花洲出版社，1996年）、《中国人学思想史》（北京大学出版社，2004年）、《中国儒学史·魏晋卷》（北大出版社，2011年）等著作。

魏常海教授，1944年生于河北安平。1970年北京大学哲学系毕业留校任教，现任北京大学儒学研究院副院长。著有《日本文化概论》（世界知识出版社，1966年）、《中国文化在朝鲜半岛》（新华出版社，1993年）、《空海》（台北三民书局，2000年），编著《韩国哲学思想资料选编》（国际文化出版社，2000年）等。

王守常教授，1948年生于北京。1976年年毕业于北京大学哲学系并留校任教，擅长佛学和近现代哲学史和思想史的研究，编校了大量的近现代哲学史料和思想史料，校点《十力语要》（中华书局，1996年）、《新唯识论》（河北人民出版社，1996年）和《原儒》（河北人民出版社，1996年）等。

陈来教授，1952年生于北京。1981年北京大学哲学系研究生毕业留系任教。2010年调任清华大学国学院院长，同时兼任北京大学教授（博士生导师）、浙江大学讲座教授、首都师范大学特聘讲座教授，以及武汉大学和香港科技大学等校兼职教授；亦曾访学哈佛大学、东京大学、香港中文大学、香港科技大学、台湾"中央研究院"历史语言研究所任客座教授及访问学人。其研究领域为中国哲学史，主要研究方向为儒家哲学、宋明理学，已出版专著10余种，论文逾200篇，《陈来学术论著》（三联书店，2009年）收录了主要著作12种。

北京大学哲学系中国哲学教研室目前在职人员包括：汤一介（资深教授）、张学智（主任）、王博（哲学系主任）、胡军、杨立华、王中江、郑开七人；此外，北京大学哲学系人文讲席教授陈鼓应、北大儒学研究院教授张广保和北大高等人文研究院教授彭国翔，亦兼职中国哲学史教研室教授。

此外，其他学科的学者也积极参与中国哲学学科的研究和讨论，例如张世英、赵敦华、张祥龙、韩林合、章启群和王锦民等撰写和出版了方式和风格新颖而颇有价值的著作，这对于推进中西哲学的会通与对话，开拓中国哲学的视野，丰富中国哲学研究方法，具有相当积极的作用。

现在，北京大学中国哲学学科正面临着承先启后、继往开来的机遇与挑战，如何把握这"百世一时"的机遇，弘扬北大中国哲学学科会通中西、熔铸古今、锐意创新的优良传统，通过创造性的阐释和创造性的转化推动中国哲学的发展，参与中华民族文化的伟大复兴和世界哲学的发展，乃是北京大学中国哲学学科义不容辞的责任。"中国哲学必将光大于世界"，这是冯友兰先生的坚定信念；中国哲学要为民族文化复兴作出更大贡献，这是我们学术共同体的历史使命。

第二章　西方哲学学科史

吴增定　韩骁[1]

第一节　引言

历史地看，作为一种"西学东渐"的典型产物，西方哲学研究从一开始就贯穿了一种强烈的"救亡图存"意识。一百年来，北京大学的西方哲学[2]研究和教学经历了一个曲折的历史过程：从20世纪初的简单译介到三四十年代的系统介绍和研究，从新中国成立后的被意识形态化到改革开放之后的复兴与繁荣。今天，北大西方哲学学科的教学和研究正处在一个继往开来的关键时刻。因此，回顾这一段历史并且总结其中的经验得失，对于西方哲学学科本身的健康发展无疑具有非常重要的意义。

大抵而言，北大西方哲学学科史可以分为五个阶段：

第一个阶段是在哲学门成立之前（1898—1912）。在这一时期，西方哲学开始被初步引进和介绍。

第二个阶段是自哲学门成立之后至20世纪20年代中期（1912—1924）。在这一时期，西方哲学得到了比较系统的介绍，哲学门（系）不仅开设了不少西方哲学的课程，而且开始招收学生。

第三个阶段是20世纪20年代末至40年代末（1924—1949）。在这一时期，西方哲学教学和研究都达到了非常高的水平，不仅课程设置变得更加系

---

[1] 吴增定、韩骁执笔，靳希平教授和王军同学协助整理相关资料。
[2] 按照学科分类，西方哲学属于外国哲学学科。本学科主要叙述西方哲学领域的研究、教学和机构等，兼顾其他外国哲学研究领域的学科状况。为了简明起见，标题和叙述以"西方哲学"之名为主。

统和规范，而且学术研究也进一步深入，涌现出了张颐、贺麟、郑昕、洪谦、陈康、任华、苗力田和陈修斋等许多学贯中西的著名学者和哲学家。

第四个阶段是自20世纪40年代末至70年代末，也就是新中国成立之后至"文革"结束（1949—1976）。在这一时期，北京大学的西方哲学教学和研究都陷入政治意识形态的漩涡，不仅在教学方面几乎停顿，而且在研究方面也受到严重干扰。但是，贺麟、洪谦、郑昕、齐良骥、熊伟、王太庆、朱德生和张世英等学者，在艰难的环境下仍然坚持西方哲学的译介、研究和教学，延续了北大西方哲学学科的传统。

第五个阶段是20世纪70年代末改革开放直至今天。在这一时期。北京大学的西方哲学教学和研究逐渐摆脱意识形态干扰，走上复兴的道路，无论在课程设置、学生培养还是在学术研究上，都开始与国际规范接轨。西方古今各个历史阶段的哲学家和哲学流派都得到了系统的译介和研究，出现了一大批知名学者和专家。这些都为北大西方哲学学科的进一步繁荣奠定了坚实的基础。

第二节 西方哲学学科前史（1911年之前）

一、西方哲学在中国的最早传播

按照学界的通行看法，西方哲学最早进入中国是在16世纪末，也就是明末清初之际。当时，西方世界刚刚开始进入现代早期。随着资本主义的发展，西方国家开始走上了殖民扩张的道路。与此同步，西方文化也逐渐向包括中国在内的非西方世界传播。在"西学东渐"的最初阶段，基督教的传教士无疑发挥了主要的作用。当时，进入中国的著名传教士包括利玛窦（Matteo Ricci，1552—1610）和艾儒略（Julius Aleni，1582—1648）等。毫无疑问，这些来华传教士的真实意图是希望在中国传播基督教的神学思想和教义。但是，他们客观上也对西方哲学的译介作出了相当大的贡献，比如说他们翻译和介绍了托马斯·阿奎那和亚里士多德的一些著作，对当时西方世界最新的科学思想也作了一定的传播。这些西方哲学思想和著作的引入，不仅有助于当时少数中国知识分了解基督教和整个西方的文化与哲学，也有利于他们吸收不同的思想文化从而丰富中国的传统哲学。

16 世纪末来华传教士对西方哲学的介绍和翻译，本来是中国人了解西方哲学和文化的一个良好契机。但是后来，由于罗马教廷禁止中国教徒敬孔祭祖，清政府便与罗马教廷发生了冲突。正是双方所谓的"礼仪之争"，导致中西学术文化的交流最后被迫中断。

19 世纪初，西方文化再一次传入中国。然而，由于这次文化交流伴随的是西方列强对中国的侵略，中西双方的思想心态也发生了很大变化。中国在抵御西方"船坚炮利"的侵略的同时，也加深了对西方文化的戒心。为了"救亡图存"，中国的知识精英开始走上了向西方学习的道路。譬如林则徐与魏源为了寻找救国之道，分别提出了"探访夷情"和"师夷长技以制夷"的主张。[1] 其后，清朝统治集团认识到西方"船坚炮利"的力量。面对内忧外患的局面，迫于形势的压力，中国兴起了以"中体西用"为原则的"洋务运动"。但是，"洋务运动"把向西方学习的范围局限于自然科技层面，而在精神和制度层面则坚持中国文化本位。因此，在这一时期，中国对西方哲学的学习和理解仍然是出于一种非常实用和功利的需要，有很大的历史局限性。

二、西方哲学的初步译介

19 世纪末至 20 世纪初，随着中国社会危机的进一步加深，中国的维新派和革命派先后登上了历史舞台，而他们中的有识之士也成为了"西学东渐"的重要推动力量。在这一时期，中国政治和知识精英开始建立新式学堂，翻译西学著作，创办新型期刊和报纸。中国对西方文化的兴趣和选择不再局限于器物层面，而是上升到了制度和思想文化层面，尤其是西方的哲学。当时，西方哲学的主要介绍和传播者有梁启超、严复、王国维、马君武、章太炎、蔡元培等。

---

[1] 黄见德：《西方哲学东渐史》，人民出版社 2006 年版，第 122—130 页。

至 1912 年北京大学哲学门正式成立之前，北大的西方哲学研究已经有了一定的基础。在这期间，严复为西方哲学的引进和传播作出了巨大的贡献。

　　严复（1853—1921），原名宗光，字又陵，后改名复，字几道，福建侯官（福州）人，中国近代著名的翻译家、教育家和启蒙思想家。1902 年担任京师大学堂译书局总办，1912 年被正式任命为京师大学堂总监督。1912 年 5 月，京师大学堂改名为北京大学，严复随即成为北京大学历史上第一任校长。

　　严复很早就开始学习西方哲学。19 世纪后期，他系统地将西方的社会学、政治学、政治经济学、哲学和自然科学介绍到中国。他先后翻译了《天演论》、《原富》、《群学肄言》、《群己权界论》、《社会通诠》、《法意》、《名学浅说》、《穆勒名学》等重要的西方哲学著作。他的译著在当时影响巨大，是 20 世纪初期中国人了解西方哲学和文化的最重要途径。

　　首先，严复翻译了英国生物学家赫胥黎（H. Huxley）的《天演论》（原名是《进化论与伦理学》），并且着重介绍了赫胥黎所捍卫的达尔文的生物进化学说。当然，严复的翻译并没有完全忠实于原作，而是有自己的取舍，同时包含了自己的个人评论。他在翻译赫胥黎的《天演论》时，写下了大量的按语，由此勾勒了达尔文和斯宾塞的基本哲学思想。[1] 赫胥黎认为，人类的社会伦理关系不同于自然法则，因为自然界没有道德标准，服从弱肉强食、优胜劣汰和竞争进化的法则；人类社会则不同，因为人类有高于动物的天性，能够相亲相爱、互助互敬。但是，严复不同意把自然进化与人类关系分割开来。在他看来，赫胥黎的看法不及斯宾塞深刻。所以，他接受了斯宾塞的普遍进化观点，强调"天演"是任何事物也不可避免的客观法则，认为生存竞争、优胜劣败完全适用于人类社会。当然，他也主张人不能被动地接受自然进化，而应该与自然斗争、奋发图强，因此他不同意斯宾塞的"任天为治"。由此可以看出，严复对《天演论》的翻译怀着深刻的政治和伦理动机。他相信并且鼓吹"物竞天择，适者生存"，"时代必进，后胜于今"，并且把这种思想看成

---

[1]　黄见德：《西方哲学东渐史》，第 241 页。

是中国"救亡图存"的哲学基础。这在当时的中国产生了巨大的影响。[1]

其次，严复还将英国经验论哲学和归纳法思想传入中国。他先后花了很大精力翻译了《穆勒名学》和耶芳斯的《名学浅说》。在认识来源上，他接受了洛克的"白板说"，提出了"元知"的思想。他强调知识来源于感觉经验，批判了"良知良能"的先验论。在认识方法上，严复接受了英国经验论的归纳法，提出了"内籀和外籀"的理论。在他看来，西方之所以强大，是因为他们的经济和社会政治制度优越于中国，而这种优越地位在根本上来自他们的科学理论，而这些科学理论的哲学基础则是归纳法和经验论。

最后，严复还引进和介绍了黑格尔的哲学。1906年，严复应上海《寰球学生报》之约，发表了《述黑格儿唯心论》一文。贺麟指出，"这篇文章是我国最早介绍和研究黑格尔哲学思想的论文，在历史上是有价值的"[2]。严复在该文中介绍和论述了构成黑格尔哲学体系之一部分的"精神哲学"——主观精神、客观精神、绝对精神。遗憾的是，最后一部分，也就是关于黑格尔绝对精神的学说，严复并没有按计划完成。[3]

不可否认，严复对西方哲学著作的翻译和介绍也有一定的时代局限。总体上看，他对西方哲学的理解带有很强的功利主义和实用主义色彩。对严复来说，哲学本身首先是一种救亡图存的工具，而不是对于智慧和真理的非功利追求。出于"救亡图存"的危机意识，他更偏爱那些科学主义和经验论路向的哲学家，尤其是英国经验论传统的哲学家，如洛克、休谟、穆勒等。他甚至把达尔文和赫胥黎的进化论思想看成是西方哲学的主流和正宗，认为它是导致西方强盛的主要原因。相比之下，他对黑格尔等德国唯心论哲学家虽偶有提及，但并无特别的研究兴趣，对于古希腊和中世纪哲学则几乎不置一词。

尽管如此，严复对西方哲学的译介为中国后来的西方哲学研究作出了巨大的贡献。他不仅开创了中国西方哲学研究的基本格局，而且为北京大学西方哲学的研究和教学奠定了良好的开端。

---

[1] 郭湛波：《近五十年中国思想史》，上海古籍出版社2010年版，第242—243页。
[2] 贺麟：《五十年来的中国哲学》，第84页。
[3] 黄见德：《西方哲学东渐史》，第257—258页。

第三节　西方哲学的初步译介和接受（1912—1924）

自北京大学哲学门正式成立之后，西方哲学作为一门独立的学科便进入了中国的大学课堂。相应的，北京大学也成为国内引进、研究和传播西方哲学的主要场所。在这一时期，蔡元培、胡适、蒋梦麟、张申府、王星拱、梁漱溟、张颐等，将康德、杜威、罗素和柏格森等西方哲学家的哲学著作和思想引进北大，由此奠定了北京大学西方哲学研究和教学的基础。而且，由于北京大学是五四新文化运动的重镇，不少研究西方哲学的学者同时参与了当时中国思想界和文化界的众多论争。

一、观念与思想

从学术研究的角度来看，北大西方哲学的研究在20世纪早期也还是停留在单纯的引进和介绍阶段。其中比较成气候的西方哲学研究首先是德国古典哲学，其次是杜威的实用主义和罗素的分析哲学，再次是柏格森和杜里舒的生命哲学。值得注意的是，杜威、罗素和杜里舒先后来华讲学，而北大则是他们在华讲学的首选之地。正因为如此，他们的哲学思想在中国产生了很大的影响。

1. 德国哲学的最初引进

在西方各国的哲学中，德国哲学一直对中国知识分子具有特殊的吸引力。对不少中国知识分子来说，德国哲学，尤其是以康德和黑格尔为代表的德国唯心论哲学，与中国传统思想有着很深的亲缘关系。因此，有关德国哲学的翻译、介绍和研究，从一开始就在西方哲学的东渐历史中占据非常显赫的地位，涌现出了张颐、贺麟、郑昕、齐良骥、熊伟、王太庆和张世英等许多著名的专家和学者。

在北京大学，较早引进和介绍德国哲学的就是后来的校长蔡元培先生。蔡元培在1897年至1898年间开始研究西方哲学。1901年，他撰写了《哲学总论》，论述了哲学的性质，以及哲学与其他各门自然科学的关系，他把二者比作中央政府与地方政府的关系。辛亥革命前后，他花了很大的精力研究和介绍康德哲学。蔡元培发表了不少有关康德哲学的文章，如 1912 年发表在《东方杂志》上的《对于教育方针之意见》，以及稍后发表在《北京大学日刊》上的《哲学与科学》与《美学的进化》等。从这些文章可以看出，蔡元培在论述自己的哲学、教育、科学思想时，都是依据他对康德哲学的理解。在阐释康德建立的哲学体系时，蔡元培充分肯定了康德哲学的批判性质；在阐明康德为科学的普遍性提出论证时，蔡元培指出了康德在认识论上为科学真理提供的论证的合理性；在分析康德关于美的概念的性质时，蔡元培充分认识到美育在社会生活中的巨大作用。他在成为北京大学校长后，提出"美育代替宗教"等教育思想，正得益于他对康德哲学的研究。[1]

2. 杜威的实用主义

除了德国哲学之外，较早在北京大学和中国思想界得到传播的西方哲学流派，有杜威的实用主义哲学和罗素的逻辑原子主义哲学。这两者大抵代表了当时英美学界最新的哲学潮流，而这两种潮流之所以能够在当时的北大和整个中国思想界产生广泛影响，主要是因为胡适、蒋梦麟、张申府和王星拱等北大教授的积极引进。他们不仅积极地介绍这两位哲学家的哲学思想，翻译他们的著作，而且主动邀请他们到北京大学和其他大学授课、讲演。

1919 年 4 月 30 日，杜威应北大等机构和团体的邀请抵达上海，开始了在华两年多的演讲活动，直到 1921 年 7 月 11 日离去。其间杜威的足迹遍及中国 14 个省市，做了大小演讲 200 次以上。其中重要的演说有"美国之民治的发展"、"现代教育的趋势"、"社会哲学与政治哲学"、"教育哲学"、"伦理演讲"、"现代的三个哲学家"。通过这些演讲，杜威在中国全面地介绍了他的实用主义哲学、政治学、教育学和伦理学观点。在北大，不遗余力地介绍杜威哲学的主要是胡适和蒋梦麟。

胡适于 1910 年赴美留学，先后就读于康奈尔大学和哥伦比亚大学，师

---

[1] 黄见德：《西方哲学的传入与研究》，福建人民出版社 2007 年版，第 67 页。

从哲学家杜威。胡适接受了杜威的实用主义哲学，并以实用主义为其终生学术指导思想。1917年，胡适回国后任北京大学哲学系教授，并参与《新青年》杂志的编辑工作。胡适不仅对北大哲学系的制度和课程体系的建立有很大的贡献，而且对北大的西方哲学研究和教学也有开创性的成就。

为了配合杜威来华，胡适于1919年春在《新青年》、《新教育》上发表了多篇介绍与评价实用主义及杜威学说的文章，如《实验主义》、《杜威哲学的根本观念》、《杜威论思想》、《杜威的教育哲学》等。后来，这些文章成为其长文《实验主义》的不同组成部分。胡适指出，杜威对经验的重新建构是其哲学的根本观念所在。概而言之，其内容有三个方面：一、经验就是生活，生活就是对付人类周围的环境；二、在这种应付环境的行为中，思想的作用更为重要，一切有意识的行为都含有思想的作用，思想是应付环境的工具；三、真正的哲学必须抛弃从前的"哲学家的问题"，必须变成解决"人的问题"的方法。胡适一再强调，杜威的实用主义只是一个研究问题的方法，其意义仅在于方法论的一面，而不是一种学说或哲理。这种哲学方法用他的有名的概括就是："大胆假设，小心求证"。用胡适本人的话说，杜威"只给我们一个哲学方法，使我们用这个方法解决自己的问题"。1921年7月13日，胡适在《觉悟》杂志上发表《杜威先生与中国》一文。在这篇文章中，胡适说："我们可以说，自从中国与西洋文化接触以来，没有一个外国学者在中国思想界的影响有杜威先生这样大的。"杜威之所以能够产生如此大的影响，主要是因为他的实用主义迎合了当时中国改造社会的心理需要。[1]

除了胡适之外，蒋梦麟也花了很大的努力介绍和传播杜威的哲学思想。与胡适不同，蒋梦麟更多地偏重于介绍杜威的伦理学和教育哲学思想。杜威在华讲学期间，蒋梦麟先后在《新教育》与《星期评论》上发表了《杜威之伦理学》与《实验主义理想主义与物质主义》等文章，介绍传播杜威的伦理学说。在杜威看来，欧洲近世的伦理学有两种：一是"存心"说，主张善是内的，以康德为代表；一是"结果"说，主张善是外的，以英国的功利主义

---

[1] 丁祖豪、郭庆堂、唐明贵、孟伟：《二十世纪中国哲学的历程》，中国社会科学出版社2006年版，第91页。

为代表。但无论是"存心"说还是"结果"说，在杜威看来也都有局限性。因为道德是一种自发的行为，没有内外之别，只有先后之分。蒋梦麟在文章中，还把杜威的观点与中国有关思想家的伦理学说进行比较，从而有助于加深人们对杜威伦理学说的理解。

3. 罗素与分析哲学

1920年9月12日，应尚志会、北京大学、新学会、中国公学等单位的邀请，罗素抵达上海，开始了在华八个多月的讲学活动。到达中国后，他在上海、南京、杭州、北京、保定和长沙等地进行了一系列演讲。他不仅系统地阐明了由他开创的分析哲学的理论与学说，而且通俗地介绍了当时欧洲的一些新兴科学理论，如爱因斯坦的相对论等。其中，引起重要反响的是他在北京的五个系列讲座，即"哲学问题"、"心的分析"、"物的分析"、"数学逻辑"和"社会结构学"。这些演讲被译成中文之后，罗素的哲学在中国知识界也受到热烈欢迎。

为了更好地理解与接受罗素的哲学思想，北京大学在傅铜教授的倡议下还成立了"罗素学说研究会"，不定期地召开学术会议，交流学习和研究罗素哲学的心得体会。为配合罗素的演讲活动，北京大学编辑与发行了《罗素季刊》，它与《北京大学日刊》一道，成为当时传播与研究罗素哲学的思想阵地。与此同时，罗素的一些哲学著作也被翻译成中文。在翻译和介绍罗素哲学方面，北大哲学系的张申府和王星拱等起了非常重要的作用。这里，我们简要地介绍一下张申府的贡献。

张申府是当时中国哲学界最早翻译罗素著作、介绍罗素哲学思想的少数几人之一，"罗素"的中文译名即是由张申府首次翻译和确定，并沿用至今。对于罗素哲学的在华传播，张申府作了多方面的努力。首先是1919年到1920年，他先后在《新青年》杂志上发表了许多介绍罗素的文章，比如《罗素与人口问题》、《罗素》、《罗素的人生观》、《梦与事实》、《民主与革命》、《试编罗素既刊著作目录》等。其次还翻译了罗素的《我们所能做的》、《社会改造原理》最后一章以及《哲学价值》，分别发表在1919年的《每周评论》与《北京晨报》上。[1]

张申府对罗素哲学研究的贡献主要体现为两点：首先，他编辑了一部关于罗素著作的完整目录，即《试编罗素既刊著作目录》。在这个目录中，他列出了罗素的 14 部著作、4 本小册子、76 篇论文、38 篇书评以及 4 篇信函。其完备程度，连罗素本人见了之后都感到吃惊。[2] 同时，他对罗素著作的内容和版本作了详细的介绍。其次，他还纠正了当时对罗素哲学的一些误解。比如说杜威当时正在中国讲学，对罗素的哲学也有评论。但张申府听了之后，觉得杜威对罗素的思想有误解，于是他便撰文公开澄清，为罗素作辩护。他认为罗素的哲学是一种"新实在论"，这种"新实在论"并不是像杜威所批评的那样是贵族式的，而是代表了一种真正的民主精神。[3] 当时，中国学界和思想界对罗素和分析哲学几乎一无所知，但张申府并不迷信杜威这样的哲学权威，而是能够坚持自己的独立理解。这本身就是哲学精神的本真体现。正因为如此，张申府被公认为是"中国研究罗素学说最有成绩的人"[4]。

张申府的贡献不仅限于引进和介绍罗素的哲学。事实上，他对维特根斯坦的哲学也有深入的研究。1922 年，维特根斯坦的早期名著《逻辑哲学论》德英对照版出版。五年之后，张申府先生将该书翻译成中文。事实上，这是《逻辑哲学论》的第一个外文译本。直到 20 世纪 50 年代之后，《逻辑哲学论》的其他语言的译本才陆续问世。正如陈启伟所说："出人意料的是，1922 年德英对照本之后仅五年时间，却在远离西方的中国出现了《逻辑哲学论》其他文本中最早的一个译本，即此处重印出版的张申府先生的这个译本。"[5] 由此可见，张申府的哲学眼光是非常的敏锐和超前。他的译文准确、精炼、典雅，堪称西方哲学翻译的典范，直至今天仍然具有很高的学术价值，是中国人阅读维特根斯坦著作的重要参考之一。

---

[1] 黄见德：《西方哲学东渐史》，第 445—446 页。
[2] 丁祖豪、郭庆堂、唐明贵、孟伟：《二十世纪中国哲学的历程》，第 109 页。
[3] 黄见德：《西方哲学东渐史》，第 448—449 页。
[4] 郭湛波：《近五十年来中国思想史》，第 153 页。
[5] 陈启伟：《〈逻辑哲学论〉从酝酿到写作以及出版和翻译的情况》，转引自〔英〕维特根斯坦著、张申府译：《名理论（逻辑哲学论）》，北京大学出版社 1988 年版，第 148 页。

众所周知，罗素哲学包含了两个重要内容：其一是他所继承的英国经验主义传统，其二是现代的数理逻辑方法。但是，由于数理逻辑本身的艰深，除了张申府和王星拱等少数人之外，大多数中国人对于数理逻辑几乎一无所知。这也妨碍了罗素的哲学被中国人真正地理解和接受。事实上，当时中国知识分子更感兴趣的是罗素的社会政治思想，而不是他的纯粹哲学思想。不过这也从反面说明，张申府和王星拱对于西方哲学乃至哲学本身的理解是非常敏锐和超前的。

4. 柏格森与杜里舒的生命哲学

除了杜威和罗素的哲学之外，欧洲大陆的哲学思潮也开始被引进北京大学，其中比较有代表性的是柏格森和杜里舒的生命哲学。一时间，国内思想界形成了一股"生命哲学"的热潮。1921年12月，《民铎》杂志出版"柏格森号"，介绍讨论柏格森哲学。其中的文章有李石岑的《柏格森哲学之解释与批判》、张东荪的《柏格森哲学与罗素的批评》、蔡元培的《柏格森玄学导论》、梁漱溟的《唯识家与柏格森》等。1922年2月，冯友兰在《新潮》杂志第3卷第1号发表《柏格森的哲学方法》。

1922年10月14日，德国哲学家杜里舒来华，先后在上海、南京和杭州等地讲学。1923年，杜里舒到北大哲学系作演讲。演说的内容除了宣传康德哲学之外，主要是系统地介绍和论述他的生机论哲学体系，以及这个体系的有关部分。主要的讲演录有《生机体之哲学》、《生命问题上之科学与哲学》与《国家哲学》等，其中以《生机体之哲学》最为重要。

在引进和介绍柏格森和杜里舒的生命哲学的过程中，北大瞿世英教授发挥了重要的作用。1921年，瞿世英在《民铎》上发表了一篇非常重要的论文《柏格森与现代哲学的趋势》。这篇文章对于柏格森哲学以及它对西方当代哲学的影响，都作了全面和深入的评说。他首先精炼地概括了柏格森的几个重要哲学概念和命题，如认为柏格森的时间是一种绵延，强调对于宇宙和生命之本质的把握不能通过理智，而是必须诉诸直觉。他还特别提到了柏格森的意识流概念，并且认为它是理解柏格森哲学的关键。他从总体上认为，柏格森的哲学代表了一种"自由的、发展的、创造的、自动的宇宙观和人生观"，是对机械论宇宙观和人生观的否定和超越，因此是有利于人生和社会的。[1] 正因为如此，他才努力将柏格森的哲学传入中国，希望它能在思想启蒙和新文化运动中发挥一定的作用。

对于杜里舒的哲学，瞿世英也作了比较系统的论述。他发表了两篇文章介绍杜里舒的生命哲学思想，分别是《杜里舒哲学之研究》和《杜里舒与现代精神》。在这两篇文章中，瞿世英一方面准确地概括了杜里舒的生机论哲学，另一方面也把他的思想同当时中国的社会现实结合起来，认为生机论哲学有利于人的自由和全面发展。

二、课程与学制

北京大学哲学门自1912年成立后，便设置了中国哲学和西洋哲学两类课程，但在相当长的时间里，一直没有讲授西洋哲学的教授。1914年，北京大学哲学门开始正式招生，但当时课程仅限于中国哲学类，故哲学门亦有"中国哲学门"之称。

直到1917年胡适回国并且至北京大学哲学系任教之后，北京大学才开始有人专门讲授西方哲学。胡适于1917年开始教授"西洋哲学史大纲"，并且连续讲授了3个学期。此外，他还开设了"最近欧美哲学"等比较专门的西方哲学课程。

1920年，哲学系教授会主任蒋梦麟发布规定，第一外国语和第二外国语皆为必修课。这一规定，对北大哲学系教学和科研的外语水平提出了更高的要求。在此之后，哲学系有意识地鼓励和要求老师和学生直接阅读西方哲学原著，而不是简单地依赖中文翻译。

1920年，哲学系聘请美国著名的哲学家、实用主义哲学的代表人物杜威开设"哲学的派别"。这是北京大学哲学系第一次聘请西方知名哲学家授课。1921年，哲学系开始开设"法文哲学书选读"、"德文哲学书选读"等西方哲学原著精读课程。1923年，哲学系增设"认识论"、"近世认识论史"、

---

[1] 黄见德：《西方哲学的传入与研究》，第104页。

"笛卡尔和莱布尼兹哲学研究"等西方哲学专题课程，授课者为徐炳昶。这是哲学系第一次开设关于西方哲学的专题研究课程。从这些变化和更新可以看出，北大的西方哲学课程设置和教学方式也变得越来越规范和具体。

但从总体上说，这一阶段哲学系西方哲学的课程设置仍然不够完善，所开设的课程过于偏重通史和概论，而断代史课程以及关于哲学家和哲学流派专题课程相对缺乏。这种状况，在很大程度上反映了当时中国西方哲学研究的实际水平。

三、机构和人物

1917年12月3日，北大哲学门依照校方建议，召开了哲学门研究所成立会，其任务是探讨学术，研究教授法，译述名著和发掘典籍，推销杂志并悬赏征文。当时设定的研究项目有希腊哲学、中国名学钩沉和社会哲学史等。

在这一时期，在北京大学哲学系从事西方哲学研究和教学的学者主要有蔡元培、胡适、陈大齐、蒋梦麟、徐炳昶、王星拱和张申府等。

陈大齐（1887—1983），字百年，浙江海盐人，现代心理学家，中国现代心理学的创始人。1903年留学日本，1912年毕业于东京帝国大学文科哲学门，返国后任浙江省立高等学校（浙江大学前身）校长。1914年在北京大学执教。1921年留学德国柏林大学。1922年回国后任北京大学哲学系主任。1925年与胡适等发起成立哲学研究会。1927年任北京大学教务长，一度代理校长。主要著作有《哲学概论》、《心理学大纲》、《迷信与心理》、《印度理则学（因明）》、《实用理则学》、《名理论丛》、《孔子学说》、《孟子待解录》等。

蒋梦麟（1886—1964），原名梦熊，字兆贤，号孟邻，浙江余姚人。1908年赴美国加利福尼亚大学留学，先入农学院，后进入社会科学院；1912年转学至哥伦比亚大学，师从杜威研究教育哲学，1917年获得哲学和教育学博士学位，同年6月回国。1919年初，蒋梦麟被聘为北大教育系教授。自1919年至1945年，蒋梦麟在北大工作了20余年。在蔡元培任校长期间，他长期担任总务长，三度代理校长，1930年冬正式担任北大校长。先后主持校政 17 年，是北大历届校长中任职时间最长的一位。

徐炳昶（1888—1976），字旭生，笔名虚生、遐庵，河南唐河人，著名哲学家、历史学家、考古学家。1906 年赴北京考入河南公立旅京豫学堂，后进入京师译学馆学习法文。1912 年以优异成绩取得公费留学生资格，1913 年赴法国巴黎大学专攻哲学。1919 年 1 月，学成归国，1920 年被北京大学哲学系聘为教授，主讲法语和西洋哲学史、近代哲学史、法文哲学著作和中国哲学史等课程，1926—1927 年间曾任北大教务长。离开北大后，先后任北平女子师范大学和北京师范大学校长、北平研究院史学研究所专任研究员兼所长。主要著作有《中国古史的传说时代》、《徐旭生西游日记》等。

张申府（1893—1986），字崧年，河北献县人，张岱年之兄，中国现代哲学家、数学家，中国共产党主要创始人之一。1913 年考入北京大学预科，学习一年数学后进入本科就读于哲学门。但他仍对数学念念不忘，所以后来又转到数学系学习。在北京大学学习期间，他就对罗素的哲学发生了强烈的兴趣。1917 年张申府毕业后留校任教，为学生讲授逻辑和数学。同时，他还担任《新青年》编委。他在哲学上的主要贡献，首先是翻译和介绍了罗素的逻辑原子主义思想和逻辑分析方法，其次是翻译了维特根斯坦的《逻辑哲学论》（原译名为《名理论》）。

瞿世英（1901—1976），字士英，又名菊农，江苏武进人，哲学家、教育家。1922 年毕业于燕京大学研究科，1926 年获美国哈佛大学哲学博士学位。曾在清华大学和北京大学等高校任教，毕生从事哲学、教育理论的教学与研究工作，著有《教育哲学》、《教育学原理》、《乡村教育文录》、《现代哲学》、《西洋教育思想史》等，并译有《西洋哲学史》等著作。

第三节 西方哲学的学科自觉（1924—1949）

从 20 世纪之初到 20 年代初期，北京大学虽然有不少学者和教授翻译、引进和介绍西方哲学，也开设了好几门与西方哲学相关的课程，但总体上说，北京大学的西方哲学教学和研究还是停留在简单的译介阶段，并不很深入、系统和完整。自 20 年代中期以后，我国一批留学国外并且在西方哲学方面有深入研究的学者如张颐、瞿世英、张君劢、朱光潜、郑昕、贺麟、洪谦、金岳霖、谢幼伟等归国，他们中的绝大多数陆续来到了北京大学和清华大学，形成了在中国传播和研究西方哲学的主体阵营，其中影响最大的是张颐、贺麟、洪谦、郑昕、陈康等。北京大学的西方哲学学科格局也因此焕然一新。北京大学西方哲学的研究变得更加系统和全面，同时开始有了自己独立的问题意识和研究方法，发表了很多有深度的研究著作，并且涌现出一大批学贯中西的学者和哲学家，如张颐、贺麟、郑昕、洪谦、陈康、汤用彤等。他们对西方哲学的研究不再停留在单纯的译介上，而是有了独立的问题意识，甚至在研究和讲授西方哲学的基础上创造了自己的哲学体系。

在这期间，北京大学的西方哲学研究在多个领域全面展开，并且取得了极大的成就。尤其是在德国古典哲学、维也纳学派的分析哲学和古希腊哲学等领域，张颐、贺麟、郑昕、洪谦和陈康等学者的哲学研究不仅在中国学界获得了广泛的声誉，而且在国际学界也得到了普遍承认。

一、思想与观念

1. 古希腊哲学的翻译和研究

早在 17 世纪，古希腊哲学就已经伴随着传教士的传教活动传入中国。19 世纪中后期，随着"洋务运动"和"维新变法"的开展，柏拉图和亚里士多德等古希腊哲学家的思想也得到了一定的关注。但是，古希腊哲学很晚才进入中国大学哲学系的课程体系。据现有资料记载，1931 年北京大学哲学系才正式开设"希腊哲学"的课程，当时的授课老师是陈衡。

中国学界对古希腊哲学的专门研究就更晚了。直至 20 世纪 30 年代后期，中国才有相关的研究著作出现，比较有代表性的有李石岑的《希腊三大哲学家》、黄方刚的《苏格拉底》、严群的《柏拉图》和《亚里士多德伦理思想》、陈康的《〈巴曼尼德斯篇〉译注》等。[1] 相比之下，前三位的著作只停留在一

---

[1] 丁祖豪、郭庆堂、唐明贵、孟伟：《20 世纪中国哲学的历程》，第 194 页。

般的介绍，只有陈康的著作是专门和精深的柏拉图哲学研究。陈康的古希腊哲学研究不仅代表了新中国成立前国内古希腊哲学研究的最高水平，而且获得了欧美希腊哲学研究者的高度肯定。

《巴曼尼德斯篇》被公认为是柏拉图著作中最难懂的一部，西方学界对它的研究历来充满了分歧和争议。陈康对这本书的解读，无疑是他研究柏拉图哲学和整个希腊哲学的全部成就的浓缩。他对《巴曼尼德斯篇》的翻译颇能体现他的哲学研究风格。以往大多数国内学者在翻译西方哲学著作时，仅仅满足于字面的翻译，很少有详尽的注释。但陈康以为，对一部像柏拉图的《巴曼尼德斯篇》这样艰深的哲学著作来说，如果只有译文而没有注释，那么读者很难通过译文进入柏拉图的哲学世界。所以，他的原则是"翻译以外，必加解释"。[1]

在此原则的指导下，陈康一方面准确而精练地将《巴曼尼德斯篇》从希腊文原文翻译成中文，另一方面还对相关的概念、术语和命题进行了详细的疏解，对哲学史上和学术界相关的研究成果和争论也择要摘取，并且提出了自己的独立见解。他的译注方法是"通过解释一字一句，解释一节一段，由解释一节一段以解释全篇的思想内容，由解释全篇的内容以解释全篇'谈话'在柏拉图思想中的位置"[2]。他从文字校勘、词语释义、考证和义理四个方面对《巴曼尼德斯篇》的文本进行了详尽的注释。这种严格的学术研究的精深和哲学分析方法，堪称中国学者研究西方哲学的典范。贺麟先生在评论该书时，给予了高度的评价，认为它"于介绍西洋哲学名著方面，尤其开一新作风"[3]。

陈康先生对古希腊哲学研究的贡献绝不局限于对《巴曼尼德斯篇》的译注。事实上，他对包括柏拉图和亚里士多德在内的整个希腊哲学史，都有精深和独到的研究。在希腊哲学领域，一个非常重要的争论焦点就是柏拉图哲学和亚里士多德哲学之间的关系。西方哲学界的主流看法受亚里士多德

---

[1] 陈康：《〈巴曼尼德斯篇〉译者序》，见柏拉图著、陈康译注：《巴曼尼德斯篇》，商务印书馆1982年版，第10页。

[2] 同上。

[3] 贺麟：《五十年来的中国哲学》，第37页。

的名言"我爱我师，我更爱真理"的误导，过分强调亚里士多德对柏拉图的批评，忽视了二者之间的思想共识和传承关系。就共相与个别事物的关系而言，主流的看法是认为柏拉图主张二者的分离，而亚里士多德则强调共相寓于个别事物之中。

陈康根据他对柏拉图和亚里士多德原著的细致解读，提出了两点反对意见：首先，柏拉图从来没有主张共相是与个别事物相分离的；其次，亚里士多德的批评并不是针对柏拉图，而是针对柏拉图学园中的一些弟子。因此，亚里士多德关于共相与个别事物之关系的理解，与其说是对柏拉图思想的批评和否定，不如说是对它的继承和完善。陈康的这一看法不但纠正了西方哲学界长时间以来关于柏拉图和亚里士多德哲学之关系的错误看法，而且澄清了古希腊哲学从柏拉图到亚里士多德的内在理路。正因为如此，贺麟称赞陈康是"中国哲学界钻进希腊文原著的宝典里，直打通了从柏拉图到亚里士多德哲学的第一人"[1]。

陈康研究哲学史的方法也非常值得重视。当时，不少学者声称自己学贯中西，喜欢创立各种空洞无物的哲学体系。陈康对于此风颇为厌恶。在1985年台北联经出版事业公司出版的《陈康哲学论文集》的"作者自序"中，陈康讽刺这种哲学研究方法是"喜欢姜糖酒油盐倾注于一锅，用烹调'大杂烩'的办法来表达自己集古今中外思想大成的玄想体系"。他在介绍自己的研究方法时说，他的每一个结论，无论肯定与否定，都是来自严格的论证，不作跳跃式的联系。"研究前人的思想时，一切皆以此人著作为根据，不以其与事理或有不符，加以曲解（不混逻辑与历史为一谈）。研究问题时，皆以事物的实况为准，不顾及任何被认为圣经贤训。"[2]

陈康的希腊哲学研究无论对他的学生，还是对其他的西方哲学研究者，都产生了很深的影响。他的学生汪子嵩和王太庆回忆说："一九四四年陈先生在重庆中央大学授课，他译注的《柏拉图巴曼尼德斯篇》于是年正式出版，这本著作使我们耳目一新，为我们打开了哲学史的一个新天地，启发了

---

[1] 贺麟：《五十年来的中国哲学》，第36页。
[2] 陈康：《〈陈康哲学论文集〉作者自序》，见江日新、关子尹编：《陈康哲学论文集》，台北联经出版事业公司1985年版，第2—3页。

我们研究希腊哲学的兴趣……我们面聆先生教益不多，但从课堂里听到的，以及从他的著作中学到的，却深深感到陈先生交给我们的实事求是，不尚玄虚，不取道听途说，不作穿凿附会的方法，是研究哲学史，特别是研究古典希腊哲学史的一种重要方法。"[1] 对于这一点，相信任何陈康先生的真正读者、任何严肃的哲学研究者都会有同感。

2. 德国古典哲学的译介和研究

就北京大学的西方哲学研究而言，张颐、贺麟和郑昕等人对德国古典哲学的研究无疑占据了最显赫的地位。他们不仅奠定了北京大学乃至整个中国的德国古典哲学研究的基本格局，而且产生了国际性的影响。

毋庸置疑，康德哲学在中国的传播时间上要更早，而且影响更为广泛。除了前面提到的蔡元培之外，绝大多数西方哲学的传播者和研究者，如梁启超、王国维、章太炎等，都会涉足康德哲学，相关的研究论文也不断地涌现。

早在1915年5月，宗白华就先后译出《康德唯心论哲学大意》和《康德空间唯心论》，在《晨报》副刊上发表。[2] 北大教师瞿世英、张君劢1921年12月陪同德国哲学家杜里舒在华讲学，并任翻译。杜里舒虽然以讲他的生机论思想为主，但也发表了"康德以前的认识论与康德之学术"的讲演，系统地介绍了康德的认识理论及其在西方哲学中的地位，这有助于中国听众理解康德哲学。[3] 1922年时为北大学生的商章孙[4]和罗章龙翻译了德国学者卡尔·福尔伦德的《康德传》，由中华书局出版。这是一部相当严肃认真的研究性康德传记，作者本人是一位相当有成就的新康德主义哲学家。这为康德哲学在中国的传播奠定了一个良好的基础。值得一提的是，后来郑昕撰写的《康德学述》，就如他自己所说，主要也是从自己的理解出发综述几位新康德主义大家的著作而成的。

---

[1] 汪子嵩、王太庆：《〈陈康：论希腊哲学〉编者的话》，转引自《陈康：论希腊哲学》，商务印书馆1990年版，第i页。

[2] 这两篇文章署的是宗白华的原名"宗之櫆"，当时宗白华尚不是北大人员。

[3] 黄见德：《西方哲学东渐史》（上），第336页。

[4] 即商承祖。

20世纪30年代，蓝公武在北大哲学系开讲"纯粹理性批判"，虽然学生只有牟宗三和齐良骥等四人，却包括了日后中国康德研究的两位领袖人物。后来颇受欢迎的蓝译《纯粹理性批判》也是在1933年至1935年译成的。

相比之下，那个时期的黑格尔哲学研究就显得比较单薄，只是到了20世纪30年代之后才稍有起色。1931年，黑格尔去世百年之际，中国学者撰文纪念。1933年，《哲学评论》第1卷第1期以黑格尔专号的形式刊登了瞿世英、贺麟、张君劢、朱光潜等学者的文章，他们大多数是北京大学的学者。黑格尔研究的这种局面一直到张颐回国任教之后，才有根本性的改观。

张颐是中国研究西方哲学特别是黑格尔哲学的重要代表人物之一。他的英文博士论文《黑格尔的伦理学说》（*The Development, Significance and Some Limitations of Hegel's Ethical Teaching*）先在《学艺》杂志连载刊出，后又于1925年由商务印书馆出版。[1]《黑格尔的伦理学说》一书，是中国学者研究黑格尔哲学撰写与出版的第一部专著。这部著作在当时的西方哲学界也获得了很高的评价，它大大提升了国内的德国哲学，尤其是黑格尔哲学的研究水平。

张颐的黑格尔研究首先澄清了人们对黑格尔哲学体系的一个常见误解。众所周知，黑格尔并没有写过一本题为"伦理学"或"道德哲学"之类的著作。因此很长时间以来，人们一直认为黑格尔没有系统的伦理学学说。但张颐在经过深入的研究之后认为，黑格尔对伦理学的论述非常深刻，并且富有独创性，只不过是散见于他的众多论文和著作之中。在吸收和借鉴国外学者的研究基础上，张颐对黑格尔的《精神现象学》和《法哲学原理》等重要著作和论文进行了深入的研究，按照黑格尔哲学的基本精神重构了他伦理学体系，其结果便是他的博士论文《黑格尔的伦理学说》。这本书共有九章，前五章阐述黑格尔伦理学的具体内容，后四章是对它的评论。在前五章中，张颐勾勒了黑格尔哲学体系的整体结构、他的思想演变过程，以及伦理学在其中的地位。在后四章中，张颐总结了黑格尔的伦理学与他的形而上学的关系。他一方面认为："一种正确的伦理思想，必须在一种形而上学体系中找

---

[1] 黄见德：《西方哲学的传入与研究》，第83页。

到其正当的理由,得到解释。"[1] 另一方面,他又强调黑格尔的伦理学是其形而上学的具体内容和精神生命,是一种活生生的"客观精神"。

张颐虽然肯定了黑格尔伦理学的重要性,但也提出了自己的批评。他认为,黑格尔伦理学过于强调了绝对精神的层面,因此对个人精神形成了某种压制,因此隐含了民族主义和文化霸权主义倾向。此外,他还批评黑格尔把一般意义的辩证法直接应用于伦理领域,忽视了伦理领域辩证法的特殊性。

作为中国学者研究黑格尔哲学的第一部专著,张颐的《黑格尔的伦理学说》不仅在国内引起了很大的反响,而且在国际上也享有很高的学术声誉。英国著名的黑格尔专家史密斯为该书作序,高度肯定了它对黑格尔的准确理解和把握。美国学者墨铿惹在《国际伦理杂志》上发表书评,认为该书有助于澄清许多关于黑格尔哲学的误解。《黑格尔全集》的编者、德国著名的黑格尔专家拉松博士在《康德研究》上专门为张颐的著作撰写书评,认为它对黑格尔的评价比大多数德国学者中肯和公正。[2] 一部由中国学者撰写的西方哲学研究专著,在西方获得如此高的评价,这显然是一个不同寻常的事件。

然而非常令人遗憾的是,尽管这本书的英文原文早就在商务印书馆出版,但一直没有被翻译成中文,以至于半个多世纪以来,这部高水平的黑格尔研究专著几乎一直不为国内西方哲学的研究者所知。20世纪末,在贺麟先生的催促和帮助下,这本书由侯成亚、张桂权、张文达编译,于2000年由四川大学出版社出版。客观而论,这本书虽然是在20世纪20年代写就,但其研究视角和方法即使在今天仍然没有过时。贺麟评价说:"我相信,《黑格尔的伦理学说》在今天仍然是具有独特价值的,它的翻译出版必将对我国的黑格尔哲学研究,特别是其伦理学说、政治学说的研究,产生积极的推动作用。"[3]

张颐不仅是一位学养深厚的黑格尔专家,而且对包括康德哲学在内的整个德国古典哲学也有精深的研究。1923年,张颐先生回国之后,很快就被

---

[1] 侯成亚、张桂权、张文达编译:《张颐论黑格尔》,四川大学出版社2000年版,第122页。
[2] 参见黄见德:《西方哲学的传入与研究》,第86—87页;另见杨河、邓安庆:《康德黑格尔哲学在中国》,首都师范大学出版社2002年版,第93—94页。
[3] 贺麟:《黑格尔的伦理学说》之"译序",见侯成亚、张桂权、张文达编译:《张颐论黑格尔》,第5页。

聘为北京大学哲学系教授和系主任。在哲学系任教期间，他开设了一系列西方哲学，尤其是德国哲学的课程，如"康德哲学"（1924）、"德国哲学"（1927）、"黑格尔哲学"（1931）、"西洋哲学史"（1931）。这些课程反复开设了好几个学年，对于北京大学的西方哲学——尤其是德国哲学——的教学和研究，作出了不可磨灭的贡献。诚如贺麟所说："自从1923年，张颐先生回国主持北京大学哲学系讲授康德和黑格尔的哲学时，我们中国才开始有够得上近代大学标准的哲学系。"

除了张颐之外，贺麟无疑是北京大学德国古典哲学研究的另一座高峰。正如国内有学者评价说："在中国，贺麟先生的名字是同黑格尔哲学、同脍炙人口的《小逻辑》中译本连在一起的。"[1] 贺麟最擅长的研究领域首推黑格尔，其次是斯宾诺莎和怀特海。当然，他对除此之外的其他西方哲学家和哲学流派也相当熟悉。更令人称道的是，他对中国哲学和儒家思想也有很深的研究。20世纪30年代，他曾创立了与冯友兰"新理学"相对的"新心学"体系，成为现代新儒家的著名倡导者和代表之一。

贺麟的著作主要有《近代唯心主义简释》、《文化与人生》、《当代中国哲学》、《现代西方哲学讲演集》等，主要译作有《小逻辑》、《黑格尔》、《黑格尔学述》、《哲学史讲演录》（与王太庆等合译）、《精神现象学》（与王玖兴合译）等，主要论文有《朱熹与黑格尔太极说之比较观》、《知行合一新论》、《宋儒的思想方法》、《黑格尔的早期思想》等。1932年，为纪念斯宾诺莎诞辰300周年，贺麟特地发表了《大哲学家斯宾诺莎诞生三百年纪念》、《斯宾诺莎的生平及其学说大旨》等文章，由此进入哲学界。1936年，贺麟译的鲁伊士的《黑格尔学术》和开尔德的《黑格尔》由商务印书馆出版。这些译作和论文奠定了他的哲学研究之基础。

贺麟的黑格尔哲学研究，无疑代表了近百年来中国黑格尔研究的最高水平。他的第一篇关于黑格尔的论文《朱熹与黑格尔太极说之比较观》，于1930年发表于《大公报》文学副刊。该文将朱熹的太极与黑格尔的绝对精

---

[1] 宋祖良：《贺麟先生与黑格尔哲学》，见中国社会科学院哲学研究所西方哲学史教研室编：《贺麟先生百年诞辰纪念文集》，中国社会科学出版社2009年版，第210页。

神进行了对比，来阐发两位哲学家思想之异同，并由此进一步比较中西哲学之分别。他的结论是，朱熹和黑格尔都认为，最高境界或智慧的获得必须经历一个艰苦的辩证过程；而中国宋明理学从周敦颐到朱熹的思想发展，同德国古典哲学从康德到黑格尔的思想发展历程，分别代表了中西唯心主义哲学的两种典型。

可以看出，这篇文章预示了贺麟的哲学研究路向。首先，贺麟并不是泛泛地论述西方哲学，而是力求在与中国哲学的比较视野中理解西方哲学。他后来在翻译黑格尔与斯宾诺莎的著作时，总是力图使用中国哲学中已有的概念和术语，如理、心、知性等。其次，他并不像大多数西方哲学的研究者那样将西方哲学本身当成一种绝对的真理来简单地接受，站在西方哲学的立场批判甚至否定中国传统哲学本身，而是希望将西方哲学本身当成一种参照，通过它来理解中国传统哲学，并且最终建构新的中国哲学体系。他的"新心学"就是这种哲学方法论的成果。在五四新文化运动的反传统和"全盘西化"潮流中，贺麟对哲学本身的这种开放和自信心态，理应成为中国的西方哲学研究者的精神典范。

贺麟从黑格尔哲学中首先学到的精神，就是黑格尔哲学中所体现出来的那种鲜活及厚重的历史感。这种历史感就是逻辑与历史相统一的辩证法原则。具体地说，在黑格尔的哲学那里，逻辑本身不是抽象的概念，而是具体表现在世界历史的进程中；反过来说，历史本身也不是偶然和混乱的经验事实，而是体现了内在的合理性和必然性。在《黑格尔学述》的译序中，贺麟把黑格尔的哲学看成是一种以历史为基础的哲学体系。他甚至用司马迁的"究天人之际，通古今之变，成一家之言"来概括黑格尔哲学的逻辑与历史相统一原则。

在黑格尔的著作中，贺麟尤其看重《精神现象学》和《小逻辑》。1935年至1936年间，贺麟一直在北京大学讲授"精神现象学"，此后的10多年时间里，他的主要精力放在对《小逻辑》的研究上。他的研究方式是将学术研究、翻译和授课结合起来，使三者相互加强、相得益彰。他对黑格尔哲学的研究不是一种简单的介绍和复述，而是力求开创自己的"新论"。譬如说，他的第一篇系统地研究黑格尔哲学的论文《黑格尔理则学简述》，就鲜明地体现了这一特点。该文于1948年发表于《国立北京大学五十周年纪念论文集》，它的主要内容是对黑格尔哲学体系的划分。在贺麟看来，《精神现象学》的特点是活泼生动，代表了黑格尔早年追求自由、创造和进取的精神；而《小逻辑》则是严谨、艰深，是黑格尔成熟时期对于哲学的全面和深入思考。相比之下，《精神哲学》和《自然哲学》都是一种应用逻辑学，代表了黑格尔晚年的思考成就。贺麟的这一看法，在很长的时间一直成为国内学者理解黑格尔哲学思想的基本框架。[1]

此外尚值得重视的是，贺麟对黑格尔哲学的理解还打上了深深的中国哲学痕迹。他比较喜欢用中国哲学的名词及学理解释黑格尔哲学。在贺麟之前，梁启超、严复等人就已经尝试用中国哲学的概念翻译并解释西方哲学，如梁启超用佛学概念阐释康德的《纯粹理性批判》，用王阳明的心学糅合康德；严复用中国哲学的概念"心"来翻译黑格尔的"精神"概念等。贺麟对此非常赞成，甚至将这种精神发扬光大。他自己对西方哲学的翻译和理解也是遵循这种"以中化西"的原则和精神。他特别重视西方哲学的译名问题，认为对译名要采取严复的"一名之立，旬月踟蹰"的态度，只有在万不得已时方可自铸新名，而且要极其审慎，并详细说明其理由，诠释其意义。他尤其反对有些学者生搬硬套地随便采纳日本译名的倾向。[2]

贺麟除了他自己的"新心学"哲学体系和对德国古典哲学研究的贡献外，还有两大贡献：一是在1940年代末成立了西方名著编译会，翻译介绍了一大批西方哲学的名著，商务印书馆后来出版的"汉译世界名著"丛书中的很大一部分就是当时他们选定和翻译的；二是培养了一大批研究西方哲学的学生，他们成为新中国研究西方哲学的中坚力量。如王太庆、张世英、陈修斋、杨祖陶、钱广华、梁存秀和洪汉鼎等，都是他的学生。

在半个多世纪的时间里，贺麟同北京大学哲学系结下不解之缘。他对北

---

[1] 参见贺麟：《黑格尔的理则学简述》，转引自张学智编：《贺麟选集》，吉林人民出版社2005年版，第240—241页。

[2] 参见张学智编：《贺麟选集》，第238—239页；张祥平、张祥龙：《从"唯心论"大师到信奉唯物主义的革命者》，见中国社会科学院哲学研究所西方哲学史研究室编：《贺麟先生百年诞辰纪念文集》，第198—199页。

京大学西方哲学的研究和教学的贡献，几乎无人能及。他不仅翻译了大量的西方哲学著作，尤其是黑格尔的原著，而且撰写了很多著作和论文，其领域之广、见解之深，直至今天仍然罕有超越者。贺麟一生淡泊名利，不为外在喧嚣所动，始终与哲学相伴。即使在"文革"这段艰难岁月里，他仍然尽最大的努力坚持自己的研究和教学，抓住一切可能的机会翻译和研究黑格尔的著作，延续北京大学的西方哲学研究传统。

如果说贺麟的黑格尔研究是国内黑格尔研究的高峰，那么郑昕的康德研究则代表了新中国成立前中国康德研究的最高水平。自从20世纪30年代回国并任教于北京大学哲学系以来，郑昕一直孜孜不倦地讲授康德的哲学。以至于著名的康德专家齐良骥后来回忆说："我们想起郑昕先生，必定想到康德；说到康德，必定想起郑昕先生。"[1]

正如有学者所指出的："郑昕的康德研究的最大特色，就是把康德的哲学完全变成了他自己的哲学，从而是用自己的语言、自己的思想分析概括康德的思想，因此，显得新颖、独到、深刻。"[2]按照贺麟先生的看法，郑昕是从新康德主义的观点来理解康德的。[3]受新康德主义影响，郑昕特别从认识论角度和范式来诠释康德哲学。在《康德学述》的前言中，郑昕指出，哲学的根本即是建立一种真正的知识论，并由此获得一个关于真假对错的认识标准。只有澄清了人的知识能力及其限度，我们才有可能思考宇宙和人生之根本。郑昕进一步把"纯我"或"纯思"视作知识的起点和先天条件，认为正是由于"纯我"或"纯思"作为逻辑主体的综合能力，我们才能获得关于对象的知识。[4]

《康德学述》分为"康德对玄学的批评"和"康德论知识"两部分，阐述的对象是《纯粹理性批判》即康德哲学的认识论部分，而对《实践理性批判》、《判断力批判》等著作，对康德的伦理学、美学、宗教、法哲学、历史哲学等并未触及。按常理说，《康德学述》之为"康德学述"，应该是对康德全部哲学思想的一个概述。郑昕作为康德专家，当然也知道康德哲学不能归

---

[1] 齐良骥：《〈康德学述〉重印感言》，见郑昕：《康德学述》，商务印书馆1984年版，第 i 页。
[2] 杨河、邓安庆：《康德黑格尔哲学在中国》，首都师范大学出版社2002年版，第85页。
[3] 贺麟：《五十年来的中国哲学》，第102页。
[4] 郑昕：《康德学述》，第13—14页。

结或等同于康德的认识论。然而，他却把对康德认识论的阐述名之为"康德学述"，合理的解释只能是，他认为康德的认识论是康德哲学大厦的"基石"；只有紧紧地抓住康德的认识论，我们才能理解康德哲学的整体构思和意图。因此，郑昕的本意并不是说康德哲学只是一种认识论，而是说只有从认识论这一"视角"、"进路"、"门径"出发，我们才能真正进入康德哲学的大厦，只有运用认识论范式，才能真正理解康德哲学。

郑昕本人对此也有明确意识。在他看来，认识论并不构成康德哲学的全部；康德哲学虽然开始于知识论，但其最终落脚点并非知识，而是人的道德实践。恰恰是在这一点上，郑昕突破了新康德主义的约束，提出了自己独到的见解。在他看来，康德认识论的最终目的是给知识划定界限，使人的理性摆脱各种先验幻象。纯粹理性或知识止步之处，正是道德实践的开始。人不仅是求知的主体，更是道德的主体。人作为求知的主体是不自由的，而作为道德的主体却是自由的。在这个意义上，郑昕特别肯定了道德主体性对于康德哲学的意义。可以说，郑昕的《康德学述》以对知识的追求为起点，以个体之安身立命的道德归属为终点。在他身上，知识与道德、学问与人生不是两个不相干的东西，而是有着内在的统一。[1]

《康德学述》是一本系统地研究康德哲学的专著，被认为代表了新中国成立前中国学者研究康德哲学的最高水平。齐良骥认为，郑昕的《康德学述》"堪称我国认真介绍康德哲学的第一部专著"[2]。贺麟对郑昕的康德哲学研究成就，也给予了非常高的评价："郑昕先生是吾国第一个对康德作精深的研究，而能够原原本本专门地、系统地、融会地介绍康德哲学的人。"他还说："我国第一个对康德哲学作了比较专门研究并有专著的要算郑昕先生了。郑昕撰有《康德学述》，这可能是当时中国唯一的译本专论康德哲学的著作。"[3]

在张颐、贺麟和郑昕之外，北京大学的朱光潜对于德国哲学的介绍和研究也有很大的贡献。朱光潜的贡献主要体现在对黑格尔和新黑格尔主义的研究上。早在20世纪30年代，朱光潜就从新黑格尔主义来理解黑格尔哲学。

---

[1] 郑昕：《康德学述》，第7—8页。
[2] 齐良骥：《〈康德学述〉重印感言》。
[3] 贺麟：《五十年来的中国哲学》，第33—34、101—102页。

他撰写过《黑格尔哲学的基本原理》，发表于《哲学评论》第5卷第1期。20世纪40年代他主要是通过传播克罗齐的新黑格尔主义从而间接地传播黑格尔思想的。在他看来，现代西方哲学的王国除了新实在论，就是新唯心论，以克罗齐为代表的新唯心论的主要成就，就是成为康德、黑格尔那一脉相承的唯心派哲学的集大成者。克罗齐的新唯心论就是"从发挥和纠正康德与黑格尔的学说得来的"。这样一来，对新黑格尔主义哲学的传播必然会引起对黑格尔哲学的高度重视和深入研究。

3. 维也纳学派哲学的引进和研究

北大西方哲学研究重心除了德国哲学和古希腊哲学之外，还包括分析哲学。如果说20世纪20年代北京大学分析哲学研究的主力是张申府和王星拱，那么30年代之后的代表人物则是维也纳学派成员之一的著名哲学家洪谦。

洪谦一生的哲学思考和研究都是和维也纳学派联系在一起。他不仅是维也纳学派的研究者以及在中国的传播者，而且他本人就是这一学派的成员之一。对于当时的中国学者来说，维也纳学派不仅是一个新兴的西方哲学流派，而且代表了一种非常陌生的哲学精神。除了张申府在文章中偶然提及维也纳学派之外，绝大多数中国学者对之了解甚少，更谈不上有什么专门的研究。正因为如此，洪谦作为维也纳学派成员之一的身份以及他对维也纳学派的介绍和研究，就显得弥足珍贵。

洪谦的《维也纳学派哲学》一书并不是一部系统的专著，而是一本论文集。但即便如此，我们仍然能够从中总结出洪谦的基本哲学观点和方法。他首先站在维也纳学派的哲学立场，严格地区分了哲学和科学。科学是一种知识体系，它的基本单位是可以证实的真命题。相反，哲学的任务不像科学那样建立具体的命题或理论，而是澄清科学命题的意义以及逻辑规则。因此哲学不是科学，而是一种语言分析方法。用洪谦本人的话说："科学是研究实际真理的学问，哲学则是研究实际真理意义的学问。"[1] 但是，他并没有因此否定哲学的意义。哲学虽然不是科学，但是它对科学的贡献确是具体科学所

---

[1] 洪谦：《维也纳学派哲学》，商务印书馆1989年版，第32页。

不能替代的。因为一切科学都是由命题构成的，而命题本身是否有意义、命题的结合是否符合逻辑法则，这恰恰是哲学要解决的任务。在这个意义上，洪谦把哲学称为"科学之王"。

站在维也纳学派的逻辑经验主义立场，洪谦也像他的老师石里克和卡尔纳普一样，在根本上否定了传统的形而上学作为科学的可能性。在他看来，所有经验科学的命题本身都是有意义的，在原则上都可以被经验所证实，但传统的形而上学命题不可能被经验所证实，因此是无意义的命题。不过，洪谦先生并没有完全否定形而上学的意义，他认为形而上学就如同诗歌、艺术和宗教一样，对于抚慰我们的人生还是非常有价值的。在《维也纳学派哲学》一书的"附录"中，洪谦不仅批评了西方传统的形而上学，而且依据同样的原则批评冯友兰的"新理学"是一种无意义的形而上学。对此，冯友兰也著文作了严肃的回应。二者之间的论战，不仅牵涉到中国哲学与西方哲学在根本原则上的分歧，而且关系到对于哲学本身的理解。因此，这场论战也是新中国成立前中国哲学界最重要的事件之一。

洪谦不仅批评了西方传统的形而上学，而且对当时西方流行的其他哲学流派，如现象学和新康德主义等，也多有犀利的评论和批判。现象学作为一个哲学流派由德国哲学家胡塞尔开创，并且在海德格尔和马克斯·舍勒等后继者那里得到了发扬光大，一时间在德国乃至整个欧洲哲学界成为一种"显学"。但是，现象学在中国很少为人所知。洪谦在《维也纳学派哲学》一书中以寥寥数语，不仅准确地勾勒出现象学的基本原则和方法论实质，而且提出了尖锐的批评。譬如，他认为现象学所谓的"本质直观"，其实仅仅是一种无意义的同语反复，并不构成真正的科学认识。[1] 此外，他还对狄尔泰、文德尔班和李凯尔特等新康德主义者的观点也提出了质疑。众所周知，新康德主义的基本立场是区分精神科学（或人文科学）与自然科学，认为两种科学分别拥有不同的原则和方法，代表了两种不同的知识体系。而洪谦则坚持维也纳学派的统一科学观，认为："科学之为知识理论的体系，就是一种真

---

[1] 洪谦：《维也纳学派哲学》，第177页。

理的系统。真理从其本质而言，是统一的整体的联系而不可分离。"[1] 无论这种批评本身是否合理，但这种敢于怀疑、不畏权威的精神本身就体现了哲学的精髓。

洪谦在《维也纳学派哲学》中，还花了相当的篇幅介绍维也纳学派各个成员的哲学思想，其中着墨最多的无疑是他的导师石里克。该书扉页的题词是"谨以此书献给我敬爱的老师石里克教授"。他不仅介绍了石里克的基本哲学思想，如哲学观、科学馆、意义的标准、对形而上学的拒斥、真理观、因果观和人生观等，而且叙述了石里克创建维也纳学派的过程。对于卡尔纳普、艾耶尔和纽拉特等师友的哲学思想，洪谦也不吝笔墨，多有陈述。

《维也纳学派哲学》一书出版不久，贺麟就对它给予了高度的评价。他说："石里克教授所创导的维也纳学派是西方现代哲学上一个新兴有力的学派。……洪谦先生亲炙石里克最久，具极大的热忱，几以宣扬石里克的哲学为终身职志。他所著《维也纳学派哲学》[2] 一书，算是比较最亲切而有条理地介绍此派思想的书。"[3] 直至今天，洪谦的这本著作，仍然是我们了解维也纳学派哲学的第一手材料和最重要的指引之一。

二、课程与学制

北京大学哲学系自正式成立以来，虽然很早就开设了西方哲学方面的课程，但此类课程大多偏于概论和通史。直至张颐1923年至北京大学哲学系任教之后，这种状况才得以改变。张颐自任教以来，先后开设四门课程，即"西洋哲学史"、"德国哲学史"、"康德哲学"、"黑格尔哲学"。毋庸置疑，这些课程极大地提高了北大西方哲学的教学和研究水平。

1931年和1932年，贺麟和郑昕也相继回国，并且在北大哲学系任教。他们的到来，在很短的时间里大大地提升了北京大学哲学系的西方哲学，尤其是德国古典哲学的教学和研究水平。一时间，北大哲学系成为国内德国古

---

[1] 洪谦：《维也纳学派哲学》，第127页。
[2] 哲学编译会本，商务印书馆。
[3] 贺麟：《五十年来的中国哲学》，第49页。

典哲学研究的重镇。

1940年,陈康先生回国,并且在西南联合大学任教。他一直讲授希腊哲学方面的课程,先后开设了"希腊哲学名著研究"(1941)、"亚里士多德哲学"(1943)、"希腊哲学史"、"柏拉图教育哲学"、"柏拉图《巴曼尼德斯篇》"、"柏拉图哲学"等课程。这些课程不仅填补了国内古希腊哲学的教学和研究空白,而且为我国培养了一批希腊哲学研究的新生力量,如汪子嵩和王太庆等。

此外,汤用彤也开设了很多西方哲学的专题课程,如"笛卡尔与英国经验主义"(1935)、"欧洲大陆理性主义"(1941,1944)。

总之,在这一时期,北京大学的西方哲学课程类型不再局限于简单的通史和概论,而是涵盖了各种断代史和专题课程。这些课程几乎涵盖了西方各个时期的哲学家和哲学流派,无论是古希腊哲学、中世纪哲学、近代哲学和现代哲学,都有相关的课程。西方同时期的哲学流派和哲学家,也在北京大学哲学系得到讲授。

三、机构和人物

1923年,张颐回国至北大哲学系任教,后来被聘为教授,并且担任系主任。这对北京大学西方哲学学科具有真正奠基性的意义。

1925年,陈大奇、胡适、徐炳昶等人发起成立哲学研究会,该会以研究哲学为宗旨,发行不定期刊物,翻译西方哲学名著,并重印中国哲学名著。3月25日第一次公开演讲,张颐作"空间与时间"的演讲,后来胡适作"从历史上看哲学是什么"的讲演。

1935年4月13日,中国哲学会在北平成立,同时在北京大学第二院宴会厅举行第一届年会,会议由冯友兰主持。汤用彤与清华大学的金岳霖和冯友兰教授当选为常务理事,贺麟当选为理事兼秘书。

1941年,中国哲学会西洋名著编译委员会在昆明成立。贺麟被推为主任委员。这是我国最早有系统、有计划地移译西方哲学论著的专门机构,成员包括樊星南、徐孝通、任继愈、陈修斋、邓艾民、王太庆、汪子嵩、晏成书等。

在这一时期,在北京大学西方哲学领域任教的著名学者有张颐、贺麟、郑昕、洪谦和陈康等。

陈康（1902—1992），原名陈忠寰，字弃疾，江苏扬州人。早年就读于南京中央大学，1929年赴伦敦大学深造。1930年转到德国，学习哲学、古希腊文、拉丁文。他首先师从著名学者斯田采尔，后来又师从批判本体论哲学的创始人尼古拉·哈特曼。在哈特曼的指导下，1940年完成了博士论文《亚里士多德的分离问题》，并获得柏林大学哲学博士学位。1940年回国以后，他先后任教于西南联大、北京大学、中央大学和同济大学。在西南联大和北京大学期间，他开设了"希腊哲学史"、"知识论"、"柏拉图、亚里士多德哲学"等课程。他一方面致力于授课和培养学生，另一方面花了很大的精力翻译并注解柏拉图的《巴曼尼德斯篇》，其成果就是著名的《〈巴曼尼德斯篇〉译注》（商务印书馆，1944年）。此外，他还对柏拉图和亚里士多德的哲学进行了深入的研究，发表了一系列相关的论文。这些论文后来分别收录于《陈康哲学论文集》（台北联经出版事业公司，1985年）和《论希腊哲学》（商务印书馆，1990年）。

张颐（1887—1969），字真如，又名唯识，四川叙永县人。1913年赴美国入密歇根大学，获文学学士、教育硕士及哲学博士学位。1919年入英国牛津大学，再获哲学博士学位，是中国第一位牛津大学哲学博士获得者。1921年赴德国入埃尔朗根大学，研究康德哲学和黑格尔哲学，后赴法国、意大利考察，为英国皇家学会会员。1923年回国任北京大学哲学教授；1926年应陈嘉庚之聘任厦门大学副校长；1929年返回北京大学任哲学系主任；后就任中华文化教育基金董事会特聘教授；1935年再度赴美考察一年；1936年回国后任四川大学教授、文学院院长；1937年6月代理校长；1939年任抗日战争时期迁往四川乐山的武汉大学教授；抗战胜利后返回北京大学任教授；1948年底回川；新中国成立后任四川省政协委员及文史馆研究员；1957年返北大任教，指导研究生，并担任全国政协委员。张颐对西方古典哲学尤其是黑格尔哲学有精深研究，是中国哲学界专门研究西洋古典哲学的先驱，著有《黑格尔的伦理学说》、《黑格尔与宗教》、《圣路易哲学运动》等。

贺麟（1902—1992），字自昭，四川金堂县人，著名的哲学家、哲学史家、翻译家和教育家。1919年考入北京清华学院。1926年至1930年在美国奥柏林大学、芝加哥大学和哈佛大学学习，主要攻读西方哲学史，重点是攻斯宾诺沙、康德、黑格尔哲学，先后获学士学位、硕士学位。为了实地考察黑格尔哲学，他放弃了做博士论文的机会，于1930年夏进柏林大学深造。1931年夏回国，到1937年抗战爆发，一直在北京大学任教，并在清华大学兼课，历任北京大学哲学系讲师、副教授、教授，主讲现代西方哲学、西洋哲学史、伦理学、斯宾诺莎哲学、黑格尔哲学等课程，并发表了多篇有关西方哲学和儒家的论文，在哲学界崭露头角。抗战时期，主要执教于西南联大，北大复员后仍回校任教。他担任中国哲学学会常务理事，组织并主持西洋哲学名著译会，我国从此开始有选择、有计划、有系统、高质量的翻译西方哲学著作。在这期间，他的"以中化西"文化观、新儒学思想和唯心主义思想都成熟起来。20世纪40年代末期，曾任北京大学训导长、哲学系代系主任等职。新中国成立后，继续在北大执教。1955年，被调到中国科学院哲学社会科学部哲学研究所工作，从事外国哲学史研究。对西方哲学有很深的造诣，对黑格尔、斯宾诺莎、怀特海等西方近现代哲学家都有深入的研究，同时也是"新儒家"的代表人物之一。

郑昕（1905—1974），原名秉壁，字汝珍，安徽庐江县人。1924年进南开大学哲学系学习。1927年赴德国，先入柏林大学，后转至耶拿大学，在新康德主义大师鲍赫的指导下研究康德哲学。1933年回国后，此后一直任教于北京大学哲学系，直至病逝。他在课堂上轮番讲授康德的《纯粹理性批判》、《实践理性批判》和《判断力批判》，历时30年，为在中国传播康德哲学作出了重要的贡献。听过他讲课的学生对他的教学均有难忘之深刻印象。其间国内研究康德的学者或者直接出自其门下，或者间接接受其教益。郑昕把长期积累的讲稿整理为《康德学述》，先是发表于《学术季刊》，后结集出版。1984年为了纪念郑昕逝世10周年，商务印书馆邀请了齐良骥和钱广华重新校订《康德学述》，并于同年将这本书再版发行。

洪谦（1909—1992），又名洪潜，号瘦石，谱名宝瑜，祖籍安徽歙县，生于福建。当代中国著名哲学家，是维也纳学派唯一的中国成员。他青年时代曾在德国柏林大学、耶拿大学和奥地利维也纳大学学习。1934年，他在维也纳学派创始人石里克的指导下，以"现代物理学的因果问题"为题撰写了博士论文，最后通过答辩并且获得哲学博士学位。回国后，先后任教于清华大学、西南联大、武汉大学和北京大学等高校，并兼任牛津大学新学院研究员。在国外留学期间，曾发表过《逻辑实证论的基本思想》、《石里克与维也纳学派的创立》等论文。1945年5月，这些论文在商务印书馆结集出版，题名为"维也纳学派哲学"，并且于1989年在商务印书馆再版。1948年后，历任武汉大学教授、燕京大学教授和哲学系主任，北京大学教授，外国哲学研究所所长，中国社会科学院哲学研究所研究员。

就哲学本身的逻辑来说，张颐、贺麟、郑昕、洪谦和陈康等学者无疑代表了1949年之前中国西方哲学研究的高峰。自晚清以来，中国人对西方哲学的研究从一开始就打上了深刻的救亡图存之心理烙印，因此时常受到各种政治思潮和意识形态的影响和冲击。但一代一代的西方哲学研究者突破了各种意识形态樊篱和政治偏见，力求以自信和开放的心态真诚地了解西方哲学的内在理路和基本脉络。倘若这一倾向能够正常和顺利地发展，那么中国的西方哲学研究必将能收获更丰盛的思想成果。

但是，随着1949年新中国的成立，包括北京大学在内，整个中国的西方哲学研究迅速被扭转到了政治意识形态的轨道。姑且不论这种做法是否有其历史的必然，但毋庸置疑的是，自晚清以来北京大学西方哲学研究的良好局面因此急转直下，极速陷入低潮。直至1978年改革开放之后，北京大学的西方哲学研究才得以拨乱反正，回归到20世纪三四十年代由张颐、贺麟、郑昕、洪谦和陈康等学者所代表的研究传统。

第五节　西方哲学教学和研究的曲折（1949—1978）

一、观念与思想

1. 历史背景

1949年之后，出于政治意识形态整合的需要，包括北京大学在内，全国所有高校的西方哲学教学和研究都进行了重大的调整，在指导思想上向苏联学习。从这一时期开始直至1976年"文革"结束，北京大学的西方哲学教学和研究陷入了教条主义和意识形态化的窠臼。由于苏联的西方哲学研究一直以马克思主义为指导，所以包括北京大学在内的西方哲学教学和研究很自然地向苏联看齐。苏联学者日丹诺夫对西方哲学的批判讲话精神，即《在关于亚历山大洛夫著〈西欧哲学史〉一书讨论会上的发言》，成为苏联哲学研究的指导思想。日丹诺夫强调西方哲学是帝国主义颠覆社会主义的武器，号召从捍卫社会主义的角度与以西方哲学为核心的西方意识形态进行斗争。顺理成章的是，日丹诺夫的讲话也成为北京大学西方哲学教学和研究的指导原则。

1950年2月到3月间，中国的哲学研究者在北京大学孑民堂举行了学习日丹诺夫精神讨论会，并在日丹诺夫讲话的指导下，开始进行对西方哲学的批判。1952年，为了进一步对从事西方哲学研究的学者进行马克思主义的政治教育，全国几十所大学中从事西方哲学研究的学者，95%以上都被集中到北京大学哲学系，剩下极少部分留在上海的一些高校。

1956年，随着"百家争鸣、百花齐放"方针的提出，北京大学的西方哲学研究经历了一个短暂的开放期，开始试图反思日丹诺夫的指导思想，并提出如何研究哲学史的问题。1957年1月22日到26日，北京大学哲学系举行了中国哲学史座谈会。会上讨论了两个问题：其一是对唯心主义哲学的评价，其二是中国哲学遗产的继承。前一问题的主要发言人是贺麟先生和陈修斋先生。他们指出，唯物主义和唯心主义并非只是矛盾的斗争，而且有矛盾的统一，所以二者是相互联系、相互渗透的，也就是说，唯心主义中也有值得肯定的东西，也有进步的东西。由于当时极左教条主义氛围依然浓厚，他们的观点并未得到太多响应。然而，这次会议作为一次相对纯粹的学术讨论会，在当时的环境下有着重要的积极意义。

同年5月10日到14日，中国科学院哲学所、北京大学哲学系与中国人民大学哲学系联合召开了哲学史工作会议。此次会议总结了新中国哲学史研究方法的问题，探究了新阶段中外哲学史研究要向何处去的问题。在这些问题中，如何评估唯心主义哲学成为会议的"重中之重"。有一些学者意识到日丹诺夫思想的危险，并试图对它提出反思甚至批判。如洪谦提出"立刻向哲学史这门科学进军"，郑昕提出"开放唯心主义"，贺麟提倡

"集中反对教条主义"。他们的这些主张,都表达了恢复哲学研究本来面貌的强烈愿望。

然而,随着"反右"运动和"文革"的开始,以严肃的学术态度研究西方哲学的良好趋势被人为中断。"文革"10年间,虽然也有一部分西方哲学著作被引进,但主要是出于政治批判的目的。值得一提的是,即便在这种恶劣的研究环境下,包括贺麟、洪谦、熊伟、王太庆、张世英、齐良骥和朱德生等在内的西方哲学研究者,仍然尽可能以严格的学术态度从事西方哲学的学术研究和资料翻译等工作。

2. 艰难时期的学术研究

贺麟自新中国成立后仍然尽可能地继续了他在20世纪40年代的研究和翻译计划。他有计划地译介了《小逻辑》、《知性改进论》、《伦理学》、《康德哲学》与《哲学史讲演录》等西方哲学经典著作,为我国的西方哲学研究提供了宝贵财富。直到今天,这些译本依然被采用。1954年,他在北大哲学系讲授"黑格尔哲学研究"课程,让学生阅读和理解黑格尔的《小逻辑》;1955年和1956年,他还应邀对社会各界讲解黑格尔哲学。[1]

从1957年到1965年,贺麟积极地参加关于哲学史方法论的讨论,并在此基础上进行西方哲学研究。他先后发表了《讲授唯心主义课程的一些体会》、《对哲学史研究中两个问题的意见》、《必须集中反对教条主义》、《加强对现代西方哲学的研究》等文章,提出了西方哲学研究的方法论。此外,贺麟还发表了很多关于黑格尔与西方哲学其他流派的著述,有代表性的作品如《批判黑格尔思维与存在的统一》、《黑格尔〈法哲学原理〉一书述评》、《新黑格尔主义批判》、《克朗纳》、《胡克反马克思主义的使用主义剖析》、《新黑格尔主义几个代表人物及其著作批判》与《黑格尔〈小逻辑〉讲演笔记》。这些著作和论文虽然因政治的压力打上了不少时代的痕迹,但仍然体现了贺麟对黑格尔准确和深刻的理解。[2]

---

[1] 黄见德:《西方哲学东渐史》(下),第738页。
[2] 同上书,第803—804页。

总体上说，贺麟新中国成立后的黑格尔研究有两个主要特点：首先，考虑到黑格尔哲学的晦涩性，他力求用畅白易晓的语言将其通俗化，使尽可能多的人能够理解黑格尔哲学的真正精神，并从中汲取有价值及合理的思想内容。其次，他非常自觉和明确地以马克思主义哲学为指导原则理解和批评黑格尔哲学，指出马克思主义哲学在何种意义上是对黑格尔哲学的继承、批判和超越。不过即便如此，贺麟的黑格尔研究并不同于当时主流的意识形态图解和歪曲。他并没有像当时的大多数研究者那样否定黑格尔哲学的意义，而是强调其中的合理因素，尤其强调黑格尔的辩证法精神对于马克思主义哲学的重要性。

与贺麟类似，郑昕的康德研究在新中国成立后也发生了较大的变化。1949年，郑昕发表了新中国第一篇关于康德哲学的论文《康德哲学批判》。在这篇文章中，他试图以列宁思想为指导对康德哲学进行了批判，并且指出了康德哲学中"理性"与"物自体"的分裂，以及康德对此问题解决方案的不足。但郑昕并不局限于此，他试图从马克思主义的唯物主义立场，进一步阐明康德哲学基本特征。他肯定其中的合理成分，同时指出了其中需要加以吸取的思维教训。在此基础上，郑昕还就康德认识论的一些主要问题进行了深入的再讨论，指出康德的认识论忽视了社会实践的重要性。

张世英1941年考入西南联大，毕业后先后任教于南开大学、武汉大学和北京大学。多年来，他一直致力于研究德国古典哲学，尤其是黑格尔的哲学。新中国成立后，他依据对黑格尔原著的细致分析和准确理解，于1959年出版了《论黑格尔的〈逻辑学〉》。在该书中，他着重对黑格尔的哲学思想作出简要的、系统的概括与阐明。他指出了黑格尔哲学中"革命的辩证法"同"保守的唯心主义"之间复杂的纠缠关系，并且根据恩格斯对黑格尔的看法对黑格尔三大规律论述的次序进行了调整。在论述《小逻辑》的同时，张世英也结合了《大逻辑》中的内容对参，以获得对黑格尔逻辑学的综合把握。张世英通过系统论述黑格尔哲学中最关键的部分，突出辩证法规律的重点，对黑格尔在哲学史上的地位作出了公允的判断，认为黑格尔在哲学史上第一次在唯心主义哲学的基础上表述了辩证法的客观规律。尽管他对黑格尔哲学的理解仍然是以马克思主义为指导思想，但仍然尽可能地给出了客观和公正的评价,对国内的黑格尔研究都起到了积极的推动作用。

3. 西方哲学资料整理和教材编写

在社会主义的新中国,以何种方式研究西方哲学、以何种立场看待西方哲学成了一个问题。直到"文革"结束之前,北京大学西方哲学的正常教学和研究都受到严重干扰,真正具有学术价值的是西方哲学史的资料翻译和教材编写。

(1)资料整理

20世纪60年代,北京大学外国哲学史教研室陆续编译了《西方古典哲学原著选辑》,并且由商务印书馆出版。《西方古典哲学原著选辑》包括:《古希腊罗马哲学》(商务印书馆,1961年)、《十六—十八世纪西欧各国哲学》(商务印书馆,1961年)、《十八世纪法国哲学》(商务印书馆,1963年)、《十八世纪末—十九世纪初德国哲学》(商务印书馆,1960年)。《中世纪哲学》原本也在计划之列,但后来由于种种原因一直未能出版。需要特别指出的是,这些原著的翻译很大一部分是由王太庆承担的。《西方古典哲学原著选辑》分别在1975—1979年和1982年经过他增补修订,重印时印数很大,对学术界影响深远,滋养了新中国成立后好几代西方哲学的教学和研究人员。

同一时期,中国科学院哲学所西方哲学史组编辑并出版了《现代外国资产阶级哲学资料选辑》。这套《选辑》共有两种:其一是《存在主义哲学》(商务印书馆,1963年),收有海德格尔、雅斯贝尔斯、萨特、梅洛·庞蒂四位哲学家的原著12篇;其二是《现代美国哲学》(商务印书馆,1963年)。此外,洪谦主编了《现代西方资产阶级哲学论著选辑》(商务印书馆,1964年),选收意志主义、实证主义、新康德主义、新黑格尔主义、直觉主义、实用主义、逻辑实证论、存在主义、新托马斯主义等九个流派的原著。

值得指出的是,商务印书馆在"文革"前夕请北京大学两位教授编选了两部有关人道主义和人性论的资料选集,前者是周辅成主编的《从文艺复兴到十九世纪西方资产阶级哲学家、政治思想家有关人道主义人性论言论选辑》（商务印书馆，1966 年），后者是《从文艺复兴到 19 世纪资产阶级文学家艺术家有关人道主义人性论言论选辑》（北京大学西语系资料组，实即朱光潜编），拖到 1971 年才出版（内部发行）。

（2）教材编写

除了编译和整理西方哲学史的资料之外，北京大学西方哲学史教研室还编写了一系列西方哲学史教材。这些教材主要是以马克思主义哲学作为指导，对西方哲学史上各个时期的哲学家和哲学流派进行批判式的解释，如 1954 年洪谦主编了《哲学史简编》，1961 年任华主编了《西方哲学史》，1972 年北京大学哲学系西方哲学教研组编写了《欧洲哲学史》（上、下册），1975 年编写了《简明欧洲哲学史》（讨论稿）。尽管现在看来这些教材打上了一定的意识形态烙印，因此有时代的局限性，但仍然包含了当时北京大学西方哲学研究者的很多积极成果。

二、课程、机构与人事

1952 年全国高校院系调整之后，北京大学哲学系设置了西方哲学史教研室，第一任主任是洪谦，成员有郑昕、贺麟、任华、宗白华、齐良骥、苗力田、陈修斋、张世英、王太庆、杨祖陶等。1952 年，哲学系设立西方哲学史课程的科目名称，但是没有安排人去开课。北京大学本科教育暂时停开西方哲学课程，稍后则由苏联派来的年轻讲师萨布什尼科夫给研究生讲西方哲学历史。萨布什尼科夫也只是照本宣科，宣读苏联官方编写的多卷本《西方哲学史》。

直到 1956 年，北京大学才重新开始教授西方哲学史，第一任讲课教授是任华，朱德生任助教，楼宇烈是当时的本科生之一。到了 60 年代以及"文革"结束后，部分学者陆续分散到逐步恢复西方哲学教学和研究的全国各高校去。

1961 年，北京大学哲学系增设了必修课"西方古典哲学著作选读"，选修课增加了"法国唯物主义研究"、"空想社会主义研究"、"黑格尔哲学研究"、"费尔巴哈哲学研究"、"现代西方资产阶级哲学流派"等。但是，这些课程仍然是以马克思主义哲学作为指导，解读西方哲学史，其任务是为马克思主义哲学作脚注。

1964年，北京大学成立现代外国哲学研究所，洪谦、熊伟、张世英、陈启伟、王永江等人陆续调往该所工作，洪谦任所长。在此后的很长时间里，北京大学的西方哲学研究有两个中心，一个是哲学系西方哲学史教研室，另一个是外国哲学研究所。两者有所分工，前者以从事西方哲学史的研究和教学为主，后者主要研究黑格尔之后的现代西文哲学。直到1995年，两者重新合并为一家，形成了新的外国哲学教研室。

这一时期，在北京大学哲学系和外国哲学研究所从事西方哲学教学和科研工作的学者除了上述已经提到的贺麟和洪谦等之外，还有任华、熊伟、齐良骥、张世英、王太庆、王永江、李德齐、朱德生和陈启伟等。

第六节 西方哲学研究和教学的复兴（1978—1999）

一、观念与思想

1. 西方哲学研究和教学的"拨乱反正"

随着1976年"四人帮"的覆灭，10年"文革"终告结束，北京大学的西方哲学教学和研究逐渐复兴。当时，国内西方哲学研究最需要解决的就是"西方哲学研究向何处去"的问题。1978年10月，北京大学哲学系、北京大学外国哲学研究所、中国社科院哲学研究所和安徽大学等单位在安徽芜湖联合举办"全国西方哲学史讨论会"。这是新中国成立以来西方哲学史工作者第一次全国规模的空前盛会，会上讨论了研究哲学史的方法问题、德国古典哲学的若干问题等。北京大学的冯定教授作了"哲学工作者的历史使命"的专题报告，朱德生、王太庆、李真、王永江、张显扬、陈启伟等分别在大会和分组上作了发言。这次会议集中反省和批判了极左意识形态对于西方哲学研究的危害，力求使哲学回归学术的本来面目。

从20世纪80年代初到90年代末，北京大学的西方哲学研究呈现出逐渐多元化、专业化的研究态势。其中，80年代的哲学研究多以译介和述评为主，而90年代的哲学研究开始走向深入，并取得了很多高质量的学术成果。总体上看，北京大学这一时期的西方哲学研究有三个主要特点：

第一，西方哲学的译介和研究同中国的各种社会思潮始终有着非常内在的紧密联系，甚至构成了"文化热"和思想启蒙的重要组成部分。从20世纪80年代初的"萨特热"、"尼采热"与"弗洛伊德热"，以及"人道主义"争论引起的"回到康德"思潮，到80年代中后期现象学运动，再到90年代后期逐渐兴起的政治哲学思潮。这些哲学热点都推动了国人对于西方、对于现代西方世界的理解。

第二，随着国际交流变得日益频繁，北京大学的西方哲学研究和教学不再是闭关自守，而是逐步走上规范化和国际化的道路。尤其进入90年代以后，每年国际间的交流已经成为常态，并且有越来越多的青年学者从海外学成归来，促进了国内学界和国际学界的交流。

第三，西方哲学的研究不仅仅局限于思想介绍与评述，越来越多的学者开始从不同的问题意识和研究视角出发，对于西方哲学文本进行有独特创见的解读与研究，对于一些国际前沿问题也开始进行深入的思考。学者们的研究也不再固执于一端，而是呈现出多样化的风格。

2. 具体研究领域的进展

从20世纪80年代初到90年代末，北京大学的西方哲学研究彻底摆脱了意识形态的束缚，开始进行自由的哲学研究。这一时期国内学界的突出特点是，有自主意识地大量引介和评述西方各种哲学流派。具体体现在为唯心主义和人道主义"正名"，并且开始尝试以纯粹学术化、专业化的精神来研究西方哲学。在这样的良好学术环境下，北京大学哲学系西方哲学史教研室和外国哲学研究所的诸位专家和学者对推进古希腊哲学、基督教哲学、启蒙时期唯理论、经验论哲学、德国古典哲学、存在主义、现象学、分析哲学、实用主义哲学与后现代主义哲学研究作出了很大贡献，其中有突出特点的如王太庆与杨适等人的古希腊哲学研究，赵敦华的基督教哲学研究，尚新建的近代哲学研究，齐良骥、韩水法的康德哲学研究，朱德生的认识论研究，张世英的黑格尔研究，洪谦的分析哲学研究，韩林合的维特根斯坦研究，熊伟、靳希平、陈嘉映和张祥龙的现象学研究，杜小真的法国哲学研究。上述研究或填补了国内某一研究领域的空白，或创立了国内某一流派哲学的研究范式，或为这门学科提供了某些独创性成果。

（1）古希腊哲学

北京大学的古希腊哲学研究有着悠久的历史和深厚的传统。早在20世纪30年代，北京大学哲学系就系统地开设了古希腊哲学的课程。40年代以后，陈康的研究更是将北京大学的希腊哲学研究水平推向了一个新的高度。1949年后，虽然受到了政治意识形态的干扰，但王太庆等学者仍然尽可能地继承陈康的研究传统。在改革开放之后，北京大学的希腊哲学研究很快就得到了复兴，其标志就是王太庆、李真和杨适等学者的研究成果。

王太庆对古希腊哲学的突出贡献是柏拉图著作的翻译与研究。他在晚年根据希腊文集中精力译出《柏拉图对话集》，并且在所译篇目后对于翻译理论作了论述。正如他在该书的"附录"中所说，他的翻译主要是继承陈康的原则，以"信"为主，但也尽可能地兼容"达"和"雅"。此外，王太庆还对一些重要译名的翻译作了深入研究。他认为，这些译名的选择关系到我们对柏拉图哲学基本精神的理解。例如关于 idea 和 eidos 的译法，他不取新译名"理念"，而是沿用陈康的旧译名"型"和"相"，因为在他看来，在柏拉图那里既没有"理"，也没有"念"。又如对 einai（estin，on）的译法，王太庆依据希腊文原意力主翻译成"是"，而不是"存在"。这些讨论对于后来的柏拉图哲学研究者有重要的启发，甚至引发了国内古希腊哲学研究的一场很大的争议。因此，汪子嵩认为，王太庆的一番论述"既是从哲学方面，又是从语言学方面为翻译工作提供了理论说明，对我们提高翻译工作的质量是有助益的"[1]。

李真1956年考入北京大学哲学系，1950年毕业之后留校任教，长期研究和讲授逻辑学和西方哲学，尤其专长于古希腊哲学。1999年，他翻译的亚里士多德《形而上学》出版。李真的译本直接依据希腊文原文，并广泛参考和吸收了国内外学界的研究成果，在国内学界赢得了好评。

---

[1] 汪子嵩：《柏拉图对话集》"前言"，商务印书馆2004年版，第8页。

杨适于 1962 年毕业于北京大学哲学系，同年留校任教，多年来一直致力于马克思主义哲学与西方哲学的研究。在古希腊哲学研究领域，他先后出版了两本著作，即《哲学的童年》与《古希腊哲学探本》。在《哲学的童年》中，杨适详细地追溯了从泰勒斯到亚里士多德的希腊哲学的发展线索，认为在亚里士多德那里希腊哲学的本体论才得以成形。他的《古希腊哲学探本》可以被看作"希腊哲学简史"，叙述了从希腊哲学前史到罗马斯多亚派哲学这一千余年的哲学基本脉络，不过其着眼点并不在于历史事实的探究和历史线索的梳理，而在于哲学观念的诠释和阐发。该书表达了作者在《哲学的童年》以后对希腊哲学的新理解，其最大特点是强调了 Ontology 问题在希腊哲学中的特殊地位，并且在开头部分用大量篇幅重点分析了 Being 概念的语源学意义。他通过探求 on（存在——是）和 physis（自然）以及它们与神的关联回溯古希腊哲学的发展线索。[1] 在该书中杨适还就中西人论进行了比较，展示了作为西方文明源头的古希腊哲学和中国哲学相比的特殊性。

（2）中世纪基督教哲学

就北京大学的西方哲学研究来说，中世纪基督教哲学向来是最薄弱的研究领域之一。不过，这一局面随着赵敦华的《基督教世界 1500 年》出版而得到根本改观。赵敦华于 1988 年从比利时鲁汶大学毕业，获博士学位，同年回国任教于北京大学哲学系。他看到国内的哲学史教材对中世纪哲学几乎是一笔带过，更谈不上有什么专门的研究著作。在他看来，这一现状与中世纪哲学在西方哲学中的地位以及它在时间上的跨度极不相称，没有体现出它在西方哲学史上的真正意义和地位。事实上，中世纪哲学无论在数量和质量上，都丝毫不逊色于古代和现代哲学。作为古希腊哲学与近代哲学之间的中介，中世纪哲学拥有其独立的地位。[2] 基于这一认识，赵敦华试图在整体上清晰地揭示出中世纪哲学史的真实面貌和内在逻辑。在这一原则的指导下，他一方面精读中世纪哲学原著，另一方面广泛地吸收国外的研究成果，最后撰写了《基督教哲学 1500 年》一书。

---

[1] 黄见德：《西方哲学东渐史》（下），第 1008 页。
[2] 赵敦华：《基督教哲学 1500 年》，人民出版社 1994 年版，第 9—10 页。

这本著作出版之后，很快受到国内哲学界的重视，并且获得了很高的评价。正如黄见德指出，《基督教哲学1500年》一书有两个重要优点：首先，该书的资料极为丰富，阐明了西方哲学发展过程中在2世纪到16世纪这个阶段上众多哲学家的哲学创作，分析了他们提出、解决与论证哲学问题的思路及得到的成果，评价了他们各自在理论上的得失和影响。其次，该书以十分清晰的脉络，阐明了中世纪哲学与古希腊哲学和近代哲学的衔接，从而把它在西方哲学发展过程当中的连续性揭示出来了。[1] 该书出版之后不久，就有学者发表评论指出，它的优点是"内容充实，资料翔实，脉络清楚，填补了我国中世纪哲学研究的不少空白；对奥古斯丁、安瑟尔姆、阿伯拉尔、托马斯、司各脱、奥康等重要哲学家的研究尤其显出独到之处"[2]。因此，这部书的问世对于人们全面认识西方文化与哲学，纠正对中世纪哲学的片面理解，训练和提高人们的理性思辨能力，都具有重要意义。

（3）德国古典哲学

德国古典哲学一直是北京大学西方哲学研究和教学的重心。在1949年之前，北京大学涌现了张颐、贺麟和郑昕等好几位一流的德国古典哲学研究专家和学者，他们的研究成果不仅在国内卓尔不群，而且达到了国际水准。1949年之后，虽然受到政治意识形态的干扰，但北京大学的德国古典哲学研究在贺麟、郑昕、齐良骥、张世英和朱德生等学者的不懈坚持下，仍然最大程度地延续了自己的传统。1978年之后，齐良骥、张世英和朱德生等在德国古典哲学的教学和研究方面，也作出了很大的贡献。20世纪90年代之后，韩水法逐渐成为德国古典哲学的教学和研究的中坚力量。

齐良骥多年来一直从事德国哲学，尤其是康德哲学的研究和教学。1957年，他发表了一本关于康德的著作《康德唯心主义的认识论及其形而上学思想方法批判》。该书虽然囿于时代局限对康德哲学作了一些有意识形态色彩的批判，但在总体上仍然非常准确地勾勒和总结了康德哲学的思想背景和基本精神。进入新时期之后，齐良骥的康德研究迈上了新的台阶。退休之后，

---

[1] 黄见德：《西方哲学东渐史》（下），第1035页。
[2] 吴伦生：《赵敦华教授的西方哲学研究》，《北京大学学报》1994年第6期，第110页；转引自黄见德：《西方哲学东渐史》，第1036页。

他开始撰写《康德的知识学》。此书集齐良骥毕生康德研究之大成,力求对康德的理论哲学作整体上的解释,而在知识材料的来源、知识的客观性和限度方面还有专门的研究。[1] 虽然齐良骥先生已届高龄,因心力交瘁最后没能完成此书,但由于此书的体系完整,仍然可以称得上一部成熟的学术著作。韩水法在回忆齐良骥的文章中指出,齐良骥先生对康德学说的整体研究,堪称汉语学界的里程碑,完全可以媲美西方最好的康德研究。另有论者评价说:"《康德的知识学》之最大特点,是对康德的《纯粹理性批判》一书的基本内容、基本问题、基本精神梳理得非常清楚,理解得非常透彻,表述得非常简明,融会贯通,深入简出。和郑昕一样,齐良骥论康德也是首先在康德之中,顺着康德讲,俨然是康德在自述其体系。与郑昕早年论康德不同,他又能在康德之外,且不是新康德主义意义上的之外,而是能在与马克思主义哲学和西方哲学发展的比较中客观评析康德哲学。"[2] 总之,齐良骥先生对真理的执着态度和宝贵的研究成果在新中国哲学研究史上树立了一座丰碑。

改革开放之后,张世英一直致力于德国哲学的教学和研究,成就斐然。他主编了《德国哲学》与《中西哲学与文化》两个辑刊,主持了很多在中国举行的有关德国哲学的国际学术会议,培养了一大批研究德国哲学的博士生与硕士生,并经常应邀在国内不少高等学府讲学。在学术研究方面,他对德国古典哲学,尤其是黑格尔哲学的研究,完全摆脱了意识形态的束缚,力求与国际哲学界进行对话。他重新修订了《论黑格尔的〈逻辑学〉》,成为作者以及国内近30年《逻辑学》研究的系统总结;1982年出版的《黑格尔〈小逻辑〉译注》,取材丰富,注释精到,体现了作者研究《逻辑学》的新进展;他主编的《黑格尔辞典》,工程浩大,内容全面,是研究黑格尔的重要资料。而且他还把自己的研究重点从黑格尔的逻辑学转到精神哲学上来,并出版了《论黑格尔精神哲学》一书。在这部著作中,张世英把黑格尔精神哲学的本质理解为"自由"。在他看来,黑格尔的精神哲学,甚至他的哲学体系本身,在根本上反映了近代主体性或自由精神的最后实现。张世英通过他

---

[1] 韩水法:《重读〈康德的知识学〉》,转引自齐良骥:《康德的知识学》,商务印书馆2011年版,第498页。
[2] 杨河、邓安庆:《康德黑格尔哲学在中国》,首都师范大学出版社2002年版,第247页。

深刻而独特的研究,"确立了他在该领域的无可质疑的权威地位",被国内哲学界誉为"中国著名的黑格尔专家"。[1] 张世英的研究视野不仅局限于德国古典哲学,而且延伸到现代德国哲学,尤其是海德格尔的哲学。

尤其值得一提的是,自20世纪80年代中后期,张世英的研究进入了中国古代哲学研究和西比较哲学的领域,出版了《天人之际——中西哲学的困惑与选择》、《进入澄明之境》和《哲学导论》等书,提出了"万有相通的哲学",由此,他确立了"他的哲学史家的地位"以及"哲学家的地位"。[2]

朱德生于1956年毕业于北京大学哲学系研究生班,之后一直留在哲学系任教。朱德生长期工作在教学第一线,他在北京大学为本科生和研究生开设的德国古典哲学的课程,深入浅出,线索清晰,现实针对性强,深受学生的欢迎,几乎所有听过他讲课的学生,无论是西方哲学专业还是马克思主义哲学专业的,都感到受益匪浅。这其中一个重要原因,就是他对西方哲学发展基本问题和基本线索的认识有独到之处。早在20世纪80年代初,他就对哲学研究的意识形态化之弊端进行了批判。在他看来,哲学发展史本身有其内在的规律,不能被简单地还原为外在的社会政治和经济史。事实上,一个时代的哲学本身是对那个时代的人类认识发展的成果的理论概括。在此意义上,朱德生把认识论看成是哲学的核心。循此思路,他发表了两部研究认识论问题的哲学著作,分别是《认识论史话》(与张尚仁合著)、《西方认识论史纲》(与冒从虎、雷永生合著)。此外,朱德生近年来还出版了《燕园沉思》和《形上之思》,这两部著作浓缩了他几十年来对哲学的本质、历史和现实命运的全面和深刻思考。

韩水法于1978年考入北京大学哲学系,相继获学士与硕士学位,1985年进入中国社会科学院研究生院攻读博士学位,1988年获哲学博士学位,随后到北京大学哲学系任教。他的博士论文《康德物自身学说研究》是新时期一部关于康德哲学的经典研究。该书的一大特点是注重理论分析和文本考证,在认真考虑西方相关研究的主要观点基础上,对康德理论哲学中的物自

---

[1] 黄见德:《西方哲学东渐史》,第1076—1078页
[2] 黄见德:《西方哲学东渐史》,第1075—1079页;另见李超杰:《探究天人古今卓成一家之言——张世英教授的哲学研究》,《北京大学学报》1996年第1期。

身学说进行了系统研究,其中就直观对象、感性认识的独立性、先验对象及物自身分类等重要问题,提出了新的见解和论证。同时,他又以物自身学说中所揭示的基本问题为核心,分析和批评了康德以后一些主要认识论学派关于物自身问题的观点和理论。此外,韩水法还译有《实践理性批判》,该译本依据普鲁士皇家科学院版《康德全集》译出,译文精到,概念清晰、严格。因此,该译本出版之后,受到国内学界的高度肯定。首版即收入商务印书馆的汉译名著系列,一直是康德《实践理性批判》的权威中文译本。

(4)现象学和存在哲学

20世纪70年代末80年代中期中国先后出现"萨特热"、"弗洛伊德热"与"尼采热",这和拨乱反正以及人道主义思潮兴起的时代背景相契合。在这样一种氛围下,中国学界由最初单纯的激情崇拜,逐渐转向深入的、理性的研究。北京大学的现象学和存在哲学研究就是这一潮流的体现。

提起北京大学的现象学研究,我们不能不首先提到熊伟。作为海德格尔的亲传弟子,熊伟无疑是中国海德格尔哲学和现象学研究的奠基人。此外,他的两位学生王庆节和陈嘉映在他的影响下也开始研读海德格尔的哲学,并且一起合作将海德格尔的经典名著《存在与时间》翻译成中文。其他的现象学和存在哲学研究者还有靳希平、王炜、张祥龙和杜小真等。由于他们的成就,北京大学在相当长的时间乃是中国现象学和存在主义哲学研究的中心。

熊伟的成就表现在三个方面:首先,他最早把海德格尔哲学介绍到中国。早在新中国成立前,熊伟就发表过《说、可说;不可说、不说》一文介绍海德格尔。"文革"期间,他虽然被剥夺了正常教学和学术研究的自由,但仍然尽最大的努力翻译了不少海德格尔的原著和论文。在改革开放之后,他以各种形式发表了不少专论海德格尔的文章,如《海德格尔是一个哲学家——我的回忆》、《海德格尔》、《海德格尔与马克思》、《恬然于不居所成》、《"在"的澄明——谈海德格尔的〈存在与时间〉》、《自由的真谛》、《道家与海德格尔》等。这些文章后来都收集在《自由的真谛——熊伟文选》中。此外,他还主编有"两岸三地"学者研究现象学思潮的论文集《现象学与海德格》,在台湾出版。其次,熊伟最早把海德格尔的著作翻译成中文。1962年,熊伟译海德格尔的《论人道主义(的信)》;1964年,他翻译了《存在与时间》的部分章节，使这部著作的概貌进入了国人视野；他还翻译了海德格尔的《形而上学是什么》、《形而上学导论》（第二、三章）、《林中路》的扉页语和其中的《诗人何为》。此外，熊伟还校订了陈嘉映、王庆节译的《存在与时间》。最后，熊伟还精心培育了一批研究人才，对于海德格尔哲学的东渐有直接推动作用。在熊伟的感召下，他的学生陈嘉映、王庆节、姚治华先后出国深造，继续进行现象学研究。80年代和90年代初这批青年学者回国后，海德格尔和现象学研究在国内开始走向繁荣，并且伴随靳希平、张祥龙、王炜等学者的努力，海德格尔哲学同中国哲学的对话有了实现的可能，中国也产生了不少高水平的海德格尔研究著作。正如王炜和陈嘉映所说："20世纪最重要的一个西方思想传统，从学界几无所知，到毫无所知却大加批判，再到如今，海德格尔哲学在中国学界几成'显学'，这不能不在很大程度上归功于熊伟先生。"[1]

陈嘉映和王庆节是熊伟的学生。在熊伟的影响下，他们也对现象学，尤其是海德格尔的现象学，产生了很大的兴趣。1986年，他们共同翻译了海德格尔的经典著作《存在与时间》。这是中文学界第一个《存在与时间》的完整译本。它的出版对于海德格尔哲学在中国的研究和传播，有着无可否认的巨大贡献。这本译著不仅为中文学界确定了海德格尔哲学的基本解释框架，而且提供了一整套系统的译名。很多译名，如"此在"（Dasein）、"生存"、"本真性"等，在某种程度上变成了中文哲学概念和术语的一部分。这部新译本借鉴了熊伟先生的行文风格与一些基本概念的翻译。陈嘉映和王庆节对一些具体的术语作了一些调整，以保持全书概念的统一性。海德格尔的著作以概念复杂、晦涩与创新著称。这个译本的书后共有七个附录，着重对译名问题加以强调。本书译名的系统性、精确性与创新性为海德格尔哲学后来在中国成为"显学"打下了基础。此外，陈嘉映的《海德格尔哲学概论》1995年于三联书店出版。这本书用清晰和通俗的语言，全面、准确地介绍了海德格尔前后期的哲学思想。

---

[1] 王炜、陈嘉映：《于天人之际，求自由之真谛——忆熊伟先生》，转引自熊伟：《自由的真谛——熊伟文选》，中央编译出版社1997年版，第393页。

靳希平1972年进入北京大学哲学系学习，毕业后留校任教，1980年至1984年于德国图宾根大学哲学系深造，获哲学硕士学位，回国之后一直继续任教于北京大学哲学系。在20世纪80年代，靳希平发表了不少文章介绍胡塞尔现象学的原则和方法，比较有代表性的是《德国哲学》第7、8辑上的《现象学知识论述评》。与此同时，他还将研究领域从胡塞尔推进到海德格尔，并先后出版了专著《海德格尔早期思想研究》与译著《来自德国的大师——海德格尔与他的时代》。此外，靳希平还发表了好几篇文章对国内的现象学研究进行了系统的总结和反思，如《海德格尔研究在中国》、《沈有鼎与胡塞尔的现象学》等。

在《海德格尔早期思想研究》中，靳希平参考了大量的原始材料，其中有相当多的材料在国内学界很少为人所知。在此基础上，他系统地阐述了海德格尔1909年至1916年间的早年生活及其思想变化轨迹。在具体的论述中，他不满足于流行的解释框架。他将海德格尔早年的文章同他的生活经历结合起来，寻找其思想形成的契机，并由此揭示他的早期哲学思考所关心的核心问题。在海德格尔早期的思想领域，靳希平作出了开拓性的研究和开创性的贡献，对海德格尔的早期思想之发展以及他和胡塞尔现象学的分歧等问题，都提出了自己独立的见解。靳希平的另一部研究著作《十九世纪德国非主流哲学——现象学史前史札记》也可以看作是对海德格尔早期思想以及胡塞尔思想研究的辅助性工作。这部著作揭示了早期现象学发展的重要思想资源，展现了现象学同尼采、狄尔泰、洛采等哲学家的亲缘关系。此项研究填补了国内现象学研究的空白，使得现象学的史前史能为国内学者所了解。

杜小真于1978年9月起任教于北京大学外国哲学研究所。她的主要研究领域是当代法国哲学，如萨特、梅洛-庞蒂、福柯、德里达、巴谢拉和利科等，而萨特的存在主义哲学无疑是她的研究重点所在。杜小真研究萨特哲学的代表作是《一个绝望者的希望——萨特引论》。正如她在"绪论"中所说，这部书的主要目的就是澄清许多关于萨特哲学的误解、歪曲和偏见，并试图对萨特存在主义哲学的基本精神进行客观和公正的诠释和评价。她认为萨特存在主义哲学的核心精神就是"自由"——人被命定为是自由的；对自由的思考和追求，贯穿了萨特从《存在与虚无》到《辩证理性批判》的一生哲学思考。[1] 在当时国内"萨特热"刚刚兴起的思想背景下，杜小真的研究无疑是一服极好的解毒剂，既反驳了对萨特存在主义哲学的无端指责，又避免因某种非理性的激情对它过分拔高和神化。此外，杜小真还先后翻译了《存在与虚无》（与陈宣良等合译）、《西西弗的神话》、《声音与现象》、《自我的超越性》等10余部经典法国哲学著作。她还编译了《利科北大演讲录》、《德里达中国演讲录》、《福柯集》等著作，并且主持编辑和翻译一系列当代法国哲学研究丛书。杜小真对于法国现代哲学在中国的传播起到了极其重要的作用，也使得法国哲学进入了国内学者的视野当中。

除杜小真外，北京大学哲学系的万俊人（现任教于清华大学哲学系）在20世纪90年代对萨特哲学的诠释和研究也作出了一定的贡献。他曾发表过《萨特伦理思想研究》和《康德与萨特主体伦理思想》等论文，并于1988年出版了专著《萨特伦理思想研究》。在该书中，万俊人认为，萨特借助于自由的本体论证明，从本体论哲学过渡到主体价值的伦理学。此外，他还比较了萨特与康德自由观的不同，认为后者的自由是抽象和先验的，而前者的自由则是具体和个体的，更接近人的真实存在。

张祥龙于1992年在美国纽约州立布法罗大学哲学系获得博士学位，次年任教于北大外国哲学研究所。他一方面准确地理解和阐释胡塞尔和海德格尔的现象学哲学，另一方面则力求将现象学与东方思想，也就是中国和印度思想，进行比较和会通。就这一点来说，他的研究理路在国内独树一帜，产生了很大的影响。在这一领域，他发表了一系列的论文，如《胡塞尔、海德格尔与东方哲学》、《胡塞尔的"生活世界"学说的含义与问题》、《现象学的构成与中国哲学》、《现象学如何影响了当代西方哲学》等。2001年，张祥龙把这些文章结集出版为论文集《现象学与孔夫子》。

张祥龙还出版了好几部关于海德格尔和现象学的研究专著，如《海德格尔思想与中国天道——终极视域的开启与交融》、《海德格尔传》与《朝向事情本身——现象学导论七讲》等。恰如作者本人所说："《海德格尔思想与中国天道》（三联书店，1996年）是中国第一本将海德格尔思想与中国古代思想进

---

[1] 张祥龙、杜小真、黄应全：《现象学思潮在中国》，首都师范大学出版社2000年版，第164—165页。

行对比研究的专著。"[1] 作为张祥龙的代表作之一，该书非常鲜明地体现了他在 20 世纪 90 年代的哲学思考特点。在该书中，张祥龙第一次明确地敞开了中国、西方和印度三个思想视野。他指出西方思想的"二元对立"的局限性，并认为印度的瑜伽思想包含了超越这种对立的可能性。但他经过仔细的分析之后认为，印度思想仍然隐藏着新的"二元对立"，即神圣世界与日常世俗世界的区分。相比之下，中国古代思想却克服了这种"二元对立"。正如张祥龙所说，中国的古代思想"与西方和印度的正统终极观不同，它（中国思想）有一个不离世间的终极思想视域"[2]。张祥龙由此断定，海德格尔思想恰恰在这一点上同中国古代的天道观有相通之处。总之，张祥龙在这部著作中不仅展现了海德格尔现象学思想的自身魅力，而且将现象学放在中国古代思想的视野之中，使两者得以相互参照和融合。这也预示着他今后的比较哲学研究方向。

王炜 1984 年毕业于北大外国哲学研究所并获硕士学位，同年留校任教。自 1986 年起，他长期担任外国哲学研究所所长助理。在此期间，他协助熊伟先生编纂了《存在主义哲学资料选辑》，是该书的主要组织者、翻译者和校对者。王炜的研究领域是海德格尔的哲学，对于海德格尔在中国的传播起了重要作用。在国内学界，他较早开始关注海德格尔的后期哲学，发表了一系列非常有影响的论文，如《海德格尔关于技术的本质之思》、《海德格尔〈现象学与神学〉中的"信仰"问题》、《海德格尔与马克思主义》、《艺术就是真理的发生》、《存与生存》、《于天地间，求自由之真谛》、《关于人文哲学》等。

（5）分析哲学

分析哲学也是北京大学传统的优势研究领域之一。早在 1949 年之前，以张申府、王星拱和洪谦等为代表的老一代学者就一直致力于对罗素、维特根斯坦和维也纳学派等哲学家的研究，并且取得了很高的成就。在 1949 年之后相当长的时间里，由于政治意识形态的干扰，北京大学的分析哲学研究几乎中断。洪谦虽然担任西方哲学教研室主任和外国哲学研究所所长，但他的主要工作是组织翻译西方哲学的资料，很少能够从事自己最擅长的分析哲

---

[1] 张祥龙、杜小真、黄应全：《现象学思潮在中国》，第 99 页。
[2] 张祥龙：《海德格尔思想与中国天道——终极视域的开启与交融》，中国人民大学出版社 2010 年版，第 234 页。

学研究。改革开放之后，他的研究兴趣才得到真正的解放。

作为维也纳学派的一员，洪谦一生都在坚持不懈地将维也纳学派的逻辑实证主义（或逻辑经验主义）引进中国。早在20世纪40年代，他就出版了《维也纳学派的哲学》一书。改革开放以后，尽管已过古稀之年，但他以从未有过的精神风貌，为逻辑实证主义在中国的传播，进行了多方面卓有成效的工作。他的贡献主要表现在两个方面：首先，在他的主持下，逻辑实证主义哲学家的主要著作和论文都被翻译成中文。这也为准确地了解逻辑经验主义的基本思想和发展过程，提供了一套第一手资料。比如他组织力量进行翻译、主编的《逻辑经验主义》一书，几乎囊括了分析哲学中的重要文献。其次，他重申了逻辑经验主义的理论观点，并且结合后来的研究提出了自己最新的看法。

在新时期，洪谦发表了一批论文，主要有《国际维特根斯坦哲学研讨会观感》、《克拉夫特哲学简述》、《维特根斯坦和石里克》、《欧行哲学见闻》、《谈谈马赫》、《关于逻辑经验主义——我个人的见解》、《艾耶尔和维也纳学派》和《关于逻辑经验主义的几个问题》等。后来这些文章绝大部分都收录在1990年香港三联书店出版的《逻辑经验主义论文集》和1999年由商务印书馆出版的《论逻辑经验主义》中。[1] 不仅如此，洪谦先生对于分析哲学在我国的传播与发展做了开创性工作，并为我国培养了大批人才。在他的言传身教下，陈启伟和韩林合等学者先后走上分析哲学的研究道路，成为中国分析哲学研究的中坚力量。

陈启伟于1960年获硕士学位，并一直留校任教至今。对近代欧陆哲学、马克思主义哲学以及分析哲学都有很深入的研究。他师从洪谦先生，是我国最早开始研究维特根斯坦《逻辑哲学论》的学者之一。改革开放之后，陈启伟赴美国进修，主攻分析哲学。陈启伟在几十年的研究和教学生涯中引介了大量的分析哲学著作。他翻译和参与翻译的著作有：《逻辑哲学论以及其他》（《维特根斯坦全集》第1卷）、《从逻辑的观点看》（奎因）、《现代西方哲学论著选读》、《世界的逻辑构造》（卡尔纳普）、《我们关于外间世界的知识》（罗素）、《罗素自传》（第二卷）和《语词和对象》（奎因）等。陈奇伟1998

---

[1] 黄见德：《西方哲学东渐史》，第1165—1166页。

年出版的《西方哲学论集》，汇集了他从 50 年代到 90 年代的研究成果，展现了他的思想历程，其中关于维特根斯坦《逻辑哲学论》的论文是我国最早的维特根斯坦研究文献之一。

韩林合 1992 年毕业于北京大学外国哲学研究所，获博士学位，此后一直任教于北大外国哲学研究所和哲学系。作为洪谦的学生，他一方面继承了洪谦的分析哲学研究传统，另一方面也有自己的创新。他的主要研究领域是维特根斯坦的哲学，并出版了若干相关的著作，如《维特根斯坦〈哲学研究〉解读》、《维特根斯坦哲学之路》、《石里克》、《乔姆斯基》、《〈逻辑哲学论〉研究》、《分析的形而上学》，发表了一系列论文。其中，《〈逻辑哲学论〉研究》以及《维特根斯坦〈哲学研究〉解读》两部煌煌百万言的巨著解读了维特根斯坦前后期哲学的标志性著作，为国人理解维特根斯坦、理解西方分析哲学的源头树立了典范。《〈逻辑哲学论〉研究》和《维特根斯坦〈哲学研究〉解读》的共同特点都是利用了大量的一手资料和二手研究文献，对两部著作中的重点、难点问题予以一一解读。从这两部著作可以看出，韩林合无论对维特根斯坦的原著，还是对罗素、弗雷格和维也纳学派等同时代分析哲学家的著作，都有非常深入的研究，直接切入国际维特根斯坦研究的前沿。

二、课程与学制

1. 课程与教学

1978 年随着第一批高考录取的学生进入北京大学哲学系，西方哲学的教学也逐渐摆脱极左意识形态的控制，恢复正常的状态。

1981 年，北京大学哲学系的外国哲学专业被评为首批博士点之一。1982 年，哲学系修订教学计划，哲学系本科生增设 14 门必修课，其中包括"西方哲学史"和"现代西方哲学"。研究生开设 9 门课，其中包括"黑格尔《小逻辑》选读"、"洛克《人类理解论》选读"等。齐良骥开设了研究生必修课"亚里士多德形而上学"和选修课"康德哲学"。由此也可看出，北大西方哲学的教学和课程设置也逐渐规范化。无论是本科生、硕士研究生还是博士研究生，都有相应的学分和修课要求。

1988年，北大哲学系的"外国哲学史"专业被评为全国重点学科。这也是外国哲学学科走向规范化的一个重要标志。

1993年，根据学校提出的"加强基础、淡化专业、因材施教、分流培养"的方针，哲学系提出了新的教学方案，对哲学课程进行了新的规划，其中最大的变化是压缩专业必修课学时，增加各类选修课；强调基本能力的培养，在"西方哲学史"等一些课程中试用英文教材和英文参考书。

2. 教材和资料

这一时期，北京大学西方哲学的资料翻译和编辑取得了丰富的成果。主要成果如下：外国哲学史教研室编译《西方哲学原著选读》（上、下，商务印书馆，1981、1982年），洪谦主编《逻辑经验主义》（商务印书馆，1982—1984年）、《现代西方哲学论著选辑》（商务印书馆，1993年），陈启伟主编的《现代西方哲学论著选读》（北京大学出版社，1992年），张世英主编《新黑格尔主义论著选辑》（上、下，商务印书馆，1997—2003年），主要教材有赵敦华撰写的《西方哲学通史》（第一卷，北京大学出版社，1996年）。

三、机构和人物

1978年，北京大学哲学系外国哲学史教研室恢复了正常的教学和研究工作，朱德生、李真、靳希平先后任教研室主任。1979年，洪谦恢复北京大学外国哲学研究所所长职务，熊伟、沈少周任副所长。外国哲学研究所设西欧北美哲学研究室，陈启伟任主任；苏联东欧研究室，王永江任主任。

1979年11月，全国现代外国哲学讨论会在山西太原召开。北大外国哲学研究所洪谦、熊伟、张世英、沈少周、陈启伟、王永江、李昭时、杜小真，哲学系外国哲学教研室的朱德生、李真和靳希平等参加了会议。会上成立了全国现代外国哲学学会，洪谦任理事长，熊伟任副理事长，朱德生任理事。

1986年至1995年，陈启伟担任北大外国哲学研究所所长。1995年，北京大学决定外国哲学研究所与哲学系合并，所长由哲学系主任叶朗兼任，张祥龙任副所长。1996年，外国哲学研究所正式并入哲学系，与外国哲学史教研室组成了新的外国哲学教研室。

1999年9月14—24日，应北京大学哲学系邀请，当代法国著名哲学家保罗·利科来华访问。利科在北京大学作了题为"正义与报复"的讲座，并与参加讲座的近百名师生围绕讲座主体进行了座谈。此后利科与哲学系师生就现象学的现状问题、翻译问题又进行了两次专题座谈。访问期间，利科与北大哲学系楼宇烈教授进行了三个小时的对话，并接受了哲学系学者的长篇采访。在利科访问和讲学期间，杜小真一直担任现场翻译。

在这段时间，北大哲学系从事外国哲学教学和科研的教授主要有洪谦、熊伟、齐良骥、周辅成、任华、张世英、王太庆、王永江、朱德生、陈启伟、杨克明、李德齐、李真、靳希平、王炜、赵敦华、陈嘉映、张祥龙、杜小真、韩水法、尚新建、姚卫群、谢文郁、叶闯、韩林合、李超杰、魏常海、沙宗平等。下面简要介绍任华、熊伟、齐良骥和王太庆、朱德生的生平。

任华（1911—1998），贵州安顺人。1931年考入清华大学哲学系，1935年毕业后入清华研究院，1937年以论文《信念之分析》获哲学硕士学位。1941年由西南联大公派赴美哈佛大学留学，1946年在哲学家刘易斯的指导下完成博士论文《现象主义的三种类型》，获博士学位。同年回国，任清华大学哲学系副教授、教授，讲授西方哲学史。1952年全国院系调整，任北京大学哲学系教授。1958年起，任北大哲学系外国哲学史教研室主任。60年代初，担任教育部统编教材《西方哲学史》主编。他熟悉中国古典文献，通晓希腊、拉丁、英、德、法、俄等多国语言，主要研究领域包括古希腊罗马哲学、18世纪法国哲学、现代西方实用主义哲学和现象学。参加了《西方哲学原著选读》相关部分的翻译工作。在实用主义哲学研究方面，任华提出两个重要观点：肯定实用主义哲学揭示了唯物主义在"经验"观点上的缺陷，肯定实用主义"为保卫人的价值而限制知识"口号的积极意义。

熊伟（1911—1994），祖籍贵州贵阳，出生于云南昆明。1927年考入北京大学预科，两年后升入哲学系，1933年毕业；同年后赴德国弗赖堡大学学习，师从海德格尔。1937年任波恩大学东方学系讲师，并在该大学注册，主修哲学。在罗特哈克教授指导下完成博士论文《论不可言说》（*Ueber das*

Unaussprechliche），1939年9月获波恩大学哲学博士学位。1941年回国，任重庆中央大学哲学系教授，1944年起兼任系主任。1946年任南京中央大学哲学系主任，1948年任上海同济大学教授兼文学院长、哲学系主任。1952年起，任教于北京大学哲学系，后在北大外国哲学研究所担任副所长。他是海德格尔哲学专家，是最早向中国介绍海德格尔思想的人，除海德格尔哲学和西方哲学文献，他还根据德文原著校订了马恩经典著作《神圣家族》和《德国农民战争》等文。

齐良骥（1915—1990），又名振功，号良绩，康德哲学专家。1937年毕业于北大哲学系，1941年执教于西南联大，此后一直在北大哲学系任教，研究和讲授康德哲学和其他西方哲学课程。出版了两部专著：《康德唯心主义的认识论及其形而上学思想方法批判》、《康德的知识学》。除了两部专著之外，他发表了多篇高水平的论文，如《康德的〈纯粹理性批判〉的启蒙思想》、《〈纯粹理性批判〉论人的两种特性》和《康德论哲学》等。

王太庆（1922—1999），安徽铜陵人。1943年入西南联大求学，1947年毕业于北大哲学系。1947年8月至1949年7月任中国哲学会西洋哲学名著编译委员会研究编译员。1965年3月至1978年3月任银川宁夏医学院讲师。在时为哲学系书记朱德生的努力下，1979年1月调回北大任教。长期以来，王太庆翻译和合作翻译了许多西方哲学经典著作，编选许多高质量的西方哲学原著教材，在文献方面为西方哲学研究和教学作出了重要贡献。其中重要的译著有：他与贺麟合译的《哲学史讲演录》、与陈修斋合译的《狄德罗哲学选辑》；作为主要人员参与北大学外国哲学史教研室主编的《西方古典哲学原著选辑》。20世纪80年代，王太庆还主持编译出版了《西方哲学原著选读》和《现代西方哲学论著选辑》；晚年倾力翻译柏拉图对话集，不仅提出了新的翻译理念，还创造了一系列新的译法。

朱德生（1931年出生），江苏省武进人。1951年入南京大学哲学系求学，1952年院系调整后到北大哲学系继续学习。1956年夏毕业于北大哲学系马克思主义哲学研究生班后留系任教。"文革"前主要从事西方哲学的教学与研究，参与60年代初全国高校统编教材的编写工作。"文革"后，由偏重历史转为偏重理论，形成了史论结合的个人研究方向。著有《认识论史话》和

《实践、异化和人性》等著作。自 1978 年起至 1994 年先后任北大哲学系书记和主任，长期担任中华外国哲学史会理事长等职。

第七节　西方哲学学科现况（2000—2012）

晚近 10 多年来，北京大学的西方哲学教学和研究延续了 80 年代以来的繁荣景象，在此基础上不断开拓研究领域，加强研究深度。随着更多海外留学人员的加入，西方哲学研究和教学队伍越来越呈现出国际化的趋势。北大西方哲学研究有五个传统领域，即古希腊和中世纪哲学、早期现代哲学、德国古典哲学、当代欧陆哲学、英美分析哲学，近年来政治哲学和比较哲学等新兴综合研究也蔚为大观。

一、观念与思想

1. 综合评述

近 10 多年来，北大西方哲学研究和教学在如下三个方面有了较大的发展：

第一，国际化趋势加强，同国际学界进行了更多的交流。这体现在一方面，更多的年轻学者海外学成归来，例如德国图宾根大学的先刚，比利时鲁汶大学博士刘哲、吴天岳；另一方面，每年北京大学哲学系都有不少学者参加各类国际学术会议，到各大学做访问学者，并且邀请了不少国际著名哲学家和学者到北京大学哲学系访问，进行了更多有益的交流。比如说，从 2000 年起，就有哈贝马斯、德里达、彼得·斯劳特戴克等国际知名哲学家等人来北京大学哲学系进行讲演与座谈。同时，西方哲学的教师也到西方大学任教和讲演，从事合作研究。

第二，研究方向呈现多样化、专业化趋势。西方哲学教学和研究涉及古希腊、中世纪、早期现代、德国古典、当代欧陆德法现象学、英美分析哲学、政治哲学和比较哲学研究等诸多领域。新千年的西方哲学研究摆脱了介绍与概述的旧模式，深入西方哲学的理论核心，探讨西方哲学的理论渊源和前沿问题。这种研究模式的转变使得中国学者对西方哲学的理解不再停留于表面，而是发展出了同西方一流学者进行对话的能力。在这 10 多年中，西方哲学研究领域涌现出了大量的优秀学术成果，在各自的专业领域中都达到了较高的水平，其中不少著作已经成为国内学界的经典研究。如赵敦华的基督教哲学研究、靳希平的现象学研究、尚新建的实用主义哲学研究、韩水法的康德研究、韩林合的维特根斯坦研究、叶闯的语言哲学研究、徐向东的心灵哲学与道德哲学研究等。

第三，延续了 20 世纪八九十年代以来的本土化研究传统。西方哲学学科的学者在理解西方哲学时，还充分结合中国悠久的文化历史传统与中国独特的当下处境，具有本土化的问题意识。这主要体现在一些中西哲学比较以及政治哲学研究上。这类研究有张祥龙的《现象学与孔夫子》、《先秦儒家哲学九讲》，韩林合的庄子哲学研究，以及韩水法、何怀宏、徐向东、吴增定、李猛等学者的政治哲学研究。

总体上说，近 10 多来，北大西方哲学教学与研究在各个领域和方向都取得了丰硕成果，并且已经逐渐在国际学界发出了自己的声音。在研究不断深入和全面进行的同时，西方哲学学科的学者能够保持中国人独有的问题意识，推陈出新，确立研究的主体性。这已经成了一个非常可贵的传统。

2. 具体领域的研究成就

（1）古希腊哲学

进入新世纪之后，北大的古希腊哲学研究取得了长足的进步，除了赵敦华和靳希平等既有的研究人员之外，还涌现了李猛、先刚、吴天岳等新生的研究力量。他们从不同的视角对柏拉图和亚里士多德的哲学进行了深入的研究，并且开设了一系列相关的课程，使希腊哲学研究呈现出多元并进的良好趋势。

靳希平自 20 世纪 90 年代起，就已经从海德格尔的现象学研究进到古希腊研究，并持有独特的研究视角。他先后出版专著《亚里士多德传》，发表论文《亚里士多德与 analogia entis》、《希腊人心目中的哲学：一个现象学的审思》、《古希腊刍议二则》等。这些论文深入浅出地对希腊哲学的特征进行了全方位、多层次的勾勒，并以现象学描述的方式向我们展现了古希腊哲学的鲜活图景。此外，他还在北京大学常年坚持开设"哲学希腊语"课程，为北京大学培养了很多古希腊哲学的爱好者和研究者。

李猛回国后接连开设研究亚里士多德的《形而上学》、《物理学》和《论灵魂》等著作的专题课，并发表论文《亚里士多德的"运动"概念》。这篇论文参考了国际亚里士多德研究界的多种经典解释，重新考察了亚里士多德的《物理学》和《形而上学》等文本，并在此基础上从"存在"的角度提出了一个崭新的解释。

先刚求学于德国图宾根大学，对于引介德国图宾根学派的柏拉图研究有重要贡献。他先后发表论文《柏拉图的二元论》、《书写与口传的张力——柏拉图哲学的独特表达方式》、《国外柏拉图研究中关于"图宾根学派"的争论》。这些论文或介绍图宾根学派的研究，或基于其研究成果发表自己的研究观点，推进了国内的柏拉图研究。

吴天岳对柏拉图和亚里士多德的哲学有着深入的研究。自回国任教之后，他曾多次开课讲授柏拉图的《理想国》，参加国际希腊哲学会议，并发表论文《多元视角下的城邦与灵魂——记第九届柏拉图研讨会》、《重思〈理想国〉中的城邦—灵魂类比》，力图与国际前沿的柏拉图研究展开对话。

（2）中世纪哲学

中世纪哲学研究者除了赵敦华之外，还增添了吴飞和吴天岳等新生力量。他们的研究，在不同的意义上推进了国内学界对于基督教哲学的理解和认识。

赵敦华的《基督教哲学1500年》的重要性已经在前文作出过详细论述，在此不再赘言。近年来，他发表了一系列相关的论文，如《圣经政治哲学初探——〈撒母耳记上〉释义》、《〈创世记〉四大神话的历史还原》等，并出版了专著《圣经历史哲学》。这部百万言的巨著在吸收国内外圣经研究成果的基础上，对于圣经的成书历史、基本教义等重要问题提出了自己非常独到的见解，从哲学、政治哲学、宗教学、神学角度对圣经进行了全面综合的立体解读。可以设想的是，该书必将在中国的中世纪和基督教哲学领域占有重要地位。

随着吴飞和吴天岳等学者加入西方哲学学术团队，中世纪哲学研究在国内获得了长足的发展。其中，吴飞依据拉丁文翻译了奥古斯丁的巨著《上帝之城：驳异教徒》，发表了《自我谋杀与美好的生活——奥古斯丁论自杀禁忌》、《奥古斯丁论"前性情"》、《绝望中的生命自由——奥古斯丁论自由意志与望德》、《奥古斯丁论创世中的圣言》等相关论文。这些研究超越了单纯的介绍性研究，开始对奥古斯丁理论的重要问题进行全面深刻的解读，对国内奥古斯丁研究有比较重要的意义。吴天岳出版了专著《意愿与自由——奥古斯丁意愿概念的道德心理学解读》，发表了论文《奥古斯丁〈论自由决断〉第三卷中的神圣预知与自由意愿》、《奥古斯丁论信仰的发端——行动的恩典与意愿的自由决断并存的哲学可能》。这些研究全面地借鉴和吸收了国际奥古斯丁研究的前沿成果，是国内奥古斯丁研究的重要成果。

（3）早期现代哲学

学界通常将笛卡尔之后和康德之前这段时期命名为"近代哲学"或"早期现代哲学"。在通行的哲学史教材中，早期现代哲学的主旋律是经验论和唯理论的论争。尚新建一直致力于早期现代哲学的教学和研究。他较早出版了专著《笛卡尔传》，并发表了一系列相关的论文，如《笛卡尔的"我思"与"人"》等。近年来，他的研究兴趣是对现代启蒙运动的反思。他的一系列论文，如《启蒙与人性》、《论"知识就是力量"——培根对人与自然关系的重新界定》、《启蒙视野中的近代哲学》、《自主与理性——与韩水法教授商榷》等，为我们理解自笛卡尔以来的现代启蒙运动的内在逻辑提供了非常重要的视野和参照。

吴增定主要关注现代早期的政治哲学，发表了一系列阐释现代政治哲学的论文，着重探讨了洛克、霍布斯、斯宾诺莎等人的政治哲学理论。2012年3月，他出版了两部关于早期现代政治哲学的著作，分别是《利维坦的道德困境——早期现代政治哲学的问题与脉络》和《斯宾诺莎的理性启蒙》。这两部著作对早期现代政治哲学的缘起、基本问题和内在困境进行了深入的探讨。

李猛对早期现代哲学也有深入研究。他在芝加哥大学的博士论文题目就是"莱布尼茨和洛克哲学的比较"。回国之后，他发表了好几篇关于笛卡尔哲学的论文，其中比较有代表性的是《笛卡尔论永恒真理的创造》。该文章从一个资料与线索极少的议题——笛卡尔论上帝创造永恒真理出发，展现了近代哲学家们围绕这个问题展开的争论与这个议题背后复杂的哲学史脉络，是一项极具启发性的笛卡尔研究。

（4）德国古典哲学

韩水法近年来仍然一如既往地坚持康德哲学的教学和研究。在近30年的学习、研究和教学生涯中，他曾多次开课讲授康德哲学，尤其是康德的实践哲学。他的近期关注点从康德的知识论与形而上学转移到了道德哲学和实践哲学。2009年，他出版了论文集《批判的形而上学》，该书汇集了他多年来研究康德的成果。全书覆盖了康德的理论哲学、实践哲学、政治哲学以及美学，探讨了康德形而上学的特征，康德哲学的方法论、意识理论及其与笛卡尔哲学、胡塞尔意识理论的关系、康德《实践理性批判》的内在逻辑和基本概念、康德的法哲学体系及其基本概念、康德的国际正义理论以及康德美学理论的现代意义等核心问题，提出了不少新的观点和论证，是国内康德研究的优秀成果。

先刚在德国主攻德国古典哲学，对于康德、费希特、谢林、黑格尔及与之相关的德国浪漫派传统都有很深的研究。在国内的德国古典哲学研究中，康德和黑格尔一直是热点，而费希特和谢林相对不太为人所关注。先刚除了研究康德和黑格尔哲学之外，对谢林哲学也付出了极大的研究热情。他不仅出版了著作《永恒与时间：谢林哲学研究》，而且发表了一系列与德国古典哲学相关的论文，如《黑格尔和谢林论中国在"普遍历史"中的地位》、《谢林的"世界时代哲学"构想及其演进》、《哲学与宗教的永恒同盟——论谢林的宗教哲学思想》、《谢林哲学中的"流溢"观念》。在某种程度上，先刚的谢林研究可以说是填补了国内德国古典哲学研究的一个空白。

刘哲在比利时鲁汶大学求学期间主攻黑格尔哲学，回国后出版了专著《黑格尔辩证—思辨的真无限概念：在康德与费希特哲学视域中的黑格尔〈逻辑学〉》，并发表论文"Hegel On Fichte's Conception of Practical Self-Consciousness"及《康德还是费希特？——两种作为自律的自由概念》。刘哲归国后开设了讲解费希特的课程，丰富了哲学系的德国古典哲学教学。

（5）现代欧陆哲学（生命哲学、现象学和存在哲学等）

作为最早一批研究现象学的学者，靳希平、张祥龙等为现象学在中国的传播与发展作出了很大的贡献。近年来，靳希平的兴趣重新转向了胡塞尔，不仅开设了一系列讲授胡塞尔的课程，而且通过对文本的仔细梳理，传播与深入研究胡塞尔，发表了论文《胡塞尔论外物感知活动的特征》、《〈精神现象学〉与胡塞尔现象学关系——从"译者导言"谈起》等。从胡塞尔到海德格尔，再到胡塞尔，靳希平的研究为国内现象学的研究和传播作出了很大的贡献。2000年后，靳希平翻译出版的现象学相关著作有：《来自德国的大师——海德格尔和他的时代》、《现象学入门——反思性分析》、《海德格尔与其思想的开端》、《时间现象学的基本概念》和《另类胡塞尔》等。

张祥龙则在用现象学阐释中国哲学方面作出了诸多努力，在后文中将有详细论述。

李超杰的研究方向是狄尔泰，并出版了专著《理解生命：狄尔泰哲学引论》。众所周知，狄尔泰作为新康德主义哲学的代表人物，在西方一直有着很高的地位。他的哲学曾经影响了胡塞尔和海德格尔的现象学以及伽达默尔的解释学，并且被伽达默尔看成是现代解释学的真正创始人。但是，中国学界对狄尔泰的研究还是非常薄弱。就这一点来说，李超杰的《理解生命》在中国学界无疑具有开创性的意义。该书全面和深入地研究了狄尔泰哲学，尤其是他的解释学思想同康德哲学的关系。在李超杰看来，狄尔泰哲学的根本问题可以被总结为"主体的精神世界结构何以使对精神现实的认识成为可能？"[1] 显然，这一问题既是狄尔泰对康德哲学中的认识论问题的继承，也是对它的批判和改造。

吴增定的研究领域有两个重点：其一是尼采哲学，其二是胡塞尔和海德格尔的现象学。他出版了一部关于尼采的专著《尼采与柏拉图主义》。该书立足于对尼采的《悲剧的诞生》、《查拉图斯特拉如是说》和《超善恶》等原著的解读，将尼采的哲学放到了柏拉图主义形而上学的思想背景中，对它作出了清晰而系统的阐释。在现象学领域，他发表了一系列论文，如《意义与意向性——胡塞尔的意义学说研究》、《浅析〈逻辑研究〉中的逻辑学与现象

---

[1] 李超杰：《理解生命：狄尔泰哲学引论》，中央编译出版社1994年版，第86—88页。

学的关系〉、〈回到事情本身？——略述胡塞尔"自我"概念的演进〉等。

刘哲对于德国、法国的现象学都有深入研究，尤其长于对萨特及梅洛-庞蒂的解读。他同杜小真共同编译了《理解梅洛-庞蒂：梅洛-庞蒂在当代》一书，并发表过一系列的论文，其中比较重要的如《梅洛-庞蒂先验现象学的基础界限》（A Fundamental Limit of Merleau-Ponty's Transcendental Phenomenology）等。

（6）当代英美哲学（含心灵哲学、实用主义哲学等）

尚新建是最早对美国实用主义哲学进行专门研究的学者之一。他的博士论文《美国世俗化的宗教与威廉·詹姆斯的彻底经验主义》对引介和深入研究实用主义哲学作出了很大贡献。此外，尚新建同陈波编译的《意义、真理与行动：实用主义经典文选》是国内少见的实用主义文献选编，对于国内学界了解美国最前沿哲学流派有着重要意义。

韩林合的维特根斯坦研究无疑代表了国内的最高水平。近 10 余年来，他出版了巨著《维特根斯坦〈哲学研究〉解读》，并发表了一系列关于维特根斯坦的论文，其中，《维特根斯坦〈哲学研究〉解读》对《哲学研究》一书进行了极为细致的疏解，并且对其中的重要问题一一进行了详细而深入的讨论。该书以大量的原始材料和二手文献为基础，论证严密，结构完整，是对维特根斯坦后期哲学的权威研究。

叶闯的主要研究领域为语言哲学，他的研究为国内的分析哲学同世界研究前沿接轨作出了重大努力。他出版的语言哲学著作《语言·意义·指称——自主的意义与实在》是一部具有高度原创性的研究，他在该书中提出了一个与传统语义理论完全相反的语义理论，对否定存在陈述、空名陈述、分析性等语言哲学的重要难题给予了全新的解释。[1] 这一研究具有很大的启发性，是作者多年来思考的可贵成果。叶闯的另一部著作《理解的条件——戴维森的解释理论》则是国内不多见的戴维森研究专著，对于引介戴维森哲学起到了重要作用。

---

[1] 梅剑华：《异端的理论与合理的解释——评叶闯教授新著〈语言·意义·指称——自主的意义与实在〉》，《世界哲学》2011 年第 1 期。

徐向东对于知识论、形而上学、早期现代哲学、道德哲学与政治哲学都有所涉猎。他在哥伦比亚大学受到的分析哲学训练使得他的研究在方法上具备高度的严谨性。他先后出版了《自由主义、社会契约与政治辩护》、《道德哲学与实践理性》、《怀疑论、知识与辩护》、《自我、他人与道德》、《理解自由意志》等著作，始终保持与国际哲学研究前沿进行对话。

（7）政治哲学

北京大学的政治哲学研究有着悠久的历史。20世纪90年代，何怀宏、赵敦华和韩水法就对罗尔斯等自由主义政治哲学进行了深入的研究，在学界赢得广泛的称赞。新世纪以来，徐向东、吴增定和李猛等新锐也加入政治哲学研究的队伍。

韩水法近年来发表了一系列政治哲学研究成果，着重关注韦伯的社会学理论与罗尔斯等人的政治哲学理论。他出版了著作《韦伯》和论文集《正义的视野——政治哲学与中国社会》及多部译著。论文集《正义的视野——政治哲学与中国社会》着重研究和梳理了权利、平等、民主和全球正义等基础概念和基本问题，探讨了政治哲学的方法，并关注这些概念和方法与现实政治和社会制度之间的关系，将中国因素引入政治哲学的思考，记录了他10多年来思考政治哲学基本问题及与中国关系的轨迹。

徐向东的政治哲学研究偏重于对西方自由主义政治哲学基础理论和具体模型的深入分析与论证。他出版了《自由主义社会契约与政治辩护》等多部著作，编著了《全球正义（当代西方政治哲学读本）》，发表了多篇关于政治哲学的论文，并且开设了多种政治哲学的课程，讲解当代西方种种主流的政治哲学理论，其成果对于中国学者了解当代西方政治哲学有着重要意义。

（8）中西比较哲学

比较哲学是北京大学西方哲学研究的一个新领域，同时也是一个非常具有挑战性的领域。在这一方面，赵敦华、张祥龙和韩林合等，都作出了很重要的研究。这也大大地突破了西方哲学的固有视野，将中国哲学和印度哲学的思想成就引入西方哲学研究之中。赵敦华提出"大哲学"观念，认为中西哲学具有对话与会通的可能，他的论文《用中国人的眼光看西方哲学》、

《"大哲学"视野中的现代中国的哲学》、《中国哲学、大哲学和世界哲学》、《试论国学的几个理论问题》、《中国哲学的现代形态的时间轨迹》等都在进行打通中西哲学、建立世界哲学的理论尝试。这些尝试为我们重新看待中国哲学、看待西学在中国提供了理论上的宝贵资源。

张祥龙近年出版的著作多从现象学角度解读儒家思想和中国文化传统，如《从现象学到孔夫子》、《思想避难：全球化中的中国古代哲理》、《中华古学与现象学》、《孔子的现象学阐释九讲：礼乐人生与哲理》、《先秦儒家哲学九讲：从〈春秋〉到荀子》。这些著作在胡塞尔、海德格尔、印度经典和中国儒家传统中畅游，会通东西方文化传统，体现了张祥龙在中、西、印哲学中的深厚功力，是中国学者为自身文明寻求主体性和再生性的创造性尝试。

此外，韩林合的《虚己以游世——〈庄子〉哲学研究》是一项结合逻辑的和分析的方法与中国传统的朴学方法研究庄子哲学的新尝试，揭示了中国哲学研究的新视角和新方向，为我们理解庄子提供了一种极富创造性的方式。

（9）俄罗斯哲学

在国内的西方哲学研究中，俄罗斯哲学处于相对边缘的地位。1949 年之后，北京大学的西方哲学教学和研究虽然以苏联官方的马克思主义哲学为指导思想，但苏联哲学本身并没有得到特别的关注，更遑论 19 世纪至 20 世纪初的俄罗斯哲学。自 20 世纪 90 年代以来，北京大学哲学系和外国哲学研究所的徐凤林一直从事俄罗斯哲学的教学和研究，取得了丰富的成果。他先后发表了三部专著和多篇学术论文，在国内的俄罗斯哲学研究领域产生了重要影响。

《俄罗斯宗教哲学》（北京大学出版社，2006 年）一书对俄罗斯哲学史上占有突出地位的 12 位宗教哲学家的思想作了清晰和深入的阐述。《中国哲学年鉴》（2007 年）的"新书评介"准确地总结了该书的主要贡献和价值，认为"它是我国第一部系统和全面研究俄罗斯宗教哲学的专著，对于有志于俄罗斯哲学研究的本科生和研究生来说，是一本十分难得的和可以信赖的教科书"。《索洛维约夫哲学》（商务印书馆，2007 年）一书是国内第一次对该哲学家的形而上学、认识论、人学、历史哲学、美学和伦理学思想所进行的系统研究和阐释。本书在研究方法上没有局限于对索洛维约夫哲学的简单介绍和平铺直叙，而是把他的学说放在东西方哲学的大背景下加以考察，从俄罗斯哲学的一般特点入手，通过具体研究，概括总结出索洛维约夫哲学的思想特色。《复活事业的哲学》（黑龙江大学出版社，2010年）一书对俄国哲学家费奥多罗夫的"共同事业的哲学"进行了系统的研究。

（10）伊斯兰哲学

北大伊斯兰哲学及其宗教研究有着悠久的传统，其主要代表是《古兰经》的中译者马坚。不过，马坚的研究主要是从宗教角度阐发伊斯兰教的教义。（可参见"宗教学学科史"部分相关内容。）

近年来，北大哲学系的沙宗平一直致力于伊斯兰哲学的研究和教学。在这一领域，他出版了专著《伊斯兰哲学》（中国社会科学出版社，1996年），发表了一系列学术论文。依据大量的资料，对伊斯兰哲学的起源、发展及其近现代转型进行了详细的总结和探讨，不仅指出了伊斯兰哲学与阿拉伯、古希腊、波斯和印度文化的复杂关系，而且对伊斯兰哲学给出了清晰的界定。正如该书所在的"伊斯兰文化小丛书"主编吴云贵指出的，《伊斯兰哲学》一书以准确的资料，从历史的角度，逐次介绍了伊斯兰哲学各流派的起源、主要哲学思想、代表人物及其著作和历史影响等，对于了解伊斯兰宇宙观、认识论具有重要参考价值。

（11）科学与宗教

"科学与宗教"问题是当今宗教学研究中一个重要而富有活力的研究领域，近年来在国内得到了长足的发展。北大宗教学系在这方面也走在前列。冀建中教授于1992年开了研究生选修课"科学与宗教"，以巴伯原著《宗教和科学中的问题》（*Issues in Religion and Science*）为阅读材料。苏贤贵从2000年开始，定期开设本科生和研究生限选课"科学与宗教"。苏贤贵翻译了约翰·布鲁克的《科学与宗教》（上海复旦大学出版社，2001年）、伊安·巴伯的《当科学遇到宗教》（三联书店，2004年），合译了于尔根·莫尔特曼的《创造中的上帝》（三联书店，2003年），对国内的相关研究作出了一定的贡献。

从 1999 年到 2006 年,北京大学宗教学系分别邀请了摩尔特曼、巴伯、纳伯斯、麦克格拉思等多位国际著名的宗教学者在北大举办"科学与宗教"主题的演讲,促进了国内"科学与宗教"的研究。2006 年 7 月 22 至 23 日,北大宗教学系、科学与社会研究中心和香港浸会大学哲学宗教系联合召开"科学与宗教"学术研讨会,邀请到王绶琯、席泽宗、冼鼎昌、朱清时等四位中科院院士,以及系内外其他学者参加,这是国内科学家、科学史家与宗教学者对"科学与宗教"进行的一次深入探讨。

二、课程与学制

1. 课程和教学

进入 21 世纪之后,北大哲学系本科和研究生教学完全走上了规范化的道路,建立了非常系统和完备的课程体系。就西方哲学而言,"西方哲学史"和"现代西方哲学"等,一直是哲学系本科生的专业必修课,此外还有各种类型的必修课和选修课,如"古希腊哲学原著选读"、"近代欧洲哲学原著"、"分析哲学原著选读"、"现代德国哲学"、"形而上学"、"知识论"、"政治哲学"等。硕士研究生的课程包括专业必修课和选修课。必修课共有五门,即"古希腊哲学原著"、"近代欧洲哲学原著"、"德国古典哲学原著"、"现代欧陆哲学原著"和"英美哲学原著",此外是各种类型的专业选修课。这些选修课既包括重要哲学著作、哲学家和哲学流派的专题,也包括哲学断代史,还包括哲学问题、方向和领域的研究等。博士生的课程量相对要少而自由一些。授课教师除了外国哲学教研室的老师之外,还有从国内外其他大学聘请的知名学者。

为把向本科一年级新生开设的主干基础课"哲学导论"建成名师课,哲学系从 2001 年开始请著名学者讲授此课。先后讲授"哲学导论"的著名学者有张世英(2001)、叶秀山(2002)、余敦康(2003)。

在西方哲学的教学和课程建设方面,也取得了一系列的成绩。2002 年,尚新建的博士论文《美国世俗化的宗教和威廉·詹姆斯的彻底经验主义》获 2002 年全国优秀博士论文。2009 年,赵敦华主持的外国哲学教研室的集体项目"西方哲学史课程建设和教学改革"获国家级教学优秀成果二等奖。

2. 教材和丛书

这一时期的教材主要有赵敦华撰写的《西方哲学简史》（北京大学出版社，2000年）和《现代西方哲学新编》（北京大学出版社，2000年）。

另外值得一提的是"北京大学外国哲学研究丛书"。2007年，该丛书第一辑中的7部发行，包括韩水法的《康德物自身学说研究》、张祥龙的《海德格尔传》、杜小真的《萨特引论》、韩林合的《〈逻辑哲学论〉研究》、徐凤林的《索洛维约夫哲学》、徐向东的《自我、他人与道德——道德哲学导论》（上、下）、先刚的《永恒与时间——谢林哲学研究》等。该丛书第一辑共出版11种著作，第二辑现已出版5种。它体现了北大西方哲学研究的新高度，在国内外国哲学界产生了较大的影响。

三、机构和人物

2000年9月，北京大学哲学系外国哲学教研室和外国哲学研究所组建了全国唯一的外国哲学重点研究基地，即新的外国哲学研究所，所长为靳希平，副所长为徐向东。2001年，"外国哲学"专业被评为全国重点学科。2006年9月，靳希平去美国访学，由尚新建接任外国哲学研究所所长，徐向东继续担任副所长。2012年，尚新建连任外国哲学研究所所长。

新的外国哲学研究所自成立以来，极大地推动了包括西方哲学和东方哲学在内的外国哲学研究和教学。外国哲学研究所每年举办若干国际学术会议，定期举办学术讲座，广泛邀请国内外知名学者来讲学，编辑《外国哲学》期刊，并且出版外国哲学研究丛书。

自2006年9月至今，韩水法一直担任北京大学哲学系外国哲学教研室主任。

进入21世纪，哲学系邀请了许多国际知名哲学家和学者来校访问和讲学。2000年4月24日，德国著名哲学家哈贝马斯应邀前来北京大学访问，在大讲堂作了"民主的三种规范模式"的讲演，靳希平教授担任现场翻译，吸引了北京暨国内哲学界很多人士前来聆听。2000年9月4日，法国当代著名哲学家雅克·德里达应邀来北京大学访问，上午于理科楼作了题为"宽恕"的长篇演讲，同样听者如云，下午在四院哲学系会议室与哲学系师生进行了座谈，杜小真教授一直担任现场的翻译。这两位哲学家的访问和讲座在中国学界引起了很大的反响。

2007年，外国哲学学科通过教育部全国重点学科建设评估，在所有哲学重点学科中总分第一。2009年外国哲学研究所被评为全国人文社会科学优秀基地，在全国所有基地中排名第九，在北京大学的重点基地中排名第一，名列哲学类全国重点研究基地第一。2009年，赵敦华教授被评为国家教学名师。

2011年，北京大学古典学中心成立，北京大学哲学系的吴天岳、李猛和吴飞等成为该中心的核心成员，历史系黄洋教授为主任，吴天岳任副主任。

目前，北大从事西方哲学教学和研究工作的主要机构是外国哲学教研室和外国哲学研究所，外国哲学教研室主任为韩水法，外国哲学研究所所长为尚新建。哲学系外国哲学教研室任教的老师包括赵敦华、靳希平、张祥龙、尚新建、韩水法、叶闯、韩林合、李超杰、吴增定、先刚、刘哲、吴天岳等。此外，科学哲学、伦理学、逻辑学和宗教学等教研室的部分同仁也从事与西方哲学相关的教学和科研工作，如何怀宏、吴国盛、陈波、徐向东、章启群、孙永平、李猛和吴飞等。

第八节 回顾与展望

回顾北京大学西方哲学学科的百年历史，我们不难看出它的清晰轨迹。自19世纪末以来，以梁启超、王国维、严复和蔡元培为代表的中国思想家开始翻译、引进和介绍西方哲学，主要是出于"救亡图存"的政治考虑。在他们看来，中国只有通过学习包括西方哲学在内的西方文明，才能走上富强和文明的现代化道路，并且回应西方文明的挑战。毫无疑问，北大西方哲学研究和教学也是处在这一历史背景之下，在20世纪的最初20年里，这种时代烙印尤其鲜明。

自20世纪20年代中期之后，张颐、贺麟、郑昕、洪谦和陈康等学者从西方学成回国，先后至北京大学任教，西方哲学研究和教学格局发生了重大变化。一方面，他们在相当程度上克服了"救亡图存"的政治焦虑感，不再以一种狭隘的功利主义态度对西方哲学随意取舍，力图以一种自由、客观和开放的态度研究西方哲学自身的问题。另一方面，他们也不满足于对西方哲学作简单的引进和介绍，而是试图在此基础上提出自己的哲学思考，甚至创立自己的哲学体系。正是在这种精神的影响下，北京大学的西方哲学研究在20世纪40年代末达到了前所未有的高度。

然而，自1949年新中国成立之后，由于受到极左政治的干扰，北大的西方哲学研究和教学几乎陷入停顿。至20世纪70年代末，随着极左政治的终结和改革开放的开始，西方哲学研究才逐渐回归正常，自觉地接续20世纪40年代的伟大传统。进入新时期之后，老一代学者如洪谦、熊伟、任华、齐良骥、王太庆、张世英、朱德生和陈启伟等将西方哲学的研究传统发扬光大，靳希平、赵敦华、张祥龙、韩水法、尚新建、杜小真等新生力量也有进一步的创新，共同奠定了新时期北大西方哲学研究的新局面。2000年之后，更多的年轻学者，尤其是留学西方的年轻学者，也加入了西方哲学研究和教学的队伍。

通过对过去百年历史的反思，我们不难得出这样的结论：包括北京大学在内，中国的西方哲学研究虽然最初出于一种"救亡图存"的政治动机，但是这种研究若要成为一种真正的哲学研究，必须持有一种自由、开放和非功利的精神，超越任何形式的政治焦虑感，否则便极容易坠入政治功利主义的陷阱，并为各种政治意识形态所束缚和利用。北大西方哲学研究之所以在20世纪40年代获得巨大成就，但在新中国成立后的前30年里几乎陷入停顿，原因都在于此。

时至今天，北大西方哲学，无论是在研究还是在教学上，都已经成为一个成熟和规范的哲学学科。总体上看，北大西方哲学学科具有三个特点：首先，研究领域全面而广泛，几乎涵盖了西方哲学的所有具体领域，从古希腊哲学、中世纪哲学、早期现代哲学、德国古典哲学，到现代欧陆哲学和英美分析哲学，都有专门的研究者。其次，研究视野广阔，既能立足国内的研究传统，又有很强的国际前沿意识。再次，研究方法呈现多元化和综合性，既有细致的文本阐释，也有专门的问题和专题研究；既有机敏的哲学思辨，也有精细和严谨的语言和逻辑分析。就此而论，北大西方哲学研究和教学回归了哲学之为"智慧之爱"的根本。

近年来，北大西方哲学呈现出非常明显的专业化倾向。相对于20世纪40年代和80、90年代，西方哲学研究目前在各个具体领域都在不断地深化。从学科规范的意义上说，这种专业化既是不可避免的，也具有不可否认的价值。不过我们必须同时注意到，哲学的过分专业化也隐含了一定的危险。按照希腊人的理解，哲学原本是对宇宙人生之终极智慧或真理的理智追寻。但是，过度专业化使得这种理智追寻变得越来越困难，甚至不再可能。首先，在西方哲学不同的研究领域之间，研究者们对于西方哲学乃至哲学本身的理解越来越难以达成共识，甚至越来越难以相互交流。其次，西方哲学研究的专业化同时意味着哲学变得越来越细节化和技术化，这使得它不仅对其他领域的学者，而且对社会公众都越来越失去吸引力。再次，西方哲学研究的国际化固然摆脱了"救亡图存"之类的政治焦虑，但也似乎隐约丧失了自己的主体性；中国的西方哲学研究似乎仅仅成为西方世界的哲学研究的一个细微支流，不再拥有自己独立的问题意识。

鉴于此，我们似乎有必要重温一下20世纪40年代贺麟的经典论断："今后中国哲学的发展，有赖于对于西洋哲学的吸收和融合，同时中国哲学家也有复兴中华文化、发扬中国哲学，以贡献于全世界人类的责任。"[1]

---

[1] 贺麟：《中国哲学与西洋哲学》，见《近代唯心论简释》（代序），商务印书馆2011年版，第302页。

第三章 马克思主义哲学学科史

聂锦芳 杨学功 仰海峰 张兆民[1]

北京大学是马克思主义在中国传播的发源地,具有悠久的马克思主义理论研究传统。五四新文化运动中,李大钊等成立马克思学说研究会,最早开设唯物史观课程。新中国建立后,北京大学一直是马克思主义哲学教学、研究和宣传的重要阵地,冯定教授等对马克思主义哲学学科建设起了重要的组织、推动作用。1978年以来,黄枬森教授等开创了马克思主义哲学研究的新局面,呈现出空前繁荣的发展态势。当然,在近百年的发展历程中,北大马克思主义哲学学科也经历过波折和坎坷,走过一条很不平坦的道路。

需要指出的是,由于马克思主义是我们建党立国的思想理论基础,在国家政治生活和哲学社会科学体系中处于主导地位,所以,马克思主义哲学不同于其他一般的人文社会科学和哲学的其他二级学科,有其特殊性。但是,从另一角度看,作为一种思想体系和社会运动,马克思主义又是我们研究、学习的对象,因此,马克思主义哲学也必须符合学术研究、学科发展的一般规律和规范,讲求理性和科学。我们看到,在现代中国纷纭复杂的变迁中,北大马克思主义哲学学科与时代发展同步,既注重重大现实关切和理论创新,发挥强有力的社会影响;同时又注重历史、文本研究,持之有故和严谨扎实、重视逻辑分析和训练的北大学风在马克思主义哲学研究中得以传承和体现,真正形成了史论结合、"朴实求真而常为新"的学术品格,为北大哲学学科的发展作出了重要贡献。

---

[1] 聂锦芳、杨学功、仰海峰和张兆民初稿,黄枬森、赵家祥、丰子义审定。

第一节　传入、传播、初创与奠基阶段（1949 年之前）

鸦片战争之后，中国的仁人志士为了探寻救国救民的真理，开始了向西方学习的过程，逐渐接触马克思主义和社会主义学说。1898 年，上海出版了第一部系统讲解各种社会主义学说的著作《泰西民法志》，第七章着重介绍了马克思及其学说。1899 年 2 月广学会主办的《万国公报》再次提到马克思及其学说。随后，梁启超在自己创办的《新民丛报》上，在介绍西方民主主义政治学说的同时，也简要介绍了社会主义和马克思的思想。随着马克思主义在日本的广泛传播，孙中山和诸多留日学生都深受马克思主义的影响，特别是十月革命之后，在国内逐渐形成了宣传和研究马克思主义的风气，到"五四"前后，北京大学在李大钊、陈独秀等的推动下，形成了马克思主义理论研究与传播的第一个高潮。在随后的岁月中，马克思主义不仅在实践上推动着中国革命的进程，在学理上也在改变着中国学术话语的建构，成为中国学术与文化思想的重要组成部分。从"五四"到 1949 年新中国的成立，北京大学的马克思主义学科的建构和发展大致可分为两个时期：即从"五四"到 1929 年的初创和奠基时期；1929—1949 年对相关学科产生影响时期。其间，每一次学术的进展，都与学者们对中国前途的探索结合在一起，体现出深刻的人文和社会关怀。

一、马克思主义的广泛传播与学理奠基（1919—1929）

1917 年 1 月，陈独秀受聘北京大学文科学长，《新青年》迁入北京大学，北京大学成为新文化运动的中心。1917 年 11 月，在日本留学期间接触并接受了马克思主义的李大钊，回到北京大学任图书馆馆长，并成为《新青年》编辑部的重要成员。1919 年陈豹隐（原名陈启修）从日本回到北京大学任教。他们积极研究和宣传马克思主义学说，掀起了马克思主义理论研究与传播的第一个高潮。他们利用媒体和讲堂，勾勒马克思主义的基本理论轮廓；创立研究马克思主义理论的学术团体；筹建中国共产党；参与文化论战，运用马克思主义来解决中国问题，探寻中国社会的出路。在他们的影响下，爆发了五四运动，推动了中国共产党的创立，为无产阶级运动提供了理论指导，也为中国的马克思主义学科的发展打下了坚实的基础。

1. 主要学术理念

李大钊、陈独秀等对马克思主义的理解主要体现在两个方面：一是对马克思主义理论构架的探讨；一是以马克思主义基本理论来分析、解决中国问题。

1919年9月，李大钊把《新青年》第6卷第5号编为"马克思主义研究"专号，并发表了《我的马克思主义观》（上）一文，对马克思主义的理论框架进行了较为系统的论述。他区别马克思的社会主义、人道主义经济学与个人主义经济学时指出，马克思是社会主义经济学的鼻祖，马克思的社会主义理论由三大部分组成：一是关于过去的理论，这是马克思的历史论，也称为社会组织进化论，这是唯物史观的重要组成部分；二是关于现在的理论，即他的经济论，也称为资本主义的经济论；三是关于将来的理论，即他的政策论，也称为社会主义运动论，就是社会民主主义。李大钊进一步指出，唯物史观有两个要点：其一是关于人类文化经验的说明，即认为生产关系的总和构成社会经济构造，这一基础构造的变化将导致政治的、法律的、伦理的、哲学的等精神构造的变化，生产力是推动社会基础构造发生变化的根本动力。其二是社会组织进化论，即生产力与社会组织有密切的关系，生产力的变化必将导致社会组织的变化。当社会组织不能适应生产力的发展时，必将产生社会革命，以建构新的社会组织。正是在这里，唯物史观与阶级斗争学说联系紧密，因为正是在社会经济的活动过程中，特别是在资本主义社会，形成了尖锐的阶级对立，导致阶级斗争。他认为，马克思以唯物史观为基础，观察现在的经济状态，即通过分析和解剖资本主义的经济组织，提出了资本主义必将转向社会主义的预言。这三部分不可分割，将这三部分联系为一个整体的金线就是阶级斗争学说。陈独秀指出，马克思有两大精神：一是实际研究的精神。马克思把实际归纳法应用于社会科学，通过经济学的研究，得出了科学的社会主义结论。二是实际活动的精神。我们不仅要研究马克思的学说，而且要按其学说去活动。在李大钊的马克思主义理论框架基础上，陈独秀认为"劳工专政"是无产阶级解放的重要途径。

随着十月革命的胜利，李大钊、陈独秀等将社会主义与中国社会的命运联系起来，主张在中国实行社会主义。1918年7月1日，李大钊发表《法俄革命之比较观》，这是宣传"十月革命"的第一篇论文；1918年11月，在纪念十月革命一周年时，李大钊先后在《新青年》上发表了《庶民的胜利》、《Bolshevism的胜利》两篇文章，指出："试看将来的环球，必是赤旗的世界。"李大钊还用马克思主义的观点去分析中国妇女、中国外交、道德观念等问题，强调社会主义对中国社会变革的意义。陈独秀指出：现代生产方式的资本私有和生产过剩以及分配方式中资本家占有剩余价值的缺点，都只有通过社会主义才能彻底改变。中国只有实现马克思主义的社会主义，才能走出当下的困境。陈豹隐带领学生系统学习《资本论》，阐述以商品为社会细胞的资本主义社会关系及其发展趋势，结合中国现实，力求解决中国经济社会的现实问题。陈豹隐还与李大钊合作，讲授十月革命后的苏维埃俄国及其他国家的工人运动，分析中国劳工的生存状况。

他们不仅自己发表学说，还大力组织编译和发表研究马克思主义的文章。1918年12月22日，李大钊、陈独秀与文科讲师张申府等在北京创办《每周评论》周刊。1919年4月6日在《每周评论》"名著介绍"栏刊登了名舍译的《共产党宣言》第二章"无产者和共产党人"的最后几段译文，译文标题是"共产党的宣言"，并加有按语。1919年8月30日，该刊即被北洋军阀政府查封。1919年2月，北京《晨报》副刊进行改组，李大钊应邀参加《晨报》副刊的编辑工作。从同年5月起，李大钊主持开辟了"马克思研究"专栏，刊登了不少马克思的原著译文，并发表有关马克思主义的介绍性著译和马克思的生平简介。如日本学者河上肇著的《马克思的唯物史观》，食力从日文转译的马克思的《雇佣劳动与资本》（标题译为《劳动与资本》），柯祖基的《马氏资本论释义》（考茨基的《马克思的经济学说》）等文章。《新青年》的"马克思主义研究"专号上，还刊载了顾兆熊（孟余）的《马克思学说》、凌霜（黄文山）的《马克思学说批评》、陈启修（即陈豹隐）的《马克思的唯物史观与贞操问题》、渊泉译的《马克思的唯物史观》和《马克思奋斗的生涯》（转载自《晨报》）、刘秉麟的《马克思传略》、起明译的《俄国革命之哲学的基础》、克水的《巴枯宁传》等。

在五四运动的影响和李大钊的帮助、引导下，以北京大学学生为主创办的《国民》杂志也开始刊登马克思主义著作和介绍马克思主义的文章。1919年11月出版的第2卷第1号刊登了北京大学学生李泽彰翻译的《共产党宣言》第一章，其译名是"马克斯和昂格斯共产党宣言"。1920年10月，《国民》杂志10月号又发表了费觉天翻译的《马克思底资本论自叙》，即马克思的《〈资本论〉第一版序言》的全文；常乃息的《马克司历史的唯物主义》。当时，学生们还开始翻译《资本论》，后由陈豹隐结合德文翻译了《资本论》，这是最早的中文版《资本论》。虽然这些著译还不够深入，理解还不够准确，但经过他们的努力，马克思主义理论的基本框架已经基本表达出来，这为后来的传播与研究奠定了理论基础。

2. 重要学术争论

"五四"时期，围绕着马克思主义、社会主义与中国前途问题，展开了三次大论战，即"问题与主义论战"、"社会主义论战"、"马克思主义与无政府主义论战"。

"问题与主义论战"是由胡适引发的。在1919年7月20日出版的《每周评论》第31号上，胡适发表了《多研究些问题，少谈些"主义"》一文，指出如果空谈主义，而不去实地研究我们现在的社会需要，就如医生只记得许多汤头歌诀而不去研究病的症候一样，并不能解决问题。"'主义'的大危险，就是能使人心满意足，自以为寻着了包治百病的'根本解决'，从此用不着费心力去研究这个那个具体问题的解决法了。"针对胡适的说法，李大钊、陈独秀等提出了批评。如在1919年8月17日出版的第35号《每周评论》上，李大钊在《再论问题与主义》一文中指出："问题"与"主义"是不可分离的，社会运动既需要研究实际的问题，也需要理想的主义，对于当下的中国来说，"我们惟有一方面认定我们的主义，用它作材料，作工具，以为实际的运动；一面宣传我们的主义，使社会上多数人都能用作材料，作工具，以解决具体的社会问题"。对于当下的中国来说，我们需要把马克思的社会主义运用于实际运动，以求从根本上解决中国的问题。陈独秀在 1920 年 12 月 1 日出版的《新青年》第 8 卷第 4 号的《主义与努力》一文中，以行船为喻指出，行船时一须定方向，二须定努力，"主义制度好比行船底方向，行船不定方向，若一味盲目的努力，向前碰在礁石上，向后退回原路去都是不可知的"。从当时的材料来看，这些争论并不像后来所想的那样完全对立，在主义与具体问题研究相统一的层面上，争论的双方达成了一定的共识。

"社会主义论战"是由罗素来华引起的。他于 1920 年 10 月应邀来中国讲学，罗素谈到，中国要做好两件事：一是教育，二是兴办实业。但罗素也讲到，在西方，实业的发展受资本主义之累，导致贫富差异，在这个意义上，罗素甚至认同社会主义。受罗素兴办实业思想的影响，张东荪一改过去的社会主义信念，在 1920 年 11 月 6 日《时事新报》的《由内地旅行而得之又一教训》及其他文章中指出，中国需要兴办企业，而不是奢谈主义。他甚至认为，要兴办实业，以便让国人过上人的生活，在这方面，资本主义比社会主义更好，况且，在外国资本的强大压力下，如果中国不出现资本家，外国资本家必入而代之。"实业之兴办虽不限于资本主义，然不以资本主义之方法决不能竞存于现在经济制度之下"，中国历来有抬轿和坐轿的，我们现在的任务不是要让大家坐轿，而是很多人连抬轿的工作都没有，在民不聊生之际，最易产生伪激进主义。在他看来，"社会革命必起于富之分配不均，而不起于富之一班的缺乏"。在中国，资本主义尚未完成，谈何社会主义呢？

张东荪的这一言论引起了很多的批判。有的学者就指出，人的生活不仅是衣食行，而是个性的伸张、美感的满足、艺术的享乐等。实际上，社会主义同样也重视开发实业，这是张东荪的误解。陈独秀在《致罗素先生底信》中指出，希望罗素先生澄清自己的观点，即他是否只讲开发实业，而没有讲免得走欧美日本的错路。在与张东荪的论战中，陈独秀结合西方资本主义发展过程指出，正是资本主义在致富的同时造成了贫困，而要改变这种局面，只有采用社会主义生产制。1921 年 3 月 20 日出版的《评论之评论》第 1 号上，刊登了李大钊的《中国的社会主义与世界的资本主义》。李大钊指出：中国是否具有实现社会主义的经济条件，要联系世界的经济来探讨，世界经济已经从资本主义经济走向社会主义经济，中国要想保护资本主义是不可能的。中国要想发展实业，铲除国内的掠夺阶级，抵制世界资本主义，只有以社会主义的组织经营实业。这些批评，得到了当时许多学者的支持。

1920年9月1日，陈独秀在《新青年》第8卷第1号上发表了《谈政治》一文，引发了"马克思主义与无政府主义论战"。在此之前，无政府主义者以《民声》、《进化》等刊物为阵地，反对一切强权，反对一切政治和国家，也反对无产阶级建立有组织的政党的学说。针对这些观点，陈独秀指出：无政府主义反对政治，虽然有其消极的意义，但从积极的方面来说，恰恰是助长了强权的统治。为了反对资产阶级的统治，无产阶级必须利用国家权力，以革命的方式来实现社会变革。这些批评虽然引起了无政府主义者的批评，但争论本身促进了人们对马克思主义与社会主义的认识和接受。

这三场争论，极大地促进了马克思主义的传播，为中国共产党的成立作了良好的思想和理论准备。

3. 主要课程和研究机构

从1920年开始，李大钊先后在北京大学的史地系、经济系、法律系和政治系以及北京女子高等师范学校等五所大学讲授"唯物史观"、"国际工人运动"、"史学思想史"、"社会主义与社会运动"、"现代政治"等有关马克思主义的课程，并留下了"唯物史观"讲义目录和"史学思想史"讲义目录。"唯物史观"的目录为：（一）唯物史观在现代史学上的价值；（二）马克思的经济历史观；（三）物质变动与道德变动；（四）原人社会于文字书契上之唯物反映；（五）中西文明根本之异同；（六）由经济上解释中国近代思想变动的原因；（七）中国古代经济思想之特点。"史学思想史"目录为：（一）史观；（二）今与古；（三）鲍丹的历史思想；（四）孟德斯鸠的历史思想；（五）韦柯及其历史思想；（六）孔道西的历史思想；（七）桑西门的历史思想；（八）马克思的历史哲学与理恺尔的历史哲学；（九）唯物史观在现代史学上的价值；（十）唯物史观在现代社会学上的价值。北大图书馆至今还保留了一份1923年北大学生贾廷珊的试卷，论题为《试述马克思唯物史观的要义并其及于现代史学的影响》，上面有李大钊教授批阅的痕迹，并给了95分。"唯物史观"、"史学思想史"、"社会主义与社会运动"是我国最早介绍马克思主义的课程,也是自拉布里奥拉在意大利将马克思主义引进课堂之后,在世界上第二位系统开设马克思哲学课程。陈豹隐开设了"马克思主义经济学概念"课程,带领学生系统学习《资本论》,阐述以商品为社会细胞的资本主义社会关系及其发展趋势,结合中国现实,力求解决中国经济社会的现实问题。陈豹隐还与李大钊合作,讲授十月革命后的苏维埃俄国及其他国家的工人运动,分析中国劳工的生存状况。与此同时,李大钊还多次演讲,认为中国未来发展理想必定是社会主义,它既有各国社会主义运动的一般特征,也将具有自己的特色。陈独秀也常作演讲,他结合苏联革命和中国现实,提出了"劳工专政"的主张,认为只有实行马克思的社会主义,才能实现真正的国民革命。

在开设课程的同时,李大钊等人还创立马克思学说研究会,培养学术与社会主义运动的人才。1918年7月,李大钊参与发起了少年中国学会,代表性人物有邓中夏、恽代英、高君宇、黄日葵、许德珩等。1918年10月,在北京大学图书馆工作的毛泽东,在李大钊的介绍下,加入学会。1920年12月,由李大钊、费觉天、郭锡良等人发起成立了北京大学社会主义研究会,宗旨是:"集合信仰和有能力研究社会主义的同志互相的来研究,并传播社会主义思想";研究方法是:1.文字宣传:A、编译社会主义丛书,B、翻译社会研究集,C、发表社会主义论文;2.讲演。同年,李大钊还与邓中夏、高君宇等人经过多次酝酿和讨论,决定组织一个马克思主义的研究团体,这个团体名叫"北京大学马克斯(即马克思)学说研究会",其宗旨是"以研究关于马克斯派的著述为目的","对于马克斯派学说研究有兴味的和愿意研究马氏学说的人,都可以做本会底会员"。这个研究会是秘密成立的,1921年11月17日才在《北京大学日刊》上登出成立启事,对外公开。研究会的发起者有19人,多是北京大学学生及旁听生。后来发展的会员除少数外校学生外,基本上仍是北京大学学生,所以又称"北京大学马克思学说研究会"。这个研究会是我国最早的一个比较系统学习、研究和宣传马克思主义的团体和中心,主要成员有李大钊、张国焘、罗章龙、邓中夏、高君宇、刘仁静等。1921年有会员50多人,1922年发展到150多人,1923年发展到250—300人。研究会的主要活动集中在两个方面:

一是购买和搜集马克思主义文献，筹建了研究会自己的藏书室亢慕义斋（即共产主义小室，"亢慕义"为英文communism之音译）。1922年该研究会已有关于马克思主义的英文译本40余种，如马克思和恩格斯的《共产党宣言》、《社会主义从空想到科学的发展》、《哲学的贫困》、《家庭、私有制和国家的起源》、《德国的革命与反革命》、《路易·波拿巴的雾月十八日》、《法兰西内战》、《雇佣劳动与资本》等；列宁的《共产主义运动的左派幼稚病》和《无产阶级革命》。中文译本20余种，如陈望道翻译的《共产党宣言》、恽代英译的《阶级斗争》、李汉俊译的《马克思资本论入门》、李达译的《马克思经济学说》、李季译的《社会主义史》等，还有8本德文书籍。这些书籍为学习、研究和传播马克思主义提供了一定的文献基础。毛泽东后来曾说，《共产党宣言》、《阶级斗争》、《社会主义史》帮助他树立了共产主义信仰。

二是分组对马克思主义进行专题研究，成立马克思主义专题学习研究小组，并定期举行讨论会和演讲会。据《北京大学校史》记载，研究会曾分为10个专题小组：第一组，唯物史观；第二组，阶级斗争；第三组，剩余价值；第四组，无产阶级专政及马克思预定共产主义完成的三个时期；第五组，社会主义史；第六组，晚近各种社会主义之比较及其批评；第七组，经济史及经济学史；第八组，俄国革命及其建设；第九组，布尔什维克党与第三国际共产党之研究；第十组，世界资本主义国家在世界各弱小民族掠夺之实况——特别注意于中国。这10个专题不仅基本覆盖了马克思主义基本理论，而且还结合实际关注苏俄革命和中国革命，以求解决现实问题。从1921年到1922年，一批先进知识分子纷纷奔赴直隶各地，宣传马克思主义，对马克思主义在直隶的传播发挥了很大作用。1922年2月19日，该会组织了第一次公开讲演会，李大钊作"马克思经济学说"专题报告，后又组织纪念马克思诞辰104周年、支援唐山煤矿工人的罢工斗争等活动，扩大了马克思主义的影响。

4. 创建中国共产党，推动爱国民主运动的发展

陈独秀、李大钊在积极宣传马克思主义的同时，产生了创建中国共产党的想法。1920年4月，李大钊与共产国际代表魏经斯基在北大红楼会晤，

商讨建党事宜。接着魏经斯基南下上海，与陈独秀会晤，帮助陈独秀展开建党活动。1920年6月，陈独秀、李汉俊等开始筹建中国共产党上海发起组，7、8月间正式成立；1920年9月，上海发起组把《新青年》杂志（从8卷1号开始）改为党的公开刊物；同年11月，又创办了《共产党》月刊，在全国主要城市秘密发行，这是中国共产党历史上第一个刊物。1920年10月，北京党的小组成立，参加者主要有李大钊、邓中夏、张国焘、刘仁静、罗章龙等，除李大钊外，其他都是北大学生。到一大召开前，北京党小组发展到十几人，可以确定的成员有：李大钊、邓中夏、张国焘、刘仁静、罗章龙、黄日葵、高君宇、何孟雄、范鸿劼、朱务善、李骏等。11月，北京社会主义青年团成立，成员有40多人。党小组成立后，他们创办了《劳动者》周刊，1920年冬天在长辛店创办劳动补习学校，1921年1月正式开学。1921年7月23日，中国共产党第一次全国代表大会召开，陈独秀当选为总书记。原北京共产党小组中的成员都成为最早的一批党员。

在中国共产党成立之后，北京大学的马克思主义知识分子与研究机构积极投身到爱国民主运动中。1922年10月，开滦煤矿工人举行大罢工，北京大学马克思学说研究会发出通电响应，并募捐援助。在援助全国工人运动的同时，马克思学说研究会定期举行讲演会，扩大马克思主义的宣传。如在1922年2月9日，李大钊就作了题为"马克思经济学说"的讲演，介绍马克思的剩余价值学说，并提出希望认真研究马克思的学说，以指导社会。1923年，为了反对世界基督教学生同盟的文化侵略，北京大学马克思学说研究会决定以会员个人的名义发起非宗教运动，组织了非宗教同盟。1923年5月1日，非宗教同盟出版了《非宗教论》一书，书中就辑录了马克思的"宗教是人民的鸦片"的名言。在孙中山确立了"联俄、联共、扶助农工"的三大政策后，马克思学说研究会通过纪念列宁逝世的活动，积极宣传列宁的革命精神和学说，要求北洋政府无条件地承认苏联。1925年11月28日，在李大钊的领导下，北京爆发了反对段祺瑞卖国政府的大示威。在1926年3月18日反对段祺瑞政府的运动中，共产党员北大学生张促超与其他两位北大学生牺牲，这就是著名的"三一八惨案"。李大钊也被迫离开北京大学，转向地下斗争，领导北方的革命运动。随着张作霖入关和蒋介石的叛变，1927年4

月6日，李大钊被捕，4月28日，李大钊牺牲。

二、对相关学科产生影响时期（1929—1949）

自1929到1949年间，北京大学的马克思主义传播与研究虽然在总体上趋于低潮，但马克思主义的研究与教学仍在继续，并对相关学科产生了较大的影响。

1. 主要学术理念

就北京大学马克思主义学科的相关情况来说，这一时期的主要学术理念表现为：第一，历史唯物主义的基本原理得到初步研究，特别是对生产力与生产关系的矛盾及其辩证运动的学说，阶级、国家学说，社会形态及其发展变化的理论等内容，展开了较为深入的讨论，并且成为许多学者考察中国社会性质与中国社会发展的理论构架，直接影响到历史学、社会学、经济学等学科。第二，唯物辩证法基本原理得到传播。与"五四"时期主要关注于唯物史观等不同，自20世纪20年代末开始，唯物辩证法理论中关于认识来源于实践、辩证法的基本规律以及马克思对黑格尔辩证法的颠倒等问题都引起了学者们的关注。

2. 主要学术争论

关于唯物辩证法的争论。面对马克思主义唯物辩证法的广泛传播，1931年任燕京大学教授的张东荪在《大公报》和《再生》等报纸和杂志上陆续发表了《我亦谈谈辩证的唯物论》、《辩证法的各种问题》、《行动的逻辑是可能的吗？》、《唯物辩证法之总检讨》等文章，认为世界只是一套由认识参与其中的构架，否定认识来源于实践，否定辩证法的规律，认为唯物辩证法的否定之否定规律只是拿正反合来说明历史，以利于自己。正是这些文章挑起了关于唯物辩证法的论战。

关于社会史的争论。1930年郭沫若出版了《中国古代社会研究》一书，以马克思主义学说为方法，第一次确认中国社会经历过亚细亚的、古典的、封建的和近代的生产方式的进化阶段，认为鸦片战争以前的历史就是近代以前各社会形态更替的历史，从而引起了很大反响。在这个争论中，涉及中国有没有经历过亚细亚生产方式、中国有没有奴隶制、秦汉以后的社会是否就是封建社会等问题。时任北京大学政治系教授的陶希圣发表了《中国社会到底是什么社会》的论文，否定中国历史上经历过奴隶制社会阶段。毕业于北京大学政治系的梅思平也持相似的观点。针对郭沫若的封建说，梅思平提出"商业资本主义社会"，强调它在春秋时代已经兴起，秦以后的中国是一个商业资本主义社会。毕业于北京大学的梁园东则在《中国社会各阶段的讨论》中提出了"半封建社会"的论断，即秦汉以后的社会既不是完全的封建社会，也不是完全的商业资本主义社会。

关于中国社会性质的争论。1926 年上半年，蔡和森在中共党史的报告会上，提出"半殖民地和半封建的中国"的论断。陈独秀认为，自 1927 年之后，中国就进入了资产阶级统治的时代。陶希圣及胡适等也认为，中国没有封建阶级，半殖民地和半封建的说法纯属虚构。

这些争论虽然是在北京大学校外展开的，但对学校的马克思主义研究和教学还是产生了影响。

3. 主要课程

这一时期相关的课程有如下几种："社会主义之理想及其系统"（1929 年冬）、"社会主义与社会运动"（1929 年冬）、"马克思主义经济学说及其批评"（1932 年、1933 年下半年改为"马克思的经济学说"）（陈豹隐讲授）、"社会制度研究"（许德珩讲授）、"社会主义"（赵迺搏讲授）、"马克思学说研究"（秦瓒讲授）、"劳动运动及社会主义史"（卢郁文讲授）、"马克思主义精义"（吴恩裕讲授）。

1936 年 2 月，北大学生会对教学计划提出了一系列改革的意见，在课程设置方面，要求增加"社会科学方法论"（即唯物辩证法）、"社会进化史"、"社会学说史"等。

第二节　主导意识形态的确立和曲折发展的进程（1949—1978）

1949年中华人民共和国成立，马克思主义作为主导意识形态，成为我们建党立国的思想理论基础，北京大学的马克思主义哲学教学、宣传和研究也进入了一个新的阶段。当然，随着共和国发展的曲折进程，这一学科也出现了很多波折，特别是在"文革"中受到严重摧残，一直到党的十一届三中全会实行改革开放政策以后，才得以拨乱反正。

一、观念、思想与研究进展

1."北大本"教科书的编写

新中国成立以后，我们没有自己的马克思主义哲学教材，基本照搬了以苏联《联共党史》第四章第二节为母本的马克思主义哲学体系的内容。但是，这个过程中，国内专家也一直没有放弃编纂本土教材的努力。编写工作正式启动的时间，大约在1959年。辩证唯物主义与历史唯物主义教研室组织了以冯定为首的编写组，拟编写出自己特色的教材。

冯定对当时通行的以《联共党史》第四章第二节为母本的马克思主义哲学体系很早就有不同的看法。他的系统阐述马克思主义哲学的专著《平凡的真理》即已突破那个体系，把以实践为基础的马克思主义认识论贯穿全书，把辩证唯物自然观、辩证唯物历史观熔为一炉，努力体现出认识论、辩证法和逻辑学是一个东西，提供了马克思主义哲学的全息图像。1959年冬，按照中宣部的部署，中央党校、北大、人大、上海、吉林、湖北，都要编出一部哲学教科书。北大本由冯定担任主编，参加的人很多，除了辩证唯物主义和历史唯物主义教研室绝大部分老师外，还从学生中抽调了一批人参加。由于时间急迫，两个月就写出了初稿。作为主编，冯定以他向1959级新生讲授马克思主义哲学基础课的思路为基础，提出了一个打破把辩证唯物论和历史唯物论分为"两大块"的方案。一开始讲总论，把唯物论与辩证法统一起来，历史唯物论的基本观点也糅在里面；然后按辩证唯物主义自然观、辩证唯物主义历史观、辩证唯物主义认识论来展开；最后，讲作为自然、社会、人类思维一般规律的唯物辩证法的规律及范畴。写出的教材初稿共9章，冯定亲自执笔写绪论部分，后面的各部分由师生们分头编写，因时间太紧，各自为战，集体研究不充分，未能由主编统稿审改。编写组内部思想认识也没有统一起来，初稿水平参差不齐，不尽符合冯定提出的体系方案。比如，中间讲辩证唯物历史观一章，从劳动生产、人民群众、阶级和阶级斗争、国家与革命、战争与和平，讲到教育、文艺、道德、宗教、科学技术等，内容多，篇幅长，鼓出一个大肚子。很多问题上尽量为当时的政策、方针作解释和辩护，因而难免带上"左"的时代烙印。

1960年3月，在中央党校召开了讨论6本书稿的哲学教科书讨论会。根据会议讨论后提出的意见，冯定在5月29日提出自己的修改设想。他认为初稿有三个问题需要修改时注意：一是世界观决定人生观，不能单独讲人生观，如果把个人提出的种种问题，一个个帮他解释，那样比较被动；二是讲任何一个问题都要把辩证法和唯物论结合起来；三是马克思恩格斯创立历史唯物主义，出现了很多独立的范畴。他认为全书的结构要以历史唯物主义为中心，为此，从中归纳出三条原则，一是讲任何问题都把辩证法和唯物论结合起来，贯穿社会实践的观点；二是以历史唯物主义为中心；三是历史唯物主义讲范畴要分章专门讲。他设计的结构共24章，其中有11章是历史唯物主义问题，置于全书中心位置。

在冯定提出修改的设想之后没有多久，除他本人之外，参加北大编书的骨干奉命集中到北京市委党校，同人大和市委党校的同志一起另编一个北京本，北大本的修改被搁置下来。后来连续不断的批判浪潮，更使此事化为泡影。至今那部初稿能否找到一个孤本，都是个疑问。尽管如此，冯定革新马克思主义哲学体系所作的探索，毕竟打开了人们的视野。1960年，在全国教科书讨论会基础上，北京大学哲学系与中国人民大学哲学系联合编写了《辩证唯物主义》教材（内部版）。北京大学参加编写的人员有：冯定、王庆淑、冯瑞芳、谢龙、高宝钧、赵光武、张恩慈、徐明、岳田、王湘波、程为昭、宋一秀、沈少周、赵淡元、贾泽林、蒋继良、甘霖、段生林、张风波、杜荣泉、刘隆亨、施德福、孙伯鍨、郭罗基、阎国忠等。

2. 研究专著的出版

除了教材以外，北大哲学系辩证唯物主义和历史唯物主义教研室老师也不断进行新的研究。这其中冯定的作用尤为突出。1957年初，由毛泽东亲自提名，调冯定到北京大学担任哲学系教授。当时，国内其他高校的哲学系都已停办，北大哲学系集中了几十位教授，但直至"文革"，唯有冯定是教马克思主义哲学的教授，他在北大马克思主义哲学学科的创建过程中发挥了里程碑的作用。1957年1月29日，冯定到北大报到，4月份被评为一级教授。他先后任北京大学党委副书记、副校长、顾问，中国社会科学院学部委员，全国政协常委等职。冯定著述颇丰，在北大工作前后出版了《平凡的真理》、《中国共产党怎样领导中国革命》、《工人阶级的历史任务》、《有关中国民族资产阶级的某些问题》、《共产主义人生观》和《人生漫谈》，其代表作《平凡的真理》影响巨大。这是一本颇具创见的书，它打破了以往哲学教科书的格式，冯定表达了自己对哲学的理解。他认为哲学是一种真理，是"离不开平凡的事物和平凡的群众"的"平凡的真理"，是人们认识世界、改造世界的一种工具；在精通哲学基本原理的基础上，敢于突破陈规，立一家之言；在理论和实践之间融会贯通，科学地说明矛盾的同一性与斗争性的辩证关系；在把辩证法贯彻到唯物论中、从而形成唯物辩证的世界观等方面作了独到的有益的探索。该书堪称哲学专著通俗化和通俗哲学专著化的典范。

1964年三联书店出版了张恩慈的《认识与真理》（人民出版社，1972年再版）一书。该书虽然篇幅不长，但出版后在国内和国外都产生了比较好的影响。在国内该书前后出版了两版，用四种文字出版，发行量也很多。在国外，该书由日本和意大利翻译出版。在意大利文的版本中，意大利米兰大学著名科学哲学教授路德维柯·杰伊奥伊特为本书写了序言。在序言中他认为："在张恩慈的书中，尽管是提纲挈领的，对所有重大认识论问题都有深入的讨论。""张恩慈先生在哲学总的图景中表现了对认识问题核心的充分了解，即不仅关系理论研究，而且涉及实践领域。也证明他坚信：如果不与科学技术进步的历史批判的深入考察紧密相连，就不能探讨认识问题。根据马克思、恩格斯、列宁和毛泽东的指示，他认为应围绕反映论进行考察。"这说明该书在国外也产生了影响，并受到了重视。

这期间出版的著作还有，任华翻译的《马克思列宁主义认识论》第一、二部分；黄枬森编写的《农业合作化运动的客观依据》（合著，上海人民出版社，1956年）、《群众路线——马克思主义的认识论》（河北人民出版社，1958年）；王太庆翻译的《唯物论史丛》（G. W. Plechanow 著，人民出版社，1953年）；洪谦翻译的《未来哲学原理》（费尔巴哈著，三联书店，1955年）；汤侠生、王太庆翻译的《唯物主义历史观》（第二分册）（上海人民出版社）；朱德生、黄枬森、齐良骥、张世英、朱伯崑、王永江、邹本顺等人编写的《马克思主义哲学发展史》，油印装订成册；辩证唯物主义与历史唯物主义教研室编写的内部发行教材《〈路德维希·费尔巴哈和德国古典哲学的终结〉提要和注释》；讲授哲学原理的部分教师编写的《辩证唯物论历史唯物论》（上下册）讨论稿；哲学系撰写编辑的《唯物主义和经验批判主义》教学参考材料；哲学系马列主义哲学著作教研组编写的《〈反杜林论〉简释》（征求意见稿）印刷成书；编译资料室编写的《〈哲学笔记〉注释》（上下册，均已印刷成书），上册曾在高校范围内交流，下册因故被销毁，改革开放后全书于1981年由北大出版社出版，编译资料室编辑的《毛泽东哲学思想摘录》（一卷本和三卷本），均已印刷成书，在高校范围内交流。

3. 马克思主义哲学史学科的初创

众所周知，马克思、恩格斯、列宁以及梅林、普列汉诺夫等，对马克思主义哲学形成和发展的历史作过许多论述。苏联在这一领域进行了更为广泛、深入的研究，如1957—1965年陆续出版的《哲学史》（6卷，敦尼克等主编）中，以约占一半的篇幅对马克思主义哲学史（以下简称"马哲史"）作了比较系统的阐述；德意志民主共和国（东德）于1969年由狄茨出版社出版了三卷本的《德国马克思列宁主义哲学史》；30年代以来，许多西方学者也从各自的立场和观点出发，对马哲史进行了研究和诠释。

在我国，由于种种原因，对马哲史的研究起步较晚。最早在中国系统讲授马哲史课的是1953—1956年在北大哲学系任教的苏联专家萨波什尼柯夫，他的讲稿有20多万字曾经铅印内部交流。中国人撰写马哲史，最早是在1972年周恩来总理号召大学恢复系统学科学习的时候，北大哲学系的黄枬森、朱德生、张世英、朱伯崑和齐良骥等集中在学校办公楼内，开展了马哲史的研究，写出了到斯大林为止的马哲史初稿，约50万字，并油印装订成册，征求大家意见。这是北大哲学系也是中国学者撰写的第一部马哲史稿。这部稿子经过部分学者（包括合并到北大的中国人民大学马列主义发展史研究所的一些学者）修改后，第二次油印。尽管由于当时的历史环境，未能正式出版，但毕竟是中国学者在马哲史研究成果方面的一个突破，为以后马哲史的研究奠定了基础，并开始在校内外教学中发挥作用。1975年在有关教师指导下，北大哲学系的应届工农兵学员在该稿的基础上，边学边写，并试写了马哲史第三稿，上述书稿还为一些高校所采用，有的学校还出了它的铅印本。

70年代末，我国进入系统开展马哲史研究的新阶段。北大哲学系也投入了更大的力量，进行马哲史学科的建设，并在主持或参与完成全国性马哲史研究项目中，发挥了重要作用。

4. 重大学术问题论争

新中国成立之后，北京大学的学者对马克思主义哲学以及哲学的各个分支学科，如辩证唯物主义、历史唯物主义、中西哲学史、伦理学、美学、逻辑学等领域中的理论问题，进行了广泛的探讨和热烈的争论，对于马克思主义哲学的发展作出了贡献。这期间学术争论很多，影响也很大。

（1）关于主观能动性和客观规律性问题的争论

1958年9月，陶德麟在《新建设》上发表了《发挥上层建筑的力量，为过渡到共产主义准备条件》一文，提出客观规律可以消灭的论点。他认为，强调人们只能认识和利用客观规律，绝不能消灭规律，用这些话来反对主观唯心主义是正确的，但是有片面性。因为照这样说，凡是规律都是神圣不可侵犯的，人们在规律面前除了服从以外，就什么也不想干了；任何规律都是不可抗拒的，不可改变的，人们的主观能动作用仅仅表现在能够"利用"它们这一点上，至于要"消灭"它们，那是根本不可能的。但是，规律果真在任何情况下都不可消灭吗？马克思在《哥达纲领批判》中批评拉萨尔的一段话很有启发，他说："如果我废止了工钱劳动，那么我当然也废止了它的规律，不管它是铁的或海绵的。但拉萨尔攻击工钱劳动差不多只围绕这个所谓规律打圈子。"这岂不是告诉我们，规律是可以废除的吗？事实上，规律是可以消灭的，消灭的办法就是消灭产生这个规律的前提；如果我们能够消灭产生某种规律的前提，我们就完全可以消灭这种规律。陶德麟在文章中还强调说，绕着规律打圈子是不行的，我们可以而且应该运用上层建筑的力量，推动经济的发展，对于那些妨碍我们迅速地过渡到共产主义的规律，应当创造条件，使它们归于消灭。

北大哲学系冯定在1959年2月《新建设》上发表《掌握客观规律，充分发挥主观能动作用》一文对此进行了反驳。他指出：人们的主观能动作用在于随时随地有意识地去反映客观规律，并且依照客观规律去规划、检查和调整自己的实践活动，而不是凭主观愿望去创造这一规律。如果认为，只凭主观愿望，不管客观规律和科学真理，就可为所欲为，那就不对了。有人认为，只要发挥主观能动作用，客观规律是可以废除、可以创造的；这是将废除本来由人建立起来的制度和废除客观规律混淆起来了，将创造客观条件和创造客观规律混淆起来了。社会和自然都是按照辩证法的客观规律发现、掌握和运用，离不开人的实践。正因为这样，所以人们在实践中，由于自觉性的强弱，可以加速或延缓社会的发展。但加速也好，延缓也好，都不能改变社会总的发展方向。再如，价值规律，在现在社会主义条件下还起作用，但是，到了将来人们创造了过渡到共产主义的条件时，它也就不起作用了。创造条件并不是创造规律。创造条件的意思就是产生某些条件的"可能性"本是存在的，而只要这种可能性在历史发展中是必然的，那么实现这种可能性的条件总是迟早会出现的。我们反对主观主义，反对不根据客观情况和客观规律而胡乱行动，但是，我们坚决主张在客观条件许可的情况下，最大限度地发挥人民群众的主观能动性。冯定还对陶德麟的立论指出："产生规律的'前提'也是不以人的意志为转移的客观存在，它只能被事物本身所产生的新的条件所否定，人可以促进它的否定，但不能随心所欲去消灭它。"毛泽东称赞冯定的观点是完全正确的。

（2）关于"人性论"和"人道主义"的讨论

1957年到1958年，巴人（王任叔笔名）发表了《论人情》（《新港》1957年1月号）等系列文章，表达自己人性论观点。他说："什么是人情呢？我以为，人情是人和人之间共同相通的东西。饮食男女，这是人所共同要求的。花香、鸟语，这是人所共同喜爱的。一要生存，二要温饱，三要发展，这是普通人的共同的希望。如果这社会有人阻止或妨害这些普通人的要求、喜爱和希望，那就会有人起来反抗和斗争。人情也就是人道主义。必须有人人相通的东西做基础。而这个基础就是人情，也就是出于人类本性的人道主义。"这种主张被称为"人类本性的人道主义"。这种观点，当时被认为是宣传抽象的、资产阶级人性论观点，与社会主义思想相对立，立刻受到了文艺界、文学界和哲学界等的广泛批判。

1960年北大哲学系辩证唯物主义和历史唯物主义教研室就人性论和人道主义问题展开了一次讨论。讨论中，大家一致认为：(1) 关于有没有共同的人性，就自然方面来说，人性与兽性是有区别的。这种与兽性的区别，就是共同的人性。斯大林在《论伟大的卫国战争》中指出德国法西斯"已经丧失人性"，早已与野兽"为伍"。这些所谓人性就是与兽性区别的共同人性。(2) 人还是有共性。这就是都有反映客观现实的机能，有喜怒哀乐等反映现实的能力，并且在人对爱的表现上是没有什么不同的，在这点上人与兽也差不多。这是反映客观现实的可能性，这对人来说是共同的。而每一个具体的人的具体情感不同，爱的对象不同，动机不同，这就是现实性，因为现实性是社会关系的体现，因此就人人不同了。为什么至今尚有人对毛主席所谈的人性与阶级性问题没有搞清楚，就在于没有分清人性的可能性与现实性。(3) 阶级社会以前，人是有共同人性的，其基础是爱。但在阶级社会中就没有共同的人性了。由于有了剥削与压迫，就有了恨。但劳动者仍然继承了阶级社会时爱的传统，到共产主义社会人性又是共同的，其基础仍然是爱。(4) 人的本质是劳动，并且在劳动中建立起人与人之间的关系，这就是人性的表现。在阶级社会中，剥削阶级不劳动因此失去人性，但劳动者在劳动中继承和发展它，到共产主义社会中人性就到达完满的地步。(5) 人与人之间有共同的爱好，有共同的美感，例如，有些书和戏都爱看（《梁山伯与祝英台》、《安娜·卡列尼娜》）。特别是有些音乐大家都爱听。音乐本身是没有阶级性的，但由于和生活条件联系起来，就起了不同的作用。在对自然界的美（花香鸟语）上，人与人之间也是共同的，因此，就文艺作品的艺术性方面来说是没有阶级性的。(6) 在道德上，不同的阶级也有共同之点，例如，地主、农民、工人、资产家都有"爱国心"，死了人都会哭。(7) 从辩证法来看，特殊性与普遍性是相结合的，那么就不仅应有不同的阶级性，而且有相同的人性，否则就无法解决特殊性与普遍性的统一问题。

关于人道主义讨论中，大家认为：(1) 马克思主义也谈人道主义，这就是社会主义的人道主义，但它的内容是什么，要搞清楚；(2) 资产阶级上升时期人道主义的那些内容，应包括在社会主义人道主义之内，人道主义是我们的最低纲领，而共产主义是我们的最高纲领。

(3) 关于"一分为二"和"合二为一"问题

1964年4月，杨献珍给中共中央党校的学员讲课，谈到"一分为二"与"合二为一"的问题，该校哲学教员艾恒武听课后受到启发，后约另一教员林青山一道写了一篇《"一分为二"与"合二为一"——学习毛泽东唯物辩证法思想的体会》，文章发表在5月29日的《光明日报》上。6月5日，《光明日报》发表了署名项晴（北京大学哲学教师张恩慈的笔名）的《"合二而一"不是辩证法》的批判文章。文章认为，艾、林二人说"'合二为一'正是表达了辩证法的最基本的规律……对立统一规律"是一种误解。真正表达了对立统一规律的是"一分为二"，而不是"合二为一"，"合二为一"的思想是同对立统一的思想针锋相对的。随后，全国各大报刊陆续发表文章，对这个问题展开讨论。

在北京大学，7月15日以辩证唯物主义教研室为主，哲学系也组织了关于"一分为二"与"合二为一"问题讨论会。到会者除了该教研室的教师外，还有自然辩证法和中国哲学史教研室的若干教师，系主任郑昕也出席了讨论会。在会上，杨克明、汤一介、庄印、高宝钧、邹永图、朱相元、李存立和孙蓬一作了发言。

(4) 关于"红"与"专"关系的争论

《人民日报》1964年7月19日六版刊登了姚伯茂的文章，提出处理两种类型的矛盾，牵扯到又红又专的问题。北京大学的教师们对此进行了讨论。冯友兰认为：红，作为一种道德品质，与专不是一对矛盾。红与白、专与不专才是一对矛盾。所谓红专矛盾，其实是红与白的矛盾，红所要克服的是白，不是专。有时候也是社会活动和业务在时间安排上不尽恰当的问题。如社会活动多了，就影响业务，看来似乎是红影响了专。这是可以作适当的调整的。他认为，所谓红专矛盾也是暂时的现象。红与专的关系即德与智的关系。我们的教育方针是要求要培养德、智、体得到全面发展的人才。这是三方面全面发展，不是二者对立。所以红专作为一种道德品质论不是对立统一的关系，而是全面观点的问题。有些人把又红又专作为"合二为一"的例子，这是不对的。

庄印等不赞成他的分析，认为差异即是矛盾，矛盾是普遍存在的。全面观点也是认识上的矛盾问题，不能离开矛盾观点来讲全面观点。汤一介、周滔等进一步提出了自己的看法，他们认为不能抽象地谈论什么斗争性为主或同一性为主的矛盾。如工农业的矛盾不能离开一定所有制来分析。从生产水平上讲不平衡是绝对的，从矛盾结果讲也是一方克服一方。如前几年在我国工农业矛盾的斗争是个体所有制的农业被全民所有制的工业克服了。从红与专的关系看也是一样。谈红与专的问题，就不能离开某某人来具体分析。他们认为，红专关系比较复杂。红与专是矛盾，红与白也是矛盾。红与专矛盾处理好了可以互相促进，互相渗透。如一个人思想进步，方法对头，他就有更大的动力来刻苦钻研业务，另外，经过业务实践更使他认识到红的提高的必要性。这就是不断克服红与少红、专与少专的过程。他们认为，这种类型矛盾的特点得具体深入研究，能否用对抗、非对抗来归纳要具体分析。一类矛盾是对抗性的矛盾，一类矛盾是非对抗性的矛盾，非对抗性的矛盾又可分为两种情况：一种是能够两条腿并举的，如工农业并举，又红又专，既要民主又要集中，既多快又好省，既要有高度革命精神又要有严格的科学态度，等等；另一种是不能够两条腿并举的，如人民内部思想上的矛盾、是与非的矛盾，等等。它们不能既是又非，既这样又那样。

冯友兰不同意这种分析，他认为，有些矛盾可以既这样又那样，而显然很多的矛盾不能既这样又那样，若以对抗性、非对抗性来讲，还是太笼统，还不能令人信服。只有对"既这样又那样"的矛盾作出解释，才能真正解决"合二为一"论的问题。

必须指出的是，当时有些争论也受"左"倾错误的影响，常常混淆学术问题和政治问题的界限，造成某些不良后果。而在"文革"中，整个哲学学科都遭受摧残，马克思主义哲学更是成为重灾区，它完全沦为政治斗争的工具，偏离了学术发展的正常轨道，给学科发展造成了很大的消极影响。

二、课程体系的奠基和建设

1. 聘请苏联专家讲学

1952年暑假全国性的院系大调整，是为了建设以马克思主义为指导的高等学校。当时强调，要达到这一目的，就必须向苏联学习，因为苏联已经在教学上建立了不同于西方的一套教学模式。因此，不少人认为，只要认真学习苏联的经验便能达到上述目的。所以教学组织、课程设置等都是效仿苏联。如全系的教师，按不同的小学科组织成教学研究室，由它来组织这个学科的教学与研究；课程设置以正面讲授马克思主义为主，而且要有统一的教学大纲，不分必修和选修。凡列入课程的，学生都要学。

为了更好地向苏联学习，当时的公共外语一律为俄语。不仅学生学习，也号召老师学习。为此有各种速成学习方法，成效显著。一大批教师很快获得了对俄语的阅读和笔译能力。这为利用苏联教材，创造了方便条件。

要建设马克思主义的哲学系，当时最急迫的任务就是建设一支马克思主义的教师队伍。为了在短时期内能培养和建设一支马克思主义哲学教学的师资队伍，国家在往苏联派遣留学生的同时，从苏联请了一批专家到我国来，培养青年教师。第一个来哲学系工作的苏联专家是格·萨波什尼柯夫。他主要对研究生讲授辩证唯物论和历史唯物论，由黄枬森负责辅导，汤侠生、王先睿、乐峰、颜品忠等任翻译，全系教师旁听。起初，萨波什尼柯夫只讲辩证唯物主义和历史唯物主义，后又要求他开设了世界哲学史。他的课，有系统讲授，也同时指定大量必读书目，所以对学生来说，主要是一门读书课。而且，所读的材料，都要求写读书笔记。这一点，他要求很严格。第二位苏联哲学家来系工作的是莫斯科大学的格奥尔吉耶夫教授。他在苏联哲学界有较高的学术地位。他所开的课，多带有专题课的性质，希望能在业务提高方面发挥他的作用。

2. 举办研究生班

1953年是我国第一个国民经济社会发展计划实施的第一年，为适应理论人才建设的需要，北大哲学系正式招收了辩证唯物主义和历史唯物主义专业研究生，培养马克思主义哲学教师和科研人员。生源从北大哲学系四年级学生中考核选调，还从全国各高校应届毕业生和在职人员中招收。其中作为在职人员选招的研究生毕业后回到原单位，不参加统一分配。

第一期研究生班的学员，个别人1953年底来系报到，绝大部分是1954年初来的。实际学期为两年半。开学后，主要在中国人民大学徐琳指导下阅读马克思、恩格斯著作。到了秋天，萨波什尼柯夫到校，他力图按照苏联培养研究生的办法来培养这批研究生，给每个人发了两大本研究生必读书目。1956年暑假毕业前，还进行了论文答辩。这是院系调整后北大哲学系毕业的第一批研究生。

同时，还为研究生班开设了研讨课，课程包括如下内容：辩证唯物论是马克思列宁主义政党的世界观；马克思主义辩证法是认识世界和革命改造世界的唯一科学方法；自然界和社会中诸现象的普遍联系与相互制约；自然界和社会中的运动变化与发展；发展是量变过渡到根本的质变；对立的斗争是发展过程的实在内容；马克思主义哲学唯物论是解释自然和社会诸现象的唯一科学理论；世界的物质性和运动着的物质发展的规律性。为加强经典著作的研究，还设立了马列主义经典著作讲授课堂讨论日。在讨论日，主要是对《费尔巴哈论》、《反杜林论》、《自然辩证法》和《唯物论与经验批判论》等著作进行专题研讨。讨论课程的开设大大提高了研究生班学员的科研水平。

3. 课程体系的设置

1961年教研室对教学计划作了进一步完善。必修课增设了"毛泽东著作选读"，选修课增设了"马克思主义认识论研究"。一些马克思列宁主义经典著作后来也增加进来作为课堂教学内容，包括《唯物主义与经验批判主义》、《法兰西内战》、《哥达纲领批判》和《自然辩证法》等。至1961年2月，马克思主义哲学方面课程的情况如下："辩证唯物主义历史唯物主义原理"，由冯瑞芳、谢龙、高宝钧讲授；"马列原著选读"，由张恩慈、谢龙、朱德生、赵光武、高宝钧等讲授。设为课程的著作如下：马克思恩格斯的《关于费尔巴哈的提纲》、《路德维希·费尔巴哈和德国古典哲学的终结》、《反杜林论》、《自然辩证法》、《家庭私有制和国家的起源》、《社会主义从空想到科学的发展》；列宁的《国家与革命》、《哲学笔记》、《什么是"人民之友"以及他们是如何攻击社会民主党人的？》；斯大林的《马克思主义语言学问题》、《苏联社会主义经济问题》等。毛泽东著作选读由谢龙、曹琦、冯瑞芳、张文儒等讲授，包括如下著作：《中国社会各阶级的分析》、《湖南农民运动考察报告》、《关于纠正党内的错误思想》、《中国革命战争的战略问题》、《矛盾论》、《实践论》、《论持久战》、《新民主主义论》、《论人民民主专政》、《关于正确处理人民内部矛盾的问题》等。

1963年，教研室对以后四年的课程作了整体规划与调整，具体是这样的：赵光武讲授本科一年级"辩证唯物主义"，徐大笏辅导"辩证唯物主义"，冯瑞芳讲授二年级"历史唯物主义"，陈志尚辅导"历史唯物主义"，岳田给心理学专业讲授"辩证唯物主义"和"历史唯物主义"。张恩慈讲授"费尔巴哈论"和"反杜林论"，黄枬森讲授"哲学笔记"和"唯物主义和经验批判主义"，李存立讲授"哥达纲领批判"、"家庭私有制和国家起源"、"费尔巴哈论"和"反杜林论"，孙伯鍨讲授"哥达纲领批判"、"费尔巴哈论"、"家庭、私有制和国家起源"，王湘波讲授"什么是'人民之友'"以及"他们是如何攻击社会民主党人的？"，施德福讲授"国家与革命"、"共产主义运动中的'左派'幼稚病"。谢龙和张文儒讲授"毛泽东著作选读"。

1977年，根据形势的发展，马克思主义哲学专业重新制定了教学计划，其中突出了几个关系：正确处理政治与业务的关系，强调在搞好业务学习的同时，加强政治思想学习，并积极参加必要的政治活动，做到又红又专。正确处理主学与兼学的关系。一年中要有四周的时间学工、学农、学军，进行校内劳动。正确处理理论与实际的关系。坚持"文科以整个社会为工厂"，深入工农，深入学习三大革命实践，虚心向工农学习。正确处理基础课与专业课的关系。

三、机构沿革和师资队伍建设

1. 机构沿革

这一阶段的机构沿革情况复杂，简单勾勒如下：

1951年，北大成立辩证唯物主义和历史唯物主义教研室。1952年全国院系调整之后，教师分为若干个组，其中第二组是马列主义课程教学辅导组。汪子嵩任系副主任兼辩证唯物主义与历史唯物主义教研室主任。1955年，韩佳辰、沈少周、金志广、王哲由中共中央高级党校毕业，调至辩证唯物主义和历史唯物主义教研室。1957年冯定从马列学院调入哲学系。1959年王庆淑任辩证唯物主义教研室主任。1960年成立毛泽东哲学思想研究室。哲学系下设毛泽东哲学著作组、马列主义哲学组、哲学史组、政治经济学组、大批判组、政工组、教改组、后勤组和资料组。

2. 师资队伍建设

1952年院系调整以后，全国各高校哲学系的教师绝大部分都调进了北大，这些教师在中西哲学史、美学、逻辑学、心理学等领域各有造诣，不乏大师级的人物，但对马克思主义哲学，他们要从头学起。院系调整时，各校担任马克思主义哲学课的老师仍留在原学校，北大能开马克思主义原理课的教师都从事全校公共理论课教学，因而从事马克思主义哲学专业基础课程教学的师资严重不足。于是，一些校外教授被请来讲授马克思主义哲学课程。中央党校的艾思奇主讲辩证唯物主义，何思敬讲授恩格斯的《路德维希·费尔巴哈和德国古典哲学的终结》，胡绳讲授"毛泽东思想"。冯定来哲学系之后，主动承担马克思主义哲学学科建设的任务，参与制定了哲学系以马克思主义哲学为"一体"、以中外哲学史和自然辩证法为"两翼"的办系方针，请校外的专家来校作专题讲座、授课等。

到了1956年，师资力量大大增强。辩证唯物主义与历史唯物主义教研室编制了详细的学年教学计划。内容包括三部分：辩证唯物主义、经典著作介绍、历史唯物主义。讲课教师有汪子嵩、张恩慈、韩佳辰、王雨田、金志广、徐明、黄耀枢、谢龙、蒋继良、王哲、冯瑞芳、沈少周、王庆淑、高宝钧、甘霖等。1957年黄枬森系统地讲授了"辩证唯物主义"。从1960年开始，哲学系开设了"辩证唯物主义"和"历史唯物主义"，由冯瑞芳、高宝钧、谢龙和张恩慈讲授。"毛泽东著作选读"由冯定、谢龙和张文儒讲授，冯瑞芳讲授"历史唯物主义"，刘方棫讲授"政治经济学"，李志远讲授马克思的《资本论》，张恩慈讲授"反杜林论"。

第三节　多元探索、纵深推进和理论创新时期（1978—2012）

1978年以来，伴随中国改革开放和现代化建设的历史进程，为适应自主探索和扩大对外学术交流的需要，我国马克思主义哲学迎来了一个多元探索、纵深推进和理论创新的时期。北京大学马克思主义哲学史学科在其中起了重要的前导和推进作用。

总体上看，依据研究主题、研究取向、研究方式及其所形成的整体风貌，可以把这一时期北大马克思主义哲学史学科的发展划分为以下三个阶段：一是20世纪70年代末到80年代末的恢复和重建阶段，开端于新时期两次影响深远的大讨论，即真理标准问题的讨论和人道主义与异化问题的讨论，主要进展体现在马克思主义哲学史学科开创、马克思主义哲学基本原理研究、毛泽东哲学思想和中国现代哲学研究等方面；二是贯穿于20世纪90年代的深化和调整阶段，这个阶段的特点是研究重心发生转移，形成了新的研究领域，主要体现在人学和社会发展理论研究迅速崛起，同时在马克思主义哲学史和马克思主义哲学原理研究方面进一步向纵深推进；三是21世纪以来的开拓和创新阶段，逐步形成了马克思主义哲学史和文本研究、马克思主义哲学基础理论研究、社会发展理论和人学研究、马克思主义哲学中国化研究、国外马克思主义研究等多个领域，并且在不同的研究方向上都取得了某些具有标志性意义的成果，从而带动了学科的整体性发展。

下面以时间为线索，对各个阶段的情况作一简略介绍。

一、恢复和重建阶段（1978—1990）

从 20 世纪 70 年代末到 80 年代末是北大哲学系马克思主义哲学史学科的恢复和重建阶段，同时也是发展很快的一个时期。师资队伍一度破纪录地达到 30 多人。学术研究成果不仅数量多，而且质量高，在全国高校中发挥着重要的引领作用。1988 年，北大马克思主义哲学学科被评为国家重点学科。

1. 观念、思想与学术进展
（1）在两次大讨论中发挥重要作用

1978 年 5 月 11 日，《光明日报》在一版显著位置发表特约评论员文章《实践是检验真理的唯一标准》，随即在全国范围引发了关于真理标准问题的大讨论。这场讨论不仅在党和国家的历史转折时期发挥了重要的政治作用，同时也为马克思主义哲学的恢复和重建营造了良好的思想氛围和学术环境，因而是新时期马克思主义哲学学科发展具有标志性意义的事件。北大马克思主义哲学史学科教师积极参与了这场讨论。1978 年 6 月 20—21 日，中国社会科学院哲学所《哲学研究》编辑部邀请首都部分哲学工作者围绕真理标准问题举行座谈，冯定、郭罗基等应邀参加会议并发言。哲学系教师还发表了一批论文参加讨论，如黄枬森的《列宁论真理的实践标准》(《哲学研究》1978 年第 9 期)，黄枬森、陈志尚、张翼星等的《社会实践是检验认识的真理性的唯一标准》(《北京大学学报》1979 年第 3 期)，黄枬森的《实践和实践的检验》(《哲学研究》1980 年第 11 期)，赵常林的《马克思主义实践观的本质特征和主要贡献》(《晋阳学刊》1982 年第 6 期) 等等。

改革开放初期另一次影响广泛而深远的大讨论，是关于人道主义和异化问题的讨论。北大哲学系在这场讨论中起了重要作用。这场讨论的兴起并不是偶然的，它既是对"文革"期间践踏人的权利、蔑视人的尊严、贬低人的价值的历史悲剧的抗议与反思，又是对当时兴起的"伤痕文学"的一种理论呼应，同时还有第二次世界大战后国际范围内人本主义思潮兴起的背景。而马克思《1844 年经济学—哲学手稿》新译本的公开出版（1979），则为之提供了经典文本依据。

从 1980 年起，哲学系教师就开始关注、研究和讨论人道主义与异化问题发表了一些文章，如杨适的《关于评价马克思〈一八四四年经济学哲学手稿〉的一些问题》(《中国社会科学》1981 年第 6 期)。这种研究和讨论在 1983 年纪念马克思逝世 100 周年时达到高潮。当年 3 月 7 日，周扬在中央党校举办的纪念马克思逝世 100 周年报告会上发表《关于马克思主义的几个理论问题》的讲话，产生了巨大反响，同时也有一些不同的看法。为此，有关部门决定继续开会，把报告会开成学术讨论会。3 月 12 日，黄枬森作为四个报告人之一，在大会上作了"关于人的理论的若干问题"的发言，后又在《人民日报》(1983 年 4 月 6 日)、《哲学研究》(1983 年第 4 期)等报刊上公开发表，产生很大影响。与此同时，北大哲学系为纪念马克思逝世 100 周年，举办了主题为"马克思主义与人"的学术研讨会，与会的约 100 名学者对人道主义和异化问题，本着"双百方针"的精神，畅所欲言，各抒己见，比较充分地交换了意见。会议前后，北大哲学系先后编辑出版了两部文集——《马克思主义与人》(北京大学出版社，1983 年)、《人道主义和异化问题研究》(北京大学出版社，1985 年)。这两部文集比较集中地反映了北大哲学系在这次大讨论中的成果和贡献，其作者并不限于马克思主义哲学的教师，还包括本系其他二级学科的学者。代表性的论文有张岱年的《简评中国哲学史上关于人的价值的学说》，周辅成的《谈"人"和"人的解放"》，黄枬森的《关于人的若干理论问题》、《关于人道主义和异化理论的几个问题》，黄枬森、施德福、陈志尚的《马克思和人道主义》，朱德生的《谈谈"异化"范畴》、《所谓人性"异化"问题》，施德福、余其铨的《人的本质观上的革命变革》，施德福的《把异化作为理论和方法不能正确说明历史》，赵光武的《论人的意识的社会性》、《用唯物史观观察社会主义社会》，陈志尚的《怎样认识人性问题》、《试论"共同人性"和"一般人道主义"》，赵常林的《马克思世界观的转变和关于人的思想的发展》、《从马克思异化思想的演变看他对异化的理解和使用》，赵家祥、李澄的《异化概念在历史唯物主义形成和发展中的作用》，赵家祥的《评"人是历史唯物主义的核心"》，杨适的《异化与对象化》，魏英敏的《论价值和人的价值》、

《再论人的价值问题》，万俊人等的《论"人既是目的，又是手段"》，甘霖、杨辛的《美和人的自由创造》，叶朗的《卡夫卡——异化论历史观的图解者》，阎国忠的《人·美·艺术自由》，余其铨的《恩格斯和人道主义》，王东的《列宁和人道主义》，李中华的《康有为人道主义思想述评》等。这些论文不仅反映了当时讨论的盛况，而且为不同分支学科跨学科研究共同的哲学问题积累了一定的经验。

1984年1月，随着胡乔木《关于人道主义和异化问题》一文的发表，讨论基本告一段落。但是不同的理论分歧仍然存在，问题并没有得到解决。北大哲学系的教师们在后来的研究中，继续围绕人的本质和人性、人的权利、人的价值、人生的意义、各种人道主义的区别和联系等进行广泛深入的研究，陆续发表了一批成果，从而为90年代后人学研究的兴起奠定了基础，准备了条件。

（2）对马克思主义哲学史学科的开创性贡献

"史"（历史）、"论"（理论或原理）、"著"（著作或文本）是马克思主义哲学学科的三个基本要素，它们内在地结合在一起。但是在相当长一段时期内，国际马克思主义学界普遍存在着"重论轻史"的倾向，乃至造成"史论脱节"、"史论分离"等弊端。20世纪五六十年代，苏联学者敦尼克、约夫楚克、凯德洛夫、米丁等主编了一套内容广泛的六卷本《哲学史》，后四卷较多涉及马克思主义哲学的历史发展。在国内，如前所叙，北大哲学系1972年就集体撰写《马克思主义哲学史》，这是国内马克思主义哲学史研究的先河。

"文革"结束后，为了在理论上拨乱反正，人们深切地意识到必须结合经典作家思想发展的历史过程来理解其理论，这就使马哲史的学科建设提上了日程。作为一门新兴的分支学科，马克思主义哲学史就是要完整地再现马克思主义哲学产生和演变的历史过程，重现各个时期马克思主义哲学的本来面目。这是因为，马克思主义哲学同任何一门其他学科一样，是一门历史的科学，它的萌芽、产生、形成、发展都是一个过程。只有把马克思主义哲学及其人物、著作和思想摆到一定的历史条件之下，我们才能深刻理解其含义、意义、是非得失和历史地位。

我国第一部公开出版的马哲史著作是《马克思主义哲学史稿》（人民出版社，1981年），它是教育部委托编写的高等学校哲学专业教材。北大哲学系黄枬森是该书的统稿、定稿人之一。黄枬森、施德福、赵常林、余其铨、夏剑豸等参加了该书的编写。该书基本上建构起了马哲史学科的体系框架。随着"马克思主义哲学史"作为一门课程在综合性大学哲学系普遍开设，马哲史学科建设开始步入正轨。

为了适应教学的需要，受教育部委托，黄枬森等主编了一套三卷本的《马克思主义哲学史教学资料选编》（上、中、下册，北京大学出版社，1984年），比较系统地汇集了马克思主义哲学的形成和发展、在俄国的传播和发展（到1953年）与在中国的传播和发展（到1966年）的主要资料。北大哲学系黄枬森、施德福、赵常林、曹玉文、王秀花、余其铨、易杰雄、夏剑豸、彭燕韩、陈志尚、张翼星、宋一秀、许全兴、冯国瑞、陈占安（陈战难）、张文儒、陈葆华、王桂英、李克富等参加了该书的编选工作。该书体例新颖，全书分为11章，每章分为三个部分：第一部分是评论该时期马克思主义哲学发展的资料，第二部分是反映马克思主义哲学发展本身的资料，第三部分是背景资料、批判资料和其他有关资料。其中第二部分的最后一级标题是用作者的原话或对原话略加编改而成的，力图借以表明马克思主义哲学发展的历史及其特点，从而为教学提供了很大便利。

1985年，受国家教育委员会委托，并被批准为文科博士点科研项目，北大哲学系黄枬森、施德福、宋一秀主编了三卷本《马克思主义哲学史》（上、中、下册，北京大学出版社，1987年）。马克思主义哲学史学科的很多教师，如黄枬森、赵常林、施德福、余其铨、夏剑豸、陈志尚、莫立波、张翼星、易杰雄、宋一秀、许全兴、陈占安（陈战难）、王东、刘玉昕等参加了本书的编写工作。该书比较全面、系统地叙述了马克思主义哲学产生、发展和在各国传播的历史过程，其中下册着重介绍了马克思主义哲学在中国的传播和发展，同时比较全面、客观地评价了马克思主义哲学创始人及其战友、学生以及马哲史上主要代表人物的理论贡献、历史意义和局限性。该书曾获"全国高等学校优秀教材奖"（1992）。这部书可以说是我国第一部马克思主义哲学通史，进一步确立了学科的体系结构，同时也确立了北大马哲史学科在全国的领先地位。中国马克思主义哲学史学会成立后,黄枬森曾连续三届被推选为会长(1979—1992)。

与此同时,基于对马哲史的某些专题的深入研究,北大马克思主义哲学史学科教师发表了大量论文,出版了一批著作。据不完全统计,80年代出版的著作主要有:谢龙等的《马克思恩格斯的生平和学说》(中国青年出版社,1982年),杨适的《马克思〈经济学—哲学手稿〉述评》(人民出版社,1982年),黄枬森主编的《〈哲学笔记〉注释》(北京大学出版社,1981年),黄枬森的《〈哲学笔记〉与辩证法》(北京出版社,1984年),张文儒、陈葆华合著的《辩证的探索——读列宁十月革命后著作札记》(河北人民出版社,1982年),马克思主义哲学史教研室集体编著的《若干马克思主义哲学原著的历史地位》(贵州人民出版社,1985年),曹玉文等的《〈反杜林论〉哲学编讲义》(黑龙江人民出版社,1985年),李清昆等的《普列汉诺夫与唯物史观》(河北人民出版社,1984年),冯瑞芳、李士坤合著的《马克思恩格斯八封历史唯物主义书信研究》(北京大学出版社,1986年),余其铨等的《狄慈根哲学思想研究》(北京大学出版社,1987年),余其铨、曹玉文、赵常林、丰子义等翻译的英国著名马克思学家戴维·麦克莱伦著《马克思以后的马克思主义》(中国社会科学出版社,1986年),张大翔等翻译的(施德福等校)苏联学者哈·尼·莫姆江的《拉法格与马克思主义哲学》(国际文化出版公司,1987年),王东等合著的《对〈资本论〉历史观的沉思》(学林出版社,1988年),王东的《辩证法科学体系的"列宁构想"》(中国社会科学出版社,1989年),黄枬森等合著的《列宁传》(河南人民出版社,1989年)等。其中,《〈哲学笔记〉注释》是从20世纪60年代以来长期学术积累的成果。1960—1962年参加注释工作的有黄枬森、宋文坚、辛文荣、庄宝玖、张翼星、钱广华;参加部分工作的有沈少周、王先睿。1974年参加编写工作的有黄枬森、张翼星、彭燕韩。1979—1980年参加修订工作的有黄枬森、张翼星、辛文荣、庄宝玖、彭燕韩、夏剑豸。该书以选文得当、注释严谨,受到学界的欢迎,曾获北京市首届哲学社会科学成果一等奖(1987)。黄枬森的《〈哲学笔记〉与辩证法》更是得到学术界很高的评价,被认为无论在文本释读的准确性上,还是在思想史定位的客观性上,都超越了同时代苏联学者的水平。《辩证法科学体系的"列宁构想"》也是一部研究列宁哲学思想的力作，它是在王东的博士论文基础上修改而成的，收入"中国社会科学博士论文文库"，该书曾获第二届吴玉章科研成果奖。王东是我国建立博士学位制度后首批获得哲学博士学位的人之一。

从上述著作中可以看出，北大哲学系的马哲史研究有一个鲜明的特点，即注重经典著作及其思想的解读，这为以后成立北京大学马克思主义文献研究中心作好了铺垫。

（3）马克思主义哲学原理研究取得突出成就

20世纪80年代，在马哲史学科建设起步的同时，马克思主义哲学原理研究和哲学教科书体系改革探索也蓬勃开展起来。北大哲学系在这方面作出了自己的贡献，取得了突出的成就。主要表现在以下三个方面。

一是教材建设。按照时间顺序，先后出版了以下多部教材：（1）赵光武、李清昆（李澄）、赵家祥编著的《历史唯物主义原理》（北京大学出版社，1982年），这是改革开放后我国较早出版的历史唯物主义教材；（2）谢龙主编的《马克思主义哲学原理纲要》（北京大学出版社，1983年）；（3）赵光武主编、芮盛楷副主编的《辩证唯物主义原理》（北京大学出版社，1989年），作者除主编外，还有赵家祥、杨武栓等；（4）赵光武、芮盛楷合著的《辩证唯物主义历史唯物主义》（北京大学出版社，1992年）；（5）赵家祥、李清昆、李士坤主编的《历史唯物主义原理（新编本）》（北京大学出版社，1992年），作者除主编外还有席大民、夏文斌等。该书体系宏大、内容丰富，吸取了学术界的最新研究成果，从理论和实践的结合上回答了社会主义现代化建设和科学技术革命提出的重大问题，得到校内外的好评。值得一提的是，该书还专设第七编"历史唯物主义与现代西方历史哲学"（含第24、25、26章），首次在历史唯物主义教材中介绍了现代西方历史哲学的内容。

二是对马克思主义哲学原理的专题研究。在赵光武等合著的《哲学原理疑难问题探讨》（吉林人民出版社，1982年）之后，按照当时辩证唯物主义和历史唯物主义二分的体系结构，着重从这两个方向加强了对哲学原理的深入研究。在辩证唯物主义研究方面取得的主要成果有：赵光武的《唯物主的历史与理论》(北京大学出版社,1984年)、《辩证法的历史与逻辑》(广西人民出版社,1987年),赵光武主编的《科学的世界观和方法论》(辽宁人民出版社,1990年),以及施德福、易杰雄等翻译的苏联学者费多谢耶夫主编的《唯物辩证法理论概要》(北京大学出版社,1983年),宋一秀、易杰雄等翻译的苏联学者苏沃洛夫著《唯物辩证法》(黑龙江人民出版社,1984年)等。此外,北京大学哲学系还与日本大阪经济法科大学哲学教研室合作主办了"中日唯物辩证法研讨会",会后出版了《唯物辩证法的问题——中日唯物辩证法研讨会论文集》(人民出版社,1990年)。在历史唯物主义研究方面的主要成果有:赵家祥的《马克思主义的社会形态理论简论》(北京大学出版社,1985年)、《唯物史观的核心与当代现实——论生产关系必须适合生产力性质的规律》(天津人民出版社,1987年),以及赵家祥等合著的《新技术革命与唯物史观的发展》(河北人民出版社,1987年)等。此外,还有易杰雄等翻译的《历史唯物主义概论》(河北人民出版社,1987年),李士坤等著《现代西方人论》(河北人民出版社,1988年)等。

三是以现实问题研究为指向的综合性研究。适应改革开放和现代化建设的需要,以现实问题研究为指向的哲学研究在80年代受到特别关注,并出版了一批成果,如黄枬森主编的《问题中的哲学》(广东人民出版社,1985年),王东、张翼星等合著的《社会主义建设中的哲学问题探索——改革之路的哲学沉思》(北京大学出版社,1986年),黄枬森主编的《科学的社会历史观与改革》(黑龙江人民出版社,1989年),王东的《改革之路的真正源头》(北京大学出版社,1990年),郭建宁的《生活方式探索》(安徽人民出版社,1989年),张文儒、陈占安(陈战难)合编的《国内外社会主义辩证法研究资料选编》(北京大学出版社,1989年),张文儒主编的《社会主义辩证法研究》(北京大学出版社,1991年),谢龙主编的《现代哲学观念》(北京大学出版社,1990年),谢龙等著《马克思主义哲学与当代现实》(人民出版社,1991年)等。值得一提的是,1987年,在北京召开了国际性的"人与自然"的关系讨论会,参加会议的除中国学者外,还有来自印度、美国、加拿大、比利时、日本、菲律宾等国的学者,北大哲学系黄枬森、张世英、朱德生、赵光武等参加会议并宣读论文,会后由北大哲学系编辑出版会议论文集《人与自然》(北京大学出版社，1989年）。这是我国哲学界较早对这一问题进行研究的成果。

（4）毛泽东哲学思想和中国现代哲学研究

由于新中国成立后高度重视对毛泽东哲学著作的学习和研究，北大哲学系早在1960年就成立了毛泽东哲学思想研究室，1978年组建为毛泽东哲学著作教研室，1981年改为毛泽东哲学思想教研室。适应当时兴起的毛泽东研究热潮，北大哲学系教师出版了一大批相关著作，如宋一秀、陈占安（陈战难）等的《毛泽东哲学思想与中国革命》（黑龙江人民出版社，1982年），宋一秀主编的《毛泽东哲学思想概论》（北京大学出版社，1983年），宋一秀等合著的《毛泽东哲学思想史纲》（甘肃人民出版社，1984年）和《毛泽东哲学思想教程》（华东师范大学出版社，1989年），张文儒、陈葆华等合著的《毛泽东几篇著作的哲学思想》（河北人民出版社，1982年），张文儒等合著的《毛泽东哲学思想概论》（中国人民大学出版社，1985年），许全兴等合著的《延安时期毛泽东哲学思想研究》（陕西人民教育出版社，1988年），以及许全兴等编的《国外毛泽东思想研究文选》（中央党校科研办公室，1987年）等。集多年研究之功，90年代初又出版了宋一秀主编的《毛泽东思想科学体系》（北京出版社，1993年），宋一秀等编著的《毛泽东的人际世界》（红旗出版社，1992年），陈葆华主编的《国外毛泽东思想研究评述》（陕西人民出版社，1993年），张文儒的《毛泽东与中国现代化》（当代中国出版社，1993年），郭建宁的《艰辛探索的哲学轨迹——1956至1966年毛泽东的哲学思想研究》（北京大学出版社，1993年）等。这些著述在国内处于领先水平，在国际上也有一定影响。

1985年毛泽东哲学思想教研室改为现代中国哲学教研室后，研究领域进一步扩大。首先由现代中国哲学教研室和系编译资料室合编了近百万字的大型学术资料《中国现代哲学史教学资料选辑》（上、下册，北京大学出版社，1988年），随即出版了许全兴著《李大钊哲学思想研究》（北京大学出版社，1989年），以及许全兴、陈占安（陈战难）、宋一秀合著的《中国现代哲学史》（北京大学出版社，1992年）。该书是张岱年主持的国家哲学社会科学"七五"计划重点项目"中国现代哲学史研究"的最终成果，详细论述了"五四"以来中国社会大变动时期中国哲学发展演变的情况，既着重论述了马克思主义哲学在中国传播、发展并与实践相结合的历程，也论述了非马克思主义哲学各派兴衰的基本情况，对学术界有争议的历史人物及相关问题阐述了作者的见解。该书史料翔实，评析中肯，在同类著作中是时间较早的，也是很有代表性的。

（5）《中国大百科全书·哲学》和《冯定文集》

《中国大百科全书》是20世纪80年代国家重大的文化出版工程，其中《哲学》卷1985年由中国大百科全书出版社出版。黄枬森担任哲学编委会副主任和马克思主义哲学史主编，施德福任马克思主义哲学史编委，赵光武、赵家祥、宋一秀等参加了马克思主义哲学部分词条的编写。

特别值得一提的是《冯定文集》（第一、第二卷，人民出版社，1987、1989年）。冯定（1902—1983）是我国著名的马克思主义哲学家和教育家，早在20世纪30年代就活跃于我国文化教育和理论战线上，同时担任党的宣教部门的领导人。新中国成立前曾出版通俗阐释和宣传马克思主义哲学基本原理的名著《平凡的真理》（光华书店，1948年）。1957年至北大哲学系任教，从事教学和培养青年教师及研究生工作。"文革"前和"文革"中受到错误批判。1976年后任哲学系主任、副校长等职；中国科学院哲学社会科学部委员，全国伦理学会名誉会长，中国马克思主义哲学史学会顾问，中国辩证唯物主义研究会顾问，北京市哲学会会长等职。《冯定文集》收录的是侧重于哲学方面的著述。

此外，80年代还出版了黄枬森的学术文集《哲学的足迹》（中国社会科学出版社，1987年）。该书内容涉及当时国内学术界争论的一系列问题，诸如哲学基本问题，真理标准问题，人道主义和异化问题，马克思的某些早期哲学思想，对列宁、斯大林哲学思想的评价，对马克思主义哲学体系的探讨等。

总起来看，20世纪80年代是北大哲学系马克思主义哲学史学科队伍庞大、实力雄厚、成果突出、发展很快的一个时期。

2. 学科制度和课程设置

"文革"前，北大哲学系的主要培养对象是本科生，除50年代苏联专家招收过两届研究生班而外，只有少数学科招收过为数不多的研究生。1978

年，马克思主义哲学原理和马克思主义哲学史专业开始招收研究生。1981年，我国高校中唯一马克思主义哲学史博士点（几年后马哲史博士点改为马哲博士点）在北大设立，1982年开始招收学生。至此，北大马克思主义哲学史学科形成了本科、硕士、博士三个层次的完整教育体系和人才培养制度。

这个时期本学科开设的主要课程如下："马克思主义哲学原理"、"马克思主义哲学史"、"马克思主义哲学原著选读"（含《反杜林论》、《费尔巴哈论》、《家庭、私有制和国家的起源》、《唯物主义和经验批判主义》、《哲学笔记》等，这些著作大多是单独作为课程开设的）、"毛泽东哲学思想"、"中国现代哲学"等。同时还为硕士生和博士生开设了一些专题课，如"辩证唯物主义专题"、"历史唯物主义专题"、"马克思主义哲学史专题"、"马列哲学原著精读"、"马克思早期哲学思想研究"、"社会形态及其发展规律"等。

3. 机构沿革和师资队伍

（1）机构沿革

北京大学一直是全国马克思主义哲学教学与研究的重镇。1966年"文革"开始前，北大哲学系设哲学和心理学两个专业。哲学专业辩证唯物主义与历史唯物主义教研室（成立于1954年）下设马克思主义哲学原理、马列哲学原著、毛泽东哲学著作、自然辩证法四个教研组和毛泽东哲学思想研究室（成立于1960年）。1978年以后，根据学科发展的需要，原辩证唯物主义与历史唯物主义教研室重组为马克思主义哲学原理教研室（赵光武、赵家祥等先后任主任）、马列哲学原著教研室（1981年改为马克思主义哲学史教研室，施德福任主任）、毛泽东哲学著作教研室（1981年改为毛泽东哲学思想教研室，1985年又改为现代中国哲学教研室，宋一秀、许全兴先后任主任）。负责全校公共课教学的马列主义教研室哲学组也于1985年合并到哲学系，成立马克思主义哲学原理第二教研室，李士坤任主任。此外，为了适应教学和科学研究以及对外学术交流的需要，经学校批准，1985年还成立了马克思主义哲学史研究室，黄枬森、王东为负责人。至此，北大马克思主义哲学史学科形成了包括四个教研室和一个研究室在内的庞大组织机构，为教学和科研工作的开展提供了坚实的组织和人力保障。

(2) 师资队伍

马克思主义哲学原理教研室的成员有：冯定、谢龙、沈少周、赵光武、郭罗基、李清昆、赵家祥、李士坤、芮盛楷、杨武栓、梁树发、迟慧玲、李淑珍、席大民、曾志。

马克思主义哲学史教研室的成员有：黄枬森、施德福、彭燕韩、曹玉文、石坚、杨克明（笔名杨适）、张翼星、夏剑豸、陈志尚、余其铨、赵常林、莫立波、王秀花、易杰雄、张大翔、丰子义、王东。

毛泽东哲学思想教研室（现代中国哲学教研室）的成员有：宋一秀、陈葆华、张文儒、许全兴、冯国瑞、陈占安（陈战难）、王桂英、刘玉昕、郭建宁。

二、深化和调整阶段（1991—2000）

进入 20 世纪 90 年代后，为适应国际国内形势的变化和马克思主义哲学发展自身的要求，北大马克思主义哲学史学科在继续深入开展马克思主义哲学史和马克思主义哲学原理基础研究的同时，对学科布局进行了必要的调整，集中表现为以人学和社会发展理论为重点的研究方向的兴起和迅速发展，同时在中国现代哲学和马克思主义中国化研究以及国外马克思主义研究方面也取得了不少成果。这是一个进一步积蓄学术实力的时期。

1. 观念、思想与学术进展
(1) 马克思主义哲学史和哲学原理研究深入推进

20 世纪 80 年代，北大马哲史学科建设取得了突出的成就，建立并不断完善了学科的体系结构，出版了一套 3 册的教学资料选编和三卷本教材，此外还出版了一大批专著。进入 90 年代以后，面临的主要问题是马哲史研究如何细化和深化。与此同时，一些学者对马哲史传统研究范式进行了反思，要求突破直线性和单线性的模式。[1] 幸运的是，借助于"马克思主义哲

---

[1] 参见张翼星：《应该克服直线性和单线性的模式——当前马克思主义哲学史研究刍议》，《哲学动态》1989 年第 6 期。

学史"被列入国家"七五"哲学社会科学规划重点项目的机缘，通过协同攻关，历时 13 年，终于在 90 年代中期完成了《马克思主义哲学史》（八卷本，北京出版社，1989—1996 年）。全书内容可以分为四部分：一是马克思主义哲学的形成与发展（第 1、2、3 卷，包括马克思和恩格斯的一些战友和学生的思想）；二是马克思主义哲学在俄国和苏联的传播和发展（第 4、5 卷）；三是马克思主义哲学在中国的传播和发展（第 6、7 卷）；四是马克思主义哲学在当代国外的研究和发展（第 8 卷）。该书由黄枬森等主编，作者多达 57 人，囊括了当时我国马哲史教学和科研第一线的大部分专家学者。北大哲学系黄枬森、施德福、余其铨、赵常林、陈志尚、李清昆、夏剑豸、宋一秀、许全兴、陈占安（陈战难）、张翼星等参加了这套书的写作。黄枬森除担任全书主编外，还担任第 4 卷主编（之一），施德福担任第 1 卷主编（之一），宋一秀担任第 6 卷和第 7 卷主编（之一）。该书规模浩大，8 卷约 400 万字，在国际上超过了苏联 20 世纪 50—60 年代出版的六卷本《哲学史》和民主德国 60 年代末出版的三卷本《马克思列宁主义哲学史》，代表了我国马哲史研究的整体水平，是马哲史研究领域的标志性成果，在国际上也处于领先水平。该书曾获国家社会科学基金成果一等奖、北京市哲学社会科学优秀成果特等奖、吴玉章理论著作一等奖等多个奖项。2005 年收入"中国文库"重新出版。

此外，90 年代还出版了一批马哲史研究专著，如余其铨的《狄慈根与辩证唯物主义》（台北森大图书有限公司，1991 年），赵常林的《理性与现实——〈德意志意识形态〉评述》（人民出版社，1996 年），张翼星的《列宁的哲学思想》（台北远流出版公司，1991 年）、《列宁哲学思想的历史命运》（重庆出版社，1992 年，该书获"国家社会科学基金项目优秀成果奖"一等奖），以及张翼星与人合著的《读懂列宁》（四川人民出版社，2001 年）等。

在哲学原理研究方面，80 年代形成的辩证唯物主义和历史唯物主义二分的格局有所突破。一方面，辩证唯物主义研究不再局限于教科书的原理，而是依托新成立的北京大学现代科学与哲学研究中心，组织了大量学术活动，加强了马克思主义哲学与现代科学的关联性研究，出版了一批著作，如冯国瑞的《系统论、信息论、控制论与马克思主义认识论》（北京大学出版社，1991年），施德福等的《互动的盟友——自然科学的发展与马克思主义哲学的现代化》（天津人民出版社，1993年），赵光武主编的《现代科学的哲学探索》（北京大学出版社，1993年），冯国瑞的《信息科学与认识论》（北京大学出版社，1994年）、《科学技术革命与社会主义现代化建设》（北京大学出版社，1996年），赵光武主编的《走出自我中心困境》（华夏出版社，1997年）、《思维科学研究》（中国人民大学出版社，1999年）、《后现代主义哲学述评》（西苑出版社，2000年）等。另一方面，历史唯物主义研究大大拓宽了视野，赵家祥、李清昆、李士坤主编的高等教育"九五"国家级重点教材《历史唯物主义教程》（北京大学出版社，1999年），吸取了学术界的最新研究成果，无论在体系还是内容上都有不少创新，达到了历史唯物主义教材的高水平，是一部广有影响的好教材。该书除"概论"外，分设7编26章，"第1编　人·自然·社会"；"第2编　社会生产"；"第3编　社会结构"；"第4编　社会运行机制和社会发展动力"；"第5编　社会形态及其发展过程"；"第6编　人的本质和人类解放"；"第7编　历史认识论"。这是我国出版的内容较为丰富全面的历史唯物主义著作。此外，李清昆出版了专著《唯物史观与哲学史》（河北人民出版社，1992年）。为了回应当时的社会思潮，赵光武还主编了《用唯物史观观察社会主义社会》（同心出版社，1994年）一书。

（2）人学和社会发展理论研究的兴起

20世纪90年代，在我国马克思主义哲学研究中，部门（领域）哲学研究的兴起是一个特别值得注意的趋势。北大马克思主义哲学史学科主要在人学和社会发展理论研究方面取得了突出的成就和领先的优势。

人学研究孕育于80年代关于人道主义的讨论，90年代后逐渐发展为一个相对独立的研究领域。这种研究一方面是为了回应西方学者对马克思主义哲学所谓"人学空场"的责难，另一方面也是为了适应当代社会发展的需要。改革开放要求发挥人的主动性、积极性、创造性，也就相应突出了人的权利、人的能力、人的个性、人的自由、人的发展等问题。哲学界把目光聚焦于这些问题，逐步形成了对人的宏观综合性研究，即人学研究。虽然关于"人学"的名称和学科性质一直没有停止过争论，但它事实上已经成为一个相对独立且有众多研究者参与其中的研究领域。

北京大学人学研究中心成立后，自觉确立了两个研究方向：(1) 研究人的基本理论，主要从哲学层次、从整体上研究人的存在、人性和人的本质，人的活动和发展的一般规律以及人生价值、目的、道路的基本原则。通过研究建立比较系统的人学理论体系，包括人学原理、中外人学思想史等，为创建人学学科奠定理论基础。(2) 结合当代社会发展，研究有关人的重大理论问题，如人权问题、社会和人的可持续发展问题、人的自由全面发展问题等。为此，人学研究中心组织了大量学术活动，出版了大批学术成果。主要著作有黄枬森、陈志尚等主编的《人学词典》（中国国际广播出版社，1990年），陈志尚等主编的《当代中国人权论》（当代中国出版社，1993年），韩庆祥的博士论文《马克思主义人学思想发微》（中国社会科学出版社，1992年），丰子义、王东等著《主体论——新时代新体制呼唤的新人学》（北京大学出版社，1994年），黄枬森、沈宗灵主编的《西方人权学说》（上、下卷）（四川人民出版社，1994年），黄枬森的《人学的足迹》（广西人民出版社，1999年）等。此外，中国人学学会筹备期间及成立后，连续召开了多届全国性的人学研讨会，每届研讨会的论文都结集公开出版。

社会发展理论研究兴起于 20 世纪 80 年代中后期，通常是与现代化研究结合在一起的。发展是当今时代和当代中国的重要主题，随着发展进程的加速、发展矛盾的暴露和发展代价的凸显，90 年代以来社会发展理论研究一直是学界关注的热点之一。丰子义在这方面的研究起步较早，他在 90 年代中期就出版了《现代化的理论基础——马克思现代社会发展理论研究》（北京大学出版社，1995 年），该书曾获北京市第四届哲学社会科学优秀成果二等奖 (1996)；他还与人合作翻译了《新发展观》（华夏出版社，1987 年）、《文明与社会理论》（浙江人民出版社，1989 年）等著作。之后，他又出版了《现代化进程的矛盾与探求》（北京出版社，1999 年）一书，该书把实证分析与哲学思辨结合起来，是这个领域的代表性成果，曾获北京市第六届哲学社会科学优秀成果二等奖（2000）和第四届吴玉章人文社会科学优秀奖（2002）。徐春出版了两部社会发展理论与人学相结合的著作，《人类生存危机的沉思》（北京大学出版社，1994 年）、《可持续发展与生态文明》（北京出版社，2000

年)。其中《可持续发展与生态文明》曾获第十六届"北方十五省市自治区哲学社会科学优秀图书奖"(2001)。此外,杨武栓出版了《现代城市管理理论》(江西人民出版社,1991年)。

为了回应80年代的西方文化热和90年代的传统文化热,黄枬森写作了关于马克思主义文化理论和中国文化建设系列文章,并同龚书铎、陈先达共同主编了《有中国特色社会主义文化建设研究》(山东人民出版社,1999年,获2002年吴玉章优秀成果一等奖)。

(3)中国现当代哲学及"中国学"研究

在80年代成果积累的基础上,中国现代哲学研究进一步向当代哲学研究拓展,出版的著作主要有:郭建宁的《当代中国哲学热点问题透视》(西安出版社,1995年)和他主编的《当代中国哲学纲要》(北京大学出版社,1996年)等。

与此同时,王东把80年代形成的以现实问题为指向的综合性研究进一步拓展为"中国学"研究,出版了多部著作,如《中华国富论》(黑龙江教育出版社,1996年)、《邓小平理论与跨世纪中国》(北京出版社,1999年)、《中国龙的新发现——中华神龙论》(北京大学出版社,2000年)等。

(4)国外马克思主义研究

长期以来,中国的马克思主义者熟悉和接纳的主要是苏俄的马克思主义哲学,而对西方马克思主义很少关注。改革开放以后,人们了解国外思潮的愿望日益迫切,适应这种需要,在众多学者积极引介现代西方哲学思潮的背景下,国外马克思主义研究作为一个新的研究方向也在中国兴起并得到迅速发展,逐渐成为我国马克思主义哲学研究的显学之一。

在这个研究方向上,北大哲学系虽然起步较晚,但90年代出版的几部著作引人注目,如曹玉文的《西方马克思主义探源》(台北森大图书有限公司,1991年)和《新佛洛依德主义的马克思主义》(台北时报文化出版有限公司,1992年),曹玉文等合著的《马克思主义与西方马克思主义》(黑龙江人民出版社,1992年),以及曹玉文主编的《西方人看马克思主义》(当代中国出版社,1998年)。张翼星主编的《理论视角的重大转移——西方马克思主义的辩证法观》(重庆出版社,1997年),以及他主译的美国著名马克思学家诺曼·莱文的《辩证法内部对话》(云南人民出版社,1997年),都将关注点集中在辩证法问题上,填补了以往研究的一个薄弱环节,得到学术界的较高评价。

总起来看,20世纪90年代是北大哲学系马克思主义哲学史学科进一步夯实学术基础、积蓄学术实力的一个时期。

2. 学科制度和课程设置

本学科研究生教育分设马克思主义哲学原理、马克思主义哲学史、中国现代哲学等专业。1998年北大哲学系被国务院学位委员会批准为哲学一级学科博士点,在包括马克思主义哲学在内的哲学全部八个二级学科招收博士和硕士研究生。同年,哲学学科博士后流动站经教育部批准设立。

为适应学术发展和社会发展的需要,哲学系在90年代对教学计划进行了两次修订,提高选修课的比例。马克思主义哲学学科开设的课程与80年代相比有所增加,除原来的"马克思主义哲学原理"、"马克思主义哲学史"、"马克思主义哲学原著选读"等课程外,增设了"社会发展理论研究"、"人学研究"、"当代中国马克思主义哲学"、"历史哲学"、"管理哲学"、"环境哲学"等课程,同时为硕士生和博士生开设了一些专题课。

3. 机构沿革和师资队伍

(1) 机构沿革

1991年,根据北大对全校学科布局的调整,原来合并到哲学系的马列主义教研室哲学组与其他负责全校公共课教学的机构共同组建成立北京大学马克思主义学院。哲学系马克思主义哲学史学科仍保留三个教研室:马克思主义哲学原理教研室(赵家祥、芮盛楷、曾志先后为主任)、马克思主义哲学史教研室(施德福、曹玉文先后为主任)、现代中国哲学教研室(张文儒为主任)。同时成立了两个研究中心:北京大学人学研究中心和北京大学现代科学与哲学研究中心。北大人学研究中心成立于1991年,是迄今为止中国唯一的人学研究机构,黄枬森任中心主任,陈志尚任副主任。北京大学现代科学与哲学研究中心成立于1996年,其前身是1989年建立的现代科学与马克思主义认识论讨论班,赵光武任中心主任,冯国瑞任副主任。这两个研究中心在组织学术活动和开展学术研究方面发挥了重要作用。1996年,由北京大学人学研究中心联合中央党校、中国人民大学、北京师范大学、首都师范大学等单位的一些著名专家,共同发起筹备成立中国人学学会。

(2)师资队伍

90年代,由于原马克思主义哲学原理第二教研室合并到北大马克思主义学院和其他原因,北大哲学系马克思主义哲学史学科的师资力量有所缩减,成员包括黄枬森、陈荭华、彭燕韩、芮盛楷、陈占安、赵常林、夏剑豸、施德福、宋一秀、赵光武、张翼星、冯国瑞、陈志尚、张文儒、余其铨、曹玉文、赵家祥、杨武栓、王东、丰子义、郭建宁、曾志、席大民、徐春、聂锦芳。

三、开拓和创新阶段(2001—2012)

进入21世纪以后,顺应学术自身演进的逻辑,我国马克思主义哲学研究继续发生深刻的变化。北大哲学系马克思主义哲学史学科趁势而为,在马克思主义哲学史和文本研究、马克思主义哲学基础理论和体系创新研究、社会发展理论和人学研究、国外马克思主义研究、马克思主义哲学中国化和当代中国哲学研究等几个方向都取得了突出的成就,继续保持和巩固其在全国的领先地位。2001年和2007年两次被评为全国重点学科。

1. 观念、思想与学术进展
(1)马克思主义哲学史和文本研究形成优势和特色

马克思主义哲学史方面,受国家教委委托,并作为国家教委"九五"重点教材立项,黄枬森主编了"面向21世纪课程教材"《马克思主义哲学史》新一卷本(高等教育出版社,2001年)。黄枬森、施德福、宋一秀、王东等参加了本书的编写。这本教材在总结近20年来马克思主义哲学史教学经验和科研成果的基础上,按照"三个50年"的时间段落重新建构了马哲史的叙述框架。至此,由北大哲学系主编或参与主编的马哲史著作,形成了一卷本、三卷本、八卷本、新一卷本等不同规模和篇幅的版本，适应了不同层次学生和读者的需要。近年来，赵家祥作为首席专家之一，聂锦芳、郭建宁作为重要成员，参与了马克思主义理论研究和建设工程重点教材《马克思主义哲学史》的编写，目前书稿已经出版（高等教育出版社，2012年）。此外，杨学功参著的《马克思主义哲学形态的演变》（中国社会科学出版社，2010年，上、下卷）一书，是国内学界首次从形态演变的视角研究马哲史的尝试。该书把马克思主义哲学区分为四种主要形态：马克思主义哲学原生形态、马克思主义哲学苏联化形态、西方马克思主义哲学形态、中国化马克思主义哲学形态。杨学功承担全书"导论"和"马克思主义哲学原生形态"的写作。

21世纪以来，依托马克思主义文献研究中心，北大马克思主义哲学史学科特别重要而显著的变化是加强了经典文本的研究。这一方面体现了以往研究中注重经典著作及其思想解读的特色，另一方面又适应了国际上《马克思恩格斯全集》历史考证版（MEGA^2）研究的需要。通过多年的努力，北大马克思主义哲学史学科已经成为马克思主义文献研究的重镇，代表性的研究成果主要有聂锦芳的《清理与超越——重读马克思文本的意旨、基础与方法》（北京大学出版社，2005年）、王东的《马克思学新奠基——马克思哲学新解读的方法论导言》（北京大学出版社，2006年）。聂锦芳清理了马克思文本的刊布情况及其所引发的重要事件，分辨了文本研究的不同类型，明确提出并论证了"以文本为本位"的研究纲领。王东则在分析评论西方马克思学和苏联马克思学功过得失的基础上，提出创建中国马克思学的主张。他们的研究都引起了学界的广泛关注。

近年来，聂锦芳逐渐将重点转向文本的个案研究。他对马克思的中学作文、《共产党宣言》等文本进行了深入研究，特别是其所主持的国家社会科学基金项目"《德意志意识形态》研究"，取得了丰硕的成果，发表了40多篇相关论文，最终成果是70万字的专著《批判与建构——〈德意志意识形态〉的文本学研究》（人民出版社，2012年），并入选"国家哲学社会科学成果文库"。

北大马克思主义文献研究中心成立后，先后主办了多次重要的学术活动，出版了两部论文集《共产党宣言与全球化》（北京大学出版社，2001年）、

《马克思主义与全球化——〈德意志意识形态〉的当代阐释》(北京大学出版社,2003年)。此外,王东等著《马列著作在中国出版简史》(福建人民出版社,2009年)、杨学功等翻译的《马克思主义之后的马克思——卡尔·马克思的哲学》,以及他与人合作主编的"国外马克思学译丛"(北京师范大学出版社2009年起分批陆续出版,规划30余本,已出9本),也都属于广义的马克思主义文本研究方面的成果。

(2)马克思主义哲学基础理论研究和体系创新取得标志性成果

新世纪以来北大马克思主义哲学史学科在基础理论研究方面的成果是很突出的,主要表现在以下几个方面:

一是编写出版了新教材。赵家祥、聂锦芳、张立波编写的《马克思主义哲学教程》(北京大学出版社,2003年),被列入高等教育"十五"国家级规划教材,该书除在校内使用外,在全国范围内也得到比较广泛的采用。曾志主编了教育部人才培养模式改革和开放教育试点教材《哲学引论——中西哲学基础问题举要》(中国广播电视大学出版社,2003年),他的《西方哲学导论》(中国人民大学出版社,2001年、2008年),作为"21世纪哲学教材系列"之一,按照哲学三大基础理论——本体论、认识论、价值论——选择和安排材料,是按照哲学主题结构写作西方哲学史的大胆尝试。

二是对马克思的哲学观和马克思的哲学变革进行了深入研究。在聂锦芳的《哲学原论——经典哲学观的现代阐释》(中国广播电视出版社,1998年)和《哲学形态的当代探索》(民族出版社,2002年)之后,仰海峰的《形而上学批判——马克思哲学的理论前提及当代效应》(江苏人民出版社,2006年),杨学功的《超越哲学同质性神话——马克思哲学革命的当代解读》(北京大学出版社,2010年)、《传统本体论哲学批判——对马克思哲学变革实质的一种理解》(人民出版社,2011年),都着重从哲学观视角解读马克思哲学的变革意义。

三是对马克思主义哲学特别是历史唯物主义基础理论的深入研究。如赵家祥、丰子义合著的《马克思东方社会理论的历史考察和当代意义》(高等教育出版社,2002年,获北京大学第九届人文社会科学优秀成果一等奖),丰子义、杨学功合著的《马克思"世界历史"理论与全球化》(人民出版社,

2002年），赵家祥等合著的《历史哲学》（中央党校出版社，2003年），张立波的《后现代境遇中的马克思主义》（民族出版社，2002年）、《阅读、书写和历史意识——对马克思的多重表述》（北京大学出版社，2008年）等，都将关注点集中在马克思的历史理论方面。赵家祥还主编了《马克思主义历史哲学》（吉林人民出版社，2006年），该书包括以下五卷：第1卷《历史过程论和历史动力论》（赵家祥著），第2卷《历史决定论和主体选择论》（刘曙光著），第3卷《历史进步论和历史代价论》（林艳梅著），第4卷《普遍交往论和世界历史论》（席大民著），第5卷《历史认识论和历史方法论》（袁吉富著），进一步深化了马克思历史理论的研究。其中，席大民的《普遍交往论和世界历史论》，是国内学界第一部系统研究马克思交往思想的专著。

四是跨学科的综合性研究。主要成果有北京大学现代科学与哲学研究中心编《钱学森与现代科学技术》（人民出版社，2001年）和《复杂性新探》（人民出版社，2007年），冯国瑞著《走向智慧——现代科学与马克思主义哲学新探》（西安交通大学出版社，2010年）等。

特别重要的是，本学科在马克思主义哲学体系创新中取得标志性成果。这就是依托黄枬森主持的国家社会科学基金重点项目和北京市社会科学理论著作出版基金资助重大项目"马克思主义哲学体系的坚持、发展与创新研究"，并作为两个项目的最终成果出版的《马克思主义哲学创新研究》四部书（人民出版社，2011年）：黄枬森主编的《马克思主义哲学体系的当代构建》（上、下册），王东主编的《时代精神与马克思主义哲学创新》，曾国屏主编的《现代科学技术与马克思主义哲学创新》，赵敦华、孙熙国主编的《中西哲学的当代研究与马克思主义哲学创新》。这四部书的作者包括了本学科点的多数成员以及其他一些合作者。其中黄枬森主编，赵光武、赵家祥、陈志尚、孙小礼等任副主编的《马克思主义哲学体系的当代构建》一书，是20世纪80年代以来二十多年马克思主义哲学体系改革探索的最新成果。它旨在构建一个马克思主义哲学的科学体系，并在"导论"中全面系统地论述了"构建一般科学的理论体系的基本原则"、"构建马克思主义哲学的科学体系的基本原则"和"怎样构建马克思主义哲学的科学体系"。这个体系具体由以下几个部分组成：辩证唯物主义世界观、辩证唯物主义历史观、辩证唯物主义人学、辩证唯物主义认识论、辩证唯物主义价值论和辩证唯物主义方法论。不管人们如何评价这个体系，它在体系构建上确实是独具特色的。

除此之外，21世纪以来，黄枬森还出版了多部学术文集，如《黄枬森自选集》（学习出版社，2005年），《哲学的科学之路——马克思主义哲学的科学体系研究》（收入《当代中国哲学家文库》，北京师范大学出版社，2005年），《哲学的科学化》（首都师范大学出版社，2008年），《黄枬森文集》（中央编译出版社，2011年，共8卷，已出版第1、2、5卷）。赵光武也出版了自选集《哲学来自非哲学》（首都师范大学出版社，2011年），该书和黄枬森的《哲学的科学化》，都被收入"北京社科名家文库"。

（3）社会发展理论和人学研究持续推进

社会发展理论研究在80年代和90年代的基础上继续推进，取得了一系列成果：丰子义出版了《发展的反思与探索——马克思社会发展理论的当代阐释》（中国人民大学出版社，2006年）、《发展的呼唤与回应》（北京师范大学出版社，2009年）、《走向现实的社会历史哲学——马克思社会历史理论的当代价值》（武汉大学出版社，2010年），聂锦芳等著有《超越"后发展"困境——现代化理论图景中的邓小平发展观》（北京大学出版社，2002年），徐春著《全球化与社会可持续发展》（知识产权出版社，2005年）。为了配合科学发展观的学习，丰子义还主编了《树立和落实科学发展观专辑》（中国人民大学出版社，2005年）和《深入学习实践科学发展观专辑》（中国人民大学出版社，2009年）。此外，还有杨武栓的《管理哲学新论》（北京大学出版社，2003年、2011年）。这一系列的著作及其所达到的成就，基本上确立了本学科在社会发展理论研究中的领先地位。

2002年中国人学学会成立后，组织编写了一套"人学理论与历史"丛书（黄枬森任编委会主任）。该丛书是北京市哲学社会科学"九五"规划重点项目和北京市社会科学理论著作出版基金重点资助项目，同时被列为国家"十五"规划重点图书和北京市"十五"规划重点图书。丛书包括以下三部：陈志尚主编的《人学原理》、赵敦华主编的《西方人学观念史》、李中华主编的《中国人学思想史》（北京出版社，2005年）。这套丛书比较系统地反映了我国人学理论研究的成果。其中陈志尚主编的《人学原理》2007年获第五届吴玉章人文社会科学优秀奖，2008年获北京大学改革开放30年优秀成果奖。此外，在人学研究方面的著作还有：陈志尚主编的《人的自由全面发展论》（中国人民大学出版社，2004年）、徐春著《人的发展论》（中国人民公安大学，2007年）、黄枬森著专题论文集《人学的科学之路》（河南人民出版社，2011年）等。

（4）西方马克思主义研究成果突出

国外马克思主义研究继20世纪80年代和90年代的第一次高潮之后，进入新世纪以来，再次形成颇具声势的学术潮流，是改革开放以来的第二次高潮。本学科在这方面后来居上，取得了突出的成果。主要著作有张翼星的《为卢卡奇申辩——卢卡奇哲学思想若干问题辨析》（云南人民出版社，2001年），仰海峰的《走向后马克思：从生产之镜到符号之镜——早期鲍德里亚思想的文本学解读》（中央编译出版社，2004年）、《西方马克思主义的逻辑》（北京大学出版社，2010年），以及他翻译的鲍德里亚著《生产之镜》（中央编译出版社，2005年）、《实践哲学与霸权——当代语境中的葛兰西哲学》（北京大学出版社，2009年）。仰海峰的研究，无论是对西方马克思主义整体逻辑的把握，还是对鲍德里亚的个案研究，在国内都处于领先水平。此外，尹树广的《国家批判理论》（黑龙江人民出版社，2002年）、《20世纪70年代以来西方马克思主义的国家批判理论》（黑龙江人民出版社，2003年），以及尹树广等翻译的拉克劳、墨菲著《领导权与社会主义的策略》（黑龙江人民出版社，2003年），都是他在本系博士后流动站工作期间出版的成果。

（5）马克思主义哲学中国化和当代中国哲学研究的新气象

在90年代研究的基础上，本学科一些学者重点转向当代中国哲学研究。主要著作有张翼星等合著的《马克思主义哲学在中国》（首都师范大学出版社，2001年），张文儒、郭建宁主编的《中国现代哲学》（北京大学出版社，2001年），郭建宁主编的《当代中国马克思主义哲学新探》（高等教育出版社，2002年），郭建宁的《当代中国的文化选择》（北京大学出版社，2004年）、《20世纪中国马克思主义哲学》（北京大学出版社，2005年）、《当代中国哲学》（复旦大学出版社，2008年）、《马克思主义哲学中国化的当代视野》（人民出版社，2009年）等。邓小平理论的哲学基础及其与当代中国哲学的关系得到了重点研究，如黄枬森主编的《邓小平理论的哲学基础研究》（中国人民大学出版社，2004年），赵存生、王东主编的《邓小平与当代中国和世界》（北京大学出版社，2004年），赵家祥主编的《开拓马克思主义的新境界——邓小平对科学社会主义理论的贡献》（北京大学出版社，2004年），黄枬森、王东主编的《邓小平理论与当代中国哲学》（北京大学出版社、黑龙江教育出版社，2005年）等。而王东的《中华文明论——多元文化综合创新哲学》（3卷，黑龙江教育出版社，2002年）和《马克思主义哲学综合创新论》（武汉大学出版社，2010年），则体现了他试图通过广泛的综合达到哲学创新的追求。

（6）其他学科学者对马克思主义哲学研究的贡献

需要特别指出的是，北大哲学系其他学科的学者也在一定程度上参与了马克思主义哲学的研究。20世纪50—70年代，汪子嵩、朱德生、张世英、朱伯崑、齐良骥、贾泽林等众多学者都积极参与了马克思主义哲学的研究和建设。90年代，杨适出版了《人的解放——重读马克思》（四川人民出版社，1996年）。最近10余年，赵敦华的贡献尤为突出。他不仅参与了本学科的两个重点项目——"人学理论与历史"和"马克思主义哲学体系的坚持、发展与创新研究"，主编了《西方人学观念史》（北京出版社，2005年）和《中西哲学的当代研究与马克思主义哲学创新》（人民出版社，2011年），发表了不少研究马克思哲学思想的重要论文，而且积极倡导中西哲学与马克思哲学的对话，出版《回到思想的本原——中西哲学与马克思哲学的对话研究》（收入《当代中国哲学家文库》，北京师范大学出版社，2006年）。

总起来看，21世纪以来，北大马克思主义哲学史学科在不同的研究方向上都取得了具有标志性意义的重要成果，从而带动了学科的整体性发展。以扎实的文本研究为根基，以基础理论研究为重点，以探索当代中国和世界的重大现实问题为依归，力求上升到历史、理论、现实的综合性研究，是本学科在长期历史发展过程中形成的鲜明特色。

2. 学制与课程设置

根据学校提出的"加强基础、淡化专业、因材施教、分流培养"的方针，哲学系在21世纪又对本科教学计划进行了两次修订，选修课的比例进一步提高。马克思主义哲学学科课程改革主要表现在两个方面：一是将原来的"马克思主义哲学原理"改为"马克思主义哲学导论"；二是增开大量选修课和面向全校的素质教育通识课。开设的主要课程有"马克思主义哲学导论"、"马克思主义哲学史"、"马克思主义文献学"、"西方马克思主义"、"马克思主义宗教学"、"西方历史哲学"、"后现代主义与马克思主义比较"、"当代马克思主义哲学专题"、"当代中国哲学专题"、"哲学与当代中国"、"中国现代化问题研究"、"全球化问题研究"、"人学概论"、"环境哲学"、"管理哲学"、"复杂性科学与哲学"、"后现代主义哲学"。本学科同时为硕士生和博士生开设了一些专题课，如"马克思主义哲学原理研究"、"马克思主义哲学史研究"、"马列哲学原著精读"、"西方马克思主义研究"、"本体论研究"等。此外，还聘请美国学者罗克摩尔开设"马克思哲学"，加拿大学者威尔开设"分析的马克思主义"、"马克思主义和激进政治学"等课程。

3. 机构沿革和师资队伍

2000年，根据国务院学位委员会发布的学科目录，北大对马克思主义哲学史学科的机构设置进行了重大调整。由原马克思主义哲学史教研室、马克思主义哲学原理教研室和现代中国哲学教研室的一部分，合并组建马克思主义哲学教研室，王东为主任，聂锦芳为副主任。20世纪90年代成立的北京大学人学研究中心和现代科学与哲学研究中心继续存在。经过六年筹备，中国人学学会于2002年得到民政部正式批准登记，成为全国性的一级学会，陈志尚任会长，彭珮云、黄枬森任名誉会长。2011年换届后，由丰子义任会长，彭珮云、黄枬森、陈志尚任名誉会长。现代科学与哲学研究中心仍由赵光武任主任至今。与此同时，根据学科发展的需要，在校系的大力支持下，2000年成立了北京大学马克思主义文献研究中心，这是全国高校唯一的马克思主义文献研究机构。2011年，经学校批准，整合哲学系和马克思主义学院部分师资力量，成立了北京大学马克思主义哲学研究中心。

20世纪90年代末以来，由于大批老教师退休，北大马克思主义哲学史学科的师资队伍力量减弱。针对这种情况，校系加大了引进人才的力度，教师队伍得以充实。这一时期的成员包括黄枬森、赵家祥、杨武栓、王东、丰子义、郭建宁、席大民、曾志、徐春、聂锦芳、张立波（后调离北大）、杨学功、仰海峰。但是从现在的情况看，教师队伍仍然数量偏少，结构也不尽合理，亟须加以解决。值得一提的是，很多离退休老教授一如既往地从事学术研究工作，继续在学科建设中发挥重要作用，从而在一定程度上弥补了在职教师不足的缺欠。

4. 结语

在谈到马克思主义哲学的研究时，北京大学资深教授黄枬森在《马克思主义哲学史》八卷本"导言"中曾说过这样一段话："马克思主义哲学作为一门科学，需要专业哲学家加以专门的研究、建设和发展，这是他们的任务而又为革命领袖难以承担的。由于种种原因，专业哲学家们几十年来未能充分发挥建设和发展马克思主义哲学的作用，使马克思主义哲学的建设和发展未能达到应有的水平，但是，他们也作了不少工作，取得了大量成就。由于改革开放，他们可能取得更大的成就。他们的哲学著作和哲学思想不仅丰富了马克思主义哲学的内容，他们的成功与失败也将为马克思主义哲学的发展提供有益的借鉴。他们的哲学思想是马哲史对象中不可缺少的一部分。在未来的岁月里，在百家争鸣的学术气氛中，他们将是传播、建设和发展马克思主义哲学的基本力量。"30多年来北大马克思主义哲学史学科的发展历程，可以说为这段话提供了最生动、最丰富、最具体的诠释。北大马克思主义哲学史学科的同仁们始终没有遗弃他们的社会责任和人文关怀，始终没有忘记自己作为专业哲学家的天职，一直以高度的热忱投身于马克思主义哲学和重大现实问题的研究之中，其研究成果也无愧于这门学科应有的专业水准。我们相信，在未来的岁月里，在更加开放和宽松的学术氛围中，北大马克思主义哲学史学科的同仁们一定会在马克思主义哲学的专业研究上取得更大的成就。

第四章　伦理学学科史

何怀宏

中国是伦理思想的富国，传统哲学思想的内容多属道德与人生哲学，但是，作为现代知识体系中的一门学科，中国的伦理学却是从 20 世纪初才开始形成和发展的。而北京大学可以说在这一中国现代伦理学的奠基中起了关键的作用，后来又有自己的长期延续和长足发展。下面根据北京大学伦理学发展的实际情况，大致分为五期：一、奠基期（1902—1919）；二、延展期（1920—1952）；三、沉寂期（1953—1978）；四、全面重建期（1979—1998）；五、多向发展期（1999 年至今）。

本文取材的原则自然是以本系且专门研究和教学伦理学的教员为主。但和后面各期稍稍不同的是，奠基期将不限于本系教员，也注意于本校，也不以哲学门成立为始，盖因当时学科并不细分，而从历史事实言之，由北大学者开创的伦理学研究，也同时是中国伦理学的发端，尤其是担任北京大学校长的蔡元培和北京大学教授的刘师培对此其功厥伟，故不可不重视。而在这之后，则将以北京大学本系并开设过伦理学课程或在伦理学教研室工作的学者为主，且对这些学者也只溯及既往，而不述及其离开北大之后的学术成果。

第一节　奠基期（1902—1919）

一、观念与思想

1. 建立现代中国伦理学学科的意义

1901 年江楚编译官书局即出版有樊炳清的《伦理教科书》，但影响不是很大。1902年蔡元培为麦鼎华编译的《中等伦理学》作序,这本书是麦氏以日本元良勇次郎之《伦理讲话》为原本译述,由商务印书馆出版,该书虽是由编译而来,但作为中国最早一批现代意义上的伦理学教科书却有着特别的意义。蔡元培在"序"中明确地阐述了建立新的中国伦理学学科的意义,他指出,中国伦理之说萌芽虽早,但是在内容上,儒家"大率详于个人与个人交涉之私德,而国家伦理阙焉;法家之言,则又偏重国家主义,而蔑视个人之权利"。而在学科的形式上,他认为传统伦理思想"其说均错见于著述语录之间,而杂厕以哲理政治之论,无条理,无统系,足以供专门家参考,而甚不适于教科之用"。为此,他甚至在结尾批评传统典籍说:"吾愿我国言教育者,亟取而应用之,无徒以《四书》、《五经》种种参考书,扰我学子之思想也。"后来张之洞看到这一批评,很是不满,以致后来商务印书馆在出版蔡译述的《伦理学原理》等书时,建议他改以"蔡振"署名。当然,蔡元培也不是要否定传统伦理思想。《中等伦理学》一书则是以经验派之功利主义为主干,而又掺以直觉主义思想,也涉及社会主义与个人主义、国家主义与世界主义、东洋思想与西洋思想,而务以调和为主旨,又时引中国儒家之言以相证。该书的主要观点与调和倾向估计是受当时比较流行的英国西季维克等哲学家的思想影响较大。

从上述蔡元培的初步观点观察和引申,我们或可在与传统思想的比较中概括出近人在西潮的刺激下,对现代伦理学学科所形成的观念的几个特点:1. 分门别类。学科也就是分科,传统思想往往是"打成一片",现代知识体系的各门分支则需要明确各自的研究领域,强调各科的独立性,这样,伦理学就有必要与过去常常混杂在一起的其他人文学科与社会科学的门类区分开来。2. 自成一体。在外部要尽量区分,在内部则要力求自成一体,即努力使属于伦理学的知识体系综合全面、融贯一致,即不是要待后人从散篇文字和言语去整理出一个体系,即"续成一体",而是自己的著述本身就要"自成一体"。3. 采用新的方法。过去往往是"引经据典"的叙述和论证方法,"以孔子的是非为是非",现在则必须采用理性分析、演绎、归纳等新的学术方法。4. 区别对象。尤其是在教育领域,要考虑初、中、高等不同层次的对象的特点,编写好不同层次的教材。当然,这里并不是要评判传统学问与现代学术的优劣,而是说当时的确有一种从传统学问向现代学科转化的"大势所趋"。

2. 最早的现代伦理教科书

前述的伦理学教科书虽然出版更早,但毕竟是以译述为主,而且常常是从日文转译的教科书,而刘师培的《伦理教科书》可以说是中国人最早自著、并自成一体的一本现代伦理学教科书,我们将其视作一个最早的构建中国现代伦理学体系的尝试亦不为过,故应予以特别的重视和评述。他在1906年出版的《伦理教科书》一书共两册,第一册主要谈个人之修身。第二册分为两部分:第一部分是家族伦理,承传统伦理而来,讲齐家之道,以父子、兄弟、夫妇三伦为骨干,旁及宗族妻党,下及家庭奴仆,而这最后一条,又显示出这还是属于社会上层的家族伦理,即内连修身、外接治国之道的家族伦理,且注重实践。第二部分主要是社会伦理,但实际上还包括家族以外的一些个人伦理,如其中的师友、乡党。而洁身是对自己的义务,义侠是分外有功的义务,其社会伦理中最重要的内容还是比较具有普遍意味的诚信、正义、服从、秉礼以及起码的和睦、仁爱原则等。而最后落实于不是立甚高"希圣希贤"之义,而是培育社团,训练公德。

刘师培认为国家源于家族,治国必先齐家。家族伦理为实践伦理之基。"特中国所行家族伦理其弊有二:一曰所行伦理仅以家族为范围,中国人民自古代以来仅有私德无公德。……一曰家族伦理最不平等。"以势为理,见之于三纲。上之责下,虽不当于理,亦谓之直。纠弊则在一是要超越家族,关注国事。二是互相均平,使之成平等"对待之伦理",而非上下等级之伦理。古代父权几与君权并重。但三代之时,命士以上,父子异宫(分居),又易子而教,父子之间不责善。"君主与国家不同,以父较君则父重,以家较国则家轻。"又重男轻女,自古已然,但古代压制女权不如后来之甚。秦汉以前,无节妇贞女之名。欲泯夫妇之争,必自男女平等始;欲男女平等,又必自一夫一妻始。夫妇之间首贵志同。但今欲男女平等,还须女子自立。然夫妻平等必相亲,相亲则易忽,当以礼相处。刘师培总论齐家之道三字是:勤、俭、和。中西家族伦理不同在于西方以人为本位,中国以家为本位。中国在个人与社会之间介以家族。故西洋家族伦理始于夫妇一伦,中国家族伦理莫重于父子一伦,言三纲不如言五伦。

该书更有意义的部分还是在论述社会伦理的部分。刘师培认为:人莫不有自营自私之念,然兴利除害,必与人相赖相倚,此公德所由起也。"公德者,又由公共观念而生者也。""公与私,正互相表里。"中国问题在于"无真公私,不明公私之界说"。而最严重的问题在于历代君王"据本非己有之物以为公,而于民所自营之业目为私"。对其图公事,谋公益又加以束缚。"以专制之祸涣人民之群。"中国社会伦理不发达,原因有二:一与心理有关:乏周身之防而有猜忌之心;无竞争之志而有妒忌之心。二与学士文人鼓动有关,而"社会伦理者,即个人对于一群之伦理也"。人非社会不能自奉,人非社会不能自卫。保全社会正所以保全一身。个人与社会交涉必须有规则,如其个人行为不影响他人,则社会不得干涉;但若是有涉于他人利害,则不得不受社会节制,这就是社会规则的缘起。"凡同居于一群者,必有一群之公共规律。"而规律之起源在人心有同然之好恶。其同是因为境遇、嗜好和舆论。对于一群,有服从规律之义务。规律之制定不外权利和义务。规则即限制,是用来维系人群的。不可越界,也不可放弃义务。

刘氏反对西人利己主义和利他主义(在中国为杨朱和墨子的思想),主张折中利己与利他,并甚重"合群之道",他引古人为据,说古人重尊师,与君父同。"古帝王之治天下也,首贵合群。而合群之道,必由近及远。""中国人民数载以前不知社会伦理为何物,则以中国无完全社会之故也。近人欲矫其弊,多有以人我相通为言者。"孔子大同,及道家、佛家,其说非不深远,"然按之中国之民,执性最深人我相通之理,匪今日所能行,故欲人民有公德,仍自成立完全社会始,欲成立完全社会,贵于有党。党也者,万物之公性情也。……古人固不讳朋党矣,又古者民必立社。同社之名,均互相团结,此即地方自治之规,未闻禁民之相聚也。古有合财共贾之说,谓之同货财,亦不闻禁民之相合也。惟殷周以降,才渐禁士人及民众中的朋党。致士风、民风日趋于弱。而泰西各国,无事不有会,无人不植党。民各有党,必自事各有会始,由此对于社会伦理可以实行矣。人人委身社会所重,约有两端:一曰择业期于有益并敬事;一曰历久不迁,乃至世袭,以此精业"[1]。

刘氏对中国经史子集的典籍极其熟谙,其撰述多举历史上的实例,这也可以说是一种适用于当时的论证方式。适应中国社会开始向现代的转变,他对社会和政治伦理已有相当的重视,也纳入了一些当时最新的思想内容,比如斯宾塞的社会理论,强调结论自由、政党政治、地方自治的意义,并在方法论上注意到"理"就在于"分",颇重条分缕析,但逻辑推理,尤其演绎、构建方面尚有不足。不过,这一成果在伦理学的开创期已属难得。

3. 依据现代学科观点对中国传统伦理学的重新整理与解释

蔡元培 1907—1911 年到德国工读,这期间他主要的兴趣看来是在哲学伦理学。他翻译了德国哲学家包尔生的《伦理学原理》(商务印书馆,1909 年),撰写了《中国伦理学史》(商务印书馆,1910 年)和《中学修身教科书》(商务印书馆,1912 年)。蔡先生早年的专著可以说大都与伦理学有关,从各个学科看,他其实也是在伦理学上下了最大的功夫,且这些书都流传很广,影响很大,如至 1921 年,《中学修身教科书》已出至第 16 版,《伦理学原理》也已出至第 6 版。

蔡元培《中国伦理学史》系参照日本木村鹰太郎《东西洋伦理学史》和久保得所述《东洋伦理史要》而写,但其中也糅进了许多他自己的研究和看法,而他作为前清翰林的佼佼者,虽向往并细研新学,但旧学功底也非常深厚。他同意木村氏所说,须以"西洋哲学科学之律贯"来整理东洋的伦理思想与学说。他区分"伦理学与修身书之别",认为后者"示人以实行道德之规范者也",而"伦理学则不然,以研究学理为的。各民族之特性及条教,皆为研究之资料,参伍而贯通之,以归纳于最高之观念,乃复由是而演绎之,以为种种之科条。其于一时之利害,多数人之向背,皆不必顾。盖伦理学者,知识之径途;而修身书者,则行为之标准也"。而伦理学史与伦理学又有别:"伦理学以伦理之科条为纲,伦理学史以伦理学家之派别为叙。……

---

[1] 以上有关该书的引言均来自《刘师培全集》第 4 册,中共中央党校出版社 1997 年版。

而其根本观念，亦有主观、客观之别。伦理学者，主观也，所以发明一家之主义者也。……伦理学史者，客观也。在抉发各家学说之要点，而推暨其源流，证明其迭相乘除之迹象。"他又指出中国传统伦理学之范围太广，多杂糅他科学说，而未有纯粹之伦理学，因而也无纯粹之伦理学史。他也探讨了为什么中国的传统伦理学说为什么在"先秦极盛"，后来却长期没有学科化体系化而成就不大的原因：一是无自然科学以为之基础；二是无论理学（逻辑学）以为思想言论之规则；三是政治宗教与学问混合在一起；四是无异国之学说以相比较。这最后一条看来是最重要的一条。蔡元培又在《中学修身教科书》中区分理论伦理学与实践伦理学，他说："理论伦理学之于实践伦理学，犹生理学之于卫生学也。本生理学之原则而应用之，以图身体之健康，乃有卫生学；本理论伦理学所阐明之原理而应用之，以为行事之轨范，乃有实践伦理学。世亦有应用之学，当名之为术者，循其例，则惟理论之伦理学，始可以占伦理之名也。"

4. 介绍和研究西方伦理学方面的深远影响

蔡元培伦理学方面的翻译与著述，特别是他翻译的《伦理学原理》，对当时的学界和社会都影响很大，尤其是对青年学子，比如说，早年毛泽东在确立其人生观的过程中就深受此书的影响。而在这方面，又经过了第一位在北大专门讲授伦理学的教授杨昌济的中介。杨昌济曾留学日本、英国，返国后于1917—1918年在湖南第一师范任教时以蔡元培所译《伦理学原理》为教材，而他那时的学生毛泽东曾在这本10余万言的书上有过1.1万多字的批注。杨氏1918年6月应蔡元培邀请，赴北京大学任伦理学教授，而不久毛泽东也北上，担任北大图书馆助理员。如果说蔡元培是对20世纪中国教育界影响之第一人，毛泽东无疑是后来对中国政治界影响之第一人，而两者通过伦理学则有一种微妙隐含的思想联系。

《伦理学原理》一书的作者包尔生（Friedrich Paulsen，1846—1908）是德国著名哲学家、伦理学家、教育家，蔡译《伦理学原理》就是译自《伦理学体系》的第二编。《伦理学体系》1889年在柏林初版，以后多次修订再版，该书兼顾历史和现实、理论和实践，个人与社会。全书共分四编：第一编为人生观与道德哲学概述；第二编论述了伦理学体系的基本概念与原则；第三编为德性与义务论；第四编为国家和社会理论纲要，主要阐述了他的社会学和政治学观点以及他对合理的社会生活形式的看法。

包尔生的《伦理学体系》倡导一种源于亚里士多德自我实现论的"完善论"，或者说是一种"精进论"。其思想源流仍受康德的义务伦理学的影响，然而在一些基本问题上已转向了目的论，所以在许多方面具有调和义务论与目的论的倾向。日译者蟹江义丸是说调和"动机论和功利论"。但包尔生反对快乐主义的功利论，而主张一种源于亚里士多德的完善主义的目的论，与之对峙的则是康德的直觉主义的形式主义。所以，讲调和"义务论与目的论"也许是更恰当的提法。包尔生是主张追求个人的具足生活而达于正鹄的，而且，在他那里，已经有一种强调形式和过程的特征。在其书中，目的论的"至善"其实是相当缺乏具体的规定和确定的内容的，或者说，它等待着不同的自我通过行动自己去填充内容。青年毛泽东的人生伦理观深受其影响主要表现在两个方面，或如毛自己在笔记中所述是有两个基本点：一个是个人主义（其实准确地说是一种"自我主义"）；一个是现实主义（更准确地说是一种"实现主义"，即任何观念和理想一定要致力于实现，而且最好是通过自己的行动和斗争在当世实现），合起来，则成为一种特殊的"英雄豪杰"的"自我实现论"，一种政治上的"立己主义"。如果说包尔生的伦理思想相对来说还是比较平衡中道的，毛泽东则对其思想有一种明确的倾向性的取舍，尤其在斗争哲学方面。而这些思想又通过毛泽东的政治活动可以说对中国现当代的历史进程造成了巨大的影响。这一出现于北大伦理学史开端，深刻反映了观念与行动、思想与实践、学术与社会之间关系的现象的确值得关注。

二、课程与学制

北京大学在晚清的京师大学堂期间已设有"人伦道德"等课程。而其"中国哲学"的多种课程其实也涉及丰富的伦理思想。1911年大学文科分出"哲学门"之后，像1914年中国哲学门开设的课程也有"伦理学"，但1915年又被减去，1916年则又重设。不仅中国哲学门，西方哲学门也都列有"伦理学"课程。1916年12月，蔡元培来北京大学担任校长，1917年哲学门研究所成立，所设项目有康心孚研究"伦理学史"，还有胡春林试作"孔子伦理学之研究"。

1918年6月，蔡元培聘请杨昌济为北京大学教授，是第一位专任的伦理学教授。此年所列"伦理学"课程是放在大学哲学门本科的第二学年，每周三课时；"伦理学史"则是放在第三学年，每周两课时。杨昌济自长沙来京后，在1918年下半年至1919年上半年这一个学年，在北大讲授了两门课，一是必修课"伦理学"，一是选修课"伦理学史"。他讲授"伦理学"所用的教材是德国利勃斯所著的《伦理学之根本问题》，这本书是他从日文翻译过来的，1918年11月由北京大学出版部出版上卷，1919年3月出版下卷，一共9万多字。他讲的"伦理学史"则是用日本东京高等师范学校教授吉田静致的《西方伦理学史讲义》，这本书是他在长沙时就开始翻译的，毛泽东曾把译稿工整地抄录有7个笔记本，杨昌济去世后此书于1920年9月由胡适作跋再版。《西洋伦理学史》分为四篇：第一篇是古希腊罗马伦理学；第二篇是基督教伦理学；第三篇是近代伦理学；第四篇是19世纪以后的伦理学，叙述到斯宾塞为止。《西洋伦理学述评》则评述了禁欲主义、快乐主义和自我实现主义三种。据舒新城回忆他在岳麓时听其授这两门课，"他的道德观是融合中国的性理学与英国的功利学派的伦理观而贯通之，故极重实践"。"他教我们的伦理学及伦理学史，为时不过一年，但他所给予我的影响很大。"作为第一位在北京大学专门开设伦理学课程的教授，杨昌济先生可以说是功不可没；而作为影响了中国后来一代的主要政治领袖的思想人物，杨昌济也有其特殊地位。

另外，和伦理学有关的课程还有陶孟和的"社会问题"，也是放在哲学门本科的第二学年，每周两课时。

三、机构与人物

蔡元培不仅重视伦理学科的建设，并有多种伦理学的专著和译述，他还重视对伦理的身体力行，重视理论与实践的结合。1918年，蔡元培在北大发起成立进德会并任会长。在当年1月19日出版的第49号《北京大学日刊》上，发表了《北大进德会旨趣书》，蔡先生针对买官卖官、赌博嫖娼、挥霍公款等社会与教育界的腐败现象，认为"吾人既为社会之一分子，分子之腐败，不能无影响于全体"，提出以"不赌，不嫖，不娶妾"为基本条件入会即作为甲种会员，而以"不作官吏、不作议员"为进一步的乙种会员，以"不吸烟、不饮酒、不食肉"为更进一步的丙种会员。截至5月底，北大已有469人报名入会，占全校人数的1/4。其中哲学系的师生有甲种会员章士钊、胡适、陈大齐、马叙伦、陈汉章、张国焘等；乙种会员有康白情等；丙种会员有梁漱溟、张申府等。这样就在北大初步造成了一种重视人格培养和伦理研习的气氛，虽然这种气氛在次年即被强烈的政治诉求遮掩和扭转。

在这一现代伦理学初创期作出贡献的主要学者[1]有如下诸人：

蔡元培（1868—1940），浙江绍兴人。前清翰林，中华民国首任教育总长，1916年至1927年任北京大学校长，北伐后筹设中华民国大学院及中央研究院，1928年至1940年任中央研究院院长，现有《蔡元培全集》（18卷，浙江教育出版社，1997年）存世。

刘师培（1884—1919），江苏武进人。1902年中举，1903年在上海结识章太炎、蔡元培等人，改名光汉，参加反清宣传。1905—1906年在任教于安徽公学、皖江中学期间，著有伦理、经学、中国文学、中国历史、中国地理5种教科书。1907年刘师培夫妇东渡日本，参加同盟会东京本部的工作，1908年11月全家回国。1917年蔡元培邀其担任北大中国文学门教授，不幸两年后即病逝，年仅35岁。著作收集有《刘师培全集》。

杨昌济（1871—1920），湖南长沙人，字华生，又名怀中。1903年东渡日本留学，主攻教育学。1909年留学英国，专攻哲学、伦理学。并在德国考察访问近一年，1913年返国，先后任教于湖南省立高等师范学校、第四师范、第一师范、商专、一中等校。1918年6月赴北京大学任专门讲授伦理学的教授，1920年1月病逝于北京德国医院。著作有《达化斋日记》及《杨昌济文集》、《劝学篇》等文，译有《西洋伦理学史》等书。

---

[1] 与本书其他学科有关的学者或著名人物介绍从略，后同。

第二节 延展期（1920—1952）

一、观念与思想

1. 广义伦理学的研究

广义伦理学的研究主要是由张竞生进行的。1922年12月17日，北京大学隆重庆祝建校25周年，上午是全校纪念大会，下午由蔡元培校长主持，举行学术讲演会，由张竞生和卫礼贤先后讲演，由此可见张竞生当时的地位。张讲演的题目是"现在和将来的行为论"，后来张将这篇讲演修改之后，1923年2月15日以"行为论的学理与方法"为题发表在北京大学《社会科学季刊》第1卷第2期上。他在其中说"行为论"实际就是"广义的伦理学"，是"研究如何使人得到最优良的行为的一种学理与方法"。他说他之所以不用来自日本译名的"伦理学"，有三个理由：1. 扩展旧时伦理学的含义，铲除旧五伦的遗毒；2. 不再用旧时个人自省、内察的方法，而是改用科学的、外观的、比较的、与社会相关的方法；3. 不仅要用科学的方法，还要采用哲学的方法，使人不为环境所操纵，而能够支配环境。

1923年，张竞生在《晨报副刊》上发起爱情大讨论。提出爱情四定则：1. 有条件；2. 可比较；3. 可变迁；4. 爱情是朋友的一种。1923年5月，北大国学门成立风俗调查会，张被推举为主席。在拟定风俗调查表时，主张包括"性史"一项，他认为"人生哲学，孰有重大过于性学？而民族学、风俗学等，又在在与性学有关"。他首倡爱情大讨论，征集写自己性爱生活经验的文章以出版《性史》，开设性心理和爱情问题讲座。

张竞生将伦理学改称为"行为论"，并曾计划刊行六种书，但实际只刊行了两种，即《美的人生观》和《美的社会组织法》。他在《美的人生观》中认为：美能统摄善与真，美是一切人生行为的根源，所以，他在人生观上主张一种"唯美主义"，而中国人静美有余而动美不足，优美有余而宏美不足，故需要提倡动美、宏美、壮美。"能和平兼能奋斗，能英雄又能儿女，能理想兼能实行。"他在《美的社会组织法》中力倡各种社会组织，并说："我们第一步当学美国的经济组织法，使我国先臻于富裕之境。我们第二步当学日本军国民的组织法,使我国再进为强盛之邦。"但比这些富强的组织法更要紧、也更高的,是一个美的、艺术的、情感的组织法。因为,如果社会能从美的、艺术和情感的方面去组织,同时也就能达到富与强,而如果只有富强的组织而没有美的、艺术和情感的元素,"则富的不免成为资本家的凶恶及守财神的乏味,强的不免如盗贼式的侵夺与凶徒样的专横"。因此,他说他今后所希望于国人的,唯在于组织的才能和人格的养成。

2. 黑格尔伦理学的研究

曾任北大哲学系主任的张颐撰写的著作主要是《黑氏伦理探究》,初稿于1919年在密歇根用英文写成,抵牛津后作了较大修改,后作为毕业论文。1924年回国后交商务印书馆出版,次年再版。该书主要探索了黑格尔伦理学说的思想内容、发展、意义与某些限制。牛津大学史密斯教授曾为之作序,他在序中说:"特别重要的是张颐教授讨论了黑格尔关于家庭及家庭和国家的观点。在这里他以他的批评超过了黑格尔,消除了一般西方思想和制度所根据的偏见,他在这方面的思想是中庸之道,应当予以注意。"[1]

3. 比较伦理学的开山之作

黄建中的学术工作于康德学说及宋明理学研究较深,著有《比较伦理学》、《教育哲学》、《中国教育史》、《中国哲学通论》、《荀子名学》、《中国哲学史》(上卷)、《黑格尔教育思想》等。其中《比较伦理学》被认为是中国第一本比较伦理学著作。黄建中此一研究其实是开始于北大,而完成初稿写作于英国留学期间,后多次被作为讲课讲义,但直到1944年才由四川大学出版社正式出版。该书共分14章:"第一章 伦理学在科学中之地位";"第二章 何谓伦理学";"第三章 伦理学研究法";"第四章 行为及道德之演进";"第五章 中西道德之异同";"第六章 道德律";"第七章 动机与效果";"第八章 乐利与幸福";"第九章 乐观悲观及淑世";"第十章 进化与伦理";"第十一章 理性与欲望";"第十二章 直觉与良知";"第十三章

---

[1] 张文达:《张颐传略》,见侯成亚、张桂权、张文达编译:《张颐论黑格尔》。

自我实现与物我一体";"第十四章　突创和协之人生"。

该书的特点：一是比较系统一贯，又经作者多年磨砺而相对精致；二是诚如其名，融入了中西比较伦理的特色，如其比较中国政治伦理与西方宗教伦理、中国道德的家族本位与西方道德的个人本位、中国道德主义务平等与西方道德主利权平等、中国重私德与西方重公德、中国家庭尚尊敬与西方家庭尚亲爱等，皆有可观。而他认为中国道德与西方道德，乃至所有道德又有同的一面，那就是中国恕道与西方金律所表现出来的基本道德。

4. 道德学的研究

黄方刚于1934年在世界书局出版《道德学》，内含五章及一个附论。第一章"导言"，还是认道德学为追求人生最终目的的学问；第二章"伦理观念之发达"，叙述了伦理观念的历史；第三章"道德之定义"，讨论了道德行为的自觉性；第四章"道德标准之内容"，作者还是以价值为道德评判之依据，讨论了幸福论、完善论等理论以及价值的形式与质料等方面；第五章"道德生活与伦理世界"，讨论了具有自我意识的道德主体与伦理世界应遵循的道德戒律，以及这些戒律的运用问题。附论"伦理上其他诸问题之解决"，讨论了诸德品的高下与统一等问题。虽然全书篇幅不大，不足10万字，但是多有自我剪裁之新意，可惜作者享年不永，又逢战乱，未能成一新体系。

温公颐的《道德学》一书初版是1937年1月作为"大学丛书"的教本，由商务印书馆出版。该书取材以英国麦金泽（John S. Mackinzie）的 *A Manual of Ethics* 为蓝本，也是分为四编：第一编讨论道德之旨归；第二编分析道德行为之心理的及社会的要素；第三编讨论各家之道德标准；第四编则为实际道德生活之考察。作者说明了自己为何不用通常"伦理学"的名称而用"道德学"名此书的原因：一是先前讲义已用此名，二是他认为"伦理"与"道德"名异而实同，而像张东荪《道德哲学》一书也用过此名。

5. 道德哲学的体系化

这里我们要略微追溯一下张东荪。他受柏格森哲学影响较深，1923年，在"科学与玄学"论战中支持玄学派，反对科学的人生观。在1929年的论文集《新哲学论丛》中，他初步构建了自己的哲学体系，即"泛架构主义"和"层创进化"的宇宙观、"主智的创造的"人生观和"交互作用"的认识论，被认为是近代中国以来第一个尝试建立自己哲学体系的人。

张东荪的 1931 年由上海中华书局出版的《道德哲学》一书，虽然还是不能不以西学思想资源为主，但可能是新中国成立前伦理学学科意义上最有自己独到见解、学术成就最高的一部伦理学原理书。全书共七章：第一章"序论"，讨论了伦理学（他称之为"道德学"）的对象与性质，他认为道德学亦学（science）亦术（art），并追溯了道德的起源与发展、作为道德学始祖的苏格拉底等。第二章"快乐论与功利论"，从古代快乐主义讲到了西季维克。第三章是"克己论与直觉论"，从犬儒派讲到了穆尔。第四章"厌世论与自立论"，主要讲超越主义的柏拉图、解脱主义的叔本华还有主张自立和自律的康德等。第五章"同情论与进化论"主要讲休谟、亚当·斯密和达尔文、斯宾塞等。第六章"完全论与自我实现论"，主要讲亚里士多德、黑格尔、伯辣德莱、格林等。以上各章的内容虽然主要是介绍西方伦理学的思想，但都有他自己的综合、取舍、引申与批评。而第七章"综合论与结论"更是提出了他自己的伦理学主张和见解。他将伦理学主要分为两派：一是包括自律论、超越论、克己论、直觉论、完全论的理性主义伦理学；一是包括快乐论、功利论、进化论的自然主义伦理学。他认为完全论和进化论已经是一种分别偏重理性主义和自然主义的综合，而他还希望一种进一步综合进化论与完全论的"综合论"，并认为这种综合伦理学的最大特点是"以文化说明道德"，为此他不同意单纯以经济说明道德的唯物史观和阶级斗争理论，认为那实际上是取消道德。

6. 对中国传统伦理思想的推陈出新

在这一期间，最值得注意的是传统伦理思想在西方思想和抗战刺激下的推陈出新，而冯友兰与贺麟对此有杰出的贡献。冯友兰的主要贡献是中国哲学史的研究和构建哲学的本土化体系，但由于中国哲学传统的特点，其思想内容富有人生哲学和伦理学的意蕴，我们这里仅大略介绍涉及他较早和较狭的伦理学方面的研究。冯友兰在 1926 年由商务印书馆出版《人生哲学》

一书，此书是在其英文博士论文《天人损益论》和《人生理想之比较研究》（商务印书馆，1924年）基础上扩写而成。作者在其中认为，哲学就是"求好之学"，中西古今的人生哲学可大略分为三类十派：第一类是像道家那样的"天派及损道"；第二类是像快乐和功利派的"人派及益道"；第三类则是他赞同的、像儒家那样的"中道"，作者并在最后两章中阐述了一种"新人生论"的观点。

《新世训——生活方法新论》1940年出版，共分十篇：第一篇尊理性，第二篇行忠恕，第三篇为无为，第四篇道中庸，第五篇守冲谦，第六篇调情理，第七篇致中和，第八篇励勤俭，第九篇存诚敬，第十篇应帝王。《新原人》1943年出版，共分十章：第一章觉解，第二章心性，第三章境界，第四章自然，第五章功利，第六章道德，第七章天地，第八章学养，第九章才命，第十章死生。其中最具理论色彩、也最有影响，并构成《新原人》这本书的主要内容的是他的"人生境界"论，即他认为人的境界可以依次递升分为自然、功利、道德和天地四种。人与其他动物不同就在于一种"觉解"：人做某事时，他了解他在做什么，并且自觉地做。但如果像小孩和原始人那样，只是顺着本能或社会的风俗习惯做他所做的事，并无觉解或不甚觉解。这种人生境界就是"自然境界"。而如果做事是功利的，且主要是自利的，这种境界就是"功利境界"。还有的人，可能了解到社会的存在以及他自己是社会的一员，为社会的利益做各种事，他所做的事就都有道德的意义，所以他的境界就是一种"道德境界"。最后，一个人可能了解到他不仅是社会的一员，同时还是宇宙的一员，为宇宙的利益而做各种事，这种觉解就构成了最高的人生境界，即"天地境界"。自然境界、功利境界的人，是人现在就是的人；道德境界、天地境界的人，是人应该成为的人。前两者是自然的产物，后两者是精神的创造。冯友兰的道德哲学总的说还是一种广义的人生哲学，而非严格狭义的伦理学，一种更具传统而非现代色彩的伦理学，但他在借鉴西方人生与道德哲学的基础上对中国的人生价值和伦理思想资源作了相当充分的整理、挖掘和富有新意的阐述。

或许是抗战所唤起的民族主义精神影响所致，不仅冯友兰，此一阶段的另一些学者也对中国的传统伦理思想给予了远比"五四"时期更为正面的评价和积极的梳理，贺麟亦是如此。他主讲过"哲学问题"、"西方现代哲学"、"伦理学"等课程。在冯友兰构建"新理学"的思想体系的同时，贺麟试图构建一种现代新儒家中的"新心学"。他试图把握传统观念中的精华，参照新的时代条件推陈出新。他在1942年发表的一篇在其伦理思想方面堪称纲要性的文章《五伦观念的新检讨》中认为，五伦的观念是几千年来支配中国人道德生活的最有力量的传统观念之一，是礼教的核心，是维系中华民族的群体的纲纪。我们要从检讨这旧的传统观念里，去发现最新的近代精神。他充分意识到礼教对于中国传统政治社会的道德基础的意义，指出儒教正式成为中国的礼教是起源于西汉，而中国真正成为大一统的国家，也自西汉开始。一个有组织的伟大帝国，需要一个伟大的有组织的伦理系统来为其奠定基础，于是西汉将五伦观念发挥为更严密更有力量的"三纲"说，及以"三纲"说为核心的礼教。他认为现在已不是消极地破坏攻击"三纲"说的死躯壳的时候，而是积极地把握住"三纲"说的真义，加以新的解释与发挥，以建设新的行为规范和准则的时期了。他说："最奇怪的是，而且使我自己都感到惊异的，就是我在这中国特有的最陈腐、最为世所诟病的旧礼教核心三纲说中，发现了与西洋正宗的高深的伦理思想和与西洋向前进展向外扩充的近代精神相符合的地方。就三纲说之注重尽忠于永恒的理念或常德，而不是奴役于无常的个人言，包含有柏拉图的思想。就三纲说之注重实践个人单方面的纯道德义务，不顾经验中的偶然情景言，包含有康德的道德思想……"故而，"现在的问题是如何从旧礼教的破瓦颓垣里，去寻找出不可毁灭的永恒的基石。在这基石上，重新建立起新人生、新社会的行为规范和准则"。如果说冯友兰在推陈出新一种形而上学和人生哲学方面建树更多，那么贺麟则可以说把握到了新的规范伦理学的核心。

总之，如果说在民国前期主要还是比较多的介绍和评述西方伦理思想的话，在民国后期我们已看到了一些力图在消化或借鉴西方伦理学的基础上，以中国的文化传统和现实发展为思考的重心和主要原料，尝试开创出一种有自身特色的伦理学、人生哲学体系的倾向，可惜这一思想的发展潮流，不仅在常年的战争环境中不易凝聚和壮大，后来更被新中国成立后一系列的政治运动所掩盖和中断。

二、课程与学制

杨昌济去世后，哲学系一段时间里未见有伦理学课程的专门任教者继之。到1922年，哲学系课程分为哲学、心理、教育三组，哲学一组中增设了"伦理学史"课程。1923年6月10日，哲学系全体同学举行谈话会，讨论课程问题，提出"伦理学、伦理学史，每年都应讲授，不能任意取消"。11日谈话会代表和哲学系主任陈大齐接洽，陈又和校方接洽，结果是伦理学课程"俟张竞生先生回京再定，闻张先生另有计书：伦理学、论理学，均每过四年一讲。但我们仍希望他每年均讲授此等基础科目"。又查1924年哲学系课程，有张竞生担任哲学门必修科目中的"行为论"、共同必修科目中的"行为学"。张竞生在北大主讲的"行为论"，颇受学生欢迎。他的讲义《美的人生观》于1924年印成讲义，1925年5月正式在北大出版，当时广为流传，影响较大。查1924至1925年度的《哲学系课程指导书》，张竞生的"行为论"课程分成六节，看来受其所说的"状态主义"（behaviorism，现多译为"行为主义"）影响较大，主要参考书列出了斯宾塞、达尔文、尼采等人的著作。此外，张竞生的课程还有"孔德学说与近世各种社会主义"，介绍共产主义、无政府主义、国家社会主义与工治主义等。与伦理学相关的课程还有张颐的"康德哲学"、陶孟和的"社会问题：贫穷与犯罪"等。在教育系的课程指导书中，亦列有张竞生的"伦理学（行为论）"为必修科目。

1927年，哲学系必修课增设课程"伦理学"、"伦理学史"，两课均写明由黄建中执教，但不知是否实际授课。1930年，北大哲学系建立同学会，同学会设有读书会，其中伦理学组的导师是傅佩青。1931年北大哲学系设置的课程有："伦理学"由黄方刚任教，"价值论"由贺麟任教，而温公颐也曾教授过"道德学"。

在西南联大期间，从1942到1945年，有冯友兰讲授哲学系、心理学系和全校学生的共同必修课中的"伦理学"，讲课内容主要是他抗战期间所著"贞元六书"中的《新世训》（1940）、《新原人》（1943）。此外，哲学系的课程设置还有石峻等承担的必修课"伦理学"、郑昕承担的选修课"康德伦理学"等。1946年秋在昆明的西南联大结束，北京大学返回原地复校。1947年，北京大学哲学系代主任贺麟的新著《文化与人生》由商务印书馆出版。

三、机构与人物

这一时期和伦理学学科有关、在北大哲学系任教过的主要学者有张竞生、张颐、黄建中、黄方刚、张东荪、温公颐、冯友兰、贺麟等。现简要介绍如下诸位人物。

张竞生（1888—1970），原名张江流、张公室，广东饶平人。因受达尔文"物竞天择，适者生存"思想影响而改名"张竞生"。辛亥革命甫定曾被孙中山委任为南方议和团首席秘书，1912年12月赴法，先后在巴黎大学、里昂大学就读，1919年获博士学位。1921年10月至1926年任北大哲学系教授，但他在1926年4月出版《性史》第一集之后，即遭社会舆论声讨，又值张作霖入京，蔡元培卸任，遂不得不从北京大学离职去上海。此后，张竞生1927至1928年在上海开办美的书店。1928至1933年再度赴法，翻译并出版卢梭《忏悔录》、《歌德自传》等著作。1933至1937年，受陈济棠之邀任广东省实业督办。1950年后曾任广东省文史馆研究员，1960年回故乡饶平，"文革"中遭红卫兵批斗，1970年辞世。

黄建中（1889—1958），祖籍江西清江，在湖北随县长大。1914年考入北京大学中国哲学门，读书期间加入北大哲学研究会，1917年毕业后留校任补习班教员，这时他开始对伦理学的研究，编有《伦理学通》的讲义。1921年以官费赴英国爱丁堡大学留学，后又到剑桥大学，获硕士学位回国。1925年回国后曾任女子大学教授兼北京大学讲师。1927年任国立暨南大学教务长，后担任过教育部高等教育司司长兼代理常务次长、立法委员等职。1949年去台湾，任教于台湾省立师范学院、政治大学。后曾担任台湾"行政院"副院长。

黄方刚（1901—1944），江苏川沙人，黄炎培长子。1928年在哈佛大学获哲学博士学位，回国后曾在东北大学任文学院院长，"九一八"事变之后，先后在北京大学、四川大学、金陵大学、武汉大学等校任教，著有《苏格拉底》、《道德学》等著作，1944年1月因肺病在四川乐山去世。

温公颐（1904—1996），福建龙岩人。1922年考入北京大学预科；1924年入本科哲学系读书；1929年夏，在其毕业一年后任北京大学校长室秘书，后历任北大本科助教、讲师等职，并在北京其他一些大学兼职；主讲过"哲学概论"、"道德学"、"逻辑学"、"中国哲学史"等课程。1947年11月，受邀到河北省立女子师范学院任中文系教授、主任。新中国成立后继续担任中文系主任。1959年调入南开大学，参与组建南开大学哲学系，从1962年起担任南开大学哲学系主任，一直到1987年退休。

第三节　沉寂期（1953—1978）

由于主要是来自政治的某些原因，北大伦理学的教学和研究在新中国成立后的这些年间处于相对沉寂的时期，也没有独立的研究机构和专门课程。所以，我们在介绍此一时期还在继续做一些这方面工作的学者的同时，也适当追溯一下他们之前的学术研究。

一、观念与思想

1. 传统伦理思想的批判继承

在伦理学的个人研究方面，冯友兰继续在中国哲学史的大范畴内撰写和发表了一些与道德哲学有关的文章，其中有关中国传统哲学的抽象继承论的观点特别引人注意，但也遭到了批判。冯友兰在1957年1月8日《光明日报》上发表《中国哲学遗产底继承问题》，提出在中国哲学史中有些哲学命题有两方面的意义：一是抽象的意义，一是具体的意义。应该把与哲学家所处的具体社会情况有直接关系的具体意义放在第一位，但它的抽象意义也应该注意。比如孔子的"己所不欲，勿施于人"这一命题，从具体意义看可能有麻痹人民、缓和阶级斗争的意义，但从抽象意义方面看，也是一种很好的待人接物的方法，现在还是可以用。后来在1957年第5期《哲学研究》上发表的《再论中国哲学遗产底继承问题》中，冯友兰改用"一般（意义）"

和"特殊（意义）"代替"抽象（意义）"和"具体（意义）"。他举出像"学而时习之，不亦说乎"，"节用而爱人，使民以时"，"人皆可以为尧舜"等哲学命题都有这样两方面的意义。在《中国哲学史新编试稿》及专论孔子的文章中，他还援引马克思、恩格斯《德意志意识形态》关于"思想的普遍性形式"的观点，认为孔子的"仁"的思想就是具有普遍性形式的思想，是具有普遍意义的思想。我们可以从冯友兰的思想努力中看到，他在当时政治笼罩一切的气氛中力图开辟出一点道德哲学的独立思考空间，而他提出的这一有关抽象与具体、一般与特殊以及普遍性的思想命题，对考虑中国传统文化的传承也有持久的意义。

1935—1936 年，张岱年曾写成 50 万言的《中国哲学大纲》，后印成讲义，到 1957 年由商务印书馆正式出版，这本书不是以年代、学派为序，而是以哲学问题与概念为基本线索，其中涉及人生哲学与伦理学的不少内容，分析细致，条理清晰，迄今可能仍是他的作品中学术水准最高的著作。1957 年，张岱年还出版了《中国伦理思想发展规律的初步研究》一书，努力用马克思主义来研究中国古代伦理思想并考虑这份遗产的批判继承问题，他将古代伦理思想析为四个阶段五大类型，认为关键的区分是封建的道德与人民的道德。

2. 伦理、人格与文化

在北大院系调整前后的数十年里，最为始终一贯地从事和伦理学有关的研究和教学的教授大概还是周辅成。

周辅成在新中国成立前的早期伦理思想似可从三个方面去进行探讨和把握：一是在严格狭义的伦理学方面，有他 1932 年发表的《伦理学上的自然主义与理想主义》、《格林的道德哲学》等文；二是在有关人格、人生哲学方面，有他 1932 年发表的《歌德与斯宾诺莎》、1934 年发表的《克鲁泡特金的人格》、1943 年发表的《论莎士比亚的人格》等文；三是在有关一般文化方面，有他 1938 年发表的《中国文化对目前国难之适应》等文。

其中，《伦理学上的自然主义与理想主义》可说是周辅成阐述自己的伦理学观点及对伦理学学科看法的最重要的一篇文章。他认为：伦理学上自然主义与理想主义之对立，是历来伦理学发生争执的根本。那么，自然主义与理想主义各自如何划分呢？他认为自然主义有一要点即是信从科学上的结论或科学方法的万能，他举出的自然主义的代表是从近代以来培根、霍布斯、洛克、休谟、亚当·斯密、边沁、小穆勒到斯宾塞、达尔文等，即英国经验主义、功利主义伦理学的主潮，欧陆的代表他举了如斯宾诺莎、费尔巴哈、孔德、居友、克鲁泡特金等。他认为自然主义在克氏之前，均侧重在善的问题，而且重在道德事实的描述。而理想主义的主要代表是康德，他提出了将义务作为伦理学的中心问题，且论及了道德之本身，即重在道德评价的问题而非道德事实的问题，即关键的不在事实上心理上找道德现象的原因，而在于在理论上找善恶判断的充足理由（reason）。

周辅成说他自己是一位理想主义者，所以不能不为理想主义作辩护，治道德问题就在为道德找根本，寻出善之为善的理由，至于具体的道德事实之进化问题，可由另外的有关学科处理。他认为有一个观念需要弄清楚，即向来讲伦理学者，多有将科学的伦理学、伦理科学、伦理哲学或道德形上学三者混为一谈，而伦理学其实就是道德科学或曰规范科学之一种，中心问题应是"应当"的价值判断问题，或什么是实践判断或行为判断的最后标准，所以，我们若只知道收集些道德事实而把事实原因找出来，此尚不足以言伦理学；反之，只讨论善之保证（即如自由、不朽、神之存在的问题）亦不是伦理学，因为此种善之保证或最后实在，并不是在解释道德事实，换言之，即须先证明道德判断之构成原理，而后再能讨论此善之实在与否的问题。不过此三者虽有分别，但我们治伦理学，却往往要把道德形上论置之于伦理学外，而独采科学道德论为伦理学之出发，即我们须先收集许多道德事实而发现其前因后果，以帮助我们解释道德事实的内容与意义。理想主义常将道德形上论与道德科学（即伦理学）混为一谈，所以他主张伦理学与道德形上论不妨分家，但也必须有一个综合的看法。伦理科学还是不能舍去科学的道德论，仍须以道德形上论作为根基，不然，其本身即待疑问，而且也很难付诸实践。看来，他是倾向于认为今天一般所说的描述伦理学、规范伦理学与道德形上学应当有分有合，但是，伦理学的主干还应当是规范伦理学，或者说，伦理学的核心问题应是道德行为的根据或理由。这确乎把握到了现代伦理学的基本特征,虽然他在价值与义务、善与正当的两组概念上还不甚区分。

周辅成又重视伦理学理论在社会文化与个人人格上的落实,他认为文化与自然有别,是求理想的创造力量,所谓文化,即是使自然的东西合之于理想,文化既是人的理想目标,又是表现人类优越特性的人格。每个民族都必须对自己的文化传统,尤其是民间文化特别地予以尊重,同时也包容其他的文化。他尤其重视文化的人民性,重视劳力的、底层的人民大众,但也极其欣赏例如像莎士比亚、克鲁泡特金那样来自民间或者说关心人民的卓越人格。在《莎士比亚的人格》一文中,他拈出"平民性"来标定莎翁的人格基础,因为他一贯以为平民性是普遍人性的基础,并极推崇普罗斯彼罗深厚的宽容精神。这一同时重视理想与现实、重视优秀人格与人民大众的特点可以说贯穿于他一生的思想求索之中。

3. 中西伦理学的研究

在新中国成立之后的 20 世纪 50 年代,周辅成主要是做中国哲学史、伦理思想史的研究工作。他发表了一系列像研究荀子、"秦汉之际"的政治思想、《淮南王书》、魏晋南北朝时期唯物论思想等古代思想与思想家,以及像冯桂芬、郑观应等近代思想家的论文,还写出了两本著作:《戴震的哲学》(湖北人民出版社,1957 年)和《论董仲舒思想》(上海人民出版社,1961 年)。他认为董仲舒代表"白衣"地主阶层反对特权世袭贵族,为后代地主阶级建立了永久大法;认为戴震是唯物主义的思想家,肯定人们的合理欲望,主张尊重民情民欲,有一定的进步意义。他试图批判继承古代的伦理思想,但行文也不能不打上当时突出政治立场、阶级斗争的时代痕迹。

到 60 年代,周辅成又回到主要研究西方的伦理思想与人生哲学。他编译了《西方伦理学名著选辑》(商务印书馆,1964 年,上卷,80 年代补出下卷)、《从文艺复兴到十九世纪资产阶级哲学家政治思想家有关人道主义人性论言论选辑》(商务印书馆,1966 年)。在著述当时甚受现实政治权力及其斗争左右的情况下,这两本资料书也许是这段时间知识分子所能做的最好工作,它们不仅成为伦理学工作者和研究人员重要的参考书,也在社会上不胫而走，所影响和启蒙的年轻学子不知凡几。尤其在当时西方思想资料极其匮乏的情况下，它所起的作用就更显重要了。像后一本书，虽然主要是内部发行的资料书，但影响广泛且持久。如《燃灯者》（湖南文艺出版社，2011年）的作者赵越胜写道："这是先生送我的第一部书，却是影响了我一生的书。后来我知道，它不仅仅影响我一个人，而是影响了一批有志于学的青年学子。"它是让一些年轻学子"翻烂了"的书。周辅成在该书的序言中写道："二十世纪的人性论与人道主义思想，实际上是十九世纪的继续。不过社会主义的人性论、人道主义却更为壮大，影响也更广。这也是发展的必然趋势。苏联的斯大林，提倡集体主义，后来他的对手便以人道主义来补其缺点。至于西欧的社会主义，几乎全部大讲特讲人道主义，这也可算是时代的特点。"

4. 伦理学与时代政治的关系

这里还有一段值得提及的、伦理学与现实政治发生关联的公案，或许还可以用来解释为什么伦理学在新中国成立后一度沉寂的原因。周辅成1962年9月9日在上海《文汇报》发表了一篇文章《希腊伦理思想的来源与发展线索》，文章共分四节：1.伦理学来源于社会矛盾；2.为奴隶制所决定的社会生活的特点；3.围绕"中庸""和谐"为中心的表现形式；4.争论的问题与流派。虽然他是给希腊伦理学的思想戴了"阶级斗争的大帽子"，但重点是放在梭伦的中庸调和思想上，他在文章中主要谈了两点：第一，梭伦的折中调和成为后来希腊奴隶主民主派的政治路线；第二，梭伦手拿大盾保护双方，所以他心中的公正内容就是"调整公理与强权，协和共处，人人各得其所"。毛泽东对这篇文章有一个批语，这一批语作于当年9月15日，说明他很快就看到了这篇文章。毛泽东让刘少奇读这篇文章，并批示说："所谓伦理学，或道德学，是社会科学的一个部门，是讨论社会各个阶级各不相同的道德标准的，是阶级斗争的一种工具。其基本对象是论善恶（忠奸、好坏）。统治阶级以为善者，被统治阶级必以为恶，反之亦然。就在我们的社会也是如此。"

为什么毛泽东写下这篇批语？晚年才知悉有这一批语之事的周辅成以

为是 1962 年初中共开了 7000 人大会，毛刘在政治上有冲突，毛想向刘发出调和的信号。而赵越胜根据对当时政治形势和批语内容的分析认为，这和当年 8 月 1 日《人民日报》重新发表刘少奇论道德修养的著作《论共产党员的修养》（这也是党内高层几乎唯一专论道德的著作），9 月份又出单行本，共产党员人手一册，发行量竟一时超过《毛选》有关。且从毛泽东的批语可以很明显地看出：他的意思并不是要强调"调和"与"中庸"，而是要重提与强调阶级斗争，是把伦理学中的某些理论问题用作"现实阶级斗争"，当时也就是党内斗争的工具。[1] 由此一批语的内容及其背景也可看出伦理学从属于、服务于社会上阶级斗争的政治、乃至党内路线斗争的政治的思想源头。如此理解伦理学的研究对象与性质，伦理学自然也就不彰，容易失去它的独立性和发展空间，甚至消弭于现实的政治斗争。而《燃灯者》可以说从一个校外弟子的角度，相当准确地概括和描述了周辅成作为一个学术隐退时期思想启蒙者和文化传薪者的形象，是一种文化传承的生动体现。周辅成自己也曾说："我手中只有半支白粉笔和一支破笔，用它来传播中外贤哲们的智慧，因为知识是可贵的，道德是可贵的，文化也是可贵的。"在这一段时间，北大哲学系其他学者也做了不少在文化传承、学术续薪方面的工作。

二、课程与学制

1952 年院系调整，虽然全国大学所有哲学教师都集中到了北大哲学系，但专研伦理学的只有原先武汉大学的周辅成一位。而且，当时的学科、教研室安排是以马克思主义为中心的，像伦理学、政治学、社会学等一些学科实际上被取消了，教学科研一度也是以苏联哲学家为师，在长达 20 多年的这一段时间里，伦理学实际处于沉寂期，此时期没有伦理学的教研室，甚至没有开设这方面的课程，只有个别老师还在从事内容上属于伦理学的研究，发表这方面的著述。

---

[1] 参见赵越胜：《燃灯者》，湖南文艺出版社 2011 年版。

三、机构与人物

在这一伦理学相对沉寂的时期，北大哲学系还在做与伦理学有关的研究工作的主要学者有周辅成、冯友兰、张岱年等。

周辅成（1911—2009），四川江津人。1933 从清华大学哲学系毕业，并在清华大学研究院读研究生三年，担任《清华周刊》编辑。随后曾先后在四川大学、金陵大学、华西大学担任副教授、教授。任《群众周刊》编辑；和友人牟宗三主办《理想与文化》期刊，出版了《哲学大纲》一书。新中国成立后曾任武汉大学教授。1952 年院系调整，由武汉大学转到北京大学任教直至 1987 年退休，2009 年以 98 岁高龄辞世。

第四节　全面重建期（1979—1998）

一、观念与思想

1. 西方与中国伦理学思想的研究

北京大学哲学系伦理学教研室 1979 年成立，周辅成担任首任教研室主任。他在这一段时间的讲授课程和研究方向主要是西方哲学和西方伦理学史。他除了继续完成《西方伦理学名著选辑》（下卷）的编辑整理工作，还主编了《西方著名伦理学家评传》，该书以时代为序，以入选者的思想代表一个时代、并对后代有巨大影响这两点为纲，比较系统地选介和评述了西方著名的伦理学家。他还为我国伦理学的新生培养了十多位专业研究生人才，至今散布于国内和欧美的高校和科研机构中。在他退休之后，又写了一些回忆和评述像熊十力、金岳霖尤其是他的好友或老师的文章，如《唐君毅的新理想主义哲学》、《许思园的人生境界和文化理想》、《吴宓的人生观和道德理想》。他的《论人和人的解放》（上海人民出版社，1997 年）一书，在展望中国伦理学建设的前景时指出："我以为二十一世纪的新伦理学，首先不是把仁或爱（或利他、自我牺牲等）讲清楚，而是要先把公正或义（或正义、公道等）讲清楚。"他在 20 世纪 80 年代的讲演中就已经介绍了罗尔斯的正义理论。他并提出了一种"人民伦理学"的概念，说这种伦理学就是要研究人民平时的道德生活，"既不以甘言媚世，也不对权势者奉承"，"而我们的民族精神，也要靠这些诚诚恳恳过生活，尽神圣义务的人去维持"。他晚年大力呼吁的"人民"，并不是独裁者口里喊的"人民"，而是真实的人民，朴实的人民，恰是与独裁者对立的人民，他所重视的是在人民中间存在的根深蒂固的人道主义，基本的、他们视为天经地义的道德观念和规范。

在这一段时间，北大哲学系其他一些老学者也继续对伦理问题进行研究。如 80 年代，张岱年推出了《中国伦理思想研究》的学术专著，其中研究了中国伦理学说的基本问题、道德的层次序列、道德的阶级性与继承性、义利之辨与理欲之辨、仁爱学说、"三纲五常"、意志自由及天人关系等问题。在中国伦理思想的断代研究方面，朱伯崑的《先秦伦理学概论》第一次对先秦诸子特别是儒、墨、道、法四大家的伦理思想作了细致的探讨与阐释，对四大家伦理思想的阶级属性、历史地位和社会作用作出了马克思主义的分析与评价。

2. 伦理学原理的研究

在伦理学教研室的教师中，魏英敏在周辅成之后长期担任伦理学教研室主任。他的学术专著《伦理、道德问题的再认识》，比较集中地探讨了道德的结构和伦理学的类型，哲学史上唯物论与唯心论的斗争，伦理学的基本问题，社会主义初级阶段的伦理道德建设，马克思主义人性观与社会主义人道主义，经济改革与道德、价值，人的价值和伦理价值，职业道德建设等问题。他主编的《新伦理学教程》在原来《伦理学简明教程》的基础上，大幅吸收了新的内容，以面向世界、面向未来和面向四个现代化的新视野，立足于中国改革开放和发展社会主义市场经济的实际，努力探索新时期道德建设和伦理学研究的新问题，在当时的马克思主义伦理学的教科书中独树一帜。该书综合国内外学者的研究成果，将伦理学分为三大类型：描述伦理学、规范伦理学和元伦理学。认为依据经验描述的方法，仅仅从社会的实际状况来再现道德便是描述伦理学，其中包括道德心理学、道德社会学和道德人类学等；规范伦理学则立足于价值—规范的方法，侧重于道德规范的论证、制订和实施来研究道德，其中涵盖了理论伦理学和应用伦理学的内容；而元伦理学凭借逻辑语言分析的方法，从分析道德语言的意义和逻辑功能入手来研究道德，反映道德的语言特点和逻辑特征。他强调伦理道德的全民性与阶级性的对立统一，也谈到需要尊重人道主义和中国传统，并提出道德的分层性等问题。

金可溪独著有《苏俄伦理道德观演变》（中国文史出版社，1997年），该书系统评述了新中国成立以来长期影响中国的苏联伦理学，一直叙述到20世纪90年代中期苏联解体为俄罗斯等国之后。由于新中国成立后伦理学研究长期处在苏联伦理学的影响之下，直到80年代初的中国伦理学教材，一度也还深受苏联伦理学的影响。从这一影响史的意义来看，这一著作可以说填补了一个空白。伦理学教研室年长一辈的教师还有蔡治平，他与魏英敏、金可溪等合译了苏联伦理学家施什金著《伦理学原理》（北京大学出版社，1980年），与金可溪合著有《职业道德·家庭道德·社会公德》（黑龙江人民出版社，1985年）。

3. 中西伦理学史的系统研究

万俊人的《现代西方伦理学史》一书对自19世纪下半叶以来西方伦理思想的发生、发展与演变作了比较系统的研究，论述了元伦理学、人本主义伦理学和宗教伦理学三大系统，介绍了现代西方伦理学各种思潮和流派的发展脉络，对以叔本华、尼采为代表的德国唯意志论伦理学，以斯宾塞、赫胥黎为代表的英国进化论伦理学，以居友、柏格森为代表的法国生命伦理学，以格林、布拉德雷为代表的英国新黑格尔主义伦理学，以摩尔、普利查德、罗斯为代表的直觉主义伦理学，以罗素、维特根斯坦、石立克、卡尔纳普、艾耶尔、史蒂文森等人为代表的情感主义伦理学，以及以图尔闵、黑尔等人为代表的语言分析伦理学等都有较为深入细致的评述。作者认为，从总体上讲，传统的西方伦理学集中表现为三大理论系统：理性主义、经验主义和宗教伦理学。而其现代转折与西方社会的发展有着深刻的一致性，转折的根本理论标志则是伦理学相对主义对传统伦理学的绝对主义的取代。无论是从理性主义到非理性主义，还是从传统经验主义到现代经验主义，亦或是传统宗教伦理学的现代世俗化，都展示出这样一个共同的趋势，即传统伦理学的绝对主义梦幻（先验理性、天然情感、超验无限的上帝等）已经破灭，取而代之的是关于人类道德实存状态（人本主义）、逻辑结构和意义（科学主义或经验主义）以及世俗道德的宗教意味的重新思考。这种思考的主要后果是现代西方道德相对主义的降临，现代西方社会中的道德价值思想发展，已经进入了一个"相对主义的时代"。

陈少峰的《中国伦理学史》是一部完整的中国伦理学史通史著述，内容包括从古代到 20 世纪 90 年代的中国伦理学发展的历史。该书侧重于阐述和分析中国历史上的伦理思潮发展的特点及其在伦理思潮背景下对主要伦理学家的思想观点和方法进行比较系统的分析。该书借鉴了北京大学蔡元培、周辅成、张岱年、朱伯崑等前辈学者的成果并予以更加系统化的研究。

这一段时间的特点是比较全面地恢复与重建了伦理学学科的研究和教学，尤其在教材建设方面比较全面，伦理学原理、西方伦理学史、中国伦理学史的教材都基本已经齐备，并开始出现了一些专题研究。

二、课程与学制

伦理学教研室于 1980 年开始招收硕士研究生，1997 年开始招收博士研究生。伦理学的教学也全面恢复，1982 年，"伦理学"被列为哲学系哲学专业和宗教学专业的 14 门必修课之一。其他为本科生和研究生开设的必修和选修课程还有："伦理学原理"、"伦理学问题研究"、"伦理学概论名著选读"、"马克思和恩格斯伦理思想研究"、"中国伦理思想史"、"西方伦理思想史"、"当代西方伦理思想史"、"中国伦理学名著选读"、"西方伦理学名著选读"、"社会伦理问题研究"、"西方伦理学史专题研究"、"应用伦理学研究"、"企业伦理研究"、"经济伦理研究"等。

与国外的学术交流也开始重新恢复和活跃，不仅有请进来，更有走出去。例如 1984 年美国密执安大学哲学系教授科恩来北大伦理学教研室与周辅成及研究生进行学术交流。又如万俊人 1993—1994 年到哈佛大学访问一年。陈少峰 1988—1991 年成为北大与日本早稻田大学文学部（中日近代伦理思想比较研究方向）联合培养的博士生、特别研修生，1995—1996 年到日本九州大学做访问学者，2004—2005 年到美国夏威夷大学做访问学者等。北大自己培养的伦理学研究生也已开始到海外留学，或者留校任教，并崭露头角。

三、机构与人物

1976 年粉碎"四人帮"之后，不仅"文革"结束，大规模的政治运动也走向结束。随着十一届三中全会从"以阶级斗争为纲"转到"以经济建设为中心"，实行改革开放，文化学术也迎来了春天。1979 年，北京大学哲学系伦理学教研室成立，先后担任伦理学教研室主任的有周辅成（1979—1984）和魏英敏（1984—1999），其他教师有金可溪、万俊人、陈少峰、蔡治平等。周辅成、魏英敏并先后担任 1980 年成立的中国伦理学会的副会长。

这一期间伦理学教研室的专职学者主要有周辅成、魏英敏、金可溪、万俊人、陈少峰等。

魏英敏，辽宁盖州人。1970 年从中国人民大学调入北京大学哲学系，历任副教授、教授，2000 年退休。他著有《伦理学简明教程》（北京大学出版社，1984 年）（与金可溪合著）、《伦理学入门百题》（河北人民出版社，1986 年）、《伦理、道德问题的再认识》（北京大学出版社，1990 年），主编《新伦理学教程》（北京大学出版社，1993 年）、《毛泽东伦理思想新论》（北京大学出版社，1993 年）和《中国伦理学百科全书·职业伦理学卷》（吉林人民出版社，1993 年）等。

金可溪（1941—2008），浙江平阳人。1965 年从北大哲学系毕业留校任教，历任副教授、教授，著有《苏俄伦理道德观演变》等书，2002 年退休，2008 年病逝。

万俊人，湖南岳阳人。1983 年考入北京大学哲学系，师从周辅成读研究生，1986 年获硕士学位后留校执教，历任副教授、教授。1999 年调往清华大学筹建哲学系。在北大任教期间，著有《萨特伦理思想研究》（北京大学出版社，1988年）、《现代西方伦理学史》（上、下卷，北京大学出版社，1990—1992年）、《伦理学新论——走向现代伦理》（中国青年出版社，1994年）、《于"无"深处——重读萨特》（四川人民出版社，1996年），并有译著《自为的人》（国际文化出版公司，1988年）、《主体性的黄昏》（上海人民出版社，1992年）、《道德语言》（商务印书馆，1996年）等。

　　陈少峰，福建漳浦人。1991年获北京大学哲学博士学位，1991—1993年在北京大学社会学人类学研究所做博士后，1993年起在北京大学哲学系任教，历任副教授、教授。在此阶段著有《生命的尊严——中国近代人道主义思潮研究》（上海人民出版社，1994年）、《中国伦理学史》（上、下册，北京大学出版社，1994—1997年）、《德育志》（上海人民出版社，1998年）等。

第五节　多向发展期（1999年至今）

一、观念与思想

　　这一阶段伦理学学科发展的特点是开始深入细化研究各方面的道德理论与实践问题，而不主要是教科书体系的建设，而且一些学者也试图构建自己的伦理学理论或体系，几种基本的规范伦理学理论如义务论、目的论的功利主义、自我实现论，几乎都可以说有了自己的代表。一方面，随着几位在美国著名大学获得博士学位的教师先后归国任教，不仅在对西方伦理学的深入把握和具体分析上大大前进了一步，而且给整个伦理学的研究和教学带来了新的视野和训练方法，把伦理学的学术水准带上了一个新台阶，伦理学研究生的培养水平也有长足进步；另一方面，本土的问题意识也仍然保持乃至深化，对中国历史的研究也不仅是在思想史、观念史，也深入到了社会史、制度史，对社会现实问题也加强了关注，在政治伦理、企业伦理、环境伦理、医学伦理等应用伦理学的研究方面都取得了不少进展。现将此一阶段在伦理学教研室任教或曾经任教的教师的研究成果大略介绍如下。

1. 一种广域的义务论伦理学

何怀宏尝试对伦理学作一种比较广泛和结合中国历史与现实的思考，其《良心论》从内在的阐述角度构建一种能够适应于现代社会、平等面向所有人的个人伦理学；有关制度正义的问题，则主要见之于其《世袭社会》和《选举社会》两书，它们在研究中国两千多年来社会结构的演变中来考察社会主要资源的分配及个人上升途径。至于社会伦理和精神信仰的关系以及终极关切等问题，则是在研究陀思妥耶夫斯基与托尔斯泰的《道德·上帝与人》和研究帕斯卡尔等人的《生命与自由》中展开。《良心论》尽量使用中国的传统概念和思想资源，但也分析说明传统伦理学为何无法直接成为现代社会的伦理，而转化的关键是要从自我取向的观点转向社会取向的观点，由"为己之学"转向"人人之识"，如此才可望达到社会道德义务体系的平等、适度和一视同仁。作者所尝试构建的这种个人伦理学体系也是试图探索现代伦理学的中国话语，它试图以恻隐、仁爱为道德发端之源泉，以诚信、忠恕为处己与待人之要义，以敬义、明理为道德转化之关键，以生生、为为为群己关系之枢纽。它也尝试在康德之后与之外探索道德的根基，给予恻隐之心特别重要的地位，但其基本倾向还是一种温和的义务论，且是强调最基本的义务，所以，作者将其尝试构建的规范伦理学理论的性质界定为"一种普遍主义的底线伦理学"。

2. 功利主义伦理学的一个建构

王海明的《新伦理学》的主旨是尝试证明"行为应该如何的优良道德，只能通过道德最终目的，而从行为事实如何的客观本性中推导出来的公理"。作者认为，这一公理可以归结为一个道德价值推导公式：前提1：道德最终目的（道德价值主体）；前提2：行为事实如何（道德价值实体）；结论1：行为应该如何（道德价值）；结论2：与行为道德价值相符的优良道德（优良道德规范）。上卷《元伦理学》试图确证这个"伦理学公理"。中卷《规范伦理学》则是具体推演"构成这一公理的四个命题"：首先，推演前提1，亦即道德概念、道德最终目的和道德终极标准；其次，推演前提2，亦即行为事实如何之16种、6类型、4规律；最后，推演结论，亦即运用道德终极标准衡量行为事实如何之善恶，从而推导出行为应该如何的优良的道德总原则和优良的社会治理道德原则以及优良的善待自我道德原则等。下卷《美德伦理学》则是研究如何实现规范伦理学所确立的这些道德规范。作者尝试将元伦理学、规范伦理学和美德伦理学结合为一，建立一个以新功利主义道德终极标准、己他两利主义道德总原则和人道主义、自由主义、平等主义的社会治理道德原则为基础和核心的道德规范体系，使伦理学成为一种"如同物理学一样客观必然、严密精确和能够操作的公理化体系"。

3. 道德哲学的新探索

徐向东的《自我、他人与道德》一书系统地论述了西方规范伦理学，全书分为三个部分：第一部分旨在阐明道德的本质和道德哲学的一些核心观念，以便为随后的论述奠定一个基础。第二部分结合最近的研究文献，对主要的规范伦理学理论作了深入细致的论述，讨论了各种理论的优点以及可能遭受的主要批评，从而试图进一步说明道德思维和道德生活本身的复杂性。第三部分以当代西方伦理学界对传统的规范伦理理论的批评为出发点，试图进一步揭示道德要求的本质，为进一步思考规范伦理学提供一个基础，并阐明道德哲学与政治哲学的本质联系。附录探讨了生命伦理学中的一些核心问题和争论，以此来展示规范伦理学与应用伦理学的复杂联系。

徐向东的另一部著作《理解自由意志》（北京大学出版社，2008年）一书系统地探究了自由意志问题。作者从形而上学、道德心理学、心灵哲学和行动哲学、科学哲学等角度对哲学中的这个重要问题进行了系统深入的探究，一方面批评了各种不相容论的见解，另一方面试图按照能力和倾向的概念对人的自由意志提出一种自己的解释和理解，并进一步阐明了从一个实践的观点来处理这个问题的重要性和迫切性。

程炼的《伦理学导论》第一部分是分析和回应对伦理学的六种挑战：挑战来自利己主义的人性观、决定论与自由之争、处理伦理学中的主观主义等，这些挑战从不同的角度质疑了伦理学的可能性。第二部分的内容是从事一些建设性的工作，察看在构思伦理学理论时有哪些积极的资源可供利用。

4. 应用伦理学的拓展

陈少峰的研究领域在这一时期除中国伦理学史的研究之外，继续扩展至社会正义与国家治理、管理与企业文化（商业伦理）、文化软实力与文化产业等。他在这些方面的新著有《伦理学的意蕴》（中国人民大学出版社，2000年）、《宋明理学与道家哲学》（上海文化出版社，2001年）、《正义的公平》（人民出版社，2009年）、《企业文化与企业伦理》（复旦大学出版社，2009年）等。

其中《伦理学的意蕴》以中国古代伦理文化的意蕴和内涵作为基础，分析了中国现代伦理生活与传统道德智慧的对接方式，以及以对话的方式体现了现代道德生活的冲突和道德选择的方法。该书对道家哲学意蕴的伦理生活作出了新的模拟展示。《正义的公平》提出了在"正义的价值观"指导下实现社会正义的理论与方法。作者认为，只有将正义的价值观（包含对社会弱势群体施予援手的价值观作为先决条件）指导下，确定正义的基本权利之后，才能确立实施正义的指导原则，进而对不能达到实现正义基本权利的弱势群体进行纠正正义的帮助，才能解决如何确立社会正义的具体政策并建立中国社会正义的发展模式。《企业文化与企业伦理》是作者研究管理哲学和企业伦理的多部著述之一。作者在书中比较系统地分析了企业文化与企业伦理的系统化要素，提出了如何建设企业文化的对策以及系统分析了有关商业伦理实践特点和促进企业履行社会责任的具体内容。

何怀宏在这一时期亦主编了《生态伦理》，在国际关系伦理、政治伦理等领域的研究方面发表了一些文章。徐向东、李猛等在全球正义、政治哲学、社会理论等领域也进行了深入细致的研究。

5. 与社会、法律、政治理论研究的结合

李猛的《论抽象社会》和研究韦伯"英国法"问题的《除魔的世界与禁欲者的守护神》，主要关注的是现代抽象社会中个体如何通过自己伦理理性化的自由努力建立社会秩序理性化中相互制约相互依赖的机制，试图理解现代社会的内在运行机制如何体现在每个人的伦理行动中。最近发表的《理性化及其传统》则进一步关注现代社会中这一理性化机制与传统之间的

复杂关系，希望思考非西方的现代社会在这方面面临的严峻挑战。另外，正在作的对自然法的研究，主要是考虑西方自然法思想对于构成现代西方社会对政治生活和道德世界的理解具有决定性的意义，试图通过剖析自然法与自然权利理论背后对"自然社会"的理解，希望能够展现现代西方政治社会架构预设的人类生活方式乃至对人性的理解。打算分别从社会的构成、国家形态与个人在这样的生活中的形象入手来分析这些问题，具体将讨论格劳休斯、霍布斯、普芬道夫、洛克这些早期现代的自然法哲学家的主要思想。

二、课程与学制

这一时期为研究生和本科生开设的课程除以前已有的之外，还新开了许多专题性较强的课程，如"罗尔斯《正义论》"、"罗尔斯与诺齐克的政治哲学"、"西方伦理思想史：后果主义及其批评者"、"亚里士多德的伦理学：批评与解释"、"康德的道德理论"、"康德的政治理论"、"美德伦理与道德要求"、"休谟：形而上学与认识论"、"自由意志与道德责任"、"全球正义"、"休谟与宗教哲学"、"政治哲学研究：政治语境中的自由问题"、"规范伦理学研究"、"人权与正义"、"当代西方伦理理论：Parfit 研究"、"中国传统思想中的人与社会"（为美国学生开设）、"政治哲学研究：密尔和伯林论自由"、"自然法原著选读"、"奥古斯丁思想研究（《忏悔录》）"、"中西传统社会比较研究"、"中西传统国家比较研究"、"亚里士多德《论灵魂》研究"、"中西伦理思想比较研究"等。

另外，本教研室的教员还为本系和其他院系的本科生开设了一些一般哲学的课程，如"笛卡尔《第一哲学沉思录》研究"、"知识论研究：怀疑论"、"当代知识论研究"、"亚里士多德形而上学导论"、"笛卡尔哲学研究"、"亚里士多德《物理学》研究"；为全校学生开设了通选课，如"伦理学导论"、"人文经典阅读"、"文学与伦理"、"应用伦理学概论"、"企业伦理"等课程。以上课程可以显示出现任的伦理学教研室教师们宽广的学术领域和深入具体的研究课题。他们所培养的学生、研究生已有数十名后来到国外著名大学继续学习并获得硕士或博士学位，有些已在国外或香港的大学担任教职，正在成为伦理学界新兴的中坚力量。

三、机构与人物

在北京大学于 1998 年庆祝它的百年诞辰之后，先后担任伦理学教研室主任的有何怀宏（1999—2001、2004—2008）、王海明（2001—2004）、徐向东（2008—）。其他教师有：陈少峰、程炼、李猛等。1999 年成立北京大学应用伦理学研究中心。2011 年成立北京大学人类价值研究中心。现在伦理学教研室任教或曾任教的专职教师有如下诸人：

何怀宏，江西清江人。1998 年从中国艺术研究院中国文化研究所调任北京大学哲学系教授，研究领域涉及伦理学原理及人生哲学、政治哲学、社会史等。著有《良心论》（上海三联书店，1994 年）、《世袭社会》（北京三联书店，1996 年）、《选举社会》（北京三联书店，1998 年）、《道德、上帝与人》（新华出版社，1999 年）（以上四书在 2009 至 2011 年由北京大学出版社作为"何怀宏学术作品集"出版修订增补版）以及《生命与自由》（湖北教育出版社，2001 年）、《公平的正义》（山东人民出版社，2002 年）、《伦理学是什么》（北京大学出版社，2002 年）、《生态伦理》（主编，河北大学出版社，2002 年）、《生生大德》（北京大学出版社，2011 年）等。译著有罗尔斯《正义论》（中国社会科学出版社，1988 年）（合译）、马可·奥勒留《沉思录》（中国社会科学出版社，1989 年）、诺齐克《无政府，国家与乌托邦》（中国社会科学出版社，1991 年）以及《道德箴言录》、《伦理学导论》、《伦理学体系》（合译）、《西方公民不服从的传统》（编）等。

王海明，吉林镇赉人。1993 年调入北京大学，先后任教于马克思主义学院、历史学系，1998 年调入哲学系，2004 年任北京大学哲学系教授至今。研究方向为伦理学与国家学，代表作为《新伦理学》（修订版，全三册，商务印书馆，2008 年）。著有《新伦理学》（商务印书馆，2001 年）、《伦理学方法》（商务印书馆，2003 年）、《人性论》（商务印书馆，2005 年）、《道德哲学原理十五讲》（北京大学出版社，2008 年）、《公正与人道》（商务印书馆，2010 年）、

《伦理学与人生》（复旦大学出版社，2009 年）、《伦理学导论》（复旦大学出版社，2009 年）、《伦理学原理》（第三版，北京大学出版社，2009 年）等。

徐向东，贵州毕节人。哥伦比亚大学哲学博士。2002 年到北京大学哲学系任教，历任讲师、副教授和教授。著有：*Naturalism, Normativity, and Practical Reason*（Michigan: UMI, 2002）、《道德哲学与实践理性》（商务印书馆，2006 年）、《怀疑论、知识与辩护》（北京大学出版社，2006 年）、《自由主义、社会契约与政治辩护》（北京大学出版社，2005 年）、《自我、他人与道德》（商务印书馆，2007 年，上下册）、《理解自由意志》（北京大学出版社，2008 年）、《当代知识论》（北京大学出版社，2011 年）。编选文集有：《自由意志与道德责任》（江苏人民出版社，2007 年）、《美德伦理与道德要求》（江苏人民出版社，2007 年）、《康德、罗尔斯与全球正义》（上海译文出版社，2010 年）、《后果论与义务论》（浙江大学出版社，2011 年）、《实践理性》（浙江大学出版社，2011 年）、《全球正义》（浙江大学出版社，2011 年）。译著有：威廉斯《真理与真诚》（上海译文出版社，2011 年）、洛克莫尔《康德与观念论》（上海译文出版社，2011 年）、洛克莫尔《在康德的唤醒下：20 世纪哲学》（北京大学出版社，2010 年）、纳斯鲍姆《善的脆弱性》（合译，译林出版社，2007 年）、威廉斯《道德运气》（上海译文出版社，2007 年）、施密特《启蒙运动与现代性》（合译，上海人民出版社，2005 年）、普兰廷伽《基督教信念的知识地位》（合译，北京大学出版社，2004 年）、希顿《维特根斯坦与心理分析》（北京大学出版社，2005 年）、伯特《近代物理科学的形而上学基础》（北京大学出版社，2002 年）、内格尔《科学的结构》（上海译文出版社，2002 年）、保罗斯《我思，故我笑》（上海科技教育出版社，2002 年）。

程炼，湖北武汉人。美国莱斯大学哲学博士。1998 年到北京大学哲学系做博士后，2000 年留校任讲师、副教授，2008 年调往武汉大学哲学系任教授。他的研究领域是伦理学、政治哲学、心灵哲学、形而上学，著有《思想与论证》（北京大学出版社，2005 年）、《伦理学关键词》（北京师范大学出版社，2007 年）、《伦理学导论》（北京大学出版社，2008 年），译有《现代性之隐忧》（中央文献编译出版社，2002 年）、《尼采与后现代主义》（北京大学出版社，2005 年）。

李猛，辽宁沈阳人。曾任北京大学社会学系讲师，后获美国芝加哥大学哲学博士，2009年1月到北京大学哲学系伦理学教研室任副教授。著有《学术、政治与自由的伦理》（1999），《论抽象社会》（1999）、《除魔的世界与禁欲者的守护神：韦伯社会理论中的英国法问题》（2001）、《爱与正义》（2001）、《马基雅维利的世界的轻与重》（2006）、《理性化及其传统：对韦伯的中国观察》（2010）、《奥古斯丁与世界秩序的理念化》（2011）等文。译著有：布迪厄和华康德《实践与反思：反思社会学导引》（与李康合作，中央编译出版社，1998年）、吉登斯《社会的构成》（与李康合作，三联书店，1998年）、《结构主义以来》（论文集，与渠东、李康合作，辽宁教育出版社，1998年）、米德《现在的哲学》（上海人民出版社，2003年）、《福柯文集》（4卷，多人合作，三联书店即出）。

第六节　回顾与展望

北京大学伦理学学科一百多年来的曲折发展，可以说反映了中国20世纪迄今以来的时代特点，包含有一个学科乃至整个中国学术难以避免的动荡与断裂，这和社会长期战乱有关，也和政治乃至政治运动一度压倒一切有关。在这种形势下，政治站队和划分立场，乃至知识分子的"洗心革面"，就一度成为最主要的问题，学术思想和研究自然也就要遭到排挤。

而相对于北京大学哲学系的西方哲学史、中国哲学史等其他学科，北大的伦理学学科可能还尤显断裂。它在其发展的早期，虽然一开始就保有一定的学术水准和独立性，但也有不够互通声气，缺乏足够交流，包括和其他学科与海外学术的交流不够的问题，甚至研究教学人员也常常处在不断的变动之中，研究的内容常处在西方学术的笼罩性影响之下。这种情况的出现在早期可能是难免甚至必要的，但在一些具有西方知识背景和视野的学者开始有本土化的尝试的时候，可惜又被后来的战争和政治运动打断。新中国建立后则一度整个伦理学的研究都处在萎缩和隐退的状态，以致我们不得不承认：民国时期的伦理学还是保持了一个较高或较纯粹的学术水准，即便较差的研究也不会太差；而新中国成立后的前 20 多年里，伦理学的研究与教学几乎被政治而且是被时政、被政治运动与斗争所淹没，即便较好的研究也无法太好。这种情况直到改革开放以后才得到改变：先是艰难地恢复学科体系的全面建设，近年则在专题研究和理论创意方面有了比较突出的进展，但还是可以感到和其他学科比较而言的一种连贯和接续性不显的特点。

还有一个似乎让人困惑的问题是：尽管中国文化历史上富有人文伦理思想的传统，为什么到了近现代伦理学科反而不太受重视，或者至少是说和其他学科的发展相比有些相形见绌？中国文化学术的这一传统伦理优势为何长期没有得到发扬？这大概和中国学人对自己传统的认知有关。在西方的进逼面前，新的"富强"的价值目标被提到首要位置，传统伦理规范及其哲学思想不是被看作实现这一目标的助力，而是常常被看作阻力。于是，它们被归为需要清理和更新的对象，或至少要遭到冷遇和忽视，相对于大量涌入的海外新知来说，它似乎也显得单薄和无力。于是，中国学术在现代就处在了这样的一个新旧交替期，和过去相比就不仅有方法和风格的不同，还有各个学科在学术体系中的轻重缓急。传统学人所重视的不再为现代学人所重视。从现代学科的观点看，传统的学术也过于重视人文伦理，以其为中心，其他学科也不易得到发展甚至从中分立出来。但是，中国以人文伦理为核心的文化学术，经过一百多年的历练乃至磨难，现在或许是一个可以有起承转合的时候了。这也因为，有关基本价值和规范的思考，不仅在中国历史上是几千年来思想学术的主干，在西方古典哲学中，作为"实践哲学"也是哲学的主要分支。而现代西方哲学，近年来也有一个从较形式的探讨转向更具实质意义的价值规范的探索的趋向。中国伦理学的确需要，看来也有了初步的条件可以预期一个较大和较快的发展。

此前一个世纪我们的思想学术基本都是引领向西，伦理学开始也基本上是以翻译或译述为主，后来的自编教科书或者自著，在概念和方法上也还是深受西方学术的影响，抗战固然刺激了对民族文化和传统伦理思想的重新关注，但战乱毕竟是学术研究的天敌，在战火和政治运动的风暴中不易摆下一张平静的书桌。而我们也需要先吸收新知，消化新知，才谈得上新的发展。但我们也的确要反省这样的问题：北大的伦理学研究乃至其他方面的学术研究是否能够不再反复中断,不再几乎是一次次重新开始?学术的独立积累和不断增殖是否能成为一种常规或体制? 20世纪走向现代学术分科的伦理学研究是否只有历史尊重的意义,或还是仍然可以不断从中吸取新鲜的灵感和思想资源?这些都是我们需要认真研究的。

我们对西方的新知也还需要进一步消化,不仅能够对话,乃至取得当今西方学界也重视的思想和学术成果;对中国的历史和现实问题也还需要进一步关注。以北大的思想地位,如果对当代的中国社会全无发声,将可能愧对后人,尤其是当中国社会处在这样一个比较急剧和彻底的转型时期更是如此。当然,最重要的还是一种学术独立和"为学术而学术"的精神,以及建构一种保障学术独立的内外条件和思想自由的社会空间。不仅要尊重各门学科的独立性,更要尊重整个学术的独立性。有了学术独立和思想自由的空间,思想学术的创新和百花齐放自然也就不难期待。实际上百年来的主要经验在此,主要教训也在此。近一个世纪以来,即便在最"风雨如晦"的时期,正因为有一些矢志保存学术文化精神命脉的人在,他们做着燃灯者的工作,才使思想学术的香火得以不灭,这样,当形势和条件转好的时候,才能有思想学术的长足发展。学术的积累和发展是需要有闲暇和从容的,战火连天无法研究学术,政治运动不断也无法深研学术。当然,学者、尤其是伦理学者本身也要为争取这一安定环境和发展条件而努力,这不仅是为他们自己,也是为了整个社会。百年来的经验教训还告诉我们,不仅一个安静而独立的环境对于学术的发展来说至关重要,广泛和充分的学术交流与传承也必不可少,当然,最珍贵的还是北大"思想自由、兼容并包"的学术精神的传承。

总之,回顾既往,在某种意义上,北大伦理学的发展或可看成是中国伦理学发展的一个缩影,而今天的北大伦理学也仍是其最富有学术意味的中坚。由于北大的历史地位,也由于近年研究和教学者们的自身努力,北大伦理学目前在全国拥有不必自言的持重地位,有似乎不那么彰显,但却相当内在的持久影响力。而北大伦理学的进一步发展,是可以寄望于现在的年轻学者和后来学子的。未来发展的一些趋势和亮点,可以预期和依凭的或有伦理学与形上哲学的深度联结,与社会理论、政治哲学的密切结合以及对中国社会现实的关怀和深层历史文化意识的觉醒。

第五章　美学学科史

章启群　朱良志　许迪[1]

美学学科是北京大学具有悠久传统和优势的学科。1921 年蔡元培先生率先在北京大学开设美学课，是全国最早的美学课程。1960 年北京大学建立了全国高校最早的美学教研室，并在全国最早开设"西方美学史"、"中国美学史"、"马克思主义美学原理"等课程，出版了相应的各种教材。20 世纪 80 年代北京大学建立了全国高校中最早的美学硕士、博士点，培养了数以百计的专门人才。以蔡元培、邓以蛰、朱光潜、宗白华为代表的北大美学研究，构成了现代中国美学发展的主线。北京大学美学学科是中国几代美学家建设的成果，它的历程是现代中国美学史的缩影。

第一节　学科前史

一、西学东渐：从 aesthetica 到"美学"

自从 19 世纪中叶中国的国门被打开以后，西方的学术、文化如潮水一般涌入中国。转型与改造，就成为中国的传统学术在现实中发展的必然选择。应该说，现代中国美学的第一个问题，就是对于美学这门学科的认识。

与汉语"美学"相对应的拉丁语 aesthetica 一词，来源于古希腊语 aisthesis，原意是"感性学"。据考察，在中国最早使用汉字"美学"一词，是德国来华

---

[1] 第一至第四节为章启群、许迪撰写，朱良志增写了第五节的部分内容。

传教士花之安（Emst Faber）。1878年，他以中文写作出版的著作《大德国学校论略》，使用了"美学"一词。1897年康有为编《日本书目志》，也使用了"美学"一词。1902年，王国维翻译日本学者牧漱五一郎《教育学教科书》和桑木严翼《哲学概论》时，较为完整地介绍了"美学"的相关内容。由于这个原因，后来学界认为是王国维首先从日本把"美学"一词引进中国的。[1]

将"aesthetica"不是直译成"感性学"，而是意译为"美学"，由此可以体察到最初进入这个领域的学者们的苦心。他们实际上已经明确认识到，东西文化中的一些内在精神，是不能够在文字的表层意义上直接对译出来，而恰恰相反，只有通过这种充满意蕴的传神译法才能传达和沟通东西文化的内在思想和精神。（与此相似的有将"metaphysics"翻译为"形上学"，"philosophy"翻译为"哲学"等。）

中西思想文化交会已经几个世纪，而且已经被称为是"地球村"的今天，现代中国美学建设，绝不能延续中国古代传统的诗话、词话、书论、画论、"园冶"、"闲情偶记"之类的做法，但也绝不能简单移植西方美学的基本概念，来作为现代中国美学建构的骨架，那样不能从根本上把握到中国人艺术理想和美感体验的精髓，只能把中国美学变成西方美学的中文注释本。因此，进行严肃的中国美学研究，不仅需要对于西方文化传统有着内在的体悟与精确的把握，也需要对中国传统学术和艺术有着精深理解和深切领会。历史也证明，真正对20世纪中国美学作出贡献的人，都是学贯中西的饱学之士。

因此，建立现代中国美学，既需要参照西方的学术观念和方法，又必须立足于中国自身的学术传统。中国美学应具有一种普遍的真正的"美学"品质，也要具有内在的属于中国学术的质的规定性。任何试图割断自身血脉的学术"置换"，不仅是一种舍本求末之举，实质上也是不可能成功的。在当今多元文化并存的世界面前，这种对于民族文化传统的自觉意识，不仅是学术创造的前提和需要，而且具有一种强烈的文化生存观上的现实意义。

---

[1] 参见黄兴涛：《"美学"一词及西方美学在中国的最早传播》，《文史知识》2000年第1期。另外，有人认为是日本学者中江肇民首次将其翻译为汉字"美学"，后来在19世纪末流入中国。也有人认为，今日美学学科的名称，可能是最初从中国传入日本，后又从日本传回中国。

二、王国维：中国美学学科建设的奠基者

王国维（1877—1927），字静安（庵），亦字伯隅，号观堂，又号永观，浙江海宁人。他认为美学是属于哲学的一个分支学科，美学的目的就是要"定美之标准与文学上之原理"。因此，他反对把艺术的批评和研究附属于经学或考据学之下，主张将其独立出来，作为美学或艺术学研究的对象。他曾经建议在大学的哲学、中文、外文等系开设美学课程。从中国美学的学科建设本身的意义来说，他是中国第一个自觉的美学家。

虽然严复等人早就开始进行西学的翻译介绍，但是，王国维认为严复翻译的是科学而非哲学，康有为、梁启超、谭嗣同等翻译或介绍的是政治而非学术。这之间的差别在于，科学、政治都有具体的目的，而学术则不然，它所面对的问题是宇宙人生的大问题，而不是解决生活中一个个具体的问题。学术只有真伪之辨，与政治无关。如果把学术仅仅当作手段，学术必然不能发展。王国维认为，学术所追求的是真理。"夫哲学与美术之所志者，真理也。真理者，天下万世之真理，而非一时之真理也。其有发明此真理（哲学家），或以记号表之（美术）者，天下万世之功绩，而非一时之功绩也。唯其为天下万世之真理，故不能尽与一时一国之利益合，且有时不能相容，此即其神圣之所存也。"[1]"未有不视学术为一目的而能发达者，学术之发达，存于其独立而已。"[2]

学术独立是近代西方学术树立的一个根本观念。缺少这种观念，现代学术就无从谈起。在中国古代，独立的学术观念是不存在的。儒家思想不用说，不论是诸子百家，还是诗词歌赋，学以致用、文以载道是其根本的观念。治国安邦、兼济天下是传统士大夫的最高理想。在中国面临亡国灭种的20世纪初叶，很多优秀的知识分子不遗余力介绍西方思想，目的也是救亡图存，救国救民，这是必需的。但是，中国要建立现代学术，建立自己的哲学、美学理论体系，学术独立的观念是最重要的基石。王国维提出这一观

---

[1] 王国维：《静庵文集》，辽宁教育出版社1997年版，第119页。
[2] 同上书，第114、115页。

念，虽然与当时救亡、启蒙的时代主潮不太和谐，不合时宜，但符合学术发展的根本规律。

王国维早期主要研究的是康德、席勒和叔本华等人的哲学、美学思想。他说："美之为物，不关于吾人之利害也。吾人观美时，亦不知有一己之利害。"[1] 就文学艺术的根本性质来说，王国维认为："文学者，游戏的事业也。人之势力用于生存竞争而有余，于是发而为游戏。"[2] 这些基本上都是康德、席勒思想的直接转述。与此观点一致，王国维把艺术看作审美教育乃至人生观教育的最好选择："由叔氏之说，人之根本在生活之欲，而欲常起于空乏。……无欲故无空乏，无希望，无恐怖；其视外物也，不以为与我有利害之关系，而但视为纯粹之外物。此境界唯观美时有之。""夫岂独天然之美而已，人工之美亦有之。宫观之瑰杰，雕刻之优美雄丽，图画之简淡冲远，诗歌音乐之直诉人之肺腑，皆使人达于无欲之境界。"[3] 他认为席勒的审美教育思想，与孔子的观点是完全一致的："孔子所谓'安而行之'（《中庸》），与希尔列尔（席勒）所谓'乐于守道德之法则'者，舍美育无由矣。"[4] 这里揭示了孔子所追求的最高精神境界与艺术及美的深刻关系。

王国维的美学代表作是《人间词话》。《人间词话》据国学而熔铸西学，把"境界"这一概念，从古典过渡到现代，由诗歌拓展到人生，经诗学而沟通哲学，从而最后告别传统诗话，提炼为现代中国美学的一个重要范畴。现代中国学界不仅完全接受"境界"（意境）的概念，而且把它作为一个中国美学的核心范畴之一。

王国维提出的学术独立思想，提炼的"境界"范畴，展示了一位中国学者在中国文化传统中，用那个时代的眼光，对中国艺术及中国人的审美经验所作出的崭新追问和阐释。这是一种具有现代学术观念和眼光的美学思考。他的这些观念和方法，对北大美学的学科建设，尤其是宗白华的美学思想，产生了实质的影响。

---

[1] 干春松、孟彦弘编：《王国维学术经典集》上卷，江西人民出版社1997年版，第10页。
[2] 王国维：《静庵文集》，第167页。
[3] 干春松、孟彦弘编：《王国维学术经典集》上卷，第11页。
[4] 同上书，第12页。

第二节　北京大学开中国美学学科建设之先河（1912—1952）

蔡元培在 1916 年底至 1927 年担任北京大学校长期间，启动了北京大学的美学学科建设。由此开启了中国大学规范的美学教学与理论研究之先河。虽然这一时期北大专门的美学教授人数不多，但是成果丰硕，成就斐然，在全中国产生了巨大影响。

一、观念与思想

1. 蔡元培的"以美育代宗教"思想

在美学理论方面，蔡元培基本接受了康德的思想，并在 1916 年著有《康德美学述》。蔡元培虽然没有建立自己的美学理论体系，但是，他首次给我们展示了西方美学史的大致轮廓，充分评述了当时西方美学界特别是德国美学的理论现状，比王国维更加系统、完整、深入。其次，他对于中国古代美学的关注和描述，更清晰地表述了一种不同于传统文人的新的学术观念。再次，他提出的"以美育代宗教"思想，在整个中国产生了深远、持久的影响，尤其是蔡元培的理论和实践对北京大学美学学科建设产生了最为直接的作用。正是缘于此，美学学科成为北大最有优良传统和巨大影响力的学科之一。

作为教育总长和北大校长的蔡元培一直关注美育问题，并将美育列入了国家的教育方针。1912 年，蔡元培发表了《对于教育方针之意见》说："军国民主义、实利主义、德育主义三者，为隶属于政治之教育。（吾国古代之道德教育，则间有兼涉世界观者，当分别论之。）世界观、美育主义二者，为超轶政治之教育。"而此"五者，皆今日之教育所不可偏废者也"。[1] 在陆续发表的《美学观念》、《华法教育会之意趣》、《美育观念》、《华工学校讲义》等篇中，他明确提出了"以道德教育为核心，以科学和美术两翼辅之"的美育思想。蔡元培认为，人的教育应该是全面的，不能偏废。从人的心灵和精神状态来说，有知、情、意三个方面，早期宗教都具有对于这三方面的

---

[1]　蔡元培：《蔡元培美学文选》，北京大学出版社 1983 年版，第 5 页。

教育和陶冶的功能。但是，现代宗教保守，丢掉了德智体，只保留了美育的功能，因为教堂内部仍然保留了许多珍贵的艺术品，这些艺术品还能够给人们以审美的教育。然而，宗教可不可以代美育呢？蔡元培于1917年在北京神州学会发表题为"以美育代宗教说"的讲演：

> 然则保留宗教，以当美育，可行么？我说不可。
> 美育是自由的，而宗教是强制的；
> 美育是进步的，而宗教是保守的；
> 美育是普及的，而宗教是有界的；
> 因为宗教中美育的原素虽不朽；而既认为宗教的一部分，则往往引起审美者的联想，使彼受智育德育诸部分的影响，而不能为纯粹的美感，故不能以宗教充美育，而止能以美育代宗教。[1]

那么，什么是美育？蔡元培说："美育者，应用美学之理论于教育，以陶养感情为目的者也。"[2] 美的对象之所以能陶养感情，是由于美有两种特性：普遍与超脱。他说："一瓢之水，一人饮之，他人就没有分润；容足之地，一人占了，他人就没得并立；这种物质上不相入的成例，是助长人我的区别、自私自利的计较的。转而观美的对象，就大不相同。凡味觉、嗅觉、肤觉之含有质的关系者，均不以美论；而美感的发动，乃以摄影及音波辗转传达之视觉为限，所以纯然有'天下为公'之慨。名山大川，人人得而游览；夕阳明月，人人得以赏玩；公园的造像，美术馆的图画，人人得而畅观。齐宣王称'独乐乐，不若与人乐乐'，'与少乐乐，不若与众乐乐'；陶渊明称'奇文共欣赏'，这都是美的普遍性的证明。"[3] 这样，既有普遍性打破人们的偏见，又有超脱性排除了利害的关系，所以，人们在重要的关头，就会有"富贵不能淫、贫贱不能移、威武不能屈"的气概，甚至有"杀身以成仁"而不"求生以害仁"的勇敢。这一切完全不是出于知识，而是由于感

---

[1] 蔡元培：《蔡元培美学文选》，第179—180页。
[2] 同上书，第174、70页。
[3] 同上书，第220—221页。

情的陶养，即源于美育。[1]

从上述可见，蔡元培对于美育的看法与康德美是无利害关系思想相背，却更加接近中国古代儒家的思想。他特别谈到孔子的精神生活，除了具有智、仁、勇三点以外，还有两个特点："一是毫无宗教的迷信；二是美术的陶养。"尤其是孔子"对于音乐的美感，是后人所不及的"。"我们不能说孔子的语言，到今日还是句句有价值，也不敢说孔子的行为，到今日还是样样可以做模范。但是抽象的提出他的精神生活的概略，以智、仁、勇为范围，无宗教的迷信而有音乐的陶养，这是完全可以为师法的。"[2] 实际上，蔡元培的美育思想与孔子的境界是有相通之处的。

蔡元培不只是将"以美育代宗教"说停留在一种纯粹的学术探讨中，而是将它积极付诸实践。一方面，蔡元培反对学校开设神学课程和开展宗教仪式活动，强调美育的重要；另一方面，他还提倡学生应注重音乐、书法、绘画的修养，以培养对美学的兴趣，丰富课外文化艺术生活。但是，蔡元培特别强调，不能把美育与美术混同起来："有的人常把美育和美术混在一起，自然美育和美术是有关系的，但这两者范围不同，只有美育可以代宗教，美术不能代宗教，我们不能把这一点误会了。"[3]

2. 邓以蛰的《诗与历史》

蔡元培之后，邓以蛰于1924年起在北大讲授美学课程。他所思考的美学问题，主要与艺术相关。国内的有些学者认为他的这些观点是黑格尔的。[4] 但是，实际上这是他在西方美学家尤其是克罗齐、黑格尔的影响下，自己建立美学理论的一种尝试。邓以蛰认为，艺术是不同于自然的，也不仅仅是模仿自然。"所谓艺术，是性灵的，非自然的；是人生所感得的一种绝

---

[1] 20世纪下半叶，中国政府在为全国学生制定的教育方针中，只有德、智、体育。至1998年，中国政府才决定把美育添列入教育方针。
[2] 蔡元培：《蔡元培哲学论著》，河北人民出版社1985年版，第430—431页。
[3] 同上书，第160页。
[4] 参见刘纲纪：《中国现代美学家和美术史家邓以蛰的生平及其贡献》，见《邓以蛰全集》，安徽教育出版社1998年版。

对的境界，非自然中的变动不拘的现象——无组织、无形状的东西。"[1] 这样，自然在艺术家的眼中已经转化成为他心灵中的一物，进到纯形世界里。这个"纯形世界"，实际上就是康德"自由美"和克里夫·贝尔（Clive Bell）的"有意义的形相"（significant form，现在一般译为"有意味的形式"）的结合体。

在《诗与历史》一文中，邓以蛰把人类精神活动分为"印象"、"艺术"、"知识"三阶段：印象是人们关于世界的直观表象，把这些经验用一种独特而具体的方式表现出来就成为艺术，把一些最通常的经验提炼出来变成概念就是知识。历史与诗介于艺术和知识之间，它们之间的区别只在形式而不在内容。时间、空间、人物要求纪实的为历史；诗则无要求，但需加上音乐的成分——音律。"至于诗的创格，是全章的音节在吟诵时，使人无形中起了快感。渐渐的口耳与之纯熟，于是这种音调就成为一种格式；若再谱入管弦，便因为乐谱的成立，它的音律就要格外固定了。"[2] 诗由于对"境遇"的描写等差分为三类：第一类是"印象派"、"浪漫派"的诗，例如六朝的五言、宋人的词、李长吉的七古、李义山的七律等。第二类是悲剧和喜剧，描写的是推进历史进展的人的坚强的意志和理想。胜利的便是喜剧，失败的便是悲剧。例如富于乡土情味的田园诗和表现爱国的悲愤诗，外国的赫西俄德、维吉尔，中国的如陶渊明、陆游。第三类是史诗，"它应使自然的玄秘，人生的究竟，都借此可以灌输到人的情智里面去，使吾人能领会到知识之外还有知识，有限之内包含无限"。屈原的《离骚》、但丁的《神曲》、歌德的诗剧都有这种效力，这则为诗的极境。邓以蛰的上述文字，展示了深厚的中西哲学、艺术、美学素养。

邓以蛰的意图是想建构自己的美学理论大厦，这个大厦的基本结构是西方的：认为艺术是心灵的产物的看法，无疑受到黑格尔的影响；把自然看作流动不拘的，只有人们留下的印象，然后形成的知识是固定的，这种观点也有克罗齐的影子；而对于绘画与诗之间的不同特点的叙述，又露出莱辛《拉

---

[1] 邓以蛰：《邓以蛰全集》，第43页。
[2] 同上书，第51页。

奥孔》的核心观点；就是关于诗与历史之关系的论述，虽然一反亚里士多德认为诗比历史更具有"哲学意味"（即真理性）的论断，同样不难看出黑格尔与克罗齐的背景。但是，邓以蛰绝不仅仅是用中国艺术来对西方哲学、美学作一种理论的阐释和注解，他仍然有着自己的理论追求。他的这些文字中的思想与黑格尔的理念论哲学思想不同，也与克罗齐直觉主义的哲学思想不同。他关于艺术、诗与历史的关系的观点，都试图冲破西方这些哲学家的体系，并在中国艺术史的背景下，构造一个新的美学思想体系。很显然，虽然在某些问题上，例如关于中国古典诗歌的风格以及体裁等，他作出了不同于前人的崭新解释，但总体上，邓以蛰还没有呈现出一个美学思想体系的建构，甚至没有显露出基本的轮廓和线条。

邓以蛰的这种研究后来没有继续下去，他后期彻底转向中国的传统学术研究——书画史和书画理论，方法也是传统的。他在这一方面的研究所达到的高度，后来者几乎望之兴叹。但是，这纯粹是书画领域的学术，与中国美学的建设不尽相同，而我们在其中几乎没有看到西方学术思想的痕迹。尽管如此，邓以蛰在美学理论上的探索仍然是可贵的，尤其是他对于中西方古典艺术的一些分析，展示了非常的才气和深刻的洞见，为后来试图建立中国美学体系的学者提供了有益的参照和宝贵的启迪。

3. 朱光潜的《文艺心理学》

朱光潜自1933年起在北大讲授"文艺心理学"和"诗论"等课程，讲稿后来整理成书出版。他在20世纪中国美学史上的影响可谓首屈一指。他的书多以清晰流畅的文字，系统和完整地介绍了西方美学，一经出版，即成为青年学生最喜爱的读物。这些西方的崭新思想在具有诗教传统的中国，激起了最广泛的共鸣。美学这一学科因此在中国也获得了最为众多的关注和影响。

在《我们对于一棵古松的三种态度》一文中，朱光潜非常简明、直观地论述了他的美是主观与客观统一的观点。他举例说，木材商人观照一棵古松常常是从这棵古松的商业价值来看的，这是一种实用的眼光；而植物学家则往往是从知识的角度对这棵古松进行考察，这是一种科学的眼光；与他们不同，一位画家看这棵古松时，则是欣赏这棵古松的形象和气质，这就是一种审美的眼光。所以，他们虽然看的是同一棵古松，却会有不同的关于古松的"形象"，而美就在于这种"物的形象"上面。[1] 所以，同样的事物，有人认为是美的，有人则认为不美，所谓"萝卜青菜，各有所爱"。这种"物的形象"说与晚年朱光潜的美学观点实质上是一脉相承的。

早年朱光潜的美学观点集中表现在《文艺心理学》一书中。在这本书中，他对当时西方流行的几种美学理论，如克罗齐的"直觉说"、布洛的"距离说"、立普斯的"内模仿说"等进行整合，基本上形成了对美学核心问题的看法和思想，提出了美既不在心，又不在物，而在于心与物之交汇融通、形成一体的观点和理论。朱光潜说：

> 美不仅在物，亦不仅在心，它在心与物的关系上面。但这种关系并不如康德和一般人所想象的，在物为刺激，在心为感受；它是心借物象来表现情趣。世间没有天生自在俯拾即是的美，凡美都要经过心灵的创造。[2]

这即是后来被称为的"主客观统一"说。无论是在20世纪30年代、50年代，还是80年代，朱光潜在为自己的理论辩护时，始终坚持一个简单的审美事实，即我们在审美中观照的对象，已不是"物"，而是"物的形象"。这个观点实质上贯穿了朱光潜的一生。

二、课程与学制

北京大学自1912年就在哲学门、文学门分别设置"美学及美术史"和"美学概论"课程。

由于聘不到合适人选，蔡元培于1921年10月亲自讲授"美学"这门课

---

[1] 朱光潜：《朱光潜全集》第2卷，安徽教育出版社1996年版，第8—11页。
[2] 朱光潜：《朱光潜全集》第1卷，第346—347页。

（同时在北京高等师范学校讲授），同时开始编著《美学通论》一书。这是他在北大期间讲授的唯一课程，也是中国大学最早的美学课。

关于课程讲授内容已经不得而知，但 1920 年秋，蔡元培在湖南第一师范作了七次讲演，基本上都与美学、美育有关。我们可以由此作一对照，大略可知其教学内容。在题为"美学的进化"的讲演中，蔡元培第一次向中国学术界系统介绍了西方美学的历史。他从古代希腊开始，到近代英国经验派休谟、博克的美学思想，然后特别介绍了鲍姆嘉通的《美学》："经鲍氏著书后，就成美学专名；各国的学者都沿用了。这是美学上第一新纪元。"[1] 在整个西方美学史中，他把康德看作重点："鲍氏以后，于美学上有重要关系的，是康德的著作。"于是从"三大批判"开始，蔡元培对康德作了比较详尽的介绍。他对于康德的理解也比王国维更加深入、准确，尤其是在康德美学思想的理解上，与我们今天对于康德的理解相差无几。康德以后，他又介绍了席勒、谢林、黑格尔、叔本华，还有德国的赫尔巴特、齐默尔曼、科曼、哈特曼、费希特、科恩、费肖尔、立普斯、英国的斯宾塞等，同时介绍了观念论美学（黑格尔）、新康德主义美学、实验主义美学、心理学美学等派别，甚至还有一些我们至今仍然不熟悉的当时西方美学家。可见蔡元培对于西方美学史的线索和理论，尤其是当时的现状和发展趋势，了然于胸，如数家珍。在将近一个世纪的今天看来，他的理论功底也是非同一般，非常扎实、深厚。

在比较系统评述西方美学史的同时，蔡元培也充分肯定了中国古代的美学思想。他说："美学是一种成立较迟的科学，而关于美的理论，在古代哲学家的著作上，早已发现。在中国古书中，虽比较少一点，然如《乐记》之说音乐，《考工记》梓人篇之说雕刻，实为很精的理论。"[2] 但是，他认为："自汉以后，有文心雕龙、诗品、诗话、词话、书谱、画鉴等书，又诗文集、笔记中，亦多有评论诗文书画之作，间亦涉建筑、雕塑与其他工艺美术，亦时有独到的见解；然从未有比较贯串编成系统的。所以我国不但无美学的名

---

[1] 蔡元培：《蔡元培美学文选》，第 123 页。
[2] 蔡元培：《蔡元培哲学论著》，第 233 页。

目,而且并无美学的雏形。"[1] 这个观点,也在中国学术界产生了不小的影响,至今也有人对于中国古代美学的看法与此相同。

从 1924 年秋季开始,邓以蛰在北京大学哲学系讲授共同必修课程"美学"、"美学名著研究"、"西洋美术史"等。

1933 年 7 月,朱光潜回国到北京大学任教。朱光潜在北大任教期间除讲授西方名著选读和文学批评史外,还给研究生班开过"文艺心理学"和"诗论"的课程。

1938 年 5 月,哲学系公布课程改革草案,"美学"课程被列入 32 门专修课程中的讲习课程中,课程时长 3 小时,要求讲授与讨论并重,学生须作报告,各占一半课程时间。

西南联大期间(1937—1945),郑昕讲授过"康德美学",冯文潜讲授过"美学"课程。

三、机构和人物

1918 年,蔡元培发起成立了音乐研究会,并亲自为研究会代拟了章程,以敦重乐。

1918 年 2 月,蔡元培发起成立了画法研究会,并为该会撰写"旨趣书"。

蔡元培[2] 撰写了大量的美学著述,如 1920 年陆续发表了《何谓文化》、《美术的进化》、《美学的进化》、《美学的研究方法》、《美术与科学的关系》、《美术的价值》,1921 年发表了《美学讲稿》、《美学趋向》、《美学的对象》,1922 年发表了《美育实施的方法》,1924 年发表了《美感》等,直到 1940 年逝世。年近 70 岁时他还说:"我若能回到二十岁,我一定要多学几种外国语,自英语意大利语而外,希腊文与梵文,也要学的;要补习自然科学;然后专治我所心爱的美学及世界美术史。"[3]

邓以蛰(1892—1973),字叔存,清代大书法家邓石如五世孙。1907 年

---

[1] 蔡元培:《蔡元培哲学论著》,第 234 页。
[2] 蔡元培已在《伦理学学科史》中给出。
[3] 蔡元培:《蔡元培美学文选》,第 212 页。

至1911年赴日本留学，1917年再赴美国，入哥伦比亚大学专攻哲学、美学。1923年回国后受聘到北大哲学系任教。1927年去厦门大学任教。1929年在清华大学任教，至1952年回北大任教。邓以蛰"五四"时期就开始在《晨报副刊》等刊物上发表了许多美学、艺术学论文，涉及诗歌、戏剧、美术、音乐等诸方面，在美学界享有盛名，有"南宗北邓"（"宗"为宗白华）之誉。早年的主要著作为《艺术家的难关》（古城书店，1928年），是发表于1926年间北平《晨报副刊》的论文集。后期邓以蛰专攻中国古代书画，通几研微，深入幽玄，发表了《画理探微》、《六法通诠》两部力作，从史料和理论上阐发中国书画的内在精神和形式特征，达到了中国书画研究中少见的高度。晚年邓以蛰先后校订了滕固著的《唐宋绘画史》，标点注译了元代饶自然的《绘宗十二忌》，又校阅了马采标点注译的明代汤垕的《画论》。他还写作了《关于国画》发表在《争鸣》上。1962年10月，71岁的邓以蛰把家藏的36幅邓石如精品墨迹捐给国家，并在故宫举办的"邓石如先生诞生二百二十周年纪念展览"作"完白山人纪念展览简述"。现有《邓以蛰全集》（教育出版社，1998年）存世。

朱光潜（1897—1986），字孟实，青年时代就读于武昌高等师范学校、香港大学，1925年赴欧洲留学，获博士学位。1937年回国到北京大学任教。除抗战期间在四川大学、武汉大学任教以外，一直任北京大学教授。朱光潜一辈子笔耕不辍，著作等身，有《朱光潜全集》（安徽教育出版社，1987年）20卷存世，真可谓"春蚕到死丝方尽"，对于现代中国的美学教育和研究，作出了奠基性的贡献。

第三节　院系调整后的北大美学与"美学大讨论"（1952—1960）

1952年院系调整之后，全国大学的美学教授也都云集北大。此时的中国社会科学知识分子都在进行马克思主义的学习与改造，学术研究基本停顿，而美学界则由批判朱光潜学术思想引发了一场"美学大讨论"，成为当时中国学术界的一道奇观。

一、观念与思想

1. 朱光潜与"美学大讨论"

1956年6月第12号《文艺报》发表朱光潜《我的文艺思想的反动性》一文,"编者按"云:

> 为了展开学术思想的自由讨论,我们将在本刊继续发表关于美学问题的文章,其中包括批评朱光潜先生的美学观点及其他讨论美学问题的文章。我们认为,只有充分地、自由地、认真地互相探讨和批判,真正科学的、根据马克思列宁主义原则的美学才能逐步地建设起来。

由此点燃了对于朱光潜批判的导火索,引发了20世纪中国美学界影响最大的"美学大讨论"。当时的背景虽然有中共中央"百花齐放,百家争鸣"的方针,但实质上正在进行知识界思想改造和批判胡风的运动。从充满火药味的标题也可以看出,文章的主旨与时代精神是一致的。所谓学术讨论,其中潜藏的"算旧账"的味道极为浓烈。因为早在1937年,周扬撰写的《我们需要新的美学》一文,就对朱光潜的"观念论"美学进行了批驳,蔡仪在当时也指称朱光潜是"唯心主义",与马克思的唯物主义美学格格不入。

随后,《文艺报》、《人民日报》等报刊连续发表文章对朱光潜思想进行批判。最早发表的有黄药眠的《论食利者的美学——朱光潜美学思想批判》,分析朱光潜学说"实际上所起的反动作用"。蔡仪则以《评〈论食利者的美学〉》一文跟进,除了对朱光潜美学批判以外,还认为黄药眠仍旧是以唯心主义的观点批判唯心主义。讨论展开后,朱光潜又发表《美学怎样既是唯物的又是辩证的》,反驳蔡仪的观点。此外,还有贺麟的《朱光潜文艺思想的哲学根源》等。不久,大家发现,尽管人人都在批判朱光潜,但是大家的观点并不一致,于是互相展开了辩论。两个月时间里,《人民日报》、《文艺报》、《光明日报》、《新建设》等报刊连续登载观点迥异的批判文章,很多文章都是一整版的篇幅,有的甚至连载两天。众多学术界、文艺界人士参与其中,美学问题成了那个年代罕有的引起公众高度关注的学术事件。

当时讨论的主要是美的本质问题，并由此形成了四种观点：一派以蔡仪为代表，主张美是客观的；一派以吕荧、高尔泰为代表，主张美是主观的；一派以朱光潜为代表，主张美是主客观的统一；另一派以李泽厚为代表，主张美是客观性和社会性的统一。

这场"美学大讨论"直至1961年才悄然落幕。大讨论对于活跃学术空气，普及美学知识，起到了积极的作用，很多人通过这场大讨论才知道美学这门学问，并且产生研究兴趣。但是，政治阴影始终存在。高尔泰本人就是因为主张美是主观的，是唯心主义，被打成"右派"，差点死在劳改营。

朱光潜在讨论中批判了康德以来，包括黑格尔、叔本华、柏格森、尼采，一直到克罗齐的思想；在文学艺术方面，他批判了从欧洲浪漫派到现代派的思潮，以及中国古代陶渊明的"魏晋人"人格理想。但是，朱光潜仍然坚持美是主客观的同一这个观点，并提出他的"物甲"、"物乙"理论，实质是"物的形象"说的翻版。

朱光潜的观点被人认为与马克思主义的哲学原理不相符合。李泽厚批评他："朱光潜虽然提出了'美'和'美感'的两个概念，但却始终没有区分和论证两者作为反映和被反映者的主、客观性质的根本不同；恰好相反，朱光潜处处混淆了它们，处处把依存于人类意识的美感的主观性看作美的所谓'主观性'，把美感和作为美感对象的美混为一谈。"最后，李泽厚还举了一个国旗的例子："我们感到国旗美，是因为国旗本来就是美的反映。……一块红布，几颗黄星本身并没有什么美，它的美是在于代表了中国，代表了这个独立、自由、幸福、伟大的国家、人民和社会，而这种代表是客观的现实。"[1]

朱光潜为了反批评，继续在马克思主义的经典里寻找理论依据。1960年，朱光潜发表了《生产劳动与人对世界的艺术掌握——马克思主义美学的实践观点》一文。他大量引用马列的原典，特别是马克思《1844年经济学—哲学手稿》，所讨论的问题涉及审美发生与原始艺术、社会形态与审美观念、异化劳动与美的创造等许多问题，并提出"人化自然"、"人的本质对象化"

---

[1] 李泽厚：《美学论集》，见《李泽厚十年集》，安徽文艺出版社1994年版，第62页。

等美学命题，试图全面阐述美与社会实践的关系。这些论述对于中国当代的美学发展，对于形成"实践派"美学理论，产生了很大的影响。

而李泽厚在批评朱光潜此文时仍然强调："朱先生的'人化的自然'是意识作用于自然，是意识的生产劳动的成果；我所理解的'人化的自然'是实践作用于自然，是生产劳动的成果。所以，朱先生的'人化说'只是'移情说'，为了反对'移情说'，我强调正确解释'自然的人化'。"[1]

论战前期政治化的色彩很浓，但后来逐渐平静下来，成为比较严肃的学术论争。朱光潜在这种论战中，很少占有上风。他也感到对手的立论和逻辑是有力量的，因此，思考常常返回到马列的原典上。从对列宁的《唯物主义与经验批判主义》反思开始，他后来花大力气重新翻译过《1844年经济学—哲学手稿》、《关于费尔巴哈的提纲》等马列经典，对一些名词、概念的译法提出异议，包括对经济基础和上层建筑含义提出疑问，企图在马克思著作的字里行间，找到他美学观点的最终依据。但是，在大多数人看来，原译并没有曲解原义，至少没有很大出入。

其实，朱光潜在美学大讨论中始终没有被击倒而占有一席领地，根本原因是在他从大量的审美经验事实来证明他的主客观统一说，构成了一种防御的铜墙铁壁：

> 例如我认为"花是红的"和"花是美的"是两种不同的反映，而我的反对者认为这两种既同是反映现实，就没有什么不同；"红"和"美"同是花的属性，都"不依鉴赏的人而存在"。说"红""不依鉴赏的人而存在"，我认为是理所当然的；说"美""不依鉴赏的人而存在"，我认为是很难说得通的。这个问题我过去提过多次，我的批评者至今还没有作出既合乎事实又合乎逻辑的答复。这是分歧的症结所在。[2]

对于马克思主义哲学运用得最为得心应手的李泽厚，只能解释"国旗

---

[1] 李泽厚：《美学论集》，见《李泽厚十年集》，第174、178页。
[2] 朱光潜：《朱光潜全集》第10卷，第297页。

的美"的"客观性",而对于"花是红的"和"花是美的"之间客观性的不同与否,则是束手无策。李泽厚等人"实践美学"的核心命题"美是人的本质力量的对象化",实质上是黑格尔美学命题"美是理念的感性显现"的一种演变。这个命题在解释具体的审美经验事实上,常常是理屈词穷。比如,月亮成为人的审美对象,人的"本质力量"是怎样"对象化"到月亮上去了?故蔡仪批评说:人的"劳动创造的东西太广泛了,自人造卫星到扫把便壶,哪一种都是有价值的,但未必都是美的。如果只是根据它是人的劳动创造的这一点就规定它美,那么,山货店都成了美术馆了"[1]。与此相反,朱光潜提出的主客观统一说的美学理论,则体现了一种经验的、实证的色彩。他的审美对象是"物的形象"而不是"物"等命题,完全是可以用经验来实证的。

从思维方式的角度来说,朱光潜的命题与20世纪西方哲学是相通的。例如现象学美学、存在主义美学、精神分析美学、完形(格式塔)心理学、解释学、结构—解构主义、接受美学,等等,一个共同特征就是拒斥美的客观自然性,也反对美的主观任意性,它们都在主客观之间寻找一种内在的关联方式。朱光潜学术之所以具有这种现代西方学术的特征,当然与他早年长期游学西欧相关。早年他狂热追随尼采和克罗齐,撰写《文艺心理学》、《变态心理学》等著作,介绍弗洛伊德、荣格、阿德勒等人的学说。此外,他还在罗素的影响下,写过一本关于符号逻辑的书(书稿交商务印书馆,抗战中遭火焚)。

当然,朱光潜后期思想是以对马克思主义美学追求为起点的。可以说,朱光潜最终也没有获得马克思主义哲学的正果,他的后期始终是在两种哲学之间徘徊,但这并不否定他对马克思主义美学和当代中国美学的重大贡献。从这个矛盾中,我们不仅应该反思朱光潜本人在前后期学术上之得失成败,还可以反思整个中国内地美学大讨论所存在的问题。

朱光潜除了参与"美学大讨论"以外,还翻译了多部西方美学名著,如

---

[1] 蔡仪:《关于〈1844年经济学—哲学手稿〉和美学研究中的几个问题》,见全国高等院校美学研究会、北京师范大学哲学系编:《美学讲演集》,北京师范大学出版社1981年版,第55页。

《柏拉图文艺对话集》（文艺联合出版社，1954年）、黑格尔的《美学》（商务印书馆，1958年）等。这些译作的出版，对改变当时美学界资料极度贫乏的落后状况，起到了雪中送炭的作用。

2. 马采的《顾恺之研究》

马采早年系统教授过美学和哲学，对于西方美学特别是黑格尔和立普斯的"移情说"深有研究，于40年代撰写了讨论"气韵生动"问题的《中国画学研究导论》，并进行了建立艺术学的理论建构。

在北大期间，马采把研究方向转向中国画学。他把立普斯"移情说"的"生命感觉"，与谢赫"六法"的"气韵生动"观点联系起来，深入探究中国画学的理论问题，取得了很大的成就，其成果集中体现在《顾恺之研究》（上海人民美术出版社，1958年）一生中。这本书不仅对顾恺之的年代、生平及作品作了扎实的考证，撰写了《顾恺之年谱》，而且从绘画与文学的关系，对顾恺之的代表作品《洛神赋图》等，作了精彩、透辟的分析。更为重要的是，马采从对《画云台山记》的深入研究，认为"由顾恺之所显著强调的山水画的神仙特点，成了后世山水画的一个准则，而从画的空间经营看来，后世所谓'高远山水'，就是由此发展起来的。它和由俯视画法发展起来的所谓'平远山水'，以及由透视画法发展起来的'深远山水'，形成了中国画学史上空间经营最基本的三大准则。……比较顾恺之稍后的宗柄和王微，与顾恺之同是确立这三个准则的奠基人"[1]。这种从作品本身具体考察中国画空间观念的理论研究，与宗白华从形而上学角度展开对于中国画空间观念的研究，形成了一种相得益彰的互补关系，具有重大的学术价值和意义。

除此之外，马采还发表了关于唐代诗人、画家王维的一系列研究文章，并校注、翻译了汤垕的《画论》和《黄公望的〈写山水诀〉》，他还撰写了几篇日本15—16世纪大画家雪舟的介绍文章。马采的这些著述，是20世纪中国美学研究不多见之力作。

---

[1] 马采：《艺术学与艺术史文集》，中山大学出版社1997年版，第252—253页。

二、课程与学制

1958 年，北大开出了新中国成立后第一次美学专题课，各课讲授情况如下：(1) 邓以蛰讲授"中国美学思想"；(2) 宗白华讲授"康德美学"；(3) 朱光潜讲授"黑格尔美学"；(4) 马采讲授"黑格尔以后的西方美学"。

马采"黑格尔以后的西方美学"讲稿分七章：1. 序说——黑格尔以后的西方资产阶级美学的总的特征和学习这个时期美学的意义；2. 黑格尔学派美学和赫尔巴特学派美学的对立；3. 费希纳的"由下而上"的美学；4. 心理学的美学；5. 进化论的、生理学的美学；6. 生物学的、人类学的美学；7. 社会学的美学。[1]

原由邓以蛰开设的"中国美学思想"课程，邓以蛰因身体不好，由马采代为讲授，课程讲稿大纲如下：1. 从几个文字看我国古代审美观念的形成和发展；2.《诗经》时代有关诗歌、音乐、美术的一些资料；3. 儒、墨、道三家对艺术评价的意见分歧；4.《荀子》、《吕氏春秋》、《乐记》中的音乐思想；5. 古代文艺思想上的鉴戒主义；6. 六朝时期文学艺术理论的发展；7. 老庄哲学对文艺思想的影响；8. 中国画学思想上的六法论——附：历代画家论"气韵"。[2]

三、机构与人物

因 1952 年的院系调整，南京大学的宗白华，后来在清华大学任教的邓以蛰，以及中山大学的马采都调入北大哲学系。北大美学学科建设达到了历史上的顶峰。

宗白华（1897—1986），原名宗之櫆，早年入同济医工专门学校，1920 年赴德国留学，1925 年回国一直在东南大学（后改名中央大学）任教授，1930 年出任哲学系主任。1952 年后一直任北大教授。宗白华大致建构了一个旁及古今中外，糅合文史哲，试图勾连艺术、宗教甚至科学的体大思深

---

[1] 参见马采：《哲学与美学文集》，中山大学出版社 1994 年版。
[2] 参见马采：《艺术学与艺术史文集》。

的思想体系。在西学方面，宗白华的论文、讲稿和著作提纲涉及了古希腊哲学、中世纪哲学、近代经验论、唯理论、康德、黑格尔以及实证主义、唯意志论、马赫主义、生命哲学、实用主义等。20世纪60年代，宗白华翻译了以艰涩深奥著称的康德《判断力批判》上卷，还翻译了费希特的《知识学·导论》，并与洪谦等人合译马赫的《感觉的分析》，晚年还有关于萨特和罗素哲学的笔记。德国古典哲学、美学尤其是康德、叔本华、柏格森，对宗白华的学术活动产生了终生的影响。在中国学术方面，宗白华不仅有诸多专题论文，还有"中国哲学史大纲"、"近代思想史提纲"、"孔子形上学"等一些提纲和笔记。其中对于先秦的孔孟、老庄和《周易》以及魏晋玄学、佛学、宋明理学、近代哲学都有较深论述。宗白华集学者、诗人、艺术鉴赏家于一身，是当代学术史上为数不多的富有诗人气质的思想者，更是一位学者化的诗人。他所涉猎的学术领域之广之深，为学界所仅见。他的学术思想和贡献，不仅在中国美学史、中国艺术思想史上具有不可磨灭的地位和意义，而且在现代中国思想史、哲学史上都应该有着相当高的价值和意义。现有《宗白华全集》（安徽教育出版社，1996年）四卷存世。

马采（1904—1999），字君白，别号采真子，广东海丰人。1921年去日本留学，在东京帝国大学研究美术和美术史。1933年毕业后回国在中山大学任副教授、教授。1952年调到北京大学任教授，1960年返回中山大学任教授至1986年退休。30年代，他是全国主讲美学的四位学者之一（另三位是宗白华、邓以蛰、冯文潜），早年著有《黑格尔美学辩证法》，第一次系统深入地介绍了黑格尔的美学思想。抗战时期，马采出版了《哲学概论》、《论美》和《原哲》，发表多篇论文。在北大期间，马采讲授了"黑格尔以后的西方美学"，专门节译了近百年来西方经验主义主要美学家（包括费希纳、朗格、李普斯、斯宾塞、格罗斯、格罗塞等）专著十多种。他所讲授的"中国美学思想"，内容涉及儒、墨、道的艺术观，以及古代音乐思想，并专章讨论谢赫的"六法"。马采还与朱谦之和李日华合作，开设"日本近代思想史"的课程，这表明马采广博的知识领域与深厚的学养。70—90年代，他翻译出版了幸德秋水的《社会主义神髓》、《近代日本思想史》（上卷）、《二十世纪的怪物——帝国主义》，以及安腾昌益的《良演哲论》和《自然世论》，还翻译了《萨摩亚史》

等。马采晚年把自己以前的讲稿整理成《中国美学思想漫话》、《黑格尔以后的西方经验主义美学》、《从移感说观点看审美评价的意义》等著作。1990年,已经86岁高龄的马采为孔子文化节撰写了《孔子与音乐》一文。他还编成了《世界哲学史年表》(华夏出版社,1992年)、《世界美学艺术史年表》(广东人民出版社,2001年)两部工具书。张岱年先生为之序曰:"《世界哲学史年表》一书是罗列古今中外哲学家的生卒年代以及著作情况,对于比较哲学的研究,是十分有用的,也是填补了中国学术界的一项空白……编成此书,嘉惠士林,这是值得称赞的。"现有《哲学与美学文集》(中山大学出版社,1994年)、《艺术学与艺术史文集》(中山大学出版社,1997年)、《马采译文集》(广东人民出版社,2000年)、《马采文集》(中山大学出版社,2004年)存世。

第四节 美学教研室的建立及学科发展(1960—2000)

从1966年"文革"开始,到1976年粉碎"四人帮"的10年,北大的美学教学和研究全部陷于停顿。

自1978年起,北大美学学科的发展进入了一个新的时期。一方面,开始了真正独立、严肃的学术研究,各分支学科都取得了骄人的进展;另一方面,由于"五四"一代学者的逝去,美学研究也出现了一个空缺。

20世纪50年代的"美学大讨论"没有形成一种理论的总结。在"文革"结束之后,以各派代表人物为主学术争论又重新出现,这就是80年代的"美学热"。在50年代以后一个相当长的时间内,"人是否可以追求美"是一个中国人不敢直接面对和回答的问题。艺术为政治服务是天经地义的,而艺术与美的关系,不仅是附属的、次要的,甚至是敏感的、负面的问题。这种观念在"文革"中达到顶峰。当时出版的小说、诗歌、绘画、雕刻等艺术作品,没有对爱情的描写和赞美。对美的追求被认为是不健康的、腐朽没落的思想意识。由此看出,从社会学和思想史的角度来说,50年代,尤其是80年代出现的美学大讨论,其实是人们追求美的愿望受到压抑的扭曲表现。

由于逐渐摆脱政治因素的干扰,回归学术本身,整个学界都发现,对于作为一种严格科学的美学理论,特别是美学史知识,缺乏了解。于是,学界开始转向美学史尤其是中国美学史的研究。北京大学美学学科在中西美学史的研究,尤其是史料建设上,为学术界作出了奠基性的贡献,影响极为广泛、深远。

一、观念与思想

1. 朱光潜的《西方美学史》

1960年,中共中央宣传部具体布置编纂美学教材,决定由朱光潜撰写《西方美学史》,宗白华撰写《中国美学史》,王朝闻主编《美学概论》(因为王朝闻不属于美学"四大派"之内)。朱光潜于1963年出版了《西方美学史》上下卷,这是汉语学界的第一部西方美学史著作,从基本的体例、使用的术语以及写作的范式上,奠定了汉语西方美学史著作的基本形态。这部著作由于受当时历史条件的限制,在对于西方各种美学思潮和理论的评价上,有很重的意识形态色彩。同时,这部著作对于一些重要的美学大家的哲学思想的介绍,也有简单化的倾向。此外,贯穿全书四个关键性问题,除了美的本质、形象思维之外,典型人物、浪漫主义和现实主义问题,都属于文艺理论的问题。然而,这部教材非常清晰地梳理了西方两千多年美学发展的线索,运用了丰富的资料(很多是第一手资料),描绘了西方美学思想产生、发展的规律性特征,显示了作者深厚的学养,不仅是朱光潜的扛鼎之作,也是中国西方美学研究标志性成果。它与国际学界出版的其他几部美学史比较,亦具有自己鲜明的风格与特色。它的出版,让后学因此得以比较全面系统地了解19世纪以前西方美学的全貌,其功其德不可估量。虽然在后来近半个世纪中,不断有类似的著述问世,然而,从总体上说,都没有在根本观念上出现对其新的突破。

1978年之后,直到1986年,朱光潜显示出了惊人的生命力和创造力,他的西方美学研究进入一个新的辉煌时期。不到8年时间,他就连续整理出版了10多部著作,还译介了很多西方美学名著,其中包括维科的《新科学》这样长达60万字的巨著。

2. 宗白华的《美学散步》

宗白华于 1964 年译出《判断力批判》（上卷，商务印书馆，1964 年）。康德著作以艰涩难懂著称，这本书虽然显示了译者极为深厚的学养，但美学界似乎反响不大。而宗白华于 1981 年出版的《美学散步》，终于在学术界产生强烈轰动。

《美学散步》对中国古典艺术进行了独创性研究，建立了系统的美学理论体系，成就了宗白华在这个领域一代宗师的地位。他在这一方面的突出成就，首先是阐发了中国传统艺术美的两大类型，即"错彩镂金"的美与"芙蓉出水"的美。魏晋以后这种"初发芙蓉"的审美理想，渐渐成为艺术创造中的正宗和主潮。其次，宗白华对中国传统艺术中的时空意识作了精湛绝伦的阐发，揭示了中国艺术不同于西方的独特的意蕴、内涵和精神，把中西艺术的差别，由一般方法上升到哲学的高度。他认为，中西艺术的差异，比如散点透视与焦点透视，甚至水墨和油彩，线条和颜色，实质上是表现了中国和西方不同的宇宙观。例如，西方油画的目的，是在二维的平面上力图表现出一个三维的空间世界来。而中国古代画家是运用"三远"（高远、深远、平远）的方法对外在事物进行描绘，画家的视线是流动的，转折的，由高转深，由深转近，再横向于平远，成了一个节奏化的行动。宗白华认为，中国艺术作品的中心是意境，这是主观的生命情趣与客观的自然景象交融互渗。构成意境的时空感，源于儒道两家中虚实相生的思想和《易经》变动不居、周流六虚的宇宙观，归根结底来自中国哲学中的道。道这种流动的精气、神韵，最生动地体现在中国"舞"的创化过程中。宗白华以《易传》为基础，展开了他对于中国宇宙观的具体论述。《易经》中的空间是在时间中生成、变化的，时与空是不可分离的。因此，中国形上学的时空观是与古代中国人的生产和生活密切相关的。相对于西方的"几何空间"之哲学，或"纯粹时间"（柏格森）之哲学，中国乃是"四时自成岁"之历律哲学也。时间在这里不仅与空间，还与季节性的、特定的生活图景（春耕、夏种、秋收、冬藏）融为一体。在伴随特定的、切实的、丰富的内容和具体感受的时间空间中，中国古代人们的生活是有节奏的、有情调的。因此，这个世界是一个充满意蕴和情趣的天地，它的最高境界是音乐。在宗白华看来：

> 中国哲学是就"生命本身"体悟"道"的节奏。"道"具象于生活、礼乐制度。道尤表象于"艺"。灿烂的"艺"赋予"道"以形象和生命,"道"给予"艺"以深度和灵魂。[1]

这就是宗白华所建构的中国形上学的世界。

由此可见,宗白华的思考精深细密,内在贯通,涉及古代中国人的审美、信仰、伦理、礼仪、风俗、器具等广阔的领域,形成了一个从艺术到哲学、从思想到作品、从文化到生活的理论整体。这里可以看出他独特的思考和研究方法。宗白华的形上学所描绘的是一个充满生活气息、洋溢着诗意和乐音的宇宙和世界。因此,这个世界(包括宇宙)与人的关系,就从哲学本体论、认识论的问题,转换成一个审美和艺术哲学的问题。宗白华建构的这个富于诗意的形上学,可以说是中国现代哲学史上的一件杰作。比起金岳霖、熊十力、冯友兰、梁漱溟、贺麟等,宗白华的形上学可谓思想独特、别具风格,因此具有极高的价值和意义。同时,对于中国现代美学史来说,宗白华的形上学更是一个划时代的标志,是壁立于平缓大地上的一个绝顶。

3.《中国美学史资料选编》上、下卷

当宗白华得知由他撰写《中国美学史》的任务之后,便认为著书的条件尚不成熟,首先要进行资料建设。于是,由宗白华指导,于民、叶朗等人开始收集、编纂中国美学史料。历经3年,最后由宗白华亲自删订,编成《中国美学史资料选编》(上、下卷),于1963年内部草印成册,送郭沫若、侯外庐、刘大杰、魏建功等人审阅。"文革"结束后,书稿于1981年中华书局出版。这部煌煌70余万言的资料集,选汇了从上古到民国的140多位作者(或著作)的美学著述,基本囊括了中国古代2000多年的美学重要史料。更重要者,其选目精准,篇幅适当,不仅为研究中国美学提供了基本翔实、准确的资料,而且勾勒了古代中国美学发展的大致脉络。因此,这部资料集不

---

[1] 宗白华:《美学散步》,上海人民出版社1981年版,第68页。

仅为中国美学的教学和研究提供了坚实的基础，实质上还成为孕育后来一些中国美学史著作的母体。其学术价值及贡献，难以估量，至今仍然是中国美学研究者之必备书。

4. 中国美学研究

于民的《春秋前审美观念的发展》和《气化谐和——中国古典审美意识的独特发展》对中国古典审美意识作了系统而充分的阐述。如果说，王国维是依据对于中国古典艺术的深厚体验，提出"古雅"、"境界"等范畴来突出中国美学思想的特点，宗白华从中西宇宙观的不同，阐发了中国美学和艺术的本质特征，把中西艺术的差异上升到哲学的高度，那么，于民却将触角深入中西思维的层面，来探讨中西哲学与美学的不同特点。于民认为，中国人在对于世界认识中将重点引向人的内部而侧重谐和，审美和艺术的创造活动因此也同气化观念结下了不解之缘。由于远古气化谐和的思想就是整个古代中国人的宇宙观、世界观，人们对于艺术的看法和审美的体验，在本质上也会受到这种气化谐和思想的影响。实质上，这种关于宇宙、世界与人生的气化谐和的观念，本身就是一种美学的、艺术的思想。在进行中国美学的研究中，古代中国人的这种气化谐和的思想是一条非常重要的线索。这个思想是于民先生对于中国美学的独特贡献。后来于民先生出版了《中国美学思想史》，是他美学思想的总结。

葛路的《中国古代绘画理论发展史》，在浩如烟海的古代绘画理论中，披沙淘金，分类整理，深入系统地勾勒中国古代绘画思想的发展线索，重点阐发了中国文人画论中表达的中国哲学道艺合一、以艺体道的意识，由此揭示其独树一帜的特点和久盛不衰的生命力。全书深入浅出，简明生动，属于中国画论史的典范之作；如果说，《中国古代绘画理论发展史》是从纵的方面论证中国古代画论的发展规律，那么，葛路的《中国绘画美学范畴体系》，则是从历史的纵向发展与特定历史时期横向切面交织点，在起于春秋止于当代的中国古代画论中，提炼出中国古代绘画的美学范畴，在对立统一、表里相随关系中，使各归其位，犹如结网捕鱼，纲举目张。这是国内第一部完整梳理中国绘画美学范畴的著作，不仅从中国绘画的特质和社会功能、审美标准、创作法则三方面，对中国绘画美学中的诸多概念进行了全面的梳理，而且融合了中国绘画的实践经验，展开了中国绘画美学思想形成和发展的过程，说明范畴的历史演变轨迹。在艺术经验的把握与理论论证两个方面，都达到炉火纯青的境界。葛路的两本书在学界一直享有很高声誉，是学习中国画论的必读书，流布海内外，影响深广。葛路还是权威的《中国美术通史》（八卷本）副主编。2005年他被中国美术家协会表彰为"卓有成就的美术史论家"。

叶朗的《中国美学史大纲》，首先，提出了一个清晰的中国美学史理论构架，扼要梳理了中国美学从老子到王国维的发展历程，描绘了中国美学在先秦、两汉、魏晋南北朝、隋唐以及宋元明清，直至近代每个阶段的总体特征，阐释了中国美学的基本思想体系和观念。其次，该书努力把握代表人物与历史时代美学思想的联系，以历史发展时期为纲，阐述了各个时期的美学范畴、命题以及由这些范畴和命题构成的美学体系，力图揭示美学史的内在逻辑，骨架干净，脉络分明。尤其是对学术界看法有分歧的一些美学问题，作者进行了辨析和阐述。再次，注重美学思潮与社会文化背景的关系，试图从中发掘艺术作品中蕴藏的美学思想的秘密。此外，全书观点与材料有机统一，详略得当。这是汉语学界第一部系统的美学通史，开创中国美学通史写作之先河，流传海内外，在学术界产生了深广的影响。叶朗先生的《中国小说美学》，对于古典中国小说的审美特征，作了深入探讨，获得包括当代小说家在内的广泛好评。

章启群的《论魏晋自然观——中国艺术自觉的哲学考察》，考察了魏晋玄学的一些代表性命题，论证了中国哲学从先秦"自然即合理"的观念，到魏晋玄学"合理即自然"观念的转换，描述了魏晋艺术的本质特征，试图从哲学上回答魏晋时期出现的"中国艺术自觉"何以可能的问题。

王锦民的《古学经子——十一朝学术史述林》（华夏出版社，1996年）重拾中国哲学的古典传统，考察了"五经"及其解释系统的流变，并梳理了秦汉诸子与魏晋玄学的学术源流，辨析了与此相关的一些重要学术问题，也为中国美学学科的发展开拓了新领域。

5. 西方美学研究

以朱光潜译稿为主编订的《西方美学家论美和美感》，亦为美学界提供了宝贵的西方美学研究资料。

阎国忠的《古希腊罗马美学》，试图以范畴为中心，不仅将美学本身，而且将所有相关的史实、人物、思想纳入一个逻辑的整体中，展示一种既是美学史，又是简化了的哲学史、文化史和艺术史。他将毕达哥拉斯、赫拉克利特、德谟克利特的"和谐"，理解成类似"正"、"反"、"合"的逻辑关系，并认为从《大希庇阿斯》到《会饮》、《斐德若》、《理想国》、《法律》可以看到柏拉图的大体思路：从神话到哲学，从日常经验向逻辑思维的转换。而亚里士多德真正重要的美学观点是在《形而上学》、《政治学》与《尼克马可伦理学》中表达出来的。他提出了"整一"这个概念，认为决定事物的美，在于事物各个部分的统一关系，即"匀称、秩序、鲜明"。通过描述古希腊罗马美学范畴的内在含义及其演变轨迹，揭示了美学史对"美是什么"这一问题的回答自身显现的一种逻辑的、必然的关系。作为国内第一部西方美学断代史研究，阎国忠把朱光潜《西方美学史》的相关研究推进到一个新的前沿，受到当时学术界普遍热情的赞赏。阎国忠后来主编的《西方著名美学家评传》以及中世纪美学研究，也在学术界产生极大影响。

李醒尘的《西方美学简史》，尤其是《西方美学史教程》，是近20年来最有影响的西方美学史教材之一。该书是按照时间顺序，从古希腊罗马美学一直讲到20世纪存在主义、现象学美学，跨度极大，人物详全，而理论叙述简洁明晰、详略得当。同时注重西方美学思想的内在逻辑发展，着力对于美学家思想整体的分析，简明扼要地描述了西方美学的发展历程。这本书对于西方美学史的阐述，是详细而颇深刻、全面而成体系的。尤其是他关于鲍姆加通美学思想的研究，从资料和论证两个方面，展示了作者深厚的学术功底，推进了汉语学界西方美学研究，引起国内学术界的广泛关注，一直是美学学习者必备之书。此外，李醒尘主编的《十九世纪西方美学名著选》（德国卷），为美学研究者提供了翔实、可靠的资料，受到学界一致好评。

章启群的《哲人与诗——西方当代一些美学问题的哲学根源》、《伽达默尔传》等，对20世纪西方美学，特别是解释学美学作了专题与个案研究分析相结合的研究。

6. 马克思主义美学原理研究

马克思主义美学原理研究方面，杨辛、甘霖的《美学原理》，以"实践美学"理论成果为基础，把马克思主义美学原理与艺术作品的思想结合起来，考察了天坛、故宫等中国经典建筑，以及齐白石、徐悲鸿等著名画作，深入浅出，生动形象，不仅在理论研究方面独具特色，而且课堂教学上亦广受欢迎，至今仍然是畅销的教材。杨辛、甘霖、李醒尘参与王朝闻《美学概论》编写，该书后于1981年出版。

高克地的《美学思考录》从对马克思《1844年经济学—哲学手稿》的研究切入，深入辨析了马克思关于"异化劳动"的思想。由于"美学大讨论"后期几家观点逐渐趋同，各家都以马克思《1844年经济学—哲学手稿》作为依据，尤其是朱光潜先生，他不仅作了深入研究，还重新翻译了部分文字。马克思的《手稿》成为当时美学界新的焦点。高克地先生的解释，深刻独到，与众不同，在当时的中国学界卓然一家。她由此对美学领域一些比较重要的问题，如"什么是美学"、"现实美"、"形象思维和艺术分类"等等作了细致、深入的研究，展示了这些问题原本的深刻含义，并提出自己独到的见解，受到学界的高度评价。

二、课程与学制

1. 课程

1960—1961学年第一学期，开设两学时的基础课"美学"课程，甘霖讲授；1961—1962学年第一学期，为高年级学生开始选修课"西方美学史"课程，朱光潜讲授，阎国忠、李醒尘助教；朱光潜还为青年教师讲授西方美学史专题，内容涉及"早期希腊美学思想"、"柏拉图的美学思想"和"亚里士多德的美学思想"等专题。1962年，开设"中国美学史专题"课，宗白华讲授，叶朗助教；1963年宗白华继续给中文系学生开这门课。

1963年，宗白华、朱光潜各招收了美学研究生一名。

1978年之后，课程建制分为三个层次。

一是哲学系本科必修、选修课："美学原理"、"中国美学史"、"西方美学史"；由杨辛开出了"美学原理"课程；阎国忠、李醒尘开出"西方美学史"课程；并由于民、叶朗、葛路率先在全国开出"中国美学史"课程。

二是研究生课程："美学原理研究"、"中国美学史研究"、"西方美学史研究"、"马克思主义经典作家美学思想研究"等4门专业必修课，主要是阅读中西哲学美学原典。另有"马克思主义美学专题"、"当代西方美学思潮"、"审美心理学"、"康德美学"、"中国绘画美学"等14门选修课。具体课名有：高克地的"马克思《手稿》研究"，叶朗的"美学原理研究"，于民的"春秋前美学研究"，葛路的"中国绘画美学研究"，阎国忠的"古希腊罗马美学研究"、李醒尘的"黑格尔美学研究"，章启群的"20世纪西方美学研究"，王锦民的"中国美学史料学"等。

三是面向全校学生开设的选修课和通选课：叶朗的"美学原理"，叶朗、王锦民的"中国美学史"，章启群的"西方美学史"，叶朗的"中国艺术与中国美学"，彭锋的"西方艺术与西方美学"，张中秋的"艺术与人生"等。

1981年，由国务院学位委员会讨论通过，在北京大学设立美学博士点，导师是朱光潜。后叶朗、阎国忠增补为博士生导师，从1994年开始招收美学博士生。

从1982年开始招收美学硕士研究生，至1999年的10多年间，美学教研室招收了80多名硕士研究生。同时，全国各地很多学校派教师到北大哲学系进修美学。

2. 教材、资料出版

这一时期的教材编写涵盖了西方美学、中国美学、美学原理三方面：《西方美学史》（修订版，朱光潜著，人民文学出版社，1979年），《西方美学简史》（李醒尘著，上海文艺出版社，1988年），《西方美学史教程》（李醒尘著，北京大学出版社，1994年）；《中国美学史大纲》（叶朗著，上海人民出版社，1985年）；《美学原理》（杨辛、甘霖著，北京大学出版社，1983年），《青年美育手册》（杨辛主编，河北人民出版社，1987年），《现代美学体系》（叶朗主编，北京大学出版社，1988年）；《中国美学史资料选编》（中华书局，1980年、1981年，上下册），《先秦两汉美学名言名篇选读》（于民、孙通海选注，中华书局，1987年、1991年），《魏晋六朝隋唐五代美学名言名篇选读》（于民、孙通海选注，中华书局，1987年、1991年），《宋元明美学名言名篇选读》（于民、孙通海选注，吉林人民出版社，1987年、1991年）；《西方美学家论美和美感》（商务印书馆，1980年）。

三、机构与人物

1960年6月2日，北京大学哲学系正式建立了美学教研室，这是全国高等学校中最早建立的美学教研室。人员有邓以蛰、宗白华、王庆淑、杨辛、甘霖、于民、叶朗、李醒尘、阎国忠，后来又加入主要搞资料工作的金志广，杨辛任主任。当时，朱光潜先生的编制虽然不在哲学系，但主要精力是在研究美学。教研室有如下的专业分工：阎国忠和李醒尘跟随朱光潜研究西方美学，于民和叶朗跟随宗白华研究中国美学，杨辛、甘霖着重研究美学原理。

"文革"以后，1976年起美学教研室恢复了活动，人员有杨辛、甘霖、于民、葛路、高克地、叶朗、阎国忠、李醒尘、张中秋、余立蒙、章启群、王锦民、彭锋等。杨辛、叶朗（1986年9月始）、阎国忠（1993年9月始）先后担任教研室主任一职。1982年李醒尘赴德国访学两年，开启了国际学术交流。叶朗曾赴日本、香港城市大学从事研究和讲学。王锦民赴德国波恩大学讲授经学与中国美学。

第五节 现状与反思（2000—2012）

进入21世纪以来，美学学科面临新的挑战。如何走出过去的理论瓶颈，在一百年中国美学发展历程的基础上，建设具有21世纪特质的中国美学理论，以及围绕这个中心如何进行学科的人才培养，是当下最重要的问题。

当然，这个问题也是与整个中国学术的发展，以及教育、学术研究体制相关的。

一、观念与思想

在美学基本理论问题研究方面，有叶朗《美学原理》（北京大学出版社，2009年），并以《美在意象》之名在同一出版社出版彩色插图本。此书继承北京大学蔡元培、朱光潜、宗白华的美学传统，立足于中国文化，以"意象"和"体验"为核心，力图融会中西美学的精华，回应21世纪时代的呼唤，最后归结到人生境界的提升。这本书凝结作者20多年来有关美学基本问题的思考，列入普通高校"十五"国家级规划教材，出版之后，已被国内多所大学作为美学原理课教材使用。依据本教材在北京大学的讲课视频，在网络上公布后也受到欢迎。

张世英出版《哲学导论》（北京大学出版社，2002年）、《境界与文化之道》（人民出版社，2007年）等著作，对美与人生境界问题进行了广泛的讨论。作者认为，以万有相通相融为依据的"万物一体"观（或称"主客合一的整体"观）是中西思想文化史上关于"本体"的最新总结、解读和成果；一个现代意义的人，应是一个既有科学求实境界又有道德境界、审美境界、宗教境界（作者主张一种无神论的宗教）的人，其最高的境界乃是对"万物一体"之真善美相统一的领悟。

这一时期中国美学方面的成果有朱良志的《石涛研究》（获2009年教育部科研哲学类一等奖）、《八大山人研究》、《曲院风荷——中国艺术十讲》、《中国美学十五讲》、《真水无香》等。这些著作结合老庄哲学和禅宗，通过对于中国艺术和审美生活的考察，强调师法造化、逃避人工秩序是中国艺术的根本法则，对于中国美学与艺术作出了精湛、深入的研究。尤其是关于石涛和八大山人的专门研究，朱良志从传主的家世渊源、生平事迹、唱和交友，到思想理论分析、作品真伪辨析等，可谓用力艰深，见解深入、独到，在学界引起很大反响。

王锦民的《中国哲学史研究》探讨了20世纪中国哲学史的研究史，在观念和方法上亦关涉中国美学史领域。彭锋的《诗可以兴——古代宗教、伦理、哲学与艺术的美学阐释》对于中国古典美学的范畴如"妙悟"和"兴"作出了独特的研究。章启群的《百年中国美学史略》，对20世纪中国美学作了一个视角的深入研究。

在西方美学研究领域，章启群《新编西方美学史》（商务印书馆，2004年）出版后已经被国内很多大学作为西方美学教材使用。这是继朱光潜《西方美学史》、李醒尘《西方美学史教程》等之后，本教研室在西方美学史方面的又一重要成果。本书系统整理了自古希腊至19世纪西方美学理论的发展历程，以各历史时期有代表意义的美学家的思想为线索，锁定美的哲学、艺术形而上学、审美的趣味与观念、艺术形式与特征等几个基本美学问题，展示西方美学思想发展的内在逻辑和规律。本书提出不少新颖的学术观点引起学界的注意。

此外章启群《意义的本体论——哲学诠释学》，对于解释学作了比较深入、细致的梳理。宁晓萌的梅洛庞蒂研究，达到了汉语学界研究法国现象学的前沿。

二、课程与学制

2001年北京大学美学学科被确立为本学科唯一的国家重点学科。

2000年后，美学学科课程类型多，涉及哲学系本科课程、全校通选课、硕士研究生课程、博士研究生课程以及研究生班课程。

对专业研究生的教学方案作了进一步调整，研究生在读期间要完成美学基本理论研究、西方美学概论、中国美学概论、西方美学原著选读、中国美学原著选读等5门专业主干课，另有审美心理学、技术美学专题、环境美学专题、艺术理论与艺术史专题等12门选修课程可供选择学习。

为全校开设"美学原理"、"艺术学概论"、"艺术与人生"、"西方美学史"、"西方美学与西方艺术"、"中国美学史"、"中国美学与中国艺术"等多门通选课。

这一时期对外讲学频繁。朱良志赴日本岩手大学讲授"中国美学与中国艺术"。章启群赴新加坡新东方文化学院讲授"中国艺术"。王锦民赴德国舒平恩艺术家村访问研究。应邀来讲演和交流的有前国际美学协会主席、美国长岛大学教授伯林特，前国际美学协会主席、斯洛文尼亚科学与艺术研究院教授阿莱西，前国际美学协会主席、日本东京大学教授佐佐木，现国际美学协会主席、德国汉堡应用科学技术大学教授佩茨沃德，国际美学协会执行委员、韩国国立首尔大学教授金文焕，著名美学家、爱沙尼亚塔尔图大学教授斯托洛维奇，加拿大布罗克大学教授辛格，美国天普大学教授舒斯特曼，都曾应邀来本学科点讲演。

三、教材和资料

这一时期出版了大型中国传统美学资料文集《中国历代美学文库》（高等教育出版社，2003 年），包括《先秦卷》、《秦汉卷》、《魏晋南北朝卷》、《隋唐五代卷》、《宋辽金卷》、《元卷》、《明卷》、《清卷》、《近代卷》、《索引卷》共 19 卷，1000 余万言。总主编叶朗邀请和组织北京和外地的 30 多所大学与学术机构近 150 名专家学者，前后花了 12 年时间完成。本书收录了我国古代和近代的重要美学论著，内容涉及哲学、宗教、绘画、书法、音乐、舞蹈、诗歌、散文、小说、戏曲、园林、建筑、工艺、服饰、民俗、收藏等广泛领域，依据可靠版本，加以校勘和注释，本书力求反映中国美学的基本精神和整体风貌，力求反映中国传统美学的基本概念、范畴、命题的产生、发展、转化的历史轨迹，同时也注意发掘和收集散见的美学资料和反映每个时代的审美风尚、审美风情的资料。

另外，本学科完成八卷本《中国美学通史》，为教育部文科重点研究基地重大科研项目，项目启动至今有 7 年时间，目前已经完稿，由江苏人民出版社 2012 年出版，并被列入国家社会科学出版重大项目。

这一时期的主要教材还有朱良志撰写的《中国美学名著导读》（北京大学出版社，2004 年）。

四、机构与人物

这一时期教研室人员有叶朗、朱良志、章启群、王锦民、张中秋、彭锋和宁晓萌。室主任朱良志（2000—2007）、章启群（2007年至今）。

北京大学美学学科 2001 年被教育部确定为重点学科，依托美学学科力量成立的"北京大学美学与美育研究中心"2004 年进入教育部文科重点研究基地的行列，对北京大学美学学科的发展起到重要推动作用。该研究基地近年所做的工作有如下几个方面：1. 组织重大科研项目，如组织撰写八卷本的《中国美学通史》、七卷本的《中国艺术批评通史》等；2. 建设美学学科的学术交流平台，邀请国内外数十位著名学者来校讲学，基地组织的"美学论坛"已经进行了近 30 期，并主持召开第 18 届世界美学大会；3. 促进美学学科的人才培养工作，出版学术杂志《意象》（目前已编撰 5 期）等。

2010 年 8 月 9 日至 13 日，第 18 届世界美学大会在北京大学举行，会议由北京大学美学与美育中心主持。世界美学大会是国际美学学会组织的规模最大、学术水准最高的会议，每三年举办一届，这也是大会第二次在亚洲举行（第一次在东京）。本届美学大会的主题是"美学的多样性"，400 多位来自世界各国的美学家与 600 多位国内学者汇聚一堂，参会人数为历届之最。讨论的题目涉及美学基本理论、西方古典美学和当代美学、东方美学、中国美学和中国艺术等论题。本次会议在推动中国美学与世界交流方面发挥了明显的作品。我校张世英教授、叶朗教授在大会上作主题报告。

五、反思

中国现代形态的美学已走过一个多世纪的历程。一百年来的中国美学著述可谓汗牛充栋。除了 20 世纪下半叶出现的"美学热"，20 世纪上半叶出版的美学著述也是洋洋大观。仅上海书店编纂的"民国丛书"中，就收录了除为人们熟知的朱光潜的《谈美》、蔡仪的《新美学》之外，还有商务印书馆 20 年代出版的 5 种著作，即吕澂的《美学概论》、《现代美学思潮》（附录中知道他还出版了《美学浅说》），黄忏华的《美学略史》，范寿康的《美学概论》，陈望道的《美学概论》等。但是，在整个20世纪，对于"美学与中国美学"的内在含义有真正认识和体悟的学者寥寥无几。

北大美学学科随着中国美学发展的步伐，不断摸索、创造，几辈学人历经学科初建、教研室成立、新时期发展，直至今日成为一个具有基本学术队伍、设立系统课程以及奠定学术基本理论的学科。回首北大美学学科的发展历程，不仅可以看到中国现代美学发展的轮廓，而且对于建设21世纪的中国美学，应该具有重要的参照意义。然而，我们应清醒地认识到，美学学科发展所面临的困境和问题。

第一是学术观念和研究方法。

简言之，现代中国美学有三大理论遗产：第一是蔡元培、朱光潜等为代表介绍的西方美学思想和理论；第二是以王国维、宗白华、徐复观等为代表的立足于中国人美感独特性的美学理论；第三是以蔡仪、李泽厚和朱光潜等人为代表的中国马克思主义美学理论，其中以李泽厚等人的"实践美学"成就最高，影响最大，是20世纪下半叶中国美学界的主流理论。因此，蔡元培、朱光潜、宗白华为代表的北大美学研究，构成了现代中国美学研究的主体。

蔡元培的美学思想，包含一种伦理学、政治学甚至宗教的意义。朱光潜的美学研究一直与文艺理论难解难分。这两种美学研究的范式，却恰好与传统中国"文以载道"的传统衔接，也与中国共产党人的"文艺为政治服务"政策不谋而合。他们在中国美学学科的建立、美学理论研究上有重大贡献，但也显现出一定的局限性。因此，建立真正的中国美学理论体系，还需要对此深入反思。

王国维从一开始就提出学术独立的思想，他的观念和方法也体现在宗白华的美学研究中。因此，20世纪50、80年代的"美学大讨论"，几乎每个知识分子参与其中，而宗白华却跳出三界游离其外，个中缘由并非偶然，应该具有学术根本观念上的原因。而从严格学科意义上说，在王国维和宗白华的美学中，我们可能找到中国美学健康发展的正途，找到在真正学术意义上研究中国美学理论的不二法门。但是，在当代中国学术界要作出这样的切割，在现行体制之下，几乎是不可能的。

第二是人才培养的方法，涉及学科的建制和课程设置。

每个优势学科都是以依赖本学科的大师、大家作为代表人物而发展的。从1952年以来的60年中，美学学科没有培养出像蔡元培、邓以蛰、宗白华、朱光潜这样著名的美学家。美学研究者的队伍中出现每况愈下的情境，说明美学学科的人才培养方法存在很大问题。

北大美学的学科设置，实际上与发达国家的专业设置不接轨。而当年蔡元培、宗白华、朱光潜包括王国维，也都不是在类似现行的学科体制下培养的专业毕业生，简言之，都不是美学专业培养的人才。

美学作为一个哲学的分支学科，应该怎样设置课程、划分专业方向？这是美学学科建设的一个根本问题，不仅是一个很深层次的问题，也是一个很急迫的问题。

第六章 宗教学学科史[1]

吴飞

在人类文明发展史上，宗教曾经和现在正在起到至关重要的作用。除了与各大哲学体系你中有我、我中有你之外，宗教与社会、政治、军事、经济等人类生活的方方面面都有密切关系。因此，宗教学一方面与哲学系的其他学科一样，在理论研究上有巨大的前景，另一方面又有非常强的现实性，是一门跨学科、综合性的学问。从古以来，曾经产生过和宗教相关的各种学问，比如在道教、基督教、佛教、伊斯兰教内部，都有源远流长的学术研究传统；儒学中也有很多和宗教类似或相关的学问门类。这些学术传统都是现代宗教学的思想资源。

不过，现代宗教学并不等于基督教神学、佛学，或任何其他宗教内部的学问。虽然研究者可以有各自的宗教信仰，而且可以有很强的价值关怀，但作为现代学科体系中的一门学问，宗教学却要求研究者不能站在信仰的立场说话，而要有客观研究的基本精神。这个意义上的现代宗教学，无论在世界范围内，还是中国学术界，都是一门新学科，尚远未形成一个成熟体系。

从北京大学哲学系建立以来，很多学者就非常自觉地以客观精神和人文关怀研究宗教经典、宗教史、社会政治中的宗教现象等问题，为中国宗教学的成熟打下了坚实的基础。近30年来，宗教学在制度上逐渐成为一个比较独立的学科，相关的老师们更加自觉地立足于宗教经典传统，同时与现代社会科学中的各个学科密切合作，在深入研究宗教经典与历史的基础上，关注

---

[1] 本章由吴飞执笔，参与撰写的还有姚卫群、王宗昱、张志刚、孙尚扬、徐凤林、李四龙、沙宗平、吴玉萍、周学农等。宗教教研室的其他老师提供了各种相关的材料和建议。

社会现实中的宗教问题，形成了具有北大特色的宗教学研究传统，为中国宗教学的形成与成熟作出和正在作出自己的贡献。

北大宗教学的发展大体可以分为这样四个阶段：第一阶段，从1912年到1925年，即从哲学系成立到非基督教运动结束。在这个阶段北大师生参与了几次关于宗教的文化讨论。第二个阶段，从1925年到1952年，新中国成立后院系调整之前。在这个阶段，有许多优秀学者投入到和宗教学相关的学理性研究与教学当中。第三阶段，从1952年到1982年，即从院系调整到宗教教研室成立。在这个阶段，一方面，宗教学与其他学科一样，受到意识形态的强烈影响，无法健康发展，另一方面，北大的一些学者仍然继续了民国时期的研究传统，在一些领域推进了相关研究。第四阶段，从1982年至今。在这个阶段，宗教学逐渐成为独立的专业，相继成立了宗教学教研室、宗教学研究所，建立宗教学系，到2009年又建成了北京大学宗教文化研究院。

第一节　从孔教会之争到非基督教运动（1912—1925）

北京大学哲学系建系初期，并没有专门的宗教学专业，也缺乏系统的宗教学方面的课程设置。但是，社会思潮中几场重大的相关争论，使北京大学的很多学者开始思考与宗教相关的学术问题，促进了相关讨论的深入。

一、观念和思想

1. 孔教会之争及对儒家宗教问题的研究

在北京大学哲学门创立之初，北大的很多学者就深深卷入了儒教之争。康有为、陈焕章等人认为儒家是宗教，并主张改革孔教，设为国教。梁启超最初同意他的主张，但后来反对儒教说。在新文化运动期间，北大的陈独秀、蔡元培等人都对此问题发表了很多言论，多发表在《新青年》上。这一争论不仅涉及对儒家的深入研究，也触及政教分离、宗教的定义等宗教学的重要问题，推动了最初的宗教学思考。

　　陈独秀的基本主张有这么几个方面：第一，削弱宗教和信教自由是现代西方政治的定则；第二，孔教"是教化之教，非宗教之教"[1]，中国人没有宗教传统，也不需要有国教；第三，孔教与君主制必然关联，设立孔教就会恢复帝制；第四，现代中国既不应该以孔教为国教，也不应该排斥任何宗教。[2]

　　为了抗拒孔教会，教会中的一些人士于1916年11月成立了信教自由会，蔡元培应邀到信教自由会发表演说，并指出："孔子是孔子，宗教是宗教，国家是国家。"[3]蔡元培并没有像陈独秀那样激烈批判儒家，但也主张不能将儒家定为宗教，因为宗教是人类在文化比较低下时的一种认识。

　　李大钊的态度则与陈独秀、蔡元培都不大一样。他在1916年5月发表的《民彝与政治》一文中，将孔子与耶稣、释迦并列。他在很多言论中都表现出对孔孟的敬意，只是在面对康有为的孔教会时，他逐渐转变了态度。1917年1月，李大钊发表《孔子与宪法》一文，激烈批孔，反对将孔教定为国教。[4]

　　这场争论推动了北大的学者们对宗教问题进一步的思考。如蔡元培和胡适，都更加认真系统地研究了宗教问题，严肃对待宗教的社会功能，提出了以其他方式实现这种功能的可能。1917年，蔡元培在北京神州学会的演讲中发表了著名的以美育代宗教说，对宗教现象作了非常系统的阐述，既反对以过时的基督教改造中国，也反对将孔子塑造为中国的基督。他认为，现代科学已经否定了宗教，但宗教之陶养感情之作用，必须有所替代，于是就以美育替代宗教。[5]

　　在这段时间，胡适也在思考和宗教相关的问题。特别是在胡适母亲去世

---

[1] 陈独秀：《驳康有为致总统总理书》，《新青年》第2卷第2号。
[2] 陈独秀在《新青年》上发表了很多相关文章，我们主要参考的包括《驳康有为致总统总理书》，《新青年》第2卷第2号；《宪法与孔教》，《新青年》第2卷第3号；《孔子之道与现代生活》，《新青年》第2卷第4号；《再论孔教问题》，《新青年》第2卷第5号；《孔教与宗教》，《新青年》第3卷第3号，等。
[3] 蔡元培：《蔡孑民先生在信教自由会之演说》，《新青年》第2卷第5号。
[4] 参见颜炳罡：《心归何处——儒家与基督教在近代中国》，山东人民出版社2005年版，第151页。
[5] 蔡元培：《以美育代宗教说》，《新青年》第3卷第6号。

之际，他写了《我对于丧礼的改革》和《不朽》等文章，系统谈了他的宗教观。胡适并未直接讨论孔教的问题，但他认为，"中国儒家的宗教提出一个父母的观念，和一个祖先的观念，来做人生一切行为的裁制力"。"这都是'神道设教'。"胡适认为，灵魂不朽说和《左传》中讲的三不朽都已不适合现代社会，于是提出，"'社会的不朽'观念，很可以做我的宗教了"。他的宗教的"教旨是：我这个现在的'小我'，对于那永远不朽的'大我'的无穷未来，也须负重大的责任"。[1]

2. 北京大学创建初期的佛教与唯识学研究

20世纪初期，中国学术界出现了佛教研究，特别是唯识学研究，的一个高潮。那时有很多思想精英认为，佛学（特别是唯识学）是唯一能与西方哲学思想相沟通的传统学术。北京大学在这股潮流中起到了非常大的作用。释东初谈及民国初年的佛学研究时写道："华北经月霞、谛闲、太虚三大师，先后宣讲化导，佛教对于社会文化，及国民思想启发，日渐增大；各大学于文学院哲学系中列印度哲学，而讲佛学者，首为北大张克诚、邓伯诚、许季平、梁漱溟等，后有熊十力、汤用彤等。"[2] 北大创建初期的这段佛缘，与当时长校的蔡元培关系密切。

1916年，梁漱溟持《究元决疑论》一文向蔡元培请教，蔡元培非常赏识，邀请梁漱溟来北京大学任教，讲授印度哲学，但梁因在政府任职，一时不能脱身，推荐了许丹讲授此课。1917年12月5日，梁漱溟正式受聘为哲学门教师，接替许丹给哲学门三年级学生讲授"印度哲学概论"。梁漱溟的到来，使哲学门的佛学气氛陡然升温。

1919年，在杜威访华之后，爆发了激烈的中西文化之争，1920年，梁漱溟在印度哲学概论的课上讲了他的观点，后来将这些观点出版，即为《东西文化及其哲学》，此书一出，即产生了巨大影响，引起了激烈争论，这标志着新儒家的出现。梁漱溟在书中系统对比了西方、中国和印度文

---

[1] 胡适：《不朽》，《新青年》第6卷第2号。
[2] 释东初：《中国佛教近代史》（上册），中华佛教文化馆印行，1974年，第305页。

明，认为西方文明注重人与自然的关系，中国文明注重人与人的关系，而印度文明则注重人与自己的关系，认为现在的世界以西方文明为主，以后将转入以中国文明为主，最后将转入以印度文明为主。

1918年4月，哲学门研究所及北京大学哲学会召开学术演讲会，内有多场佛学讲座：12日，张克诚主讲"八识规矩"；15日、22日，梁漱溟主讲"佛教哲学"；17日，张克诚主讲"佛学研究"。到1919年，梁漱溟在北大开设"唯识哲学"，后又多次讲授，编写《唯识述义》3册。后来他讲唯识，不太自信，建议蔡元培派他去南京支那内学院请人来讲。最初打算是请吕澂，未成，改请熊十力。1922年熊十力来北大以后，即有《新唯识论》的创作，梁漱溟评价他是"勇于自信而不信古人的"人。北大的佛学和唯识学研究就更成系统。

需要特别说明的是，1920年哲学系聘请钢和泰（Baron Alexander von Staël-Holstein，1877—1937）讲授"梵文"，翌年起又请他讲"古印度宗教史"。这位精通梵文与藏文的印度学家、佛教学家，在时任香港大学校长、杰出印度佛教史专家查尔斯·艾略特的强烈推荐下，由胡适请到北京大学。胡适当时称艾略特的推荐是香港大学对中国学术的最大贡献，还亲自到宗教史课上给钢和泰做英文口译。他的到来，不仅为北京大学奠立此后佛教文献学的研究基础，而且也为中国的佛教学术界培养了精通梵藏文的优秀佛教专家，直接进入当时欧美世界梵巴汉藏等多语种校勘佛典的学术传统。像我国藏学泰斗于道泉先生，是在泰戈尔推荐下跟随钢和泰学习梵藏文及佛教，并任课堂翻译；还有林藜光先生，他是经戴密微推荐来跟钢和泰学习。梁启超在钢和泰《大宝积经迦叶品梵藏汉六种合刊》书序里，盛赞他的工作能"增长青年志士学梵文的趣味，为佛学开一条新路"。

此外，周作人对佛教和印度教也都有很多研究。他在1918年出任北大文科教授，开设了佛教文学的课程。

3.《少年中国》的宗教问题专号

1920年，少年中国学会举办了关于宗教问题的一系列演讲，所邀请的学者中有北大的王星拱、屠孝实、梁漱溟、周作人、李煜瀛（李石曾）等

(此外还有刘伯明、陆志韦，以及罗素），并由周太玄采访了蔡元培，于《少年中国》第2卷第8期和第11期、第3卷第1期，出版了宗教问题3期专号。

在这一系列演讲中，北大化学家王星拱从科学的角度对宗教的崇拜与信仰作了全面的批判，梁漱溟则主要以佛教为例谈了宗教对人情志的安慰，屠孝实梳理了自然科学和历史学对宗教的反对之后，指出宗教是对自然和历史的超越与解脱，李石曾则认为宗教出于无知，现代已经衰落，周作人则指出，宗教虽然受到了科学的排斥，但与文学一直是相合的。少年中国学会是比较反对宗教的，并且规定教徒不得加入少年中国学会，但在这一系列演讲中，支持和反对宗教的学者都各抒己见，充分表达了当时各个派别对宗教的不同观点。在接受周太玄的采访时，蔡元培认为中国文化与宗教向来没有深切的联系，将来宗教必为哲学的各种主义取代，重申了以美育代宗教的观点。[1]

4. 基督教研究与非基督教运动

随着对西方文化了解的深入，中国知识分子逐渐意识到基督教与现代西方文明之间的密切关联。北京大学的蔡元培、陈独秀、鲁迅、周作人等都对基督教思想有一定程度的研究。而基督教在中国境内的传播，也引起了学者们的不同态度。

比如，鲁迅在早期作品《摩罗诗力说》、《复仇（二）》、小说《药》中，都渗透着对基督教的深入理解。《摩罗诗力说》中详细介绍了西方文学史中的"撒旦诗派"，《复仇（二）》则以自己的方式描述了耶稣之死及其文化意义。对尼采和陀思妥耶夫斯基等人的介绍，也来自鲁迅对基督教思想史及其现代处境的研究。

1920年，陈独秀发表了《基督教与中国人》一文。基督教在中国已经流传了几百年，陈独秀意识到，"凡是社会上有许多人相信的事体，必有他重大的理由"，于是深入研究了基督教的问题。他在文章中不仅肯定基督教是西方现代文化的来源之一，而且认为基督教在中国造成的纷扰大多是中国

---

[1] 各篇演讲和采访均载于《少年中国》第2卷第8期、第2卷第11期、第3卷第1期。

人自己的问题。他最后得出结论，认为中国人应该学习基督教的牺牲、宽恕、平等博爱精神，而拒绝其中迷信、神秘、反科学的因素。[1]

20世纪20年代，中国知识分子中爆发了反基督教运动。1922年3月，上海学生组成"非基督教学生同盟"，并向北京清华园及全国各高校发出通电，开始了规模浩大的反基督运动。受此影响，北京大学的一批学生于3月11日成立了"非宗教大同盟"，并于3月20日发表了通电及宣言。[2] 在非基督教学生同盟于3月20日出版的《我们为什么反对世界基督教学生同盟》中，陈独秀发表了文章《基督教与基督教会》。陈独秀在区分基督教教义与基督教教会的前提下，全面批判了基督教会的横暴和堕落，也部分批判了教义中的缺点。3月21日，李石曾、萧子升、李大钊、缪伯英等79人联名通电，呼吁全国各报馆、各学校、各团体等抵制基督教。通电中说"覆示请寄北京大学第一院金家凤君收交"，可见北京大学为运动中一个重要根据地。3月31日，周作人、钱玄同、沈兼士、沈士远、马裕藻联合发表宣言，主张信教自由，反对非宗教同盟的运动。4月4日，李石曾、李大钊、邓中夏、萧子升等12人在《晨报》上发表《非宗教者宣言》。4月9日，三千多人在北大举行反宗教大会，蔡元培和李石曾发表演讲。蔡元培在演讲中除重述了他在接受周太玄的演说时的观点和《教育独立议》中的三点之外，也批评了周作人等人的宣言，指出"信教是自由，不信教也是自由"。5月10日，北京非宗教同盟在北大第三院正式成立。6月，非宗教同盟出版罗章龙编辑的《非宗教论》一书，改书收集了31篇批判基督教的文章，其中包括蔡元培、陈独秀、李大钊、李石曾、萧子升等北大教师的文章。[3]

5. 对非基督教运动的反思与宗教学研究的兴起

出版于1922年6月的《哲学》第6期刊登了梁启超和傅铜反思非基督教运动的文章。傅铜是罗素的学生，随罗素访华后留在北京大学任教。他的长文《科学的与宗教的非宗教运动》，从宗教学的角度对非基督教运动作了

---

[1] 陈独秀：《基督教与中国人》，《新青年》第7卷第3号。
[2] 原文见《民国日报》1922年3月21日。
[3] 以上材料均收入张钦士《国内近十年来之宗教思想》。

系统的反思。他认为运动中的很多成员根本没有弄清楚宗教的定义。傅铜介绍了马克斯·缪勒的宗教学，对宗教作了基本的分类，认为其中每一种在中国都能找到。在作了这些分析之后，傅铜发表了他对当时非基督教运动的看法。他认为，运动的鼓吹者自称以科学反对宗教，却不以科学的精神对待宗教，反而成了"非宗教的宗教运动"。他认为，"对付宗教最厉害的武器是宗教史与比较宗教学"，希望这场运动能变成"科学的科学运动，科学的非宗教运动"。[1] 傅铜先生的专业并非宗教学，但他对宗教学显然有很深的研究。这篇文章应该算作中国宗教学史上的经典文献。

1925年，还在清华学堂读书的贺麟先生针对非基督教运动，写了《论研究宗教是反对外来宗教传播的正当方法》一文。此文的基本主张与傅铜的观点一脉相承，反对以情绪化的暴力方式攻击基督教，主张以理性的精神对基督教进行系统的研究。

随着宗教讨论和反思的深入，宗教学的客观系统研究也进入了北大的课堂。屠孝实和江绍原先生分别于1918年和1923年来到北大，开展宗教哲学方面的研究和教学。1924年，李玄伯也从法国回国，受聘于北大。

6. 道教研究

在这一阶段，道教研究并未大规模展开，刘师培的《读〈道藏〉记》却是一部不得不提的重要著作。北京大学乃至现代中国的道教研究，都要首先受惠于这部《读〈道藏〉记》。这应当算作现代学术史上第一部系统研究道教经典的著作，对后来的相关研究产生了非常大的影响，至今仍然是道教研究需要重视的文献。

二、课程与学制

北京大学哲学门创建之初，虽然并没有宗教学专业，但也开设了一些与宗教学相关的课程。在1914年的课程表上，哲学系就有了宗教哲学的相关

---

[1] 参见张钦士：《国内近十年来之宗教思想》。

课程，但我们无法确认这些课程是谁讲的，甚至是否真的开出来过。

现在有据可查的，是佛教方面的课程。许丹于1916年来北大讲授印度哲学的课程、梁漱溟于1917年来到北大接替许丹，并于1919年开设唯识哲学。据梁漱溟的回忆，蔡元培请了梁先生讲佛学，还嫌不够，因此先后又请了几位先生讲解佛学：一位是张尔田先生（孟劬）讲《俱舍论》，一位是张克诚先生讲了《八识规矩颂》、《观所缘缘论》，还有一位是邓高镜先生（伯诚）讲了《百论》。据说，张克诚最初是在西四的广济寺内讲课，蔡元培前去听了以后，便请他到北大里讲。1922年，熊十力也来到北大讲授唯识学。1920年，哲学系聘请钢和泰讲授梵文，后又讲"古印度宗教史"课程。

屠孝实于1918年在北大开设了宗教哲学的课程，江绍原于1923年开设了宗教学和基督教史方面的课程。

1922年，蔡元培发表了《教育独立议》一文，指出教育应该超然于政党和教会之上，并提出了几项具体规定："大学中不必设神学科，但于哲学科中设宗教史、比较宗教学等。各学校中，均不得有宣传教义的课程，不得举行祈祷式。以传教为业的人，不必参与教育事业。"[1] 对于中国的宗教学研究与教学，这无疑是一篇极为重要的文献。为响应蔡元培的号召，北大哲学系又增设了比较宗教学一课。

三、机构和人物

在这一阶段，没有单独的宗教学研究机构，但出现了很多重要的宗教学研究学者。

张克诚（1865—1922），名炳桢，晚号净如居士，四川广汉人，是近代推崇唯识学的早期代表人物。在清末民初入官场，一日偶读《楞严经》而大悟，弃官不做，回京到广济寺参学，后移居鹫峰寺，于修持之余到北京大学和中国大学讲唯识学，深受学生欢迎。他以窥基《成唯识论述记》为原本，撰成《成唯识论提要》等多部著作。

---

[1] 蔡元培：《教育独立议》，见高平叔编：《蔡元培教育论著选》，人民教育出版社1991年版，第378页。

许丹（1891—1953），字季上，浙江省钱塘县（今杭州市）人，8岁时就读完儒家十三经，后来考入上海复旦公学修习哲学，以第1届第1名毕业于复旦公学，后与鲁迅先生同事，交往甚密。许丹早年曾从近代佛教复兴之父杨仁山先生学佛，并皈依天台宗谛闲法师。1916年他到北大率先讲授印度哲学，翌年因病辞职。梁漱溟后来撰著《印度哲学概论》，即以许丹在北大授课时的讲义为蓝本。许丹病愈以后，潜心佛学，通晓英、德、法、日等国语文，兼习梵文，1920年曾被选派，代表中国佛教界到印度出席世界佛教会议。

傅铜（1888—1970），字佩青，河南开封兰考人，先后在日本、英国留学，师从罗素。1920年，罗素应邀来华，傅铜陪同罗素到各地讲演并兼翻译。罗素走后，傅铜留在北大任教。1921年傅铜等人创办哲学社和《哲学》杂志。傅铜的国学功底和西学修养都非常深厚，对宗教问题非常关心，主张客观地研究宗教。1924年，傅铜出任西北大学校长，后相继任河南大学文学院院长和安徽大学校长。

屠孝实（又写作屠孝寔，1898—1932），字正叔，江苏武进人，是目前所知在北大最早开设宗教哲学的教师。1913年于武汉大学毕业后到日本工科大学留学，后转入早稻田学习文学，1918年回国，在北大教授宗教哲学的课程，其后又在民国大学、朝阳大学、女子师范大学、中国公学教授，安徽大学、武汉大学、北平大学法学院等校任教。屠先生在伦理学、宗教、哲学、文学等领域均有较深研究。和宗教相关的著作有《宗教哲学》、《信仰论》、《新理想主义人生观》等。

江绍原（1898—1983），安徽旌德人，生于北京，青年时期就读于上海沪江大学预科，不久即去美国加利福尼亚州求学，后因病回国。1917年在北京大学哲学系做旁听生。1920年去美国芝加哥大学攻读比较宗教学，1922年在该校毕业后又在意林诺大学研究院哲学专业学习一年。1923年，他回到北大，在哲学系开设了宗教学方面的课程，也讲基督教史。江绍原先生是中国现代民俗学和宗教学方面的重要学者，有《乔达摩之死》、《佛家哲学通论》、《宗教的出生与成长》、《发须爪》、《血与天癸》、《中国礼俗迷信》等著作。

第二节　宗教学研究的深化和发展（1926—1951）

非基督教运动以后，北京大学的师生就很少大规模参与宗教争论，而对宗教问题的学术研究则逐渐发展起来。在这期间，随着汤用彤等学者的加盟，北大的宗教研究逐步进入了一个辉煌的时期。

一、观念和思想

1. 佛教研究

在民国时期的宗教研究中，佛教研究无疑是一个成果最突出的领域。在北大哲学系最初的历史中，已经有了张克诚、梁漱溟、熊十力等佛教学者。在这个阶段，佛学研究更呈现出极其繁荣的局面。

在 1925 年编辑的《海天集》里，时任印度哲学讲师的邓高镜发表一篇《佛学书目》，罗列当时刊行的佛学书籍，分成三大类：工具之书、入门之书、研究之书。后两类基本是按中国的佛教宗派列举书目。依据这份书目，大体可以发现当时的佛教研究及教育已经颇成规模。这不仅推动了佛学内部的学术研究，而且对中西宗教与文化、哲学的相关讨论也大有促进作用。梁漱溟和熊十力都由对佛学的研究推进到东西文化比较的更大问题研究，陈大齐的佛教因明学研究推动了逻辑学科的发展，胡适后来的禅宗研究由佛学、印度学触及中国古代思想史的整体发展脉络。30 年代以后，周叔迦到北大哲学系专门讲授因明学与唯识哲学。在当时的这种学术氛围里，哲学系培养了一位终生痴迷法相唯识学的学生，韩镜清（1912—2003）。这位在读北京四中时就已倾心佛法的学生，1932 年考入北大哲学系，到 20 世纪 80 年代以后，精心校勘注释《成唯识论述记》，成为改革开放以后中国大陆传播唯识哲学的代表人物。在这个时期，北大的佛学研究以胡适、熊十力、汤用彤为主要代表。

胡适本人虽对佛教并无好感，但他对禅宗的研究是 20 世纪佛教研究史上浓墨重彩的一笔，甚至可以说，20 世纪的禅宗研究奠基于胡适利用敦煌学资料所作的研究。他以菏泽神会为中心，旁及《坛经》的版本源流，质疑、否定传统的禅宗史。1924 年，胡适就想写中国禅学史，写到神会时，仅从《宋高僧传》和宗密论禅宗的著作里找到极少的材料，感到很难动笔。一直到1926年以前，有关神会和尚的文字只有数百字。这一年，胡适在伦敦、巴黎所藏敦煌卷子里找到了一批新材料。1930年他整理出版了《神会和尚遗集》，认为《坛经》的重要部分是神会作的，"如果不是神会作的，便是神会的弟子采取他的语录里的材料作成的"。他还称神会是"南宗的急先锋，北宗的毁灭者，新禅学的建立者，《坛经》的作者——这是我们的神会。在中国佛教史上，没有第二个人有这样伟大的功勋、永久的影响"。这在当时堪称是石破天惊的结论，从而掀起世界范围研究早期禅宗史的学术热潮。他的结论及研究方法，并未得到所有人的认同，但他的研究改变了人们对禅宗史的认识。缘于胡适的禅学研究，此后的北大学人常以禅宗为研究对象。像任继愈、楼宇烈等都曾研究禅宗，在以往的中国哲学史教研室里老师们大多会以《坛经》为重要的典籍。

熊十力于1932年出版了文言文本《新唯识论》，于1944年出版了语体文本《新唯识论》。此书一出，就遭到欧阳竟无的激烈批判，其弟子刘定权（衡如）著《破新唯识论》批驳之，熊十力著《破破新唯识论》与之辩论；而蔡元培、马一浮等则高度评价熊氏著作。蔡元培更称熊氏乃两千年来以哲学家之立场阐扬佛学最精深之第一人；马一浮认为，熊十力的见识超出于道生、玄奘、窥基等古代佛学大师之上。《新唯识论》，特别是其语体文本，从佛教唯识宗入手，但最后的结论归结于儒家，因此被当作新儒家的一部经典著作，也是熊十力儒家思想最系统的表达。1943年，吕澂与熊十力之间又展开了一场佛学争论，成为近代佛学史上著名的学术争论。

1931年，汤用彤来到北京大学哲学系任教，并于1935年起任北大哲学系系主任。汤用彤长期主持北大哲学系，不仅对北京大学的佛学研究作出巨大贡献，而且也对北大宗教学的总体发展乃至北大的行政管理都有重大影响。

范长江1934年写成的《佛学在北大》，说汤用彤满口鄂腔，"是世界上研究佛教史而有深得的第一人。他从考据的立场上研究佛教史，使复杂的佛教史第一次奠定了科学的基础"。当时，汤用彤还没有发表他的名著《汉魏两晋南北朝佛教史》，但圈内早已知道他那伟大的写作计划和写作进度，这一评价反映了当时学界的共识。汤用彤通晓梵语、巴利语等多种外国语文，熟悉中国哲学、印度哲学、西方哲学，毕生致力于中国佛教史、魏晋玄学和印度哲学的研究。他在北大长期开设佛教课程，有时候也会涉足西方哲学领域，对以后的比较文化研究打下了扎实的基础。他对中国佛教史料中关于佛教传入汉族地区的时间、重大的佛教历史事件、佛经的翻译、重要的论著、高僧的生平、宗派与学派之间的关系、佛教与政治的关系等诸多方面都作了谨严的考证和解释。他的《汉魏两晋南北朝佛教史》、《隋唐佛教史稿》现已成为中国佛教史研究的经典著作。他的《印度哲学史略》一书用了中国的很多材料，并且作了详细的考证和审慎的评价，在国际学术界都有很大影响。时至今日，汤用彤先生开创的佛教史研究及其方法，依然是北大学人最珍惜的学术传统之一。

此外，陈寅恪和周叔迦也对北大的佛学研究作出了重大贡献。从欧洲留学归国的陈寅恪，虽然主要在清华大学任教，同时也被聘到北京大学。1926年12月2日，北大研究所国学门通告：陈寅恪导师提出四个研究课题供本科三年级以上有志者选择报名：唐蕃会盟碑藏文、鸠摩罗什、中国古代天文学、满洲文学史材料。据《京报》1929年8月9日载，北大哲学系聘请钢和泰、陈寅恪为教授。1930年，钢和泰兼任北大研究所国学门导师，林藜光受聘哲学系讲师。这些学者在北京大学，造就了一个全新的佛学研究传统。抗战胜利以后，北大决定成立东方语文学系，季羡林从德国回来担任系主任，即是这一传统的延续。居间促成此事的，正是陈寅恪先生。

1931年，周叔迦在北大讲授因明学和唯识哲学，在此方面有精深的造诣。1932年，他成为北京大学教师。1935年5月，他还捐资设立佛法研究奖学金，推动了北大的佛学研究。翌年，这位虔诚的佛教徒，集合一批有志于佛学的年轻人开办研究班，参加者有苏晋仁、王森、韩镜清、刘汝霖、杨殿珣、黄诚一等人。这些人既潜心研究佛典，还专心编写佛教金石志、佛教寺塔志、佛教经籍志、佛教论文志、佛教史料类编、古师遗说等资料。这种资料的编撰，是此后中国佛教研究的重要工作，亦是北大佛学研究的重要传统。

2. 印度教研究

梁漱溟在北大讲授印度哲学时，课程中包括印度教或婆罗门教哲学。后来，汤用彤、金克木等都先后在北大讲授过印度哲学、因明学等课程。汤用彤先生精通多种外国文字，在研究佛教的过程中也对印度教或婆罗门教哲学加以研究，撰写了《印度哲学史略》、《汉文佛经中的印度哲学史料》等著作。

3. 道教研究

北大哲学系的道教研究是从汤用彤先生开始的。汤用彤在研究佛教进入中国的时候和中国本土文化的关系，写作了《读太平经书所见》。这篇论文成为中国道教研究历史上的开拓性的著作。汤用彤不仅处理了文献资料，对流传文本作了深入考订，特别对《太平经》反映的中国本土报应观念和印度文化的不同作了剔发。汤先生在宗教思想方面做的探索是有着深远意义的。直到今天，他这方面的见识仍然是学者们讨论早期道教教义的重要参照系。在这之后，汤先生指导北京大学哲学系的王明、王维诚在道教研究方面做了重要的工作。

与汤用彤同时在西南联合大学任教的自然科学教授陈国符也在20世纪40年代作出了重要成就。他在1949年出版的《道藏源流考》一书对世界特别是日本的道教研究产生了持久的影响。陈国符教授的著作第一次对道藏的产生、道藏经典体系的形成和历代道藏的编纂作了深入的考察。他的工作最直接的意义就是教会了学者可以利用道藏内的经典，而这个成就是半个多世纪以来全部道教研究历史的奠基石。陈国符教授的目的是利用道藏经研究中国古代化学历史，但是他的基础工作同时开拓了道教学科的领域。

20世纪40年代在北大化学系任教的袁翰青对于外丹的研究上承30年代中国先驱者的工作，并且对以后的北大化学史研究产生了深远的影响。他利用道教经典总结了外丹烧炼的基本程序和术语的含义。他的工作的典范意义主要是在化学史研究领域，但是对道教科技史的研究也有深远的影响。他还对《道藏》以外的文献作了探索，利用方志笔记研究外丹原料的产地。他在这方面的独特贡献还没有得到发扬。

4. 基督教研究

在这段时期，北大哲学系缺少对基督教的专门研究。相对而言，贺麟应该是对基督教理解比较深入的学者。1929年，在美国期间，他写了《基督教与中国的民族主义运动》一文。1943年，他写了《基督教与政治》一文。这些文章都收入了他的《文化与人生》当中。他自己对基督教的思想和历史作了非常系统的研究，充分肯定了基督教与现代精神的复杂关系，客观地分析了基督教对中国文化的正面贡献和负面作用。这些都应该算作中国宗教学史上的重要文献。[1]

此外，我们也不应该忽视燕京大学宗教学院的各位学者，特别是赵紫宸的基督教研究。虽然燕京大学宗教学院出于神学的立场，与北大宗教研究的传统不完全一致，而且并没有像燕京大学的其他专业那样，并入北京大学，但赵紫宸对基督教神学的中国式诠释是中国基督教思想史上的重要里程碑，对北京大学当前的基督教研究也有很大影响。赵紫宸的神学著作主要有《基督教哲学》、《基督教进讲》、《耶稣传》、《圣保罗传》和《神学四讲》等。

5. 伊斯兰教研究

陈垣最早系统地研究中国回族的形成及伊斯兰文化。1923年10月，陈垣《元西域人华化考》（油印稿）问世。作者以此油印稿分寄桑原骘藏、王国维、陈寅恪、傅斯年和鲁迅等国内外学者，深获好评。1923年12月北京大学《国学季刊》第一卷第四号发表《元西域人华化考》前四卷。

1925年11月《北京大学研究所国学门周刊》第一卷第六期发表日本学者桑原骘藏《读陈垣氏之〈西域人华化考〉》（陈彬和译），桑原氏盛赞陈垣为现代中国史学家中"尤为有价值之学者"。陈垣于1925年2月为瞿宣颖的《北京历史风土丛书》作序，指出阿拉伯穆斯林也黑迭儿是元大都宫城的建筑设计者。

1925年7月，陈垣编撰完成《中西回史日历》20卷初稿；1926年，此著由北京大学研究所国学门出版[2]。这是我国首创的一部中、西、回三历对照日历。有了陈垣这部著作，中、西、回历难以互相比照的种种不便，随之

---

[1] 均收入贺麟《文化与人生》（上海人民出版社2011年版）。
[2] 中华书局1962年重印修补增订本。

化为乌有。

陈垣在用科学方法研究中国回族史及伊斯兰教史作出了开创性的贡献。1927年3月5日，他在北京大学研究所国学门作学术报告"回回教进中国的源流"。这次演讲由冯沅君记录成稿，1927年9月在《北京大学研究所国学门月刊》发表。1928年《东方杂志》第二十五卷第一号再发表，改题为"回回教入中国史略"。该文犹如一部伊斯兰教史大纲，为今后编撰回族史奠定了基础。

陈汉章在中国史地学会出版的《史学与地学》第一期（1926年3月）发表论文《中国回教史》。白寿彝称该文为关于中国伊斯兰教史研究的最早论著。他认为，陈汉章以其"详博闳大"的考据功夫，辩证"合回回于回纥"、"以回回教为回纥之摩尼教"以及"疑回回教源于大秦景教"，如所谓"唐之回纥，即今之回回是也"（顾炎武《日知录》卷二九）、"末尼，因回回以入中国……至唐元和初，回纥再朝献，始以摩尼至"（杭世骏《道古堂文集》卷二五）以及"唐传载波斯国俗，似于今回回相同"（王昶《金石萃编》卷一〇二）等皆误，肯定"回回本与回纥无涉"、"回回教亦与摩尼教无涉"。他指出"中国之非回教者辨明，而后回教可得而言矣"；认为回教"始见于唐"，并举证说，《旧唐书·西戎传》、《唐书·西域传》并云："大食地广万里。永徽二年，始遣使朝贡。"它"继见于宋"，"旁见于辽金"，"众见于元明"，"清更多所事焉"。此文旁征博引，义理一贯；自浩如烟海的汉文文献史料中，清晰地建构出具体而微的中国回教历史来。对于中国伊斯兰教史研究，其开拓之功，不可没矣。

中国回教史研究，经过陈垣、陈汉章两位的拓荒性工作之后，国人有关回教史著作相继出版。如金吉堂《中国回教史研究》（1935）、傅统先《中国回教史》（1940）、白寿彝（陈垣的学生）《中国回教小史》（1943）等。

马坚于1946年被聘为北京大学教授，帮助创建北京大学东语系阿拉伯语专业，对发展中国的阿拉伯语教育和伊斯兰教研究作出了重大贡献。马坚的研究领域，包括伊斯兰教历史、教义、教法、哲学、教育，以及阿拉伯语言、文学和天文历算等学科领域，为全面介绍阿拉伯伊斯兰文化作出了卓越的贡献；也包括在新的历史时期向阿拉伯世界介绍中国政治、法律、学术、文化等方面的文献和著述，为现代中阿文化交流作出了重大贡献。

马坚曾于 1934 年在开罗埃及古典文献出版社出版阿拉伯文著作《中国回教概观》。该书目录为：（一）回教何时传入中国，怎样传入中国？（二）回教与中国各教之比较。（三）中国伟人对回教特色之赞扬。（四）回教何以普遍中国，何时普遍？（五）中国回教徒的宗教状况。（六）中国回教徒的学术状况。（七）中国回教徒的政治状况。（八）中国回教徒的经济状况。（九）中国回教徒的社会状况。（十）中国回教衰落之原因以及救济之方法。（十一）中国回教留埃学生团。（十二）结论。

马坚指出，回教所以普及于中国，有四种原因：（1）回教徒的商业；（2）回教兵力所届；（3）回教徒的繁衍；（4）非回教徒的同化。此外还有两种原因：（1）回教在中国不传教；（2）回教不攻击孔教。

马坚译的《古兰经》上册（前 8 卷译注本）1949 年由北京大学出版部出版。该译本的问世，使得《古兰经》汉译本逐步为学术界所接受。

马坚还研究伊斯兰教与女权的关系[1]，以及伊斯兰教的传播。他认为"伊斯兰教是借宣传而传布的，不是借宝剑而传布的"[2]。马坚还编著了《回历纲要》（北京大学出版部，1951 年）。这部著作对于研究世界伊斯兰教史和中国伊斯兰教史，均大有帮助。

马坚在《伊斯兰教哲学对于中世纪时期欧洲经验哲学的影响》[3] 提出如下观点：第一，再次坚持"阿拉伯哲学和伊斯兰哲学异名同实"；第二，政治和宗教因素决定了"伊斯兰属性"，民族和语言因素规定了"阿拉伯属性"。

6. 对儒家和民间宗教的研究

对儒家的研究，主要是在中国哲学领域，但在北京大学的发展史上，对儒家的礼学等宗教性因素的研究一直没有中断过。

1928 年，冯友兰发表了《儒家对于婚丧祭礼之理论》一文，系统分析了儒家婚丧祭礼的体系，指出中国文化在本质上是一种诗的文明，与基督教

---

[1] 参见马坚：《再论回教与女权》，《清真铎报》1947 年 3 月。
[2] 参见马坚：《穆罕默德的宝剑》，《光明日报》1951 年 1 月 18 日及《人民日报》1951 年 1 月 20 日。
[3] 《历史教学》1958 年第 2 期。

有重大差别，当时即引起较大反响。这篇文章是冯友兰为数不多的关于礼学和宗教问题的论述，虽然在后来的冯友兰研究中很少受到重视。曾任北京大学法文系主任的李玄伯于1941年出版了《中国古代社会新研》一书，主要运用西方人类学方法，对中国传统社会中的各种礼仪作出了系统分析。虽然他的主要观点没有得到普遍认可，但这仍然是一个值得重视的尝试。

在这个领域作出最大贡献的，应该是杨堃。新中国成立前，杨堃先后在燕京大学社会学系和北京大学法学院任教，结合了法国社会学理论、中国古代典籍研究和田野调查，写出了《中国家族中的祖先崇拜》、《灶神考》、《论神话的起源与发展》、《女娲考》等著作。此外，在杨堃的指导下，燕京大学社会学系的学生作出了不少优秀的宗教社会学研究，如陈封雄的《一个村庄之死亡礼俗》、李慰祖的《四大门》、陈永龄的《平郊村的庙宇宗教》等，目前这些研究成果都保存在北京大学图书馆。

法文系的李玄伯翻译了古朗士的《希腊罗马古代社会研究》（今译《古代城邦》），并用古朗士的理论研究中国古代社会及其宗教，出版了《中国古代社会新研》一书，是运用西方理论研究中国古代宗教的名著。

二、课程与学制

这个阶段和上一个阶段类似，并没有专门的宗教学专业，但一直都开设了相关的宗教学课程。汤用彤来到北大后，更是系统开设了佛教和印度教方面的课程，陈寅恪、周叔迦等都曾经在北大开设佛学和印度哲学的课程。相对而言，其他宗教虽然有一些研究，但教学方面一直比较缺乏。

三、机构与人物[1]

马坚（1906—1978），云南个旧人，是北京大学伊斯兰教研究的开创者。1931年以品学兼优的成绩毕业。同年12月由中国回教学会选派，随中国首

---

[1] 熊十力、汤用彤等简介，参见《中国哲学学科史》人物介绍。

批留埃学生团赴开罗，1934 年毕业于爱资哈尔大学预科，1939 年毕业于开罗阿拉伯语高等师范学院。1946 年到北京大学工作，一直担任东方语言学系教授、阿拉伯语教研室主任。译著《回教哲学》、《回教真相》、《回教教育史》、《回教哲学史》、《回教与基督教》、《教典诠释》、《阿拉伯通史》、《古兰经》等，撰写《中国回教概观》（阿拉伯文，埃及开罗出版）、《古兰简介》、《回历纲要》、《穆罕默德的宝剑》等著作。

杨堃（1901—1997），河北大名人。1921 年留学法国，师从法国汉学家葛兰言，1931 年回国，1937 年，到燕京大学社会学系任教，后到北京大学法学院任教。与宗教相关的著作有《中国家族中的祖先崇拜》、《女娲考》、《灶神考》等。

李玄伯（1895—1974），河北高阳人，清代名臣李鸿藻之孙，李石曾之侄。他毕业于巴黎大学，1924 年回国，任北大法文系主任。译有古朗士的名著《希腊罗马古代社会研究》，并著有《中国古代社会新研》一书，后去台湾，任台大历史系教授。逯耀东、许倬云、李敖为其弟子。

第三节　从院系调整到宗教学专业独立前的宗教学研究（1952—1982）

1952 年院系调整之后，不少精于宗教研究的学者，如中山大学的朱谦之、清华大学的冯友兰和人民大学的石峻等调入北大哲学系。1952 年之后，随着哲学研究与教学的意识形态化，宗教学的教学受到了极大的限制，但很多学者仍然没有受到外界环境的干扰，继续从事相关的研究，也在陆续发表关于宗教的论著，如朱谦之的佛教和景教研究，汤用彤、任继愈、石峻、黄心川的佛教研究，汤用彤的道教研究等。在这期间，以北大的任继愈为主的宗教学者，还建立了世界宗教研究所。

"文革"期间，宗教学研究和哲学其他学科的研究一样，基本陷入停滞状态。由于很多宗教学者要么去世，要么调往世界宗教研究所，北大的宗教研究变得有些后继无人。

一、观念和思想

虽然在总体上，1949年之后的宗教学研究陷入停滞状态，但这个时期也不是完全没有相关成果。1953年，王太庆翻译了费尔巴哈的《宗教的本质》，由人民文学出版社出版。1956年11月18日，冯友兰随中国佛教团前往印度，参加释迦牟尼逝世2500周年纪念活动并发言。此外，汤用彤先生的佛教和道教研究仍在继续。汤先生虽然校务缠身且长期患病，但他最专长的佛学研究一直没有停止。在他逝世之前的几年中，汤先生先后写下了《何谓"俗讲"》和《论中国佛教无"十宗"》等文章。1955年，他的《汉魏两晋南北朝佛教史》由中华书局再版。在道教方面，他也写出了关于李弘、寇谦之等人的研究。当时，道教研究在中国大学里的生存空间是在历史学领域，作为农民战争的一个分支题目。汤先生的研究和这个学术背景是相呼应的。陈国符教授继续他的道藏文献研究，又写出了《南北朝天师道考长编》，成为当时世界领先的著作。这个研究的意义区别于当时史学界的研究。它描述了道教教团最初的教义和制度，成为以后道教研究的基本论题，至今仍然影响着国内外学者的研究。目前的学者们也仍然没有越出他当年提出的基本材料，可见陈先生在道教研究方面的深厚造诣和卓越的见识。

在伊斯兰教研究方面，这个时期也有一定的发展。除马坚继续从事翻译和研究之外，1952—1955年，陈克礼（1924—1970）担任北大东语系阿拉伯语教研室助教。他撰写《从穆罕默德看伊斯兰教》、《回教与社会》等著作，译著《塔志》（圣训经）上册等。马坚的《古兰经》翻译和注释工作，一直到他逝世前才全部完成。1981年，他翻译的《古兰经》全译本[1]出版。白寿彝在《古兰经序》里说："在忠实、明白、流利三者并举的要求下，我相信，这个译本是超过以前所有的译本的"。1987年，沙特阿拉伯法赫德国王《古兰经》印刷厂以马坚译本出版《古兰经》中阿对照本。

---

[1] 中国社会科学出版社1981年版。

二、课程和学制

由于宗教学研究遭到全面的压制，这时期也没有了宗教学相关的课程。但相对而言，为配合国家的民族政策，哲学系伊斯兰教方面的教学反而得到了发展。北京大学哲学系的伊斯兰教教学和研究工作开始于1960年至1964年的北大哲学系东方哲学史教研室，成员中研究伊斯兰教和伊斯兰教哲学的主要是戴康生（1937—2003）和金宜久（1933— ）先生。开设的课程主要有伊斯兰教、中国伊斯兰教史专题、《圣训》研究、《古兰经》研究、阿拉伯哲学史专题等，编写并印制课程讲义《古兰经研究》、《中国伊斯兰教专题》、《阿拉伯哲学史专题》（讲授提纲）等。

三、机构与人物

1959年10月的一天深夜，毛泽东邀请北大哲学系的任继愈到中南海，座谈宗教研究的重要性。毛泽东谈到任继愈运用马克思主义观点对佛教的研究，鼓励任继愈继续这样研究，并表示北大哲学系应该加强宗教方面的研究，不仅是佛教，而且要有对道教和基督教的研究。

1963年，周恩来总理在出访亚非欧14国之前，向毛泽东主席请示，应该加强对外国情况的研究，成立若干个外国研究所。毛泽东在报告上批示，同意周恩来总理的报告，指出报告中唯独没有提到宗教，是不应该的，中国人有必要了解仍然有巨大影响的宗教。毛泽东特别提到了任继愈的名字，赞扬他用马克思主义观点研究佛教。于是，1964年，北京大学与中国科学院社会科学部（后改名为中国社会科学院）联合筹办世界宗教研究所。任继愈、戴康生、朱谦之、金宜久、乐峰等宗教学者离开北大，前往世界宗教研究所，任继愈任所长。

朱谦之[1]在宗教学方面的主要著作有《太平天国革命文化史》、《中国景教》等。他的《中国景教》是第一部对景教作系统研究的著作，有非常重要

---

[1] 简介参见《中国哲学学科史》人物部分。

的学术意义。

任继愈[1]是当代中国著名的哲学家、宗教学家和历史学家。他坚持从客观的角度研究宗教，对宗教学理论、佛教、道教、儒教（任继愈先生坚持儒教说）都颇有研究。1964年负责筹建世界宗教研究所，1982年以后，又帮助北大创建宗教学专业。他在宗教学方面的主要著作有《汉唐佛教思想论集》、《天人之际》、《任继愈宗教论集》等，主编了《中华大藏经》（汉文部分）、《中华大典·宗教卷》、《中国佛教史》、《中国道教史》、《道藏提要》、《宗教词典》、《宗教大辞典》、《佛教大辞典》等。

第四节　新时期的宗教学研究（1982—2011）

1982年，在中国社会科学院世界宗教研究所的帮助下，北京大学重建了宗教学专业。由于有了独立的机构，北大的宗教学研究进入了全新的阶段。1985年，宗教学专业开始招收本科生；1989年，宗教研究所成立；1995年，中国第一个宗教学系在北大成立；2009年，北大宗教文化研究院成立。在这30年里，北大的宗教学研究迅速发展，涌现出一大批优秀的学者，也产生了很多重要著作。同时，宗教学研究的视野也不断扩大。这是北大宗教学研究迅速发展的30年。

一、观念与思想

1. 宗教学原理研究

宗教学原理是其他具体宗教研究的基础。新中国成立前，北大有屠孝实、江绍原等人研究宗教学理论，燕京大学社会学系的杨堃和北大的李玄伯则将法国的理论和分析方法介绍到中国来。新中国成立以后，任继愈等人自觉地从客观角度研究宗教，得到了毛泽东的高度肯定。20世纪80年代

---

[1]　简介参见《中国哲学学科史》人物部分。

以来，意识形态的局限逐渐被打破，西方各种宗教学理论纷纷被介绍到中国，中国的宗教学界亟待形成自己的宗教学理论体系。在北大宗教学专业恢复之初，任继愈和吕大吉主讲宗教学原理的课程，为宗教学的理论建设打下了坚实的基础。

改革开放以后，学术上的国际交流日益频繁，很多新的视角也被介绍到国内来。意识形态的局限逐渐被打破，学者们开始从新的角度思考文化、宗教与现代性等问题。1985年，哈佛大学杜维明教授来北大哲学系从事教学和研究工作。他的课程不仅推动了国内的儒家哲学研究，对于促进宗教学研究和宗教间的比较也有很大作用。如何重新理解现代社会的起源，经济与宗教文化之间的关系，以及传统文化的现代化转换，这些问题都使80年代的很多学者注意到马克斯·韦伯的著作。于是，对韦伯的介绍、翻译、研究和运用，成为学术界的热门话题。韦伯的名著《新教伦理与资本主义精神》很快出现了四川人民出版社和三联书店出版的两个中译本。1987年，北京大学外国哲学研究所陈维刚参与翻译的《新教伦理与资本主义精神》由三联书店出版，对韦伯思想的研究与介绍对于中国的宗教研究有极大的推动作用。于晓、陈维刚的译本虽然今天看起来还是有些错误，但比较而言，在当时已经是一个非常好的译本，对宗教学的研究和相关问题的讨论，乃至更大范围的人文社会科学的讨论都有非常实质的推动作用。

韩水法在20世纪末切入韦伯研究，他所撰写的《韦伯》（台北东大图书公司，1998年）一书重点研究了如下三个问题：对韦伯新教伦理与现代资本主义之间关系提出了一个系统的解释模式；对韦伯有关中国宗教与中国社会及资本主义的学说提出了深度的解释；对韦伯的社会科学方法论提出了一个系统的重构。韩水法还翻译了韦伯的《社会科学方法论》（中央编译出版社，1999年），并编辑《韦伯文集》（中国广播电视出版社，2000年，上下两卷）。

2009年，李猛回国后，北大哲学系的韦伯研究迈上了一个新的台阶。李猛的论文《除魔的世界与禁欲者的守护神：韦伯社会理论中的英国法问题》和《理性化及其传统：对韦伯的中国观察》是中文学术界研究韦伯的重要成果，不仅将韦伯的宗教社会学思想放在总体的西方文化背景下看待，而且从中西宗教和文化比较的角度审视韦伯的研究，对相关的研究都有实质的推进。

张志刚对宗教文化学、宗教哲学的研究和孙尚扬对宗教社会学的研究都大大丰富了宗教学原理方面的研究。张志刚的《宗教文化学导论》、《走向神圣——现代宗教学的问题与方法》、《理性的彷徨——现代西方宗教哲学理性观比较》、《宗教哲学研究——当代观念、关键环节及其方法论批判》，对西方宗教学作了非常深入的研究与评介，在国内学术界具有开创性的意义，而《宗教学是什么》深入浅出，以通俗的语言，简练地介绍宗教学的主要分支、关注对象和研究领域。此外，张志刚主编的《宗教研究指要》、《20世纪宗教观研究》，也成为宗教学领域的必读书。孙尚扬的《宗教社会学》是国内较早系统介绍宗教社会学研究的著作，经过作者反复修订，数次再版重印。此外，孙尚扬还翻译了英国著名宗教人类学加伊文思-普理查德的《原始宗教理论》，对推进宗教社会学和宗教人类学的研究都有很大意义。目前，他对宗教社会学相关理论的介绍和研究都在进行当中。他也带领学生作了不少实证的宗教社会学研究。

1994年12月26—28日，由北京大学哲学系、美国国际合作研究院共同举办的"第一届中美哲学与宗教学研讨会"在北京大学举行，包括中国、日本、美国等国学者40人与会。大会主要讨论了中国现存的主要宗教的历史与现状、中西文化与宗教比较研究的研究成果、当代宗教哲学研究中的主要问题与基督教文化所面临的挑战等议题。这次会议很好地沟通了中美宗教学者之间的交流，对深化中国宗教学的研究，推动北大宗教学科的发展，都起到了非常好的作用。以后，中美哲学与宗教学研讨会每年举行一届，连续在北京大学举办了10届，每届围绕一个或几个主题展开，取得了非常好的效果。

2. 基督教研究

随着国内学术界西学研究的发展，对基督教的研究也越来越深入并全面地展开了。越来越多的学者投入到对基督教哲学的研究领域。这对国内宗教学的研究和西方哲学的研究都有非常重要的意义。

北大很多学者投入到对基督教哲学的研究当中。赵敦华的《基督教哲学一千五百年》和张志刚的《猫头鹰与上帝的对话——基督教哲学问题举要》都是这一领域的重要著作。赵敦华的著作是国内第一部系统而全面地介绍中世纪基督教哲学的通史性著作，填补了学科空白。张志刚的著作则基于基督教哲学比较集中的几个问题，提纲挈领地评述了基督教哲学家所讨论的主要内容。两部专著对以后的进一步研究有着重要的基础性意义。2011年，赵敦华教授又出版了《圣经历史哲学》上下两册，再次将国内的基督教哲学研究推向深入。

此外，陈鼓应、阎国忠、吴玉萍、徐凤林、徐龙飞、吴飞、吴增定、李猛、吴天岳等人都有基督教哲学方面的相关研究。在哲学系之外，还有历史系的彭小瑜，外国语学院的谷裕、高峰枫等都从事基督教相关的研究。

除了对西方基督教的研究之外，北大的另一个优势是对中国基督教史的研究。孙尚扬的《明末天主教与儒学的交流和冲突》一书细致而深入地描述和分析了明末天主教传入中国的过程，是国内这一领域的重要著作。此后，孙尚扬与人合著的《20世纪西方哲学东渐史·基督教哲学在中国》、《1840年前的中国基督教》等书进一步拓展了这一领域的研究。在孙尚扬的指导下，一些博士生和硕士生也在中国基督教史领域作出了进一步的研究，包括时段和论题的进一步扩展，史料的进一步挖掘、整理和分析，例如肖清和博士的论文《"天会"与"吾党"：明末清初天主教徒群体之形成与交往研究（1580—1722）》属跨科际的研究，在历史文献为文本的基础上，运用政治学、人类学及宗教社会学等不同学科的理论与框架，通过群体及人际网络的研究深入剖析明末清初的中国天主教史，尝试有系统地对明清天主教徒群体的形成与交往及群体身份的宗教生活变化和该群体与社会之间的互动等进行有系统而深入的研究。其论文的研究视角新颖，引用的中外文献俱十分丰富，而所提出及解决的问题亦具前沿性，无论在问题意识、文献综述、数据发掘、文本解读、理论应用、分析讨论等方面都有独特的见解和贡献。此研究无疑具有一定的创新性，突破学界一贯着重从神学、历史学切入的方法研究明清天主教，生动地展示了明清天主教的发展及其教徒的生活，对"宗教与中国社会研究"这一课题贡献良多。该文被评为

2011年全国优秀博士论文。

由楼宇烈组织、客座研究员韩国学者郑安德负责编辑的五卷本的《明末清初耶稣会思想文献汇编》，于2000年印出第1版，2003年修订重印。所收资料主要来源于法国图书馆和梵蒂冈教廷图书馆收藏的耶稣会教士和中国天主教徒的著作，以及中国儒生对天主教的批判，是非常珍贵的资料，对相关领域的研究具有重要意义。由于所收资料很多是欧洲图书馆的珍品，图书馆不准用作商业用途，所以这套书不得正式出版销售，资料集只向需要的研究者免费赠送。由于印刷数量有限，为保障物尽其用，主要赠送对象为各大学及相关研究单位的图书馆。

3. 东正教研究

东正教作为基督宗教三大派系之一，虽然在当代中国影响较小，但在其悠久传统中包含着许多思想财富。我国的东正教研究者很少，主要集中于俄罗斯东正教研究。乐峰教授是改革开放以后中国东正教研究的先行者。他在北大担任"基督教史"课程教学任务中主要讲授东正教部分，其中部分内容包含在1994年出版的《基督教词典》关于东正教的大量词条中。在这一基础上，乐峰教授于1996年出版了《东正教史》，这是我国第一部关于东正教历史的系统性著作。2008年，乐峰教授组织多位专家编写的《俄国宗教史》（上下卷）出版，其中俄罗斯东正教占大部分篇幅，徐凤林教授也参加了此书的撰写。

徐凤林自2000年从北大外国哲学研究所转入基督教与宗教学教研室以来，主要从事东正教研究和教学，其研究领域集中于三个方面：（1）翻译东正教神学著作，译有《东正教——教会学说概要》，并总结和研究东正教神学特点和主题，撰写《20世纪宗教观》第一章"20世纪东正教神哲学观"，发表论文《东正教的神人之际》、《东正教的"成神"学说》等；（2）东方教父思想研究，对东正教早期希腊教父的哲学和神学思想的梳理和评述，撰写中国社科院学术版《西方哲学史》第三卷"教父哲学"一章，关于拜占廷教父的研究，发表论文《帕拉马神学与东正教人论》；（3）东正教圣像研究。圣像作为东正教礼拜和神学的组成部分，在基督教文化和艺术中占有重要地位。徐凤林 2012 年出版的专著《东正教圣像史》一书，是关于东正教圣像研究的第一部中文著作，以图文并茂的形式系统介绍和解释了东正教圣像的历史起源、神学含义、宗教功能、艺术特点、基本类型以及从拜占廷到俄罗斯的圣像艺术发展历程。

4. 参与关于文化基督徒的争论

1995 年，香港基督教研究界引发了关于文化基督徒的争论。由于从 80 年代以来，中国内地有许多非教会背景的人文社会科学学者进入基督教研究，特别是道风汉语基督教文化研究所对基督教研究的推动，香港神学界的一些人士感到无法理解和不安，质疑这种基督教研究的意义与价值，引起内地学者的强烈回应。"两岸三地"都有很多学者卷入了这场论争，这就是著名的文化基督徒之争。

北大孙尚扬和刘宗坤参与到了这场争论当中。刘宗坤发表《现代汉语语境中的"文化基督徒"现象》，孙尚扬发表《也谈文化基督徒》。[1]2011 年，吴飞发表了《非基督徒的基督教研究》一文，反思文化基督徒争论以来国内的基督教研究走向。[2]

文化基督徒争论是 20 世纪 90 年代中国学术界的一件大事。香港教会的质疑虽然带有相当强烈的宗教偏见，但他们的质疑也指向了中国基督教的一个独特现象：从基督教外部深入了解基督教，甚至带有一定的肯定色彩，这即使不是绝无仅有，也是基督教历史上很少见的现象。刘宗坤、孙尚扬和吴飞的文章都明确地指出了汉语基督教研究的这一特色，并继承了民国以来的宗教研究传统，主张应该坚持这样一种人文社会科学的理路。汉语基督徒争论很快就停息了，但此事的影响相当深远。10 多年后，大陆颇有一些基督教学者放弃了原来的立场，转而加入教会，使学术研究与个人信仰混杂在一起。但北大的基督教研究始终坚持自己在文化基督徒争论中指出的学术立场，客观而又尽可能深入地将基督教当作一种伟大的文明体系来深入研究。

---

[1] 均收入杨熙楠编《文化基督徒：现象与论争》（香港道风书社 1997 年版）。
[2] 收入杨熙楠等编《传承与发展：第四届汉语基督教研究圆桌会议论文集》（香港道风书社 2011 年版）。

5. 佛教研究

宗教学恢复以后，北大急需继承老一辈学者的研究传统，特别是把以前的强项佛教研究恢复起来。梁漱溟、冯友兰、张岱年等老一辈学者对北大在相关领域的研究的恢复，都起到了巨大的推动作用。1983年11月1日，为纪念汤用彤先生诞辰90周年，北京大学举行了纪念会，季羡林、黄楠森、冯友兰、张岱年等出席会议并发言。汤用彤的生前好友和学生，还有包括哈佛大学杜维明在内的国内外学者60余人出席会议。纪念会对于印度佛教和中国文化的相关问题展开了热烈讨论，并出版文集《燕园论学集》。1996年，孙尚扬的专著《汤用彤》出版，这些都为整理和继承汤用彤的宗教研究起到了巨大作用。

1986年，北大哲学系重建东方哲学教研室，由楼宇烈、魏常海、姚卫群、陈继东等承担佛教等方面的教学和科研工作。楼宇烈为教研室主任。1988年9月18日—20日，北京大学哲学系、中国社会科学院南亚所、东亚研究所、世界宗教研究所等六家单位共同发起的"全国印度宗教与中国佛教学术会议讨论会"在江苏常熟召开。会议探讨了印度佛教和汉传佛教的关系、中国佛教和中国文化的特点等问题，姚卫群出席会议。1989年，北京大学哲学系和日本驹泽大学共同在北京召开"中日禅学研究研讨会"，主题是"中日禅学研究"，这是国内首次举办以禅宗为主题的研讨会。楼宇烈、许抗生教授等主持编辑的《中国佛教思想资料选编》，4卷10册，是汉传佛教研究重要的工具书，在20世纪90年代影响了一代青年佛教学者。

1995年9月，北大宗教学系成立。佛教方面的工作实际主要由东方哲学教研室负责。2000年左右，由于教育部的学科调整等原因，东方哲学教研室撤销，新成立了佛教与道教教研室。这个教研室从事佛教教学和科研工作的主要成员有楼宇烈、姚卫群、周学农、李四龙、王颂。现任教研室主任为姚卫群。

为整合校内外的学术资源与研究力量，2006年北大成立佛教研究中心，姚卫群担任主任；2010年，北大还成立佛学教育研究中心，李四龙担任主任，重点关注当代中国佛学教育的现状与发展，研究我国佛学院的课程体系与培养理念。

6. 印度教（婆罗门教）研究

1961 年左右，北大哲学系成立了东方哲学教研室，成员中研究印度教和婆罗门教哲学的主要是黄心川先生。他撰有《印度哲学史》、《印度近现代哲学》等著作，其中的印度教和婆罗门教哲学占有很大比重。

1981 年，姚卫群由南亚所硕士毕业，来到哲学系工作，加强了印度教研究的力量。1982 年，北大哲学系建立了全国第一个宗教学本科专业，姚卫群是哲学系主要研究印度教和婆罗门教哲学的教师。

1986 年，北大哲学系重建东方哲学教研室，楼宇烈为教研室主任。姚卫群是教研室中主要研究印度教或婆罗门教的成员。

东方哲学研究室成为北京大学外国哲学研究所下属的一个虚体机构，现任主任为姚卫群。姚卫群近年来主持教育部基地重大项目"婆罗门教和佛教哲学的比较研究"的课题研究，出版了《婆罗门教》、《古印度六派哲学经典》（编译）等著作，

7. 道教研究

中国的道教研究到 20 世纪 80 年代开始进入比较迅速的发展时期。在 1981 年的哲学史专题研究课程里，汤一介教授就在魏晋时期的哲学断代史内增加了道教的内容。随着宗教学科的建立并且附属哲学学科范畴内，北京大学哲学系的道教研究进入了新时代。1982 年建立宗教学专业以后，北京大学开始有了本科学生研修的道教史课程，先后由中国社会科学院的钟肇鹏、陈兵和王卡三位先生讲授。这三位教授当时正在编纂《道藏提要》和《中国道教史》，所以北京大学的道教史教学从一开始就处在学术的前沿。以上三位先生对于早期道教经典和后期道教教团历史的研究都是 80 年代最重要的成果，也代表了当时内地道教研究的主要侧重点。

1991 年，汤一介著《魏晋南北朝时期的道教》出版。1993 年，许抗生著《老子道家与中国佛道两教》出版。1996 年开始建设比较完整的课程体系，道教史方向于当年培养硕士研究生，2005 年开始培养博士研究生。北京大学哲学系的道教史研究在 20 世纪的成就主要是由中国哲学史方向的教授作出的。1988 年，汤一介教授发表了《魏晋南北朝时期的道教》。这是道教研究

冷寂了30年以后第一部专著，对于早期道教历史作出的系统描述和方法论在很长时间里影响着中国学术界的研究。汤一介和许抗生教授指导的研究生大部分以道教研究为博士论文，他们的论题集中在唐代道教理论和内丹学。自20世纪80年代以来中国内地的道教研究学者以哲学家为主，而汤先生、许先生培养的博士在重玄哲学方面作出了重要的成就，在90年代的道教研究热潮中占据了重要位置。目前这些博士大多已经成为国际重要的道教学者。

陈鼓应教授在推动大陆道教研究方面作出了杰出的贡献。他在道教界的支持下于1992年创办的《道家文化研究》成为中国学者研究道教的重要学术论坛，促进了复兴的道教研究和传统的道家哲学研究的合流。20年来，《道家文化研究》刊出了一些道教研究的专号，结集出版了重要会议的论文，特别是引导许多青年博士进入道教研究领域。1996年，由陈鼓应等北京大学教授领衔主办的第2届国际道家道教学术研讨会在北京举行。这是10余年来全世界道教研讨会中最重要的一次会议。它的主要贡献是促进了世界道教学者的交流。1994年，陈鼓应教授组织了全国40名学者参与的研究计划，极大地推动了大陆道家道教学术发展，锻炼了一大批新生代的道教学者。1998年，汤一介教授邀请柳存仁、施舟人教授前来作道教专题讲演。1999年，法国道教学者施舟人在北京大学哲学系开设讲座道教仪式课程，他的学生如法国远东学院院长傅飞岚等人也前来讲学。目前在北京大学任教的道教学者王宗昱和程乐松以及课程内容都受到了施舟人学派的影响。

目前在中国哲学教研室工作杨立华等教授也同时进行道教历史或思想的研究，出版了道教专题的著作，并协助指导道教方向的研究生。

其他学科领域关于道教研究的进展也取得了长足的进步。历史系的荣新江教授带领学生处理了敦煌抄卷中的道教文献。赵匡华先生从1983年开始在外丹药方及模拟实验方面所作的研究超越了陈国符、袁翰青时代的旧传统，在世界化学史界处于领先地位。

8. 伊斯兰教研究

北大的伊斯兰教研究在"文革"期间虽然受到影响，但并未中断。

从1982年起，北大哲学伊斯兰教教学工作逐渐恢复。1982年，哲学系曾先后聘请中国社会科学院世界宗教研究所金宜久研究员、王建平助理研究员讲授伊斯兰教课程。

1992年，沙宗平留系任教，专门从事伊斯兰教研究和教学；与此同时，北大东语系、国际关系学院、社会学系和历史学系也都有若干教师涉及伊斯兰教教学和研究。从1986年至2000年，北大哲学系重建东方哲学教研室，楼宇烈为教研室主任。东方哲学教研室撤销之后，沙宗平调入新成立的宗教学和基督教教研室。沙宗平同时研究伊斯兰教哲学，并主持国家社科基金一般项目"中世纪阿拉伯神秘主义思想——照明哲学研究"的课题研究。出版了《伊斯兰哲学》（中国社会科学出版社，1996年）、《中国的天方学——刘智哲学研究》（北京大学出版社，2001年）等著作。

9. 儒家与宗教问题研究

儒家与宗教的关系是现代中国文化史上一个重要的争论，曾经引起过激烈的争论。北大的陈独秀、李大钊、蔡元培、胡适、冯友兰、任继愈等先生都在不同的程度上参与到了争论当中，发表过自己的观点。到了新时期，研究宗教学和儒家的学者仍然在争论这一问题。杜维明认为，儒家并非宗教，但有宗教性，并以此作为儒家与世界很多宗教对话的基础。当前北大宗教学和中国哲学的很多研究者对这个问题都有兴趣，近些年来逐渐展开深入的研究。要解决这个问题，不仅需要对儒家和中国宗教的传统有很深入的研究，而且要对宗教学理论和世界其他宗教有广泛的了解，在对比中研究。陈来在《古代宗教与伦理——儒家思想的根源》和《古代思想文化的世界——春秋时代的宗教、伦理与社会思想》两部著作中探讨了儒家与中国古代宗教传统的关系；孙尚扬很早就通过对明末清初天主教与儒家的关系接触了这个问题，后来又著专文，从现代宗教学中关于宗教的定义问题这一视角出发，立论主张儒教是宗教；沙宗平在对中国伊斯兰教的研究中，也一直关注伊斯兰教与儒家的互动问题；王宗昱于2011年出版了《儒礼经典选读》，系统整理了这方面的资料；王宗昱、李四龙在所开设的《中国宗教史》课程上，一直在关注这个问题；目前张志刚从事的教育部人文社会科学重点研究基地重大项目"中西宗教哲学比较的几组关键问题"也涉及这个问题；宗教文化研究院成立以后，其下属丧祭与文明研究中心整合了哲学、宗教学、社会学、人类学、法学、历史学、民俗学等各个学科的学者，以儒家丧礼和祭礼为核心，在中西比较的框架下，展开对儒家礼乐文明体系的研究，希望能够不停留在儒家是否宗教的意见之争，而在北大前辈学者的研究传统的基础上，深入对制度及其理念的具体研究。

10. 对宗教现状的研究

随着宗教政策的放开，各宗教在近年来都有不同程度的发展，而对宗教现状的实证性研究也在迅速展开。早在20世纪80年代北大宗教学专业恢复时期，宗教学专业教师就带领宗教学专业学生对宗教现状作了四次系统的实证调查，汇编了浙江、四川、福建、山西四省的宗教调查报告集。孙尚扬著《宗教社会学》是国内重要的关于宗教社会学方面的教材，他与其学生都作出了很多有价值的实证研究。吴飞的《麦芒上的圣言》是国内较早的宗教现状田野研究专著，在田野调查的细致和理论分析的深度上都比较成功。到了21世纪，随着研究的进一步积累，如何解释当前国内的宗教状况，特别是基督教的迅速发展，成为宗教研究者普遍关心的一个问题。学者们相继提出了两个理论来解释这一现象：宗教生态论和宗教市场论。这两个理论都有比较强的解释力，但随着讨论的不断深入，它们也都暴露出比较大的问题。北大宗教学研究在充分吸收国内外学者们的研究成果的基础上，也开始批判性地反思这些理论。张志刚的论文《当代中国宗教关系研究刍议——基于国内外研讨现状的理论与政策探讨》客观地分析了两种理论的优点和缺点，总结了国内外学者解释宗教现状的理论尝试，对于推动这一领域的研究有重要的启发。此外，北大社会学系的方文、卢云峰等也在从事相关的调查研究。

北大学者对国际范围内的宗教现状也非常关注，主持了教育部哲学社会科学研究重大课题攻关项目"当代宗教冲突与对话研究"；赵敦华、张志刚和李四龙主持了中央统战部委托的"马工程"项目"马克思主义宗教理论若干重大问题研究——宗教关系研究"；张志刚主持了中国统一战线理论研究会民族宗教理论甘肃研究基地重点课题"关于宗教生态论和宗教市场论的反思"等。

11. 科学与宗教

"科学与宗教"是当今宗教学研究中一个重要而富有活力的领域，近年来在国内有了长足的发展。北大在这方面也走在前列。冀建中教授于1992年开设了"科学与宗教"课程，以巴伯的《科学与宗教诸问题》英文版为教材。苏贤贵副教授从2000年开始，定期开设"科学与宗教"课程。苏贤贵还翻译了诸多相关著作，对这个领域的发展作出了很大贡献。

从1999年到2006年，宗教学系邀请了多名国际知名学者在北大发表"科学与宗教"的主题演讲。2006年7月22—23日，北大宗教学系科学与社会研究中心与香港浸会大学哲学宗教系联合主办了"科学与宗教"研讨会，这是国内科学家、科学史家与宗教学者进行的一次深入探讨。

二、课程与学制

1981年，北大宗教学专业恢复以来，逐渐建立起了较为全面的课程体系。虽然北大曾经培养过很多宗教学方面的优秀学者，但在"文革"期间，这些学者有的去世了，年轻一些的大多到社会科学与组建世界宗教研究所，所以80年代初期，宗教学方面的人才极为缺乏。

世界宗教研究所的很多学者联合开出了基本的宗教学课程，形成了比较完备的宗教学课程体系。1982—1983年，任继愈主讲宗教学原理，1984年以后，此课由吕大吉主讲。此外，金宜久和陈恩民主讲伊斯兰教，赵复三、高望之、颜昌友、乐峰主讲基督教史，文庸主讲圣经，王志远主讲佛教史，方广锠主讲佛教概论，张小青主讲中国基督教史。此外，黄楠森、钟肇鹏、杜继文、汤一介、楼宇烈、凌瑾芳、马西沙、卓新平、张继安等都参与了宗教学的教学工作。从1982年开始，宗教学专业每年招收10名本科生，8年一共招收68名学生。宗教学专业本科生设14门必修课："马克思主义哲学原理"、"马克思主义宗教学原理"、"伦理学"、"逻辑学"、"自然科学史"、"中国哲学史"、"中国通史"、"世界通史"、"基督教概论"、"佛教概论"、"伊斯兰教概论"、"道教概论"，共102个学分。

1987年秋天，加拿大麦克马斯特大学宗教学系主任冉云华来讲两门课：

"宗教学研究方法"、"印度禅和中国禅"。后来，美国教授欧迪安在北大长期讲授"宗教学理论"，新加坡三一神学院的钟志邦教授、韩国的郑安德教授、美国的杨克勤教授等，都长期在北大讲授"宗教学"。这些国外教授为北大宗教学的恢复和发展作出了很大的贡献。

以后，北大的宗教学逐渐有了自己的专任老师，上述的相应课程都有了各自专门的老师教授，增加了"宗教哲学"、"宗教社会学"、"宗教人类学"、"中国基督教史"、"圣经选读"、"古印度哲学原著选读"、"印度哲学专题"、"伊斯兰教"、"中国伊斯兰教专题"、"《古兰经》导读"、"阿拉伯哲学原著选读"、"阿拉伯伊斯兰文化"、"中西宗教比较研究"等课程，北大宗教学的课程体系逐渐完善起来。

1994—1996年，北大哲学系、宗教学系与香港汉语基督教文化研究所合作，连续三年举办暑期宗教与文化高级研讨班，邀请宗教学领域的著名专家汤一介、楼宇烈、赵敦华、唐逸、牟钟鉴、陈来、王炜、张志刚、张祥龙、戴康生、卓新平、刘小枫、雷永生、黄勇、罗秉祥、何光沪、杨克勤等人授课，1994年讲了10讲，1995年和1996年都讲了12讲，讲授内容涉及基本的宗教学理论，中西宗教文化，宗教与文学、伦理的关系等。学员以国内从事宗教教学与研究的中青年学者为主，兼及有基础知识者。这三期研讨班无论对北大自身的宗教学研究，还是对全国宗教研究的推动和人才培养，都起到了非常重要的作用。

从2003年起，宗教学专业的10个招生指标纳入哲学系的总体招生计划当中，具体专业在三年级再分，这样就增加了学生选专业的灵活性。从2006年开始，"宗教学导论"和"哲学导论"一起，被定为哲学系本科生一年级必修的主干基础课，使哲学系的每个本科生在入学时都对宗教学的基本问题有一定的了解。尽管国内很多学者从各个角度作出了尝试，但目前的宗教学原理还尚难形成一个统一的体系。因此，张志刚、李四龙、吴飞、王颂等任课老师从不同的角度讲授"宗教学导论"，课程本着开放的原则，尽可能广泛地传授宗教学的理念和研究视角，这种尝试取得了比较好的效果。

三、机构和人物

"文革"结束之后,北大急需恢复和发展宗教学方面的研究和教学。中国社会科学院世界宗教研究所所长任继愈为了系统培养宗教学研究的新生力量,于1981年建议与北大哲学系共同筹建宗教学专业,上报教育部批准,由哲学系负责招生、管理和分配工作,由宗教所派出宗教学教研室主任,负责课程设计、聘请教师和组织教学工作。北大同意了这个计划,于1982年秋季开始招生,首任教研室主任是谢雨春,但他工作了不到一年就因病离职了。1983年,由乐峰接任教研室主任,并兼任授课教师。当时的教研室还基本上只是一个空壳子,一切工作都有待从头建设。乐峰教授在宗教所和哲学系的支持下,努力工作,不拿北大一分钱的工资或补贴,担任了七年教研室主任,领导教研室的教师们一起把宗教学专业从无到有,逐渐建立起来,培养了几批宗教学专业人才,分配到全国各地有关单位和学校。这是"文革"后全国第一个宗教学教研室。

宗教学专业已经初具规模。随着宗教学教研室的独立,以及各个领域思想讨论的展开,和宗教研究相关的各项活动也蓬勃发展起来。1983年,王立留校任教,负责宗教学方面的事务。王立算是宗教学专业第一位专任教师,虽然未从事专门的教学工作,但于1983年、1987年组织和带领学生进行了宗教现状调查;1989年出国未归,现任美国布朗大学图书馆汉学部主任,从事道教史的研究。1986年,吴玉萍留系任教,吴玉萍是北大恢复宗教学专业后培养的最早的学生。1987年,王宗昱调入北大哲学系宗教学专业任教。1989年,乐峰离开了北大,回到社科院工作,宗教教研室由王忠欣任副主任,主任暂缺。同年,北京大学宗教学研究所成立,楼宇烈担任所长。后王忠欣出国未归,于美国组织北美华人基督教学会会长。1992年,张志刚任宗教学教研室主任。

1995年9月,哲学系、宗教学系举办了"北京大学宗教学系创立大会暨国际宗教学研讨会",宗教学专业独立成系,下面分设宗教学原理、基督教、佛教、道教四个教研室,这是全国第一个宗教学系。宗教学系与哲学系联体运作,即实行独立的本科与研究生教学计划,但其教研室、行政、学生的管理方面仍由哲学系负责。宗教学系成立以后，宗教学方面的教学、研究、学术交流等工作更加系统地开展起来，对宗教学理论和各种具体宗教的研究也越来越成熟了。为了充实宗教学的研究力量，王太庆和杨克明先生都加入到宗教学教研室。到1999年去世之前，王太庆先生为宗教学的发展作出了很大贡献。

2009年11月25日，在北大领导的提议和大力支持下，北京大学宗教文化研究院成立。宗教文化研究院整合了北大全校各个院系研究宗教的力量，积极开展合作研究、学术交流、出版系列丛书等，是一个跨学科、跨院系的虚体机构和研究平台，由张志刚任院长，李四龙、金勋、方文任副院长。宗教文化研究院下设佛教研究中心、道教文化研究中心、基督教文化研究中心、伊斯兰文化研究中心、丧祭与文明研究中心、欧美政教关系研究中心、中国社会与宗教研究中心、世界新兴宗教研究中心，并设有"虚云讲座"，出版《北京大学宗教学文库》、《人文宗教研究》和《世界宗教文化评论》等。

目前宗教学各教研室有如下主要成员：

楼宇烈[1]任北京大学宗教文化研究院名誉院长、全国宗教学会理事、副会长等职，在佛教研究领域造诣深厚，声望卓著。

姚卫群（1954年生），江苏人，现为北大佛教与道教教研室主任，专业方向包括佛教和东方哲学，较为关注的是佛教的历史与哲学方面的问题，并研究古印度的六派哲学。主要著作有《佛教思想与文化》、《婆罗门教》、《印度宗教哲学概论》等。

王宗昱（1954年生），北京人，生于河北，研究领域包括道教史、宗教学、中国哲学史等。主要成果有《梁漱溟》、《道教义枢研究》，编有《金元全真教石刻新编》、《儒礼经典选读》等，译著有《最后的儒家》。

张志刚（1956年生），山东青岛人，现为北大宗教学与基督教教研室主任，宗教文化研究院院长，中国宗教学会副会长，主要研究领域为宗教学、宗教哲学、基督教、宗教与文化、中西哲学与宗教比较研究、当代中国

---

[1] 楼宇烈的简介见《中国哲学学科史》人物部分。

宗教与政策研究等。主要著作有《宗教文化学导论》、《猫头鹰与上帝的对话——基督教哲学举要》、《走向神圣——现代宗教学的问题与方法》、《理性的彷徨——现代西方宗教哲学理性观比较》、《宗教学是什么》、《宗教哲学研究——当代观念、关键环节及其方法论批判》等。

徐龙飞（1960年生），河北正定人，研究方向包括基督教史、基督教哲学、中世纪神学和哲学。著有《景教碑——基督宗教与中国文化相遇》，《形上之路——基督宗教哲学建构方法研究》（北京大学出版社，2012年）。

吴玉萍（1963年生），山东威海人，主要研究领域有基督教史及圣经新约、基督教在中国的发展及与中国社会文化的关系。主编《赵紫宸文集》4卷等。

徐凤林（1964年生），黑龙江人，研究方向包括俄罗斯哲学家索洛维约夫、弗兰克、舍斯托夫的专题研究和俄罗斯哲学一般特点和研究方法，早期东方教父和拜占庭教父神学研究，东正教圣像研究等。著有《俄罗斯宗教哲学》、《索洛维约夫哲学》、《复活事业的哲学》、《东正教圣像史》，译著有《雅典和耶路撒冷》、《东正教》等。

沙宗平（1965年生），安徽人，主要研究领域为伊斯兰教和阿拉伯哲学。主要著作有《伊斯兰哲学》、《中国的天方学》等。

孙尚扬（1965年生），湖北人，主要研究领域包括中西文化、哲学、宗教交流史、中国基督教史、宗教社会学等。著有《基督教与明末儒学》、《汤用彤》、《宗教社会学》、《20世纪西学东渐史——基督教哲学在中国》（合著）等，译有《原始宗教理论》、《基督宗教》等多种。

周学农（1968年生），山西人，主要研究领域包括中国佛教史、禅宗、近现代佛教。主要成果有《中国现代学术经典·太虚卷》、《十二门论校释》。

李四龙（1969年生），上海人，现任系副主任，宗教文化研究院副院长，佛学教育研究中心主任。主要研究领域包括中国佛教史、佛教哲学。著有《天台智者研究》、《中国佛教与民间社会》、《天台宗与佛教史研究》、《欧美佛教学术史》，译著有《佛教征服中国》。

王颂（1971年生），北京人，主要研究领域包括中国佛教、日本佛教。著有《宋代华严思想研究》。

吴飞（1973年生），河北人，主要研究领域包括基督教哲学、宗教人类学、中西宗教文化比较研究等。著有《麦芒上的圣言》、《浮生取义》等，译著有《上帝之城》（3卷）。

程乐松（1978年生），江西德兴人，主要研究领域包括六朝及隋唐道教史、两汉思想史与早期道教、宗教经典诠释学。著有《即神即心——陶弘景与茅山真人之诰》。

四、北京大学宗教学的回顾与展望

和其他学科一样，北大宗教学研究已经走过了一百年的历史，几经兴衰，产生了很多著名的学者和重要著作，也参与到了中国现当代史上很多惊心动魄的事件当中。目前，中国的宗教和文化现状正在发生急剧的变化，既是百年来现代中国宗教格局的继续，也有许多21世纪的新情况。北大的宗教学研究，既有必要继承前辈学者的学术精神，也必须能够审慎地面对国际和国内的宗教格局，为中国文化的健康发展作出贡献。

概括起来，除了一部部厚重的著作和具体的思想之外，前辈学者给我们留下了这样几方面的精神遗产：

第一，在现代中国的社会文化环境当中，宗教问题越来越成为一个至关重要的文化问题。在当前的宗教学研究中，常有学者难以很好地把握个人信仰和客观研究之间的度，过多地把个人偏见掺入宗教研究当中。北大的宗教研究从一开始就坚持客观研究的立场，坚决把个人信仰与宗教研究区分开。蔡元培在《教育独立议》中确立了教育独立于宗教立场的基本方向。在反基督教运动中，傅铜、贺麟以学者的良知严肃批评了非理性的宗教态度。以后，汤用彤、任继愈等学者尽管具体学术观点不同，但都秉承了这一基本立场。这成为北京大学宗教研究值得骄傲的一份精神传统，前辈学者们也督促我们继续坚持学者的良知，将这一传统坚持下去。

第二，北大的宗教研究一直以深厚的经典研究为学术根基。虽说宗教学与哲学并不完全相同，目前也常常出现将两个学科分离的趋势，但北大的宗教研究一直与哲学理论和经典的研究密不可分。主要的宗教研究者同时也是哲学上的大师，很多关于宗教问题的重要言论是专业为中国哲学或西方哲学的学者提出来的。在这一百多年中，深厚的理论基础始终是宗教研究得以产生和发展的土壤。在民国时期，哲学与宗教学本来就不曾相互独立，1982年以来，特别是在1995年宗教学系建立以来，虽然宗教学系在建制上独立了，但是宗教学与哲学的这种密切关系始终没有断过。无论宗教学和哲学在将来的关系怎样，这都应该是我们不能丢弃的研究传统。

第三，在以经典和理论研究为基础的前提下，北京大学的宗教学从来都不拒绝广泛吸收其他学科，特别是社会科学的视角、理论和方法。由于宗教学科的特殊性，它总是具有极强的现实性，不仅仅是理论问题。因而许多研究宗教的学者未必在哲学或宗教学系。从民国时期开始，各个学科之间的相互支持和补充就是宗教学得以发展壮大的重要原因。到了新时期，宗教学一直在广泛吸收社会学、人类学、心理学、历史学等学科的丰富营养，特别是在宗教文化研究院成立以后，不同学科的宗教研究者之间更是密切合作，共同开展相关领域的研究。在今后的发展中，北大宗教学仍将抱有宽容和开放的心态，广泛吸收各个学科的优秀成果，不断充实和完善自己。

第七章 科学技术哲学学科史

吴国盛　苏贤贵[1]

第一节　引言

科学技术哲学（简称"科技哲学"）是一个特殊的学科，虽然被列为哲学的二级学科，但其实际的研究内容远远超出了哲学的范围，涉及科学史、科学哲学、科学社会学三大传统学科，又涉及科技政策、科技管理、科学传播等新兴的研究领域。从某种意义上讲，科技哲学并不是一个单一的学科，而是一个以科学技术为研究对象的学科群。

学科的特殊性还不止于研究内容的庞杂，还在于研究传统的二元化。1983年国务院学位委员会发布的第一个学科目录中，本专业的名称是"自然辩证法"；1990年发布的第二个学科目录中，本专业的名称是"科学技术哲学（自然辩证法）"；1997年发布的第三个学科目录中，本专业的名称是"科学技术哲学"，沿用至今。这个名称的演变体现了本学科的两大历史来源和历史传统：西方的科学哲学传统与马克思主义传统（自然辩证法）。用通俗的话讲，本专业一半属西（方哲学），一半属马（克思主义哲学）。

对科学本身的哲学反思历史悠久。从亚里士多德开始，何谓确定性知识，如何达到确定性知识，已经是专门讨论的问题。近代科学的创始者们，一面构建新的自然哲学，一面构建新的科学哲学。康德已经自觉意识到，自然科学作为确定性知识的典范，它的可能性不成问题，需要讨论的只是"何

---

[1] 本章大量参照了北京大学科学与社会研究中心编写的《自然辩证法在北大》一文，该文载于龚育之：《自然辩证法在中国》，北京大学出版社 2005 年增订版。

以可能"的辩护问题。科学哲学作为学科出现，一方面与科学本身的专业化、科学的社会影响的日益扩大有关，另一方面也与哲学的专业化有关。1840年，英国学者休厄尔发表《归纳科学的哲学》，开现代科学哲学之先河。20世纪初年的物理学革命使科学哲学成为哲学中最有活力的分支之一。由于科学哲学吸引了一大批著名科学家的参与和关注，它比其他哲学分支显得更有影响。就此而言，科学哲学曾经是西方哲学中的显学。

二战之后，科学的社会影响成了一个有待反思的问题。这种新的时代要求，帮助加快了科学史、科学哲学和科学社会学的学科建设。70年代之后，科学、技术与社会相互关系的研究成为热门。人们发现，单纯的科学史与科学哲学的专门研究，不能够适应科学技术日新月异的变化，不能够及时回答随之而来的越来越多、越来越复杂的社会问题，因此，以科学技术为研究对象的学科一下子成了一个学科群，在不同的研究计划之中蓬勃生长起来。

中国不是近代科学的故乡，一部近代科学史，也就是一部西方科学在中国的传播史。中国近代第一批科学家，一方面在中国的大学和研究机构教授科学知识，另一方面也负有向中国社会、中国民众传播科学观念的使命，因此，他们同样是第一批科学哲学家。丁文江、竺可桢、梁思成、茅以升、李四光等人对科学的人文层面有自觉的意识和反思，人文学者如胡适、赵元任、金岳霖、洪谦等，有很好的科学哲学素养。1918年，北京大学开设"科学概论"课程，是近代中国最早的科学哲学课程。1920年北大教授王星拱的《科学概论》上卷《科学方法论》由北京大学出版部出版，是中国现代最早的科学哲学著作。20年代"科学与人生观"大论战促进了对科学的哲学思考，此后20年相继出版了张东荪的《科学与哲学》（商务印书馆，1924年），郑太朴的《科学概论》（商务印书馆，1928年），胡明复的《科学方法》（商务印书馆，1931年），方东美的《科学哲学与人生》（商务印书馆，1937年），洪谦的《维也纳学派哲学》（商务印书馆，1945年），罗克汀的《自然哲学概论》（生活书店，1948年），竺可桢等的《科学概论新篇》（正中书局，1948年）等一大批科学哲学著作，其中金岳霖的《知识论》（商务印书馆，1948年）和洪谦的《维也纳学派的哲学》（商务印书馆，1945年）是具有国际一流水平的成就。1949年之后，来自西方的科学哲学被认为是资产阶级哲学思潮，受到批判和清算，因此这个传统被迫中断。

取而代之的是马克思主义传统。这个传统有两个来源：第一是马克思主义经典作家本人发表过的有关自然科学的论著，比如马克思的《数学手稿》、恩格斯的《自然辩证法》和《反杜林论》、列宁的《唯物主义和经验批判主义》等。第二是20世纪30年代以来英国剑桥的左翼科学家倡导的、后来在社会主义阵营里得到进一步发展的科学学、科学史、自然科学哲学问题研究。早在延安时期，于光远就翻译了恩格斯的《自然辩证法》，并组织学习小组，研究自然辩证法。50年代，于光远任中宣部科学处处长，负责制定中国的科学发展政策和科学家政策，《自然辩证法》开始成为中国科学政策和科学家政策的指导性文献；以《自然辩证法》为蓝本发展起来的社会研究事业，开始担任某种政治角色，行使某种政治功能。1956年，国务院制定全国十二年（1956—1967）科学发展远景规划，成为新政权各项科学事业的原点。由光远主持，召集一些有兴趣的自然科学家，制定了一个"自然辩证法"的学科规划草案。草案中说："在哲学和自然科学之间是存在着这样一门科学，正像在哲学和社会科学之间存在着一门历史唯物主义一样。这门科学，我们暂定名为'自然辩证法'，因为它是直接继承着恩格斯在《自然辩证法》一书中曾进行过的研究。但也有人不同意，认为在目前还是以'自然科学和数学中的哲学问题'来称呼比较确切些。"由于有争论，这个学科的名字改为"自然辩证法（自然科学和数学中的哲学问题）"，但久而久之，括号被省去了。"自然辩证法"就成了这个新学科的名字。

当时实行了两项措施：第一，1956年6月，在中国科学院哲学研究所下成立自然辩证法研究组，于光远亲任组长；第二，1956年10月，创办《自然辩证法研究通讯》，直到1966年停刊。这两项措施使得这个学科有了基本的建制。之后，在北京大学、中国人民大学等高等学校设置了自然辩证法的教学和研究机构。1962年开始，中科院哲学所与北大哲学系联合招收了三届自然辩证法专业的研究生。

"文革"之后，百废待兴。1977年，国家制定了新的八年科学发展规划。与自然辩证法有关的内容是，筹建全国性的自然辩证法研究会，创办自然辩证法学术刊物。1978年，邓小平批准成立中国自然辩证法研究会（筹备会）。

1979年，《自然辩证法通讯》创刊，由中国科学院自然辩证法通讯杂志社主办，于光远为主编，李宝恒为副主编，1981年范岱年接任。1981年，中国自然辩证法研究会正式成立，于光远被推选为理事长，周培源、卢嘉锡、李昌、钱三强、钱学森、钟林为副理事长。尽管在新的研究规划里，自然辩证法被认为是"马克思主义哲学科学的一个重要门类"，但是由于科学技术本身在新的现代化事业中特殊的重要性，由于以科学技术为研究对象的学科如科学史、科学哲学、科学社会学在国际上已经成为有着重要影响的学科，还由于中国有着以于光远为首的一个比较庞大的"自然辩证法"队伍，于是在学科学位规划中，自然辩证法被单独列为"哲学"的二级学科，而不是马克思主义哲学下面的三级学科。

新时期的自然辩证法学科建设的重心向高等院校转移，科学研究和人才培养同样重要。1978年，于光远等人首次在中国科技大学研究生院招收自然辩证法硕士研究生。1981年，教育部正式发文确定自然辩证法类课程是全国理工农医科研究生的必修政治课。这样，自然辩证法就既有自己的学科建制，也有自己特殊的用武之地：此后20多年间，几乎每一个招收研究生的理工农医科高校都设立了自己的自然辩证法教研室，造就了相当可观的自然辩证法队伍。截至2006年，全国有26个科技哲学的博士点，113个硕士点，在哲学的二级学科中仅次于马克思主义哲学。

北京大学的科学技术哲学学科的历史，可以看成是近百年来中国科学技术哲学—自然辩证法学科发展历程的一个缩影。它完整地而且有时是典型地经历了上述过程，因此我们可以把北大科技哲学学科史划分为三个时期：第一，西方科学史、科学哲学的引进时期（1898—1949）；第二，自然辩证法事业的形成与发展时期（1949—1983）；第三，科学技术哲学学科建设时期（1983—2012）。

第二节 西方科学史、科学哲学的引进时期（1898—1949）

科学技术哲学是对科学技术的哲学反思，它在中国的兴起和发展伴随着西方科学在中国的引进和传播，是中国现代化历程的一个重要侧面。自从鸦片战争以来，中国近代知识分子为了寻求富国强兵之策已经看到了科学的巨大作用，但是最初它是和军事、工业一起，被看成器物层面上自强保种的手段，而作为西方科学之灵魂的科学精神并没有进入中国知识分子的思想底蕴。19世纪末大批中国学生开始赴日本、美国和欧洲诸国留学，他们不但受到了较多的科学训练，熟悉科学方法，而且对于科学发展的历史及其在西方近一二百年历史上的作用，都有较深的了解。这批知识分子回国后遂成为20世纪初在中国推动科学事业的主要力量，也是中国最早的科学哲学研究者。

西方科学在近代中国的传播过程包含了这样几个方面的工作：除了科学知识的传播（主要是科学社团、大学理工科院系的设立和科研的开展，以及面向国民的科普教育），更主要的是对科学方法的介绍和宣传，对西方科学史的介绍，对科学与社会的关系，科学与哲学、文化之关系的认识，以及在此基础上对科学整体性质和社会文化功能的理解，而这数者可说构成了今日之科学技术哲学学科的主体内容。北京大学的学者在这个学科的初创和发展中扮演了重要的角色。从严复对逻辑学和科学方法的介绍、蔡元培对大学文理交融的设想，陈独秀对德先生和赛先生的推重，胡适对实验主义方法的推崇，王星拱等对科学方法的阐述，都体现了这一点。

一、科学方法的早期介绍

1877—1879年，严复公派英国留学，先后入普茨茅斯大学和格林威治海军学院，属于中国最早接触西方科技的知识分子之一。除了翻译《天演论》、《原富》、《群学肄言》、《法意》等西方社会政治著作之外，严复还翻译了约翰·穆勒的《穆勒名学》（前半部分），以及耶方斯的《名学浅说》，对中国科学哲学作出了独特的贡献。严复很早认识到科学对中国传统学术的纠正作用，认为科学之有效在于其方法。他在《西学门径功用》（1898）中最早系统地介绍归纳和演绎方法的区别和作用："……格物穷理之用，其涂术不过二端。一曰内导；一曰外导。""内导（又称内籀，即归纳）者，合异事而观其同，而得其公例。""学至外导（又称外籀，即演绎），则可据已然已知以推未然未知者。"[1] 通过翻译《名学浅说》，他详细介绍了归纳方法的四个步骤，即"观察、设臆、外籀、印证"。严复认为演绎法的前提公例皆为归纳所得，因此推崇归纳法为科学求知的首要方法，是中国传统学术所缺乏，因而需要极力弥补的。严复并且组织名学会，大力促进了逻辑学在中国的传播。

北京大学科学哲学的发展和蔡元培先生有很大的关系。一方面，蔡元培于1917年就任北京大学校长以后，实施一系列的改革，把北大改造为一所文理并重的现代意义上的研究型大学。良好的理科为科学精神的提倡，以及关于科学的讨论提供了学科基础。另一方面，蔡元培本人对科学以及科学精神有很深的把握，对于科学之性质和作用有诸多阐述。

蔡元培虽然是清末翰林出身，但年轻时对自然科学多有涉猎，早在1901年就推崇归纳法："《礼记大学》称：格物致知。学者类以为物理之专名，而不知实科学之大法也。科学大法二：曰归纳法，曰演绎法。归纳者，致曲而会其通，格物是也。演绎者，结一而毕万事，致知是也。二者互相为资，而独辟之智必取径于归纳。"[2] 蔡元培在德国留学期间（1907—1911）修习多门科学课程，受实验心理学家冯特的影响尤大，对西方科学的发展有比较系统的了解。他在1919年的《哲学与科学》一文中系统追溯了中西科学思想之由来和发展，明辨知识之分类，科学方法的特点以及和哲学的关系："自十六世纪以后，学术界之观念，渐与中古时代不同。其最著者：（一）培根于论理学极力提倡归纳法，因得凌驾雅里士多德之演绎法而凡事基础于实地之观察；（二）自一千五百九十年，发明显微镜，千六百零九年，发明远镜，其后寒暑风雨电气等表，次第发明，而实验之具渐备；（三）分工之理大明，渐由博综之哲学，而趋于专精之科学。此皆各种科学特别成立之原因也"[3]，堪称给出了一个简明的科学思想史概述。

---

[1] 严复：《西学门径功用》，见王栻主编：《严复集》，中华书局1986年版，第94页。
[2] 蔡元培：《化学定性分析》序，见高平叔编：《蔡元培全集》第1卷，中华书局1984年版，第119—120页。
[3] 蔡元培：《哲学与科学》，见高平叔编：《蔡元培全集》第3卷，中华书局1984年版，第249页。

蔡元培主张科学的方法可运用于人文社会的研究之中，"盖科学方法，非仅仅应用于所研究之学科而已，乃至一切事物，苟非凭借科学，明辨慎思，实地研究，详考博证，即有所得，亦为偶中，其失者无论矣"[1]。他还非常重视文理的沟通，这是他一再强调的主张和理想。他在1919年《北京大学月刊》发刊词中指出："治文学者，恒蔑视科学，而不知近世文学，全以科学为基础……治自然科学者，局守一门，而不肯稍涉哲学，而不知哲学即科学之归宿，其中如自然哲学一部，尤为科学家所需要；治哲学者，以能读古书为足用，不耐烦于科学之实验，而不知哲学之基础不外科学，即最超然之玄学，亦不能与科学全无关系。"[2] 这个文理兼通的思想鼓励和促进了北大科学史和科学方法论的研究。

二、科学方法论和科学史的研究

在蔡元培校长的提倡下，北大化学系的王星拱教授于1919年开设了"科学概论"课程。王星拱（1888—1949），字抚五，安徽怀宁人，著名教育家、化学家、哲学家。早年留学英国，1916年硕士毕业回国后被聘为北京大学化学系教授，后任系主任。1920年北京大学出版部出版了他根据自己的讲义所著的《科学方法论》一书[3]，这是中国第一部关于科学方法论的专著。他在序言中说："这一部书，是我从北京大学讲义稿子编辑起来的。自从蔡子民先生到北京大学之后，大学里的各部分，都极力的要革除'文理分驰'的弊病；因为'文''理'不能沟通，那文学哲学方面的学生，流于空谈玄想，没有实验的精神，就成些变形的举子了。那科学工程方面的学生，只知道片段的事实没有综合的权能，就成些被动的机械了。这两种人材，都

---

[1] 蔡元培：《大学院公报》发刊词（1928年1月），见高平叔编：《蔡元培全集》第5卷，中华书局1988年版，第195页。
[2] 蔡元培：《北京大学月刊》发刊词，《蔡元培全集》第3卷，第211页。
[3] 此为拟出的《科学概论》之上卷，下卷拟定主题为《科学发达史和科学中之综合的理论》，后未出版。1930年商务印书馆出版的《科学概论》应为王星拱在北大讲授"科学概论"课程的第二部分内容"科学效果"。

不能适应将来世界之环境。"[1] 王星拱认为"凡是确切的，明晰的，有系统的学术都可以叫做科学"。而科学的本质就是科学的方法，"凡是经科学方法研究出来的，都可以叫做科学，因为科学之所以为科学，非以其资料之不同，正以其方法之特异"[2]。王星拱认为科学的方法在于一种实质的逻辑（material logic），它和传统的逻辑很不相同，"形式的逻辑重推论，实质的逻辑重试验；形式的逻辑重定律，实质的逻辑重事实；形式的逻辑重理性，实质的逻辑重直觉；形式的逻辑重传衍，实质的逻辑重创造；形式的逻辑重证明，实质的逻辑重发明；形式的逻辑是静的，实质的逻辑是动的；形式的逻辑把未知包在已知之中，像一个小圈包在一个大圈里边一样，实质的逻辑把未知伸在已知之外，像从一条直线向前，另外伸长一条直线出来一样。科学之所以能有进步，因为他无处不用这个方法，无处不有这个精神。这个方法精神之影响，在人类思想上非常的大，不可遏抑"[3]。王星拱在书中以实例讨论了许多具体的科学研究程序和工具，如归纳、概率、测量、误差、观察、试验、近似、假设、分类、例外，等等。

北京大学在科学史的教学和研究方面也领先于国内学术界，其中化学家丁绪贤作出了开创性的贡献。丁绪贤（1885—1978），安徽阜阳人，1911—1916年留学英国伦敦大学化学系，1919年被蔡元培校长聘为化学系教授，任教至1930年，其间曾兼系主任。丁绪贤在教授化学之余开设了化学史的课程，主张将科学史列为大学教学内容，并高度评价科学史学习的重要性。1919年他在《北京大学月刊》首期发表《有机化学史》一文（标注"此予在留英学会演讲之作"），介绍了1828至1867年间有机化学的理论发展以及工业应用。后又在《北京大学月刊》第1卷第3号发表《包尔（波义耳）传》。丁绪贤在教学和研究的基础上，参考众多西方化学史论著，历时八载，于1925年完成了《化学史通考》一书，由北京大学出版部出版（列为"北京大学丛书"之十一），因大受欢迎，1936年又由商务印书馆出增订版。此书是中国第一部最系统的化学通史学术著作，它以历史分期为主线，各阶段

---

[1] 王星拱：《科学方法论》"序言"，北京大学出版部1920年版。
[2] 同上书，第5页。
[3] 同上书，第7页。

又以主题（炼金术、制药、燃素、氧的理论、原子理论、分子理论、有机化学……）为中心，间以人物生平传记，对古埃及至 20 世纪初的化学发展及应用作了清晰的介绍。作者对化学史的目的和功用作了阐述：化学史可以整合专业分割的各化学学科，可学习化学中的科学方法，帮助理解化学中根本概念的来龙去脉，给我们"根本上的知识"。[1]

这一时期短暂担任北大教授的任鸿隽也是中国阐述科学精神和科学方法的最重要的学者之一。任鸿隽（1886—1961），字叔永，1913—1918 年分别入美国康奈尔大学和哥伦比亚大学，学习物理学和化学。1914 年与赵元任、胡明复、杨铨等成立中国科学社，创办《科学》月刊。1920 年受蔡元培之聘，任教于北京大学化学系。1921 年英国哲学家罗素在北京大学讲授"物之分析"，任鸿隽担任翻译，记述演讲，并参与接待工作。任鸿隽系统阐述了科学的精神和方法，是中国普及科学精神最重要的先驱人物。他指出国人通常误以科学为物质的、功利的，但科学首先是学术，为精神文明，物质的应用乃是科学的枝叶，非其本根。要理解科学必须了解科学的精神。"科学精神者何？求真理是也。"具有"崇实"和"贵确"两个要素，此二者皆为中国传统所缺乏。[2] 后来又扩充为科学精神的五个特征，即崇实、贵确、察微、慎断、存疑。[3]

在科学方法上，任鸿隽推崇经验主义："今之科学，固不能废推理，而大要本之实验。有实验而后有正确智识，有正确智识而后有真正学术，此固为学之正鹄也。"[4] 在《科学方法讲义》[5] 一文中，任鸿隽详细介绍了科学的起源、科学与逻辑的关系，尤其是西方科学思想史中从培根、穆勒、惠威尔到耶方斯的对归纳逻辑的论述，并以科学史的例子阐述了从观察、实验、分类、分析、归纳、假设，到学说与定律的科学认识的程序和步骤。他特别指出"假说"在科学认识中的重要地位，以纠正极端的经验主义的偏颇："因

---

[1] 丁绪贤：《化学史通考》，商务印书馆 1936 年版，第 3—5 页。
[2] 任鸿隽：《科学精神论》，见樊洪业、张久春选编：《科学救国之梦——任鸿隽文存》，上海科技教育出版社 2002 年版，第 69—72 页。
[3] 任鸿隽：《科学概论》，商务印书馆 1926 年版。
[4] 任鸿隽：《科学精神论》，见樊洪业、张久春选编：《科学救国之梦——任鸿隽文存》，第 116 页。
[5] 发表于《科学》第 4 卷第 11 期（1919 年 10 月），标注"在北京大学论理科讲演"。

为有了假设，然后能生出更多的试验，然后能使现象的意思越发明白，事实的搜集越发完备。所以假设这一个步骤，倒是科学上最紧要的。现在科学的方法，所以略于极端的实验主义的地方，也就因为有假设这一步，可以用点演绎逻辑。"[1]任鸿隽认为科学的方法也应该推广于其他学问，"科学方法在一般学者，比较在科学家还紧要些"[2]。

任鸿隽对科学史非常重视，1920年就在北大化学系开设了"化学史"课程，科学史的素养体现在他的诸多科学论著中，并且在1946年组织翻译了英国科学史家丹皮尔的名著《科学史及其与哲学和宗教的关系》（译名为《科学与科学思想发展史》）。他在科学组织、科学政策、科学与工业、科学与教育、科学与文化等诸多方面也都有很深入的开创性的阐述，实为我国最早系统地关注和研究科学与社会关系的学者。

三、科学与人生观论战

1923—1924年的"科玄论战"是中国现代思想史上一个重要事件，是西方哲学中科学主义与人本主义传统的分歧和对立的反映，也显示了中国知识分子对于科学的性质、方法、作用以及限度的深入理解。北大的学者在论战中发挥了很大的影响，其中胡适、王星拱、唐钺等北大学者与论战的主要人物丁文江一起，属于论战中"科学派"的主要代表。

1923年2月，哲学家张君劢在清华大学作"人生观"的演讲，宣扬科学与人生观是根本不同的："科学之中，有一定之原理原则，而此原理原则，皆有证据"，而"天下古今之最不统一者，莫若人生观"。因此人生观不受科学的支配："科学无论如何发达，而人生观问题之解决，决非科学所能为力，惟赖诸人类之自身而已。"此论引起地质学教授丁文江（1887—1936）的激烈批评。丁文江在哲学上受经验主义的影响，主张科学方法万能，要求取消玄学。他认为，科学万能不是因为科学的材料和结论是万能的，而是指科学

---

[1] 任鸿隽：《科学精神论》，见樊洪业、张久春选编：《科学救国之梦——任鸿隽文存》，第201页。
[2] 同上书，第203页。

的方法在各个领域都是普遍适用的。科学方法可以应用于人生问题，由此科学的人生观就是可能的。

胡适在中国现代科学思想史上有着特殊的地位，虽然他的教育背景中科学的训练比较弱，却是同时代提倡科学最力的一位。他于1910年赴康奈尔大学学习农学，是中国科学社的发起人和早期活跃成员，但不久转文学院，1914年又转入哥伦比亚大学师从杜威学习哲学，并终生服膺杜威的实用主义。胡适和同时代的知识分子一样认识到西方科学对于中国文化的改造作用，他最先把科学方法引入中国的史学和文学研究之中，把传统的考据学建立成为一门"整理国故"的科学。胡适的科学方法用他自己的话说，就是"大胆的假设，小心的求证"[1]。这种观点具有"假设主义"的特点，和当时流行的对归纳主义的强调形成对比。他在《实验主义》（1919）中说："实验主义绝不承认我们所谓'真理'就是永永不变的天理；他只承认一切'真理'都是应用的假设；假设的真不真，全靠他能不能发生他所应该发生的效果。这就是'科学试验室的态度'。"[2]

胡适对科学的人文功用抱有极大的信心，"我们也许不轻易相信上帝的万能了，我们却信仰科学的方法是万能的"。在"科玄论战"中，胡适认为科学可以解决人生观的问题，他在《科学与人生观》一书的序中提出了一种具有很强的还原论色彩的所谓"自然主义的人生观"，即用张君劢的话说，就是"根据某某科学，叫人知道某某事，意在以科学之力造成一种新人生观，故自名其十条大方针，曰科学的人生观"[3]。比如，"根据于一切科学知道宇宙及其中万物的运行变迁皆是自然的，——自己如此的，——正用不着什么超自然的主宰或造物者"。甚至宗教也可由生物学得到解释，"根据于生物学及社会学的知识，叫人知道个人——'小我'——是要死的，而人类——'大我'——是不死的，不朽的；叫人知道'为全种万事而生活'就是宗教，就是最高的宗教"[4]。

---

[1] 《清代学者的治学方法》，1921年。
[2] 欧阳哲生编：《胡适文集》（2），北京大学出版社1998年版，第210—211页。
[3] 张君劢：《人生观之论战》序，见上海泰东图书局编：《人生观之论战》，1937年。
[4] 胡适：《科学与人生观》序，见张君劢、丁文江等著：《科学与人生观》，山东人民出版社1997年版，第24页。

王星拱也显示出很强的科学主义立场，认为科学所研究的对象要服从"因果律"和"齐一律"，而人生各种现象和数学、物理、化学等研究的对象没有根本的不同："生物活动，也不过是天然活动中之一部分，和无机界之活动，也没有根本的区别，也用不着归功于生命力。所以凡用以研究无机物质的物理化学，也可以应用于生物问题，用以研究生物的生物学，也可以应用于人生问题。不过在人生问题中，因子较为复杂，不及在科学（就狭义的科学而言）里边各问题中的各因子，容易为试验者所规定而已。"他的结论是，"科学是凭藉'因果'和'齐一'两个原理而构造起来的；人生问题无论为生命之观念，或生活之态度，都不能逃出这两个原理的金刚圈，所以科学可以解决人生问题"[1]。

唐钺也是"科玄论战"的积极参与者。唐钺（1891—1987），字擘黄，1914年入美国康奈尔大学修习心理学和哲学，为中国科学社早期会员，后就读于哈佛大学心理学系，1920年得博士学位。归国后，任北京大学哲学系和清华大学心理学教授。1952年后任北大心理学系教授。唐钺在哲学上很有造诣，翻译过康德的《道德形上学探本》、约翰·穆勒的《功用主义》、詹姆斯的《宗教经验之种种》，以及马赫的《感觉的分析》（合译）。他很早在《科学》杂志上发表科学家传记，介绍科学史、科学方法，阐述科学与伦理、艺术之关系。在"科玄论战"中，唐钺针对于玄学派认为情感、心理无法由科学认识，主张心理现象是有因果的，"人生观不过是一个人对于世界万物同人类的态度，这种态度是随着一个人的神经构造、经验、知识等而变的。神经构造等就是人生观之因"[2]。

四、马克思主义科学观的介绍

北大是马克思主义在中国传播和发展的起源地。虽然马克思主义最先得到介绍的是其唯物史观和社会学说，作为马克思主义自然观和科学观的"自然辩证法"译介较晚，但是，在唯物史观的介绍中，科学和社会的关系得到

---

[1] 王星拱：《科学与人生观》，见张君劢、丁文江等著：《科学与人生观》，第283、286页。
[2] 唐钺：《心理现象与因果律》，见张君劢、丁文江等著：《科学与人生观》，第218页。

了很大的重视。

1919年，最早传播马克思主义的北大教授李大钊很早就注意到马克思论科学与社会的关系，他在《我的马克思主义观》（1919）中指出："近代科学勃兴，发明了许多重要机械，致人类的生产力逐渐增加，从前的社会组织，不能供他回翔，封建制度的遗迹，逆全被废灭。代他而起的，乃为近代的国家。"[1] "手臼产出封建诸侯的社会，蒸汽制粉机产出产业的资本家的社会。"[2]

陈独秀早在1915年的《敬告青年》中就指出："近代欧洲之所以优越他族者，科学之兴，其功不在人权说下，若舟车之有两轮焉。今且日新月异，举凡一事之兴，一物之细，罔不诉之科学法则，以定其得失从违；其效将使人间之思想为云，一遵理性，而迷信斩焉，而无知妄作之风息焉。"[3] 五四运动前后，陈独秀的马克思主义思想日益成熟，对科学的社会改造功用也采取了唯物史观的观点。在"科玄论战"后，陈独秀为《科学与人生观》一书写了序，痛惜科学派由于未能采用唯物史观，因而无法最终打败玄学派。他批评胡适的观点说："离开了物质一元论，科学便濒于破产，适之颇尊崇科学，如何对心与物平等看待！适之果坚持物的原因外，尚有心的原因，——即知识、思想、言论、教育，也可以变动社会，也可以解释历史，也可以支配人生观，——像这样明白主张心物二元论，张君劢必然大摇大摆的来向适之拱手道谢。"[4]

五、课程建设

与北京大学学者的科学思想研究相应，从成立的早期始，北大哲学系的课程中已经体现了对自然科学的知识、方法和历史的重视。在北京大学成立20周年的1918年，北大哲学系（哲学门）的"本科现行课程表"上

---

[1] 中国李大钊研究会编注：《李大钊全集》卷三，人民出版社2006年版，第49页。
[2] 同上书，第27页
[3] 陈独秀：《敬告青年》，《青年杂志》1915年第1卷第1号。
[4] 陈独秀：《答适之》，见张君劢、丁文江等著：《科学与人生观》，第32页。

记载了如下自然科学的课程以及授课教师：第一学年："生物学"（李石曾[煜瀛]）、"化学发达史"（王抚五[星拱]）、"地质学方法论"（王抚五）；第二学年："心理学实验"（陈百年[大齐]）、"生物学"（李石曾）、"人类学与人种学"（陈仲骧）；第三学年："生物学方法论"（李石曾）、"地质学方法论"（王抚五）、"化学发达史"（王抚五）。1919年王星拱在北大首开"科学概论"，为全校共同必修课，其后数年列为哲学系本科选修课；1922年哲学系增设课程"相对论在知识论上的价值与批评"；1929年又开设"自然哲学"和"科学方法与效果"课程。

其中"科学概论"一课开设最为持久。据1924—1925年度"哲学系课程指导书"，王星拱开设的"科学概论"内容包括："（甲）科学方法：（1）偶然与或然；（2）归纳之原理；（3）物理的方法与历史的方法；（4）错误之免除与减少；（5）观察与试验；（6）假定之价值与用法，（7）逼近；（8）综合与推较；（9）分类；（10）结论。（乙）科学效果：（1）科学与哲学；（2）理论与实用；（3）科学与美术；（4）科学与论理；（5）科学与道德；（6）联续与无限；（7）物质与能力；（8）生物进化；（9）由生理学解释之生命论。"1931年"科学概论"授课教师为张心沛，西南联大期间（1939—1945）授课教师为毛子水（准）。

第三节　自然辩证法事业的形成与发展时期（1949—1983）

1949年之后，科学、教育、文化、卫生等部门推行马克思主义的意识形态。在对自然科学的哲学问题进行马克思主义的回答、对自然科学家进行马克思主义的思想改造的过程中，形成了自然辩证法事业和自然辩证法学科。

所谓自然辩证法事业包含两个方面：一方面，鼓励和引导科学家和工程技术专家自觉学习马克思主义经典作家有关科学技术的著作，并且在实际科研活动中自觉运用唯物辩证法，解决实际问题；另一方面，培养有自然科学背景的年轻哲学工作者，成为自然辩证法事业的职业队伍，发展和壮大自然辩证法学科。北京大学在这两方面都非常突出和典型。

一、自然辩证法专业队伍的形成和培养体制的建立

马克思主义经典作家重视自然科学，把哲学看成是"自然、社会、人类思维最一般规律的科学"，因此，北大哲学系从20世纪50年代开始便极端强调哲学系学生学习自然科学的重要性。1952年，哲学专业设立三个教学组，分别是自然科学组、社会科学组、逻辑科学组，其中自然科学组设普通物理学、普通生物学、高等数学，1954年增设普通化学。1955年，哲学系把原来只为一部分学生开设的自然科学基础课程改为全系必修课，并增设一门"自然和自然发展史"课，内容包括绪论、物理世界、生物世界、人。由于光远讲绪论，物理学家周培源、王竹溪、黄昆，化学家徐光宪，生物学家乐森珣、沈同等人分段讲授后三部分。

从50年代中期开始，新中国自己培养的兼具自然科学和哲学知识背景的青年学者陆续走上工作岗位。黄耀枢[1]、蒋继良[2]、程为昭[3]、段生林[4]等四人于1958年在辩证唯物主义与历史唯物主义教研室（1954年成立）下成立了自然辩证法教研组，程为昭为组长。

1958年，时任北大党委书记陆平给中央党校校长杨献珍写信，建议举办自然辩证法研究班，当年10月，自然辩证法研究班开班，学员70多人。北大派去6名理科青年教师参加学习，他们是傅世侠（哲学系心理专业）、邓东皋（数学系）、孙小礼（物理系）、李庆臻（哲学系—化学系）、孙蓬一（哲学系—生物系）、李廷举（地质系）。1961年1月，自然辩证法研究班结业。上述6名北大教师除了邓东皋回数学系外，其余5名均回到哲学系自然辩证法教研组任教。4月，自然辩证法教研组从辩证唯物主义和历史唯物主义教研室独立出来，仍称教研组，因为成员全都是助教，由孙小礼

---

[1] 北大哲学系1951级理科班学生，1955年毕业留校任教。
[2] 北大哲学系1953级辩证唯物论研究生班研究生，1956年毕业留校任教。
[3] 北大哲学系1953级学生，1957年毕业留校任教。
[4] 北大物理系毕业，哲学系1956级自然辩证法研究生，1959年直接转为留校助教。

任组长、程为昭任副组长。这个9人[1]教研组是北大自然辩证法最早的专业队伍。

此后20年，队伍变动很大。1962年，李庆臻调往山东大学；蒋继良调往湖南大学；段生林调往中国科学院。1964年傅世侠调往辽宁社会科学院（1988年调回）。1971年，李国秀、李慎从中国人民大学哲学系调入。1972年，孙小礼调往学校自然科学处（1983年调回）。1975年，李慎借调离开教研组。1978年，孙蓬一因"文革"问题离开教研组。1979年，北大自然辩证法与科学史教研室成立，先后挂靠自然科学处和图书馆，成员有李慎、潘永祥（来自物理系）、陈庆云（来自无线电系）。1982年程为昭去世；哲学系七七级学生冀建中毕业留教研室任教。直到1983年，北大自然辩证法学科形成了两支队伍：第一是哲学系自然辩证法教研室，成员有黄耀枢、李廷举、李国秀、冀建中四人，黄耀枢任主任；第二是学校自然辩证法与科学史教研室，成员有潘永祥、孙小礼、李慎、陈庆云四人，潘永祥任主任。

随着比较稳定的自然辩证法教学队伍的组建，在北大系统稳定开设自然辩证法相关课程以及培养人才的工作全面开展。

人才培养方面。1953年，哲学系招收自然辩证法研究生2名：胡文耕（原哲学系毕业）、蒋继良（原生物系毕业），导师是苏联专家萨波什尼科夫。胡文耕的导师还有生物系教授赵义炳。1956年，哲学系招收自然辩证法研究生5名：段生林、伍宗敏、李琼瑶、李雅观、刘清泉，导师为冯定、于光远、汪子嵩。1962年，北大哲学系与中国科学院哲学研究所联合招收自然辩证法研究生8人：朱相远、朱西昆、余谋昌、李惠国、严永鑫、陈益升、陆容安、殷登祥，导师为于光远、龚育之；学制四年，前两年在北大，后两年在哲学所。"文革"前培养的这些研究生，后来多数成为自然辩证法学科的骨干人才。

教学方面。1960年，由教务长张群玉挂帅，孙小礼具体组织，于秋季为理科五、六年级学生开设"自然辩证法"课一个学期。1961年，李廷举为理科研究生开自然辩证法课；由程为昭负责，傅世侠、李庆臻、孙小礼、

---

[1] 即孙小礼、程为昭、黄耀枢、蒋继良、段生林、傅世侠、李庆臻、孙蓬一、李廷举。

孙蓬一等为哲学系本科四、五年级开设自然辩证法课；黄耀枢、段生林、蒋继良分别为哲学系开设数学、物理学、生物学课程。1977年哲学系开设科学技术史讲座，以后发展为科技史课程。

二、自然辩证法的研究成果

这个时期自然辩证法的研究成果主要包括如下三个方面：自然辩证法经典著作的翻译与注释、国外相关学术著作的翻译、自然辩证法理论体系的建构。

1. 经典著作的翻译与注释

1962年，北京大学孙小礼、孙蓬一、程为昭、傅世侠，与中国人民大学李国秀、吴延涪、黄天授和北京师范大学沈小峰、张嘉同、彭新然等三校自然辩证法教师，结合科学史和现代科学的材料来解说恩格斯的著作，合作编写了《〈自然辩证法〉解说》一书；1964年春由北京大学印刷厂印刷，该书限定为"内部发行，校际交流"。该书1982年修订后由中国人民大学出版社出版。

1972年，中央马恩列斯编译局负责人王惠德从一名瑞典记者处获得1968年苏联出版的《马克思数学手稿》德俄对照本，他建议由北大组织翻译。1973年7月在北大成立了《马克思数学手稿》编译组，由邓东皋、孙小礼负责，江泽涵、冷生明、丁同仁、姚保琮、吴文达、黄敦、郭仲衡、鲍良俊等人参加翻译工作。得助于外交部门，从荷兰阿姆斯特丹的社会科学研究院购得马克思的数学手稿的全部复印件，作为译文的定稿依据。部分试译稿集成一期《北京大学学报》专刊（1974年5月）。译稿相继请于光远、胡世华、陆汝铃以及中央编译局有关人员帮助校改，并请北京师范大学数学系张禾瑞教授和蒋硕明教授对全部译稿从德文作了详细校订。最后马克思关于微积分的大部分手稿和一部分关于初等数学的札记被编译成《马克思数学手稿》一书，由人民出版社于1975年出版。

1975年，哲学系自然辩证法教研室李廷举、黄耀枢、程为昭、李国秀先后到北京重型电机厂等工厂举办工人自然辩证法理论学习班，并联合编写成《〈自然辩证法〉学习参考纲要》一书，由人民出版社于1978年出版。

2. 国外相关学术著作的翻译

1958年，科学出版社出版了苏联数学家亚历山大洛夫等著的《数学——它的内容、方法和意义》一书，译者为孙小礼、赵孟养、裘光明、严士健，校对为关肇直、秦元勋。

1963年，哲学系教师孙小礼、黄耀枢、汤侠生、程为昭、段生林、蒋继良、孙蓬一、傅世侠共八人合作从俄译本翻译了奥地利马克思主义哲学家霍利切尔的《科学世界图景中的自然界》一书，作为《外国自然科学哲学资料选集》第六卷，由上海人民出版社于1966年出版，内部发行；1987年重印，正式出版发行。

1978年，M.克莱因著《古今数学思想》第1至第4册，由北京大学数学系数学史翻译组译出，上海科学技术出版社陆续出版。

3. 自然辩证法理论体系的建构

经过过去20多年的研究积累，到1977年12月—1978年1月召开的北京自然辩证法规划会议上，正式提出了编写自然辩证法大型综合性著作的规划。其中《自然辩证法讲义》主要是供高等学校学生学习自然辩证法课程的教材，由人民教育出版社负责组织编写。刚刚调到人民教育出版社工作的孙小礼主持组织了这部著作的编写工作。这是我国第一部系统论述自然辩证法内容的著作，于1979年12月由人民教育出版社出版，是这一学科的奠基性著作。10册专题资料与《名词简释》陆续于1980—1983年间出版，1983年以后由高等教育出版社重印发行，共印刷12次，约36万册。此书于1983年获得中国自然辩证法研究会优秀著作奖，1986年获北京市1978年以来哲学社会科学优秀成果一等奖。除孙小礼外，北京大学李慎、葛明德、周民强、孙荣圭参加了《讲义》的编写工作。

三、理科教师参与学习和研究自然辩证法

广泛动员自然科学家和工程技术专家积极参与学习和研究自然辩证法，是中国自然辩证法事业的一大特色。这一时期，北京大学有一大批理科院系的教师参与了学习和研究活动，协助培养自然辩证法研究生，为自然辩证法学科的建设也作出了贡献。

1949 年北京大学数学系关肇直、赵中立等人运用马克思主义观点探讨数学和数学史的一些哲学问题。

1956 年，在我国十二年（1956—1967）科学规划中，制定了自然辩证法（数学和自然科学的哲学问题）的研究规划草案。在讨论和制定这一规划草案的过程中，北大理科教师多人参加研讨和撰写专题说明书，数学系的吴光磊、赵仲哲、丁石孙，物理系的胡宁、杨立铭、周光召、王竹溪、虞福春、胡济民、胡慧玲，天文专业的戴文赛、杨海寿，力学专业的张世龙、吴林襄，化学系的徐光宪、卢锡琨、苏勉曾、戴乾圜，生物系的沈同、张宗炳、赵义炳，地理系的胡兆量、陈传康等人，分别撰写了数学、物理学、天文学、力学、化学、生物学和地学中的哲学问题的说明书 20 多份，陆续刊载在《自然辩证法研究通讯》1957 年创刊号上。

1962 年，北大工会举办马列主义夜大学，理科教师从助教到教授有 300 多人参加了学习，在两年间先后阅读了《自然辩证法》、《唯物主义与经验批判主义》等哲学著作，由孙小礼、孙蓬一作辅导性讲课。

1964 年 8 月 24 日毛泽东与于光远、周培源谈话，从坂田昌一的文章谈起，讨论了自然界的辩证发展问题。《红旗》重新发表从日文直接译出的坂田的文章；编辑部根据毛泽东的谈话写了如下的编者按语：

"世界是无限的。世界是充满着矛盾的。万事万物都是对立的统一。没有一个事物不存在矛盾，没有一个事物是不可分的。一分为二，这是个普遍现象，这就是辩证法。自然界是如此，社会是如此，人类的认识也是如此。……宇宙，从小的方面说，也是无穷无尽的。原子里头分为原子核和电子，它们是对立面的统一。原子核里头又分质子和中子，它们也是对立面的统一。质子又有和反质子的对立的统一。中子又有和反中子的对立的统一。

质子、反质子、中子、反中子，等等，这些基本粒子还是可分的。物质是无限可分的。……人类对自然界的认识同样是无穷无尽的。人类的认识总是要在社会实践中不断有所发展，有所创造。"

此按语在全国引起很大反响。《红旗》继而开设了"自然科学与唯物辩证法"专栏，陆续发表自然科学家和哲学家的文章，其中有北大徐光宪、高崇寿、庆承瑞等人撰写的论文。

板田文章与《红旗》编者按语的思想对我国基本粒子理论研究产生了明显的影响，直接推动了层子模型的研究工作。朱洪元、胡宁、何祚庥、高崇寿、戴元本等人的文章集中刊登在1966年的《北京大学学报》第2期（专刊）。

自1972年起，在自然科学处处长陈守良的支持下，由孙小礼先后组织数学系、地质系、地球物理系的教师，集体撰写和发表了三篇科学史文章：《微积分理论是怎么来的》[1]、《人类认识地球的发展》[2]、《天有可测风云》[3]。

1976年，在自然科学处处长陈守良的建议和指导下，由李慎具体负责，为理科教师举办了两期自然辩证法理论学习班，一期在北京校部，一期在汉中分校。

纵观1949到1983年间，北京大学的自然辩证法事业有良好的开端，曾经是这一事业的策源地和人才培养基地，但经历"文革"的折腾之后，学术力量有所衰退。1981年10月，中国自然辩证法研究会成立大会暨首届学术年会在北京召开。于光远当选为理事长，周培源、卢嘉锡、李昌、钱三强、钱学森、钟林为副理事长。钟林（兼）、龚育之、查汝强为秘书长。孙小礼为常务理事，潘永祥为理事。北大现职教师只有潘永祥任理事。

第四节 科学技术哲学学科建设时期（1983—2012）

1983年3月，国务院学位委员会第四次会议决定公布、试行《高等学

---

[1]《红旗》1973年第1期。
[2]《红旗》1974年第4期。
[3]《红旗》1975年第10期。

校和科研机构授予博士和硕士学位的学科专业目录（试行草案）》。该学科目录中，哲学作为一级学科共设十个二级学科，名列第十者就是"自然辩证法"。从这一年开始，中国的学科建设走上正轨。从这一年开始，在高等院校，自然辩证法事业主要体现为自然辩证法的学科建设。

这一时期，北京大学的自然辩证法的学科建设主要表现在三个方面：一是自然辩证法传统的完善和深化，二是西方科学哲学、科学史和科学社会学的引进和消化，三是在融合上述两大传统基础上科学技术哲学的学科建设。

一、学科建制

学科点的建立与研究生培养。1983年9月，北京大学自然辩证法专业正式招收硕士研究生四名，其中哲学系自然辩证法教研室黄耀枢副教授招两名：孙永平、吴国盛；学校自然辩证法与科学史教研室潘永祥副教授招两名：钱立、姚晓波。1990年，北大设立科学技术哲学（自然辩证法）博士学位点。1992年，孙小礼教授招收首届博士研究生两名：叶闯、石磊。

机构与人员。1978年，哲学系自然辩证法教研组改称自然辩证法教研室，历任主任有黄耀枢（1978—1986）、李廷举（1986—1992）、李国秀（1992—1997）、孙永平（1997—2004）、吴国盛（2004— ）。自1983年至2004年间，哲学系自然辩证法教研室有如下教师：黄耀枢、李廷举、李国秀、冀建中、孙永平、苏贤贵、吴国盛、刘华杰。

1986年4月12日，学校自然辩证法与科学史教研室更名为科学与社会研究中心，挂靠在哲学系，孙小礼任主任（1986—1996），李慎任副主任。历任主任有马名驹（1996—1997）、任定成（1997—2004）、赵敦华（2004—2008）、吴国盛（2008— ）。1983—2004年间，中心有如下专职教师：孙小礼、李慎、茆俊强、贠军、张保国、弓鸿午、黎聪云、高文学、傅世侠、任元彪、王骏、马名驹、刘华杰、任定成、周程。兼职教授有：龚育之、何祚庥、罗劲柏。

2004年5月，科学与社会研究中心并入哲学系，教师统一组成科学技术哲学教研室,对外仍称科学与社会研究中心。中心/教研室负责全校理工科研究生的公共课,以及北京大学科学技术史与科学技术哲学的学科建设,在科技史与科技哲学两个专业招收硕士和博士研究生。合并时在职教师共 9 名:冀建中、刘华杰、任定成、任元彪、苏贤贵、孙永平、王骏、吴国盛、周程。2008 年,朱效民调入。2010 年,任定成调出。

二、自然辩证法传统的完善和发展

在自然辩证法传统的完善和发展方面,如下学者作出了贡献,其中孙小礼的工作最为突出。

孙小礼(1932 年至今),杭州人,生于北京,1953 年毕业于北京大学数学力学系,长期担任北京大学自然辩证法学科的负责人,其主持编写的两部自然辩证法教科书,被学界认为是自然辩证法理论的标准体系。由孙小礼主持编写的《自然辩证法讲义》(人民教育出版社,1979 年)是我国出版的第一部自然辩证法的大型综合性理论著作,它把自然辩证法分成自然观、自然科学观、自然科学方法论三个部分,实际上创设了自然辩证法理论体系的基本构架。主编的《自然辩证法通论》[1]继承了《讲义》所开创的自然辩证法三大块结构,总结了新时期 20 年来自然辩证法的最新研究成果,在两个方面作了深化:一是更加反映和适应现代科学的发展水平,二是用国内外相关学科的研究成果充实和发展自然辩证法。主持编撰的《北京大学科学与社会丛书》(14 种,1987—)在海内外产生了积极影响。除此之外,她还有著作《数学·科学·哲学》(光明日报出版社,1988 年)、《科学方法论史纲》(北京出版社,1988 年)、《人·自然·社会》(主编,北京大学出版社,1988 年)、《数学与文化》(合编,北京大学出版社,1990 年)、《方法的比较——研究自然与研究社会》(主编之一,北京大学出版社,1991 年)、《方法论》(主编,高等教育出版社,1993 年)、《超越时代——哲人科学家莱布尼茨》(合著,福建教育出版社,1997 年)、《现代科学的哲学争论》(主编,北京大学出版

---

[1] 高等教育出版社 1992 年第 1 卷《自然论》,1993 年第 2 卷《方法论》,1999 年第 3 卷《科学论》。

社,2003年)、《科学技术与世纪之交的中国》(主编,人民出版社,1997年)、《信息科学技术与当代社会》(主编之一,高等教育出版社,2000年)、《文理交融——奔向21世纪的科学潮流》(北京大学出版社,2003年)等,在数学哲学、科学方法论、科学的社会研究等方面开展研究。

傅世侠(1933年至今),江西人,生于武汉,1956年北京大学哲学系心理学专业本科毕业,1960年中央党校自然辩证法研究生毕业,主要研究领域为科学创造方法论、心理学哲学。开设过科学技术哲学、科学方法论、科学创造学、科学创造方法论、创造力社会心理学等多门研究生课程。主要代表作有:《科学前沿的哲学探索》(主编,辽宁人民出版社,1983年);《创造》(辽宁人民出版社,1985年、1987年);《生命科学与人类文明》(主编,北京大学出版社,1994年、1995年);《右脑与创造》(主译,北京大学出版社,1992年、1995年、1999年);《科学创造方法论——关于科学创造与创造力研究的方法论探讨》(合著,中国经济出版社,2000年)。

李慎(1936年至今),河北交河县人,生于山东济南,1956年入中国人民大学哲学系,中央党校自然辩证法研究生班毕业,历任副教授、教授(1992)。主要研究领域为自然辩证法和科学技术史,著作有《来自历史的启示》(李慎、陈庆云主编,北京大学出版社,1989年)、《方法的比较》(与孙小礼合著,北京大学出版社,1991年)、《自然科学发展史纲要》(与潘永祥合著,首都师范大学出版社,1996年)。

李国秀(1937年至今),1956年入中国人民大学哲学系,中央党校自然辩证法研究生班毕业,历任副教授、教授(1993)。主要研究领域为自然辩证法原著研究、科学家传记与科学社会学,参与编写《恩格斯〈自然辩证法〉解说》(中国人民大学出版社,1982年)、《世界十大思想家》(易杰雄主编,安徽人民出版社,1990年)、《跨世纪科学技术与社会可持续发展》(郑积源主编,人民出版社,1998年),著作有《牛顿》(台北书泉出版社,1991年)、《达尔文》(台北书泉出版社,1991年)、《科学的社会视角》(安徽人民出版社,2000年)。

马名驹(1939年至今),甘肃天水人,1962毕业于西北师范学院物理系、1982年毕业于中央党校自然辩证法研究生班。原为甘肃省社会科学院哲学研究所所长，1994年调入北京大学任教授。主要研究方向：现代科学认识论与方法论、科学技术与经济社会协调发展研究，特别是高科技创新、科技发展环境与政策分析的研究。主要著作有：《世界新技术革命与我国大西北开发》（甘肃人民出版社，1985年）、《现代决策入门》、《改革与观念创新》、《系统观与人类前景》（中国社会科学出版社，1993年）、《中国高技术的今天与明天》（山东科学技术出版社，1995年）、《再创辉煌：科技西进与均衡战略》（陕西人民教育出版社，1997年）、《高技术创新与环境支持》（海南出版社，2000年）等。

三、西方科学史、科学哲学和科学社会学的引进与消化

1978年之后，中国实行改革开放政策，学术界解放思想，开始认真了解和学习西方的科学史、科学哲学和科学社会学，恢复中断了多年的与国际学术界的联系。随着学习规模的日益扩大，中国自然辩证法界事实上逐步让自己融入国际学术界的大家庭中。

发端于逻辑经验主义的科学哲学在20世纪的英语世界成了一个有一定规模的独立的分支学科，但中国学界直到20世纪80年代才开始系统的引介波普尔、库恩的工作。

北大学者在这方面有自己的贡献。在科学哲学的引进方面，代表人物是黄耀枢和孙永平。黄耀枢（1930年至今），广东人，1955年毕业于北京大学哲学系，留校任教，历任讲师、副教授、教授（1986）。1980年之后是最早一批翻译和引介西方科学哲学的学者，后来主要致力于数学哲学的学科建设。1982年他受邀在华中工学院哲学教师进修班上讲授西方科学哲学史，1983年在北京市哲学会组织的"科学哲学讲座"上讲授科学哲学历史导论，之后为研究生开设"科学哲学原著选读"课程。主要著作有《数学基础引论》（北京大学出版社，1986年）。这一著作直到新世纪仍然被青年学生所阅读和引证。

孙永平（1961年至今），浙江温州人，1983年毕业于北京大学地理系，1986年毕业于北京大学哲学系，留校后从事科学哲学、科学思想史和分析

哲学的研究和教学，历任讲师、副教授（1993）。重点关注当代科学哲学的问题和近代科学革命时期科学与哲学的互动和关系，并曾在上述领域发表多篇译文和论文。主要译文有：科瓦雷《我的研究倾向与规划》、《伽里略与17世纪科学革命》（1994）、《莱布尼兹至白晋的一封信》（1996）、莱布尼兹《关于只用两个记号0和1的二进制算术的阐释》（1999）等。

在科学史的引进方面，代表人物是李廷举。李廷举（1932—2008），毕业于北京大学地质系以及中央党校自然辩证法研究生班，历任副教授、教授（1991）。改革开放之后，从事日本科技史以及中日文化交流史研究，同时讲授"科学史原著选读"，介绍西方科学史上百年来的研究进展。主要著作有《科学技术立国的日本——历史和展望》（北京大学出版社，1992年）、《中日文化交流大系·科技卷》（浙江人民出版社，1996年）。后一著作被认为是中国的日本学研究的重大成就。

在科学社会学的引进方面，代表人物是李国秀、冀建中。冀建中（1954年至今），山西平遥人，生于太原，1982年毕业于北京大学哲学系，留校后从事数学哲学和科学社会学的研究，历任讲师、副教授、研究员（2008）。主要讲授的课程有"自然辩证法"、"数学基础"、"科学哲学导论"、"数学与逻辑"、"系统科学与哲学"、"科学与宗教"、"自然科学中的哲学问题"。2001年后，用较多的精力开拓哲学系的继续教育工作，把学术研究与学术传播相结合，先后设计与主持了"科学传播"、"文化产业"、"应用伦理"、"佛学研究"、"基督教文化研究"、"中国哲学"等研究生课程班；与赵敦华共同主编了《北京大学基督教文化研究系列》（已出版11种）；与王博共同主编了《北京大学乾元国学教室丛书》（已出版3种）。

四、科学技术哲学的学科建设

20世纪80年代西方科学史、科学哲学和科学社会学的大量翻译和引介，以及西方学术界的广泛交流，使中国的自然辩证法界逐渐与国际接轨，融入国际学术界。1990年国务院学科目录中，作为哲学二级学科的自然辩证法被更名为"科学技术哲学（自然辩证法）"，1997年的学科目录改为"科学技术哲学"。从 90 年代开始，北京大学的科学技术哲学学科在两个方面开展学科建设，并形成自己的优势研究领域：一是科学的社会研究与中国近现代科学社会史研究，二是科学哲学、技术哲学以及西方科学思想史研究。

科学的社会研究与中国近现代科学社会史研究，是科学与社会研究中心的主要研究方向和传统优势领域。任定成（1955 年至今），湖北保康人，1997 年博士毕业于北京大学科学与社会研究中心，并留校任教授，1997—2004 年担任中心主任，2010 年调往中国科学院研究生院任人文学院执行院长。主要著作有《在科学与社会之间——对 1915—1949 年中国思想潮流的一种考察》（武汉出版社，1997 年）。主编著作有《科学人文读本》（北京大学出版社，2004 年）、《科学前沿与现时代》（合作主编，江苏人民出版社，2001 年）、《交叉科学导论》（合作主编，湖北人民出版社，1989 年）。主编的丛书有"科学名著文库"（10 部，武汉出版社，1992—1993 年）、"剑桥科学史丛书"中文版（11 部，复旦大学出版社，2000 年）、"鸟瞰科学丛书"（10 部，河北科学技术出版社，2000 年）、"科学人文思潮丛书"（繁体字版，4 部）[1]、"世界著名自然科学学派丛书"（5 部，武汉出版社，2002 年）。

任元彪（1959 年至今），四川盐亭人，1982 年毕业于西南农业大学，1988 年硕士毕业于北京大学科学与社会研究中心并留校任教，历任讲师、副教授（1995）。主要从事科学社会学、20 世纪中国科学社会史和科学哲学史的研究，其代表论文有《20 世纪中国科学技术哲学简述》、《中国科学技术哲学发展史研究路径探讨》、《近代中国思想对西方科学冲击的杜亚泉回应方式》、《新文化运动中的科学启蒙》、《启蒙者对启蒙运动的批判》、《科学社会学的当代转向》等。

王骏（1966 年至今），祖籍江苏兴化，生于陕西西安，1987 年毕业于北京大学地质学系，1990 年硕士毕业于北京大学科学与社会研究中心，并留校任教，历任讲师（1992）、副教授（1999），2004 年于北京大学科学与社会研究中心获哲学博士学位。主要从事科学的社会研究、科学社会史、科学与公共政策等方面的教学和科研工作。主要学术兴趣是科学传统与中西文

---

[1] 台湾宜兰，佛光人文社会学院，2002 年。

化、英美科技政策史、台湾现代化研究等。代表著作有《新视野中的中国城市化理念研究》（天津社会科学院出版社，2011年）等。

周程（1964年至今），安徽枞阳人，1985年毕业于上海水产大学，2003年博士毕业于东京大学研究生院综合文化研究科交叉科学系，同年来校任教，历任副教授、教授（2011），主要研究领域为：科学技术与社会、科技政策与管理。主要代表作有：1.《福澤諭吉と陳独秀：東アジア近代科学啓蒙思想の黎明》（东京大学出版社，2010年）；2.《科技创新典型案例分析》（北京大学出版社，2011年）；3.《〈科学〉の中日源流考》[1]。译作有赫夫的《近代科学为什么诞生在西方》（于于霞合译，北京大学出版社，2010年）。

朱效民（1969年至今），山东人，生于新疆，1993年毕业于新疆大学化学系，1999年博士毕业于北京大学科学与社会研究中心，2008年由中国科学院调入北大任副教授。主要研究方向是科学传播（主要研究兴趣涉及科学普及的职业化问题、科学家科普角色及其评估、科普发展模式等）、科学技术与社会（主要研究兴趣涉及科技体制的发展、科技战略和政策等），已发表数十篇相关论文和文章。主要论文有《传播的大道理与小道理》、《从"最后一公里"看我国社区科普内容建设》、《30年来的中国科普政策与科普研究》、《建立"大科普"的协调机制》、《中国科技体制：昨天、今天和明天》、《试论科学家科普角色的转变及其评估》、《中科院新院章制定的法律背景研究》、《当前我国科普工作中应注意的几个问题》等。

科学思想史和科学哲学研究是哲学系科技哲学教研室的传统优势领域。近十多年来，北大的科学思想史研究主要集中在西方科学史，包括希腊和近代早期的数理科学思想史、博物学思想史、科学与宗教关系史；科学哲学则由分析传统扩展到现象学传统，由现象学的科学哲学扩展到现象学技术哲学。吴国盛（1964年至今），湖北广济人，北京大学理学学士（1983）、哲学硕士（1986），中国社会科学院哲学博士（1998），1999年由中国社会科学院调入北大任教授。研究方向包括科学技术史、科学技术哲学、科学传播学等。重要的研究工作有希腊和近代早期科学观念（自然、宇宙、时

---

[1] 岩波书店《思想》2011年第6期。

间、空间）史研究、西方数理天文学史和哥白尼革命研究，现象学科学哲学和技术哲学的研究。在科学通史、科学传播学等方面亦有影响。主要著作有《自然本体化之误》（湖南科学出版社，1993年）、《希腊空间概念》（四川教育出版社，1994年、2010年）、《科学的历程》（湖南科学技术出版社，1995年、2002年）、《时间的观念》（中国社会科学出版社，1996年、2006年）、《追思自然》（辽海出版社，1998年）、《现代化之忧思》（三联书店，1999年）、《自由的科学》（福建教育出版社，2002年）、《让科学回归人文》（江苏人民出版社，2003年）、《反思科学》（新世界出版社，2004年）、《技术哲学讲演录》（人民大学出版社，2009年）等。主编有《科学思想史指南》（四川教育出版社，1994年）、《自然哲学》（中国社会科学出版社，1994年、1996年）、《科学观念丛书》（中国社会科学出版社，1996年）、《绿色经典文库》（吉林人民出版社，1997年、2000年）、《北京大学科技史与科技哲学丛书》（北京大学出版社，2003年）、《大学科学读本》（广西师范大学出版社，2004年）、《科学二十讲》（天津人民出版社，2008年）、《技术哲学经典读本》（上海交通大学出版社，2008年）。

　　刘华杰（1966年至今），吉林通化人，北京大学地质学学士，中国人民大学哲学硕士、博士，1994年来校任教，历任副教授、教授（2006）。早期研究过统计物理学奠基中的遍历问题，以及与非线性动力学有关的历史和哲学。在科学社会学领域，研究过中国类科学，发明了学妖概念。在科学传播学领域，从立场视角着手，提出科学传播的三种模型与三个阶段的理论。近期主要关注与博物学有关的认识论和科学编史问题，提出了科学史研究的博物学纲领。主要作品有《分形艺术》（湖南科学技术出版社，1998年）、《浑沌语义与哲学》（湖南教育出版社，1998年）、《殿里供的并非都是佛》（江苏人民出版社，2004年）、《中国类科学》（上海交通大学出版社，2004年）、《看得见的风景：博物学生存》（科学出版社，2007年）、《博物人生》（北京大学出版社，2012年）等。

　　苏贤贵（1966年至今），江西上饶人，1988年本科毕业于北京大学物理系，1991年硕士毕业于北京大学哲学系科技哲学专业，同年留系任教。1998年毕业于北大科学与社会研究中心，获科学技术哲学博士学位。研究方向为科学社会学，科学与宗教，环境伦理学，特别是科学、宗教和生态之间的关系研究。译著有约翰·布鲁克《科学与宗教》（复旦大学出版社，2000年）、伊安·巴伯《当科学遇到宗教》（三联书店，2004年）。较早在国内开设"环境伦理学"（1999）和"科学与宗教"（2000）课程。

科学技术哲学学科显著的多元化特征，使得这个学科的研究内容过于发散，缺乏学科边界、缺乏内在的规定性。北大的科技哲学科也不例外。未来要在学科规范方面下更多的功夫。近十年来，北大科技哲学确定了两个三级研究方向：科学哲学与技术哲学方向、科学的社会研究方向。前者包括科学哲学、技术哲学、自然哲学、自然科学哲学问题等内容，后者包括科学社会学、科学与公共政策、科学与宗教、科技政策、科技管理、科学传播等内容。把"科学史名著选读"、"科学哲学原著选读"、"科学社会学原著选读"在三大"选读"作为所有研究生的必修课，把"自然科学哲学问题"作为第一方面的必修课，"科学的社会研究专题"作为第二方向的必修课。通过课程体系的建设，实现专业分流，促进专业人才的培养。

第八章 逻辑学科史

宋文坚　刘壮虎　李熙[1]

逻辑是一门重要的基础学科，今天它已发展为有多种类型和众多分支的庞大学科群体。逻辑还是一门正在发展的学科，它和其他学科有着相当紧密的联系并有着多方面的应用。

逻辑最早发源于古希腊，它后来的重要发展和成长也是在西方国家实现的。我国正式引进西方逻辑起始于20世纪初，其后这一学科在我国的教学和研究中不断开展，取得重要成就。

北京大学哲学系在逻辑学的引入、开展教学、作出研究和开拓方面有着相当大的成绩，在我国属于前列，起着领先作用，大致有四个方面：其一，翻译引进逻辑学相关著作，形成自己的逻辑观念，进行了西方逻辑史和中国逻辑史领域的开拓工作。其二，逻辑基础课教学和教材的建设。其三，逻辑专门人才培养体系的建立。其四，开展现代逻辑和相关课题的研究，成果丰富，对逻辑学的发展有一定贡献。

第一节　逻辑学科的开端（1905—1937）

一、西方传统逻辑的引进

西方传统逻辑的引进最早可追溯到明朝末年，李之藻译的《名理探》是

---

[1] 宋文坚、刘壮虎、李熙撰稿，刘壮虎统稿。

我国最早的西方逻辑译作，原著是17世纪葡萄牙高因盘利（Coimbra）大学耶稣会会士的逻辑教材，书名《亚里士多德辩证法概论》，原文为上下两编，《名理探》只包括上编。1886年广学会出版了艾约瑟译的《辩学启蒙》，原著是耶芳斯的《逻辑初级读本》，因为译者对逻辑学不甚了了，因而《辩学启蒙》显得粗糙。这两本译著都没有多大影响。

早期最有影响的是严复1905年出版的译著《穆勒名学》，逻辑学界一般将其看作中国逻辑学科开端的标志，它也是北京大学逻辑学科开端的标志。严复翻译该书，夹进了自己的若干评述，起着画龙点睛的作用。体现着严复对逻辑的理解和逻辑观。

《穆勒名学》原书名《逻辑体系：演绎和归纳》，作者是英国的密尔（J.S.Mill，严复译为穆勒）。1843年出版，是西方逻辑史上重要的经典名著。

《逻辑体系》是一部浩瀚巨著，全书共6卷67章，严复共译出全书的一半。未译出部分有假说、类比、机遇预测、普遍因果律的证实、归纳法的一些辅助手段，如观察、描述、抽象、分类方法，以及穆勒的谬误理论，伦理科学中的逻辑，社会科学和历史科学中的方法等等。此外还有穆勒自己作的大量注释。这些未译部分都有相当的科学价值，但作为一本包括演绎和归纳的逻辑书，《穆勒名学》应该是较为全面地涵盖了逻辑学必要的内容，逻辑体系也可说达到了完整。另外，由于《逻辑体系》是在逻辑发展史上第一部既涵盖演绎也包括归纳的著作，它比以前西方通行的只讲演绎的逻辑教本是一大革新。所以，严复的《穆勒名学》也是国内对西方逻辑科学和教学体系的最为完整的引进和介绍。

不过，穆勒的《逻辑体系》更像是一部学术专著。对于逻辑的基本内容，它常常是只作简要介绍，大量的笔墨则是讨论逻辑的理论问题，对形式逻辑的对象，亚里士多德的范畴理论、词项、谓词理论、命题分类、演绎推理、演绎和归纳的关系等等，都有自己的见解，给出不少新的解释。

在严复的当时，西方已出版了相当多的逻辑著作，严复独选穆勒的《逻辑体系》，和他译《天演论》、《原富》、《法意》等有同样的目的，即介绍西方先进文化科学，以开启国人的文化和科学视野。穆勒的逻辑观点对严复也极有影响。在穆勒看来科学研究都是从归纳开始的，凡科学中的公理、定理、定律都来自实证。科学中最根本和首要的，还是阅历和归纳。严复在《穆勒名学》中就此作一长长按语，说，不能认为演绎的结果和归纳无关。特殊的东西（阅历）包含着普遍，"可执一而御其余，西方科学之所以发达，一切皆由此，中国旧学之所以多无补者，并非不用演绎法，也非用得不对，而是因为其根据多是自己臆造，而非实测所会通得来"。

应该说，严复的这一看法，既符合人类认知的发展历史，也符合中国当时国情、世情以及学术界、科技界格物认知的需要。强调学习外国科学文化，强调学习国外的先进科学方法，在中国的逻辑引进中，最早就注意到归纳逻辑、归纳方法的作用，不轻视归纳，把归纳和演绎并重，这些严复是非常明确的，也是严复《穆勒名学》一书的功绩和历史价值。

除严复的《穆勒名学》外，北大学者翻译的西方传统逻辑著作还有严复的《名学浅说》和王国维的《辩学》。

1909 年出版的《名学浅说》，原书名《逻辑初级读本》，为英国逻辑学家 S. 耶芳斯所著，1876 年出版。本书概要地介绍了传统形式逻辑和古典归纳逻辑的基本知识，其介绍归纳比介绍演绎的章节还多。耶芳斯既重演绎也重归纳。他对穆勒和归纳逻辑非常推崇，认为归纳是最科学的求知方法。

严复是在 1908 年翻译此书的。翻译时，严复更大地发挥了他的译书风格。商务印书馆在《重印"严复名著丛刊"前言》中说"严复的译作，在很大程度上可以视为他的著作"，"往往就原著某一思想或观点，脱离原文，发抒自己的见解"。严复自己也说，"盖吾之为书，取足以喻人而已，谨合原文与否，所不论也"。因而在《名学浅说》中，严复更多的是阐述他自己对逻辑的体会、理解和心得，针对当时国情与学界的盲塞时蔽，用逻辑义理给以更多的切实批判，有相当多的精彩议论。

1908 年出版的《辩学》，原书名《逻辑基础知识：演绎与归纳》，也为耶芳斯所著，1870 年出版。耶芳斯认为逻辑既是一门科学，也是一门技艺。所以在《辩学》中，不但有当时完整的传统逻辑的内容，而且还有大量的逻辑应用的实例。

二、初步引进数理逻辑

数理逻辑是19世纪末到20世纪20年代建立起来的一门新的逻辑，它是传统形式逻辑发展到高级阶段的成果，故亦称现代形式逻辑。数理逻辑是德国、英国的一些逻辑家弗雷格、罗素等创建起来的。它被引进到我国也是先由北京大学开始的，北京大学的一些教师为此作了很出色的工作。

英国逻辑学家罗素1920年在北京大学作了关于"哲学问题"、"心的分析"、"物的分析"、"社会结构"、"数理逻辑"五大问题的演讲。他关于数理逻辑的演讲由一名叫吴范寰的记者整理成书，1921年由北京大学新知书社出版，书名《数理逻辑》。书末还附有张申府1920年编写的《试编罗素既刊著作目录》。

从《数理逻辑》一书看，罗素在数理逻辑的两次讲演中重点介绍了他的命题演算和类演算，介绍了真值函项概念、命题演算的五个初始公理、推演规则，给出了部分定理，但未给出证明的步骤。介绍了类演算的符号记法，类的加法、乘法等逻辑关系，类演算的一些定理等。罗素在演讲中还陈述了他的逻辑主义的观点，并谈及数理逻辑是科学和数学研究中的有利武器。

在我国最早引进数理逻辑的是北京大学的汪奠基先生。汪奠基1916年至1919年在北大读书。1920—1924年在法国勤工俭学读大学，学习高等数学和数理逻辑。1924年入巴黎大学研究生班继续深造。1925年5月回国，经蔡元培介绍到北大任讲师、教授，教哲学、法文和西方逻辑史。1931年至1937年在北平大学女子文理学院和后来并入北大的中法大学任教授，教哲学和哲学名著选读等课程。在此期间，他于1927年出版了中国第一部讲授罗素数理逻辑和数理逻辑发展史的著作《逻辑与数学逻辑论》。1937年出版了作为"大学丛书"的《现代逻辑》，介绍当时数理逻辑最前沿研究的数学基础问题，数理逻辑三大流派，罗素的逻辑主义、希尔伯特的形式证明论和布劳威尔的直觉主义。这两部著作，对数理逻辑的介绍，在当时是高水平和高起点的，主要表现在以下几个方面：

1. 较详细地介绍了数理逻辑的发展史，从理论和思想的深度探讨了传统形式逻辑到数理逻辑的必然发展，明确提出数理逻辑是新的和高一阶段的形式逻辑。他把现代逻辑的发展分为三个阶段：代数逻辑（布尔）、数学逻辑（罗素）、数理逻辑（罗素以后）。他的这一划分，很有见地，具有重要启迪。

2. 汪奠基对数理逻辑的介绍，受罗素逻辑主义的影响较大。他对罗素逻辑的介绍有类似于罗素的著作《数理哲学导论》的风格，即无须用许多符号公式来通俗讲述罗素三大本《数学原理》中所确定的成果。由什么是数，数和逻辑的关系，从逻辑的观点来分析数，讲到命题函项、挚状函项、类型论、挚状词理论、类逻辑、关系逻辑。对这些问题，汪奠基都尽力给出理论上的说明。

3. 《现代逻辑》较全面地介绍了数理逻辑发展中的三大流派。其中，对罗素的逻辑主义介绍甚详，占书的一半篇幅。另外用三章的篇幅详细讨论了希尔伯特的公理学，对直觉主义学派则着重介绍了布劳威尔对排中律的批评。此外，《现代逻辑》还介绍了胡塞尔《逻辑研究》一书对逻辑心理主义的批评，介绍了卢卡西维茨的三值逻辑，以及当时微观物理中的波、粒二相无定论，因而提出亚里士多德、罗素的二值逻辑的适宜性问题。在20世纪30年代，这些介绍都是极其前卫的。

4. 和北京大学诸逻辑前辈严复、章士钊等一样，汪奠基在引进、介绍西方先进逻辑的同时，也在书中有自己的理论和见解上的建树。

在20世纪30年代对引进数理逻辑作出贡献的还有当时在哲学系任教的张申府。他是哲学系教授张岱年的兄长。张申府1920年11月赴法国巴黎的中法大学教逻辑和哲学，回国后1931年到1935年任清华大学教授，1935年后在北京大学兼课，教授逻辑学。1931年的《哲学评论》5、6两期刊登了他翻译的维特根斯坦的《逻辑哲学论》，这是中国最早引进的讨论逻辑中的哲学问题的著作。张申府译书名为《名理论》。他在"译者言"中说："此书乃晚近一部奇书，其中所陈，可说是近代西学成就，尤其数理的精华，读之似不易，但越寻译之，必越有得而味。"1933年《哲学评论》第3卷第3期上，还刊登了张申府的译文《罗素的演绎论》，这是罗素的一篇文章，罗素在文章中介绍了他的命题演算，讨论了C. I. 刘易斯的严格蕴涵。罗素认为，他使用的实质蕴涵是最普遍的。

三、中国逻辑史研究领域的开创

在哲学学科的发展中，中国哲学史占有重要的地位，与中国哲学史密切相关的中国逻辑史研究也开始于北京大学。最早开始中国逻辑史研究的重要的学者有梁启超、章士钊、胡适等人。

章士钊在《逻辑指要》中将西方传统逻辑和中国先秦《墨经》中的逻辑思想作了对照讲述，认为中国《墨经》中有丰富的逻辑思想。但《逻辑指要》并没有对中国先秦的逻辑思想作系统的整理，它不能算是一本研究中国古代逻辑思想的著作。他所做的是，提出中国古代有逻辑思想，并作了一定的研究和宣扬。

对中国逻辑史研究作出重要贡献的是胡适。1917年他承担了北大哲学门的研究课题"中国名学"。胡适研究先秦逻辑的成就，主要体现在1917年在美国哥伦比亚大学写的博士论文《先秦名学史》和他1919年出版的《中国哲学史大纲》（卷上）两本书中。《先秦名学史》是我国学者写的第一部中国逻辑史的断代专著。《中国哲学史大纲》中阐述的中国先秦逻辑的发展，基本上是他在《先秦名学史》一书中所谈内容。

胡适认为，中国古代有逻辑，且有它产生和发展的历史必然。中国先秦时，对"名"的专门研究表明，思想家们进入了对思想自身加以审察和考虑的阶段。诡辩时代正演变为逻辑时代，使逻辑产生成为必然。

胡适重点考察了墨家学派的逻辑。他把墨家分为两派：一派研究并实践墨家的伦理政治学说，一派研究科学、哲学和逻辑。后一派他称之为"别墨"。墨经六篇就是别墨的著作。他认为其中的《小取》是一篇关于逻辑的专题论文，谈了逻辑的一般性质和作用，提出效、譬、侔、援、推五种推理方法和运用这些方法所应注意避免的错误。他认为墨经研究的推理既有演绎也有归纳。他关于墨辩逻辑的讨论就是围绕他的上述见解展开的。

在《先秦名学史》和《中国哲学史大纲》中，胡适还讨论了惠施、公孙龙、庄子、荀子等人的逻辑思想。他把惠施和公孙龙看作别墨的代表人物。这引起当时学界一些争议。章士钊就不同意他的观点，还专门写了《名墨訾应论》，认为惠施、公孙龙是诡辩论，其论义和墨家相反。

胡适关于中国逻辑史的研究有一个显著的特点，他是根据中国哲学史的典籍来揭示先秦的逻辑发展。他的一个思想是，逻辑是构建哲学的方法。构建哲学的方法的发展史也就是中国逻辑的发展史。这和此前梁启超、章士钊等人的比照西方传统逻辑来构建中国古代逻辑的方法有很大的不同。他做的是在中国古籍思想家之间寻求中国哲学和中国古代思想家使用的逻辑。他认为，效、譬、侔、援、推等是与西方逻辑不同的一些类推和归纳推理方法。他还认为墨家研究的演绎推理不是西方的三段论，而是二段论。

这样我们看到，在20世纪20年代中国哲学界以北京大学的章士钊，胡适为代表所开创的中国逻辑史学科的研究工作，已经产生了两种研究方法，章士钊创立的中西方逻辑比较研究和胡适的寻求中国古代逻辑自己的内在必然发展的研究。这两种研究途径对我国后世的中国逻辑史的研究都有着重要影响。后世我国的中国逻辑史研究，大致也是按着这两种方向途径进行着的。

四、课程和教材

自哲学系成立以来，逻辑学就是必选的基础课程。在哲学系的发展中，课程调整频繁，但逻辑课作为必选的基础课程一直没有变化。最早讲授逻辑的是陈大齐，讲授逻辑的其他学者还有章士钊、胡适、张申府、金岳霖等。

逻辑教学离不开逻辑教材，教材反映着一个大学的教学水平，在大学中教材建设常常是和学科的建设结合在一起的。逻辑教学开始之时，学者一般都使用翻译的或从日本转译的西方逻辑教材。在这些教材的基础上，学者也开始自编逻辑教材。章士钊的《逻辑指要》就是其中重要的一部。

章士钊在1907年在苏格兰爱丁堡大学学习逻辑学，对西方传统形式逻辑有很深了解，对穆勒和耶芳斯的著作和观点也了解甚详。1917年他已在北大担任逻辑学教授，还担任过北大图书馆主任，并短期担任过北大校长。他在北大参与过学生的雄辩会，发表演讲。所以他对逻辑的作用十分重视。他极力主张用"逻辑"作学科名称，是逻辑这一学科名称的定名者。同时他也是极力主张中国先秦已有逻辑学的倡导者，和当时的章太炎、胡适、梁启超等人一致，但在具体议题上有不少分歧，发表多篇争议文章。因之这些都不免在他的逻辑课的讲授中多所发挥。他的1918年的逻辑课讲义在1939正式出版，书名《逻辑指要》。

从《逻辑指要》一书完全可以看出，章士钊在北京大学讲授的逻辑课有不少特点，是当时和后来逻辑课程所没有且应有的。章士钊的逻辑课贯穿科研和实用，且论古议今。

1. 章士钊的《逻辑指要》，分量并不大，约21万字，但涵盖了逻辑教学中所有题材。不仅如此，给人的印象是，他既对逻辑问题有精深了解，也对这些问题的历史由来及其后来发展都有所介绍，因而这是一部史论交叙的著作，是我国逻辑著作中第一本虽不详密但陈列了逻辑发展史的著作，开讲述西方传统逻辑发展史之先河。

2. 《逻辑指要》在讲述传统逻辑时，虽不是处处，却是在极多地方表现出独立思考之精神。他的立旨是"逻辑起源于欧洲，而理则吾国所固有，为国人讲逻辑，仅执翻译之劳，岂允称职"。书中他对许多人们视之为常理的逻辑问题都提出自己颇有见地的新理解，如他提出概念有三种内涵：通涵、心涵、沽涵。概念内涵与外延之反变律并非尽皆适用。再如他对全称命题作出了多种解释等等。他还就我国对逻辑词汇的翻译提出许多不同理解，如严复把逻辑译为"名学"，一些日语译者把逻辑译作"理则学"、"论理学"等，他都认为不妥，并阐释其不妥的理由。他对严复把三段论译作"连珠"等都有所批评。因此《逻辑指要》是一本充满独立研究精神的著作。

3. 章士钊的《逻辑指要》彰显了他的逻辑义理亦为"吾国所固有"的主张。书中对逻辑义理的讲解，纵横古今地联系我国的思想著述的实例，诸如《论衡》、《木兰词》、《樟人传》、《论语》、《世说新语》、《北史》、《毛诗》、《齐物论释》等。他这样旁征博引，广采涉猎，既显示此书之内容丰满，也从中表现了章士钊提倡逻辑的普遍性和逻辑的可应用性。这和当时一些从日文译出的逻辑课本的干巴巴讲授迥然不同。中国现在也缺乏像章士钊《逻辑指要》这样的能给人很好知识感受和精神沐浴的课本。

4. 章士钊认为数理逻辑是形式逻辑的发展，他对数理逻辑有很高的评价。他在《逻辑指要》第二章"立界"中表明了这一态度。他说："旧逻辑逮十九世纪之中时，人思拔帜，家欲鸣鼓，几乎不能自张其军矣。顾天下事有出人意表者。旧逻辑一方以心理社会诸学为敌，辙乱而旗靡；一方又以数学为友，以数理之考思，运逻辑之本系。形式论得此高呼，万象昭苏。"他还说："罗素与怀特赫德[1]者，数理逻辑之两斗星也，平生用力，在以全部数学，沉浸于逻辑方式之中。甚而物理，而力学，而其他诸科，亦俱令假途数学，逐渐偕化于形式逻辑封域之内。"

5. 章士钊较早提出中国古代有逻辑学，是中国逻辑史研究的先驱和极力倡导者。他说："其谓欧洲有逻辑，中国无逻辑者，謷言也。其谓人不重逻辑之名，即未解逻辑之理者，尤妄说也。"他认为，中国有成系统的逻辑研究成果。他把他所认为的中国逻辑学成果都陈列在他的《逻辑指要》和他当时所写的一些文章中。他同时还和同样主张中国先秦有逻辑的其他学者如梁启超、胡适等，就具体成果的理解进行研讨和争论。当代中国逻辑史界认为，章士钊是中国逻辑史学科的重要开拓者和先驱。不过他们也认为，在一些具体问题的研究和理解上，章士钊的见解尚争议颇多。

6. 《逻辑指要》应该可说是世界上最早一部把中、西、印三种逻辑编织在一起来讲述的著作。章士钊是对中、西逻辑作比较研究的研究方法的创始者。他说："吾襄有志以欧洲逻辑为经，本邦名理为纬，密密比排，蔚成一学，为此科开一生面。"这就是按西方传统逻辑教科书的体系，时时处处补进我国先秦名辩的研究成果。《逻辑指要》一书，整个写作都贯穿着这一方针。全书28章，几乎章章都是这样比排讲述。因之可以认为，章士钊不仅是中、西逻辑比较研究的创始者，而且他的《逻辑指要》就是这一研究方法的范本，是一本全面的和成系统的中西逻辑比较研究的著作。不过，也有一些学者认为，章士钊的这种比照研究有点做过了头，他的一些说法和论证可能很牵强。

章士钊和严复一样，他们对中国逻辑事业上的贡献都是做的西方逻辑的引进和介绍工作，但二人不同于当时某些其他学者的逻辑著作的照本引进，而是根据国情、根据北京大学学风，有自己的发挥，独创和开拓。严复因国

---

[1] 现在一般译为怀特海。

人重古训而倡导归纳，章士钊则尊崇祖国文化传统以西方逻辑引路而发掘和开拓对中国逻辑的研究。

这期间，最为完整和影响最大的是金岳霖先生的《逻辑》，此书于1936年作为大学丛书之一正式出版，但之前已经作为逻辑教材使用。金岳霖、张申府在北大兼课讲逻辑时，使用的就是此教材。

不管是《逻辑指要》还是《逻辑》，都有一个重要的特征：虽然以传统逻辑为主，但同时指出了传统逻辑的不足，都包含了部分现代逻辑。

第二节　现代逻辑研究的开端（1937—1952）

一、数理逻辑的引进

汪奠基、张申府这两位北大教授早期引进的数理逻辑都不够完整，有一个重大的缺陷，即他们都没有给出一个完整的逻辑演算。数理逻辑的逻辑形态就是一个逻辑演算系统。它要以符号语言给出一个逻辑，包括这种符号语言的形成规则、逻辑公理，建立逻辑演算的推理规则，建立形式证明的规则等，一个完整的逻辑演算还要有对这一演算系统本身的理论的探讨，即证明它的一些元定理，如一致性、完全性等。汪奠基和张申府的介绍则多偏重于数理逻辑的逻辑观念理论和它的哲学方面，以及数理逻辑的应用和它跟其他科学的关系。

这些欠缺在1936年正式出版的清华大学教授金岳霖先生的《逻辑》中已有所补正。金岳霖在《逻辑》中，较完整地介绍了罗素和怀特海的《数学原理》中的逻辑演算、类演算和关系演算，介绍了这些逻辑的基本概念、基本命题和几十个定理的证明，讨论了"逻辑系统之种种"即现今称作"元逻辑问题"的如一致性、完全性、逻辑中的必然性，蕴涵的多种理解等。然而金岳霖《逻辑》更多地偏注于数理逻辑之于人的思维逻辑，注重数理逻辑对于传统逻辑缺点之补足。加之当时罗素也没有对建立逻辑元定理进行探讨，所以金岳霖《逻辑》作为逻辑演算的介绍也是不完整的。

在我国引进成熟的数理逻辑，使我国数理逻辑的教学和研究能够走上当时国外这一学科轨道的，是西南联大时期哲学系的王宪钧。王宪钧在西南联大给高年级和研究生开的"数理逻辑"选修课，把数理逻辑的介绍提到一个新的高度。

王宪钧 1936 年清华毕业后赴德国和奥地利研究和深造。在维也纳大学他选修国际著名逻辑家哥德尔的"集合论的公理体系"一课，研读希尔伯特和阿克曼的《理论逻辑基础》（莫绍揆译名为《数理逻辑基础》）。这样王宪钧在国外研读期间所接触的就是当时数理逻辑最前沿的研究成果。

1938 年王宪钧回国任西南联大副教授、教授，为西南联大一年级学生开"逻辑"课，给高年级和研究生开"数理逻辑"课。国际知名逻辑学家美籍华人王浩，是当时的数学系学生，他选修了王宪钧的"数理逻辑"课程。他对这一课程的评价是："宪钧师早年的一项大功绩是把业已成熟的数理逻辑引进了中国的大学课堂，这种逻辑大大超越了怀特海和罗素的《数学原理》，正转入希尔伯特学派、司寇伦、哥德尔造就的新轨道。"

王宪钧把他在西南联大和其后多年开设的"数理逻辑"课的讲义编写成他的著作《数理逻辑引论》一书的前两篇。我们可以从《数理逻辑引论》一书，看到王宪钧讲的数理逻辑是当时国际上这一学科发展的最新成果。这些新成果主要体现在《数理逻辑引论》一书第二篇"狭谓词逻辑"的讲述中。由于种种原因，此书一直到 1982 年才出版问世。

二、现代逻辑研究的开端

早期的学者，虽然在翻译引进西方逻辑时，有自己的一些思想和观点，也算是一种研究，但这并不是逻辑理论的研究。而在这个期间，现代逻辑的理论研究才真正开始。对于现代逻辑理论有比较深入研究的有金岳霖、王宪钧、沈有鼎、胡世华等，涉及的领域包括数理逻辑、非经典逻辑、逻辑哲学等。

重要的研究成果有金岳霖的《论不同的逻辑》，王宪钧的《论蕴涵》，沈有鼎的《语言、思想与意义》、《意义的分类》，胡世华的《$(m + n)$ – 值命题演算的 m–值子系统》、《一个 $\aleph_0$ 值命题演算的构造》、《四值命题演算和四色问题》(与陈强业合作)等。

金岳霖的《论不同的逻辑》,王宪钧的《论蕴涵》,沈有鼎的《语言、思想与意义》、《意义的分类》,按现在的分类属于逻辑哲学的研究(在当时属于西方哲学研究的一部分),这些研究可以说是北京大学逻辑哲学研究的开端。

沈有鼎的《语言、思想与意义》、《意义的分类》更偏向于哲学讨论,只是讨论的问题与逻辑有较大的关系。而金岳霖的《论不同的逻辑》、王宪钧的《论蕴涵》更着重依据逻辑研究的技术成果对逻辑中的哲学问题进行分析研究。这些研究奠定了以后逻辑哲学研究的两种基本方法。

多值逻辑产生于 20 世纪 20 年代,早期的多值逻辑主要是针对一些无法用二值逻辑处理的命题,如卢卡西维茨关于"将来偶然命题"、布兹瓦尔关于"悖论命题"、克尼林关于"认知命题"等,后来发展成关于一般的多值逻辑的抽象理论。

在《(m + n)–值命题演算的 m–值子系统》中,胡世华证明了一般的 (m + n)–值命题演算的 m–值子系统的存在的条件及其特点,在当时国际多值逻辑研究中处于领先地位。

这反映了当时北京大学逻辑纯理论研究的特点:虽然研究成果不多,但都是属于整个国际逻辑学研究的一部分,研究的往往也是逻辑学的前沿问题。

三、课程和教材

在西南联大期间,虽然由于学科的汇集,哲学系的课程有很大的变化,但"普通逻辑"依然是哲学系的基础课程,使用的教材依然是金岳霖先生的《逻辑》。一个可喜的变化是作为基础课的"普通逻辑"扩展到其他一些院系。

而逻辑教学最大的变化,是开设了专门的"数理逻辑"课程,最初由沈有鼎讲授,后期主要由王宪钧讲授。专门的"数理逻辑"课程开始成为北京大学逻辑学科的重要特点之一。在西南联大终结后,北京大学继续聘请王宪钧讲授"数理逻辑"。

1949 年以后我国大学的"普通逻辑"课有了方向性的根本变化。引进苏联的逻辑教材，模制苏联的逻辑课程。最早引入的是苏联 M. C. 斯特罗果维契的《逻辑》，谢宁和曹葆华译，1950 年出版。另一是齐大衍译的 C. H. 维诺哥拉道夫和 A.Ф. 库兹明合著的《逻辑学》，上海中华书局 1950 年版。这两本苏联逻辑教材，成了我国大学逻辑的模本，对我国后来长时期的逻辑教学有普遍且深远的影响。这个模本只讲传统逻辑，对数理逻辑持否定态度或只字不提。

这一逻辑模本也影响到北大哲学系开设的逻辑课程，教师的逻辑讲稿要根据这一模本编写。这样就使得北大的逻辑教学受到极大冲击，在学科和学术水平上较 1949 年前大大倒退。这时期的逻辑教学也根本谈不上教材建设。金岳霖、王宪钧、沈有鼎、周礼全、晏成书、汪奠基、江天骥等都是主张大学逻辑应以数理逻辑为主的。他们对这种苏联模式的逻辑课既持异见却又无可奈何。

1952 年院系调整后逻辑学科的队伍几乎全部集中到北京大学，有清华大学的金岳霖、沈有鼎、王宪钧、周礼全，北京大学的胡世华、晏成书，北京师范大学的汪奠基，南京大学的何兆清，武汉大学的江天骥，辅仁大学的李世繁，燕京大学的吴允增，中山大学的容肇煜。

这样的教师力量使得北京大学开始进行逻辑人才的专门培养。1952 年起开始在哲学专业本科生中开设逻辑专门化班，共有三个班，1950 年入学的三年级班、1951 年入学的二年级班和 1952 年入学的一年级班。共同的逻辑课程有："数理逻辑"（王宪钧）、"西方逻辑史"（何兆清、汪奠基）。在三年级班和二年级班开设研究性的"逻辑的理论问题"和实践性的"逻辑教学实习"（周礼全）。一年级班的逻辑课程还有"中国逻辑史"，相关课程还有"高等数学"和"语言学"。

由于逻辑专门人才的培养，北京大学哲学系的逻辑课程从此形成了两套体系，作为基础课的逻辑课程和作为培养逻辑专门人才的逻辑课程。虽然作为哲学系的基础课程普通逻辑已经面目皆非，但培养逻辑专门人才的逻辑课程在 1952 年院系调整后得到发展，并形成了以逻辑课程为主，包含一些相关学科课程的课程体系。

第三节　在困难中坚持现代逻辑（1953—1977）

一、西方逻辑史研究的开始

最早引进的西方逻辑史的译著是西方哲学史教研室的方书春教授。1957年三联书店出版了他译出的亚里士多德的《范畴篇》、《解释篇》。

1961年商务印书馆出版了王宪钧和吴允曾等的译作《逻辑史选译》。选译了1920年出版的德国泰奥多尔·齐亨的《逻辑学教程》的两章《逻辑学的范围及其通史》。逻辑学通史部分包括55节，自古希腊逻辑讲到数理逻辑。其中数理逻辑的发展极为简略，只是从观念方面介绍了数理逻辑的产生和它以后的发展。作者说，数理逻辑是一种新的逻辑趋势，通过引入数学的符号和应用数学的方法，希望能对逻辑学有所改进或者至少能使逻辑学得到进一步的发展。作者介绍了德国几个逻辑学家拉姆贝特等人建立新逻辑的探索，英国逻辑学家汉弥尔顿、布尔、耶芳斯对逻辑代数的创建，摩尔根对关系逻辑的研究，德国逻辑学家弗雷格、施罗德所提出的概念文字和创建的数理逻辑体系，康托建立的集合论。很奇怪的是齐亨没讲罗素在建立逻辑演算方面的贡献。

王宪钧教授还开始了数理逻辑发展史的研究，研究的成果当时并没有发表，而是集中于1982年出版的《数理逻辑引论》的书中第三篇《数理逻辑发展简述》中。

《数理逻辑发展简述》以8万多字的篇幅较详细地考察了从莱布尼茨到20世纪30年代数理逻辑的发展。它内容丰富、概括全面，对数理逻辑从产生到20世纪30年代的每一项重要成果都有清楚而透彻的分析，对数理逻辑从产生到奠基到大发展中的逻辑思想的前后演变关联都有明晰的交代。作者明确地把数理逻辑分为五个分支：逻辑演算、证明论、公理集合论、递归论和模型论，并把数理逻辑的整个发展历史划分为三个阶段：初始阶段、奠基阶段和发展阶段。初始阶段包括莱布尼茨、布尔、皮尔士、施罗德等人的贡献。奠基阶段包括康托尔集合论的建立、公理方法的发展、逻辑演算的建立、构造主义逻辑和证明论的提出。发展阶段是20世纪40年代以后数理逻辑新的四个分支，即证明论、公理集合论、递归论和模型论的建立，以及不断取得新的进展以及逻辑演算分支的新的扩张和拓展。王宪钧还认为，在第二阶段和第三阶段之间，有一个数理逻辑明显的承前启后的过渡时期，时间是20世纪的30年代。这一时期工作的成果为数理逻辑后来的大发展作了准备，包括哥德尔的完全性定理和不完全性定理，能行性的数学描述和狭谓词演算的不可判定性定理等。

王宪钧的《数理逻辑发展简述》，对在中国广大逻辑工作者中间普及数理逻辑观念及数理逻辑发展史的知识，起了重要作用。受到国内逻辑学界的广泛好评。评论认为，本书"引用了一些新鲜的事实，勾画出一些有重大影响的观念、方法和学说的演化线索"，"作者从历史角度提出了数学基础中的一些重要哲学问题"，"对各种学说和理论作了比较公正的评价"，"对历史发展脉络介绍得十分清楚"，"对一些有很大影响的观念和学说提出了自己的看法"，说王宪钧先生的研究和工作"是值得重视和赞赏的"，等等。[1]

三、中国逻辑史研究的复兴

胡适所开创的中国逻辑史研究，在后来的北大哲学系长时间无人为继。直到新中国成立后，北京大学哲学系逻辑教研室的沈有鼎教授1954年6月2日至1955年3月9日在《光明日报》上长篇连载他的中国逻辑史的重要研究成果《墨辩的逻辑学》。此文后来结集出版，书名为《墨经的逻辑学》（中国社会科学出版社，1980年）。

沈有鼎认为，战国时期的百家争鸣兴起以惠施为代表的诡辩学派。墨经作者的任务就是驳斥这些诡辩，由之发展出墨经的逻辑学。墨经逻辑首先是作为论辩术而发展起来的。墨经特别强调辩的意义。辩的目标就是判明是非，谁当谁不当。墨经中有关于"名"的各种讨论，对"名"作了外延上的划分。墨经详细讨论了作为命题的"辞"和命题所表达的同和异。《墨经的逻辑学》重点地讨论了作为论证的"说"和"辩"，讨论了论证的原则和

---

[1] 转引自宋文坚：《逻辑学的传入与研究》，福建人民出版社2005年版，第363页。

方法。所谓论证的原则就是墨经讲的故、理、类。它们构成一个论证的三要素。所谓论证的方式、方法就是墨经讲的"假"、"止"、"效"、"譬"、"侔"、"援"、"推"。墨经还讨论了使用这些论证方式时应注意避免的谬误。《墨经的逻辑学》也涉及了墨家对逻辑的应用,墨经作者如何使用逻辑作武器与当时的其他学派尤其诡辩派作斗争。

沈有鼎认为,语言有民族性,语言的特性会制约一个民族的思维在表现方式上的特质。这就不可避免地影响到逻辑学在中国的发展。使它在表达方面具有一定的民族性。他说,墨经的逻辑学是中国学术史中光辉灿烂的一页。

沈有鼎的《墨经的逻辑学》对后来我国的中国逻辑史研究有着重要影响。有学者评说,"沈有鼎的《墨经的逻辑学》把墨经逻辑的研究推向了一个新阶段,达到一个新的高度和水平"。它"校勘领先,诂解精审、恰当,以经注经,让墨经注释自己","后来的许多有关墨经的著作都或多或少地从这本书吸取过营养"。[1]

在沈有鼎离开北京大学后,李世繁也对中国逻辑史有部分研究,发表论文《试述〈墨辩〉中若干范畴的理论》,还有未出版的手稿《惠施、公孙龙和墨辩的逻辑思想》。

三、现代逻辑研究的点滴

由于种种客观原因,虽然集中了全国几乎所有的逻辑学者,但逻辑的研究还是困难重重。但这些学者在如此困难的情况下,还进行着现代逻辑的研究。不过,大多数学者在北京大学的时间不长,他们的研究基本都没有发表。胡世华1953年调中国科学院数学所,金岳霖、沈有鼎、周礼全、汪奠基1955年调中国科学院哲学所,江天骥1956年回武汉大学哲学系。只有沈有鼎在《符号逻辑杂志》上发表了《所有有根类的类的悖论》和《两个语义悖论》。

历史上,悖论的发现和研究往往是促进逻辑发展的动力。罗素悖论对集

---

[1] 赵总宽主编:《逻辑学百年》,北京出版社1999年版,第60页。

合论以至整个数理逻辑的推动作用是众所周知的,而语义学悖论的发现与研究对于逻辑语义学的建立和发展也起了极大的作用。沈有鼎在文章中所提出的集合论悖论和语义学悖论在国际上也有一定的影响,有学者将这些悖论称为"沈有鼎悖论"。

当时在哲学系数理逻辑的研究受到了很大的限制,几乎无法开展。但在中国科学院、各院校的数学系,数理逻辑作为数学的分支,研究工作没有受到什么影响。

胡世华1953年调中国科学院数学所后在递归论方面做了具有国际影响的研究工作,这个研究的最早工作是他在北京大学期间完成的,只是在他离开北京大学以后才发表。

在现代逻辑方面,还值得一提的是吴允曾。他在20世纪60年代就开始将现代逻辑研究与计算机技术结合起来,这样的思想和研究具有前瞻性,可惜这些研究成果在1987年离世后才开始整理发表。

四、课程和教材

普通逻辑的教学和教材依然受到苏联模式的影响,苏联逻辑学界逻辑观念的逐步变化在我国逻辑界引起反响共鸣,给我们带来了机遇。

1956年苏联出版 Д.П.高尔斯基和 П.В.塔瓦涅茨主编的《逻辑》,宋文坚根据逻辑教研室的要求翻译了该书,由三联书店1957年出版。本书仍维持了讲概念、判断、演绎推理、归纳推理、假说、证明这一传统教学体系,但较前此引进的苏联教科书有显著不同。它没有批判和认识论说教,对数理逻辑有了正面评价,说它是传统逻辑的进一步发展,数理逻辑在计算机科学中得到广泛应用。书中引进了数理逻辑的一些符号表达式和真值判定方法,介绍了关系判断和关系推理,对一些逻辑课题有较细致和深入的讨论,等等。

同时我国逻辑学界也开始了新一轮的自编逻辑教材的工作。北京大学哲学系逻辑教研室集体自编大学普通逻辑的教材始于1960年。参加者有王宪钧、晏成书、李世繁、吴允曾、赵臣璧、李真、彭燕韩、诸葛殷同、宋文淦。教材于 1961 年完成，1962 年由学校教材科铅印供校内使用和作校际交流。书名《形式逻辑》。全书分八章：形式逻辑的对象性质、调查研究是思维中一种逻辑方法、概念、判断、演绎推理、归纳法、形式逻辑基本规律、证明和反驳。可以说。这本教材虽较新中国成立初引入的苏联逻辑模式有一定改进，但在内容方面仍未反映逻辑科学的当代发展，讲的仍是旧传统逻辑。

1974 年为了满足哲学系一年级逻辑课程教学的需要，逻辑教研室部分教师又编写了一部分量较小的《形式逻辑》，由学校教材科铅印。较之前部教材，这本教材在内容上精简和精确些，但受当时学生文化程度的影响，新编的逻辑课本仍未能在内容和体系上有所突破。

1961 年国家教育部组织了高等学校文科教材编写工作。逻辑教研室有吴允曾和晏成书参加了逻辑教材的编写。此书由金岳霖主编，书名《形式逻辑》，于 1963 年完稿，因"文革"推迟至 1979 年由人民出版社出版。此书内容和逻辑教研室 1961 年集体编写的《形式逻辑》大同小异。

这期间北京大学依然坚持对现代逻辑研究人才的培养，1955 年和 1956 年招收两届本科逻辑专门化，开设的课程与 1952 年的一年级班基本相同。他们的"中国逻辑史"由李世繁开设，"西方逻辑史"由何兆清开设。

1956 年开始招收硕士研究生（当时称为副博士研究生），共招生三届（56 级、61 级和 62 级）。

56 级和 61 级有两个方向，逻辑方向和数理逻辑方向。

逻辑方向的逻辑课程有："普通逻辑"（李世繁）、哲学系的"数理逻辑"（王宪钧）、数学系的"数理逻辑"（胡世华）、"英文原著选读"（Eaton: General Logic）。

数理逻辑方向的逻辑课程有："高等代数"、数学系的"数理逻辑"（胡世华）、"英文原著选读"（Eaton: General Logic）、"公理集合论"、"逻辑与演绎科学方法论"。

1962 级只有数理逻辑方向，开设的逻辑课程有：哲学系"数理逻辑"（王宪钧）、数学系的"数理逻辑"（胡世华）、"英文原著选读"（Copi: Science of Logic; Eaton: General Logic）、"数理逻辑基础"、"元数学导论"。

除"英文原著选读"（Copi: Science of Logic; Eaton: General Logic）外，

"公理集合论"、"逻辑与演绎科学方法论"、"数理逻辑基础"、"元数学导论"等课程也使用英文原著。这些英文原著研究生课开课的方式多是由导师指定章节，研究生阅读，然后采用讨论班的方式，由学生讲述，然后学生讨论，最后由导师给予评讲和指导。

这些学生（包括1952年的本科逻辑专门化的三个班）中的大多数成为了中国逻辑学科的中坚力量，如宋文坚（北京大学）、宋文淦（北京师范大学）、郁慕镛（南京大学）、康宏逵（华中科技大学）、张钜青（武汉大学）、张尚水、诸葛殷同、张家龙（中国社会科学院）等，为以后现代逻辑的复兴打下了良好的基础。

第四节 现代逻辑研究的繁荣（1978—1999）

一、逻辑现代化的理念与实践

1978年改革开放给逻辑学科的发展带来了机遇，以王宪钧为代表的逻辑学者提出了"逻辑现代化"的理念。"逻辑现代化"并不是在某个场合的一个口号，而是当时的一些谈话、报告、实践的一种概括。最有代表性的是王宪钧在1978年和1979年全国逻辑讨论会上的两次报告。

1978年5月在北京召开的全国逻辑讨论会上，王宪钧作了《数理逻辑和形式逻辑》的报告。他说，形式逻辑是门学科，它只研究演绎法。数理逻辑和传统的演绎法不是对立的，是它的扩展和深入。数理逻辑用特制的符号语言而不用自然语言，不是什么性质的不同，而是为了使思想更为精确。讲授形式逻辑首先考虑的是思想准确、精密。数理逻辑是这一考虑的必然结果。应该推动数理逻辑这门学科的发展和普及，他建议编写出版一套供逻辑和哲学工作者使用的数理逻辑读物。1985年，王宪钧申请到国家社科重点基金项目"现代逻辑丛书"。使得这一建议得到了实现。

"现代逻辑丛书"的出版说明概括了这套丛书编写的宗旨："符号逻辑不仅内容丰富，还和许多学科如哲学、数学、计算机科学、语言学及心理学等有联系，影响及于这些学科，有些影响甚至是带根本性的。我国大学的逻辑专业、计算机专业、哲学专业，都开设符号逻辑有关的课程。但是，这方面介绍性的书籍和教材在国内还不多见。本丛书的目的是提供一批叙述简明易懂和不需要较多数学知识的入门性书籍和教材。"

由王宪钧主编完成、中国社会科学出版社出版的这套丛书，计有宋文坚《西方形式逻辑史》(1991)、刘壮虎《逻辑演算》(1993)、晏成书《集合论导引》(1994)、叶峰《一阶逻辑和一阶理论》(1994)、周北海《模态逻辑》(1996)、郭世铭《递归论导论》(1998)。

《西方形式逻辑史》阐述的是传统逻辑到罗素的数理逻辑的发展史。通过大量的资料说明现代逻辑是传统逻辑的必然发展。本书用较长篇幅介绍了现代逻辑前期发展的诸多学者如莱布尼茨、拉姆贝特、卡斯泰隆、胡兰德、德摩根、布尔、耶芳斯、文恩、皮尔斯、弗雷格、皮亚诺、罗素等人在创建数理逻辑进程中的贡献，展现出现代逻辑若干内容的历史源流。

逻辑演算是数理逻辑的最基础部分，是数理逻辑中逻辑方面的最主要内容，是学习和研究其他数理逻辑分支学科的基础理论。《逻辑演算》主要介绍古典逻辑演算的公理系统和自然推理系统，包括命题演算和谓词演算、带等词的谓词演算、逻辑演算的不同系统。此外，本书还简要介绍了非古典演算，包括正逻辑、极小逻辑、直觉主义逻辑。

《集合论导引》主要是从公理出发建立集合的理论体系，并着重阐明每个公理在整个理论体系中的作用。在此基础上定义自然数、自然数上的演算和序，进而讨论有穷集和无穷集，定义出序数及序数上的运算，讨论序数的各种性质。最后定义出基数和基数上的运算和序，直至提出连续统假设。

《一阶逻辑和一阶理论》属数理逻辑的基础内容。一阶逻辑部分讲述了一阶语言的语法、语义，一阶推理系统，证明了它的语义完全性。一阶理论部分讲述了一阶逻辑的一些其他问题，模型论的一些基础内容，以及一阶算术、公理集合论等。

《模态逻辑》在介绍模态逻辑的学科性质和一些预备知识的基础上，详细讲述了模态命题逻辑和模态谓词逻辑。在模态命题逻辑部分中，除介绍了几个经典系统外，还介绍了可能世界语义学的基本内容及其一些应用，介绍了可能世界语义学下的典范模型及方法，由此证明了一些模态系统的完全性。

递归论是数理逻辑重要分支和核心内容。《递归论导论》阐述的内容有图灵可计算函数、原始递归函数、通用函数和通用图灵机、s–m–n 定理和递归定理、哥德尔不完全性定理、递归可枚举集、m– 归约和 m– 度、图灵度、波斯特问题。

原来在丛书计划之内，但最后没有作为丛书出版的还有沈复兴的《模型论导引》（北京师范大学出版社，1995 年）、刘壮虎的《素朴集合论》（北京大学出版社，2001 年）。

模型论是研究形式语言及其解释之间的关系的理论。《模型论导引》主要内容是介绍可数语言一阶逻辑模型论的基础知识和基本理论，以及构造模型的一些方法，有常量方法、图灵方法、力迫方法以及无穷长语言中的和谐性质方法。

《素朴集合论》是用素朴的观点介绍集合论的基本内容，对集合论中的集合等概念以及它们的作用和意义作直观的描述。本书以上述观点介绍了集合论的最为深刻的基本内容，有集合的概念和集合的运算、映射、关系、基数、序数和超穷归纳法、选择公理。本书还介绍了一些特殊的内容，有在现代逻辑中广泛应用的两类集合族，集域代数和超滤，从技术角度讨论如何将映射和数归结为集合，以及从素朴和直观的角度讨论集合论悖论。

二、现代逻辑研究的繁荣

1982 年，刘壮虎从北京大学数学系本科毕业来哲学系任教，最初进行的是数理逻辑的研究，在《数学季刊》上发表论文《等度和不等度的结构及在 P－T 度下集合的分离性质》，此论文 1990 年获首届金岳霖二等奖。因为文理分家的状况的存在，当时的数理逻辑研究主要集中在科学院、数学系等理科单位，又由于国际交流、资料、团队和相关学科等方面的原因，在哲学系进行数理逻辑的研究确实有一定的困难。所以在刘壮虎 20 世纪 90 年代转向哲学逻辑后，除 2000 年郝兆宽的博士论文《带类型与不带类型的 λ－演算及其与逻辑的关系》之外，数理逻辑的研究在北京大学哲学系已成绝响。

在相当长的时期中，哲学逻辑的研究成为北京大学逻辑学科主要的研究方向，研究水平在国内处于领先地位。

刘壮虎从90年代起开始了具有原创性的邻域语义学的研究。在总结命题逻辑系统各种语义学一般特征的基础上，他推广了模态逻辑的邻域语义学，建立了适合绝大多数命题逻辑的邻域语义学，开辟了一个新的研究方向。刘壮虎主要从三个方面对邻域语义学进行了全面的研究。

1. 邻域语义学的一般研究。在最早的关于邻域语义学的论文《邻域语义学和模型完全性》中，他给出了一般的命题形式语言、一般的命题推演系统，建构了一般的命题推演系统的邻域语义学，并对邻域语义学的基本概念和基本假设进行了一定的分析。他使用典范模型的方法，给出了一般的命题推演系统具有模型完全性的充要条件。在《邻域语义学与推演系统的完全性》中，他进一步分析了一般的命题推演系统的六种不同的完全性，讨论了它们的本质属性，并给出了其中四种完全性的充要条件及其意义。

2. 用邻域语义学对逻辑的基本概念和问题进行分析和探讨。他在论文《逻辑系统中的蕴涵》中，用邻域语义学严格刻画了蕴涵的基本性质——保真性，给出了蕴涵的本质特征：在逻辑有效或推理的意义下，所有的逻辑蕴涵都是一样的。论文还用弱保真性推广了蕴涵，证明了推广后的蕴涵依然具有逻辑蕴涵的本质特征。在此基础上，他对什么是逻辑和逻辑系统给出自己的见解。

3. 一些具体逻辑的邻域语义学。在《直觉主义逻辑的完全性和不完全性》中，通过翻译的方法，证明了关系语义学下的直觉主义逻辑的完全性只是邻域语义学中的一般框架完全性，并证明了在直觉主义蕴涵满足保真性的要求下，直觉主义逻辑的邻域语义学不具有框架完全性。另外在《相干逻辑的邻域语义学》，《初基演算的邻域语义学》中，他分别建构了相干逻辑系统R和沈有鼎的初基演算系统的邻域语义学，并进行了一定的讨论。

刘壮虎还试图将邻域语义学推广到一般命题逻辑以外的逻辑上。在提交给第六届亚洲数理逻辑会议的论文"Neighborhood Semantics of Modal Predicate Logic"(《模态谓词逻辑的邻域语义学》)中，建构了模态谓词逻辑的固定个体域的邻域语义学。与模态谓词逻辑的关系语义学不同，虽然个体域不变，但 Barcan 公式依然可以不成立，论文给出了在邻域语义学中 Barcan 公式成立的充要条件。

1989 年周北海于北京大学哲学系博士毕业留校，从模态逻辑史研究转向以模态逻辑为基础的哲学逻辑和逻辑哲学以及关于自然语言的逻辑研究，并发表了系列论文。在哲学逻辑方面，论文《衍推系统 Efde 的推理模型》从推理的一般形式出发建立了衍推系统 Efde 的推理模型，解决了该系统只有代数语义而没有模型语义的问题，并且使得该系统为刻画日常推理而构建的目的得到合理解释。在此基础上，《推理、推理模型和推理语义》提出一般的推理模型和推理语义，使得相干逻辑三元关系语义学与模态逻辑的框架语义学在推理一般形式的刻画下得到统一解释。在自然语言的逻辑研究方面，《名字涵义新说》提出原子名和复合名概念，《命名空间与范畴空间的数学模型》进一步引入名字的复合运算，用数学方法讨论了自然语言中的两种结构，语词层面的命名空间和概念层面的范畴空间。在逻辑哲学方面，《分析性概念的严格定义与哲学考察》基于逻辑的形式理论提出了在 S 所代表的涵义约定下的 S-分析性概念，对于分析命题与综合命题的划界作出了新的探讨。

郭世铭 1982 年毕业于北京大学哲学系，获硕士学位，先后在华中科技大学、中国政法大学任教，1995 年调入北京大学哲学系。郭世铭对于认知逻辑有自己独特的思想，在《二重命题逻辑系统 $\beta 4$》中，提出了在认知逻辑的研究中应该区分主观公式和客观公式，它们有不同的意义和不同的逻辑性质。他对其中的一个特例——系统 $\beta 4$ 进行了比较完整的讨论，用修改的语义图方法给出了系统 $\beta 4$ 的完全性。在《多主体认知逻辑（语法部分）》中他又将这样的研究从单主体推广到多主体，但只是在语法方面，没有语义方面的研究。可惜郭世铭英年早逝，在这方面的工作没能继续。但他的思想和方法对认知逻辑的研究有较大的影响。许涤非的博士论文《双主体认知逻辑研究》就是使用这样的思想和方法对双主体认知逻辑进行了全面的研究。

在认知逻辑研究方面值得一提的还有刘壮虎关于集体认定的逻辑的研究。集体认定是按一定的原则，综合集体中每个人的意见，对命题的一种断定。在《集体认定的逻辑》中刘壮虎提出了集体认定的两类原则：个人认定的原则和集体认定的原则,建构了按此原则的集体认定的逻辑,给出了一些重要的形式性质,并对其中的一种简单的类型——简单民主逻辑进行了较全面的讨论。在《集体认定中的不一致和合取原则》中,他用集体认定的逻辑严格定义了集体认定中的不一致和合取原则,并对它们进行详尽的讨论,给出了它们的数值特征。

在此期间重要研究方向还有逻辑哲学和数学哲学。

陈波 1984 年于中国人民大学哲学系硕士毕业留校,1990 年至 1994 年在职攻读博士学位,1992 年调入北京大学哲学系。他是国内最早系统地从事逻辑哲学研究的学者,发表了一系列在国内有影响的逻辑哲学研究论文,其中《专名和通名的理论批判》曾获"金岳霖学术奖"三等奖。他的大多数研究成果都综合在他的重要著作《逻辑哲学导论》中。

在《逻辑哲学导论》中,陈波建构了一个逻辑哲学体系,它不是西方有关著作的简单照搬,而是对许多问题作了比较准确和可靠的阐述,有自己的独特思考和探索,有比较系统的独立观点。但总体上还是难以超出国内逻辑哲学研究的基本模式,难以真正与国际逻辑哲学研究接轨。

叶峰 1986 年从中国科学院硕士毕业后来北京大学,邢滔滔 1993 年从北京大学哲学系博士毕业留校,开始了数学哲学的研究。他们的研究一开始就紧跟国际数学哲学研究的前沿,而当时国内大多数的数学哲学研究还停留在几十年前的三大学派上。

虽然叶峰在数学哲学方面已经有自己独特的思想和方法,但直到 1994 年去美国攻读博士学位前,都没有发表任何数学哲学研究的论文。邢滔滔在攻读博士学位期间开始数学哲学研究,最后完成博士论文《当代数学哲学片断》,毕业后还陆续发表了《概念论与直谓主义》、《Mycielski 的有限数学》、《集合的一种分层及其哲学意蕴》等论文。

三、逻辑课程和教材的现代化

1979 年 8 月在北京召开的第二次全国逻辑讨论会上,王宪钧作了题为"逻辑课程的现代化"的报告,主张我国高等学校为文科开设的逻辑课程要改革、要现代化。

　　王宪钧指出，形式逻辑是学科名称，在我国也被当作课程名称。它里面讲的有些东西不是形式逻辑，如归纳法。他建议把这门课程改叫"普通逻辑"，包括演绎和归纳。他说，目前这一课程内容基本上还是所谓的传统逻辑，加上19世纪50年代的关系推理和穆勒五法，是比较陈旧的。目前欧美不这样讲，苏联东欧也不这么讲，他们都增加了数理逻辑的内容。他说，19世纪末叶以来，形式逻辑亦即演绎法的研究没有停止，而且得到了丰富和重要的成果，这百余年来的成果是不是应该适当地吸收到普通逻辑课程中来呢？是不是应该在这一课程里有所介绍呢？答案应该是肯定的。所以普通逻辑课程要现代化。他还说，无论如何，改革和提高是必要的，吸收现代成果是必要的：如摹状词理论、量词的理论、主词存在问题、什么是公理方法、它的重要性和意义有哪些、什么是形式语言系统、什么是语法和语义、现代逻辑对于各种内涵逻辑和弗晰逻辑的研究成果，等等。如何把这些内容适当地在普通逻辑课程里加以介绍，是值得我们认真考虑的。

　　王宪钧还提出了一些具体的改革设想。他说，对于不同院校和专业来说，内容可以不尽相同，难易可以有区别。也可以把课程分为两部分：第一部分讲传统逻辑，后一部分讲现代形式逻辑。就后来王宪钧设计的改革课程手稿[1]来看，他的改革和现代化设想，是在普通逻辑课中吸收增加数理逻辑的内容，同时对传统逻辑的一些概念、理论用现代逻辑的观点作新的解释。因而他那时提出的逻辑课程改革和现代化还不是在所有大学文科用数理逻辑来替代传统逻辑，而是增加现代逻辑的部分和用现代逻辑的观点来统摄整个逻辑课程。

　　在王宪钧和晏成书的推动下，北大逻辑教研室还组织翻译了当时国外一些通用的逻辑教材，以作为改革的参考。如宋文坚等人翻译的《形式逻辑》（上海人民出版社，1981年），苏联И.Я.楚巴欣、И.Н.布洛德斯基主编，此书分为两篇：第一篇讲普通逻辑，第二篇讲符号逻辑。这第二篇对数理逻辑有较为完整的介绍。还有宋文坚等翻译的美国斯坦福大学教授P.苏佩斯编

---

[1] 邢滔滔：《王宪钧论普通逻辑》，见胡军编：《观澜集》，第255—258页。

写的《逻辑导论》、美国夏威夷大学教授科庇编写的《符号逻辑》。后两部著作对于国内学者编写逻辑教材和吸收数理逻辑的内容有重要的参考价值。

引进国外教材只是一个过渡，真正要实现逻辑课程的现代化，还需要国内学者根据中国学生的实际情况编写更为合适的教材。

宋文坚在给哲学系和外系讲授的逻辑课中进行了改革，由他和刘壮虎、周北海、邓生庆、李小五集体编写了《新逻辑教程》（北京大学出版社，1992年）。此书和国内出版的改革教材最大的不同是，它是以现代逻辑为框架编写，保留了传统逻辑中仍有使用价值的精华部分。这一教材改革获北京大学优秀教学成果二等奖。

1998年人民出版社组织编写"大学哲学丛书"。应出版社之约，由宋文坚任主编，郭世铭任副主编，逻辑教研室集体参与编写了《逻辑学》一书。和《新逻辑教程》一样，《逻辑学》是按在现代逻辑的框架内保留传统逻辑中仍有使用价值的内容这一原则编写的。作者力图科学地、精确地说明和使用所提出的逻辑概念，努力做到逻辑教材的先进性、科学性和体系的严整性。

《逻辑学》一书出版后，受到逻辑学界的重视和好评。2000年出版的由复旦大学哲学系和中国社会科学院《哲学研究》编辑部主编的《中国1999哲学发展报告》中评论说："在逻辑教材方面，1999年出版了由宋文坚主编，周北海、郭世铭等人执笔的《逻辑学》一书……编写方法较新颖，在现代逻辑的框架内保留了传统逻辑仍有实用价值的内容，并注意了从传统逻辑到现代逻辑的过渡，同时考虑了读者的具体情况，是国内一本较优秀的逻辑教材。"在2004年中国逻辑学会首届优秀成果奖评选中，《逻辑学》获优秀教材奖。

四、逻辑专门人才培养体系的建立

逻辑学是北大哲学系最早恢复专门人才培养的学科之一，1978年就恢复了硕士研究生的招生，也是全国第一批设立的博士点，1984年开始招收博士研究生。在逻辑专门人才培养上，课程和教学的现代化虽然是理所当然的，但是由于教研室教师思想上的分歧、任课教师的缺乏、研究生本身的基础等问题，实际上，它在一段时期内并没有形成完整的体系。

在我国的学科管理中，逻辑学仍列为哲学下的二级学科。但从学科性质、人才培养等方面看，逻辑学和哲学的其他专业有较大区别。只有经过严格的数学训练并具有必要的现代逻辑基础知识的学生，才有可能进入逻辑学硕士生阶段继续学习和研究。

当时哲学专业的本科毕业生满足不了这样的要求。在王宪钧的倡导下，北大于1987年设立了逻辑专业招收逻辑学本科生，并为此建立了全面的本科生逻辑学课程体系。设立的逻辑课程有："逻辑演算"、"一阶逻辑"、"素朴集合论"、"模态逻辑"、"应用逻辑"、"归纳逻辑"、"逻辑哲学"与"逻辑史"等。为加强逻辑学本科生的数学基础，开设了如下的数学课程："数学分析"（计算机系）、"高等代数"（计算机系）、"抽象代数"（数学系）等。

在逻辑专门人才的培养上，1991年是重要的一年。制约逻辑课程体系建立的种种因素已经一一得到了解决，对于逻辑学硕士生的培养形成两个统一的意见。首先，确立逻辑学硕士生的培养目标是掌握现代逻辑的基础知识，为今后的逻辑学研究打下扎实的基础。其次，逻辑学硕士生的课程以"数理逻辑"和"哲学逻辑"为核心。当年设置的逻辑课程有"数理逻辑"、"公理集合论"、"模型论"、"递归论"、"证明论"、"模态逻辑元理论"、"逻辑专题"。另外根据学生的情况开设一些数理逻辑类、哲学逻辑类、逻辑哲学与逻辑史类的选修课。虽然以后课程不断地有所调整，但总体的指导思想没有改变。

除逻辑课程体系外，教材建设也是一个重要的方面。上述现代逻辑丛书实际上更大的作用是当作教材。如《逻辑演算》、《一阶逻辑和一阶理论》、《素朴集合论》和《模态逻辑》，是本科逻辑学课程体系中相应课程的教材，而《西方形式逻辑史》、《集合论导引》、《递归论导论》和《模型论导引》，也在逻辑学硕士生课程体系中用作相应课程的教材或参考书。这套丛书在2004年中国逻辑学会首届优秀成果奖评选中，获优秀教材奖；同时获优秀教材奖的还有周北海的《模态逻辑导论》（北京大学出版社，1997年）。

1984年逻辑学科开始招收博士研究生，方向为逻辑史，导师是王宪钧。1995年设置符号逻辑方向，导师是刘壮虎，但直到1997年符号逻辑方向才招收到第一个博士研究生。2000年设置逻辑哲学（包括逻辑史）方向，导师是陈波，2001年第一个博士研究生入学。至此，以符号逻辑和逻辑哲学为两个方向的逻辑学博士生培养体系已大体完成。

第五节 现代逻辑研究领域的开拓（2000—2011）

一、国际学术交流和合作

进入21世纪以来，北大逻辑学教研室密切紧跟国际学术前沿，积极融入国际学术圈，拓宽国际学术合作与交流渠道，"请进来"与"走出去"相结合，积极主办和承办国际学术研讨会。

1. 积极吸引境外知名学者来校讲学、授课、座谈，推动合作研究。

2004年6月1日美国天普大学计算机与信息科学系教授王培来哲学系作"认知的逻辑与数学的逻辑"报告，并就"概称句的生成与概称句推理"项目中的问题进行讨论。此后，王培与教研室建立了长期的合作关系，经常来校访学、授课、研讨和座谈。

2004年9月，世界著名逻辑学家、荷兰阿姆斯特丹大学教授范·本瑟姆来我校进行为期一周的讲学和访问。范·本瑟姆围绕"多主体信息交流情况下的动态逻辑"这一主题报告了他三方面的工作：从认知逻辑到信息更新的逻辑、关于信念和期望修正的逻辑、逻辑与博弈。在随后的几年里，范·本瑟姆每年都会定期来北大进行如学术报告、短期讲学、师生座谈会等不同形式的交流对话，报告他最新的研究成果，帮助感兴趣的同学参与共同研究或出国交流。

2009年4月至6月，荷兰阿姆斯特丹大学哲学系、逻辑认知与计算研究所韦尔特曼教授应邀来我系讲授逻辑前沿课程，介绍他开创的动态更新语义的研究成果。

除了类似这些长期的合作和授课活动外，教研室还经常不定期邀请国外学者来校演讲报告。其中重要的有2005年5月美国德州大学哲学系主任阿什教授来我系进行了为期一周的讲学和访问。2007年12月新加坡国立大学教授杨跃作题为"关于叶尔绍夫层谱初等等价问题的一个新结果"的演讲。2009年9月牛津大学威克汉姆逻辑学教授威廉姆逊作题为"Past the linguistic turn"的学术报告。2009年11月伦敦大学皇家霍洛威学院计算机科学系罗朝晖教授作题为"Type-Theoretical Semantics with Coercive Subtyping"的学术报告。2010年5月新西兰奥克兰大学Jeremy Seligman教授作题为"Facebook Logic"的学术报告。

在受邀的报告人中，还有从逻辑学教研室"走出去"的毕业生回国报告他们的最新研究成果。如2008年6月美国卡耐基梅隆大学逻辑专业博士生高思存作题为"计算理论中两个困难的逻辑问题"的演讲；2011年9月阮吉博士作题为"通用游戏竞赛的逻辑"的报告。他们原是教研室的学生，在经常参与国际交流的影响下，毕业后积极走出国门，投身于国际前沿的逻辑学研究，并将自己最新的研究成果带回国同大家分享。

2. 大力支持师生出国或到台湾地区访学、交流、参加国际会议；积极与学界分享自己的研究成果，扩大教研室的国际影响力。

陈波于2002年至2003年赴美国迈阿密大学哲学系做为期一年的研究工作。2004年下学期被聘任为台湾佛光大学兼任客座教授，于2004年10月至11月赴该校哲学系讲学，为研究生系统讲授分析哲学。2007年至2008年，他赴英国牛津大学做为期一年的访问学者。

周北海2005年12月应邀参加德克萨斯州大学举办的非单调逻辑研讨论会，在会上作了题为"A Formal Characterization of Default Inference"的报告；2006年6月参加在日本东京举行的逻辑与自然语言工程研讨会，报告了合作论文"Interpreting Metaphors in a New Semantic Theory of Concept"；2006年10月至12月应邀赴台湾中正大学讲学，讲授课程"模态逻辑及其相关之应用"，并在此期间，开办每周一次的非单调推理序列讲座；2007年1月赴印度海得拉巴市参加第20届国际人工智能联合会大会，在大会的非单调推理专题研讨会上报告合作论文"The Cause and Two Treatments of Floating Conclusions and Zombie Paths"。

2011年王彦晶分别参加了第三届"逻辑及其应用（ICLA）"国际会议

(印度)，第十三届"知识与理性的理论方面（TARK）"国际会议（荷兰）及第三届"逻辑、理性与互动（LORI）"国际会议（广州）并作报告，相关论文发表在相应会议的论文集中。会后王彦晶分别访问了印度数学学科学研究以及荷兰格罗宁根大学。

3. 主办、承办国际学术研讨会，搭建国内外学术交流平台。

教研室努力创造条件，主办或参与各种国际、国内学术会议，拓展学术视野，立足学术前沿，提升科研和教学水平，为国内、国际学术交流搭建良好的平台，推动国内逻辑学的发展。

北京大学逻辑、语言与认知中心于2004年在厦门与北京师范大学科学与人文研究中心共同主办全国"人工智能与哲学"高级研讨会。2006年承办第三届"心灵与机器"论坛。2009年12月，与北京大学汉语语言学研究中心和北京大学教育部计算语言学重点实验室共同主办"2009语言学与逻辑学交叉研究研讨会"。2010年4月，中心主办王宪钧先生诞辰100周年纪念大会暨逻辑现代化专题研讨会。

为了加强与国外学术同行的交流，改善和提高国内博士研究生的培养质量，促进国内逻辑学和哲学研究水准的提升，由北京大学"研究生教育创新计划"支持，中心于2011年8月主办"弗雷格：逻辑和哲学"国际工作坊；2011年8月与清华大学联合主办题为"动态逻辑——新方向与新交叉"的专题国际会议。2011年10月由逻辑学毕业生高思存博士联络，中心承办由信息科学学院主办的图灵奖得主卡耐基·梅隆大学教授克拉克的专题讲座"Frontiers in Formal Methods"。

总之，教研室积极开展国际学术交流与合作，收到了丰硕的成果，开阔了研究视野，很多同学的论文选题也从中受益，能够紧跟国际学术前沿热点，参与国际学术讨论。教研室的很多同学，或毕业后出国深造，继续从事前沿的逻辑研究；或于在读期间出国做短期或中长期的学术交流或做访问学者；或积极参加与逻辑学相关的暑期学校或各种国际学术会议。通过这些广泛深入的国际交流合作，教研室大大提升了自身的科研能力和教学水平，逐步实现了与国际学术圈接轨，真正融入国际学术共同体。

二、学术创新和研究领域的开拓

在积极进行国际学术交流与合作的过程中，教研室各位老师不断提升自身的科研创新能力，结合国际前沿热点和最新的成果及技术手段，开拓了逻辑学研究的领域，开创出独具特色的研究方向。

周北海从 2002 年开始思考概称句和非单调推理，继而开始关于概念的研究。

关于非单调推理，周北海揭示了非单调推出关系在对象语言中的不可定义性。他对此提出"先推后收"的解决方案，即通过经典逻辑式的推出和建立前提之间的优先序关系共同确定非单调的推出，他在常识推理方面实现了该方案，建立了一个关于常识推理的基础逻辑，并且在此基础上实现对于常识推理的非单调推演的形式刻画。该研究的代表性成果是周北海与毛翊的合作论文《一个关于常识推理的基础逻辑》和《常识推演——常识推理的形式刻画》。

关于概称句理解与概称句推理，周北海提出了自己的新观点。他认为概称句本质上是表达概念内涵的语句。他对概念的形式语义理论的哲学基础进行了分析和讨论，提出了通名的四层次语义理论。由此建立了基于概念理论的概称句形式语义学。在此基础上，得到关于概称句推理的两个词项逻辑系统 GAG 和 Gaa，并通过这两个系统说明从概念得到概念的推理和将概念用于实际个例的推理的不同。其代表性成果是《概称句本质与概念》、《涵义语义与关于概称句推理的词项逻辑》及周北海与毛翊的合作论文"Four Semantic Layers of Common Nouns"。

周北海关于概念理论的扩展研究，主要有两部分工作：（1）概念语义与同一置换规则消除，在概念理论的基础上，建立了一个可以消除外延同一替换律的形式语义、概念语义，并对不同层次的同一替换律的消除给出了统一的回答。主要成果发表为论文《概念语义与弗雷格谜题的消解》。（2）概念与隐喻句的形式语义。在由概称句语义和概称句推理研究中所建立的概念形式理论的基础上，他对于主项为通名的主谓隐喻句提出新的观点，即这种隐喻句是通过概念之间关系表达概念内涵的语句，进而建立了关于主项为通名的主谓隐喻句的形式语义；至此概称句和主项为通名的主谓隐喻句得到统一的语义理论。主要成果发表为周北海、毛翊合作论文《关于主谓隐喻句的一个形式语义》。

2007—2008年在英国牛津大学访学期间，陈波作了三个思考和决定：(1)要改变西方人研究哲学、我们研究西方人怎么研究哲学、但自己不研究哲学的局面。至少一部分中国哲学家要去直接面对哲学问题，直接研究哲学本身，参与到哲学的当代建构中去。(2)使自己的研究活动聚焦于如下一点，即系统地质疑和挑战克里普克的语言哲学及其预设和推论。(3)撰写英文论文，争取在国际AHCI刊物上发表。

回国后，他发表论文《面向问题，参与哲学的当代建构》，主张把主要精力转向原创性的哲学研究，撰写英文论文投给国际期刊发表。目前他已经有三篇英文论文"Xunzi's Politicized and Moralized Philosophy of Language"、"Proper Names, Contingency Apriori and Necessity Aposteriori"、"An Interview with Timothy Williamson"发表在国际AHCI期刊上。

叶峰自1994年起出国深造，2008年回国。在国外期间和回国后一直致力于数学哲学的研究，主要工作分两部分：(1)从第一篇论文"Toward a Constructive Theory of Unbounded Linear Operators on Hilbert Spaces"开始，不断深化拓展，提出了一个严格有穷主义的数学形式系统，证明了很大一部分高等应用数学（包括作为量子力学的数学基础的希尔伯特空间上的线性算子的谱理论和作为广义相对论的数学基础的半黎曼几何理论）可以在这个严格有穷主义的数学系统中发展起来，并以此为基础提出了有穷主义数学猜想，即有穷主义数学原则上已经足够表达科学理论，进行科学应用中的计算和推理。这个结果较彻底地反驳了蒯因－普特南的支持数学实在论的不可或缺性论证，而且为经典无穷数学为什么在科学应用中可以帮助推导关于有限物理世界的真理这一问题，提供了一个较彻底的逻辑解释。他的最终成果发表为英文专著 *Strict Finitism and the Logic of Mathematical Applications*。(2)部分地以上述技术性成果为基础，同时部分地以当代心灵哲学中的物理主义及概念、思想、指称和真理的自然化理论为基础，提出了一种与当前各种数学哲学理论都有所不同的、物理主义的，也是唯名论的、严格有穷主义的数学哲学理论。主要成果有论文"The Applicability of Mathematics as a Scientific and a Logical Problem"、"What Anti-realism in Philosophy of Mathematics Must Offer"、"Naturalism and Abstract Entities"。2010年出版中文专著《二十世纪数学哲学——一个自然主义者的评述》。

王彦晶于2010年秋回国任教，在与计算机科学有关的动态逻辑研究上取得了具有国际先进水平的成果。他在博士期间工作的基础上，于2011年发展了一系列处理规程性知识的动态逻辑理论框架，相关结果发表于论文"Reasoning About Protocol Change and Knowledge"及"Hidden Protocols"中。在同年发表的论文"Composing Models"中，王彦晶并试图建立一套分布式构造认知模型的形式化方法，以辅助认知逻辑的计算机应用。另外，王彦晶开始重新审视动态认知逻辑的公理化，利用非经典的语境相关语义理清了长期以来该领域的一些迷惑，初步结果汇总于2011年的论文"On Axiomatizations of PAL"中。

另外，与计算机科学有关的逻辑研究还有郭美云的博士论文《带有群体知识的动态认知逻辑》、王轶的博士论文《混合语言下的二维空间逻辑》。与自然语言研究有关的逻辑研究有刘壮虎的论文《复合谓词的逻辑系统》、张冈敏的博士论文《关于形容词的复合谓词逻辑》。与社会学有关的逻辑研究有崔晓红的博士论文《合作、行动和知识的推理》。依据逻辑研究的技术成果对逻辑中的哲学问题进行分析研究的有刘壮虎的《必然性的逻辑分析》、冯艳的博士论文《自由摹状词理论研究》。在数学哲学方面，有邢滔滔的《从弗雷格到新弗雷格》和"How Gödel Relates Platonism to Mathematics"。

三、逻辑学课程体系的改革和完善

进入新世纪后，根据学校淡化专业和加强素质教育的指导思想，逻辑教研室对逻辑基础课进行了重大改革。自2001年起，哲学系基础逻辑课程改为"数理逻辑"，除哲学系外其他各院系的逻辑课程统一合并为全校通选课"逻辑导论"。从2003年起，又增加了全校通选课"逻辑与批判性思维"。至此，逻辑基础课的三个不同的层次便形成了。

"数理逻辑"是现代逻辑的入门课程，内容相对集中，主要内容是一阶逻辑，体现了现代逻辑的基本思想和精神，是今后继续逻辑学其他课程学习的基础，也是从事逻辑学及相关学科研究的基础。

"逻辑导论"是逻辑学的入门课程，重点在于介绍逻辑学的基本概念和初步知识，以及逻辑学的一些应用。

"逻辑与批判性思维"的主要目的是提高学生的逻辑思维能力，以及在实际工作中分析和解决问题的能力。在讲授逻辑知识的同时，重点在于培养能力和素质。

与上述课程配套，教研室出版了三本作为国家"十五"规划的教材，即邢滔滔的《数理逻辑》（北京大学出版社，2008年）、陈波的《逻辑学导论（第二版）》（中国人民大学出版社，2006年）、谷振诣和刘壮虎合著的《批判性思维教程》（北京大学出版社，2006年）。

自2009年起，根据学校建立大类平台课的精神，教研室又将"数理逻辑"推广成文史哲大类平台课，课程改名为"现代逻辑基础"。

进入新世纪后，根据学校院系统一招生，学生自由选择方向的精神，2003年逻辑学本科生停止招生，与科学哲学合并成"科哲和逻辑学"方向，供学生自由选择。本科生设置的逻辑课程大为减少，除全系的公共课程"数理逻辑"外，还有"集合论"和"模态逻辑"。为使本科生在逻辑课程方面有更多的选择，除少数研究性的前沿课程外，大多数研究生的逻辑课程逐步改为本硕合上的类型。

在研究生的课程方面，从2004年起，教研室逐渐取消了博士和硕士的课程区别，合并类似的课程；特别是硕士生的"逻辑专题"课合并到原博士生的"现代逻辑前沿问题"课中，成为全体逻辑学研究生都要参与的讨论班课程，2008年列为学校专项课程建设项目，并由每学年一次改为每学期一次。自此，逻辑研究生的课程更为完善。

后记
韩水法

在中国的大学，学科与大学行政运作须臾不可分离，它在这里所受到的重视远甚于在世界其他地方的大学。人们每天都面临学科的事宜，处处都有学科的问题，但是，若要认真追问"学科究竟是什么"，许多人却会遇到不知道如何回答是好的局面。这并不是说，他们不能够给出一个描述，说某某学科在做什么，一种学科与另一种学科在现象上有何差别；而是指人们通常难以给出一个系统而内在一致的规定。学科在中国当代大学中所突显的是行政管理的作用，而不是学术及其共同体活动的本质意义。学科的界定依赖于人们关于学术本质和宗旨的理解，而它又直接与学术和学术共同体的活动和制度相关。学科同样是学术研究的对象，并且还是一种综合性的基础研究。学术原本是自反的。在构思和撰写《北京大学大学哲学学科史》时，由思考上述问题，我们领会到它不仅是一个颇为困难的研究对象，而且也是一片有待开耕的土地。

不过，编撰这部学科史并非出于学术研究的纯粹目的，即单单从学术上和理论上来研究和探讨什么是学科，什么是哲学学科，以及北京大学哲学学科的历史。它的缘起是为了庆祝北京大学哲学系建系一百周年。在这个对于现代中国人观念和思想发展颇具标志性的时刻，回顾哲学作为学科在中国的一百年历史，对于中国的哲学界来说，自然是一个必要的工作，而对于中国一般社会科学和人文学科来说，同样具有重要的意义。哲学学科，不仅关涉哲学的观念、思想和理论的现代话语与范式的形成和发展，而且也关涉现代大学制度的建立和发展。倘若再拓展一步的话，那么它与现代中国的社会政治制度的变迁也息息相关。迄今为止已经发展了百年的北大哲学学科在不同的形式、不同的程度上承担了这样的任务，发挥了这样的作用。当然，我们相当清楚地认识到，这部学科史的主要目的是要回顾、考察、分析和记录北大哲学的百年发展，追溯它的历史渊源和沿革，瞻望它的未来，而为我们今天重新理解作为学科的哲学，促进它的兴盛和丰饶，提供一份历史的和批判的文本。

现代学术和大学与学科制度是须臾而不可分的，但从学科史角度来研究知识的各个门类，在汉语学术界是一件新兴的工作，而在国际上，这样的著作也不多见。如何定义学科史，就成为一个首要的问题。哲学史该如何撰写，人们都相对熟悉；即使自己没有亲自写过，哲学教师几乎人人都是读着哲学史被训练出来的。但是，哲学学科史如何撰写，却是一个新的问题。这首先关涉如何理解哲学学科，其次就是如何把握它的历史。一旦学科概念清楚，学科史也就有了基本的范围和框架了。学科的界定，对于哲学来说，困难之处在于它原本是与现代自然科学、社会科学和人文学科的原初形态混合在一起的。这样，不仅在观念上和理论上，而且在实际的学术活动中，在课程里和在制度方面，学科史范围的厘定就变得相当复杂，因人们无法把古代自然哲学都径直归入哲学学科史的范围，而只能将其视为背景和必不可少的关联，学科史就必须从在古典大学里事实上与所有无论分化或未分化的那些在今天看来属于自然科学、社会科学和人文学科的内容分离开来，甚至还要从神学、法学，甚至从医学中把与哲学有关的内容分离出来予以专门的论述。这种分离即便在今天看来，也使哲学知识显得支离破碎，而在当时则无异于庖丁解牛。知识在自然哲学时期是一个整体。虽然在本书中这样的工作主要是在前言中遇到的，而在哲学各分支学科中并不成为一个大的问题，但其遗风实际上在本学科史中依然有其回声。

既有的若干学科史，或者是以专业为板块的学术历史，或者就是偏重于人物、出版物和课程等的机构编年简史。对哲学学科来说，这些形式皆非合适。哲学乃是思想的活动，哲学学科的历史，就是观念、思想和理论在一个学术共同体中的活动的历史，这样一个综合的活动需要在共同体的背景中展现出来。这个想法得到了撰写小组全体成员的同意，然而，它确实也为我们的学科史提出了很高的要求。各分学科主要撰写者在不同程度上为此作出了努力。但要真正落实这一点，却是颇不容易的工作。

首先，我们的想法虽然看似清楚的，但要落诸笔端，却是需要一番功夫的，比如资料搜集和文献与文本研究的功夫，平实中肯的表达功夫；至于如何谋篇，怎样布局，都是要在具体的写作中才能够求得经验，掌握分寸的。其次，叙述观念、思想和理论，是要在掌握大量的文献和研究文献之后才可以做出的，这需要大量的时间。而这正是我们的不足之处，因为学科史从立意到现在完成，总共才一年多光景，而从开始撰写到成稿，实际上也就八个月左右的时间。所有编撰人员同时还要承担教学和其他科研工作。时间紧张对于学术来说，是常用的并经常为人调侃的理由，但对这本学科史，多半却是一个真实的原因。

《北京大学哲学学科史》撰写成员主要由何怀宏、章启群、刘壮虎、郑开、吴国盛、聂锦芳、吴增定、吴飞和我组成，其间徐向东和苏贤贵也几度参与，杨宇为秘书。

所有撰写者都是相当努力的，颇费了心思，各有若干可堪一一道来的故事。怀宏兄潜心研究，发掘了中国和北大伦理学史上若干人们未曾关注的史料，最早动手，写成的学科史初稿线索清楚分明。启群兄写美学学科史九易其稿，良志兄亦赞助其事，力图勾勒出北大美学百年的观念和发展史。中国哲学和西方哲学原本有相当丰富的学科史料和文献文本——事实上还有许多不乏精彩的故事，要从汗牛充栋的资料中形成或勾勒出学科发展的大纲和细目来，是要别有一番心思才能够完成的工作，增定和郑开两位知难而进。宗教学科史和马克思主义哲学学科史两位执笔吴飞和聂锦芳几乎动员了全体教员参与写作，或提供相关文字或讨论，力求完备；逻辑和科学技术哲学，学科特点原本鲜明，几经努力，各以本色示人。

编撰一部北大哲学学科史是一开始就列入了哲学系百年系庆议程的一项工作。2011年6月8日系里召开了第一次会议，主要讨论对哲学学科史的理解、内容、主题和编撰的具体问题。系主任王博、尚新建和李四龙，系庆总协调冀建中，以及各教研室主任参与了会议。在此次会议上，我的发言受到关注，最后被委以主持这个我起初并不想承担的工作。7月7日系领导班子再次召集教师代表——包括在职的和退休的教师——会议，讨论学科史。这次会议大抵确定了撰写组的成员组成，其时我正在德国行旅之中。

2011年9月26日，在新学期开学之初，撰写组的全体成员召开了第一次会议，讨论观念、大纲和体例，正式开始学科史的研究和撰写工作。在会议讨论的基础上，于9月27日我拟出第一个大纲，发给大家讨论批评。在10月14日撰写组成员召开了第二次会议，较为具体地提出和讨论了大纲、结构和体例等问题。两次会议都有录音，然后由杨宇整理成文字，发给大家参考。自此之后，学科史从原则上来说就进入写作的阶段。部分学科史初稿出来之后，虽然先有体例在前，但各位理解有异，彼此之间出现较大的差异。大家都觉得尚有讨论的必要，所以我们还开了几次讨论会，只是每次人数不齐，讨论是以会议和通讯讨论相结合的方式进行的。

定稿前最重要的一次会议是卧佛山庄会议，2012年7月9、10两日，我们一行13人，撰写组成员章启群、刘壮虎、郑开、聂锦芳、吴飞、苏贤贵、系副主任尚新建、请来审稿的孙尚杨、秘书杨宇、社科部项目主管郭琳和我，一起进行了两天相当紧张和认真的讨论，分别就全稿的每个章节进行讨论和批评，提出具体的修改意见。这是一次少见的坦诚的学术会议，虽然北大哲学系同仁之间的学术批评是一个传统，但这次会议也可算是最为坦诚直接的一次。它对整个学科史的调整和修订是有很大的帮助的。各个分学科史的撰写者最终同意在体例上要统一起来，尽管两个学科史由于学科的独特性和时间紧张，最后保持了自己的风格，但总体上还是趋于一致。

历经一年零四个月，《北京大学哲学学科史》从拟议到撰写完成，现在放在了读者面前。它展示了北京大学哲学百年历史的来龙去脉，也为人们反思中国哲学百年的发展提供了一份文本。

我这次之所以被委以主持编撰《北京大学哲学学科史》的任务，除了所发表的看法，主要还是因为大家认为我作过大学研究，所以对此题目比较熟悉。诚然，为了研究现代大学的原则，我作过一些西方大学史的研究，其实那是颇为概要的，且偏重于观念、原则和主要制度。对中国的大学制度、历史及现状我也作过综合性的考察，但它与一部既要有观念和原则，又要以可靠和翔实文献为根据的《北京大学哲学学科史》之间还是有很大的差距。我以为一部哲学学科史，应当以观念和学术为主，并以此为核心来组织相应的制度、机构乃至人员的历史，但要把它付诸落实，却面临着很大的困难。经过本学科史撰写成员的努力，我们找到了将这样的观念付诸实现的具体方法，尽管不能说完全实现，而且也显得比较粗糙，但至少大致建立了哲学学科史的范式，而它对于其他人文学科乃至社会科学，也是有其一般意义的。

除了主编工作，我还撰写了前言。前言的主要内容包括哲学学科及哲学学科史的界说，哲学学科在西方的发展和演变的历史，北京大学哲学学科形成和发展的简介，以及这部哲学学科史的内容、范围、原则和方法等。原计划还包括从学科史角度叙述现代哲学学科建立之前的中国哲学学术和教学活动的演变，但由于时间和准备不足，这部分内容现在只能暂付阙如，或可有待于将来。

哲学学科在西方的演变和历史这一部分，虽然观念、主线、结构和叙述方式等出于我自己的设计，但在具体材料方面，尤其在叙述欧洲古典大学部分，除了其他参考著作之外，亦颇依赖于两方面的文献：其一是档案文献和历史文献，比如有关德国大学哲学教学的叙述倚重于当时的课程表，而北京大学学科一般制度及哲学学科制度的追述，主要根据北京大学档案馆所藏的资料。其二是《欧洲大学史》和《劳特里奇哲学史》这两部巨著，它为梳理和钩稽欧洲古典大学的哲学学科史提供了相当大的帮助。

在2012年8月16日，所有完成的稿子合成一个整体的《北京大学哲学学科史》，虽然尚缺一个分支学科史，但已经洋洋洒洒有了30余万字的规模，一部学科史已经成形。在此稿的基础上，作为主编我作了一些必要的修订，因为要承担相应的责任，所以就有必要在这里作一说明。

第一，在内容的处理上，删改了书稿中的重复部分，包括同一分支学科史中重复的内容和不同分支学科中彼此重复的内容。在若干章节里，这样的更动还是很大的。第二，调整了若干部分的叙述次序，以符合一致性的原则。第三，精简或删节了一些枝蔓的文字——参与写作的人一多，这种情况就难以避免。不过，在作这样的修订时我尽量谨慎行事。第四，出于各种原因，各分支学科史在体例上面有或大或小的差异；为了全书统一性，我作了一些必要的调整和修订。但就如前面所说，有两个学科史依然保持体例上的某种特殊性。第五，必要的润色和修辞。哲学学者有时兴起或为诗人哲学家，此时所爱的是激情而非理智，但学科史却是实证的，是要脚踏实地的，所以就需要压抑一下昂扬的情绪。第六，由于写作时间紧张，文字的脱漏和句子的残缺，都是容易发生的。这些现象一经发现，就随手修订了。最后，在若干分支学科史中补充若干了史实，比如西方哲学方面补充了北大早期康德研究和教学一些内容，在中国哲学方面补充了有关人物的介绍，在宗教学方面，补充了北大早期宗教研究的资料。这些篇幅皆不大，略有拾遗补阙之功。

《北京大学哲学学科史》作为一个整体，其实是可以从不同的侧面来观察和描述的，同一个人物，同一个观念，同一个事件，在不同作者的笔底，出于不同的学科视野，会呈现出不同的面目，获致不同的描述和评价。这样，在一部学科史中，不同论述和评价之间的抵牾就不可避免，只要不是史实上的冲突，会予以保留。通过几次会议，各位执笔就学科史的整体叙述风格达成了比较一致的意见，但学科与个人在风格上的差异依然会透露出来，这一点也是可以理解的。

最后，我们要在这里感谢所有对这部学科史作出贡献的人。学科史的缘起是为了系庆，或出于系庆领导小组的意见，它也得到了全系教师的支持。王博、尚新建两位主任和系庆总协调冀建中对学科史十分关注。他们多次参加会议发表意见，协助处理撰写过程中出现的若干棘手问题。李四龙副主任为了使这部学科史能够在系庆之前出版，精心协调，耐心联系。他们其实也应当是《北京大学哲学学科史》撰写组的成员。在各个分支学科史的写作过程中，相关教研室教师或参与或协助，这已由各学科史的执笔提及，这里不再赘述。

吴天岳老师帮助校对了前言中有关欧洲古典大学的课程名称，以及《学科的哲学体系表》中当时的学科名词，徐龙飞老师也为此提供了帮助。远在柏林的张灯和杨大卫为了寻找柏林大学哲学系初创之时的课程表几次赴德国国家图书馆查阅文献，拍了十几张照片，使我们得以一睹那时课程表的原貌，尤其了解了柏林大学哲学系当时的课程体系，见识了费希特、黑格尔等哲学家当年所上的课程及其具体内容。方博帮助查找柏林大学哲学系20世纪初期的课程表，也摄制了照片。吴飞托他在哈佛大学的朋友帮我们复制了哈佛大学哲学系1968年"静悄悄的革命"之前的课程表——这也是了解现代哲学教育和学科变迁的重要史料。这些课程表中的若干现在就展现在这部学科史的前言之中。

杨宇是由系里为学科史写作组安排的秘书，从撰写开始就承担起为本学科史搜集相关的大学和院系的历史、制度、学制和课程等方面的史料，分类整理，为学科史的写作提供了重要的文献支持。她从北大档案馆里找到的民国时期第一份中国学位条例，是以前少有人提及的史料。她也负责安排学科史撰写小组的每次会议，并把几次重要会议的录音整理成文字，供大家参考——也为学科史的写作留下了史料。最后，杨宇还承担了原稿体例一致化的部分编辑工作。学生助理韩骁和许嘉静帮助做了资料搜集的工作，韩骁、杨思劢帮助做了原稿全部或部分体例的校订工作。我的学生王奎也在搜集资料和其他相关方面提供了帮助。

学科史全稿完成之后，送给哲学系前任主任朱德生、叶朗和赵敦华三位审阅，他们或补充了有价值的史实，或提出了有益的意见。我们据此对学科史作了若干修订。

北大社会科学部李强部长和萧群副部长对本学科史的写作予以大力的支持，批准了"北京大学哲学学科史"研究项目。

对以上所有为这部学科史写作提供帮助作出贡献的人们，我在这里致以最衷心的谢忱。

中国第一部哲学学科史现在终于在北京大学哲学系百年系庆之前呈献在大家面前，敬请各位批评和指正。

2012年9月21日写定于北京圆明园东听风阁